# 해커스
## 36시간에 끝내는
# KBS
## 한국어능력시험

책의 특징과 구성 4 | KBS한국어능력시험 소개 6 | KBS한국어능력시험 미리보기 8 | 목표등급 달성 학습 플랜 14

## 외울수록 등급이 오르는 **암기편**

### 영역1  어휘

| | |
|---|---|
| 기출분석으로 보는 합격전략 | 20 |
| 3시간 01 고유어 | 22 |
| 3시간 02 한자어 | 38 |
| 1시간 03 어휘의 의미 관계 | 56 |
| 2시간 04 속담·사자성어·관용구 | 68 |
| 1시간 05 순화어 | 88 |
| 최종 점검 문제 | 94 |

10시간

### 영역2  어법

| | |
|---|---|
| 기출분석으로 보는 합격전략 | 100 |
| 3시간 01 한글 맞춤법 | 102 |
| 2시간 02 표준어 규정 | 124 |
| 2시간 03 외래어·로마자 표기법 | 136 |
| 1시간 04 기타 문법 및 문장 표현 | 146 |
| 1시간 최종 점검 문제 | 158 |

9시간

### 영역3  국어 문화

| | |
|---|---|
| 기출분석으로 보는 합격전략 | 164 |
| 2시간 01 문학 작품 및 작가 | 166 |
| 02 중세 국어 및 남북한의 언어 | 180 |
| 1시간 03 다양한 매체와 언어 | 190 |
| 최종 점검 문제 | 198 |

3시간

# KBS한국어능력시험 단기 완성을 위한
# 해커스자격증만의 **추가 학습자료**

**KBS한국어능력시험 무료 특강**

해커스자격증(pass.Hackers.com) 접속 후 로그인 ▶
상단 [KBS한국어/글쓰기] 클릭 ▶ [무료강의] 클릭하여 이용하기

바로가기 ▲

---

· **기출동형 모의고사 (PDF)**
· **고등급을 위한 출제 예상 개념 총정리 (PDF)**

해커스자격증(pass.Hackers.com) 접속 후 로그인 ▶
상단 [KBS한국어/글쓰기] 클릭 ▶ [교재정보 → MP3 및 부가자료] 클릭하여 이용하기

* 퀴즈 정답 입력 시 이용 가능

바로가기 ▲

---

**모바일 자동 채점 및 성적 분석 서비스**

해커스자격증(pass.Hackers.com) 접속 후 로그인 ▶
상단 [KBS한국어/글쓰기] 클릭 ▶ [교재정보 → 자동채점/성적분석] 클릭하여 이용하기

바로가기 ▲

---

**듣기 영역 MP3**

해커스자격증(pass.Hackers.com) 접속 후 로그인 ▶
상단 [KBS한국어/글쓰기] 클릭 ▶
[교재정보 → MP3 및 부가자료] 클릭하여 이용하기

바로가기 ▲

---

**KBS한국어능력시험 인강 10% 할인**

`33D9E80KF9DDC000`

해커스자격증(pass.Hackers.com) 접속 후 로그인 ▶
사이트 하단 또는 우측 [쿠폰/수강권 등록] 클릭 ▶
위 쿠폰번호 입력 시 쿠폰함에 자동 발급 ▶ 강의 결제 시 할인쿠폰 적용

* 등록 후 7일 내 사용 가능
* 쿠폰은 1회에 한하여 등록 및 사용이 가능하며, 추가 발급은 불가합니다.
* 이외 쿠폰 관련 문의는 해커스 고객센터(02-537-5000)로 문의하시기 바랍니다.

바로가기 ▲

해커스 환급생 전원 1개월 내 3+등급 이상 달성!
# 합격생이 말하는
# KBS한국어 단기 합격 비법!

* 합격후기 게시판 수험 기간 분석 결과 (2023.01.01~2023.06.07)

### 최수지 선생님 강의로 KBS한국어능력시험 1급 달성했습니다.

해커스 KBS한국어 강의는 우선 힘 줄 부분과 힘 뺄 부분을 구별하는데 큰 도움이 되었습니다. 교재도 깔끔하고, 보기 좋게 정리 되어 있어 마음에 들었고, 교재 외 구매한 부록도 들고 다니면서 시간 날 때마다 암기해 주었습니다. ···(중략) 최수지 선생님의 강의를 한번 수강해 보시면, 단기간에 한국어 시험을 졸업할 수 있으리라 생각합니다. 혼자서 공부하시기 자신 없으시거나, 시간을 크게 단축하고 싶은 분들께 최수지 선생님의 강의를 강력 추천 드립니다.

장○진 합격생

오○석 합격생

### 해커스자격증 2주끝장반 강의로 KBS한국어 3+등급 합격!

2주끝장반 수강 신청할 때 교재를 꼭 함께 구매하는 게 좋습니다. 그리고 **벼락치기라면 기출문제나 모의고사 하나 풀어보시고 자신에게 부족한 파트가 어디인지 파악하는 게 좋을 것 같습니다.** 하지만 시험까지 시간이 많다면 1권 2권 순서를 맞춰 차분하게 수강하는 게 고득점에 훨씬 유리할 것입니다.

### 2주 만에 KBS한국어능력시험 2+ 등급 달성한 비법

최수지 선생님께선 버릴 건 버리고, 취할 건 취하자는 전략을 택하시는데, 단시간에 이 시험을 준비하는 학생들에게 정말 효과적인 전략입니다. 어떤 것을 버려야 할지, 어떤 것을 가져가야 할지, 또 가져가는 부분은 어떤 방식으로 가져가야 할지 모두 짚어주시기 때문에 수강생들은 아무 걱정 없이 선생님 강의만을 잘 따라가면 됩니다. 또 어휘와 문법에서, 특히 문법에서 많은 분들이 괴로움을 호소하곤 하는데 문법 강의 내내 핵심과 정말 봐야 할 것이 뭔지 짚어주시면서 실제 외워야 하는 양을 확 줄여주시고, "그래봐야 어차피 이것도 끝이 있다." 등 주기적으로 멘탈을 잡아주셔서 포기하지 않고 끝마칠 수 있도록 도와주십니다. 시간이 없을 때, 혹은 첫 시험이라면 반드시 최수지 선생님의 강의와 함께하시길 권합니다.

이○웅 합격생

### 해커스 강의와 교재로 첫 시험에서 2- 달성했습니다.

해커스 한국어 교재는 1권, 2권으로 나누어져 있어 공부하기가 더 좋았습니다. 저는 1권에 나오는 어법과 어휘, 국어문화는 암기가 중요한 부분이기 때문에 책에 나오는 부분들은 다 암기하려고 노력했습니다. 또한 책 중간중간 기출문제들이 같이 나와있어서 개념들을 정리하기에 편했습니다.
무엇보다 제가 가장 큰 도움을 받은 부분은 핵심 암기북입니다. 이 책에는 꼭 알아야 할 개념들이 나와있기 때문에 집중적으로 정리할 수 있었습니다. 또한 가볍고 작은 사이즈여서 대중교통을 이용할 때도 편리하게 공부할 수 있었습니다.

이○리 합격생

자격증 합격의 모든 것, **해커스자격증** ▼

pass.Hackers.com
지금 바로 수강신청 ▶

해커스 36시간에 끝내는 KBS한국어능력시험

약점 보완 해설집 [책 속의 책]    빈출 개념 암기노트 [별책]

# 정답 찾는 전략으로 등급이 오르는 **전략편**

**영역4**    **듣기·말하기**

2시간 / 2시간
- 기출분석으로 보는 합격전략 — 206
- **01** 설명·이야기·시 이해 — 208
- **02** 대화·설명 이해 및 말하기 방식 추론 — 212
- 최종 점검 문제 — 218

**영역5**    **쓰기**

1시간 / 1시간
- 기출분석으로 보는 합격전략 — 224
- **01** 글 구성과 표현의 적절성 파악 — 226
- 최종 점검 문제 — 236

**영역6**    **창안**

2시간 / 1시간 / 1시간
- 기출분석으로 보는 합격전략 — 242
- **01** 글 이해 및 다른 상황에 적용 — 244
- **02** 시각 자료 이해 및 추론 — 252
- 최종 점검 문제 — 256

**영역7**    **읽기**

5시간 / 1시간 / 2시간 / 1시간 / 1시간
- 기출분석으로 보는 합격전략 — 264
- **01** 현대 시·소설 내용 파악 및 추론 — 266
- **02** 인문·과학 분야의 장문 내용 파악 및 추론 — 274
- **03** 실용문 내용 파악 및 추론 — 286
- 최종 점검 문제 — 300

# 기출동형 모의고사

4시간 / 4시간
- 기출동형 모의고사 — 318

36시간에 끝!

# 책의 특징과 구성

## 01 암기편, 전략편 구성으로 36시간 만에 빠르게 목표등급 달성!

개념을 암기해서 푸는 '어휘', '어법', '국어 문화' 영역은 '암기편', 풀이 전략을 적용해서 푸는 '듣기·말하기', '쓰기', '창안', '읽기' 영역은 '전략편'으로 나누어, 영역별 학습 특성에 맞춘 학습 플랜과 합격 전략으로 단 36시간 만에 목표등급 달성이 가능합니다.

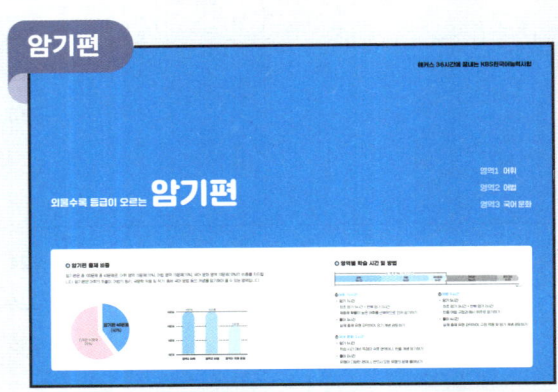
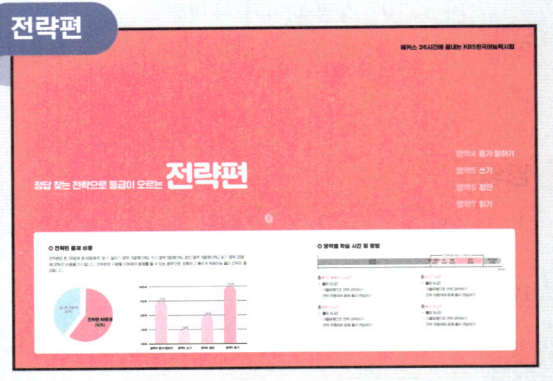

## 02 영역별 최적화된 단계적 학습으로 체계적인 실력 향상!

'암기편'은 '최신 기출유형 파악하기 → 기출개념 암기하기 → 기출동형 문제 풀어보기'의 3단계로, '전략편'은 '최신 기출유형 파악하기 → 기출동형 문제 풀어보기'의 2단계로 구성하여 영역별 최적화된 단계적 학습으로 체계적인 실력 향상이 가능합니다.

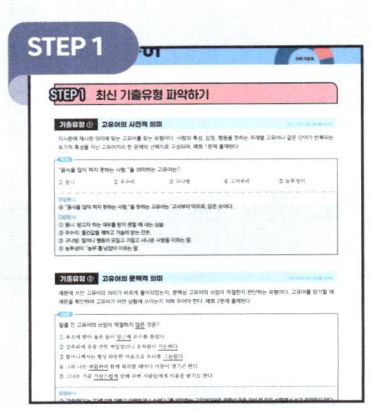
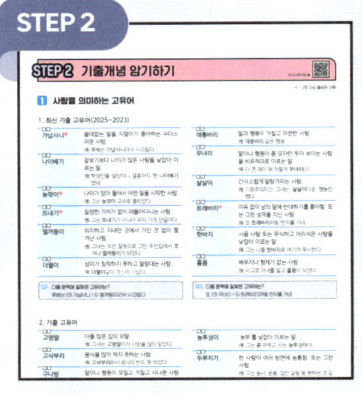
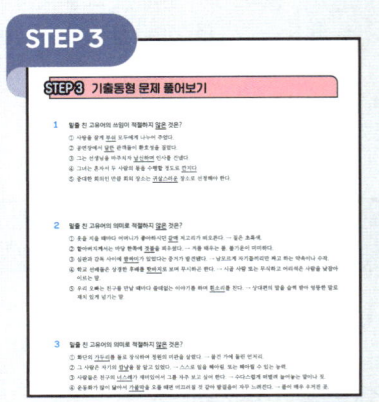

## 03 기출동형 모의고사 2회분과 상세한 해설로 실제 시험에 완벽 대비!

최신 출제 경향을 그대로 반영한 기출동형 모의고사 2회분(1회는 온라인 제공)으로 실제 시험처럼 문제를 풀어 보며 실전 감각을 극대화하고 상세한 해설로 취약점을 보완하여 시험에 완벽하게 대비할 수 있습니다.

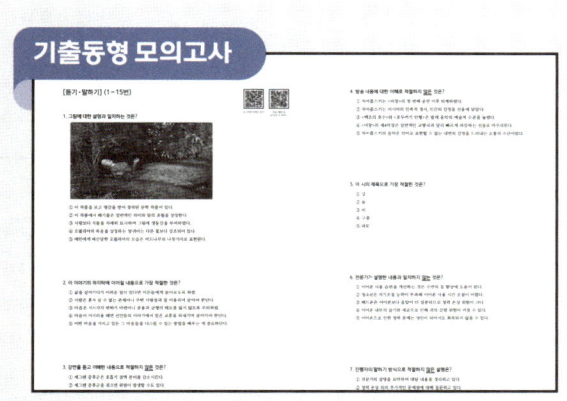
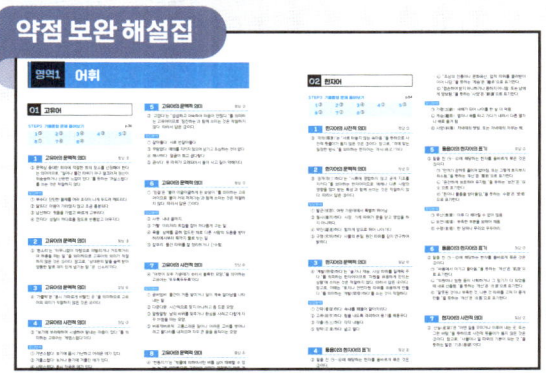

## 04 빈출 개념부터 출제 예상 개념까지 정리한 추가 학습 자료로 등급 상승!

시험에 자주 출제되는 개념을 정리한 '시험 직전 암기 영역 마무리! 빈출 개념 암기노트'와 추가로 제공하는 '고등급을 위한 출제 예상 개념 총정리(PDF)'로 등급을 결정짓는 암기 영역을 철저히 대비하여 합격 등급을 높일 수 있습니다.

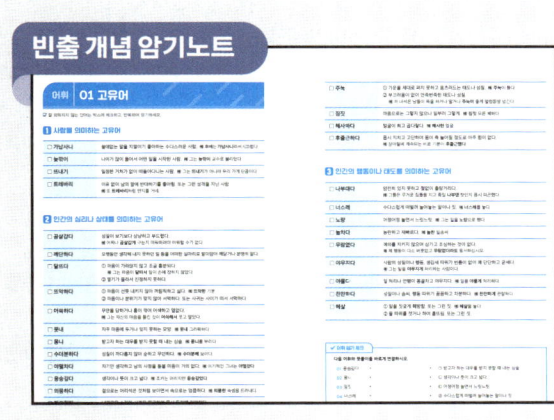
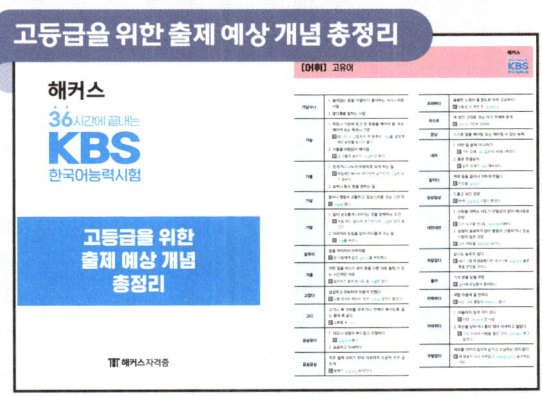

# KBS한국어능력시험 소개

## ○ KBS한국어능력시험이란 무엇인가?

KBS한국방송공사에서 실시하는 시험으로, 우리나라를 대표하는 국가공인 한국어능력 자격검정 시험입니다. 다차원적인 언어 사용 능력을 평가하고 실제 언어 생활에 기여할 수 있는 지식을 측정하는 것을 목표로 하며, 과학적인 등급 부여 시스템을 통해 실제 언어 수행 능력을 측정할 수 있는 시험입니다.

## ○ 시험 구성

- **출제 기준**: 객관식 5지 선다형, 100문항 (문항당 균일 배점이 원칙이나 필요시 차등 배점)
- **출제 영역**

| 어휘·어법 능력 | | 이해 능력 | | 표현 능력 | | 창안 능력 | 국어 문화 능력 |
|---|---|---|---|---|---|---|---|
| 어휘 | 어법 | 듣기 | 읽기 | 쓰기 | 말하기 | 창안 | 국어 문화 |

- **시험 영역과 문항 배분**

| 시험 영역 | 문항 번호 | 시험 시간(총120분) |
|---|---|---|
| 듣기·말하기 | 1번~15번(15문항) | 10:00 ~ 10:25 (25분)<br>(9:30까지 고사실 입실) |
| 어휘 | 16번~30번(15문항) | 10:25 ~ 12:00 (95분)<br>(쉬는 시간 없음) |
| 어법 | 31번~45번(15문항) | |
| 쓰기 | 46번~50번(5문항) | |
| 창안 | 51번~60번(10문항) | |
| 읽기 | 61번~90번(30문항) | |
| 국어 문화 | 91번~100번(10문항) | |

## ○ 성적 등급표

| 등급 | 환산 점수 | 내용 |
|---|---|---|
| 1급 | 830-990 | 전문가 수준의 뛰어난 한국어 사용 능력을 가지고 있으며, 언론인, 방송인, 저술가, 작가, 국어 관련 교육자, 기획 및 홍보 업무 책임자로서 갖추어야 할 언어 능력을 충분히 갖추고 있음 |
| 2+급 | 785-845 | 일반인으로서 매우 뛰어난 수준의 한국어 사용 능력을 가지고 있으며, 언론인, 방송인, 저술가, 작가, 국어 관련 교육자, 기획 및 홍보 업무를 수행할 언어 사용 능력을 갖추고 있음 |
| 2-급 | 735-800 | 일반인으로서 뛰어난 수준의 한국어 사용 능력을 가지고 있으며, 언론인, 방송인, 저술가, 작가, 국어 관련 교육자, 기획 및 홍보 업무를 수행할 기본적인 언어 사용 능력을 갖추고 있음 |
| 3+급 | 675-750 | 일반인으로서 보통 수준 이상의 한국어 사용 능력을 가지고 있으며, 일반 업무를 수행할 수 있는 언어 사용 능력을 갖추고 있음 |
| 3-급 | 625-690 | 국어 교육을 정상적으로 이수한 일정 수준 이상의 한국어 사용 능력을 가지고 있으며, 일정 범위 내에서 일반 업무를 수행할 수 있는 언어 사용 능력을 갖추고 있음 |
| 4+급 | 535-640 | 국어 교육을 정상적으로 이수한 수준의 한국어 사용 능력을 가지고 있으며, 일정 범위 내에서 일반 업무를 수행할 수 있는 기초적인 언어 사용 능력을 갖추고 있음 |
| 4-급 | 465-550 | 고교 교육을 이수한 수준의 한국어 사용 능력을 가지고 있으며, 일정 범위 내에서 기본 업무를 수행할 수 있는 기초적인 언어 사용 능력을 갖추고 있음 |
| 무급 | 10-480 | 국어 사용 능력을 위해 노력해야 함 |

## ○ 응시 안내

| 구분 | 내용 |
| --- | --- |
| 응시 대상 | 대한민국 국적을 가진 국민<br>(단, 외국인의 경우 외국인등록증, 국내거소신고증, 영주증 중 한 가지를 소지하고 있어야 응시 가능) |
| 응시 지역 | 서울, 인천, 수원, 고양, 부산, 울산, 창원, 대구, 광주, 전주, 대전, 청주, 춘천, 강릉, 제주 등 15개 권역에서 주로 실시<br>(사정에 따라 추가 또는 취소되는 지역이 발생할 수 있음) |
| 응시 방법 | KBS한국어능력시험 홈페이지(www.kbskorean.org)에서 온라인 접수 |
| 응시료 | 33,000원<br> - 자격증 발급 수수료 : 5,000원 (등기우편, 자격증 발급 수수료는 응시료에 포함되지 않음) |
| 수험자 준비물 | 신분증, 수험표, 연필, 지우개 |

## ○ 활용 기관

| 응시 영역 | 활용 대상 | 활용 |
| --- | --- | --- |
| 공무 영역 | 국민건강보험공단, 한국전력공사, 근로복지공단, 한국남동발전 등의 지원자 | 채용 가산점, 자기 점검 |
| 군인 영역 | 간부사관, 법무부사관, 육군부사관, 민간부사관 등의 지원자 및 종사자 | 임용, 승진 가산점, 자기 점검 |
| 교사·강사 영역 | 교원 및 강사 지원자 및 종사자 | 교원 및 강사 채용, 자기 점검 |
| 청소년 영역 | 중·고등학교 학생 | 특목고 진학 및 대입 면접, 자기 점검 |
| 언론 영역 | KBS, 한겨레신문, 경향신문, 서울신문사 등의 지원자 및 종사자 | 채용 및 승진, 자기 점검 |
| 직무 영역 | 일반 회사 지원자 및 종사자 | 채용 및 승진, 자기 점검 |
| 외국어 영역 | 국내 거주 외국인 | 외국인 근로자 채용, 자기 점검 |

※ 활용 기관 상세는 KBS한국어능력시험 홈페이지(www.kbskorean.org)에서 확인할 수 있으며, 자세한 채택 및 세부 적용 기준은 해당 기관에 확인 바랍니다.

## ○ 2026년 시험 일정

| 회차 | 접수 기간 | 시험일시 | 성적 발표일 |
| --- | --- | --- | --- |
| 제89회 | 2026.1.5.(월) 09:00 ~ 2026.2.6.(금) 18:00 | 2026.2.28.(토) | 2026.3.12.(목) |
| 제90회 | 2026.3.9.(월) 09:00 ~ 2026.4.3.(금) 18:00 | 2026.4.19.(일) | 2026.4.30.(목) |
| 제91회 | 2026.5.4.(월) 09:00 ~ 2026.6.5.(금) 18:00 | 2026.6.21.(일) | 2026.7.2.(목) |
| 제92회 | 2026.7.6.(월) 09:00 ~ 2026.8.7.(금) 18:00 | 2026.8.23.(일) | 2026.9.3.(목) |
| 제93회 | 2026.9.7.(월) 09:00 ~ 2026.10.2.(금) 18:00 | 2026.10.18.(일) | 2026.10.29.(목) |
| 제94회 | 2026.11.2.(월) 09:00 ~ 2026.12.4.(금) 18:00 | 2026.12.20.(일) | 2026.12.31.(목) |

※ 운영사의 사정에 따라 시험 일정은 변경 및 취소될 수 있으니, 자세한 시험 일정은 KBS한국어능력시험 홈페이지(www.kbskorean.org)에서 확인 바랍니다.

# KBS한국어능력시험 미리보기

## ○ 듣기·말하기 (1번~15번)

- 그림 해설, 라디오 방송, 강연, 발표, 대담, 사적 대화, 협상, 시, 이야기를 듣고 그와 관련된 15문제의 알맞은 정답을 고르는 영역입니다.
- 5문제는 하나의 음성으로 1문제씩 풀고, 10문제는 하나의 음성으로 2문제씩 세트로 풀어야 합니다.
- 1번부터 15번까지 총 15문제가 출제됩니다.

---

6. 전문가가 설명한 내용과 일치하지 <u>않는</u> 것은?
   ① 이어폰 사용 습관을 개선하는 것은 수면의 질 향상에 도움이 된다.
   ② 청소년은 자기조절 능력이 부족해 이어폰 사용 시간 조절이 어렵다.
   ③ 헤드폰은 이어폰보다 음압이 더 집중되므로 청력 손상 위험이 크다.
   ④ 이어폰 내부의 습기와 세균으로 인해 귀의 감염 위험이 커질 수 있다.
   ⑤ 이어폰으로 인한 청력 문제는 성인이 되어서도 회복되지 않을 수 있다.

7. 진행자의 말하기 방식으로 적절하지 <u>않은</u> 설명은?
   ① 전문가의 설명을 요약하며 대담 내용을 정리하고 있다.
   ② 청력 손상 외의 추가적인 문제점에 대해 질문하고 있다.
   ③ 이어폰 사용이 증가한 배경을 언급하며 주제를 소개하고 있다.
   ④ 전문가에게 안전한 이어폰 사용법에 대한 정보를 요청하고 있다.
   ⑤ 전문가의 설명에 의문을 제기하며 다른 관점의 내용을 제시하고 있다.

---

**해설** 6. ③ 전문가의 3번째 발언 "이어폰보다는 헤드폰을 사용하면 음압이 분산되어 청력 손상 위험이 줄어듭니다."에 따르면 헤드폰은 음압을 분산시키므로 이어폰보다 음압이 집중되어 청력 손상 위험이 크다는 설명은 적절하지 않다.

7. ⑤ 진행자는 전문가의 설명에 의문을 제기하면서 다른 관점의 내용을 제시하고 있지 않으므로 적절하지 않다.

## ○ 어휘 (16번~30번)

- 고유어와 한자어의 의미, 의미 관계, 속담, 관용 표현, 사자성어, 순화어와 관련된 15문제의 알맞은 정답을 고르는 영역입니다.
- 의미 관계는 회차마다 동음이의어, 유의 관계, 반의 관계 등의 출제 포인트가 달라지는 경향이 있으나, 그 외는 고정적으로 출제되는 편입니다.
- 16번부터 30번까지 총 15문제가 출제됩니다.

---

**18. 밑줄 친 고유어의 사용이 적절하지 않은 것은?**

① 나는 실수를 저지른 후 점직한 표정으로 사과했다.
② 낚시꾼은 미끼가 물에 자박이는 소리에 귀를 기울였다.
③ 전통 혼례식에서 신부의 음전한 태도는 아름다움을 더했다.
④ 대학을 졸업하고 설면한 동창들과 10년 만에 모임을 개최했다.
⑤ 작가의 웅숭깊은 문학적 통찰은 독자들에게 깊은 감동을 주었다.

---

**해설** ② 문맥상 미끼가 물에서 움직인다는 의미이므로 "가볍게 발소리를 내면서 가만가만 걷다."를 뜻하는 고유어 '자박이다'의 쓰임이 적절하지 않다. 참고로, 이때는 "작은 물체가 물에 부딪치거나 잠기는 소리가 나다. 또는 그런 소리를 내다."를 뜻하는 '잠방이다'를 사용하는 것이 적절하다.

## ○ 어법 (31번~45번)

- 한글 맞춤법, 표준어 규정, 외래어 표기법, 로마자 표기법, 정확한 문장 표현과 관련된 15문제의 알맞은 정답을 고르는 영역입니다.
- 정확한 문장 표현에서 높임 표현의 출제 포인트가 회차마다 달라지는 경향이 있으나, 그 외는 고정적으로 출제되는 편입니다.
- 31번부터 45번까지 총 15문제가 출제됩니다.

---

**35. 밑줄 친 부분의 표기가 적절하지 않은 것은?**

① 바람이 너무 서느래.
② 그 산은 아주 높다래.
③ 아기의 웃음은 해말개.
④ 그녀의 눈은 아주 둥그레.
⑤ 폭우가 내려서 시냇물이 멀게.

---

**해설** ① 서느래(×) → 서느레(○): '서느렇다'의 어간 '서느렇-'이 어미 '-어'와 결합하면 어간의 끝 'ㅎ'이 줄어들고 어미가 '-에'로 변한다. 따라서 '서느레'로 활용하므로 '서느래'로 표기하는 것은 적절하지 않다. 참고로, '서느렇다'는 '서느러니', '서느렇소'로도 활용한다.

# KBS한국어능력시험 미리보기

## ○ 쓰기 (46번~50번)

- 글쓰기 계획, 고쳐 쓰는 방법과 관련된 5문제의 알맞은 정답을 고르는 영역입니다.
- 전반적으로 모든 유형이 고정적으로 출제되는 편입니다.
- 46번부터 50번까지 총 5문제가 출제됩니다.

---

**48.** 위의 계획과 자료를 바탕으로 <글쓰기 개요>를 작성하였다. 수정 방안으로 적절하지 <u>않은</u> 것은?

< 글쓰기 개요 >

Ⅰ. 도시 농업이란?
  1. 우리나라 도시 농업의 현황 ················································· ㉮
  2. 도시 농업의 개념과 배경
  3. 조기 귀농 인구의 증가 ······················································· ㉯

Ⅱ. 도시 농업의 문제점
  1. 도시 농업 공간의 부족
  2. 도시 농업 관련 연구 기술 부족
  3. 전문 인력의 부족 ····························································· ㉰
  4. 도시 농업의 제도적 기반 미흡

Ⅲ. 도시 농업 개선 방안 ····························································· ㉱
  1. 도시 농업 공간의 확보
  2. 농업 기술 확보 방안 마련 ················································· ㉲
  3. 도시 농업 전문 인력 양성 및 교육
  4. 도시 농업 관련 제도적 기반 마련

Ⅳ. 도시 농업 활성화를 위한 지속적 관심 요구 및 제도 개선 촉구

① ㉮는 개념을 설명한 후 현황이 나오는 것이 적절하므로 'Ⅰ-2'와 순서를 바꾼다.
② ㉯는 상위 항목인 '도시 농업'과 관련 없으므로 삭제한다.
③ ㉰는 구체적이지 않으므로 '도시 농업 담당 전문 인력의 부족'으로 수정한다.
④ ㉱는 자연스러운 내용 전개를 위해 '도시 농업 관련 제도'로 바꾼다.
⑤ ㉲는 'Ⅱ-2'를 고려해 '도시 농업 관련 기술 개발 및 보급 확대'로 수정한다.

**해설** ④ 내용의 흐름상 'Ⅱ. 도시 농업의 문제점' 이후에는 문제점을 개선하기 위한 방안이 제시되는 것이 자연스럽다. 또한 '도시 농업 관련 제도'는 'Ⅲ'의 하위 내용을 모두 포괄하지 못하므로 '도시 농업 개선 방안'을 '도시 농업 관련 제도'로 바꾸는 것은 적절하지 않다.

## ○ 창안 (51번~60번)

- 지문이나 그림을 바탕으로 유비 추론하는 10문제의 알맞은 정답을 고르는 영역입니다.
- 유비 추론과 속담 및 관용 표현이 결합되어 출제되는 경우도 있습니다.
- 51번부터 60번까지 총 10문제가 출제됩니다.

※ 다음 글을 읽고 물음에 답하시오.

인공지능(AI) 기술은 인간의 의사결정 과정을 보조하거나 대체하는 데 점점 더 많이 활용되고 있다. 특히 의료, 금융, 법률 등의 분야에서 인공지능 시스템이 진단, 신용 평가, 판결 보조 등의 역할을 수행하고 있다. 그러나 이러한 인공지능의 판단이 항상 공정하고 투명한 것은 아니다. ㉠ 인공지능 시스템은 학습 데이터에 내재된 편향성을 그대로 습득하여 결과물에 반영하기 때문에, 기존 사회의 차별이나 불평등을 재생산하거나 심화시킬 우려가 있다.

이러한 문제를 해결하기 위해 ㉡ '설명 가능한 인공지능'이 주목받고 있다. 설명 가능한 인공지능은 복잡한 인공지능 모델의 의사결정 과정을 인간이 이해할 수 있는 형태로 설명하는 기술이다. 이를 통해 인공지능의 판단 근거를 파악하고, 잠재적인 편향이나 오류를 식별하여 수정할 수 있다. 따라서 사용자는 인공지능의 추천이나 예측을 맹목적으로 따르기보다는 비판적으로 평가하고 최종 결정에 활용할 수 있게 된다.

**59. 윗글의 ㉠과 <보기>에서 공통적으로 이끌어 낼 수 있는 주제로 가장 적절한 것은?**

< 보기 >

한 연구에 따르면, 판사들이 배고픔을 느낄 때 가석방 신청을 기각하는 비율이 높아지는 경향이 있다고 한다. 또한 피고인의 인종, 성별, 외모 등에 따라 판결의 엄격함이 달라질 수 있다는 연구 결과도 있다. 이러한 편향이 존재하더라도 판사 개인이 그것을 인지하거나 수정하기는 매우 어렵다.

① 기술적 한계를 극복하기 위한 지속적 연구의 필요성
② 최신 기술 도입에 따른 사회적 변화에 대한 적응 과정
③ 전문가의 판단과 인공지능 분석을 병행해야 할 필요성
④ 인간과 기계의 의사결정 방식의 차이에서 오는 윤리적 문제
⑤ 의사결정 시스템에 내재된 편향성을 인식하고 대응해야 할 필요성

**해설** ⑤ 인공지능 시스템이 데이터에 내재된 편향성을 결과물에 그대로 반영하는 것처럼, <보기>의 판사도 자신의 사고에 내재된 편향성을 판결 결과에 반영하여 객관성을 잃기도 한다. 따라서 ㉠과 <보기> 모두 내재된 편향성이 결과에 반영되는 문제가 발생한 것이므로 이러한 문제에 대응이 필요하다는 ⑤가 가장 적절하다.

# KBS한국어능력시험 미리보기

## ○ 읽기 (61번~90번)

- 현대 시·소설, 인문·과학 분야의 장문, 실용문(안내문, 뉴스 보도)을 독해하는 30문제의 알맞은 정답을 고르는 영역입니다.
- 인문·과학 분야의 장문, 실용문, 현대 시·소설 순으로 고정된 출제 비중이 유지되고 있으며, 지문 유형도 고정적으로 출제되는 편입니다.
- 61번부터 90번까지 총 30문제가 출제됩니다.

---

※ 다음 글을 읽고 물음에 답하시오.

### 시립 도서관 자원봉사자 모집 안내

시민들에게 양질의 도서관 서비스를 제공하고, 지역 주민들의 독서 문화 증진을 위해 시립 도서관 자원봉사자를 아래와 같이 모집합니다.

1. 활동 기간: 2025년 10월 ~ 2025년 12월
2. 접수 기간: 2025년 9월 10일(수) ~ 9월 24일(수), 오후 6시 마감
3. 모집 분야 및 인원
   - 도서 정리 도우미: 15명
   - 노인 대상 책 읽기: 10명
   - 어린이 독서 지도: 10명
   - 문화 행사 보조: 5명
4. 활동 장소: 시내 5개 시립 도서관(중앙, 동부, 서부, 남부, 북부)
5. 신청 자격: 공고일 기준 우리 시 거주자
   - 만 18세 이상 시민
   - 주 1회 이상(4시간) 봉사 활동 가능한 자
   - 독서 지도 분야는 관련 자격증 소지자 우대
6. 신청 방법: 시립 도서관 누리집에서 지원서 작성 후 제출
   ※ 지원 시 자기소개서와 개인 정보 이용 동의서 필수 제출
7. 선발 방법
   (1차) 서류 심사: 지원 동기 및 활동 계획 평가
   (2차) 면접: 서류 심사 통과자에 한해 실시(10월 1일 ~ 2일)
   ※ 최종 합격자 발표: 10월 13일, 개별 문자 통보
8. 혜택
   - 자원봉사 활동 시간 인정 및 확인서 발급
   - 월별 우수 자원봉사자 선정 및 시장 표창
   - 도서관 행사 우선 참여 기회 제공
   - 활동비 지원: 간식비 및 교통비 일일 8,000원

**83. 윗글을 이해한 내용으로 가장 적절한 것은?**

① 활동 기간은 3개월로 정해져 있다.
② 모든 지원자는 면접 심사를 거쳐야 한다.
③ 자원봉사 활동은 매일 4시간씩 진행된다.
④ 다른 시의 거주자도 활동에 참여할 수 있다.
⑤ 자원봉사 지원자는 한 분야만 선택해야 한다.

**해설** ① '1. 활동 기간'에 "2025년 10월 ~ 2025년 12월"이라고 명시되어 있으므로 활동 기간이 3개월로 정해져 있다는 내용은 적절하다.

## 🔵 국어 문화 (91번~100번)

- 문학 작품·작가, 중세 국어, 남북한의 언어, 다양한 매체의 언어를 다루는 10문제의 알맞은 정답을 고르는 영역입니다.
- 국어 문화는 출제 범위가 넓고 유형 변화도 잦으나, 최근에는 유형의 비중이 동일한 편이고, 점자와 수어가 교차로 출제되고 있습니다.
- 91번부터 100번까지 총 10문제가 출제됩니다.

---

92. <보기>에서 설명하는 문학 작품은?

< 보 기 >

이 작품은 조세희가 지은 단편 소설로, 산업화 시대의 도시에 사는 빈민 가족의 모습을 보여줌으로써 가난으로 인한 삶의 고통과 좌절을 드러낸다. 도시 재개발 사업으로 한순간에 집을 잃어버린 가족의 모습과 입주권을 둘러싼 갈등으로 이야기가 전개된다.

① 관촌수필
② 난장이가 쏘아올린 작은 공
③ 동행
④ 서울, 1964년 겨울
⑤ 탈출기

해설 ② <보기>에서 설명하는 작품은 「난장이가 쏘아올린 작은 공」으로 조세희가 지은 단편 소설이다. '난장이'로 불리는 노동자 '아버지'를 중심으로 가난한 도시 노동자의 현실을 드러내고, 이에 대비되는 자본가 계층의 삶을 드러내고 있는 작품이다. 따라서 ②가 정답이다.

# 목표등급 달성 학습 플랜

**12일 완성**

매일 3시간씩 차근차근 학습하여, 확실하게 목표등급을 취득하길 원하는 학습자에게 추천합니다.

| 1일차 | 2일차 | 3일차 |
|---|---|---|
| ☐ **암기편** 어휘 01단원 | ☐ **암기편** 어휘 02단원 | ☐ **암기편** 어휘 03단원<br>☐ **전략편** 듣기·말하기 전체 |

| 4일차 | 5일차 | 6일차 |
|---|---|---|
| ☐ **암기편** 어휘 04단원<br>☐ **전략편** 쓰기 전체 | ☐ **암기편** 어휘 05단원, 최종점검문제<br>☐ **전략편** 창안 전체 | ☐ **암기편** 어법 01단원 |

| 7일차 | 8일차 | 9일차 |
|---|---|---|
| ☐ **암기편** 어법 02단원<br>☐ **전략편** 읽기 01단원 | ☐ **암기편** 어법 03~04단원 | ☐ **암기편** 어법 최종점검문제<br>☐ **전략편** 읽기 02단원 |

| 10일차 | 11일차 | 12일차 |
|---|---|---|
| ☐ **암기편** 국어 문화 01단원<br>☐ **전략편** 읽기 03단원 | ☐ **암기편** 국어문화 02~03단원, 최종점검문제<br>☐ 기출동형 모의고사 | ☐ **전략편** 읽기 최종점검문제<br>☐ 기출동형 모의고사(PDF) |

*학습이 완료된 분량에 체크(√) 표시를 하세요.

**6일 완성** 매일 6시간씩 집중 학습하여, 더욱 빠르게 목표등급을 취득하길 원하는 학습자에게 추천합니다.

| 1일차 | 2일차 | 3일차 |
|---|---|---|
| ☐ 암기편 어휘 01~02단원 | ☐ 암기편 어휘 03~05단원, 최종점검문제<br>☐ 전략편 듣기·말하기 전체 | ☐ 암기편 어법 01~02단원<br>☐ 전략편 쓰기 전체 |

| 4일차 | 5일차 | 6일차 |
|---|---|---|
| ☐ 암기편 어법 03~04단원, 최종점검문제<br>☐ 전략편 창안 전체 | ☐ 암기편 국어 문화 전체<br>☐ 전략편 읽기 01단원<br>☐ 기출동형 모의고사 | ☐ 전략편 읽기 02~03단원, 최종점검문제<br>☐ 기출동형 모의고사(PDF) |

*학습이 완료된 분량에 체크(√) 표시를 하세요.

# 외울수록 등급이 오르는 암기편

## ○ 암기편 출제 비중

암기편은 총 100문제 중 40문제로, 어휘 영역 15문제(15%), 어법 영역 15문제(15%), 국어 문화 영역 10문제(10%)의 비중을 차지합니다. 암기편은 어휘의 뜻풀이, 어법의 원리, 국문학 작품 및 작가, 중세 국어 문법 등의 개념을 암기해야 풀 수 있는 영역입니다.

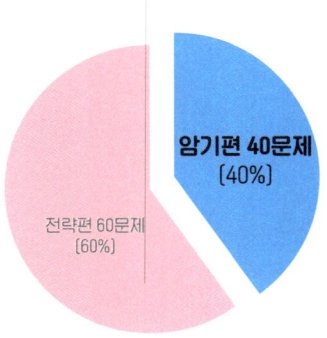

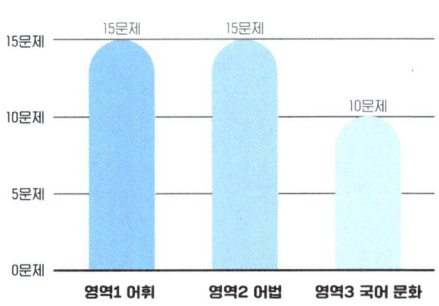

해커스 36시간에 끝내는 KBS한국어능력시험

영역1   어휘

영역2   어법

영역3   국어 문화

## ○ 영역별 학습 시간 및 방법

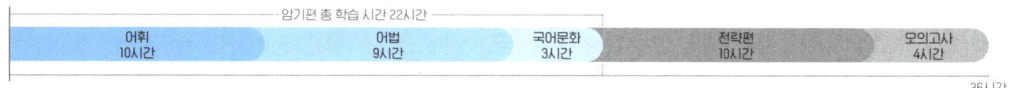

### ⏱ 어휘 10시간
- **암기 7시간**
  - 최초 암기 5시간 + 반복 암기 2시간
  - 재출제 확률이 높은 어휘를 선택적으로 먼저 암기하기
- **풀이 3시간**
  - 실제 출제 유형 파악하며, 암기 개념 검토하기

### ⏱ 어법 9시간
- **암기 5시간**
  - 최초 암기 3시간 + 반복 암기 2시간
  - 빈출 어법 규정과 예시 위주로 암기하기
- **풀이 4시간**
  - 실제 출제 유형 파악하며, 규정 적용 및 암기 개념 검토하기

### ⏱ 국어 문화 3시간
- **암기 1시간**
  - 학습 시간 대비 득점이 쉬운 영역이니, 빈출 개념 암기하기
- **풀이 2시간**
  - 유형이 다양한 편이니, 반드시 모든 유형의 문제 풀어보기

# 영역1 어휘

01  고유어
02  한자어
03  어휘의 의미 관계
04  속담·사자성어·관용구
05  순화어

# 최신 출제 경향

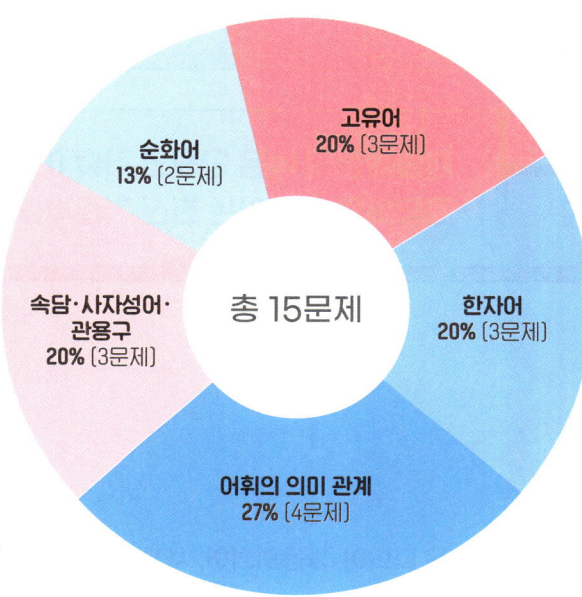

▲ 최근 3개년 출제 경향

**[출제 1순위]** **어휘의 의미 관계 27% (4문제)**
두 개 이상의 어휘들을 대상으로 유의 관계, 반의 관계, 상하 관계, 전체-부분 관계, 다의 관계, 동음이의 관계를 가려내는 문제가 가장 많이 출제됩니다.

**[출제 2순위]** **고유어 20% (3문제)   한자어 20% (3문제)   속담·사자성어·관용구 20% (3문제)**
고유어의 사전적·문맥적 의미를 가려내는 문제, 한자어의 사전적·문맥적 의미를 가려내는 문제, 속담·사자성어·관용구의 올바른 쓰임을 가려내는 문제가 많이 출제됩니다.

**[출제 3순위]** **순화어 13% (2문제)**
어려운 한자어나 외래어를 쉬운 우리말로 순화하는 문제가 출제됩니다.

# 기출분석으로 보는 합격전략

 3+~2+급에 합격하려면 어휘를 어떻게 공부해야 하나요?

 재출제율이 높은 단원의 기출 어휘를 우선 암기하고 고유어와 한자어는 최신 기출 어휘 위주로 암기하세요!

**합격전략 1** 재출제율이 높은 다의어, 동음이의어, 사자성어 기출 어휘 우선 암기하기!

● 최근 3개년 단원별 기출 어휘 재출제율

어휘의 의미 관계와 속담·사자성어·관용구 단원의 다의어, 동음이의어, 사자성어는 기출 어휘가 재출제될 확률이 50% 이상입니다. 다른 어휘보다 다시 출제될 확률이 거의 2배 이상 높으므로 이를 먼저 암기하여, 어휘 득점 확률을 높여야 합니다.

**합격전략 2** 외우기 쉬운 순화어 기출 어휘 우선 암기하기!

- 외래어 순화어 선택지 예시

    ② 요즘 카페에서 드라이브스루(→ 승차 구매) 서비스가 확대되고 있다.
    ③ 은행은 창업을 위한 새로운 이지 머니(→ 저리 자금) 상품을 출시했다.

- 한자어 순화어 선택지 예시

    ② 정부는 일부 국유지를 개인 투자자들에게 불하(拂下)하였다. → 팔아 버렸다
    ④ 대표님은 회사의 성과를 경영 일지에 누가 기록(累加記錄)하였다. → 거듭 보태 적었다

일상생활이나 사회적 이슈가 된 외래어, 공식 문서에 쓰이는 한자어가 주로 출제되고, 문장과 함께 제시되어 어휘의 이미지로 쉬운 우리말을 떠올릴 수 있습니다. 다른 어휘와 달리 뜻풀이를 외우지 않아도 되고 암기 분량도 적어 짧은 시간 투자로 빠르게 점수를 확보할 수 있습니다.

**고등급 필수**
**합격전략 3** 출제 확률이 높은 최신 기출 고유어와 한자어를 암기하기!

- 빈출 고유어 출제 빈도

| 대표 고유어 | 출제 연도 |
| --- | --- |
| 가뭇없다 | 2023, 2025 |
| 가살스럽다 | 2024(3회) |
| 국으로 | 2024, 2025 |
| 깜냥 | 2022, 2023, 2024 |
| 마뜩하다 | 2023, 2025 |
| 무람없다 | 2023, 2025 |
| 함함하다 | 2023, 2025 |

- 빈출 한자어 출제 빈도

| 대표 한자어 | 출제 연도 |
| --- | --- |
| 감상(感想/鑑賞) | 2022, 2024 |
| 과문(寡聞) | 2023, 2025 |
| 연연하다(戀戀) | 2023(2회) |
| 기탄(忌憚) | 2023, 2025 |
| 반향(反響) | 2022, 2025 |
| 저간(這間) | 2023(2회) |
| 제고(提高) | 2022, 2023 |

고유어와 한자어는 분량이 많고 재출제율은 낮은 편이나 출제 연도의 간격을 분석한 결과, 최신 기출 어휘일수록 재출제 확률이 높았습니다. 따라서 방대한 어휘를 무작정 외우기보다, 최근 시험에 나온 어휘를 먼저 외워야 효율적으로 등급을 올릴 수 있습니다.

영역1 어휘

# 01 고유어

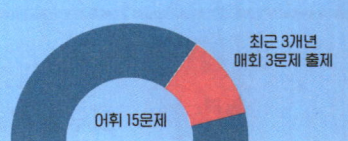

최근 3개년
매회 3문제 출제

어휘 15문제

## STEP 1 최신 기출유형 파악하기

### 기출유형 ① 고유어의 사전적 의미
최근 3개년 평균 정답률 42.28%

지시문에 제시된 의미에 맞는 고유어를 찾는 유형이다. 사람의 특성, 감정, 행동을 뜻하는 주제별 고유어나 같은 단어가 반복되는 표기적 특성을 지닌 고유어끼리 한 문제의 선택지로 구성되며, 매회 1문제 출제된다.

**예제**

"음식을 많이 먹지 못하는 사람."을 의미하는 고유어는?

① 몽니        ② 우수리        ③ 구나방        ④ 고삭부리        ⑤ 농투성이

**정답분석**
④ "음식을 많이 먹지 못하는 사람."을 뜻하는 고유어는 '고삭부리'이므로, 답은 ④이다.

**오답분석**
① 몽니: 받고자 하는 대우를 받지 못할 때 내는 심술.
② 우수리: 물건값을 제하고 거슬러 받는 잔돈.
③ 구나방: 말이나 행동이 모질고 거칠고 사나운 사람을 이르는 말.
⑤ 농투성이: '농부'를 낮잡아 이르는 말.

### 기출유형 ② 고유어의 문맥적 의미
최근 3개년 평균 정답률 48.06%

예문에 쓰인 고유어의 의미가 바르게 풀이되었는지, 문맥상 고유어의 쓰임이 적절한지 판단하는 유형이다. 고유어를 암기할 때 예문을 확인하며 고유어가 어떤 상황에 쓰이는지 익혀 두어야 한다. 매회 2문제 출제된다.

**예제**

밑줄 친 고유어의 쓰임이 적절하지 <u>않은</u> 것은?

① 욕조에 받아 놓은 물이 <u>밍근해</u> 온수를 틀었다.
② 강추위에 옷을 잔뜩 껴입었더니 옷차림이 <u>가든하다</u>.
③ 할머니께서는 항상 따뜻한 마음으로 우리를 <u>그늘렀다</u>.
④ 그와 나는 <u>버름하여</u> 함께 회의할 때마다 마찰이 생기곤 한다.
⑤ 그녀는 가끔 <u>가살스럽게</u> 말해 주변 사람들에게 미움을 받기도 한다.

**정답분석**
② '가든하다'는 "다루기에 가볍고 간편하거나 손쉽다."를 의미하는 고유어이므로 문맥상 옷을 여러 벌 입은 상황에서 쓰기 적절하지 않다.

**오답분석**
① 밍근하다: 약간 미지근하다.
③ 그느르다: 돌보고 보살펴 주다.
④ 버름하다: 마음이 서로 맞지 않아 사이가 뜨다.
⑤ 가살스럽다: 말씨나 행동이 교활하고, 밉살스러운 데가 있다.

# STEP 2 기출개념 암기하기

 추가 어휘 PDF ▶

★ = 2회 이상 출제된 어휘

## 1 사람을 의미하는 고유어

### 1. 최신 기출 고유어(2025~2023)

| 어휘 | 뜻 |
|---|---|
| 가납사니★ | 쓸데없는 말을 지껄이기 좋아하는 수다스러운 사람.<br>예 후배는 **가납사니**라서 시끄럽다. |
| 나이배기 | 겉보기보다 나이가 많은 사람을 낮잡아 이르는 말.<br>예 학생인줄 알았더니 결혼까지 한 **나이배기**였네. |
| 늦깎이★ | 나이가 많이 들어서 어떤 일을 시작한 사람.<br>예 그는 **늦깎이** 교수로 불리었다. |
| 뜨내기★ | 일정한 거처가 없이 떠돌아다니는 사람.<br>예 그는 **뜨내기**가 아니라 우리 가게 단골이다. |
| 떨꺼둥이 | 의지하고 지내던 곳에서 가진 것 없이 쫓겨난 사람.<br>예 그녀는 작은 잘못으로 그만 주인집에서 쫓겨나 **떨꺼둥이**가 되었다. |
| 더펄이 | 성미가 침착하지 못하고 덜렁대는 사람.<br>예 **더펄이**같이 정신이 사납다. |
| 데퉁바리 | 말과 행동이 거칠고 미련한 사람.<br>예 **데퉁바리** 같은 행동. |
| 무녀리 | 말이나 행동이 좀 모자란 듯이 보이는 사람을 비유적으로 이르는 말.<br>예 다 큰 애가 왜 저렇게 **무녀리**야? |
| 살살이 | 간사스럽게 알랑거리는 사람.<br>예 기회주의자인 그녀는 **살살이**다운 행동만 했다. |
| 트레바리★ | 이유 없이 남의 말에 반대하기를 좋아함. 또는 그런 성격을 지닌 사람.<br>예 또 **트레바리**처럼 딴지를 거네. |
| 핫바지 | 시골 사람 또는 무식하고 어리석은 사람을 낮잡아 이르는 말.<br>예 그는 나를 **핫바지**로 여기며 무시한다. |
| 홀몸 | 배우자나 형제가 없는 사람.<br>예 사고로 아내를 잃고 **홀몸**이 되었다. |

**Q1.** 다음 문맥에 알맞은 고유어는?
후배는 [㉠ 가납사니 / ㉡ 떨꺼둥이]라서 시끄럽다.

**Q2.** 다음 문맥에 알맞은 고유어는?
또 [㉠ 무녀리 / ㉡ 트레바리]처럼 딴지를 거네.

### 2. 기출 고유어

| 어휘 | 뜻 |
|---|---|
| 고명딸 | 아들 많은 집의 외딸.<br>예 그녀는 **고명딸**이라 사랑을 많이 받았다. |
| 고삭부리 | 음식을 많이 먹지 못하는 사람.<br>예 **고삭부리**라서 음식의 반도 못 먹었다. |
| 구나방 | 말이나 행동이 모질고 거칠고 사나운 사람을 이르는 말.<br>예 저 **구나방**이 또 성질을 부리네. |
| 구년묵이 | 어떤 일에 오래 종사한 사람을 낮잡아 이르는 말.<br>예 **구년묵이**라고 다 잘하는 건 아니지. |
| 노랑이 | 속이 좁고 마음 씀씀이가 아주 인색한 사람을 낮잡아 이르는 말.<br>예 그는 자기 돈은 쓰지 않는 **노랑이**였다. |
| 농투성이 | '농부'를 낮잡아 이르는 말.<br>예 그는 흙 파먹고 사는 **농투성이**야. |
| 두루치기 | 한 사람이 여러 방면에 능통함. 또는 그런 사람.<br>예 그는 농사, 운동, 집안 살림 등 못하는 것 없는 **두루치기**다. |
| 만무방 | ① 염치가 없이 막된 사람.<br>예 그 사람은 **만무방**이라 체면도 없었다.<br>② 아무렇게나 생긴 사람. |
| 허릅숭이 | 일을 실답게 하지 못하는 사람을 낮잡아 이르는 말.<br>예 **허릅숭이** 주제에 아는 척만 한다. |

**Q3.** 다음 문맥에 알맞은 고유어는?
[㉠ 고삭부리 / ㉡ 구년묵이]라서 음식의 반도 못 먹었다.

**Q4.** 다음 문맥에 알맞은 고유어는?
[㉠ 만무방 / ㉡ 허릅숭이] 주제에 아는 척만 한다.

정답 | Q1. ㉠  Q2. ㉡  Q3. ㉠  Q4. ㉡

## 2 인간의 심리나 상태를 의미하는 고유어

### 1. 최신 기출 고유어(2025~2023)

|  |  |
|---|---|
| 곰살갑다★ | 성질이 보기보다 상냥하고 부드럽다.<br>예) 어찌나 **곰살갑게** 구는지 미워하려야 미워할 수가 없다. |
| 굴뚝같다 | 바라거나 그리워하는 마음이 몹시 간절하다.<br>예) 며칠을 굶었더니 밥 생각이 **굴뚝같다**. |
| 깐지다 | 성질이 까다로울 정도로 빈틈없고 야무지다.<br>예) 다른 사람의 두 몫 이상을 **깐지게** 해내다. |
| 깨단하다★ | 오랫동안 생각해 내지 못하던 일 등을 어떠한 실마리로 말미암아 깨닫거나 분명히 알다. |
| 꼭하다 | 성질이 차분하고 정직하며 고지식하다.<br>예) 그녀의 **꼭한** 성질로 미루어 보아 무슨 일이 벌어질지는 뻔하다. |
| 끌끌하다 | 마음이 맑고 바르고 깨끗하다.<br>예) 그의 **끌끌하고** 점잖은 풍모는 재상이라도 따를 수 없었다. |
| 낯익다 | 여러 번 보아서 눈에 익거나 친숙하다.<br>예) 얼굴은 **낯익은데** 이름이 생각나지 않는다. |
| 달뜨다★ | ① 마음이 가라앉지 않고 조금 흥분되다.<br>예) 그는 마음이 **달떠서** 일이 손에 잡히지 않았다.<br>② 열기가 올라서 진정하지 못하다. |
| 달다 | 안타깝거나 조마조마하여 마음이 몹시 조급해지다.<br>예) 마음이 **달다**. |
| 대끼다 | 어떤 일에 많이 시달리다.<br>예) 지하철에서 사람들에게 **대끼고** 나니 기운이 하나도 없다. |
| 둘되다 | 상냥하지 못하고 미련하고 무디다.<br>예) 아들은 **둘된** 목소리로 투덜댔다. |
| 떼꾼하다 | 눈이 쑥 들어가고 생기가 없다.<br>예) **떼꾼한** 눈. |

**Q1.** 다음 문맥에 알맞은 고유어는?
다른 사람의 두 몫 이상을 (㉠ 곰살갑게 / ㉡ 깐지게) 해내다.

**Q2.** 다음 문맥에 알맞은 고유어는?
그는 마음이 (㉠ 달떠서 / ㉡ 떼꾼해서) 일이 손에 잡히지 않았다.

|  |  |
|---|---|
| 덩둘하다 | 매우 둔하고 어리석다.<br>예) 그는 꾀도 없고 눈치도 없는 **덩둘한** 사람이다. |
| 두텁다 | 신의, 믿음, 관계, 인정 따위가 굳고 깊다.<br>예) 신앙이 **두텁다**. |
| 뜨악하다★ | ① 마음이 선뜻 내키지 않아 꺼림칙하고 싫다.<br>예) **뜨악한** 기분.<br>② 마음이나 분위기가 맞지 않아 서먹하다. 또는 사귀는 사이가 떠서 서먹하다. |
| 맞갖다★ | 마음이나 입맛에 꼭 맞다.<br>예) 마음에 **맞갖지** 않은 일자리라서 거절하였다. |
| 맥쩍다 | 심심하고 재미가 없다.<br>예) 하는 일 없이 **맥쩍게** 앉아 시간을 보내다. |
| 맵짜다★ | ① 성질 따위가 야무지고 옹골차다.<br>예) 그녀는 보기와 달리 꼼꼼하고 **맵짰다**.<br>② 성미가 사납고 독하다. |
| 머쓱하다★ | 무안을 당하거나 흥이 꺾여 어색하고 열없다.<br>예) 그는 자신의 마음을 들킨 것이 **머쓱해서** 웃고 말았다. |
| 보깨다 | ① 먹은 것이 소화가 잘 안되어 속이 답답하고 거북하게 느껴지다.<br>예) 어제저녁 내내 속이 **보깨어** 혼났다.<br>② 일이 뜻대로 되지 않아 마음이 번거롭거나 불편하게 되다. |
| 부숭하다 | 얼굴이 부어오른 듯한 느낌이 있다.<br>예) **부숭한** 눈두덩. |
| 살갑다★ | 마음씨가 부드럽고 상냥하다.<br>예) 딸을 **살갑게** 대하다. |
| 설면하다 | 자주 만나지 못하여 낯이 좀 설다.<br>예) 오랜만에 친구를 만났더니 **설면했다**. |
| 수고롭다 | 일을 처리하기가 괴롭고 고되다.<br>예) 이렇게 **수고로운** 일을 부탁하여 미안하네. |

**Q3.** 다음 문맥에 알맞은 고유어는?
그는 꾀도 없고 눈치도 없는 (㉠ 덩둘한 / ㉡ 뜨악한) 사람이다.

**Q4.** 다음 문맥에 알맞은 고유어는?
오랜만에 친구를 만났더니 (㉠ 부숭하다 / ㉡ 설면했다).

| 어휘 | 뜻 |
|---|---|
| 야멸차다 ★ | 자기만 생각하고 남의 사정을 돌볼 마음이 거의 없다.<br>예 이기적인 그녀는 **야멸찼다**. |
| 열없다 | 좀 겸연쩍고 부끄럽다.<br>예 나는 내 실수가 **열없어서** 얼굴이 붉어졌다. |
| 엄살 | 아픔이나 괴로움 따위를 거짓으로 꾸미거나 실제보다 보태어서 나타냄. 또는 그런 태도나 말.<br>예 그는 아프다며 **엄살**을 부렸다. |
| 웅숭깊다 ★ | 생각이나 뜻이 크고 넓다.<br>예 조카는 어리지만 **웅숭깊었다**. |
| 의뭉하다 ★ | 겉으로는 어리석은 것처럼 보이면서 속으로는 엉큼하다.<br>예 **의뭉한** 속셈을 드러내다. |
| 자그럽다 ★ | 날카로운 소리가 신경을 자극하여 몹시 듣기에 거북하다.<br>예 내 귀에는 노래가 **자그럽기만** 했다. |
| 점직하다 | 부끄럽고 미안하다.<br>예 부탁을 들어주지 못해 **점직했다**. |

> Q5. 다음 문맥에 알맞은 고유어는?
> 내 귀에는 노래가 (㉠ 의뭉하기만 / ㉡ 자그럽기만) 했다.

| 어휘 | 뜻 |
|---|---|
| 주눅 ★ | ① 기운을 제대로 펴지 못하고 움츠러드는 태도나 성질.<br>예 **주눅**이 들다.<br>② 부끄러움이 없이 언죽번죽한 태도나 성질.<br>예 저 녀석은 남들이 욕을 하거나 말거나 **주눅**이 좋게 얼렁뚱땅 넘긴다. |
| 칠칠하다 | ① 주접이 들지 아니하고 깨끗하고 단정하다.<br>예 **칠칠치** 못한 차림의 학생.<br>② 성질이나 일 처리가 반듯하고 야무지다.<br>예 그는 매사에 **칠칠치** 않았다. |
| 하염없이 | 시름에 싸여 멍하니 이렇다 할 만한 아무 생각이 없이.<br>예 어머니는 아들 잃은 설움에 **하염없이** 먼 산만 바라보고 있다. |
| 해사하다 ★ | ① 얼굴이 희고 곱다랗다.<br>예 **해사한** 얼굴.<br>② 표정, 웃음소리 따위가 맑고 깨끗하다. |
| 협협하다 | 활발하고 융통성이 있으며 대범하다.<br>예 반장은 **협협한** 태도로 인기가 많았다. |

> Q6. 다음 문맥에 알맞은 고유어는?
> 반장은 (㉠ 칠칠한 / ㉡ 협협한) 태도로 인기가 많았다.

## 2. 기출 고유어

| 어휘 | 뜻 |
|---|---|
| 고까이 ★ | 섭섭하고 야속하여 마음이 언짢게.<br>예 너무 **고까이** 여기지 말게. |
| 거북하다 | ① 몸이 찌뿌드드하고 괴로워 움직임이 자연스럽지 못하거나 자유롭지 못하다.<br>예 나는 속이 **거북해서** 점심을 걸렀다.<br>② 마음이 어색하고 겸연쩍어 편하지 않다.<br>예 나는 지금 입장이 매우 **거북하다**. |
| 깨다 | 술기운 등이 사라지고 온전한 정신 상태로 돌아오다.<br>예 마취에서 **깨다**. |
| 깨닫다 | 사물의 본질이나 이치 등을 생각하거나 궁리하여 알게 되다.<br>예 잘못을 **깨닫다**. |
| 께름칙하다 | 마음에 걸려서 언짢고 싫은 느낌이 꽤 있다.<br>예 그녀의 의견을 따르기가 **께름칙했다**. |
| 당기다 ★ | 좋아하는 마음이 일어나 저절로 끌리다.<br>예 나는 그 얘기를 듣고 호기심이 **당겼다**. |

> Q7. 다음 문맥에 알맞은 고유어는?
> 잘못을 (㉠ 깨다 / ㉡ 깨닫다).

| 어휘 | 뜻 |
|---|---|
| 도탑다 | 서로의 관계에 사랑이나 인정이 많고 깊다.<br>예 우정이 **도탑다**. |
| 맞갖잖다 | 마음이나 입맛에 맞지 않다.<br>예 외출복이 마음에 **맞갖잖아서** 옷장 앞에서 한참 망설였다. |
| 못내 ★ | ① 자꾸 마음에 두거나 잊지 못하는 모양.<br>예 **못내** 그리워하다.<br>② 이루 다 말할 수 없이.<br>예 합격 소식에 **못내** 기뻐하다. |
| 몽니 ★ | 받고자 하는 대우를 받지 못할 때 내는 심술.<br>예 **몽니**를 부리다. |
| 무지근하다 | 뒤가 잘 안 나와서 기분이 무겁다.<br>예 아랫배가 **무지근하다**. |
| 부러 | ① 실없이 거짓으로.<br>② 특별한 의도로. 또는 마음을 내어 굳이.<br>예 선생님은 학생들의 기를 살려 주려고 **부러** 쉬운 문제를 냈다. |

> Q8. 다음 문맥에 알맞은 고유어는?
> 선생님은 학생들의 기를 살려 주려고 (㉠ 못내 / ㉡ 부러) 쉬운 문제를 냈다.

정답 | Q1. ㉡  Q2. ㉠  Q3. ㉠  Q4. ㉠  Q5. ㉡  Q6. ㉡  Q7. ㉡  Q8. ㉡

|  |  |
|---|---|
| 뻐기다 | 얄미울 정도로 매우 우쭐거리며 자랑하다.<br>예 잘한 일이라고 뻐기다. |
| 섬뜩하다★ | 갑자기 소름이 끼치도록 무섭고 끔찍하다.<br>예 등골이 섬뜩하다. |
| 솔다 | 시끄러운 소리나 귀찮은 말을 자꾸 들어서 귀가 아프다.<br>예 그 말은 귀가 솔도록 들었다. |
| 수더분하다★ | 성질이 까다롭지 않아 순하고 무던하다.<br>예 수더분해 보이다. |
| 스스럽다 | 수줍고 부끄러운 느낌이 있다.<br>예 그녀는 스스러운 눈을 아래로만 향하고 있었다. |
| 알싸하다★ | 매운맛이나 독한 냄새 등으로 콧속이나 혀끝이 알알하다.<br>예 고추가 매워 혀끝이 알싸하다. |
| 여리다 | 의지나 감정 따위가 모질지 못하고 약간 무르다.<br>예 여린 마음에 상처를 받다. |
| 재겹다★ | 몹시 지겹다.<br>예 반복된 잔소리가 재겹게 들렸다. |
| 짐짓★ | 마음으로는 그렇지 않으나 일부러 그렇게.<br>예 짐짓 모른 체하다. |
| 징건하다 | 먹은 것이 잘 소화되지 않아 더부룩하고 그득한 느낌이 있다.<br>예 그는 속이 징건하여 아무것도 먹고 싶지 않았다. |
| 차지다 | 성질이 야무지고 까다로우며 빈틈이 없다.<br>예 부장님은 차진 사람으로 업계에 소문이 자자했다. |
| 짠하다 | 안타깝게 뉘우쳐져 마음이 조금 언짢고 아프다. |
| 휘둥그레지다 | 놀라거나 두려워서 눈이 크고 둥그렇게 되다.<br>예 그녀는 놀라서 눈이 휘둥그레졌다. |
| 후줄근하다★ | 몹시 지치고 고단하여 몸이 축 늘어질 정도로 아주 힘이 없다.<br>예 장마철에 계속되는 비로 기분이 후줄근했다. |

**Q1.** 다음 문맥에 알맞은 고유어는?
그 말은 귀가 (㉠ 솔도록 / ㉡ 알싸하도록) 들었다.

**Q2.** 다음 문맥에 알맞은 고유어는?
반복된 잔소리가 (㉠ 재겹게 / ㉡ 징건하게) 들렸다.

## 3 인간의 행동이나 태도를 의미하는 고유어

### 1. 최신 기출 고유어(2025~2023)

|  |  |
|---|---|
| 가드락대다 | 조금 거만스럽게 잘난 체하며 자꾸 버릇없이 굴다.<br>예 학벌로 가드락대는 꼴은 못 봐주겠다. |
| 가만하다 | 움직이지 않거나 아무 말도 하지 아니한 상태에 있다. |
| 가무리다 | 몰래 혼자 차지하거나 흔적도 없이 먹어 버리다.<br>예 형은 어머니가 주신 사탕을 가무려 버렸다. |
| 거추없다 | 하는 짓이 어울리지 않고 싱겁다.<br>예 눈에 띄고 싶어 큰소리로 웃는 것은 거추없어 보였다. |
| 걱실걱실하다 | 성질이 너그러워 말과 행동을 시원스럽게 하다.<br>예 그녀는 단아한 모습과 달리 걱실걱실했다. |
| 결내다 | 못마땅한 것을 참지 못하여 성을 내다.<br>예 사소한 일로 왜 이리 결내는가? |
| 까부르다 | 키질하듯이 위아래로 흔들다.<br>예 유모가 우는 아이를 까부르며 달랜다. |
| 나부대다★ | 얌전히 있지 못하고 철없이 촐랑거리다.<br>예 그들은 무거운 짐들을 지고 종일 나부댄 탓인지 몹시 피곤했다. |
| 납신하다 | 윗몸을 가볍고 빠르게 고부리다.<br>예 그는 회장을 보자 몸을 납신하고 큰 소리로 인사했다. |
| 내박치다 | 힘껏 집어 내던지다.<br>예 피우던 담배를 담벼락에 내박쳤다. |
| 너스레★ | 수다스럽게 떠벌려 늘어놓는 말이나 짓.<br>예 너스레를 놓다. |

**Q3.** 다음 문맥에 알맞은 고유어는?
눈에 띄고 싶어 큰소리로 웃는 것은 (㉠ 가무려 / ㉡ 거추없어) 보였다.

**Q4.** 다음 문맥에 알맞은 고유어는?
유모가 우는 아이를 (㉠ 까부르며 / ㉡ 나부대며) 달랜다.

|  |  |
|---|---|
| 늘차다★ | 능란하고 재빠르다.<br>예 늘찬 일솜씨. |
| 답삭이다 | 왈칵 달려들어 냉큼 물거나 움켜잡다.<br>예 쥐가 미끼를 답삭이는 순간 덫에 걸렸다. |
| 드잡이 | 서로 머리나 멱살을 움켜잡고 싸우는 짓.<br>예 드잡이 싸움. |
| 드레 | 사람의 됨됨이가 가볍지 않고 점잖아서 무게가 있다.<br>예 어린 사람이 퍽 드레가 있어 보인다. |
| 무람없다★ | 예의를 지키지 않으며 삼가고 조심하는 것이 없다.<br>예 제 행동이 다소 버릇없고 무람없더라도 용서하십시오. |
| 무쪽같다 | 하는 행동이 변변치 못함을 이르는 말.<br>예 꼼꼼한 어머니와 달리 나는 무쪽같았다. |
| 물색없이 | 말이나 행동이 형편이나 조리에 맞는 데가 없이.<br>예 당황한 나머지 물색없이 대답했다. |

**Q5.** 다음 문맥에 알맞은 고유어는?
　어린 사람이 퍽 (㉠ 드잡이 / ㉡ 드레)가 있어 보인다.

|  |  |
|---|---|
| 바장이다 | ① 부질없이 짧은 거리를 오락가락 거닐다.<br>예 불안한 마음에 마당을 바장였다.<br>② 마음에 걸리는 것이 있어서 머뭇머뭇하다. |
| 삽삽하다 | 태도나 마음 씀씀이가 마음에 들게 부드럽고 사근사근하다.<br>예 청년의 삽삽한 태도에 마음이 누그러졌다. |
| 습습하다 | 마음이나 하는 짓이 활발하고 너그럽다.<br>예 선생님은 언제나 습습하셨다. |
| 자박이다 | 가볍게 발소리를 내면서 가만가만 걷다.<br>예 아이가 자박이며 다가왔다. |
| 찬찬하다★ | 성질이나 솜씨, 행동 따위가 꼼꼼하고 차분하다.<br>예 찬찬하게 관찰하다. |
| 허수롭다★ | 짜임새나 단정함이 없이 느슨한 데가 있다.<br>예 담임 선생님은 허수롭게 대답하는 학생을 크게 혼냈다. |

**Q6.** 다음 문맥에 알맞은 고유어는?
　불안한 마음에 마당을 (㉠ 바장였다 / ㉡ 습습했다).

## 2. 기출 고유어

|  |  |
|---|---|
| 구리다 | 행동이 떳떳하지 못하고 의심스럽다.<br>예 그 사람이 하는 짓이 뭔가 구리다. |
| 꿈적하다 | 몸이 둔하고 느리게 움직이다. 또는 몸을 둔하고 느리게 움직이다.<br>예 어머니가 심부름을 시키시려고 동생을 불렀지만 동생은 꿈적하지 않았다. |
| 내리밟다 | 위에서 아래로 힘주어 밟다.<br>예 아낙들은 디딜방아를 내리밟으면서 노래를 불렀다. |
| 내밟다 | 밖이나 앞으로 옮겨 디디다.<br>예 그는 난간을 붙잡고 겨우 앞으로 한 걸음을 내밟았다. |
| 노량★ | 어정어정 놀면서 느릿느릿.<br>예 그는 일을 노량으로 했다. |
| 다그치다 | 일이나 행동 등을 빨리 끝내려고 몰아치다.<br>예 일손을 다그치다. |

**Q7.** 다음 문맥에 알맞은 고유어는?
　그는 난간을 붙잡고 겨우 앞으로 한 걸음을 (㉠ 내리밟았다 / ㉡ 내밟았다).

|  |  |
|---|---|
| 덤뻑 | 서슴지 않고 단숨에 하는 모양.<br>예 물건을 덤뻑 들어 올리다. |
| 도드밟다 | 오르막길 등을 오를 때 발끝에 힘을 주어 밟다.<br>예 비탈길을 도드밟아 산에 올랐다. |
| 손사래 | 어떤 말이나 사실을 부인하거나 남에게 조용히 하라고 할 때 손을 펴서 휘젓는 일.<br>예 허무맹랑한 질문에 그는 손사래를 쳤다. |
| 아양 | 귀염을 받으려고 알랑거리는 말. 또는 그런 짓.<br>예 아양으로 봐주다. |
| 야무지다★ | 사람의 성질이나 행동, 생김새 따위가 빈틈이 없이 꽤 단단하고 굳세다.<br>예 그는 일을 야무지게 처리하는 사람이다. |
| 야물다★ | 일 처리나 언행이 옹골차고 야무지다.<br>예 일을 야물게 처리하다. |

**Q8.** 다음 문맥에 알맞은 고유어는?
　허무맹랑한 질문에 그는 (㉠ 손사래 / ㉡ 아양)를(을) 쳤다.

| 어휘 | 뜻 |
|---|---|
| 어깃장 | 짐짓 어기대는 행동.<br>예 그는 어깃장을 놓기 일쑤였다. |
| 음전하다 | 말이나 행동이 곱고 우아하다. 또는 얌전하고 점잖다.<br>예 음전한 아가씨. |
| 자발없이 | 행동이 가볍고 참을성이 없이.<br>예 아이는 자발없이 뛰어 다녔다. |
| 재다 | ① 동작이 재빠르다.<br>예 몸놀림이 재다.<br>② 참을성이 모자라 입놀림이 가볍다.<br>예 입이 재다. |
| 지르다 | ① 팔다리나 막대기 등을 내뻗치어 대상물을 힘껏 건드리다.<br>예 한 아이가 골문을 향해 공을 힘차게 지른다.<br>② 도박이나 내기에서, 돈이나 물건 따위를 걸다. 예 판돈을 지르다.<br>③ 불을 붙이다. 예 논둑에 불을 지르다. |
| 지르밟다 | 위에서 내리눌러 밟다.<br>예 종이를 지르밟았다. |

**Q1.** 다음 문맥에 알맞은 고유어는?
입이 [㉠ 재다 / ㉡ 지르밟다].

| 어휘 | 뜻 |
|---|---|
| 짓밟다 | ① 함부로 마구 밟다.<br>예 담배꽁초를 구둣발로 짓밟다.<br>② 남의 인격이나 권리 등을 침해하다.<br>예 인권을 짓밟다. |
| 톺다 | ① 가파른 곳을 오르려고 매우 힘들여 더듬다.<br>예 깊은 산속을 톺아 올라갔다.<br>② 틈이 있는 곳마다 모조리 더듬어 뒤지면서 찾다. |
| 패대기치다 | 매우 짜증 나거나 못마땅하여 어떤 일이나 물건을 거칠게 내던지다.<br>예 갑자기 큰누이가 손에 들고 있던 호미를 마당에 패대기쳤다. |
| 헤살★ | ① 일을 짓궂게 훼방함. 또는 그런 짓.<br>예 헤살을 놓다.<br>② 물 따위를 젓거나 하여 흩뜨림. 또는 그런 짓. |
| 훑다 | 붙어 있는 것을 떼기 위하여 다른 물건의 틈에 끼워 죽 잡아당기다.<br>예 벼를 훑다. |

**Q2.** 다음 문맥에 알맞은 고유어는?
인권을 [㉠ 짓밟다 / ㉡ 톺다].

# 4 시간, 분량, 정도를 의미하는 고유어

## 1. 최신 기출 고유어(2025~2023)

| 어휘 | 뜻 |
|---|---|
| 가없이 | 끝이 없이.<br>예 가없이 넓은 바다. |
| 그득하다 | 분량이나 수효 등이 어떤 범위나 한도에 아주 꽉 찬 상태에 있다.<br>예 쌀독에 쌀이 그득하다. |
| 낙낙하다★ | 크기, 수효, 부피 등이 조금 크거나 남음이 있다.<br>예 그 옷은 나에게 낙낙했다. |
| 단박 | 그 자리에서 바로를 이르는 말.<br>예 그는 음악을 듣자마자 단박에 제목을 말했다. |
| 더덜이 | 더함과 덜함.<br>예 한 치의 더덜이도 없이 딱 맞다. |

**Q3.** 다음 문맥에 알맞은 고유어는?
그 옷은 나에게 [㉠ 그득하다 / ㉡ 낙낙하다].

| 어휘 | 뜻 |
|---|---|
| 이드거니★ | 충분한 분량으로 만족스러운 모양.<br>예 밥을 이드거니 먹었다. |
| 이울다 | 해나 달의 빛이 약해지거나 스러지다.<br>예 이운 달빛. |
| 푼푼하다★ | 모자람이 없이 넉넉하다.<br>예 먹을 것이 푼푼하다. |
| 하나같이 | 예외 없이 여럿이 모두 꼭 같이.<br>예 이 반 여학생들은 하나같이 예쁘게 생겼다. |
| 한결같다 | 처음부터 끝까지 변함없이 꼭 같다.<br>예 한결같은 태도. |
| 해거름★ | 해가 서쪽으로 넘어가는 일. 또는 그런 때.<br>예 해거름에 가겠다. |

**Q4.** 다음 문맥에 알맞은 고유어는?
이 반 여학생들은 [㉠ 이드거니 / ㉡ 하나같이] 예쁘게 생겼다.

## 2. 기출 고유어

|  |  |
|---|---|
| 거리★ | 오이나 가지 따위를 묶어 세는 단위. 한 거리는 오이나 가지 오십 개를 이른다.<br>㉠ 오이 세 거리. |
| 겨를(=틈)★ | 어떤 일을 하다가 생각 등을 다른 데로 돌릴 수 있는 시간적인 여유.<br>㉠ 일거리가 쌓여 잠시도 쉴 겨를이 없다. |
| 그끄저께★ | 그저께의 전날. 오늘로부터 사흘 전의 날을 이른다.<br>㉠ 그끄저께부터 열이 나기 시작했다. |
| 글피★ | 모레의 다음 날. |
| 낫잡다 | 금액, 나이, 수량, 수효 등을 계산할 때에, 조금 넉넉하게 치다.<br>㉠ 손님이 더 올지 모르니 음식을 낫잡아 준비해라. |
| 노상★ | 언제나 변함없이 한 모양으로 줄곧.<br>㉠ 그는 노상 웃고 다닌다. |
| 달포★ | 한 달이 조금 넘는 기간.<br>㉠ 그가 떠난 지 달포가량 지났다. |

**Q5.** 다음 문맥에 알맞은 고유어는?
일거리가 쌓여 잠시도 쉴 (㉠ 거리 / ㉡ 겨를)이(가) 없었다.

|  |  |
|---|---|
| 접★ | 채소나 과일 따위를 묶어 세는 단위. 한 접은 채소나 과일 백 개를 이른다.<br>㉠ 마늘 한 접. |
| 짬 | ① 어떤 일에서 손을 떼거나 다른 일에 손을 댈 수 있는 겨를.<br>㉠ 짬을 내다.<br>② 두 물체가 마주하는 틈. 또는 한 물체가 터지거나 갈라져 생긴 틈. |
| 짬짬이 | 짬이 나는 대로 그때그때.<br>㉠ 언니는 직장에 다니면서도 짬짬이 아버지가 하시는 일을 도왔다. |
| 축★ | 오징어를 묶어 세는 단위. 한 축은 오징어 스무 마리를 이른다.<br>㉠ 오징어 두 축. |
| 푸지다★ | 매우 많아서 넉넉하다.<br>㉠ 푸지게 먹다. |
| 해포★ | 한 해가 조금 넘는 동안.<br>㉠ 해포만에 그녀가 돌아왔다. |

**Q7.** 다음 문맥에 알맞은 고유어는?
마늘 한 (㉠ 접 / ㉡ 축).

|  |  |
|---|---|
| 두름★ | ① 조기 따위의 물고기를 짚으로 한 줄에 열 마리씩 두 줄로 엮은 것.<br>㉠ 굴비 두름.<br>② 고사리 따위의 산나물을 열 모숨 정도로 엮은 것.<br>㉠ 고사리를 두름으로 엮어서 판다. |
| 들마★ | 가게 문을 닫을 무렵.<br>㉠ 들마에 손님들이 몰려왔다. |
| 듬뿍 | ① 넘칠 정도로 매우 가득하거나 수북한 모양.<br>㉠ 밥그릇에 밥을 듬뿍 담다.<br>② 매우 많거나 넉넉한 모양.<br>㉠ 양념을 듬뿍 넣어야 음식 맛이 좋다. |
| 묵직하다 | 다소 큰 물건이 보기보다 제법 무겁다.<br>㉠ 묵직한 바구니. |
| 발★ | 길이의 단위. 한 발은 두 팔을 양옆으로 펴서 벌렸을 때 한쪽 손끝에서 다른 쪽 손끝까지의 길이이다.<br>㉠ 열두 발 상모. |

**Q6.** 다음 문맥에 알맞은 고유어는?
(㉠ 두름 / ㉡ 들마)에 손님들이 몰려왔다.

정답 | Q1. ㉠  Q2. ㉠  Q3. ㉡  Q4. ㉡  Q5. ㉡  Q6. ㉡  Q7. ㉠

## 5 한 단어나 비슷한 단어가 결합된 고유어

### 1. 최신 기출 고유어(2025~2023)

|  |  |
|---|---|
| 곰비임비★ | 물건이 거듭 쌓이거나 일이 계속 일어남을 나타내는 말.<br>예 경사스러운 일이 **곰비임비** 일어난다. |
| 넘실넘실★ | 물결 등이 부드럽게 자꾸 굽이쳐 움직이는 모양.<br>예 파도가 **넘실넘실** 뱃전을 두드리다. |
| 다문다문 | 시간적으로 잦지 않고 좀 드문 모양.<br>예 아들이 **다문다문** 시골을 다녀왔다. |
| 달랑달랑 | 작은 방울이나 매달린 물체 따위가 자꾸 흔들릴 때 나는 소리. 또는 그 모양.<br>예 귀고리가 **달랑달랑** 흔들린다. |
| 두두룩두두룩 | 여럿이 모두 가운데가 솟아서 불룩한 모양.<br>예 언덕이 **두두룩두두룩** 늘어져 있다. |
| 버르적버르적 | 고통스러운 일이나 어려운 고비를 벗어나려고 팔다리를 내저으며 자꾸 큰 몸을 움직이는 모양.<br>예 포로들이 **버르적버르적** 움직였다. |
| 미주알고주알 | 아주 사소한 일까지 속속들이. |
| 숭굴숭굴 | 성질이 까다롭지 않고 수더분하며 원만한 모양.<br>예 그의 마음은 **숭굴숭굴** 너그럽다. |
| 알랑알랑 | 남의 비위를 맞추거나 환심을 사려고 다랍게 자꾸 아첨을 떠는 모양.<br>예 간신은 **알랑알랑** 굴며 자리를 차지했다. |
| 알록알록 | 여러 가지 밝은 빛깔의 점이나 줄 따위가 고르게 무늬를 이룬 모양을 뜻하는 '알로록알로록'의 준말.<br>예 **알록알록** 예쁜 무늬가 있는 옷. |
| 일렁일렁 | 크고 긴 물건 등이 자꾸 이리저리로 크게 흔들리는 모양.<br>예 배가 **일렁일렁** 흔들렸다. |
| 주저리주저리 | 너저분한 물건이 어지럽게 많이 매달려 있는 모양.<br>예 **주저리주저리** 달리다. |

**Q1.** 다음 문맥에 알맞은 고유어는?
아들이 [㉠ 다문다문 / ㉡ 버르적버르적] 시골을 다녀왔다.

**Q2.** 다음 문맥에 알맞은 고유어는?
간신은 [㉠ 숭굴숭굴 / ㉡ 알랑알랑] 굴며 자리를 차지했다.

### 2. 기출 고유어

|  |  |
|---|---|
| 곰실곰실★ | 작은 벌레 등이 한데 어우러져 조금씩 자꾸 굼뜨게 움직이는 모양.<br>예 벌레가 **곰실곰실** 움직인다. |
| 담상담상★ | 드물고 성긴 모양.<br>예 턱에 **담상담상** 수염이 돋았다. |
| 데면데면★ | 사람을 대하는 태도가 친밀감이 없이 예사로운 모양.<br>예 그는 누구를 만나도 **데면데면** 대한다. |
| 바작바작★ | 물기가 적은 물건을 잇따라 씹거나 빻는 소리. 또는 그 모양.<br>예 과자를 **바작바작** 소리를 내며 먹다. |
| 새록새록★ | 어떤 생각이나 느낌이 거듭하여 새롭게 생기는 모양.<br>예 아프고 쓰라렸던 지난 일이 **새록새록** 떠올랐다. |
| 어슷어슷★ | 여럿이 다 한쪽으로 조금 비뚤어진 모양.<br>예 **어슷어슷** 썬 풋고추. |
| 우럭우럭★ | 심술이나 화가 점점 치밀어 오르는 모양.<br>예 원수를 생각하니 **우럭우럭** 화가 났다. |
| 티적티적★ | 남의 흠이나 트집을 잡으면서 자꾸 비위를 거스르는 모양.<br>예 친구는 **티적티적** 시비를 걸었다. |
| 할금할금★ | 곁눈으로 살그머니 계속 할겨 보는 모양.<br>예 강아지가 **할금할금** 내 눈치를 살핀다. |
| 헤실바실★ | 모르는 사이에 흐지부지 없어지는 모양.<br>예 그 많던 음식이 **헤실바실** 사라졌다. |
| 휘뚜루마뚜루★ | 이것저것 가리지 않고 닥치는 대로 마구 해치우는 모양.<br>예 **휘뚜루마뚜루** 들고 다니기 좋다. |

**Q3.** 다음 문맥에 알맞은 고유어는?
턱에 [㉠ 곰실곰실 / ㉡ 담상담상] 수염이 돋았다.

**Q4.** 다음 문맥에 알맞은 고유어는?
친구는 [㉠ 티적티적 / ㉡ 할금할금] 시비를 걸었다.

# 6 '-스럽다', '-거리다'가 결합된 고유어

## 1. 최신 기출 고유어(2025~2023)

|  |  |
|---|---|
| 가살스럽다★ | 말씨나 행동이 되바라지고, 밉상스러운 데가 있다.<br>예) 그의 행동은 **가살스럽기** 짝이 없다. |
| 간살스럽다 | 보기에 간사스럽게 아양을 떠는 태도가 있다.<br>예) 그녀는 선배를 **간살스러운** 태도로 대했다. |
| 갈그랑거리다 | 가래 따위가 목구멍에 걸려 숨 쉴 때마다 조금 거친 소리가 자꾸 나다. |
| 게걸스럽다 | 몹시 먹고 싶거나 하고 싶은 욕심에 사로잡힌 듯하다.<br>예) 배고픈 나머지 **게걸스럽게** 식사를 했다. |
| 거년스럽다 | 보기에 몹시 가난하고 어려운 데가 있다. |
| 거쿨스럽다 | 보거나 듣기에 거쿨진 데가 있다.<br>예) 아들은 목소리도 크고 **거쿨졌다**. |
| 걸리적거리다 | 거추장스럽게 자꾸 여기저기 걸리거나 닿다.<br>예) 지름길은 **걸리적거리는** 나무와 풀이 빽빽한 산길이었다. |

**Q5.** 다음 문맥에 알맞은 고유어는?
그녀는 선배를 (㉠ 간살스러운 / ㉡ 게걸스러운) 태도로 대했다.

|  |  |
|---|---|
| 게염스럽다★ | 보기에 부러워하며 시샘하여 탐내는 마음이 있다.<br>예) 동생은 잘생긴 형을 **게염스러워** 했다. |
| 곰상스럽다★ | ① 성질이나 행동이 싹싹하고 부드러운 데가 있다.<br>예) **곰상스럽게** 타이르다.<br>② 성질이나 행동이 잘고 꼼꼼한 데가 있다. |
| 곰팡스럽다 | 생각이나 행동이 고리타분하고 괴상한 데가 있다.<br>예) 그 친구는 **곰팡스러워서** 친하게 지내기 어렵다. |
| 귀살스럽다 | 일이나 물건 따위가 마구 얼크러져 정신이 뒤숭숭하거나 산란한 느낌이 있다.<br>예) 어린이들만 모이니 **귀살스럽다**. |
| 남우세스럽다 | 남에게 놀림과 비웃음을 받을 듯하다.<br>예) 이번 시험에서 **남우세러운** 성적을 받았다. |

**Q6.** 다음 문맥에 알맞은 고유어는?
동생은 잘생긴 형을 (㉠ 곰상스러워 / ㉡ 게염스러워) 했다.

|  |  |
|---|---|
| 내숭스럽다★ | 겉으로는 순해 보이나 속으로는 엉큼한 데가 있다.<br>예) 왠지 저 사람은 좀 **내숭스러워** 보인다. |
| 느물스럽다 | 말이나 행동이 능글맞은 데가 있다.<br>예) 그는 매번 **느물스럽게** 말을 걸었다. |
| 되통스럽다 | 찬찬하지 못하거나 미련하여 일을 잘 저지를 듯하다.<br>예) 성격이 **되통스럽다**. |
| 매욱스럽다 | 어리석고 둔한 데가 있다.<br>예) 그는 **매욱스러운** 탓에 아이들한테 늘 놀림을 받지만 마음은 착하다. |
| 모지락스럽다★ | 보기에 억세고 모질다.<br>예) 아저씨의 인생을 들어보니 더욱 **모지락스러워** 보였다. |
| 몰강스럽다 | 인정이 없이 억세며 성질이 악착같고 모질다.<br>예) 독기를 품은 그녀는 그를 더욱 **몰강스럽게** 대했다. |

**Q7.** 다음 문맥에 알맞은 고유어는?
독기를 품은 그녀는 그를 더욱 (㉠ 느물스럽게 / ㉡ 몰강스럽게) 대했다.

|  |  |
|---|---|
| 발만스럽다 | 두려워하거나 삼가는 태도가 없이 꽤 버릇없다.<br>예) 선생님께 대하는 태도가 **발만스럽기** 짝이 없다. |
| 버르적거리다 | 고통스러운 일이나 어려운 고비에서 벗어나려고 팔다리를 내저으며 큰 몸을 자꾸 움직이다.<br>예) 덫에 걸려 뒷다리를 **버르적거리는** 사슴. |
| 새퉁스럽다 | 어처구니없이 새삼스러운 데가 있다.<br>예) **새퉁스러운** 말만 늘어놓으니, 신뢰가 가지 않는다. |
| 시망스럽다 | 몹시 짓궂은 데가 있다.<br>예) 그는 말을 **시망스럽게** 해 다른 사람을 당황스럽게 한다. |
| 시위적거리다 | 일을 힘들여 하지 아니하고 되는대로 천천히 하다. |

**Q8.** 다음 문맥에 알맞은 고유어는?
덫에 걸려 뒷다리를 (㉠ 버르적거리는 / ㉡ 시위적거리는) 사슴.

정답 | Q1. ㉠  Q2. ㉡  Q3. ㉡  Q4. ㉠  Q5. ㉠  Q6. ㉡  Q7. ㉡  Q8. ㉠

## 2. 기출 고유어

| 고유어 | 뜻풀이 |
|---|---|
| 가년스럽다 | 보기에 가난하고 어려운 데가 있다.<br>예 그 가난한 고학생의 옷차림새는 늘 가년스러웠다. |
| 게두덜거리다 | 굵고 거친 목소리로 자꾸 불평을 늘어놓다.<br>예 그는 문을 열고 들어서면서 춥다고 계속 게두덜거렸다. |
| 구시렁거리다 | 못마땅하여 군소리를 듣기 싫도록 자꾸 하다.<br>예 뭘 그렇게 혼자 구시렁거리고 있나? |
| 깨지락거리다 | 조금 달갑지 않은 음식을 자꾸 억지로 굼뜨게 먹다.<br>예 밥을 앞에 놓고 깨지락거리기만 하다가 일어섰다. |
| 박작거리다 | 많은 사람이 좁은 곳에 모여 매우 어수선하게 자꾸 움직이다.<br>예 시장에 사람들이 박작거린다. |
| 산망스럽다 | 말이나 행동이 경망하고 좀스러운 데가 있다.<br>예 그는 행동이 몹시 산망스러웠다. |
| 사부작거리다 | 별로 힘들이지 않고 계속 가볍게 행동하다.<br>예 아이는 심심한지 사부작거렸다. |
| 우비적거리다 | 틈이나 구멍 속을 자꾸 함부로 긁어 파내다.<br>예 강아지가 나무 속을 우비적거렸다. |
| 우세스럽다 | 남에게 놀림과 비웃음을 받을 듯하다.<br>예 아들이 우세스러운 행동만 하니 골치가 아프다. |
| 조잔거리다 | 때를 가리지 않고 군음식을 점잖지 않게 자꾸 먹다.<br>예 아무 때나 조잔거렸더니 살이 쪄 버렸다. |
| 을씨년스럽다★ | ① 보기에 날씨나 분위기 등이 몹시 스산하고 쓸쓸한 데가 있다.<br>예 새벽 가을바람은 한층 을씨년스럽다.<br>② 보기에 살림이 매우 가난한 데가 있다. |
| 이기죽거리다 | 자꾸 밉살스럽게 지껄이며 짓궂게 빈정거리다.<br>예 계속 이기죽거리며 약을 올리다. |

**Q1.** 다음 문맥에 알맞은 고유어는?
그는 행동이 몹시 (㉠ 산망스러웠다 / ㉡ 가년스러웠다).

**Q2.** 다음 문맥에 알맞은 고유어는?
계속 (㉠ 우비적거리며 / ㉡ 이기죽거리며) 약을 올리다.

## 7 기타 최신 기출 고유어 (2025~2023)

| 고유어 | 뜻풀이 |
|---|---|
| 가두리 | 물건 가에 둘린 언저리.<br>예 이번 생일 케이크 상자는 가두리가 예쁜 꽃무늬로 둘러 있었다. |
| 가든하다 | 다루기에 가볍고 간편하거나 손쉽다.<br>예 가든한 옷차림. |
| 가래 | 흙을 파헤치거나 떠서 던지는 기구.<br>예 여러 사람이 모여 가래질을 한다. |
| 가름★ | 쪼개거나 나누어 따로따로 되게 하는 일.<br>예 차림새만 봐서는 여자인지 남자인지 가름이 되지 않는다. |
| 가말다 | 헤아려 처리하다.<br>예 그동안 잘 가말아 온 일이 벽에 부딪혔다. |
| 가뭇없이★ | 눈에 띄지 않게 감쪽같이.<br>예 그는 어제부터 가뭇없이 사라졌다. |
| 가스러지다★ | 잔털 따위가 좀 거칠게 일어나다.<br>예 당나귀의 목뒷털이 가스라졌다. |
| 거스러미★ | 손발톱 뒤의 살 껍질이나 나무의 결 따위가 얇게 터져 일어난 부분.<br>예 거스러미가 일어나 자꾸 신경이 쓰였다. |
| 걸치다 | 음식을 아무렇게나 대충 먹다.<br>예 아침을 대충 걸치다. |
| 결딴★ | 어떤 일이나 물건 등이 아주 망가져서 도무지 손을 쓸 수 없게 된 상태.<br>예 오래된 라디오가 아주 결딴났다. |
| 겻불 | 겨를 태우는 불. 불기운이 미미하다.<br>예 질화로에 남은 겻불도 꺼졌다. |
| 곁불 | 얻어 쬐는 불.<br>예 그는 정류장 옆에서 곁불을 쬐며 차가 오기를 기다렸다. |

**Q3.** 다음 문맥에 알맞은 고유어는?
그동안 잘 (㉠ 가든해 / ㉡ 가말아) 온 일이 벽에 부딪혔다.

**Q4.** 다음 문맥에 알맞은 고유어는?
질화로에 남은 (㉠ 겻불 / ㉡ 곁불)도 꺼졌다.

| 어휘 | 뜻 |
|---|---|
| 가탈★ | ① 일이 순조롭게 나아가는 것을 방해하는 조건.<br>예 처음 하는 일이라 여기저기서 **가탈**이 많이 생긴다.<br>② 이리저리 트집을 잡아 까다롭게 구는 일. |
| 가풀막 | 몹시 가파르게 비탈진 곳.<br>예 **가풀막**을 기어오르다. |
| 간종이다 | 흐트러진 일이나 물건을 가닥가닥 가리고 골라서 가지런하게 하다.<br>예 어머니는 헝클어진 실타래를 **간종이고** 있었다. |
| 갈매 | 짙은 초록색.<br>예 **갈매** 저고리를 입었다. |
| 갈무리 | 물건 따위를 잘 정리하거나 간수함. |
| 개땅 | 바닷물이 드나드는 땅.<br>예 **개땅**에서 조개를 줍다. |
| 갈마들다★ | 서로 번갈아들다.<br>예 낮과 밤이 **갈마들다**. |

| 어휘 | 뜻 |
|---|---|
| 고무래 | 곡식을 그러모으고 펴거나, 밭의 흙을 고르거나 아궁이의 재를 긁어모으는 데에 쓰는 기구. |
| 곰삭다★ | ① 옷 등이 오래되어서 올이 삭고 질이 약해지다.<br>예 **곰삭아** 너덜너덜해진 옷.<br>② 두 사람의 사이가 스스럼없이 가까워지다. |
| 구순하다 | 서로 사귀거나 지내는 데 사이가 좋아 화목하다.<br>예 집안이 **구순하고** 편안하다. |
| 국으로★ | 제 생긴 그대로. 또는 자기 주제에 맞게.<br>예 **국으로** 가만히 있어라. |
| 귓밥(=귓불) | 귓바퀴의 아래쪽에 붙어 있는 살.<br>예 **귓밥**이 두툼하다. |
| 그느르다 | 돌보고 보살펴 주다.<br>예 그는 **그느르는** 태도로 친절히 대했다. |
| 그슬리다 | 불에 겉만 약간 타다.<br>예 촛불에 머리카락이 **그슬리다**. |

**Q5.** 다음 문맥에 알맞은 고유어는?
처음 하는 일이라 여기저기서 (㉠ 가탈 / ㉡ 가풀막)이 많이 생긴다.

**Q6.** 다음 문맥에 알맞은 고유어는?
(㉠ 곰삭아 / ㉡ 구순해) 너덜너덜해진 옷.

| 어휘 | 뜻 |
|---|---|
| 깜냥★ | 스스로 일을 헤아림. 또는 헤아릴 수 있는 능력.<br>예 선배로서 **깜냥**이 부족했다. |
| 꼭뒤★ | ① 뒤통수의 한가운데.<br>예 아이들이 머리를 **꼭뒤**까지 올려 묶었다.<br>② 활의 도고지가 붙은 뒤. |
| 너덜 | 돌이 많이 흩어져 있는 비탈.<br>예 **너덜** 사이로 작은 꽃이 피어 있었다. |
| 노박이로 | ① 줄곧 한 가지에만 붙박이로.<br>예 장인은 **노박이로** 대장장이로만 살아왔다.<br>② 줄곧 계속적으로. |
| 놀리다 | ① 어떤 일을 하다가 일정한 동안을 쉬게 하다.<br>② 기구나 도구를 사용하다.<br>예 붓을 **놀려** 글씨를 쓰다.<br>③ 함부로 말을 하다.<br>예 감히 어디에서 함부로 입을 **놀리느냐**? |
| 놀면하다 | 보기 좋을 만큼 알맞게 노르스름하다.<br>예 빵이 **놀면하게** 잘 구워졌다. |

| 어휘 | 뜻 |
|---|---|
| 뒤쳐지다 | 물건이 뒤집혀서 젖혀지다.<br>예 바람에 현수막이 **뒤쳐지다**. |
| 득달같다★ | 잠시도 늦추지 않다.<br>예 학생들이 선생님께 **득달같이** 혼이 났다. |
| 따비 | 풀뿌리를 뽑거나 밭을 가는 데 쓰는 농기구.<br>예 **따비**로 밭을 미리 갈아 두었다. |
| 마뜩하다★ | 제법 마음에 들 만하다.<br>예 나는 그의 행동이 **마뜩하지** 않다. |
| 만수받이하다 | ① 아주 귀찮게 구는 말이나 행동을 싫증 내지 않고 잘 받아 주다.<br>예 그는 아이의 칭얼거림을 **만수받이하며** 달랬다.<br>② 토속 신앙에서, 무당이 굿을 할 때 한 사람이 소리하면 다른 사람이 따라서 같은 소리를 받아 하다. |
| 말쑥하다 | ① 지저분함이 없이 말끔하고 깨끗하다.<br>예 나는 창고를 **말쑥하게** 치웠다.<br>② 세련되고 아담하다.<br>예 **말쑥한** 차림새. |

**Q7.** 다음 문맥에 알맞은 고유어는?
장인은 (㉠ 깜냥 / ㉡ 노박이로) 대장장이로만 살아왔다.

**Q8.** 다음 문맥에 알맞은 고유어는?
나는 그의 행동이 (㉠ 마뜩하지 / ㉡ 말쑥하지) 않다.

정답 | Q1. ㉠  Q2. ㉡  Q3. ㉡  Q4. ㉠  Q5. ㉠  Q6. ㉠  Q7. ㉡  Q8. ㉠

|  |  |
|---|---|
| 늦마 | 제철이 지난 뒤에 지는 장마.<br>예 이번 가을에는 **늦마**가 길다. |
| 다락같다 | 물건값이 매우 비싸다.<br>예 요즈음은 하루하루 물가가 오르는 것이 **다락같아** 살 수가 없다. |
| 닦달 ★ | 물건을 손질하고 매만짐.<br>예 그는 낫과 지게의 **닦달**에 한동안 시간을 들이고서야 나무를 하러 갈 수 있었다. |
| 당최 | '도무지', '영'의 뜻을 나타내는 말.<br>예 무슨 말인지 **당최** 모르겠다. |
| 댓바람 ★ | 일이나 때를 당하여 서슴지 않고 당장.<br>예 소식을 듣자마자 **댓바람**으로 달려나갔다. |
| 도리깨 | 곡식의 낟알을 떠는 데 쓰는 농구.<br>예 **도리깨**를 휘두르다. |
| 동티 | 건드려서는 안 될 것을 공연히 건드려서 스스로 걱정이나 해를 입음. 또는 그 걱정이나 피해를 비유적으로 이르는 말.<br>예 호의로 한번 던진 말이 **동티**가 될 줄이야. |
| 되우 | 아주 몹시.<br>예 **되우** 빠르다. |
| 말잔치 | 말로만 듣기 좋게 떠벌리는 일을 비유적으로 이르는 말.<br>예 토론회는 결론 없이 **말잔치**로 끝나고 말았다. |
| 맵자하다 ★ | 모양이 제격에 어울려서 맞다.<br>예 그는 옷차림이 **맵자하고** 멋지다. |
| 멀쑥하다 | 멋없이 키가 크고 물러 옹골찬 데가 없다.<br>예 그는 야위어서 **멀쑥하기만** 했다. |
| 목물 | 상체를 굽혀 엎드린 채로 다른 사람의 도움을 받아 허리에서부터 목까지 물로 씻는 일.<br>예 윗옷을 훌떡 벗고 **목물**을 하다. |
| 물쿠다 | 날씨가 찌는 듯이 더워지다.<br>예 날씨가 **물쿠고** 무덥더니 비가 내리기 시작하였다. |
| 뭉근하다 ★ | 세지 않은 불기운이 끊이지 않고 꾸준하다.<br>예 사랑방은 **뭉근한** 화롯불로 새벽까지 뜨뜻했다. |

**Q1.** 다음 문맥에 알맞은 고유어는?
호의로 한번 던진 말이 (㉠ 동티 / ㉡ 늦마)가 될 줄이야.

**Q2.** 다음 문맥에 알맞은 고유어는?
그는 옷차림이 (㉠ 맵자하고 / ㉡ 멀쑥하고) 멋지다.

|  |  |
|---|---|
| 밍근하다 | 약간 미지근하다. |
| 버름하다 | ① 물건의 틈이 꼭 맞지 않고 조금 벌어져 있다.<br>② 마음이 서로 맞지 않아 사이가 뜨다.<br>예 요즘 들어 둘 사이가 다소 **버름하다**. |
| 보시기 | 김치나 깍두기 따위를 담는 반찬 그릇의 하나. 모양은 사발 같으나 높이가 낮고 크기가 작다.<br>예 **보시기**에 깍두기를 담다. |
| 봉오리 | 망울만 맺히고 아직 피지 아니한 꽃.<br>예 **봉오리**가 맺히다. |
| 부수다 | 단단한 물체를 여러 조각이 나게 두드려 깨뜨리다.<br>예 돌을 잘게 **부수다**. |
| 부시다 ★ | 그릇 등을 씻어 깨끗하게 하다.<br>예 솥을 **부시다**. |
| 비끼다 | 얼굴에 어떤 표정이 잠깐 드러나다.<br>예 그의 눈가에 차가운 웃음이 잠시 **비꼈다**. |
| 수나롭다 | 무엇을 하는 데 어려움이 없이 순조롭다.<br>예 일이 **수나롭게** 풀리다. |
| 신소리하다 | 상대편의 말을 슬쩍 받아 엉뚱한 말로 재치 있게 넘기는 말을 하다.<br>예 연방 **신소리하던** 그는 낯선 사내의 고함 소리에 겨우 입을 다물었다. |
| 실팍하다 ★ | 사람이나 물건 등이 보기에 매우 실하다.<br>예 그는 **실팍한** 몸집인데도 쌀 한 가마를 제대로 못 옮겼다. |
| 써레 | 갈아 놓은 논의 바닥을 고르는 데 쓰는 농기구. |
| 아작이다 | 조금 단단한 물건을 깨물어 바스러지는 소리가 나다. 또는 그런 소리를 내다. |
| 안다미씌우다 | 자기의 책임을 남에게 지우다.<br>예 형은 동생에게 **안다미씌웠다**. |
| 안치다 ★ | 밥, 떡, 찌개 등을 만들기 위하여 그 재료를 솥이나 냄비 등에 넣고 불 위에 올리다.<br>예 시루에 떡을 **안치다**. |

**Q3.** 다음 문맥에 알맞은 고유어는?
돌을 잘게 (㉠ 부수다 / ㉡ 부시다).

**Q4.** 다음 문맥에 알맞은 고유어는?
일이 (㉠ 수나롭게 / ㉡ 실팍하게) 풀리다.

| 어휘 | 뜻 |
|---|---|
| 비설거지★ | 비가 오려고 하거나 올 때, 비에 맞으면 안 되는 물건을 치우거나 덮는 일. |
| 비어지다 | 가려져 속에 있던 것이 밖으로 내밀어 나오다.<br>예 천이 찢기며 솜이 비어졌다. |
| 사달★ | 사고나 탈.<br>예 일이 꺼림칙하게 되어 가더니만 결국 사달이 났다. |
| 생때같다 | 아무 탈 없이 멀쩡하다.<br>예 생때같은 사람이 하루아침에 병신이 되었다. |
| 성기다★<br>(=성글다) | 물건의 사이가 뜨다.<br>예 성긴 나무 사이로 늑대가 보였다. |
| 소 | 송편이나 만두 따위를 만들 때, 맛을 내기 위하여 익히기 전에 속에 넣는 여러 가지 재료. |
| 솔기 | 옷이나 이부자리 따위를 지을 때 두 폭을 맞대고 꿰맨 줄.<br>예 터진 바지 솔기를 꿰매다. |
| 예제없이 | 여기나 저기나 구별이 없이.<br>예 광고지가 예제없이 널려 있었다. |
| 우수리★ | 물건값을 제하고 거슬러 받는 잔돈.<br>예 우수리는 괜찮습니다. |
| 울력 | 여러 사람이 힘을 합하여 일함. 또는 그런 힘.<br>예 울력을 믿고 함부로 덤비다. |
| 잉걸 | 불이 이글이글하게 핀 숯덩이.<br>예 집게로 잉걸을 집어서 화로에 넣었다. |
| 잔조롭다 | 움직이는 모양새가 작아 잔잔한 느낌이 있다.<br>예 강물의 잔조로운 너울을 보고 있었다. |
| 잠방이다 | 작은 물체가 물에 부딪치거나 잠기는 소리가 나다. 또는 그런 소리를 내다. |
| 종요롭다★ | 없어서는 안 될 정도로 매우 긴요하다.<br>예 그 기술은 우리 회사의 종요로운 기술이다. |
| 줄잡다 | 대강 짐작으로 헤아려 보다.<br>예 이번 출장은 줄잡아 한 달은 걸릴 것 같다. |

**Q5.** 다음 문맥에 알맞은 고유어는?
터진 바지 (㉠ 소 / ㉡ 솔기)를 꿰매다.

**Q6.** 다음 문맥에 알맞은 고유어는?
강물의 (㉠ 잔조로운 / ㉡ 종요로운) 너울을 보고 있었다.

| 어휘 | 뜻 |
|---|---|
| 지레★ | 어떤 일이 일어나기 전 또는 어떤 기회나 때가 무르익기 전에 미리.<br>예 그는 경찰차를 보고 지레 놀라 달아났다. |
| 짜장★ | 과연 정말로.<br>예 그는 짜장 사실인 것처럼 이야기를 한다. |
| 짬짜미★ | 남모르게 자기들끼리만 짜고 하는 약속이나 수작.<br>예 그를 빼고 놀러 가기로 한 짬짜미가 마음에 걸린다. |
| 천둥지기 | 빗물에 의하여서만 벼를 심어 재배할 수 있는 논. |
| 켯속 | 일이 되어 가는 속사정.<br>예 도대체 어찌 된 켯속인지 알 수가 없다. |
| 티격 | 서로 뜻이 맞지 않아 사이가 벌어져 이러니 저러니 따지는 일.<br>예 티격을 벌이다. |
| 파임내다★ | 일치한 의논을 나중에 다른 소리를 하여 그르치게 하다.<br>예 김 부장이 파임내 일이 더 복잡해졌다. |
| 하릴없이★ | ① 달리 어떻게 할 도리가 없이.<br>예 지낼 곳이 없어 하릴없이 떠돌아다녀야 했다.<br>② 조금도 틀림이 없이. |
| 한몫 | 한 사람 앞에 돌아가는 큰 이득.<br>예 한몫씩 챙기다. |
| 함함하다★ | 털이 보드랍고 반지르르하다.<br>예 털이 함함한 강아지. |
| 호비다 | ① 좁은 틈이나 구멍 속을 갉거나 돌려 파내다.<br>예 손톱 밑의 때를 볼펜 끝으로 호비다.<br>② 일의 내막이나 비밀이 드러나도록 캐다. |
| 흐리마리하다 | ① 말끝을 분명하지 않고 모호하게 하다.<br>② 생각이나 기억, 일 따위가 분명하지 아니하다. |
| 흰소리하다★ | 터무니없이 자랑으로 떠벌리거나 거드럭거리며 허풍을 떨다.<br>예 그는 모임마다 흰소리하기로 유명했다. |

**Q7.** 다음 문맥에 알맞은 고유어는?
(㉠ 켯속 / ㉡ 티격)을 벌이다.

**Q8.** 다음 문맥에 알맞은 고유어는?
털이 (㉠ 함함한 / ㉡ 흐리마리한) 강아지.

정답 | Q1. ㉠  Q2. ㉠  Q3. ㉠  Q4. ㉠  Q5. ㉡  Q6. ㉠  Q7. ㉡  Q8. ㉠

## STEP 3 기출동형 문제 풀어보기

**1** 밑줄 친 고유어의 쓰임이 적절하지 <u>않은</u> 것은?

① 사탕을 잘게 <u>부숴</u> 모두에게 나누어 주었다.
② 공연장에서 <u>달뜬</u> 관객들이 환호성을 질렀다.
③ 그는 선생님을 마주치자 <u>납신</u>하며 인사를 건넸다.
④ 그녀는 혼자서 두 사람의 몫을 수행할 정도로 <u>깐지다</u>.
⑤ 중대한 회의인 만큼 회의 장소는 <u>귀살스러운</u> 장소로 선정해야 한다.

**2** 밑줄 친 고유어의 의미로 적절하지 <u>않은</u> 것은?

① 옷을 지을 때마다 어머니가 좋아하시던 <u>갈매</u> 저고리가 떠오른다. → 짙은 초록색.
② 할아버지께서는 마당 한쪽에 <u>겻불</u>을 피우셨다. → 겨를 태우는 불. 불기운이 미미하다.
③ 심판과 감독 사이에 <u>짬짜미</u>가 있었다는 증거가 발견됐다. → 남모르게 자기들끼리만 짜고 하는 약속이나 수작.
④ 학교 선배들은 상경한 후배를 <u>핫바지</u>로 보며 무시하곤 한다. → 시골 사람 또는 무식하고 어리석은 사람을 낮잡아 이르는 말.
⑤ 우리 오빠는 친구를 만날 때마다 쓸데없는 이야기를 하며 <u>흰소리</u>를 친다. → 상대편의 말을 슬쩍 받아 엉뚱한 말로 재치 있게 넘기는 말.

**3** 밑줄 친 고유어의 의미로 적절하지 <u>않은</u> 것은?

① 화단의 <u>가두리</u>를 돌로 장식하여 정원의 미관을 살렸다. → 물건 가에 둘린 언저리.
② 그 사람은 자기의 <u>깜냥</u>을 잘 알고 있었다. → 스스로 일을 헤아림. 또는 헤아릴 수 있는 능력.
③ 사람들은 친구의 <u>너스레</u>가 재미있어서 그를 자주 보고 싶어 한다. → 수다스럽게 떠벌려 늘어놓는 말이나 짓.
④ 운동화가 많이 닳아서 <u>가풀막</u>을 오를 때면 미끄러질 것 같아 발걸음이 자꾸 느려진다. → 풀이 매우 우거진 곳.
⑤ 좋은 의도로 건넨 이야기가 오히려 <u>동티</u>가 되었다. → 건드려서는 안 될 것을 공연히 건드려서 스스로 걱정이나 해를 입음.

**4** "보기에 부러워하며 시샘하여 탐내는 마음이 있다."라는 의미의 고유어는?

① 거년스럽다　② 거쿨스럽다　③ 게염스럽다　④ 시망스럽다　⑤ 모지락스럽다

**5** 밑줄 친 고유어의 쓰임이 적절하지 않은 것은?

① 홍수와 가뭄이 갈마드니 농사가 잘될 리 없다.
② 남에게 나를 칭찬하는 형을 보니 고깝고 뿌듯했다.
③ 어른들은 막냇동생의 무람없는 태도를 지적하였다.
④ 신부는 평소보다 더 해사한 얼굴로 식장에 들어섰다.
⑤ 장롱 속에서 발견한 한복은 세월의 흐름 속에 곰삭아 있었다.

**6** 밑줄 친 고유어의 쓰임이 적절하지 않은 것은?

① 친구는 불이 거의 꺼져가는 잉걸에 고구마를 넣었다.
② 이번 여름 방학에는 여러 가지를 공부하다 보니 사뭇 바빴다.
③ 그가 하는 일마다 가탈을 부리는 바람에 일의 진행이 더디었다.
④ 형제가 시원한 물로 서로에게 목물을 해 주는 모습이 보기 좋다.
⑤ 지난주에 어머니를 도와 텃밭에서 수확한 배추의 갈무리를 하느라 바빴다.

**7** "여럿이 모두 가운데가 솟아서 불룩한 모양."이라는 의미의 고유어는?

① 곰비임비    ② 다문다문    ③ 알랑알랑    ④ 두두룩두두룩    ⑤ 버르적버르적

**8** 밑줄 친 고유어의 의미로 적절하지 않은 것은?

① 이 악기는 닦달만 잘하면 최상의 음질을 낼 것이다. → 물건을 손질하고 매만짐.
② 해거름이 되니 들판이 주황빛으로 물들었다. → 해가 서쪽으로 넘어가는 일. 또는 그런 때.
③ 옷 솔기가 터져서 다시 꿰매야 했다. → 옷이나 이부자리 따위를 지을 때 두 폭을 맞대고 꿰맨 줄.
④ 할아버지는 마을 뒤편의 천둥지기에서 수확한 쌀이 더 맛있다고 하셨다. → 바닷물이 드나드는 땅.
⑤ 그녀는 회사 동료들 사이에서 자신의 이야기가 입방아에 오르는 것이 몹시 불편했다. → 어떤 사실을 화제로 삼아 이러쿵저러쿵 쓸데없이 입을 놀리는 일.

영역1 어휘

# 02 한자어

최근 3개년
매회 3문제 출제

어휘 15문제

## STEP 1 최신 기출유형 파악하기

### 기출유형 ① 한자어의 사전적 의미
최근 3개년 평균 정답률 36%

밑줄 친 한자어와 그 뜻풀이가 일치하는지 판단하는 유형이다. 선택지에 한자어가 포함된 예문이 제시되므로 한자어를 예문과 함께 암기해 그 쓰임을 확실히 알아 두는 것이 효과적이다. 매회 1문제 출제된다.

**예제**

밑줄 친 한자어의 사전적 뜻풀이로 옳지 않은 것은?

① 가뭄이 길어지니 비에 갈급(渴急)이 난다. → 몹시 조급하게 바람.
② 개혁의 시작은 적폐(積弊)를 일소하는 것이다. → 오랫동안 쌓이고 쌓인 폐단.
③ 법원은 정상 참작(參酌)의 여지가 없다고 판단했다. → 이리저리 비추어 보아서 알맞게 고려함.
④ 해외에서 생활한 지 어언(於焉) 십 년이 넘었다. → 자세하지 않게 기본적인 부분만 들어 보이는 정도로.
⑤ 역사학자들은 왜곡된 역사의 청산(淸算)이 필요하다고 주장했다. → 과거의 부정적 요소를 깨끗이 씻어 버림.

**정답분석**
④ '어언(於焉)'은 "알지 못하는 동안에 어느덧."을 의미하므로 사전적 뜻풀이가 옳지 않은 것은 ④이다. 참고로, "자세하지 않게 기본적인 부분만 들어 보이는 정도로."를 의미하는 한자어는 '대강(大綱)'이다.

### 기출유형 ② 한자어의 문맥적 의미
최근 3개년 평균 정답률 41.15%

문장에 쓰인 한자어의 쓰임이 적절한지 판단하는 유형이다. 한자어의 뜻을 달달 외우기보다 예문을 활용하여 한자어가 쓰이는 상황이나 느낌과 같은 한자어의 특성을 익혀 두어야 한다. 매회 1문제 출제된다.

**예제**

밑줄 친 한자어의 쓰임으로 적절하지 않은 것은?

① 형은 노파심(老婆心)에 떠나는 동생의 짐을 세 번이나 확인했다.
② 그 시인은 참척(慘慽)의 경험을 바탕으로 가슴 아픈 시를 남겼다.
③ 그녀는 해량(海量)을 베풀어 자신의 실수를 용서해 달라고 부탁했다.
④ 예상치 못한 반전에 관람객들은 모두 소리를 지르며 혼연(渾然)하였다.
⑤ 경제 위기로 회사는 만신창이(滿身瘡痍)가 되어 결국 폐업을 결정했다.

**정답분석**
④ '혼연(渾然)하다'는 "마땅히 머뭇거리거나 두려워할 상황에서 태도나 기색이 아무렇지도 않은 듯이 예사롭다."를 의미하는 한자어이다. ④는 문맥상 관람객들이 소리를 지르며 놀랐다는 내용이므로 한자어의 쓰임이 적절하지 않다.

**오답분석**
① 노파심(老婆心): 필요 이상으로 남의 일을 걱정하고 염려하는 마음.
② 참척(慘慽): 자손이 부모나 조부모보다 먼저 죽는 일.
③ 해량(海量): 바다처럼 넓은 도량. 또는 그런 마음으로 잘 헤아림.
⑤ 만신창이(滿身瘡痍): 일이 아주 엉망이 됨을 비유적으로 이르는 말.

## 기출유형 ③ 동음이의 한자어의 표기

최근 3개년 평균 정답률 36.74%

동음이의 한자어의 한자 표기를 구분하는 유형이다. 동음이의 한자어를 구분할 수 있도록 한자 표기를 암기해야 한다. 전체 표기를 다 외우기보다 동음이의어를 구분할 수 있는 부수나 표기 일부 특징을 익혀 두어야 한다. 매회 1문제 출제된다.

### 예제

<보기>의 밑줄 친 ㉠~㉢에 해당하는 한자로 올바르게 묶인 것은?

───── <보기> ─────

- ㉠ 경기 침체로 부동산 거래가 대폭 감소하였다.
- 관중들은 ㉡ 경기 규칙을 지키지 않은 선수에게 야유를 보냈다.
- 음치인 그가 악기 회사를 ㉢ 경기한다니 내게는 매우 놀라운 사실이었다.

|   | ㉠ | ㉡ | ㉢ |
|---|---|---|---|
| ① | 競技 | 景氣 | 經紀 |
| ② | 經紀 | 景氣 | 競技 |
| ③ | 經紀 | 競技 | 景氣 |
| ④ | 景氣 | 經紀 | 競技 |
| ⑤ | 景氣 | 競技 | 經紀 |

### 정답분석

⑤ 밑줄 친 ㉠~㉢에 해당하는 한자를 올바르게 묶은 것은 ⑤이다.
- ㉠ "매매나 거래에 나타나는 호황·불황 따위의 경제 활동 상태."를 뜻하는 '경기'는 '景氣'로 표기한다.
- ㉡ "일정한 규칙 아래 기량과 기술을 겨룸. 또는 그런 일."을 뜻하는 '경기'는 '競技'로 표기한다.
- ㉢ "기업이나 사업 따위를 관리하고 운영함."을 뜻하는 '경기'는 '經紀'로 표기한다.

# STEP 2 기출개념 암기하기

★ = 2회 이상 출제된 어휘

## 1 동음이의 한자어

### 1. 최신 기출 한자어(2025~2023)

| 가령 | 加齡(더할 가, 나이 령) | 새해가 되어 나이를 한 살 더 먹음.<br>예 그 노인은 고령이지만 자신의 **가령**에 얽매이지 않고 활기차게 살아간다. |
| --- | --- | --- |
| | 假令(거짓 가, 명령할 령)★ | 가정하여 말하여. 예 **가령** 너에게 그런 행운이 온다면 너는 어떻게 하겠니? |
| 가망 | 加望(더할 가, 바랄 망) | 조선 시대에, 벼슬아치를 추천할 때 삼망(三望)에 올리거나 삼망 외에 추가로 올리던 일. |
| | 可望(옳을 가, 바랄 망) | 될 만하거나 가능성이 있는 희망. 예 이번 선거에서는 당선될 **가망**이 있습니까? |
| 감상 | 感傷(느낄 감, 상처 상) | 하찮은 일에도 쓸쓸하고 슬퍼져서 마음이 상함. 또는 그런 마음. 예 **감상**에 젖다. |
| | 感想(느낄 감, 생각 상)★ | 마음속에서 일어나는 느낌이나 생각. 예 그곳에서의 **감상**은 황량하다는 느낌뿐이었다. |
| | 鑑賞(거울 감, 상줄 상)★ | 주로 예술 작품을 이해하여 즐기고 평가함. 예 영화 **감상**. |
| 개선 | 改善(고칠 개, 착할 선)★ | 잘못된 것이나 부족한 것, 나쁜 것 등을 고쳐 더 좋게 만듦. 예 입시 제도 **개선**. |
| | 改選(고칠 개, 가릴 선) | 의원이나 임원 등이 사퇴하거나 그 임기가 다 되었을 때 새로 선출함. 예 임원 **개선**. |
| | 凱旋(개선할 개, 돌 선) | 싸움에서 이기고 돌아옴. 예 **개선** 행진. |

Q1. '영화 감상'에서 '감상'의 한자 표기로 적절한 것은?  ㉠ 感傷  ㉡ 鑑賞

| 계승 | 繼承(이을 계, 받들 승)★ | 조상의 전통이나 문화유산, 업적 등을 물려받아 이어 나감. 예 전통문화의 **계승**과 발전. |
| --- | --- | --- |
| | 繼乘(이을 계, 탈 승) | 열차나 배를 타고 가다가 내려서 다른 열차나 배로 옮겨 탐. |
| 고사 | 叩謝(조아릴 고, 사례할 사) | 머리를 조아려서 고마운 마음을 나타냄. |
| | 固辭(굳을 고, 말씀 사) | 제의나 권유 등을 굳이 사양함.<br>예 수차례의 **고사** 끝에 결국에는 그 제의를 받아들이게 되었다. |
| | 苦辭(괴로울 고, 말씀 사) | 간절히 사양함. |
| 권력 | 勸力(권할 권, 힘 력) | 알아듣도록 타일러서 힘쓰게 함. |
| | 權力(권세 권, 힘 력) | 남을 복종시키거나 지배할 수 있는 공인된 권리와 힘. 예 **권력** 다툼. |
| 무산 | 無算(없을 무, 계산 산) | 이루 다 헤아릴 수 없이 많음. |
| | 霧散(안개 무, 흩을 산) | 안개가 걷히듯 흩어져 없어짐. 또는 그렇게 흐지부지 취소됨. |
| 미망 | 迷妄(미혹할 미, 허망할 망) | 사리에 어두워 갈피를 잡지 못하고 헤맴. 또는 그런 상태. 예 **미망**에 빠지다. |
| | 彌望(두루 미, 바랄 망) | 멀리 넓게 바라봄. 또는 멀고 넓은 조망. 예 좋은 지도자에게는 **미망**이 있어야 한다. |
| 발군 | 拔群(뺄 발, 무리 군) | 여럿 가운데에서 특별히 뛰어남. 예 **발군**의 실력. |
| | 發軍(필 발, 군사 군) | 전쟁을 하기 위하여 군사를 일으킴. |

Q2. '권력 다툼'에서 '권력'의 한자 표기로 적절한 것은?  ㉠ 勸力  ㉡ 權力

| | | | |
|---|---|---|---|
| 배수 | 背水(등 배, 물 수) | 바다, 강, 호수 등의 큰 물을 뒤에 등지고 있음. 또는 그 물. 예 배수의 진. | |
| | 排水(물리칠 배, 물 수) | 안에 있거나 고여 있는 물을 밖으로 퍼내거나 다른 곳으로 내보냄. 예 배수 시설. | |
| 부조 | 浮彫(뜰 부, 새길 조) | 조각에서, 평평한 면에 글자나 그림 등을 도드라지게 새기는 일. | |
| | 扶助(도울 부, 도울 조) | 잔칫집이나 상가(喪家) 등에 돈이나 물건을 보내어 도와줌. 또는 돈이나 물건. 예 결혼식 부조. | |
| 사양 | 辭讓(말씀 사, 사양할 양) | 겸손하여 받지 아니하거나 응하지 아니함. 또는 남에게 양보함. 예 사양 말고 많이 드세요. | |
| | 斜陽(비낄 사, 볕 양) | 새로운 것에 밀려 점점 몰락해 감을 비유적으로 이르는 말. 예 사양의 길로 접어들다. | |
| 사회 | 司會(맡을 사, 모일 회) | 회의나 예식 등을 진행함. 예 사회를 보다. | |
| | 社會(모일 사, 모일 회) | 같은 무리끼리 모여 이루는 집단. 예 상류 사회. | |
| 선전 | 善戰(착할 선, 싸울 전) | 있는 힘을 다하여 잘 싸움. 예 선수들이 예상을 뛰어넘는 선전을 펼치고 있다. | |
| | 宣戰(베풀 선, 싸울 전) | 한 나라가 다른 나라에 대하여 전쟁을 시작한다는 의사 표시를 하는 일. 예 선전을 포고하다. | |
| 수령 | 受領(받을 수, 거느릴 령)★ | 돈이나 물품을 받아들임. 예 반품 및 교환은 물품 수령 후 3일 안에만 가능합니다. | |
| | 首領(머리 수, 거느릴 령)★ | 한 당파나 무리의 우두머리. 예 노론의 수령 우암 송시열. | |
| | 樹齡(나무 수, 나이 령) | 나무의 나이. 예 마을 어귀에는 300년 수령의 느티나무가 있다. | |

Q3. '사양 말고 많이 드세요'에서 '사양'의 한자 표기로 적절한 것은?  ㉠ 辭讓  ㉡ 斜陽

| | | | |
|---|---|---|---|
| 수리 | 水利(물 수, 이로울 리) | 식용, 관개용, 공업용 등으로 물을 이용하는 일. 예 농업 생산을 늘리기 위하여 수리 시설을 확충하다. | |
| | 受理(받을 수, 다스릴 리) | 서류를 받아서 처리함. 예 회사에서 사표 수리를 거부하는 바람에 퇴사가 미루어지고 있다. | |
| | 修理(닦을 수, 다스릴 리)★ | 고장 나거나 허름한 데를 손보아 고침. | |
| | 數理(셀 수, 다스릴 리) | 수학의 이론이나 이치. 예 그는 수리에 밝아서 계산이 틀리는 일이 없다. | |
| 연연 | 連延(잇닿을 연, 끌 연) | 이어져 길게 뻗음. 예 길가에 연연해 있는 인파. | |
| | 戀戀(사모할 연, 사모할 연)★ | 집착하여 미련을 가짐. 예 목숨에 연연하다. | |
| 연패 | 連敗(잇닿을 연, 패할 패)★ | 싸움이나 경기에서 계속하여 짐. 예 연패의 늪에 빠지다. | |
| | 連霸(잇닿을 연, 으뜸 패) | 운동 경기 등에서 연달아 우승함. 예 그는 작년에 이어 올해까지 우승해 2년 연패를 기록했다. | |
| 유감 | 有感(있을 유, 느낄 감) | 느끼는 바가 있음. 예 이 작품에 대한 너의 유감을 듣고 싶어. | |
| | 遺憾(남길 유, 한할 감)★ | 마음에 차지 않아 섭섭하거나 불만스럽게 남아 있는 느낌. 예 유감의 뜻을 표하다. | |
| 이상 | 理想(다스릴 이, 생각 상) | 생각할 수 있는 범위 안에서 가장 완전하다고 여겨지는 상태. 예 이상을 실현하다. | |
| | 異常(다를 이, 항상 상) | 정상적인 상태와 다름. 예 기계에 이상이 생기다. | |
| 자멸 | 自滅(스스로 자, 멸망할 멸) | 스스로 자신을 망치거나 멸망함. 예 군비 경쟁은 인류의 자멸을 가져올 뿐이다. | |
| | 自蔑(스스로 자, 업신여길 멸) | 스스로 자신을 멸시함. | |

Q4. '목숨에 연연하다'에서 '연연'의 한자 표기로 적절한 것은?  ㉠ 連延  ㉡ 戀戀

정답 | Q1. ㉡  Q2. ㉡  Q3. ㉠  Q4. ㉡

| | | |
|---|---|---|
| 전과 | 專科(오로지 전, 품등 과) | 전문적으로 연구하는 학과. |
| | 全科(온전할 전, 품등 과) | ① 학교에서 규정한 모든 교과 또는 학과.<br>② 초등학교의 전 과목에 걸친 학습 참고서의 이름.<br>예 아이는 전과를 찾아보며 숙제를 하였다. |
| 전수 | 傳受(전할 전, 받을 수) | 기술이나 지식 등을 전하여 받음. |
| | 傳授(전할 전, 줄 수) | 기술이나 지식 등을 전하여 줌. |
| 전통 | 傳通(전할 전, 통할 통) | 상급 기관에서 하급 기관에 공적인 일을 전화 등의 통신 수단으로 긴급히 알림. 또는 그런 통신의 준말. |
| | 傳統(전할 전, 거느릴 통) | 어떤 집단이나 공동체에서, 지난 시대에 이미 이루어져 계통을 이루며 전하여 내려오는 사상·관습·행동 등의 양식. 예 전통 혼례. |
| 정상 | 正常(바를 정, 항상 상)★ | 특별한 변동이나 탈이 없이 제대로인 상태. 예 정상 수업. |
| | 情狀(뜻 정, 형상 상) | ① 있는 그대로의 사정과 형편.<br>② 딱하거나 가엾은 상태. 예 정상을 살피다. |
| | 頂上(정수리 정, 위 상)★ | 산 등의 맨 꼭대기. 예 지리산의 정상. |
| 조화 | 造花(지을 조, 꽃 화) | 종이, 천, 비닐 등을 재료로 하여 인공적으로 만든 꽃. |
| | 調和(고를 조, 화목할 화) | 서로 잘 어울림. 예 조화를 이루다. |

**Q1.** '지리산의 정상'에서 '정상'의 한자 표기로 적절한 것은?   ㉠ 正常   ㉡ 頂上

| | | |
|---|---|---|
| 준동 | 準同(법도 준, 같을 동) | 어떤 표준과 같음. |
| | 蠢動(꿈틀거릴 준, 움직일 동)★ | '벌레 등이 꿈적거린다'라는 뜻으로, 불순한 세력이나 보잘것없는 무리가 법석을 부림을 이르는 말. |
| 지망 | 地望(땅 지, 바랄 망) | 지위와 명망을 아울러 이르는 말. |
| | 志望(뜻 지, 바랄 망) | 뜻을 두어 바람. 또는 그 뜻. 예 지망 학과. |
| 지적 | 指摘(가리킬 지, 딸 적) | 허물 따위를 드러내어 폭로함. 예 이번 조치는 불필요했다는 지적이 일고 있다. |
| | 指笛(가리킬 지, 피리 적) | 손가락으로 부는 피리. 또는 손가락으로 부는 휘파람. |
| 착상 | 着床(붙을 착, 평상 상) | 포유류의 수정란이 자궁벽에 접착하여 모체의 영양을 흡수할 수 있는 상태가 됨. 또는 그런 현상. |
| | 着想(붙을 착, 생각 상)★ | 어떤 일이나 창작의 실마리가 되는 생각이나 구상 등을 잡음. 또는 그 생각이나 구상.<br>예 착상이 기발하다. |
| 타진 | 打診(칠 타, 볼 진) | 남의 마음이나 사정을 미리 살펴봄. 예 가능성 타진. |
| | 打盡(칠 타, 다할 진) | 모조리 잡음. |
| 후기 | 後記(뒤 후, 기록할 기) | 본문 끝에 덧붙여 기록함. 또는 그런 글. 예 책 끝에 후기를 붙이다. |
| | 後期(뒤 후, 기약할 기) | 일정 기간을 둘이나 셋으로 나누었을 때의 맨 뒤 기간. 예 조선 후기. |

**Q2.** '조선 후기'에서 '후기'의 한자 표기로 적절한 것은?   ㉠ 後記   ㉡ 後期

## 2. 기출 한자어

| 가장 | 家長(집 가, 길 장) | 한 가정을 이끌어 나가는 사람. 예 한집안의 가장 노릇을 하기가 그리 쉬운 게 아니다. |
| --- | --- | --- |
| | 假葬(거짓 가, 장사지낼 장) | ① 임시로 장사 지냄. 또는 그 장사.<br>② 시체를 되는대로 대강 또는 임시로 묻음. |
| | 假裝(거짓 가, 꾸밀 장) | ① 태도를 거짓으로 꾸밈.<br>② 얼굴이나 몸차림 등을 알아보지 못하게 바꾸어 꾸밈. |
| 감사 | 勘査(정할 감, 사실할 사) | 잘 살펴 조사함. |
| | 感謝(느낄 감, 사례할 사) | 고마움을 나타내는 인사. 예 감사 편지. |
| | 監司(볼 감, 맡을 사) | 조선 시대에 둔, 각 도의 으뜸 벼슬. |
| | 監査(볼 감, 사실할 사) | 감독하고 검사함. 예 감사가 나오다. |
| 강구 | 强求(강할 강, 구할 구) | ① 구하기 힘든 것을 억지로 구함.<br>② 억지로 또는 강제로 요구함. |
| | 講究(강론할 강, 궁구할 구)★ | 좋은 대책과 방법을 궁리하여 찾아내거나 좋은 대책을 세움. 예 대책 강구. |
| 개정 | 改正(고칠 개, 바를 정)★ | 주로 문서의 내용 등을 고쳐 바르게 함. 예 악법의 개정에 힘쓰다. |
| | 改定(고칠 개, 정할 정)★ | 이미 정하였던 것을 고쳐 다시 정함. 예 개정 요금. |
| | 改訂(고칠 개, 평론할 정)★ | 글자나 글의 틀린 곳을 고쳐 바로잡음. 예 초판본을 개정 보완하다. |

**Q3.** '감사 편지'에서 '감사'의 한자 표기로 적절한 것은?  ㉠ 感謝  ㉡ 監査

| 결정 | 決定(결정할 결, 정할 정) | 행동이나 태도를 분명하게 정함. 또는 그렇게 정해진 내용. 예 결정을 내리다. |
| --- | --- | --- |
| | 結晶(맺을 결, 밝을 정) | ① 원자, 이온, 분자 등이 규칙적으로 일정한 법칙에 따라 배열되고, 외형도 대칭 관계에 있는 몇 개의 평면으로 둘러싸여 규칙 바른 형체를 이룸. 또는 그런 물질.<br>② 애써 노력하여 보람 있는 결과를 이루는 것이나 그 결과를 비유적으로 이르는 말.<br>예 이 작품은 화가의 오랜 노력의 결정이다. |
| 경기 | 景氣(경치 경, 기운 기)★ | 매매나 거래에 나타나는 호황·불황 등의 경제 활동 상태. 예 경기 부진. |
| | 經紀(경서 경, 벼리 기) | 일정한 포부를 가지고 어떤 일을 조직적으로 계획하여 처리함. |
| | 競技(다툴 경, 재주 기)★ | 일정한 규칙 아래 기량과 기술을 겨룸. 또는 그런 일. 예 경기 규칙. |
| | 驚氣(놀랄 경, 기운 기)★ | 어린아이에게 나타나는 증상의 하나. 예 경기를 일으키다. |
| 고수 | 固守(굳을 고, 지킬 수)★ | 차지한 물건이나 형세 등을 굳게 지킴. 예 강경 노선 고수. |
| | 高手(높을 고, 손 수)★ | 바둑이나 장기 등에서 수가 높음. 또는 그런 사람. 예 그는 진정한 바둑의 고수이다. |
| | 鼓手(북 고, 손 수)★ | 북이나 장구 등을 치는 사람. 예 북채를 든 고수. |
| 공과 | 工科(장인 공, 품등 과) | 대학에서, 공업 생산에 필요한 과학 기술을 전공하는 학과를 통틀어 이르는 말. |
| | 公課(공변될 공, 시험할 과) | 국가나 공공 단체가 국민에게 부과하는 금전상의 부담이나 육체적인 일. |
| | 功過(공 공, 지날 과) | 공로와 과실을 아울러 이르는 말. 예 공과를 논하다. |

**Q4.** '경기 규칙'에서 '경기'의 한자 표기로 적절한 것은?  ㉠ 景氣  ㉡ 競技

정답 | Q1. ㉡  Q2. ㉡  Q3. ㉠  Q4. ㉡

| | | |
|---|---|---|
| 공포 | 公布(공변될 공, 베 포)★ | ① 일반 대중에게 널리 알림.<br>② 이미 확정된 법률, 조약, 명령 등을 일반 국민에게 널리 알리는 일. |
| | 空砲(빌 공, 돌쇠뇌 포) | 대상을 위협하기 위하여 실탄을 넣고 공중이나 다른 곳을 향하여 하는 총질. |
| | 恐怖(두려울 공, 두려울 포) | 두렵고 무서움. 예 공포에 떨다. |
| 관용 | 官用(벼슬 관, 쓸 용) | 정부 기관이나 국립 공공 기관에서 사용함. 예 관용 차량. |
| | 慣用(버릇 관, 쓸 용) | 오랫동안 써서 굳어진 대로 늘 씀. 또는 그렇게 쓰는 것. 예 관용 표현. |
| | 寬容(너그러울 관, 얼굴 용) | 남의 잘못 등을 너그럽게 받아들이거나 용서함. 또는 그런 용서. 예 관용을 베풀다. |
| 교정 | 校正(학교 교, 바를 정) | 교정쇄와 원고를 대조하여 오자, 오식, 배열, 색 등을 바르게 고침. |
| | 校訂(학교 교, 평론할 정) | 남의 문장 또는 출판물의 잘못된 글자나 글귀 등을 바르게 고침. |
| | 校庭(학교 교, 뜰 정) | 학교의 마당이나 운동장. |
| | 矯正(바로잡을 교, 바를 정)★ | ① 틀어지거나 잘못된 것을 바로잡음.<br>② 교도소나 소년원 등에서 재소자의 잘못된 품성이나 행동을 바로잡음. |
| 구제 | 救濟(구원할 구, 건널 제)★ | 자연적인 재해나 사회적인 피해를 당하여 어려운 처지에 있는 사람을 도와줌.<br>예 구제 사업. |
| | 舊製(옛 구, 지을 제) | 옛적에 만듦. 또는 그런 물건. |
| | 驅除(몰 구, 덜 제)★ | 해충 등을 몰아내어 없앰. 예 송충이 구제. |

Q1. '송충이 구제'에서 '구제'의 한자 표기로 적절한 것은?  ㉠ 救濟 ㉡ 驅除

| | | |
|---|---|---|
| 구조 | 久阻(오랠 구, 험할 조) | 소식이 오랫동안 막힘. |
| | 構造(얽을 구, 지을 조)★ | 부분이나 요소가 어떤 전체를 짜 이룸. 또는 그렇게 이루어진 얼개. 예 가옥 구조. |
| 단신 | 單身(홑 단, 몸 신) | ① 배우자나 형제가 없는 사람. 예 그녀는 사고로 남편을 잃고 단신이 되었다.<br>② 혼자의 몸. 예 그는 단신으로 적진에 뛰어들었다. |
| | 短身(짧을 단, 몸 신) | 작은 키의 몸. 예 그는 단신이지만 장신 선수들을 제치고 올해의 최우수 선수로 뽑혔다. |
| | 短信(짧을 단, 믿을 신) | 짤막하게 전하는 뉴스. 예 해외 단신. |
| 단정 | 端正(바를 단, 바를 정) | 옷차림새나 몸가짐 등이 얌전하고 바름. |
| | 端整(바를 단, 가지런할 정) | 깨끗이 정리되어 가지런함. |
| | 斷定(끊을 단, 정할 정) | 딱 잘라서 판단하고 결정함. 예 단정을 짓다. |
| 동기 | 同氣(같을 동, 기운 기)★ | 형제와 자매, 남매를 통틀어 이르는 말. 예 동기끼리 사이좋게 지내다. |
| | 同期(같을 동, 기약할 기)★ | ① 같은 시기. 또는 같은 기간. 예 6월 중 수출 실적은 전년 동기 대비 32.5%가 증가했다.<br>② 같은 시기에 같은 곳에서 교육이나 강습을 함께 받은 사람. 예 대학 동기. |
| | 動機(움직일 동, 틀 기)★ | 어떤 일이나 행동을 일으키게 하는 계기. 예 작품을 쓰게 된 동기. |
| 동화 | 同化(같을 동, 될 화) | 성질, 양식, 사상 등이 다르던 것이 서로 같게 됨. 예 자연과의 동화. |
| | 同和(같을 동, 화목할 화) | 같이 화합함. |

Q2. '대학 동기'에서 '동기'의 한자 표기로 적절한 것은?  ㉠ 同氣 ㉡ 同期

| | | |
|---|---|---|
| 매수 | 枚數(낱 매, 셀 수) | 종이나 유리 등의 장으로 셀 수 있는 물건의 수효. 예 원고 매수를 세어 보아라. |
| | 買收(살 매, 거둘 수)★ | ① 물건을 사들임. 예 매수 가격.<br>② 금품이나 그 밖의 수단으로 남의 마음을 사서 자기편으로 만드는 일. |
| | 買受(살 매, 받을 수) | 물건을 사서 넘겨받음. |
| | 買售(살 매, 팔 수) | 물건을 팔고 사는 일. |
| 병폐 | 病弊(병들 병, 폐단 폐)★ | 병통과 폐단을 아울러 이르는 말. 예 병폐를 없애다. |
| | 病廢(병들 병, 고질병 폐) | 병으로 인하여 몸을 제대로 쓰지 못하게 됨. |
| 보수 | 保守(보전할 보, 지킬 수)★ | ① 보전하여 지킴.<br>② 새로운 것이나 변화를 적극적으로 받아들이기보다는 전통적인 것을 옹호하며 유지하려 함. 예 보수와 진보의 싸움. |
| | 報酬(갚을 보, 술 권할 수) | 일한 대가로 주는 돈이나 물품. 예 보수가 박하다. |
| | 補修(기울 보, 닦을 수) | 건물이나 시설 등의 낡거나 부서진 것을 손보아 고침. 예 하수도 보수. |
| 보전 | 保全(보전할 보, 온전할 전)★ | 온전하게 보호하여 유지함. 예 생태계 보전. |
| | 補塡(기울 보, 메울 전)★ | 부족한 부분을 보태어 채움. 예 적자의 보전. |
| | 寶典(보배 보, 법 전) | 귀중한 책. 예 ≪훈민정음≫은 한국 문화의 보전이다. |

Q3. '보수와 진보의 싸움'에서 '보수'의 한자 표기로 적절한 것은? ㉠ 保守 ㉡ 補修

| | | |
|---|---|---|
| 부정 | 不正(아닌가 부, 바를 정)★ | 올바르지 않거나 옳지 못함. 예 입시 부정. |
| | 父情(아버지 부, 뜻 정) | 자식에 대한 아버지의 정. |
| | 不淨(아닌가 부, 깨끗할 정) | ① 깨끗하지 못함. 또는 더러운 것.<br>② 사람이 죽는 등의 불길한 일. 예 부정이 들다. |
| | 否定(아닐 부, 정할 정)★ | 그렇지 않다고 단정하거나 옳지 않다고 반대함.<br>예 그녀는 긍정도 부정도 아닌 미소만 지었다. |
| 비상 | 非常(아닐 비, 항상 상) | ① 뜻밖의 긴급한 사태. 또는 이에 대응하기 위하여 신속히 내려지는 명령. 예 비상을 해제하다.<br>② 평범하지 않고 뛰어남. |
| | 飛上(날 비, 위 상) | 높이 날아오름. |
| | 飛翔(날 비, 빙빙 돌아 날 상) | 공중을 낢. 예 바다 위로 갈매기가 비상을 즐기듯 선회했다. |
| | 悲傷(슬플 비, 상처 상) | 마음이 슬프고 쓰라림. |
| 사의 | 謝意(사례할 사, 뜻 의) | 감사하게 여기는 뜻. 예 심심한 사의를 표하다. |
| | 辭意(말씀 사, 뜻 의) | 맡아보던 일자리를 그만두고 물러날 뜻. 예 장관은 일신상의 이유로 사의를 밝혔다. |
| 사주 | 使嗾(부릴 사, 부추길 주)★ | 남을 부추겨 좋지 않은 일을 시킴. 예 사주를 받다. |
| | 社主(모일 사, 주인 주) | 회사나 결사의 주인. |

Q4. '입시 부정'에서 '부정'의 한자 표기로 적절한 것은? ㉠ 不正 ㉡ 否定

| 상가 | 商家(장사 상, 집 가) | 이익을 얻으려고 물건을 사서 파는 집. 예 집 근처에 있는 **상가**에서 반찬거리를 샀다. |
| --- | --- | --- |
| | 商街(장사 상, 거리 가) | 상점들이 죽 늘어서 있는 거리. 예 **상가**의 즐비한 간판들. |
| 상고 | 上古(위 상, 옛 고) | 아주 오랜 옛날. |
| | 相顧(서로 상, 돌아볼 고) | 서로 돌아봄. |
| | 詳考(자세할 상, 상고할 고) | 꼼꼼하게 따져서 검토하거나 참고함. |
| 수정 | 水晶(물 수, 밝을 정) | 무색투명한 석영의 하나. |
| | 受精(받을 수, 찧을 정) | 암수의 생식 세포가 하나로 합쳐져 접합자가 됨. 또는 그런 현상. |
| | 修正(닦을 수, 바를 정)★ | 바로잡아 고침. 예 대폭적인 **수정**. |
| 양식 | 良識(어질 양, 알 식) | 뛰어난 식견이나 건전한 판단. 예 **양식**이 있는 사람이라면 한밤중에 전화를 걸겠니? |
| | 樣式(모양 양, 법 식) | 일정한 모양이나 형식. 예 서류를 **양식**에 맞게 꾸며라. |
| | 糧食(양식 양, 먹을 식) | 생존을 위하여 필요한 사람의 먹을거리. 예 먹을 **양식**이 다 떨어졌다. |
| 유지 | 有志(있을 유, 뜻 지) | ① 마을이나 지역에서 명망 있고 영향력을 가진 사람. 예 지역 **유지**.<br>② 어떤 일에 뜻이 있거나 관심이 있는 사람. |
| | 維持(바 유, 가질 지) | 어떤 상태나 상황을 그대로 보존하거나 변함없이 계속하여 지탱함. 예 질서 **유지**. |
| | 遺志(남길 유, 뜻 지) | 죽은 사람이 살아서 이루지 못하고 남긴 뜻. 예 **유지**를 저버리다. |

**Q1.** '질서 유지'에서 '유지'의 한자 표기로 적절한 것은?  ㉠ 有志  ㉡ 維持

| 인용 | 引用(끌 인, 쓸 용) | 남의 말이나 글을 자신의 말이나 글 속에 끌어 씀. 예 대부분이 **인용**으로 이루어진 글. |
| --- | --- | --- |
| | 認容(알 인, 얼굴 용) | 인정하여 용납함. |
| 장기 | 長技(길 장, 재주 기) | 가장 잘하는 재주. 예 그의 **장기**는 뭐니 뭐니해도 명창에 비길 만한 소리이다. |
| | 長期(길 장, 기약할 기) | 긴 기간. |
| | 臟器(오장 장, 그릇 기) | 내장의 여러 기관. 예 **장기** 기증. |
| 전기 | 前期(앞 전, 기약할 기) | ① 일정 기간을 몇 개로 나눈 첫 시기. 예 프로 야구 **전기** 리그.<br>② 앞의 시기. 예 **전기** 순이익. |
| | 傳記(전할 전, 기록할 기) | 한 사람의 일생 동안의 행적을 적은 기록. 예 한국 위인 **전기**. |
| | 轉機(구를 전, 틀 기) | 전환점이 되는 기회나 시기. 예 **전기**를 맞이하다. |
| 전도 | 全圖(온전할 전, 그림 도) | 전체를 그린 그림이나 지도. 예 대한민국 **전도**. |
| | 前途(앞 전, 길 도) | 앞으로의 가능성이나 전망. 예 **전도**가 밝다. |
| | 傳導(전할 전, 이끌 도) | 열 또는 전기가 물체 속을 이동하는 일. 또는 그런 현상. 예 **전도** 온도계. |
| 전력 | 全力(온전할 전, 힘 력) | 모든 힘. 예 **전력**을 기울이다. |
| | 前歷(앞 전, 지낼 력) | 과거의 경력. 예 **전력**이 드러나다. |
| | 戰力(싸울 전, 힘 력) | 전투나 경기 등을 할 수 있는 능력. 예 주전들의 부상으로 **전력**이 약화되었다. |

**Q2.** '전도가 밝다'에서 '전도'의 한자 표기로 적절한 것은?  ㉠ 前途  ㉡ 傳導

| 정수 | 淨水(깨끗할 정, 물 수) | 물을 깨끗하고 맑게 함. 또는 그 물. 예 정수 과정을 거친 물. |
| --- | --- | --- |
| | 渟水(물 고일 정, 물 수) | 흐르지 않고 괴어 있는 물. |
| | 精髓(찧을 정, 골수 수) | 사물의 중심이 되는 골자 또는 요점. 예 민족 문화의 정수. |
| 정정 | 正正(바를 정, 바를 정) | 바르고 가지런함. |
| | 亭亭(정자 정, 정자 정) | 늙은 몸이 굳세고 건강함. |
| | 訂正(평론할 정, 바를 정)★ | 글자나 글 등의 잘못을 고쳐서 바로잡음. |
| 정체 | 正體(바를 정, 몸 체) | 참된 본디의 형체. 예 정체가 불명한 괴한들. |
| | 政體(정사 정, 몸 체) | 국가의 통치 형태. 군주제, 귀족제, 민주제, 공화제 등이 있다. |
| | 停滯(머무를 정, 막힐 체)★ | 사물이 발전하거나 나아가지 못하고 한자리에 머물러 그침. 예 경제 정체. |
| 제재 | 制裁(억제할 제, 마를 재)★ | 일정한 규칙이나 관습의 위반에 대하여 제한하거나 금지함. 또는 그런 조치. 예 제재를 가하다. |
| | 題材(제목 제, 재목 재) | 예술 작품이나 학술 연구의 바탕이 되는 재료. |
| 조수 | 助手(도울 조, 손 수) | 어떤 책임자 밑에서 지도를 받으면서 그 일을 도와주는 사람. 예 공장에서 조수로 일하다. |
| | 潮水(조수 조, 물 수) | 달, 태양 등의 인력에 의하여 주기적으로 높아졌다 낮아졌다 하는 바닷물. 예 조수가 밀려 들어오다. |

**Q3.** '정체가 불명한 괴한들'에서 '정체'의 한자 표기로 적절한 것은?   ㉠ 正體   ㉡ 停滯

| 조정 | 調停(고를 조, 머무를 정)★ | 분쟁을 중간에서 화해하게 하거나 서로 타협점을 찾아 합의하도록 함. 예 문제를 해결하기 위해 이해 당사자들이 직접 조정에 나섰다. |
| --- | --- | --- |
| | 調整(고를 조, 가지런할 정) | 어떤 기준이나 실정에 맞게 정돈함. 예 판매 가격 조정을 요구하다. |
| 지향 | 志向(뜻 지, 향할 향) | 어떤 목표로 뜻이 쏠리어 향함. 또는 그 방향이나 그쪽으로 쏠리는 의지. 예 출세 지향. |
| | 指向(가리킬 지, 향할 향) | 작정하거나 지정한 방향으로 나아감. 또는 그 방향. 예 밤이 어두워 지향 없이 헤매다. |
| 진상 | 眞相(참 진, 서로 상) | 사물이나 현상의 거짓 없는 모습이나 내용. 예 진상을 규명하다. |
| | 眞想(참 진, 생각 상) | 참된 생각. |
| 풍조 | 風潮(바람 풍, 조수 조)★ | ① 바람과 조수(潮水)를 아울러 이르는 말. 또는 바람에 따라 흐르는 조수. ② 시대에 따라 변하는 세태. 예 과소비 풍조. |
| | 風調(바람 풍, 고를 조) | ① 바람이 순조롭게 붊. ② 시가 등의 가락. |
| 현상 | 現狀(나타날 현, 형상 상) | 나타나 보이는 현재의 상태. 예 현상을 극복하려는 의지. |
| | 現象(나타날 현, 코끼리 상) | 인간이 지각할 수 있는, 사물의 모양과 상태. 예 열대야 현상. |
| | 懸賞(매달 현, 상줄 상) | 무엇을 모집하거나 구하거나 사람을 찾는 일 따위에 현금이나 물품 따위를 내걺. 또는 그 현금이나 물품. 예 현상 수배. |

**Q4.** '밤이 어두워 지향 없이 헤매다'에서 '지향'의 한자 표기로 적절한 것은?   ㉠ 志向   ㉡ 指向

정답 | Q1. ㉡   Q2. ㉠   Q3. ㉠   Q4. ㉡

## 2 최신 기출 한자어 (2025~2023)

| 한자어 | 뜻 |
|---|---|
| 가량(假量) | 어떤 일에 대하여 확실한 계산은 아니나 대강 얼마쯤이 되리라고 짐작하여 봄. 예 밑천에서 몇 배의 이익을 남길 가량으로 가게를 샀다. |
| 가미(加味) | 음식에 양념이나 식료품을 더 넣어 맛이 나게 함. 예 가미 통조림. |
| 가외(加外) | 일정한 기준이나 정도의 밖. 예 품삯과 더불어 가외로 물건을 더 받았다. |
| 가차(假借) | 사정을 보아줌. |
| 각주(脚註/脚注) | 본문의 어떤 부분을 보충하거나 쉽게 풀이한 글을 본문의 아래쪽에 단 것. |
| 각축(角逐)★ | 서로 이기려고 다투며 덤벼듦. 예 외세의 각축. |
| 각출(各出) | 각각 내놓음. 예 재벌 기업마다 수재 의연금의 각출을 약속하였다. |

**Q1.** "서로 이기려고 다투며 덤벼듦."을 뜻하는 한자어는?
 ㉠ 가차(假借)   ㉡ 각축(角逐)

| 한자어 | 뜻 |
|---|---|
| 간파(看破)★ | 속내를 꿰뚫어 알아차림. |
| 갈급(渴急) | 몹시 조급하게 바람. 예 돈에 갈급이 나다. |
| 갈채(喝采) | 외침이나 박수 등으로 찬양이나 환영의 뜻을 나타냄. 예 갈채를 받다. |
| 갈파(喝破) | ① 큰 소리로 꾸짖어 기세를 눌러 버림. ② 정당한 논리로 그릇된 주장을 깨뜨리고 진리를 밝힘. |
| 강횡(强橫) | 세력이 강하고 횡포함. |
| 개연성(蓋然性) | 절대적으로 확실하지 않으나 아마 그럴 것이라고 생각되는 성질. 예 개연성이 있다. |
| 거마비(車馬費) | 수레와 말을 타는 비용이라는 뜻으로, '교통비'를 이르는 말. 예 거마비를 주다. |
| 거반(居半) | 거의 절반. 예 그의 말은 거반이 거짓이다. |
| 격의(隔意) | 서로 터놓지 않는 속마음. 예 두 사람은 격의 없이 서로의 감정을 이야기했다. |

**Q3.** "큰 소리로 꾸짖어 기세를 눌러 버림."을 뜻하는 한자어는?
 ㉠ 갈파(喝破)   ㉡ 강횡(强橫)

| 한자어 | 뜻 |
|---|---|
| 격조(隔阻) | 멀리 떨어져 있어 서로 통하지 못함. |
| 경각(警覺) | 잘못을 하지 않도록 정신을 차리고 깨어 있음. 예 그 검사의 용기 있는 행위는 부정부패를 일삼는 사람들에게 큰 경각이 되었다. |
| 경감(輕減) | 부담이나 고통 등을 덜어서 가볍게 함. 예 세금의 경감. |
| 경개(耿介) | 시류에 영합하지 않고 굳게 지조를 지킴. |
| 경구(警句) | 진리나 삶에 대한 느낌이나 사상을 간결하고 날카롭게 표현한 말. 예 "이마에 땀을 흘리지 않는 자는 식탁에 앉을 수 없다."라는 경구는 명심할 만하다. |
| 경색(梗塞) | 소통되지 못하고 막힘. 예 이번 조치는 금융 시장의 경색을 초래했다. |
| 계륵(鷄肋)★ | 닭의 갈비라는 뜻으로, 그다지 큰 소용은 없으나 버리기에는 아까운 것을 이르는 말. |

**Q2.** "소통되지 못하고 막힘."을 뜻하는 한자어는?
 ㉠ 경색(梗塞)   ㉡ 경개(耿介)

| 한자어 | 뜻 |
|---|---|
| 계발(啓發)★ | 슬기나 재능, 사상 등을 일깨워 줌. 예 외국어 능력의 계발. |
| 고취(鼓吹) | ① 힘을 내도록 격려하여 용기를 북돋움. 예 사기 고취. ② 의견이나 사상 등을 열렬히 주장하여 불어넣음. 예 민족주의 사상의 고취. |
| 곡진(曲盡) | 매우 정성스러움. 예 대접이 곡진하다. |
| 공박(攻駁) | 남의 잘못을 몹시 따지고 공격함. 예 공박을 받다. |
| 공방(攻防) | 서로 공격하고 방어함. 예 공방을 벌이다. |
| 과문(寡聞)★ | 보고 들은 것이 적음. |
| 괴력(怪力) | 괴상할 정도로 뛰어나게 센 힘. 예 괴력의 소유자. |
| 구색(具色) | 여러 가지 물건을 고루 갖춤. 또는 그런 모양새. 예 다양한 구색. |
| 구설(口舌) | 시비하거나 헐뜯는 말. 예 남의 구설에 오르다. |

**Q4.** "서로 공격하고 방어함."을 뜻하는 한자어는?
 ㉠ 공박(攻駁)   ㉡ 공방(攻防)

| 어휘 | 뜻 |
|---|---|
| 구명(究明)★ | 사물의 본질, 원인 등을 깊이 연구하여 밝힘. 예 고대 유물에 대한 문제의 **구명**에서 무엇보다도 긴요한 것은 객관적인 자료의 뒷받침이다. |
| 구휼(救恤) | 사회적 또는 국가적 차원에서 재난을 당한 사람이나 빈민에게 금품을 주어 구제함. |
| 균열(龜裂) | 친하게 지내는 사이에 틈이 남. 예 돈 문제로 두 사람 간에 **균열**이 생겼다. |
| 극구(極口) | 온갖 말을 다하여. 예 **극구** 사양하다. |
| 긍지(矜持) | 자신의 능력을 믿음으로써 가지는 당당함. 예 **긍지**가 높다. |
| 기탄(忌憚)★ | 어렵게 여겨 꺼림. 예 그는 아무런 **기탄**이 없이 말을 이었다. |
| 기함(氣陷) | 갑작스레 몹시 놀라거나 아프거나 하여 소리를 지르면서 넋을 잃음. 예 참혹한 광경을 보자 여자들은 **기함**을 할 듯이 놀랐다. |
| 난삽(難澁)★ | 글이나 말이 매끄럽지 못하면서 어렵고 까다로움. |

**Q5.** "어렵게 여겨 꺼림."을 뜻하는 한자어는?
㉠ 기탄(忌憚)  ㉡ 기함(氣陷)

| 어휘 | 뜻 |
|---|---|
| 납량(納涼) | 여름철에 더위를 피하여 서늘한 기운을 느낌. 예 **납량** 특집극. |
| 내홍(內訌) | 집단이나 조직의 내부에서 자기들끼리 일으킨 분쟁. 예 **내홍**이 벌어지다. |
| 노파심(老婆心) | 필요 이상으로 남의 일을 걱정하고 염려하는 마음. 예 **노파심**에서 하는 말. |
| 눌변(訥辯) | 더듬거리는 서툰 말솜씨. 예 우리 선생님은 비록 **눌변**이시지만 열성적인 강의로 우리를 감동시키곤 하셨다. |
| 단장(斷腸) | 몹시 슬퍼서 창자가 끊어지는 듯함. 예 **단장**의 비애. |
| 답습(踏襲)★ | 예로부터 해 오던 방식이나 수법을 좇아 그대로 행함. 예 전통의 계승과 **답습**을 혼동해서는 안 된다. |
| 당돌(撞突) | 서로 맞부딪치거나 맞섬. |
| 대로(大怒) | 크게 화를 냄. |

**Q7.** "몹시 슬퍼서 창자가 끊어지는 듯함."을 뜻하는 한자어는?
㉠ 단장(斷腸)  ㉡ 대로(大怒)

| 어휘 | 뜻 |
|---|---|
| 대미(大尾) | 어떤 일의 맨 마지막. 예 불꽃놀이가 축제의 **대미**를 장식했다. |
| 도로(徒勞) | 헛되이 수고함. 예 **도로**에 그치다. |
| 도저(到底) | 학식이나 생각, 기술 등이 아주 깊음. |
| 도탄(塗炭)★ | '진구렁에 빠지고 숯불에 탄다'라는 뜻으로, 몹시 곤궁하여 고통스러운 지경을 이르는 말. 예 **도탄**에 빠뜨리다. |
| 돌파(突破) | ① 쳐서 깨뜨려 뚫고 나아감. 예 **돌파** 작전. ② 일정한 기준이나 기록 따위를 지나서 넘어섬. 예 목표 생산량 **돌파**. |
| 두각(頭角)★ | ① 짐승의 머리에 있는 뿔. ② 뛰어난 학식이나 재능을 비유적으로 이르는 말. 예 **두각**을 드러내다. |
| 두찬(杜撰) | ① 전거나 출처가 확실하지 못한 저술. ② 틀린 곳이 많은 작품. |
| 만신창이(滿身瘡痍) | 일이 아주 엉망이 됨을 비유적으로 이르는 말. 예 모든 계획이 **만신창이**가 되고 말았다. |

**Q6.** "뛰어난 학식이나 재능을 비유적으로 이르는 말."을 뜻하는 한자어는?
㉠ 두각(頭角)  ㉡ 두찬(杜撰)

| 어휘 | 뜻 |
|---|---|
| 망념(妄念) | 이치에 맞지 아니한 망령된 생각을 함. 또는 그 생각. |
| 망막(茫漠) | 넓고 멂. 예 **망막**한 우주. |
| 맹점(盲點) | 미처 생각이 미치지 못한, 모순되는 점이나 틈. 예 **맹점**을 찌르다. |
| 명멸(明滅) | 불이 켜졌다 꺼졌다 함. |
| 목하(目下) | 바로 지금. 예 **목하** 휴업 중. |
| 무마(撫摩) | 타이르고 얼러서 마음을 달램. |
| 무운(武運) | 전쟁 따위에서 이기고 지는 운수. 예 **무운**을 점치다. |
| 무진장(無盡藏) | 다함이 없이 굉장히 많음. |
| 묵계(默契) | 말 없는 가운데 뜻이 서로 맞음. 또는 그렇게 하여 성립된 약속. 예 우리 사이에는, 나눈 이야기는 서로 발설하지 않는다는 **묵계**가 이미 성립되어 있었다. |

**Q8.** "바로 지금."을 뜻하는 한자어는?
㉠ 명멸(明滅)  ㉡ 목하(目下)

정답 | Q1. ㉡  Q2. ㉠  Q3. ㉠  Q4. ㉡  Q5. ㉠  Q6. ㉠  Q7. ㉠  Q8. ㉡

|  |  |
|---|---|
| 물경(勿驚) | '놀라지 마라' 또는 '놀랍게도'의 뜻으로 엄청난 것을 말할 때에 미리 내세우는 말.<br>예 그는 하룻밤에 물경 수천만 원이나 도박으로 날렸다. |
| 반향(反響)★ | 어떤 사건이나 발표 등이 세상에 영향을 미치어 일어나는 반응.<br>예 반향을 불러일으키다. |
| 발굴(發掘)★ | 땅속이나 큰 덩치의 흙, 돌 더미 따위에 묻혀 있는 것을 찾아서 파냄. |
| 발호(跋扈) | 권세나 세력을 제멋대로 부리며 함부로 날뜀. |
| 방종(放縱) | 제멋대로 행동하여 거리낌이 없음.<br>예 책임과 의무가 따르지 않는 자유는 자칫 방종에 빠지기 쉽다. |
| 범람(汎濫/氾濫) | 큰물이 흘러넘침.<br>예 하천의 범람을 막기 위해 제방을 쌓다. |
| 범례(凡例) | 책의 첫머리에 그 책의 내용이나 쓰는 방법 등에 관한 참고 사항을 설명한 글. |

**Q1.** "권세나 세력을 제멋대로 부리며 함부로 날뜀."을 뜻하는 한자어는?
㉠ 발호(跋扈)  ㉡ 방종(放縱)

|  |  |
|---|---|
| 복명(復命) | 명령을 받고 일을 처리한 사람이 그 결과를 보고함. |
| 빈축(嚬蹙/顰蹙) | 남을 비난하거나 미워함. 예 빈축을 사다. |
| 사숙(私淑) | 직접 가르침을 받지는 않았으나 마음속으로 그 사람을 본받아서 도나 학문을 닦음. |
| 산실(産室)★ | 어떤 일을 꾸미거나 이루어 내는 곳. 또는 그런 바탕.<br>예 우리 연구부를 기술 개발의 산실로 키우겠다. |
| 상봉(相逢) | 서로 만남. 예 이산가족 상봉. |
| 상쇄(相殺)★ | 상반되는 것이 서로 영향을 주어 효과가 없어지는 일. |
| 상정(上程)★ | 토의할 안건을 회의 석상에 내어놓음. |
| 생경(生硬)★ | ① 세상 물정에 어둡고 완고함.<br>② 익숙하지 않아 어색함. |
| 소거(消去) | 글자나 그림 등이 지워짐. 또는 그것을 지워 없앰. |

**Q2.** "세상 물정에 어둡고 완고함."을 뜻하는 한자어는?
㉠ 생경(生硬)  ㉡ 사숙(私淑)

|  |  |
|---|---|
| 보정(補正) | 부족한 부분을 보태어 바르게 함.<br>예 사진 보정 작업. |
| 복마전(伏魔殿) | 비밀리에 나쁜 일을 꾸미는 무리들이 모이거나 활동하는 곳을 비유적으로 이르는 말. |
| 봉우(逢遇) | 우연히 만남. 또는 마주침. |
| 부박(浮薄) | 천박하고 경솔함. |
| 분탕(焚蕩) | ① 아주 야단스럽고 부산하게 소동을 일으킴.<br>② 남의 물건 등을 약탈하거나 노략질함을 비유적으로 이르는 말.<br>예 이미 적군은 수도를 점령하고 도처에서 분탕과 약탈을 자행하고 있었다. |
| 불식(拂拭)★ | '먼지를 떨고 훔친다'라는 뜻으로, 의심이나 부조리한 점 등을 말끔히 떨어 없앰을 이르는 말. 예 불신 풍조 불식. |
| 불초(不肖) | '아버지를 닮지 않았다'라는 뜻으로, 못나고 어리석은 사람을 이르는 말. |

**Q3.** "천박하고 경솔함."을 뜻하는 한자어는?
㉠ 부박(浮薄)  ㉡ 분탕(焚蕩)

|  |  |
|---|---|
| 소고(小考) | 체계를 세우지 않은 단편적 고찰. |
| 송영(送迎) | 가는 사람을 보내고 오는 사람을 맞음. |
| 숙맥(菽麥) | 사리 분별을 못 하고 세상 물정을 잘 모르는 사람.<br>예 그는 세상 물정을 모르는 숙맥이다. |
| 슬하(膝下)★ | 무릎의 아래라는 뜻으로, 어버이나 조부모의 보살핌 아래.<br>예 슬하에 자녀는 몇이나 두었소? |
| 신랄(辛辣) | 사물의 분석이나 비평 등이 매우 날카롭고 예리함. 예 신랄한 비판. |
| 쌍벽(雙璧) | 여럿 가운데 특별히 뛰어난, 우열을 가리기 어려운 둘을 비유적으로 이르는 말.<br>예 쌍벽을 이루다. |
| 아성(牙城)★ | 아주 중요한 근거지를 비유적으로 이르는 말. 예 아성이 무너지다. |
| 앙롱(仰弄) | 나이가 훨씬 많은 사람에게 실없이 굶. 또는 그런 행동. |

**Q4.** "아주 중요한 근거지를 비유적으로 이르는 말."을 뜻하는 한자어는?
㉠ 쌍벽(雙璧)  ㉡ 아성(牙城)

|  |  |
|---|---|
| 애환(哀歡) | 슬픔과 기쁨을 아울러 이르는 말. |
| 약진(躍進) | 힘차게 앞으로 뛰어 나아감. |
| 어언(於焉) | 알지 못하는 동안에 어느덧. 예 학교를 졸업한 지도 어언 십 년이 지났다. |
| 역려(逆旅) | 나그네를 맞이한다는 뜻으로, '여관'을 이르는 말. |
| 역력(歷歷) | 자취나 기미, 기억 등이 환히 알 수 있게 또렷함. 예 집 안에 도둑이 든 흔적이 역력하다. |
| 염두(念頭) | 마음의 속. 예 염두에 두다. |
| 영락(零落) | 세력이나 살림이 줄어들어 보잘것없이 됨. 예 영락과 부패. |
| 영수(領袖)★ | 여러 사람 가운데 우두머리. 예 여야 영수 회담. |
| 오찬(午餐) | 손님을 초대하여 함께 먹는 점심 식사. |
| 온상(溫床) | 어떤 현상이나 사상, 세력 등이 자라나는 바탕을 비유적으로 이르는 말. 예 범죄의 온상. |

**05.** "여러 사람 가운데 우두머리."를 뜻하는 한자어는?
㉠ 염두[念頭]  ㉡ 영수[領袖]

|  |  |
|---|---|
| 와중(渦中)★ | ① 흐르는 물이 소용돌이치는 가운데. ② 일이나 사건 등이 시끄럽고 복잡하게 벌어지는 가운데. 예 많은 사람이 전란의 와중에 가족을 잃었다. |
| 위시(爲始) | 여럿 중에서 어떤 대상을 첫자리 또는 대표로 삼음. |
| 유례(類例)★ | ① 같거나 비슷한 예. 예 그들의 잔혹한 통치 정책은 세계에서 유례를 찾기 힘든 것이다. ② 이전부터 있었던 사례. 예 역사상 유례가 없는 이변. |
| 유명(幽明) | ① 어둠과 밝음을 아울러 이르는 말. ② 저승과 이승을 아울러 이르는 말. |
| 유세(遊說)★ | 자기 의견 또는 자기 소속 정당의 주장을 선전하며 돌아다님. 예 선거 유세. |
| 유치(誘致)★ | 행사나 사업 따위를 이끌어 들임. 예 시설 유치. |
| 유해(遺骸) | 주검을 태우고 남은 뼈. 또는 무덤 속에서 나온 뼈. 예 유해를 안치하다. |

**Q7.** "행사나 사업 따위를 이끌어 들임."을 뜻하는 한자어는?
㉠ 유세[遊說]  ㉡ 유치[誘致]

|  |  |
|---|---|
| 유휴(遊休) | 쓰지 아니하고 놀림. 예 유휴 시설. |
| 융간(戎間) | 전쟁을 하고 있는 동안. |
| 일별(一瞥) | 한 번 흘깃 봄. |
| 일신(一身) | 자기 한 몸. 예 일신을 보존하다. |
| 일축(一蹴) | 제안이나 부탁 등을 단번에 거절하거나 물리침. 예 일축을 당하다. |
| 자자(藉藉) | 여러 사람의 입에 오르내려 떠들썩하다. |
| 작량(酌量) | 짐작하여 헤아림. |
| 작파(作破) | 어떤 계획이나 일을 중도에서 그만두어 버림. 예 건설 자재가 부족하여 공사를 중도에서 작파를 하였다. |
| 잠언(箴言) | 가르쳐서 훈계하는 말. |
| 재가(裁可) | 안건을 결재하여 허가함. 예 그런 계획은 사장의 재가를 받기 어렵다. |
| 저간(這間)★ | 바로 얼마 전부터 이제까지의 무렵. 예 저간의 소식. |

**Q6.** "바로 얼마 전부터 이제까지의 무렵."을 뜻하는 한자어는?
㉠ 작파[作破]  ㉡ 저간[這間]

|  |  |
|---|---|
| 적폐(積弊)★ | 오랫동안 쌓이고 쌓인 폐단. 예 관민이 함께 협심하여 적폐를 일소했다. |
| 전가(轉嫁)★ | 잘못이나 책임을 다른 사람에게 넘겨씌움. 예 책임 전가. |
| 전철(前轍) | 앞에 지나간 수레바퀴의 자국이라는 뜻으로, 이전 사람의 그릇된 일이나 행동의 자취를 이르는 말. 예 실패를 전철 삼아 같은 실수를 하지 않으려 노력했다. |
| 정산(精算) | 정밀하게 계산함. 또는 그런 계산. 예 종합 소득세 정산. |
| 제고(提高)★ | 수준이나 정도 등을 끌어올림. 예 생산성의 제고. |
| 조기(弔旗) | 조의를 표하기 위하여 깃봉에서 기의 한 폭만큼 내려서 다는 국기. 예 조기를 게양하다. |
| 조봉(遭逢) | 우연히 서로 만남. |
| 조우(遭遇) | 우연히 서로 만남. 예 그는 적들과의 조우를 피하여 적진을 멀리 돌아갔다. |

**Q8.** "우연히 서로 만남."을 뜻하는 한자어는?
㉠ 조봉[遭逢]  ㉡ 조기[弔旗]

|  |  |
|---|---|
| 졸연(猝然/卒然) | 갑작스럽게. 예 졸연 웃음이 사라졌다. |
| 질곡(桎梏)★ | 몹시 속박하여 자유를 가질 수 없는 고통의 상태를 비유적으로 이르는 말. 예 질곡의 세월. |
| 차치(且置)★ | 내버려두고 문제 삼지 않음. |
| 차출(差出)★ | 어떤 일을 시키기 위하여 인원을 선발하여 냄. 예 노동력 차출. |
| 착수(着手)★ | 어떤 일에 손을 댐. 또는 어떤 일을 시작함. 예 작업 착수. |
| 참담(慘澹/慘憺) | 끔찍하고 절망적임. 예 전쟁터는 참담뿐이다. |
| 참작(參酌) | 이리저리 비추어 보아서 알맞게 고려함. 예 참작의 여지도 없다. |
| 참척(慘慽) | 자손이 부모나 조부모보다 먼저 죽는 일. 예 참척의 아픔. |
| 창궐(猖獗)★ | 못된 세력이나 전염병 등이 세차게 일어나 걷잡을 수 없이 퍼짐. |

Q1. "자손이 부모나 조부모보다 먼저 죽는 일."을 뜻하는 한자어는?
㉠ 참척(慘慽)  ㉡ 참담(慘澹/慘憺)

|  |  |
|---|---|
| 채산(採算) | 수입과 지출을 맞추어 계산함. 또는 그 계산 내용. 예 채산을 맞추다. |
| 책동(策動) | ① 좋지 않은 일을 몰래 꾸미어 시행함. 예 암투와 음모의 책동을 자행하다. ② 남을 부추기어 일정한 방향으로 행동하게 함. 예 배후의 책동에 부화뇌동하다. |
| 책정(策定) | 계획이나 방책을 세워 결정함. 예 예산 책정이 늦어지다. |
| 천착(穿鑿)★ | 어떤 원인이나 내용 등을 따지고 파고들어 알려고 하거나 연구함. 예 세밀한 관찰과 천착을 거듭하다. |
| 철시(撤市) | 시장, 가게 따위가 문을 닫고 영업을 하지 아니함. 예 상인들은 휴가 기간에 일제히 철시를 하였다. |
| 청구(請求) | 남에게 돈이나 물건 등을 달라고 요구함. |
| 청산(淸算) | 과거의 부정적 요소를 깨끗이 씻어 버림. 예 봉건 잔재의 청산. |

Q3. "좋지 않은 일을 몰래 꾸미어 시행함."을 뜻하는 한자어는?
㉠ 책동(策動)  ㉡ 책정(策定)

|  |  |
|---|---|
| 초미(焦眉)★ | 눈썹에 불이 붙었다는 뜻으로, 매우 급함을 이르는 말. 예 반드시 해결하지 않으면 안 될 초미의 문제. |
| 촉탁(囑託)★ | 일을 부탁하여 맡김. 예 촉탁 업무는 그때그때 넘겨야지. |
| 추대(推戴)★ | 윗사람으로 떠받듦. 예 임원들의 추대로 그는 회장이 되었다. |
| 추출(抽出)★ | 전체 속에서 어떤 물건, 생각, 요소 등을 뽑아냄. |
| 총총(叢叢) | 들어선 모양이 빽빽한 모양. |
| 추념(追念) | 죽은 사람을 생각함. |
| 추호(秋毫)★ | 매우 적거나 조금인 것을 비유적으로 이르는 말. 예 내 말에는 추호의 거짓도 없다. |
| 충돌(衝突) | 서로 맞부딪치거나 맞섬. 예 의견 충돌. |
| 탐닉(耽溺) | 어떤 일을 몹시 즐겨서 거기에 빠짐. 예 재물 탐닉. |
| 탱천(撐天) | 분하거나 의로운 기개, 기세 등이 북받쳐 오름. |

Q2. "매우 적거나 조금인 것을 비유적으로 이르는 말."을 뜻하는 한자어는?
㉠ 추호(秋毫)  ㉡ 탱천(撐天)

|  |  |
|---|---|
| 터득(攄得) | 깊이 생각하여 이치를 깨달아 알아냄. |
| 통감(痛感) | 마음에 사무치게 느낌. |
| 통변(通辯) | 말이 통하지 않는 사람 사이에서 뜻이 통하도록 말을 옮겨 줌. 또는 그런 일을 하는 사람. |
| 파견(派遣)★ | 일정한 임무를 주어 사람을 보냄. 예 파견 근무. |
| 팽배(澎湃/彭湃) | 어떤 기세나 사조 등이 매우 거세게 일어남. 예 기대 심리의 팽배. |
| 풍미(風味) | 음식의 고상한 맛. |
| 피력(披瀝)★ | 생각하는 것을 털어놓고 말함. 예 수상 소감의 피력. |
| 할당(割當) | 몫을 갈라 나눔. 또는 그 몫. 예 할당을 받다. |

Q4. "마음에 사무치게 느낌."을 뜻하는 한자어는?
㉠ 터득(攄得)  ㉡ 통감(痛感)

| 어휘 | 뜻 |
|---|---|
| 함구(緘口)★ | '입을 다문다'라는 뜻으로, 말하지 않음을 이르는 말. |
| 함양(涵養) | 능력이나 품성 따위를 길러 쌓거나 갖춤. 예 독서는 학생들의 지식과 정서 함양에 크게 이바지한다. |
| 함의(含意) | 말이나 글 속에 어떠한 뜻이 들어 있음. 또는 그 뜻. 예 글 속에 숨겨져 있는 함의를 파악하다. |
| 항간(巷間)★ | 일반 사람들 사이. 예 항간에 떠도는 소문. |
| 항진(亢進) | ① 위세 좋게 뽐내고 나아감. ② 기세나 기능 등이 높아짐. |
| 해량(海量) | 바다처럼 넓은 도량. 또는 그런 마음으로 잘 헤아림. |
| 해명(解明) | 까닭이나 내용을 풀어서 밝힘. 예 해명을 요구하다. |
| 해촉(解囑) | 위촉했던 직책이나 자리에서 물러나게 함. 예 규정을 어겼다는 이유로 해촉 통보를 받다. |
| 해후(邂逅) | 오랫동안 헤어졌다가 뜻밖에 다시 만남. 예 극적인 해후. |

**Q5.** "오랫동안 헤어졌다가 뜻밖에 다시 만남."을 뜻하는 한자어는?
㉠ 해후(邂逅)　㉡ 해량(海量)

| 어휘 | 뜻 |
|---|---|
| 현현(顯現) | 명백하게 나타나거나 나타냄. |
| 화제(話題)★ | 이야기할 만한 재료나 소재. 예 화제의 주인공. |
| 회의(懷疑)★ | 의심을 품음. 또는 마음속에 품고 있는 의심. 예 회의에 빠지다. |
| 회자(膾炙)★ | 회와 구운 고기라는 뜻으로, 칭찬을 받으며 사람의 입에 자주 오르내림을 이르는 말. |
| 효험(效驗) | 일의 좋은 보람. 또는 어떤 작용의 결과. 예 효험을 보다. |
| 훈훈(薰薰) | 날씨나 온도가 견디기 좋을 만큼 더움. |
| 흉금(胸襟) | 마음속 깊이 품은 생각. 예 흉금을 터놓다. |
| 희유(稀有) | 흔하지 아니함. |
| 흠결(欠缺)★ | 일정한 수효에서 부족함이 생김. 또는 그런 부족. |
| 흠모(欽慕) | 기쁜 마음으로 공경하며 사모함. |
| 힐난(詰難)★ | 트집을 잡아 거북할 만큼 따지고 듦. |

**Q6.** "흔하지 아니함."을 뜻하는 한자어는?
㉠ 흉금(胸襟)　㉡ 희유(稀有)

| 어휘 | 뜻 |
|---|---|
| 향수(鄕愁) | 고향을 그리워하는 마음이나 시름. 예 어린 시절에 대한 향수. |
| 호가(呼價) | 팔거나 사려는 물건의 값을 부름. |
| 호객(呼客) | 물건 등을 팔기 위하여 손님을 부름. 예 호객 행위. |
| 호기(呼氣) | 기운을 내뿜음. |
| 호우(好雨) | 때를 맞추어 알맞게 오는 비. |
| 호행(護行) | 보호하며 따라감. |
| 혼동(混同)★ | 구별하지 못하고 뒤섞어서 생각함. 예 잠이 다 깨지 않았는지 그는 현실과 꿈 사이에서 혼동을 일으켰다. |
| 혼신(渾身) | 몸 전체. 예 혼신의 힘을 쏟다. |
| 혼연(渾然) | 마땅히 머뭇거리거나 두려워할 상황에서 태도나 기색이 아무렇지도 않은 듯이 예사로움. |

**Q7.** "몸 전체."를 뜻하는 한자어는?
㉠ 혼연(渾然)　㉡ 혼신(渾身)

정답 | Q1. ㉠　Q2. ㉠　Q3. ㉠　Q4. ㉡　Q5. ㉠　Q6. ㉡　Q7. ㉡

# STEP 3  기출동형 문제 풀어보기

**1**  밑줄 친 한자어의 사전적 뜻풀이로 옳지 않은 것은?

① 혼자서 빵 거반(居半)을 먹고 나니 배가 부르다. → 거의 절반.
② 방종(放縱)은 자유와 분명히 구분되어야 할 개념이다. → 제멋대로 행동하여 거리낌이 없음.
③ 오랜 시간이 지나면서 두 사람 사이의 격의(隔意)가 점차 사라졌다. → 격에 맞는 일정한 방식.
④ 도박에 대한 탐닉(耽溺)으로 그는 결국 막대한 빚을 안았다. → 어떤 일을 몹시 즐겨서 거기에 빠짐.
⑤ 작가는 비평가들의 힐난(詰難)에도 자신의 글쓰기 방식을 고수했다. → 트집을 잡아 거북할 만큼 따지고 듦.

**2**  밑줄 친 한자어의 쓰임이 적절하지 않은 것은?

① 그녀는 발군(拔群)의 노래 실력을 뽐내며 대회에서 우승했다.
② 상인들의 회의 결과에 따라 다음 주부터 시장 전체가 철시(撤市)한다.
③ 그는 경개(耿介)한 성격이라 매체나 다른 사람의 영향을 많이 받는다.
④ 구조대원은 무너지는 건물을 향해 약진(躍進)하며 생존자를 구하러 갔다.
⑤ 김 박사는 이번에 발견된 중세 유물로 중세인의 의식주 생활을 구명(究明)할 계획이다.

**3**  밑줄 친 한자어의 쓰임이 적절하지 않은 것은?

① 결투를 시작하기 전부터 그는 내 약점을 간파(看破)했다.
② 감독은 선수들의 사기를 고취(鼓吹)하기 위해 열정적인 연설을 했다.
③ 마을 주민들은 축제 준비를 위해 집마다 쌀을 조금씩 갹출(各出)했다.
④ 우리 회사는 폐광을 관광 자원으로 계발(啓發)하여 지역 명소로 탈바꿈했다.
⑤ 사막의 모래 언덕 위에서 바라본 풍경은 망막(茫漠)하여 끝이 보이지 않았다.

**4**  <보기>의 밑줄 친 ㉠~㉢에 해당하는 한자로 올바르게 묶인 것은?

<보기>
- ㉠ 가령 내일 비가 온다면 갈 만한 장소를 찾아야 하지 않을까?
- 박물관은 지역 문화유산을 보존하고 ㉡ 계승하는 핵심적인 역할을 하고 있다.
- 그는 회장 자리를 ㉢ 사양하면서 젊은 세대에게 기회를 주고 싶다고 말했습니다.

|   | ㉠ | ㉡ | ㉢ |
|---|---|---|---|
| ① | 假令 | 繼承 | 斜陽 |
| ② | 假令 | 繼承 | 辭讓 |
| ③ | 假令 | 繼乘 | 辭讓 |
| ④ | 加齡 | 繼承 | 斜陽 |
| ⑤ | 加齡 | 繼乘 | 斜陽 |

**5** <보기>의 밑줄 친 ㉠~㉢에 해당하는 한자로 올바르게 묶인 것은?

─── <보기> ───
- 이번 회의는 노사 간의 의견 충돌로 ㉠ 무산되었다.
- 우리는 다음 세대를 위해 자연을 ㉡ 보전해야 한다.
- 상품 ㉢ 수령 시 내용물을 확인한 후 서명하시기 바랍니다.

| | ㉠ | ㉡ | ㉢ | | ㉠ | ㉡ | ㉢ |
|---|---|---|---|---|---|---|---|
| ① | 無算 | 補塡 | 受領 | ② | 無算 | 保全 | 首領 |
| ③ | 霧散 | 保全 | 首領 | ④ | 霧散 | 補塡 | 受領 |
| ⑤ | 霧散 | 保全 | 受領 | | | | |

**6** <보기>의 밑줄 친 ㉠~㉢에 해당하는 한자로 올바르게 묶인 것은?

─── <보기> ───
- 전쟁에서 돌아온 병사들의 ㉠ 개선 행렬이 도시를 가로질렀다.
- 학생회장의 임기가 끝나 ㉡ 개선을 위한 후보자 등록이 시작되었다.
- 의료 기술의 ㉢ 개선으로 많은 질병들이 과거보다 효과적으로 치료되고 있다.

| | ㉠ | ㉡ | ㉢ | | ㉠ | ㉡ | ㉢ |
|---|---|---|---|---|---|---|---|
| ① | 凱旋 | 改善 | 改選 | ② | 凱旋 | 改選 | 改善 |
| ③ | 改善 | 改選 | 凱旋 | ④ | 改選 | 改善 | 凱旋 |
| ⑤ | 改選 | 凱旋 | 改善 | | | | |

**7** 밑줄 친 한자어의 사전적 뜻풀이로 옳지 않은 것은?

① 명절 가족 모임에서는 아이들의 성장이 주된 화제(話題)였다. → 이야기할 만한 재료나 소재.
② 그 연구소는 한국 과학자들의 산실(産室)로 자리매김했다. → 사물이나 일 등의 기본이 되는 것.
③ 그는 독립운동의 영수(領袖)로 활동하다 체포되어 옥고를 치렀다. → 여러 사람 가운데 우두머리.
④ 손자가 앙롱(仰弄)을 부렸지만 할아버지는 웃고만 계셨다. → 나이가 훨씬 많은 사람에게 실없이 굶. 또는 그런 행동.
⑤ 이 건물은 전통 방식을 답습(踏襲)하며 현대적 감각을 더했다. → 예로부터 해 오던 방식이나 수법을 좇아 그대로 행함.

**8** 밑줄 친 한자어의 쓰임이 적절하지 않은 것은?

① 매사에 철저한 그녀는 추호(秋毫)의 실수도 용납하지 않는다.
② 그 선수는 실력이나 위치가 애매한 계륵(鷄肋) 같은 존재이다.
③ 고흐를 사숙(私淑)하여 그의 화풍을 받드는 현대 화가들이 많다.
④ 산속의 작은 역려(逆旅)는 오가는 나그네에게 따뜻한 안식처가 되었다.
⑤ 그녀는 쏟아지는 비난을 공박(攻駁)하며 버틸 뿐 상대를 절대 공격하지 않는다.

영역1 어휘

# 03 어휘의 의미 관계

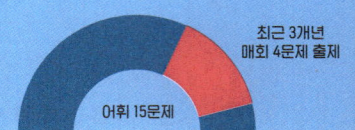
최근 3개년 매회 4문제 출제
어휘 15문제

## STEP 1 최신 기출유형 파악하기

### 기출유형 ① 유의·반의·상하·부분 관계
최근 3개년 평균 정답률 74.31%

두 어휘의 의미가 비슷한지, 반대인지, 상하 관계인지, 전체와 부분 관계인지 가려내는 유형이다. 의미를 직접적으로 묻지 않는 쉬운 유형이므로 관계의 정의를 반드시 알아 두어 틀리지 않도록 유의해야 한다. 매회 2문제 출제된다.

**예제**

<보기>에 제시된 단어의 의미 관계와 동일하지 않은 것은?

─── <보기> ───
꽃 - 코스모스

① 생각 - 사고  ② 운동 - 요가  ③ 수사법 - 비유법
④ 재난 - 지진  ⑤ 농기구 - 쟁기

**정답분석**
① <보기>의 '코스모스'는 '꽃'의 일종이다. 따라서 두 단어는 '꽃'이 상위어, '코스모스'가 하위어인 상하 관계에 있다. ①의 '생각'은 "사물을 헤아리고 판단하는 작용."을 의미하고, '사고'는 "생각하고 궁리함."을 의미하므로 두 단어는 상하 관계에 있지 않다.

**오답분석**
② '요가'는 '운동'의 일종이므로 두 단어는 상하 관계에 있다.
③ '비유법'은 "표현하고자 하는 대상을 다른 대상에 비유하여 표현하는 수사법."을 의미하므로 '수사법'의 일종이다. 따라서 두 단어는 상하 관계에 있다.
④ '지진'은 '재난'의 일종이므로 두 단어는 상하 관계에 있다.
⑤ '쟁기'는 '농기구'의 일종이므로 두 단어는 상하 관계에 있다.

## 기출유형 ② 다의어와 동음이의어

최근 3개년 평균 정답률 50.07%

선택지에 쓰인 어휘들이 동음이의 관계에 있는지 다의 관계에 있는지 가려내는 유형이다. 기출 어휘가 재출제될 확률이 높으므로 기출 다의어와 동음이의어를 우선적으로 암기해야 한다. 매회 1문제 출제된다.

**예제**

밑줄 친 단어 중 나머지 넷과 다의어 관계에 있지 않은 것은?

① 머리가 많이 길어 미용실에 갔다.
② 남동생은 그네에서 떨어져 머리를 다쳤다.
③ 그가 우리 학교의 머리가 되기에는 아쉬운 점이 많았다.
④ 오늘 들어온 후원금 중 가장 큰 머리는 최 회장님의 것이었다.
⑤ 어릴 적부터 언니는 머리가 남달라 어른들이 기대하는 유망주였다.

**정답분석**
④ ④의 '머리'는 "덩어리를 이룬 수량의 정도를 나타내는 말."을 의미한다. 이는 머리²의 용례이고, 나머지 ①, ②, ③, ⑤에 쓰인 '머리'는 머리¹의 용례이므로 ④는 나머지와 동음이의 관계에 있다.

**오답분석**
① "머리에 난 털."을 의미하는 머리¹의 용례이다.
② "사람이나 동물의 목 위의 부분."을 의미하는 머리¹의 용례이다.
③ "단체의 우두머리."를 의미하는 머리¹의 용례이다.
⑤ "생각하고 판단하는 능력."을 의미하는 머리¹의 용례이다.

## 기출유형 ③ 고유어와 한자어의 대응

최근 3개년 평균 정답률 81.90%

선택지에 쓰인 고유어를 제시된 한자어로 바꿔 쓸 수 있는지 판단하는 유형이다. 어휘의 뜻을 암기하지 않아도 제시된 문장에 한자어를 대입해 보면 쉽게 답을 찾을 수 있다. 매회 1문제 출제된다.

**예제**

밑줄 친 '부르다'에 대응하는 한자어가 적절하지 않은 것은?

① 올해 연회에는 손님들을 많이 불렀다. → 초청(招請)하다
② 학생들은 일제히 일어서서 교가를 불렀다. → 합창(合唱)하다
③ 그는 경매에 참여해 가장 높은 가격을 불렀다. → 호명(呼名)하다
④ 그녀의 부주의한 운전 습관은 결국 사고를 불렀다. → 초래(招來)하다
⑤ 우리 가족은 그 강아지를 '바둑이'라고 이름을 지어 불렀다. → 호칭(呼稱)하다

**정답분석**
③ 문맥상 '부르다'는 "값이나 액수 따위를 얼마라고 말하다."를 의미하므로, "이름을 부르다."를 의미하는 '호명(呼名)하다'의 쓰임은 적절하지 않다. 참고로, 이때는 "팔거나 사려는 물건의 값을 부르다."를 의미하는 '호가(呼價)하다'를 쓸 수 있다.

**오답분석**
① 문맥상 "사람을 청하여 부르다."를 의미하는 '초청(招請)하다'를 쓰는 것은 적절하다.
② 문맥상 "여러 사람이 목소리를 맞추어서 노래를 부르다."를 의미하는 '합창(合唱)하다'를 쓰는 것은 적절하다.
④ 문맥상 "일의 결과로서 어떤 현상을 생겨나게 하다."를 의미하는 '초래(招來)하다'를 쓰는 것은 적절하다.
⑤ 문맥상 "이름 지어 부르다."를 의미하는 '호칭(呼稱)하다'를 쓰는 것은 적절하다.

# STEP 2 기출개념 암기하기

★ = 2회 이상 출제된 어휘

## 1 유의 관계

1. **개념**: 서로 비슷한 의미를 지닌 단어의 관계를 유의 관계라고 하며, 유의 관계에 있는 단어들을 유의어라고 한다.

2. **기출 유의어**

| 1 | 간데없다 – 틀림없다 | 6 | 보잘것없다 – 하잘것없다 | 11 | 옴키다 – 움키다 |
|---|---|---|---|---|---|
| 2 | 걸다 – 걸쭉하다, 기름지다, 진하다, 농후하다, 되직하다 | 7 | 사람 – 인간 | 12 | 은폐하다 – 가리다, 숨기다 |
| 3 | 까칠하다 – 꺼칠하다 | 8 | 서점(書店) – 책방 | 13 | 짙다 – 진하다 |
| 4 | 둥글다 – 동글다 | 9 | 숨기다 – 감추다, 덮다, 파묻다 | 14 | 채소 – 남새, 야채 |
| 5 | 바수다 – 부수다 | 10 | 얼굴 – 낯★ | 15 | 허리뼈 – 요추(腰椎) |

*뜻이 같은 말인 '동의어(同義語)'가 유의 관계로 출제되기도 함.

> **Q1.** 다음 설명이 올바르면 ○, 틀리면 ×에 표시하시오. '채소'와 '남새'는 유의 관계에 있다. [○, ×]

## 2 반의 관계

1. **개념**: 의미가 서로 대립하는 단어의 관계를 반의 관계라고 하며, 반의 관계에 있는 말들을 반의어라고 한다.

2. **기출 반의어**

| 1 | 감소(減少) ↔ 증가(增加)★ | 10 | 벗다 ↔ 신다 | 19 | 이랑 ↔ 고랑 |
|---|---|---|---|---|---|
| 2 | 기쁘다 ↔ 슬프다★ | 11 | 벗다 ↔ 쓰다★ | 20 | 입학(入學) ↔ 퇴학(退學) |
| 3 | 넓다 ↔ 좁다★ | 12 | 벗다 ↔ 입다★ | 21 | 있다 ↔ 없다★ |
| 4 | 높다 ↔ 낮다 | 13 | 빠르다 ↔ 느리다 | 22 | 좋다 ↔ 나쁘다★ |
| 5 | 눌변(訥辯) ↔ 달변(達辯)★ | 14 | 살다 ↔ 죽다★ | 23 | 짙다 ↔ 옅다 |
| 6 | 덥다 ↔ 춥다★ | 15 | 성기다 ↔ 배다 | 24 | 차지다 ↔ 메지다 |
| 7 | 뜨겁다 ↔ 차갑다★ | 16 | 실수 ↔ 허수 | 25 | 춥다 ↔ 덥다★ |
| 8 | 무겁다 ↔ 가볍다★ | 17 | 싸다 ↔ 뜨다 | 26 | 크다 ↔ 작다 |
| 9 | 바닷물 ↔ 민물 | 18 | 열다 ↔ 닫다 | 27 | 오르다 ↔ 내리다 |

> **Q2.** '성기다'의 반의어는? ㉠ 배다  ㉡ 뜨다

## 3 상하 관계

1. **개념:** 한 단어의 의미가 다른 단어의 의미를 포함하거나 다른 단어의 의미에 포함되는 관계로, 다른 단어의 뜻을 포함하는 단어를 '상위어(상의어)', 다른 단어의 의미에 포함되는 단어를 '하위어(하의어)'라고 한다.

2. **기출 상의어와 하의어**

| 1 | 가구 ⊃ 장롱, 책상★ | 10 | 동물 ⊃ 사람 | 19 | 운동 ⊃ 요가 |
|---|---|---|---|---|---|
| 2 | 광물 ⊃ 석탄 | 11 | 물고기 ⊃ 피라미, 붕어★ | 20 | 자동차 ⊃ 승용차 |
| 3 | 구름 ⊃ 적란운★ | 12 | 새 ⊃ 제비, 독수리, 올빼미★ | 21 | 재난 ⊃ 지진 |
| 4 | 국경일 ⊃ 삼일절, 한글날★ | 13 | 수사법 ⊃ 반어법, 비유법★ | 22 | 절기(節氣) ⊃ 청명(淸明) |
| 5 | 금속 ⊃ 구리 | 14 | 악기 ⊃ 바이올린 | 23 | 탈것 ⊃ 가마 |
| 6 | 기호품 ⊃ 커피 | 15 | 액체 ⊃ 물 | 24 | 포유류 ⊃ 늑대, 고래★ |
| 7 | 꽃 ⊃ 맨드라미, 백합, 장미, 코스모스★ | 16 | 양서류 ⊃ 개구리 | 25 | 항성 ⊃ 태양 |
| 8 | 나물 ⊃ 냉이, 두릅★ | 17 | 언어 ⊃ 영어 | 26 | 화폐 ⊃ 지폐 |
| 9 | 농기구 ⊃ 쟁기 | 18 | 예술 ⊃ 무용, 문학, 음악★ | 27 | 문학 ⊃ 시 |

> **Q3.** 다음 설명이 올바르면 ○, 틀리면 ×에 표시하시오. '나물'과 '두릅'의 관계에서 '나물'은 상의어, '두릅'은 하의어이다. ( ○, × )

## 4 부분 관계

1. **개념:** 하나의 단어가 다른 단어의 부분이 되는 관계로, 전체를 나타내는 단어를 '전체어', 부분을 나타내는 단어를 '부분어'라고 한다.

2. **기출 전체어와 부분어**

| 1 | 건물 : 계단 | 4 | 물고기 : 아가미 | 7 | 옷 : 단추 |
|---|---|---|---|---|---|
| 2 | 나무 : 나뭇잎 | 5 | 손 : 손톱, 손가락★ | 8 | 자동차 : 바퀴 |
| 3 | 몸 : 다리 | 6 | 얼굴 : 눈 | 9 | 자전거 : 바퀴 |

> **Q4.** 다음 설명이 올바르면 ○, 틀리면 ×에 표시하시오. '나무'와 '나뭇잎'은 상하 관계에 있다. ( ○, × )

정답 | Q1. ○　Q2. ㉠　Q3. ○　Q4. ×, 부분 관계

## 5 다의어

**1. 개념:** 하나의 단어가 두 가지 이상의 관련된 의미를 지닌 경우를 다의 관계라 하고, 다의 관계에 있는 단어들을 다의어라고 한다.

> 예 날다¹
> 「1」 【…에】【…으로】【…을】 공중에 떠서 어떤 위치에서 다른 위치로 움직이다.
> 「2」 어떤 물체가 매우 빨리 움직이다.
> 「3」 【…에서】【…으로】 '달아나다'를 속되게 이르는 말.

**2. 기출 다의어**

| 가다¹★ | ① 한곳에서 다른 곳으로 장소를 이동하다. 예 지방에 사는 친구에게 간다. |
| | ② 금, 줄, 주름살, 흠집 등이 생기다. 예 옷에 주름이 가다. |

| 나가다★ | ① 일정한 지역이나 공간의 범위와 관련하여 그 안에서 밖으로 이동하다. 예 밖에 나가다. |
| | ② 생산되거나 만들어져 사회에 퍼지다. 예 새 제품이 시장에 나간 후의 시장 조사는 필수적이다. |
| | ③ 사회적인 활동을 시작하다. 예 그는 이번에 새로 문단에 나가게 되었다. |
| | ④ 모임에 참여하거나, 운동 경기에 출전하거나, 선거 등에 입후보하다. 예 전쟁에 나간 군인. |

| 나다¹★ | ① 신체 표면이나 땅 위에 솟아나다. 예 여드름이 나다. |
| | ② 신문, 잡지 등에 어떤 내용이 실리다. 예 기사가 신문에 나다. |
| | ③ 흥미, 짜증, 용기 등의 감정이 일어나다. 예 겁이 나다. |
| | ④ 앞말이 뜻하는 행동이 끝났음을 나타내는 말. 예 일을 마치고 나니 기분이 상쾌해졌다. |

**Q1.** 다음 설명이 올바르면 ○, 틀리면 × 에 표시하시오. '여드름이 <u>나다</u>'와 '겁이 <u>나다</u>'의 '나다'는 동음이의어이다. [○, ×]

| 내리다¹★ | ① 눈, 비, 서리, 이슬 등이 오다. 예 함박눈이 내리다. |
| | ② 어둠, 안개 등이 짙어지거나 덮여 오다. 예 땅거미가 내리다. |

| 놓다★ | ① 계속해 오던 일을 그만두고 하지 않다. 예 건강이 좋지 않아 일을 놓고 있다. |
| | ② 논의의 대상으로 삼다. 예 동문회에서 학교 이전 문제를 놓고 의견이 분분했다. |
| | ③ 빨리 가도록 힘을 더하다. 예 동구 밖으로 줄달음을 놓다. |

| 눈★ | ① 물체의 존재나 형상을 인식하는 눈의 능력. 예 눈이 좋다. |
| | ② 사람들의 눈길. 예 다른 사람의 눈을 의식하다. |

| 돌다★ | ① 물체가 일정한 축을 중심으로 원을 그리면서 움직이다. 예 바퀴가 돌다. |
| | ② 돈이나 물자 등이 유통되다. 예 불경기로 돈이 안 돈다. |

| 두다★ | ① 일정한 곳에 놓다. 예 연필을 책상 위에 두다. |
| | ② 앞말이 뜻하는 행동을 끝내고 그 결과를 유지함을 나타내는 말. 예 불을 켜 두고 잠이 들었다. |

| 뜨다¹★ | ① 착 달라붙지 않아 틈이 생기다. 예 풀칠이 잘못되어 도배지가 떴다. |
| | ② 인기를 얻게 되고 유명해지다. 예 그 가수의 앨범이 뒤늦게 뜨기 시작했다. |

| 말¹ | ① 일정한 주제나 줄거리를 가진 이야기. 예 말을 건네다. |
| | ② 소문이나 풍문 등을 이르는 말. 예 말이 퍼지다. |

**Q2.** 다음 설명이 올바르면 ○, 틀리면 × 에 표시하시오. '바퀴가 <u>돌다</u>'와 '불경기로 돈이 안 <u>돈다</u>'의 '돌다'는 다의어이다. [○, ×]

| 보다¹★ | ① 눈으로 대상의 존재나 형태적 특징을 알다. 예 수상한 사람을 보면 신고하시오.
② 음식상이나 잠자리 등을 채비하다. 예 어머니는 술상을 보느라 바쁘시다.
③ 어떤 일을 당하거나 겪거나 얻어 가지다. 예 이익을 보다. |
|---|---|
| 부르다¹★ | ① 말이나 행동 등으로 다른 사람의 주의를 끌거나 오라고 하다. 예 지나가는 친구를 큰 소리로 불렀다.
② 값이나 액수 등을 얼마라고 말하다. 예 그 가게에서는 값을 비싸게 불렀다.
③ 무엇이라고 가리켜 말하거나 이름을 붙이다. 예 사람들은 그를 불운한 천재라고 부른다. |
| 붓다²★ | ① 액체나 가루 등을 다른 곳에 담다. 예 자루에 밀가루를 붓다.
② 불입금, 이자, 곗돈 등을 일정한 기간마다 내다. 예 은행에 적금을 붓다. |
| 살다¹★ | ① 불 등이 타거나 비치고 있는 상태에 있다. 예 화롯불이 살다.
② 본래 가지고 있던 색깔이나 특징 등이 그대로 있거나 뚜렷이 나타나다. 예 개성이 살아 있는 글.
③ 움직이던 물체가 멈추지 않고 제 기능을 하다. 예 그렇게 세게 부딪혔는데도 시계가 살아 있다. |
| 생기다★ | ① 없던 것이 새로 있게 되다. 예 제방에 구멍이 생기다.
② 사람이나 사물의 생김새가 어떠한 모양으로 되다. 예 동양적으로 생긴 사람. |
| 솟다★ | ① 연기와 같은 물질이나 비행기와 같은 물체가 아래에서 위로, 또는 속에서 겉으로 세차게 움직이다.
예 김이 모락모락 솟고 있는 주전자.
② 사람의 몸이나 마음속에 힘이나 의욕 등이 생겨나다. 예 용기가 솟다. |
| 쓱 | ① 슬그머니 내밀거나 들어가는 모양. 예 철수가 웃는 얼굴로 쓱 들어섰다.
② 슬쩍 문지르거나 비비는 모양. 예 콧물을 손등으로 쓱 닦다. |

**Q3.** 다음 설명이 올바르면 ○, 틀리면 ×에 표시하시오. '화롯불이 살다'와 '개성이 살아 있는 글'의 '살다'는 다의어이다. [○, ×]

| 오르다★ | ① 사람이나 동물 등이 아래에서 위쪽으로 움직여 가다. 예 산에 오르다.
② 지위나 신분 등을 얻게 되다. 예 왕위에 오르다.
③ 남의 이야깃거리가 되다. 예 구설에 오르다.
④ 실적이나 능률 등이 높아지다. 예 판매 실적이 오르도록 연구해 봅시다.
⑤ 병균이나 독 등이 옮다. 예 옴이 오르면 가려워 온몸을 긁게 된다. |
|---|---|
| 울다¹★ | ① 짐승, 벌레, 바람 등이 소리를 내다. 예 늑대 우는 소리.
② 물체가 바람 등에 흔들리거나 움직여 소리가 나다. 예 전깃줄이 바람에 운다. |
| 일다¹★ | ① 없던 현상이 생기다. 예 파문이 일다.
② 희미하거나 약하던 것이 왕성하여지다. 예 불꽃같이 일다.
③ 겉으로 부풀거나 위로 솟아오르다. 예 보풀이 일다. |
| 있다¹★ | ① 사람이나 동물이 어느 곳에서 떠나거나 벗어나지 않고 머물다. 예 그는 내일 집에 있는다고 했다.
② 얼마의 시간이 경과하다. 예 앞으로 사흘만 있으면 추석이다. |
| 짐¹ | ① 다른 곳으로 옮기기 위하여 챙기거나 꾸려 놓은 물건. 예 짐을 꾸리다.
② 맡겨진 임무나 책임. 예 가장으로서의 무거운 짐을 지다. |
| 펴다★ | ① 접히거나 개킨 것을 젖히어 벌리다. 예 날개를 펴다.
② 세력이나 작전, 정책 등을 벌이거나 그 범위를 넓히다. 예 그 지역에 세력을 펴다. |
| 품¹ | ① 윗옷의 겨드랑이 밑의 가슴과 등을 두르는 부분의 넓이. 예 이 옷은 품이 크다.
② 두 팔을 벌려서 안을 때의 가슴. 예 아기가 엄마의 품에서 잔다. |

**Q4.** 다음 설명이 올바르면 ○, 틀리면 ×에 표시하시오. '파문이 일다'와 '보풀이 일다'의 '일다'는 다의어이다. [○, ×]

정답 | Q1. ×, 다의어  Q2. ○  Q3. ○  Q4. ○

## 6 동음이의어

**1. 개념:** 두 가지 이상의 단어가 소리는 동일하나 의미가 서로 다른 경우를 동음이의 관계라 하고, 동음이의 관계에 있는 단어들을 동음이의어라고 한다.

> 예 · 배¹ 명 사람이나 동물의 몸에서 위장, 창자, 콩팥 등의 내장이 들어 있는 곳으로 가슴과 엉덩이 사이의 부위.
> · 배² 명 사람이나 짐 등을 싣고 물 위로 떠다니도록 나무나 쇠 등으로 만든 물건.
> · 배³ 명 배나무의 열매.

**2. 기출 동음이의어**

| 갈다 ★ | ① 갈다²: 날카롭게 날을 세우거나 표면을 매끄럽게 하기 위하여 다른 물건에 대고 문지르다. |
| | ② 갈다³: 쟁기나 트랙터 등의 농기구나 농기계로 땅을 파서 뒤집다. |

| 걸다 ★ | ① 걸다¹: 말씨가 거칠고 험하다. 예 말이 걸다. |
| | ② 걸다²: 기계 등이 작동하도록 준비하여 놓다. 예 물레에 솜을 걸다. |

| 고르다 ★ | ① 고르다¹: 여럿 중에서 가려내거나 뽑다. 예 물건을 고르다. |
| | ② 고르다²: 붓이나 악기의 줄 등이 제 기능을 발휘하도록 다듬거나 손질하다. 예 붓을 고르다. |
| | ③ 고르다³: 여럿이 다 높낮이, 크기, 양 등이 차이가 없이 한결같다. 예 치아가 고르다. |

| 곱다 ★ | ① 곱다²: 소리가 듣기에 맑고 부드럽다. 예 고운 목소리. |
| | ② 곱다³: 손가락이나 발가락이 얼어서 감각이 없고 놀리기가 어렵다. 예 추위에 손가락이 곱다. |

> Q1. 다음 설명이 올바르면 ○, 틀리면 ×에 표시하시오. '말이 걸다'와 '물레에 솜을 걸다'의 '걸다'는 다의어이다. (○, ×)

| 그만하다 | ① 그만하다¹: 하던 일을 그만 멈추다. 예 공부 그만하고 우리 좀 쉬자. |
| | ② 그만하다²: 상태, 모양, 성질 등의 정도가 그러하다. 예 부상이 그만해서 천만다행이다. |

| 깨다 | ① 깨다¹: 잠, 꿈 등에서 벗어나다. 또는 벗어나게 하다. 예 잠에서 깨기 힘들다. |
| | ② 깨다²: 어려운 장벽이나 기록 등을 넘다. 예 세계 기록을 깨다. |

| 다리 ★ | ① 다리¹ |
| | · 사람이나 동물의 몸통 아래 붙어 있는 신체의 부분. 예 다리가 굵다. |
| | · 물체의 아래쪽에 붙어서 그 물체를 받치거나 직접 땅에 닿지 않게 하거나 높이 있도록 버티어 놓은 부분. 예 책상 다리. |
| | · 안경의 테에 붙어서 귀에 걸게 된 부분. 예 다리가 부러진 안경. |
| | ② 다리² |
| | · 물을 건너거나 또는 한편의 높은 곳에서 다른 편의 높은 곳으로 건너다닐 수 있도록 만든 시설물. 예 다리를 건너다. |
| | · 둘 사이의 관계를 이어 주는 사람이나 사물을 비유적으로 이르는 말. 예 나는 그 사람을 잘 모르니 자네가 다리가 되어 주게나. |
| | · 중간에 거쳐야 할 단계나 과정. 예 이 물건은 우리에게 오는 데 다리를 여럿 거친 것이다. |

> Q2. 다음 설명이 올바르면 ○, 틀리면 ×에 표시하시오. '책상 다리'와 '다리가 부러진 안경'의 '다리'는 동음이의어이다. (○, ×)

## 달다 ★
① 달다¹
- 타지 않는 단단한 물체가 열로 몹시 뜨거워지다. 예 다리미가 달다.
- 안타깝거나 조마조마하여 마음이 몹시 조급해지다. 예 마음이 달다.

② 달다³
- 물건을 일정한 곳에 걸거나 매어 놓다. 예 배에 돛을 달다.
- 글이나 말에 설명 등을 덧붙이거나 보태다. 예 본문에 각주를 달다.

③ 달다⁴: 저울로 무게를 헤아리다. 예 고기를 저울에 달다.

## 되다 ★
① 되다¹
- 다른 상태나 성질로 바뀌거나 변하다. 예 얼음이 물이 되다.
- 일이 이루어지다. 예 일이 깔끔하게 되다.

② 되다⁴
- 반죽이나 밥 등이 물기가 적어 빡빡하다. 예 밥이 너무 되다.
- 일이 힘에 벅차다. 예 일이 되면 쉬어 가면서 해라.

## 들다 ★
① 들다¹
- 밖에서 속이나 안으로 향해 가거나 오거나 하다. 예 사랑에 들다.
- 빛, 볕, 물 등이 안으로 들어오다. 예 이 방에는 볕이 잘 든다.
- 물감, 색깔, 물기, 소금기가 스미거나 배다. 예 설악산에 단풍이 들다.
- 어떤 물건이나 사람이 좋게 받아들여지다. 예 마음에 드는 신랑감.
- 과일, 음식의 맛 등이 익어서 알맞게 되다. 예 김치가 맛이 들다.

② 들다³: 날이 날카로워 물건이 잘 베어지다. 예 칼이 잘 들다.

③ 들다⁴
- 손에 가지다. 예 꽃을 손에 든 신부.
- 아래에 있는 것을 위로 올리다. 예 역기를 번쩍 든 역도 선수.
- 설명하거나 증명하기 위하여 사실을 가져다 대다. 예 보기를 들다.

**Q3.** 다음 설명이 올바르면 ○, 틀리면 ×에 표시하시오. '마음에 드는 신랑감'과 '칼이 잘 들다'의 '들다'는 다의어이다. [○, ×]

## 딱
① 딱²: 몹시 싫거나 언짢은 모양. 예 그런 여자는 딱 질색이다.

② 딱³
- 빈틈없이 맞닿거나 들어맞는 모양. 예 옷이 딱 맞다.
- 갑자기 마주치는 모양. 예 시선이 딱 마주치다.
- 굳세게 버티는 모양. 예 딱 버티고 서서 비켜 주지 않는다.
- 단단히 달라붙은 모양. 예 포스터를 게시판에 딱 붙였다.

## 떨다
① 떨다¹: 몸이나 몸의 일부를 빠르고 잦게 자꾸 흔들다. 예 다리를 덜덜 떨다.

② 떨다²
- 달려 있거나 붙어 있는 것을 쳐서 떼어 내다. 예 옷의 먼지를 떨다.
- 돈이나 물건을 있는 대로 써서 없애다. 예 그는 사업을 한 지 3년 만에 아버지의 재산을 다 떨어 없앴다.
- 언짢은 생각 등을 없애다. 예 어려웠던 기억은 다 떨고 새로 시작해 보자.
- 팔다 남은 것을 모두 팔아 버리거나 사다. 예 이 과일들을 2천 원에 떨어 가십시오.

## 마르다 ★
① 마르다¹
- 물기가 다 날아가서 없어지다. 예 날씨가 맑아 빨래가 잘 마른다.
- 살이 빠져 야위다. 예 공부를 하느라 몸이 많이 말랐다.
- 돈이나 물건 등이 다 쓰여 없어지다.

② 마르다²: 옷감이나 재목 등의 재료를 치수에 맞게 자르다. 예 감을 말라 버선을 짓다.

**Q4.** 다음 설명이 올바르면 ○, 틀리면 ×에 표시하시오. '다리를 덜덜 떨다'와 '옷의 먼지를 떨다'의 '떨다'는 동음이의어이다. [○, ×]

정답 | Q1. ×, 동음이의어  Q2. ×, 다의어  Q3. ×, 동음이의어  Q4. ○

### 맞다 ★
① 맞다¹
- 문제에 대한 답이 틀리지 않다. 예 네가 쓴 답이 **맞았**길 바란다.
- 모습, 분위기, 취향 등이 다른 것에 잘 어울리다. 예 그것은 나의 분위기와는 절대로 **맞지** 않는다.
- 말이나 생각 등이 틀림이 없다. 예 꿈이 정말 **맞다니**.
- 어떤 대상이 누구의 소유임이 틀림이 없다. 예 이 가방은 아빠 것이 **맞대**.
- 어떤 대상의 내용, 정체 등이 곧 무엇임이 틀림이 없다. 예 현관문 번호는 이 번호가 **맞구나**.

② 맞다²
- 오는 사람이나 물건을 예의로 받아들이다. 예 현관에서 방문객을 **맞다**.
- 자연 현상에 따라 내리는 눈, 비 등의 닿음을 받다. 예 눈을 **맞다**.

### 맨 ★
① 맨¹: 더할 수 없을 정도나 경지에 있음을 나타내는 말. 예 **맨** 처음.
② 맨²: 다른 것은 섞이지 않고 온통. 예 이 산에는 **맨** 소나무뿐이다.

### 머리 ★
① 머리¹
- 사람이나 동물의 목 위의 부분. 예 **머리**를 긁다.
- 생각하고 판단하는 능력. 예 **머리**가 나쁘다.
- 단체의 우두머리. 예 그는 우리 모임의 **머리** 노릇을 하고 있다.
- 사물의 앞이나 위를 비유적으로 이르는 말. 예 장도리 **머리** 부분.

② 머리²: 덩어리를 이룬 수량의 정도를 나타내는 말. 예 기부금 가운데 가장 큰 **머리**는 김 사장의 것이었다.

### 먹다 ★
① 먹다¹: 귀나 코가 막혀서 제 기능을 하지 못하게 되다. 또는 그렇게 되게 하다. 예 코 **먹은** 소리를 내다.
② 먹다²
- 음식 등을 입을 통하여 뱃속에 들여보내다. 예 밥을 **먹다**.
- 어떤 마음이나 감정을 품다. 예 앙심을 **먹고** 투서를 하다.
- 벌레, 균 등이 파 들어가거나 퍼지다. 예 사과에 벌레가 많이 **먹었다**.

**Q1.** 다음 설명이 올바르면 ○, 틀리면 ×에 표시하시오. '머리를 긁다'와 '머리가 나쁘다'의 '머리'는 다의어이다. [ ○, × ]

### 묻다 ★
① 묻다¹
- 가루, 풀, 물 등이 그보다 큰 다른 물체에 들러붙거나 흔적이 남게 되다. 예 손에 기름이 **묻다**.
- 함께 팔리거나 섞이다. 예 가는 김에 나도 좀 **묻어** 타자.

② 묻다²
- 물건을 흙이나 다른 물건 속에 넣어 보이지 않게 쌓아 덮다. 예 화단에 거름을 **묻어** 주다.
- 일을 드러내지 않고 속 깊이 숨기어 감추다. 예 가슴속에 비밀을 **묻다**.

### 바람
① 바람¹
- 사회적으로 일어나는 일시적인 유행이나 분위기 또는 사상적인 경향. 예 자유화 **바람**.
- 작은 일을 불려서 크게 말하는 일. 예 **바람**이 센 친구의 말이라 쉽게 믿어지지 않는다.
- 남을 부추기거나 얼을 빼는 일. 예 동생은 공부하는 형에게 나가 놀자며 **바람**을 집어넣는다.
- 매우 빠름을 이르는 말. 예 **바람**처럼 나타나다.

② 바람²: 어떤 일이 이루어지기를 기다리는 간절한 마음. 예 우리의 간절한 **바람**은 그가 무사히 돌아오는 것이다.

### 배다 ★
① 배다¹: 스며들거나 스며 나오다. 예 옷에 땀이 **배다**.
② 배다²: 뱃속에 아이나 새끼를 가지다. 예 아이를 **배다**.

**Q2.** 다음 설명이 올바르면 ○, 틀리면 ×에 표시하시오. '옷에 땀이 배다'와 '아이를 배다'의 '배다'는 다의어이다. [ ○, × ]

**빠지다** ★
① **빠지다**[1]
- 어느 정도 이익이 남다. 예 이번 장사에서는 이잣돈 정도는 **빠질** 것 같다.
- 원래 있어야 할 것에서 모자라다. 예 구백 원만 있다면 천 원에서 백원이 **빠지는** 셈이구나.
- 속에 있는 액체나 기체 또는 냄새 등이 밖으로 새어 나가거나 흘러 나가다. 예 방에 냄새가 **빠지다**.
- 그릇이나 신발 등의 밑바닥이 떨어져 나가다. 예 구두가 밑창이 **빠지다**.
- 남이나 다른 것에 비해 뒤떨어지거나 모자라다. 예 그의 실력은 절대로 다른 경쟁자들에게 **빠지지** 않는다.

② **빠지다**[2]
- 곤란한 처지에 놓이다. 예 궁지에 **빠지다**.
- 무엇에 정신이 아주 쏠리어 헤어나지 못하다. 예 사랑에 **빠지다**.

**손** ★
① **손**[1]
- 어떤 일을 하는 데 드는 사람의 힘이나 노력, 기술. 예 그 일은 **손**이 많이 간다.
- 사람의 수완이나 꾀. 예 장사꾼의 **손**에 놀아나다.

② **손**[2]: 다른 곳에서 찾아온 사람. 예 우리 집에는 늘 자고 가는 **손**이 많다.

**쓰다** ★
① **쓰다**[1]
- 붓, 펜, 연필과 같이 선을 그을 수 있는 도구로 종이 등에 획을 그어서 일정한 글자의 모양이 이루어지게 하다. 예 연습장에 붓글씨를 **쓰다**.
- 머릿속의 생각을 종이 혹은 이와 유사한 대상 등에 글로 나타내다. 예 그는 조그마한 수첩에 일기를 **써** 왔다.

② **쓰다**[3]
- 어떤 일을 하는 데에 재료나 도구, 수단을 이용하다. 예 수염을 깎는 데 전기면도기를 **쓴다**.
- 어떤 말이나 언어를 사용하다. 예 그는 아무에게나 반말을 **쓴다**.

**열다** ★
① **열다**[1]: 열매가 맺히다. 예 올해는 과일나무에 열매가 많이 **열었다**.
② **열다**[2]: 닫히거나 잠긴 것을 트거나 벗기다. 예 문을 **열다**.

> **Q3.** 다음 설명이 올바르면 ○, 틀리면 × 에 표시하시오. '그 일은 **손**이 많이 간다'와 '장사꾼의 **손**에 놀아나다'의 '손'은 다의어이다. (○, ×)

**지긋하다**
① **지긋하다**[1]: 진저리가 나도록 싫고 지겹다. 예 예순이 넘고 보니 반복되는 집안일이 **지긋하다**.
② **지긋하다**[2]: 나이가 비교적 많아 듬직하다. 예 나이가 **지긋하다**.

**짜다** ★
① **짜다**[1]
- 실이나 끈 등을 씨와 날로 결어서 천 등을 만들다. 예 가마니를 **짜다**.
- 계획이나 일정 등을 세우다. 예 생활 계획표를 **짜다**.

② **짜다**[2]
- 누르거나 비틀어서 물기나 기름 등을 빼내다. 예 여드름을 **짜다**.
- 어떤 새로운 것을 생각해 내기 위하여 온 힘을 기울이거나, 온 정신을 기울이다. 예 생각을 **짜다**.

**차다** ★
① **차다**[1]
- 일정한 공간에 사람, 사물, 냄새 등이 더 들어갈 수 없이 가득하게 되다. 예 독에 물이 가득 **차다**.
- 감정이나 기운 등이 가득하게 되다. 예 실의에 **차다**.

② **차다**[4]
- 몸에 닿은 물체나 대기의 온도가 낮다. 예 **찬** 음식.
- 인정이 없고 쌀쌀하다. 예 성격이 **차고** 매섭다.

**치다** ★
① **치다**[1]: 바람이 세차게 불거나 비, 눈 등이 세차게 뿌리다. 예 세찬 눈보라가 **치다**.
② **치다**[2]: 손이나 물건 등을 부딪쳐 소리 나게 하다. 예 피아노를 **치다**.
③ **치다**[5]: 막이나 그물, 발 등을 펴서 벌이거나 늘어뜨리다. 예 천막을 **치다**.
④ **치다**[7]: 가축이나 가금 등을 기르다. 예 양을 **치다**.

> **Q4.** 다음 설명이 올바르면 ○, 틀리면 × 에 표시하시오. '실의에 **차다**'와 '**찬** 음식'의 '차다'는 동음이의어이다. (○, ×)

정답 | Q1. ○  Q2. ×, 동음이의어  Q3. ○  Q4. ○

# STEP 3 기출동형 문제 풀어보기

**1** 밑줄 친 '떨어지다'에 대응하는 한자어로 적절하지 않은 것은?

① 주요 직책이 똑똑한 그에게 떨어졌다. → 부여(附與)되다
② 우주로 발사한 로켓이 금방 땅으로 떨어졌다. → 추락(墜落)하다
③ 그는 행군 대열에서 떨어져 홀로 묵묵히 걸어갔다. → 낙선(落選)하다
④ 우리 팀이 예선전에서 떨어지자 모두가 좌절하였다. → 탈락(脫落)하다
⑤ 장기간 지속된 전쟁으로 왕권이 떨어지자 백성들이 혼란에 빠졌다. → 실추(失墜)되다


**2** <보기>의 밑줄 친 말과 반의 관계로 가장 적절한 것은?

─── <보기> ───
• 모종을 성기게 심어야 수확량이 더 좋다.

① 깊게
② 배게
③ 상기게
④ 널찍하게
⑤ 느슨하게


**3** <보기>에 제시된 단어의 의미 관계와 동일한 것은?

─── <보기> ───
새 - 독수리

① 액체 - 물
② 사람 - 인간
③ 자동차 - 바퀴
④ 옴키다 - 옴키다
⑤ 뜨겁다 - 차갑다


**4** 밑줄 친 두 단어가 다의어 관계가 아닌 것은?

① • 막이 오르자 모든 관객은 박수를 쳤다.
  • 천둥 치는 소리에 잠이 깬 아이는 크게 울었다.
② • 새로운 도전을 앞두고 우리의 열정이 일었다.
  • 아끼는 스웨터가 닳아 보풀이 형편없이 일었다.
③ • 새해를 맞아 온 가족이 모두 한자리에 모였다.
  • 농부는 서리를 맞은 배추가 더 달고 맛있다고 했다.
④ • 날씨가 따듯해서 젖었던 옷소매가 금세 말랐다.
  • 요즘 일이 힘들었는지 그녀의 몸이 몹시 말라 보였다.
⑤ • 그는 용산역에 내려 택시를 타고 할머니 댁에 갔다.
  • 차의 유리문을 내리자 귀여운 강아지가 고개를 내밀었다.

**5** 밑줄 친 단어 중 나머지 넷과 다의어 관계에 있지 않은 것은?

① 가을이 되자 단풍이 <u>들었다</u>.
② 날이 따뜻해서 깍두기가 맛이 <u>들었다</u>.
③ 이사하는 데 생각보다 돈이 많이 <u>들었다</u>.
④ 활동을 늘리기 위해 등산 동호회에 <u>들었다</u>.
⑤ 미리 갈아 뒀는지 생각보다 칼이 잘 <u>들었다</u>.

**6** 밑줄 친 '오르다'에 대응하는 한자어로 가장 적절하지 <u>않은</u> 것은?

① 기온이 많이 <u>올라</u> 하루 종일 에어컨을 켜고 있다. → 상승(上昇)해
② 그는 금메달을 따는 동시에 세계 챔피언에 <u>올랐다</u>. → 등극(登極)했다
③ 옻나무로 요리할 때는 옻이 <u>오르지</u> 않도록 유의해야 한다. → 증식(增殖)되지
④ 출발이 지연되어 예정보다 1시간이나 늦게 비행기에 <u>올랐다</u>. → 탑승(搭乘)했다
⑤ 아버지는 태어나고 1년이 지나서야 호적에 이름을 <u>올렸다고</u> 한다. → 등재(登載)했다고

**7** <보기>에 제시된 단어의 의미 관계와 동일한 것은?

―――――<보기>―――――
몸 - 다리

① 옷 - 단추          ② 금속 - 구리          ③ 서점 - 책방
④ 살다 - 죽다        ⑤ 언어 - 영어

**8** <보기>의 밑줄 친 말과 유의 관계로 가장 적절하지 <u>않은</u> 것은?

―――――<보기>―――――
오랜 시간 달여, <u>걸은</u> 국물로 만든 요리는 맛이 깊다.

① 진한          ② 되직한          ③ 걸쭉한          ④ 농후한          ⑤ 묵직한

영역1 어휘

# 04 속담·사자성어·관용구

최근 3개년 매회 3문제 출제
어휘 15문제

## STEP 1 최신 기출유형 파악하기

### 기출유형 ① 속담의 의미

최근 3개년 평균 정답률 59.35%

선택지의 속담과 제시된 뜻이 일치하는지, 문장에 쓰인 속담이 문맥상 적절한지 판단하는 유형이다. 최근에는 문맥상 쓰임을 묻는 유형이 주로 출제되며, 같은 단어가 포함된 속담이 선택지로 구성되는 경향을 보이므로 주제별로 속담을 묶어 암기하는 것이 효과적이다. 매회 1문제 출제된다.

**예제**

밑줄 친 속담의 사용이 문맥상 적절하지 <u>않은</u> 것은?

① 그의 결심은 <u>가을바람의 새털</u>처럼 금방 흔들리고 말았다.
② 경쟁이 치열한 업계에서 소규모 회사의 생존은 <u>바람받이에 선 촛불</u>과도 같다.
③ 작은 거짓말이 쌓여 신뢰가 무너졌으니 <u>오뉴월 바람도 불면 차갑</u>다는 말이 맞았다.
④ <u>차돌에 바람 들면 석돌보다 못하</u>다더니 불량 학생들이 모이니 더 큰 문제가 생겼다.
⑤ <u>바람 따라 돛을 단다</u>는 경영 전략을 바탕으로 소비자의 취향 변화에 맞추어 제품을 개발하였다.

**정답분석**
④ '차돌에 바람 들면 석돌보다 못하다'는 "오달진(허술한 데가 없이 알찬) 사람일수록 한번 타락하면 걷잡을 수 없게 된다는 말."을 의미한다. ④는 문맥상 불량 학생들이 모여 문제를 일으켰다는 의미이므로 속담의 쓰임이 적절하지 않다.

**오답분석**
① 가을바람의 새털: 가을바람에 이리저리 날리는 새털처럼 매우 가볍고 꿋꿋하지 못한 것을 비유적으로 이르는 말.
② 바람받이에 선 촛불: 언제 꺼질지 모르는 바람 앞의 등불이란 뜻으로, 매우 위태로운 처지에 놓여 있음을 비유적으로 이르는 말.
③ 오뉴월 바람도 불면 차갑다: 아무리 미약하고 하찮은 것이라도 계속되면 무시할 수 없는 결과를 가져옴을 비유적으로 이르는 말.
⑤ 바람 따라 돛을 단다: 바람이 부는 형세를 보아 가며 돛을 단다는 뜻으로, 때를 잘 맞추어서 일을 벌여 나가야 성과를 거둘 수 있음을 비유적으로 이르는 말.

## 기출유형 ② 사자성어의 의미

선택지의 사자성어와 제시된 뜻이 일치하는지, 문장에 쓰인 사자성어가 문맥상 적절한지 판단하는 유형이다. 최근에는 문맥상 쓰임을 묻는 유형이 주로 출제된다. 사자성어는 기출 어휘의 재출제 확률이 높은 편이므로 어휘 영역 중에서 우선적으로 암기해야 한다. 매회 1문제 출제된다.

### 예제

밑줄 친 사자성어의 쓰임이 문맥상 적절하지 않은 것은?

① 참혹한 사고 현장은 <u>목불인견(目不忍見)</u>이었다.
② 그의 주장은 <u>만불성설(萬不成說)</u>이라 사람들이 외면하였다.
③ 그는 일부 손해를 감수하는 <u>고육지책(苦肉之策)</u>을 선택하여 회사의 고비를 넘길 수 있었다.
④ 연구원은 <u>절차탁마(切磋琢磨)</u>의 정신으로 서로의 논문을 꼼꼼히 검토하며 학문적 수준을 높였다.
⑤ 방학이 되자 책은 읽지도 않고 방에서 게임만 하는 오빠의 모습이 마치 <u>수불석권(手不釋卷)</u>과 같다.

**정답분석**
⑤ '수불석권(手不釋卷)'은 "손에서 책을 놓지 아니하고 늘 글을 읽음."을 의미하므로 문맥상 쓰임이 적절하지 않다.

**오답분석**
① 목불인견(目不忍見): 눈앞에 벌어진 상황 따위를 눈 뜨고는 차마 볼 수 없음.
② 만불성설(萬不成說): 말이 전혀 사리에 맞지 아니함.
③ 고육지책(苦肉之策): 자기 몸을 상해 가면서까지 꾸며 내는 계책이라는 뜻으로, 어려운 상태를 벗어나기 위해 어쩔 수 없이 꾸며 내는 계책을 이르는 말.
④ 절차탁마(切磋琢磨): 옥이나 돌 따위를 갈고 닦아서 빛을 낸다는 뜻으로, 부지런히 학문과 덕행을 닦음을 이르는 말.

## 기출유형 ③ 관용구의 의미

선택지의 관용구가 제시된 뜻과 일치하는지, 문장에 쓰인 관용구가 문맥상 적절한지 판단하는 유형이다. 최근에는 문맥상 쓰임을 묻는 유형이 주로 출제된다. 같은 단어가 포함된 관용구가 선택지로 구성되는 경향을 보이므로 주제별로 관용구를 묶어 암기하는 것이 효과적이다. 매회 1문제 출제된다.

### 예제

밑줄 친 관용 표현의 쓰임이 적절하지 않은 것은?

① 그는 한 번 사기를 당한 이후 돈거래에는 <u>손을 끊었다</u>.
② 그녀는 <u>손이 떠서</u> 제시간에 일을 마치지 못할 때가 많다.
③ 낡아 보이는 가죽 지갑도 사장님의 <u>손을 거치면</u> 새것처럼 보인다.
④ 우리 민족은 예부터 힘든 일을 서로 거들어 주면서 이웃끼리 <u>손을 맺었다</u>.
⑤ 연말에 많은 업무가 쏟아졌지만 팀원 모두 <u>손을 나누니</u> 금세 끝낼 수 있었다.

**정답분석**
④ '손(을) 맺다'는 "할 일이 있는데도 아무 일도 안 하고 그냥 있다."를 의미하므로 문맥상 쓰임이 적절하지 않다.

**오답분석**
① 손(을) 끊다: 교제나 거래 따위를 중단하다.
② 손(이) 뜨다: 일하는 동작이 매우 굼뜨다.
③ 손(을) 거치다: 어떤 사람의 노력으로 손질되다.
⑤ 손(을) 나누다: 일을 여럿이 나누어 하다.

# STEP 2 기출개념 암기하기

추가 어휘 PDF ▶

★ = 2회 이상 출제된 어휘

## 1 속담

### 1. 주제별 속담

#### 가다

|  |  |
|---|---|
| 가는 말에 채찍질 | 열심히 하고 있는데도 더 빨리하라고 독촉함을 비유적으로 이르는 말. |
| 가는 말에도 채찍을 치랬다 | 형편이나 힘이 한창 좋을 때라도 더욱 마음을 써서 힘써야 함을 비유적으로 이르는 말. |
| 가는 손님은 뒤꼭지가 예쁘다 | 손님 대접하기가 어려운 터에 손님이 속을 알아주어 빨리 돌아가니 고맙게 여긴다는 것을 비유적으로 이르는 말. |
| 가는 토끼 잡으려다 잡은 토끼 놓친다 | 다른 토끼도 잡겠다고 욕심을 부리던 나머지 잡은 토끼를 잘못 간수한 탓으로 놓친다는 뜻으로, 지나치게 욕심을 부리다가 이미 차지한 것까지 잃어버리게 됨을 비유적으로 이르는 말. |
| 가는[가던] 날이 장날★ | 일을 보러 가니 공교롭게 장이 서는 날이라는 뜻으로, 어떤 일을 하려고 하는데 뜻하지 않은 일을 공교롭게 당함을 비유적으로 이르는 말. |

**Q1.** "열심히 하고 있는데도 더 빨리하라고 독촉함을 비유적으로 이르는 말."을 의미하는 속담은?   ㉠ 가는 말에 채찍질   ㉡ 가는 날이 장날

#### 남

|  |  |
|---|---|
| 남의 두루마기에 밤 주워 담는다 | 아무리 하여도 남 좋은 일만 한 결과가 됨을 비유적으로 이르는 말. |
| 남의 떡에 설쉰다 | 남의 덕택으로 거저 이익을 보게 됨을 비유적으로 이르는 말. |
| 남의 말도 석 달★ | 소문은 시일이 지나면 흐지부지 없어지고 만다는 말. |
| 남의 잔치[장/제사]에 감 놓아라 배 놓아라 한다 | 남의 일에 공연히 간섭하고 나섬을 비유적으로 이르는 말. |

**Q2.** "소문은 시일이 지나면 흐지부지 없어지고 만다는 말"을 의미하는 속담은?   ㉠ 남의 말도 석달   ㉡ 남의 떡에 설쉰다

#### 눈

|  |  |
|---|---|
| 눈 가리고 아웅★ | 얕은수로 남을 속이려 한다는 말. |
| 눈 감고 따라간다 | 아무 생각 없이 맹목적으로 뒤따르는 것을 비유적으로 이르는 말. |
| 눈 뜨고 코 베어 갈 세상[인심] | 눈을 멀쩡히 뜨고 있어도 코를 베어 갈 만큼 세상인심이 고약하다는 말. |
| 눈먼 놈이 앞장선다 | 못난이가 남보다 먼저 나댐을 비유적으로 이르는 말. |
| 눈에 콩깍지가 씌었다 | 앞이 가리어 사물을 정확하게 보지 못함을 비유적으로 이르는 말. |
| 눈은 풍년이나 입은 흉년이다 | 눈에 보이는 것은 많아도 정작 먹을 것은 없음을 비유적으로 이르는 말. |

**Q3.** "못난이가 남보다 먼저 나댐을 비유적으로 이르는 말."을 의미하는 속담은?   ㉠ 눈 가리고 아웅   ㉡ 눈먼 놈이 앞장선다

## 땅

| | |
|---|---|
| 굳은 땅에 물이 괸다(= 단단한 땅에 물이 괸다) | 헤프게 쓰지 않고 아끼는 사람이 재산을 모으게 됨을 비유적으로 이르는 말. |
| 땅 넓은 줄을 모르고 하늘 높은 줄만 안다★ | 키만 홀쭉하게 크고 마른 사람을 놀림조로 이르는 말. |
| 땅 짚고 헤엄치기★(= 주먹으로 물 찧기) | 일이 매우 쉽다는 말. |
| 땅내가 고소하다[구수하다] | 머지않아 죽게 될 것 같다는 말. |
| 땅을 팔 노릇 | 사정이 불가능하여 할 수 없는 것을 억지로 우기며 고집을 피울 때 하는 말. |
| 비 온 뒤에 땅이 굳어진다★ | 비에 젖어 질척거리던 흙도 마르면서 단단하게 굳어진다는 뜻으로, 어떤 시련을 겪은 뒤에 더 강해짐을 비유적으로 이르는 말. |

**Q4.** "일이 매우 쉽다는 말."을 의미하는 속담은?   ㉠ 땅내가 고소하다   ㉡ 땅 짚고 헤엄치기

## 말

| | |
|---|---|
| 말 많은 집은 장맛도 쓰다 | 집안에 잔말이 많으면 살림이 잘 안된다는 말. |
| 말 속에 뜻이 있고 뼈가 있다 | 말 뒤에 겉에 드러나지 않은 숨은 뜻이 있다는 말. |
| 말 안 하면 귀신도 모른다 | 마음속으로만 애태울 것이 아니라 시원스럽게 말을 하여야 한다는 말. |
| 말은 할 탓이다 | 같은 내용의 말이라도 하기에 달렸다는 말. |
| 말이 많으면 쓸 말이 적다 | 하지 않아도 될 말을 이것저것 많이 늘어놓으면 그만큼 쓸 말은 적어진다는 뜻으로, 말을 삼가라는 말. |
| 발 없는 말이 천 리 간다 | 말은 비록 발이 없지만 천 리 밖까지도 순식간에 퍼진다는 뜻으로, 말을 삼가야 함을 비유적으로 이르는 말. |
| 아이 말 듣고 배 딴다 | 어리석은 사람의 말을 곧이듣고 큰 실수를 하게 되는 경우를 비유적으로 이르는 말. |

**Q5.** "말 뒤에 겉에 드러나지 않은 숨은 뜻이 있다는 말"을 의미하는 속담은?   ㉠ 말은 할 탓이다   ㉡ 말 속에 뜻이 있고 뼈가 있다

## 산

| | |
|---|---|
| 사공이 많으면 배가 산으로 간다[올라간다] | 여러 사람이 저마다 제 주장대로 배를 몰려고 하면 결국에는 배가 물로 못 가고 산으로 올라간다는 뜻으로, 주관하는 사람 없이 여러 사람이 자기주장만 내세우면 일이 제대로 되기 어려움을 비유적으로 이르는 말. |
| 산 까마귀 염불한다★ | 산에 있는 까마귀가 산에 있는 절에서 염불하는 것을 하도 많이 보고 들어서 염불하는 흉내를 낸다는 뜻으로, 무엇을 전혀 모르던 사람도 오랫동안 보고 듣노라면 제법 따라 할 수 있게 됨을 비유적으로 이르는 말. |
| 산 넘어 산이다 | 갈수록 더욱 어려운 지경에 처하게 되는 경우를 비유적으로 이르는 말. |
| 산 (사람) 입에 거미줄 치랴 | 거미가 사람의 입안에 거미줄을 치자면 사람이 아무것도 먹지 않아야 한다는 뜻으로, 아무리 살림이 어려워 식량이 떨어져도 사람은 그럭저럭 죽지 않고 먹고 살아가기 마련임을 비유적으로 이르는 말. |
| 산에서 물고기 잡기 | 물에서 사는 물고기를 산에서 구한다는 뜻으로 도저히 불가능한 일을 하려고 애쓰는 어리석음을 비유적으로 이르는 말. |

**Q6.** "무엇을 전혀 모르던 사람도 오랫동안 보고 듣노라면 제법 따라 할 수 있게 됨."을 의미하는 속담은?   ㉠ 산에서 물고기 잡기   ㉡ 산 까마귀 염불한다

정답 | Q1. ㉠   Q2. ㉠   Q3. ㉡   Q4. ㉡   Q5. ㉡   Q6. ㉡

## 소

|  |  |
|---|---|
| 가난이 소 아들이라 | 소처럼 죽도록 일해도 가난에서 벗어날 수 없음을 이르는 말. |
| 걸음새 뜬 소가 천 리를 간다 | 소는 비록 걸음이 뜨기는 하지만 한결같이 꾸준히 걸어가 마침내는 천 리를 간다는 뜻으로, 꾸준히 인내하면 큰 성과를 낼 수 있음을 비유적으로 이르는 말. |
| 누운 소 타기 | 하기가 매우 쉬운 것을 비유적으로 이르는 말. |
| 단김에 소뿔 빼듯 | 든든히 박힌 소의 뿔을 뽑으려면 불로 달구어 놓은 김에 해치워야 한다는 뜻으로, 어떤 일이든지 하려고 생각했으면 한창 열이 올랐을 때 망설이지 말고 곧 행동으로 옮겨야 함을 비유적으로 이르는 말. |
| 새 잡아 잔치할 것을 소 잡아 잔치한다 | 어떤 일을 처음에 소홀히 하다가 나중에 큰 손해를 보게 됨을 비유적으로 이르는 말. |
| 소 가는 데 말도 간다 | 남이 할 수 있는 일이면 나도 할 수 있다는 말. |
| 소 갈 데 말 갈 데 (가리지 않는다) | 어떤 목적을 위하여서는 그 어떤 궂은 데나 험한 데라도 가리지 아니하고 어디나 다 돌아다님을 비유적으로 이르는 말. |
| 소 닭 보듯 (닭 소 보듯)★ | 서로 무심하게 보는 모양을 비유적으로 이르는 말. |
| 소 잃고 외양간 고친다★ | 소를 도둑맞은 다음에서야 빈 외양간의 허물어진 데를 고치느라 수선을 떤다는 뜻으로, 일이 이미 잘못된 뒤에는 손을 써도 소용이 없음을 비꼬는 말. |
| 소 죽은 귀신 같다 | 소가 고집이 세고 힘줄이 질기다는 데서, 몹시 고집 세고 질긴 사람의 성격을 비유적으로 이르는 말. |
| 황소 뒷걸음치다가 쥐 잡는다 | 어쩌다 우연히 이루거나 알아맞힘을 비유적으로 이르는 말. |
| 황소 제 이불 뜯어 먹기 | 어떤 일을 한 결과가 결국 제 손해가 되었다는 말. |

Q1. "서로 무심하게 보는 모양을 비유적으로 이르는 말."을 의미하는 속담은?  ㉠ 소 닭 보듯  ㉡ 소 죽은 귀신 같다

## 하루

|  |  |
|---|---|
| 사람의 마음은 하루에도 열두 번 | 사람의 마음이란 아주 변하기 쉬움을 이르는 말. |
| 하루 굶은 것은 몰라도 헐벗은 것은 안다 | 가난하더라도 옷차림이나마 남에게 궁하게 보이지 말라는 말. |
| 하루 물림이 열흘 간다 | 한번 뒤로 미루기 시작하면 자꾸 더 미루게 된다는 뜻으로, 무슨 일이나 뒤로 미루지 말라고 경계하여 이르는 말. |
| 하루 세끼 밥 먹듯 | 아주 예사로운 일로 생각함을 이르는 말. |
| 하루 죽을 줄은 모르고 열흘 살 줄만 안다 | 언제 죽을지 모르는 덧없는 세상에서 자기만은 얼마든지 오래 살 것처럼 행동하는 사람을 보고 이르는 말. |
| 하루가 여삼추(라) | 하루가 삼 년과 같다는 뜻으로, 짧은 시간이 매우 길게 느껴짐을 비유적으로 이르는 말. |
| 하룻강아지 범 무서운 줄 모른다★ | 철없이 함부로 덤비는 경우를 비유적으로 이르는 말. |

Q2. "아주 예사로운 일로 생각함을 이르는 말."을 의미하는 속담은?  ㉠ 하루가 여삼추  ㉡ 하루 세끼 밥 먹듯

## 2. 기타 기출 속담

|  |  |
|---|---|
| 가게 기둥에 입춘[주련]★ | 추하고 보잘것없는 가겟집 기둥에 '입춘대길'이라 써 붙인다는 뜻으로, 제격에 맞지 않음을 비유적으로 이르는 말. |
| 가랑비에 옷 젖는 줄 모른다★ | 가늘게 내리는 비는 조금씩 젖어 들기 때문에 여간해서도 옷이 젖는 줄을 깨닫지 못한다는 뜻으로, 아무리 사소한 것이라도 그것이 거듭되면 무시하지 못할 정도로 크게 됨을 비유적으로 이르는 말. |
| 가마솥에 든 고기 | 꼼짝없이 죽게 된 신세를 비유적으로 이르는 말. |
| 가을바람의 새털 | 가을바람에 이리저리 날리는 새털처럼 매우 가볍고 꿋꿋하지 못한 것을 비유적으로 이르는 말. |
| 가재는 게 편이요 초록은 한 빛이라★ | 모양이나 형편이 서로 비슷하고 인연이 있는 것끼리 서로 잘 어울리고, 사정을 보아주며 감싸 주기 쉬움을 비유적으로 이르는 말. |
| 개밥에 도토리★ | 개는 도토리를 먹지 않기 때문에 밥 속에 있어도 먹지 않고 남긴다는 뜻에서, 따돌림을 받아서 여럿의 축에 끼지 못하는 사람을 비유적으로 이르는 말. |
| 꾸어다 놓은 보릿자루[빗자루]★ | 여럿이 모여 이야기하는 자리에서 아무 말도 하지 않고 한옆에 가만히 있는 사람을 비유적으로 이르는 말. |
| 낙숫물이 댓돌을 뚫는다 | 작은 힘이라도 꾸준히 계속하면 큰일을 이룰 수 있음을 비유적으로 이르는 말. |
| 낫 놓고 기역 자도 모른다★ | 기역 자 모양으로 생긴 낫을 보면서도 기역 자를 모른다는 뜻으로, 아주 무식함을 비유적으로 이르는 말. |
| 냉수 먹고 이 쑤시기★ | 잘 먹은 체하며 이를 쑤신다는 뜻으로, 실속은 없으면서 무엇이 있는 체함을 이르는 말. |
| 누워서 떡 먹기★ | 하기가 매우 쉬운 것을 비유적으로 이르는 말. |

**Q3.** "실속은 없으면서 무엇이 있는 체함을 이르는 말."을 의미하는 속담은?   ㉠ 개 밥에 도토리   ㉡ 냉수 먹고 이 쑤시기

|  |  |
|---|---|
| 다 된 농사에 낫 들고 덤빈다★ | 일이 다 끝난 뒤에 쓸데없이 참견하고 나섬을 비유적으로 이르는 말. |
| 다 된 죽에 코 풀기★ | 거의 다 된 일을 망쳐 버리는 주책없는 행동을 비유적으로 이르는 말. |
| 달밤에 삿갓 쓰고 나온다 | 가뜩이나 미운 사람이 더 미운 짓만 함을 비유적으로 이르는 말. |
| 닭 잡아먹고 오리발 내놓기 | 옳지 못한 일을 저질러 놓고 엉뚱한 수작으로 속여 넘기려 하는 일을 비유적으로 이르는 말. |
| 대추나무에 연 걸리듯★ | 여기저기에 빚을 많이 진 것을 비유적으로 이르는 말. |
| 떡 본 김에 제사 지낸다★ | 우연히 운 좋은 기회에, 하려던 일을 해치운다는 말. |
| 떼어 놓은 당상★ | 떼어 놓은 당상이 변하거나 다른 데로 갈 리 없다는 데서, 일이 확실하여 조금도 틀림이 없음을 이르는 말. |
| 마른논에 물 대기★ | 일이 매우 힘들거나 힘들여 해 놓아도 성과가 없는 경우를 이르는 말. |
| 믿는 도끼에 발등 찍힌다★ | 잘되리라고 믿고 있던 일이 어긋나거나 믿고 있던 사람이 배반하여 오히려 해를 입음을 비유적으로 이르는 말. |
| 바늘 가는 데 실 간다★ | 바늘이 가는 데 실이 항상 뒤따른다는 뜻으로, 사람의 긴밀한 관계를 비유적으로 이르는 말. |
| 바늘구멍으로 하늘 보기★ | 조그만 바늘구멍으로 넓디넓은 하늘을 본다는 뜻으로, 전체를 포괄적으로 보지 못하는 매우 좁은 소견이나 관찰을 비꼬는 말. |

**Q4.** "여기저기에 빚을 많이 진 것을 비유적으로 이르는 말."을 의미하는 속담은?   ㉠ 달밤에 삿갓 쓰고 나온다   ㉡ 대추나무에 연 걸리듯

정답 | Q1. ㉠   Q2. ㉡   Q3. ㉡   Q4. ㉡

|  |  |
|---|---|
| 바람 따라 돛을 단다[올린다] | 바람이 부는 형세를 보아 가며 돛을 단다는 뜻으로, 때를 잘 맞추어서 일을 벌여 나가야 성과를 거둘 수 있음을 비유적으로 이르는 말. |
| 빛 좋은 개살구★ | 겉보기에는 먹음직스러운 빛깔을 띠고 있지만 맛은 없는 개살구라는 뜻으로, 겉만 그럴듯하고 실속이 없는 경우를 비유적으로 이르는 말. |
| 선무당이 사람 잡는다[죽인다]★ | 의술에 서투른 사람이 치료해 준다고 하다가 사람을 죽이기까지 한다는 뜻으로, 능력이 없어서 제구실을 못하면서 함부로 하다가 큰일을 저지르게 됨을 비유적으로 이르는 말. |
| 섶을 지고 불로 들어가려 한다 | 당장에 불이 붙을 섶을 지고 이글거리는 불 속으로 뛰어든다는 뜻으로, 앞뒤 가리지 못하고 미련하게 행동함을 놀림조로 이르는 말. |
| 손 안 대고 코 풀기★ | 손조차 사용하지 않고 코를 푼다는 뜻으로, 일을 힘 안 들이고 아주 쉽게 해치움을 비유적으로 이르는 말. |
| 수박 겉 핥기★ | 맛있는 수박을 먹는다는 것이 딱딱한 겉만 핥고 있다는 뜻으로, 사물의 속 내용은 모르고 겉만 건드리는 일을 비유적으로 이르는 말. |
| 시루에 물 퍼붓기★ | 구멍 난 시루에 물을 붓는다는 뜻으로, 아무리 수고를 하고 공을 들여도 효과가 나타나지 않는 일을 비유적으로 이르는 말. |
| 신 벗고 따라도 못 따른다 | 어떤 사람의 재주나 능력이 뛰어나서 아무리 힘을 써도 그에 미치지 못하는 경우를 비유적으로 이르는 말. |
| 썩어도 준치★ | 본래 좋고 훌륭한 것은 비록 상해도 그 본질에는 변함이 없음을 비유적으로 이르는 말. |
| 언 발에 오줌 누기★ | 언 발을 녹이려고 오줌을 누어 봤자 효력이 별로 없다는 뜻으로, 임시변통은 될지 모르나 그 효력이 오래가지 못할 뿐만 아니라 결국에는 사태가 더 나빠짐을 비유적으로 이르는 말. |

**Q1.** "사물의 속 내용은 모르고 겉만 건드리는 일을 비유적으로 이르는 말."을 의미하는 속담은?   ㉠ 시루에 물 퍼붓기   ㉡ 수박 겉 핥기

|  |  |
|---|---|
| 열 번 갈아서 안 드는 도끼가 없다★ | 무슨 일이나 꾸준히 공을 들이면 소기의 성과를 거두게 됨을 이르는 말. |
| 우물에 가 숭늉 찾는다★ | 모든 일에는 질서와 차례가 있는 법인데 일의 순서도 모르고 성급하게 덤빔을 비유적으로 이르는 말. |
| 자기 얼굴[낯]에 침 뱉기★ | 남을 해치려고 하다가 도리어 자기가 해를 입게 된다는 것을 비유적으로 이르는 말. |
| 장옷 쓰고 엿 먹기 | 겉으로는 점잖고 얌전한 체하면서 남이 보지 않는 데서는 좋지 않은 행동을 하는 경우에 비유적으로 이르는 말. |
| 제 논에 물 대기★ | 자기에게만 이롭도록 일을 하는 경우를 비유적으로 이르는 말. |
| 쥐면 꺼질까 불면 날까★ | 어린 자녀를 애지중지하여 기르는 부모의 사랑을 비유적으로 이르는 말. |
| 차돌에 바람 들면 석돌보다 못하다 | 오달진 사람일수록 한번 타락하면 걷잡을 수 없게 된다는 말. |
| 책력 보아 가며 밥 먹는다★ | 매일 밥을 먹을 수가 없어 책력을 보아 가며 좋은 날만을 택하여 밥을 먹는다는 뜻으로, 가난하여 끼니를 자주 거른다는 말. |
| 처삼촌 뫼에 벌초하듯★ | 일에 정성을 들이지 않고 마지못하여 건성으로 함을 비유적으로 이르는 말. |
| 푸석돌에 불 난다 | 불이 날 리가 없는 푸석돌에 불이 난다는 뜻으로, 노력과 수단이 뛰어나면 무엇이든 이룰 수 있음을 비유적으로 이르는 말. |
| 하늘의 별 따기★ | 무엇을 얻거나 성취하기가 매우 어려운 경우를 비유적으로 이르는 말. |
| 행차 뒤에 나팔 | 사또 행차가 다 지나간 뒤에야 악대를 불러다 나팔을 불리고 북을 치게 한다는 뜻으로, 제때 안 하다가 뒤늦게 대책을 세우며 서두름을 핀잔하는 말. |

**Q2.** "남을 해치려고 하다가 도리어 자기가 해를 입게 된다는 것을 비유적으로 이르는 말."을 의미하는 속담은?
㉠ 자기 얼굴에 침뱉기   ㉡ 행차 뒤에 나팔

## 2 사자성어

| 사자성어 | 뜻 |
|---|---|
| 각골난망(刻骨難忘)★ | 남에게 입은 은혜가 뼈에 새길 만큼 커서 잊히지 않음. |
| 간담상조(肝膽相照)★ | 서로 속마음을 털어놓고 친하게 사귐. |
| 감언이설(甘言利說)★ | 귀가 솔깃하도록 남의 비위를 맞추거나 이로운 조건을 내세워 꾀는 말. |
| 견강부회(牽強附會)★ | 이치에 맞지 않는 말을 억지로 끌어 붙여 자기에게 유리하게 함. |
| 견리망의(見利忘義) | 눈앞의 이익을 보면 의리를 잊음. |
| 견리사의(見利思義)★ | 눈앞의 이익을 보면 의리를 먼저 생각함. |
| 견마지로(犬馬之勞)★ | 개나 말 정도의 하찮은 힘이라는 뜻으로, 윗사람에게 충성을 다하는 자신의 노력을 낮추어 이르는 말. |
| 견원지간(犬猿之間) | 개와 원숭이의 사이라는 뜻으로, 사이가 매우 나쁜 두 관계를 비유적으로 이르는 말. |
| 결초보은(結草報恩)★ | 죽은 뒤에라도 은혜를 잊지 않고 갚음을 이르는 말. |
| 경전하사(鯨戰蝦死) | 고래 싸움에 새우 등 터진다는 뜻으로, 강한 자끼리 서로 싸우는 통에 아무 상관도 없는 약한 자가 해를 입음을 비유적으로 이르는 말. |
| 고식지계(姑息之計)★ | 우선 당장 편한 것만을 택하는 꾀나 방법. |

**Q3.** "우선 당장 편한 것만을 택하는 꾀나 방법."을 의미하는 사자성어는?   ㉠ 견강부회[牽強附會]   ㉡ 고식지계[姑息之計]

| 사자성어 | 뜻 |
|---|---|
| 고육지계(苦肉之計)★<br>= 고육지책(苦肉之策) | 자기 몸을 상해 가면서까지 꾸며 내는 계책이라는 뜻으로, 어려운 상태를 벗어나기 위해 어쩔 수 없이 꾸며 내는 계책을 이르는 말. |
| 고장난명(孤掌難鳴)★ | 외손뼉만으로는 소리가 울리지 않는다는 뜻으로, 혼자의 힘만으로 어떤 일을 이루기 어려움을 이르는 말. |
| 곡학아세(曲學阿世)★ | 바른길에서 벗어난 학문으로 세상 사람에게 아첨함. |
| 공평무사(公平無私) | 공평하여 사사로움이 없음. |
| 관포지교(管鮑之交)★ | 관중과 포숙의 사귐이란 뜻으로, 우정이 아주 돈독한 친구 관계를 이르는 말. |
| 교각살우(矯角殺牛)★ | 소의 뿔을 바로잡으려다가 소를 죽인다는 뜻으로, 잘못된 점을 고치려다가 그 방법이나 정도가 지나쳐 오히려 일을 그르침을 이르는 말. |
| 구우일모(九牛一毛)★ | 아홉 마리의 소 가운데 박힌 하나의 털이란 뜻으로, 매우 많은 것 가운데 극히 적은 수를 이르는 말. |
| 권토중래(捲土重來)★ | 땅을 말아 일으킬 것 같은 기세로 다시 온다는 뜻으로, 한 번 실패하였으나 힘을 회복하여 다시 쳐들어옴을 이르는 말. |
| 극기복례(克己復禮) | 자기의 욕심을 누르고 예의범절을 따름. |
| 금란지의(金蘭之誼)★<br>= 금란지계(金蘭之契) | 친구 사이의 매우 두터운 정을 이르는 말. |
| 금지옥엽(金枝玉葉)★ | ① 금으로 된 가지와 옥으로 된 잎이라는 뜻으로, 임금의 가족을 높여 이르는 말.<br>② 귀한 자손을 이르는 말. |

**Q4** "자기의 욕심을 누르고 예의범절을 따름."을 의미하는 사자성어는?   ㉠ 극기복례[克己復禮]   ㉡ 구우일모[九牛一毛]

정답 | Q1. ㉡  Q2. ㉠  Q3. ㉡  Q4. ㉠

| 사자성어 | 뜻 |
|---|---|
| 기호지세(騎虎之勢) | 호랑이를 타고 달리는 형세라는 뜻으로, 이미 시작한 일을 중도에서 그만둘 수 없는 경우를 비유적으로 이르는 말. |
| 낭중지추(囊中之錐)★ | 주머니 속의 송곳이라는 뜻으로, 재능이 뛰어난 사람은 숨어 있어도 저절로 사람들에게 알려짐을 이르는 말. |
| 누란지세(累卵之勢) | 층층이 쌓아 놓은 알의 형세라는 뜻으로, 몹시 위태로운 형세를 비유적으로 이르는 말. |
| 누란지위(累卵之危)★ | 층층이 쌓아 놓은 알의 위태로움이라는 뜻으로, 몹시 아슬아슬한 위기를 비유적으로 이르는 말. |
| 다기망양(多岐亡羊)★ | 갈림길이 많아 잃어버린 양을 찾지 못한다는 뜻으로, 두루 섭렵하기만 하고 전공하는 바가 없어 끝내 성취하지 못함을 이르는 말. |
| 당랑거철(螳螂拒轍)★ | 제 역량을 생각하지 않고, 강한 상대나 되지 않을 일에 덤벼드는 무모한 행동거지를 비유적으로 이르는 말. |
| 대경실색(大驚失色) | 몹시 놀라 얼굴빛이 하얗게 질림. |
| 대기만성(大器晩成)★ | 큰 그릇을 만드는 데는 시간이 오래 걸린다는 뜻으로, 크게 될 사람은 늦게 이루어짐을 이르는 말. |
| 마이동풍(馬耳東風)★ | 동풍이 말의 귀를 스쳐 간다는 뜻으로, 남의 말을 귀담아듣지 않고 지나쳐 흘려버림을 이르는 말. |
| 만불성설(萬不成說) | 말이 전혀 사리에 맞지 아니함. |
| 만시지탄(晩時之歎)★ | 시기에 늦어 기회를 놓쳤음을 안타까워하는 탄식. |

**Q1.** "남의 말을 귀담아듣지 않고 지나쳐 흘려버림을 이르는 말."을 의미하는 사자성어는?  ㉠ 당랑거철(螳螂拒轍)  ㉡ 마이동풍(馬耳東風)

| 사자성어 | 뜻 |
|---|---|
| 망양보뢰(亡羊補牢)★ | 양을 잃고 우리를 고친다는 뜻으로, 이미 어떤 일을 실패한 뒤에 뉘우쳐도 아무 소용이 없음을 이르는 말. |
| 망양지탄★<br>(亡羊之歎/亡羊之嘆) | 갈림길이 매우 많아 잃어버린 양을 찾을 길이 없음을 탄식한다는 뜻으로, 학문의 길이 여러 갈래여서 한 갈래의 진리도 얻기 어려움을 이르는 말. |
| 망운지정(望雲之情)★ | 자식이 객지에서 고향에 계신 어버이를 생각하는 마음. |
| 면종복배(面從腹背)★ | 겉으로는 복종하는 체하면서 내심으로는 배반함. |
| 명약관화(明若觀火)★ | 불을 보듯 분명하고 뻔함. |
| 목불식정(目不識丁)★ | 아주 간단한 글자인 '丁' 자를 보고도 그것이 '고무래'인 줄을 알지 못한다는 뜻으로, 아주 까막눈임을 이르는 말. |
| 목불인견(目不忍見) | 눈앞에 벌어진 상황 등을 눈 뜨고는 차마 볼 수 없음. |
| 무소불위(無所不爲) | 하지 못하는 일이 없음. |
| 문경지교(刎頸之交)★ | 서로를 위해서라면 목이 잘린다 해도 후회하지 않을 정도의 사이라는 뜻으로, 생사를 같이할 수 있는 아주 가까운 사이, 또는 그런 친구를 이르는 말. |
| 문과수비(文過遂非) | 잘못된 허물을 잘못이 아닌 것처럼 꾸미어 고치지 아니함. |
| 문전성시(門前成市) | 찾아오는 사람이 많아 집 문 앞이 시장을 이루다시피 함을 이르는 말. |
| 문정약시(門庭若市) | 대문 안 뜰이 시장 같다는 뜻으로, 집에 드나드는 사람이 많음을 이르는 말. |

**Q2.** "불을 보듯 분명하고 뻔함."을 의미하는 사자성어는?  ㉠ 명약관화(明若觀火)  ㉡ 문경지교(刎頸之交)

| 사자성어 | 뜻 |
|---|---|
| 미봉책(彌縫策)★ | 눈가림만 하는 일시적인 계책. |
| 미사여구(美辭麗句) | 아름다운 말로 듣기 좋게 꾸민 글귀. |
| 반면교사(反面敎師) | 사람이나 사물 등의 부정적인 면에서 얻는 깨달음이나 가르침을 주는 대상을 이르는 말. |
| 반포지효(反哺之孝)★ | 까마귀 새끼가 자라서 늙은 어미에게 먹이를 물어다 주는 효라는 뜻으로, 자식이 자란 후에 어버이의 은혜를 갚는 효성을 이르는 말. |
| 방약무인(傍若無人)★ | 곁에 사람이 없는 것처럼 아무 거리낌 없이 함부로 말하고 행동하는 태도가 있음. |
| 백가쟁명(百家爭鳴)★ | 많은 학자나 문화인 등이 자기의 학설이나 주장을 자유롭게 발표하여, 논쟁하고 토론하는 일. |
| 백면서생(白面書生) | 한갓 글만 읽고 세상일에는 전혀 경험이 없는 사람. |
| 부창부수(夫唱婦隨)★ | 남편이 주장하고 아내가 이에 잘 따름. 또는 부부 사이의 그런 도리. |
| 부화뇌동(附和雷同)★ | 줏대 없이 남의 의견에 따라 움직임. |
| 불치하문(不恥下問) | 손아랫사람이나 지위나 학식이 자기만 못한 사람에게 모르는 것을 묻는 일을 부끄러워하지 않음. |
| 삼순구식(三旬九食)★ | 삼십 일 동안 아홉 끼니밖에 먹지 못한다는 뜻으로, 몹시 가난함을 이르는 말. |
| 상전벽해(桑田碧海) | 뽕나무밭이 변하여 푸른 바다가 된다는 뜻으로, 세상일의 변천이 심함을 비유적으로 이르는 말. |
| 새옹지마(塞翁之馬)★ | 인생의 길흉화복은 변화가 많아서 예측하기가 어렵다는 말. |
| 설상가상(雪上加霜)★ | 눈 위에 서리가 덮인다는 뜻으로, 난처한 일이나 불행한 일이 잇따라 일어남을 이르는 말. |

Q3. "줏대 없이 남의 의견에 따라 움직임"을 의미하는 사자성어는? ㉠ 극기복례(克己復禮) ㉡ 부화뇌동(附和雷同)

| 사자성어 | 뜻 |
|---|---|
| 소탐대실(小貪大失)★ | 작은 것을 탐하다가 큰 것을 잃음. |
| 수불석권(手不釋卷)★ | 손에서 책을 놓지 않고 늘 글을 읽음. |
| 수주대토(守株待兔)★ | 한 가지 일에만 얽매여 발전을 모르는 어리석은 사람을 비유적으로 이르는 말. |
| 순망치한(脣亡齒寒) | 입술이 없으면 이가 시리다는 뜻으로, 서로 이해관계가 밀접한 사이에 어느 한쪽이 망하면 다른 한쪽도 그 영향을 받아 온전하기 어려움을 이르는 말. |
| 아전인수(我田引水) | 자기 논에 물 대기라는 뜻으로, 자기에게만 이롭게 되도록 생각하거나 행동함을 이르는 말. |
| 양두구육(羊頭狗肉) | 양의 머리를 걸어 놓고 개고기를 판다는 뜻으로, 겉보기만 그럴듯하게 보이고 속은 변변하지 않음을 이르는 말. |
| 어로불변(魚魯不辨)★ | 어(魚) 자와 노(魯) 자를 구별하지 못한다는 뜻으로, 아주 무식함을 비유적으로 이르는 말. |
| 역지사지(易地思之)★ | 처지를 바꾸어서 생각하여 봄. |
| 연목구어(緣木求魚)★ | 나무에 올라가서 물고기를 구한다는 뜻으로, 도저히 불가능한 일을 굳이 하려 함을 비유적으로 이르는 말. |
| 오매불망(寤寐不忘) | 자나 깨나 잊지 못함. |
| 오비이락(烏飛梨落)★ | 까마귀 날자 배 떨어진다는 뜻으로, 아무 관계도 없이 한 일이 공교롭게도 때가 같아 억울하게 의심을 받거나 난처한 위치에 서게 됨을 이르는 말. |

Q4. "한 가지 일에만 얽매여 발전을 모르는 어리석은 사람을 비유적으로 이르는 말."을 의미하는 사자성어는? ㉠ 어로불변(魚魯不辨) ㉡ 수주대토(守株待兔)

정답 | Q1. ㉡ Q2. ㉠ Q3. ㉡ Q4. ㉡

| 사자성어 | 뜻 |
|---|---|
| 오월동주(吳越同舟)★ | 서로 적의를 품은 사람들이 한자리에 있게 된 경우나 서로 협력하여야 하는 상황을 비유적으로 이르는 말. |
| 와신상담(臥薪嘗膽)★ | 불편한 섶에 몸을 눕히고 쓸개를 맛본다는 뜻으로, 원수를 갚거나 마음먹은 일을 이루기 위하여 온갖 어려움과 괴로움을 참고 견딤을 비유적으로 이르는 말. |
| 우공이산(愚公移山)★ | 우공이 산을 옮긴다는 뜻으로, 어떤 일이든 끊임없이 노력하면 반드시 이루어짐을 이르는 말. |
| 위편삼절(韋編三絶)★ | 공자가 주역을 즐겨 읽어 책의 가죽끈이 세 번이나 끊어졌다라는 뜻으로, 책을 열심히 읽음을 이르는 말. |
| 유유상종(類類相從)★ | 같은 무리끼리 서로 사귐. |
| 읍참마속(泣斬馬謖) | 큰 목적을 위하여 자기가 아끼는 사람을 버림을 이르는 말. |
| 일촉즉발(一觸卽發) | 한 번 건드리기만 해도 폭발할 것같이 몹시 위급한 상태. |
| 일취월장(日就月將)★ | 나날이 다달이 자라거나 발전함. |
| 임시변통(臨時變通)★ | 갑자기 터진 일을 우선 간단하게 둘러맞추어 처리함. |
| 자가당착(自家撞着)★ | 같은 사람의 말이나 행동이 앞뒤가 서로 맞지 않고 모순됨. |
| 자승자박(自繩自縛)★ | 자기의 줄로 자기 몸을 옭아 묶는다는 뜻으로, 자기가 한 말과 행동에 자기 자신이 옭혀 곤란하게 됨을 비유적으로 이르는 말. |
| 자중지란(自中之亂) | 같은 편끼리 하는 싸움. |
| 적반하장(賊反荷杖)★ | 도둑이 도리어 매를 든다는 뜻으로, 잘못한 사람이 아무 잘못도 없는 사람을 나무람을 이르는 말. |

**Q1.** "같은 사람의 말이나 행동이 앞뒤가 서로 맞지 않고 모순됨."을 의미하는 사자성어는? ㉠ 자가당착(自家撞着) ㉡ 자중지란(自中之亂)

| 사자성어 | 뜻 |
|---|---|
| 적수공권(赤手空拳) | 맨손과 맨주먹이라는 뜻으로, 아무것도 가진 것이 없음을 이르는 말. |
| 전대미문(前代未聞)★ | 이제까지 들어 본 적이 없음. |
| 전도유망(前途有望) | 앞으로 잘될 희망이 있음. |
| 전무후무(前無後無)★ | 이전에도 없었고 앞으로도 없음. |
| 전인미답(前人未踏)★ | 이제까지 그 누구도 가 보지 못함. |
| 전전불매(輾轉不寐) | 누워서 몸을 이리저리 뒤척이며 잠을 이루지 못함. |
| 절차탁마(切磋琢磨)★ | 옥이나 돌 등을 갈고 닦아서 빛을 낸다는 뜻으로, 부지런히 학문과 덕행을 닦음을 이르는 말. |
| 조족지혈(鳥足之血)★ | 새 발의 피라는 뜻으로, 매우 적은 분량을 비유적으로 이르는 말. |
| 종두득두(種豆得豆) | 콩을 심으면 반드시 콩이 나온다는 뜻으로, 원인에 따라 결과가 생김을 이르는 말. |
| 좌정관천(坐井觀天)★ | 우물 속에 앉아서 하늘을 본다는 뜻으로, 사람의 견문이 매우 좁음을 이르는 말. |
| 주경야독(晝耕夜讀)★ | 낮에는 농사짓고, 밤에는 글을 읽는다는 뜻으로, 어려운 여건 속에서도 꿋꿋이 공부함을 이르는 말. |
| 주마가편(走馬加鞭)★ | 달리는 말에 채찍질한다는 뜻으로, 잘하는 사람을 더욱 장려함을 이르는 말. |
| 주마간산(走馬看山)★ | 말을 타고 달리며 산천을 구경한다는 뜻으로, 자세히 살피지 않고 대충대충 보고 지나감을 이르는 말. |

**Q2.** "우물 속에 앉아서 하늘을 본다는 뜻으로, 사람의 견문이 매우 좁음을 이르는 말."을 의미하는 사자성어는? ㉠ 주마간산(走馬看山) ㉡ 좌정관천(坐井觀天)

| 지기지우(知己之友) | 자기의 속마음을 참되게 알아주는 친구. |
|---|---|
| 지록위마(指鹿爲馬)★ | 모순된 것을 끝까지 우겨서 남을 속이려는 짓을 비유적으로 이르는 말. |
| 진두지휘(陣頭指揮) | 전투나 사업 등을 직접 앞장서서 지휘함. |
| 창해일속(滄海一粟) | 넓고 큰 바닷속의 좁쌀 한 알이는 뜻으로, 아주 많거나 넓은 것 가운데 있는 매우 하찮고 작은 것을 이르는 말. |
| 천의무봉(天衣無縫)★ | 천사의 옷은 꿰맨 흔적이 없다는 뜻으로, 일부러 꾸민 데 없이 자연스럽고 아름다우면서 완전함을 이르는 말. |
| 청출어람(靑出於藍)★ | 쪽에서 뽑아낸 푸른 물감이 쪽보다 더 푸르다는 뜻으로, 제자나 후배가 스승이나 선배보다 나음을 비유적으로 이르는 말. |
| 촌철살인(寸鐵殺人)★ | 한 치의 쇠붙이로도 사람을 죽일 수 있다는 뜻으로, 간단한 말로도 남을 감동하게 하거나 남의 약점을 찌를 수 있음을 이르는 말. |
| 침소봉대(針小棒大)★ | 작은 일을 크게 불리어 떠벌림. |
| 쾌도난마(快刀亂麻) | 잘 드는 칼로 마구 헝클어진 삼 가닥을 자른다는 뜻으로, 어지럽게 뒤얽힌 사물을 강력한 힘으로 명쾌하게 처리함을 이르는 말. |
| 포복절도(抱腹絶倒)★ | 배를 그러안고 넘어질 정도로 몹시 웃음. |
| 풍수지탄<br>(風樹之歎/風樹之嘆)★ | 효도를 다하지 못한 채 어버이를 여읜 자식의 슬픔을 이르는 말. |

> **Q3.** "일부러 꾸민 데 없이 자연스럽고 아름다우면서 완전함을 이르는 말."을 의미하는 사자성어는?   ㉠ 천의무봉(天衣無縫)   ㉡ 침소봉대(針小棒大)

| 풍전등화(風前燈火)★ | 바람 앞의 등불이라는 뜻으로, 사물이 매우 위태로운 처지에 놓여 있음을 비유적으로 이르는 말. |
|---|---|
| 하석상대(下石上臺)★ | 아랫돌 빼서 윗돌 괴고 윗돌 빼서 아랫돌 괸다는 뜻으로, 임시변통으로 이리저리 둘러맞춤을 이르는 달. |
| 한우충동(汗牛充棟)★ | 짐으로 실으면 소가 땀을 흘리고, 쌓으면 들보에까지 찬다는 뜻으로, 가지고 있는 책이 매우 많음을 이르는 말. |
| 허장성세(虛張聲勢)★ | 실속은 없으면서 큰소리치거나 허세를 부림. |
| 형설지공(螢雪之功)★ | 반딧불·눈과 함께 하는 노력이라는 뜻으로, 고생을 하면서 부지런하고 꾸준하게 공부하는 자세를 이르는 말. |
| 호가호위(狐假虎威)★ | 남의 권세를 빌려 위세를 부림. |
| 호각지세(互角之勢) | 역량이 서로 비슷비슷한 위세. |
| 호사다마(好事多魔) | 좋은 일에는 흔히 방해되는 일이 많음. 또는 그런 일이 많이 생김. |
| 혼정신성(昏定晨省)★ | 밤에는 부모의 잠자리를 보아 드리고 이른 아침에는 부모의 밤새 안부를 묻는다는 뜻으로, 부모를 잘 섬기고 효성을 다함을 이르는 말. |
| 화사첨족(畫蛇添足) | 뱀을 다 그리고 나서 있지도 않은 발을 덧붙여 그려 넣는다는 뜻으로, 쓸데없는 군짓을 하여 도리어 잘못되게 함을 이르는 말. |
| 화중지병(畫中之餠) | 그림의 떡. |

> **Q4.** "역량이 서로 비슷비슷한 위세."를 의미하는 사자성어는?   ㉠ 한우충동(汗牛充棟)   ㉡ 호각지세(互角之勢)

정답 | Q1. ㉠   Q2. ㉡   Q3. ㉠   Q4. ㉡

# 3 관용구

## 1. 주제별 관용구

### 간

| 관용구 | 의미 |
|---|---|
| 간(에) 바람 들다 | 하는 행동이 실없다. |
| 간(을) 빼 먹다 | 겉으로는 비위를 맞추며 좋게 대하는 척하면서 요긴한 것을 다 빼앗다. |
| 간(을) 졸이다 | 매우 걱정되고 불안스러워 마음을 놓지 못하다. |
| 간(이) 뒤집히다 | 까닭 없이 웃음을 나무라는 말. |
| 간이 콩알만 하다 | 몹시 겁이 나서 기를 펴지 못하다. |

**Q1.** "까닭 없이 웃음을 나무라는 말."을 의미하는 관용구는?   ㉠ 간에 바람 들다   ㉡ 간이 뒤집히다

### 귀

| 관용구 | 의미 |
|---|---|
| 귀(가) 아프다 | 너무 여러 번 들어서 듣기가 싫다. |
| 귀(가) 질기다★ | 둔하여 남의 말을 잘 이해하지 못하다. |
| 귀(에) 익다★ | 들은 기억이 있다. |
| 귀가 가렵다[간지럽다]★ | 남이 제 말을 한다고 느끼다. |
| 귀가 얇다[엷다] | 남의 말을 쉽게 받아들인다. |
| 귀가 열리다 | 세상 물정을 알게 되다. |
| 귀를 열다 | 들을 준비를 하다. |
| 귀에 들어가다 | 누구에게 알려지다. |
| 귀에 딱지가 앉다 | 같은 말을 여러 번 듣다. |

**Q2.** "들은 기억이 있다."를 의미하는 관용구는?   ㉠ 귀가 질기다   ㉡ 귀에 익다

### 눈

| 관용구 | 의미 |
|---|---|
| 눈(에) 어리다 | 어떤 모습이 잊히지 않고 머릿속에 뚜렷하게 떠오르다. |
| 눈(을) 씻고 보다 | 정신을 바짝 차리고 집중하여 보다. |
| 눈(이) 나오다★ | 몹시 놀라다. |
| 눈(이) 높다 | ① 정도 이상의 좋은 것만 찾는 버릇이 있다.<br>② 안목이 높다. |
| 눈(이) 많다 | 보는 사람이 많다. |
| 눈을 거치다★ | 글 등을 검토하거나 분별하다. |
| 눈이 곤두서다 | 화가 나서 눈에 독기가 오르다. |

**Q3.** "글 등을 검토하거나 분별하다."를 의미하는 관용구는?   ㉠ 눈을 거치다   ㉡ 눈에 어리다

## 말

| | |
|---|---|
| 말(을) 떼다 | 말을 하기 시작하다. |
| 말(이) 굳다 | 말이 더듬더듬 막히다. |
| 말(이) 되다 | 어떤 사실에 대하여 서로 간에 말이 이루어지다. |
| 말(이) 많다 | 논란이 많다. |
| 말(이)[말(도)] 아니다 | ① 말이 이치에 맞지 아니하다.<br>② 사정·형편 따위가 몹시 어렵거나 딱하다. |
| 말길(이) 되다 | 남에게 소개하는 의논의 길이 트이다. |

Q4. "어떤 사실에 대하여 서로 간에 말이 이루어지다."를 의미하는 관용구는?　㉠ 말이 되다　㉡ 말길이 되다

## 머리

| | |
|---|---|
| 머리(가) 굵다 | 어른처럼 생각하거나 판단하게 되다. |
| 머리(를) 들다 | 눌려 있거나 숨겨 온 생각·세력 등이 겉으로 나타나다. |
| 머리가 깨다 | 뒤떨어진 생각에서 벗어나다. |
| 머리가 무겁다 | 기분이 좋지 않거나 골이 띵하다. |
| 머리를 쥐어짜다★ | 몹시 애를 써서 궁리하다. |

Q5. "뒤떨어진 생각에서 벗어나다."를 의미하는 관용구는?　㉠ 머리를 들다　㉡ 머리가 깨다

## 발

| | |
|---|---|
| 발(을) 구르다★ | 매우 안타까워하거나 다급해하다. |
| 발(을) 빼다[씻다]★ | 어떤 일에서 관계를 완전히 끊고 물러나다. |
| 발(을) 타다 | 강아지 등이 걸음을 걷기 시작하다. |
| 발(이) 뜨다 | 이따금씩 다니다. |
| 발(이) 묶이다 | 몸을 움직일 수 없거나 활동할 수 없는 형편이 되다. |
| 발(이) 짧다 | 먹는 자리에 남들이 다 먹은 뒤에 나타나다. |
| 발꿈치를 물리다 | 은혜를 베풀어 준 상대로부터 뜻밖에 해를 입다. |
| 발등(을) 찍히다 | 남에게 배신을 당하다. |
| 발에 채다[차이다]★ | 여기저기 흔하게 널려 있다. |
| 발을 달다 | 끝난 말이나 이미 있는 말에 말을 덧붙이다. |
| 발이 닳다 | 매우 분주하게 많이 다니다. |
| 발이 익다★ | 여러 번 다니어서 길에 익숙하다. |

Q6. "이따금씩 다니다."를 의미하는 관용구는?　㉠ 발이 뜨다　㉡ 발을 달다

정답 | Q1. ㉡　Q2. ㉡　Q3. ㉠　Q4. ㉠　Q5. ㉡　Q6. ㉠

## 배

| | |
|---|---|
| 배(를) 두드리다 | 생활이 풍족하거나 살림살이가 윤택하여 안락하게 지내다. |
| 배(를) 불리다[채우다] | 재물이나 이득을 많이 차지하여 사리사욕을 채우다. |
| 배(를) 앓다 | 남 잘되는 것에 심술이 나서 속을 태우다. |
| 배에 기름이 끼다 | 살림이 넉넉하여지다. |

Q1. "살림이 넉넉하여지다."를 의미하는 관용구는?  ㉠ 배를 불리다  ㉡ 배에 기름이 끼다

## 상투

| | |
|---|---|
| 상투(를) 잡다 ★ | (속되게) 가장 높은 시세에 주식을 매입하다. |
| 상투(를) 틀다 ★ | 총각이 장가들어 어른이 되다. |

Q2. "총각이 장가들어 어른이 되다."를 의미하는 관용구는?  ㉠ 상투를 잡다  ㉡ 상투를 틀다

## 속

| | |
|---|---|
| 속(을) 긁다 | 남의 속이 뒤집히게 비위를 살살 건드리다. |
| 속(을) 끓이다 | 마음을 태우다. |
| 속(을) 뜨다[떠보다] | 남의 마음을 알려고 넘겨짚다. |
| 속(을) 빼놓다 | 줏대나 감정을 억제하다. |
| 속(을) 차리다 ★ | 지각 있게 처신하다. |
| 속이 마르다 ★ | 생각하는 것이 답답하고 너그럽지 못하다. |

Q3. "지각 있게 처신하다."를 의미하는 관용구는?  ㉠ 속을 차리다  ㉡ 속이 마르다

## 손

| | |
|---|---|
| 손(에) 익다 | 일이 손에 익숙해지다. |
| 손(을) 거치다 | 어떤 사람의 노력으로 손질되다. |
| 손(을) 걸다 | (비유적으로)서로 약속하다. |
| 손(을) 끊다 | 교제나 거래 등을 중단하다. |
| 손(을) 나누다 | 일을 여럿이 나누어 하다. |
| 손(을) 넘기다 | ① 물건을 셀 때 그 번수를 잘못 계산하여 실제보다 더 많거나 적게 되다.<br>② 제 시기를 놓치다. |
| 손(을) 맺다 ★ | 할 일이 있는데도 아무 일도 안 하고 그냥 있다. |
| 손(이) 뜨다 ★ | 일하는 동작이 매우 굼뜨다. |
| 손발(이) 맞다 | 함께 일을 하는 데에 마음이나 의견, 행동 방식 등이 서로 맞다. |

Q4. "할 일이 있는데도 아무 일도 안 하고 그냥 있다."를 의미하는 관용구는?  ㉠ 손을 넘기다  ㉡ 손을 맺다

## 얼굴

| | |
|---|---|
| 얼굴에 씌어 있다 | 감정, 기분 등이 얼굴에 나타나다. |
| 얼굴을 내밀다[내놓다/비치다] | 모임 등에 모습을 나타내다. |
| 얼굴을 들다 | 남을 떳떳이 대하다. |
| 얼굴을 보다 | 체면을 고려하다. |
| 얼굴이 넓다 | 사귀어 아는 사람이 많다. |

**Q5.** "체면을 고려하다."를 의미하는 관용구는?  ㉠ 얼굴을 들다  ㉡ 얼굴을 보다

## 입

| | |
|---|---|
| 입(을) 맞추다 | 서로의 말이 일치하도록 하다. |
| 입(을) 씻다[닦다] | 이익 따위를 혼자 차지하거나 가로채고는 시치미를 떼다. |
| 입이 궁금하다★ | 배가 출출하여 무엇이 먹고 싶다. |
| 입이 되다 | 맛있는 음식만 먹으려고 하는 버릇이 있어 음식에 매우 까다롭다. |
| 입이 마르다 | 다른 사람이나 물건에 대하여 거듭해서 말하다. |
| 입이 밭다[짧다]★ | 음식을 심하게 가리거나 적게 먹다. |
| 입이 쓰다 | 어떤 일이나 말 등이 못마땅하여 기분이 언짢다. |
| 입이 여물다[야무지다] | 말이 분명하고 실속이 있다. |
| 입이 천 근 같다 | 매우 입이 무겁다. |

**Q6.** "음식을 심하게 가리거나 적게 먹다."를 의미하는 관용구는?  ㉠ 입이 밭다  ㉡ 입이 쓰다

## 코

| | |
|---|---|
| 코(가) 빠지다★ | 근심에 싸여 기가 죽고 맥이 빠지다. |
| 코(가) 세다 | 남의 말을 잘 듣지 않고 고집이 세다. |
| 코(를) 빠뜨리다★ | 못 쓰게 만들거나 일을 망치다. |
| 코가 꿰이다★ | 약점이 잡히다. |
| 코가 납작해지다 | 몹시 무안을 당하거나 기가 죽어 위신이 뚝 떨어지다. |
| 코가 높다 | 잘난 체하고 뽐내는 기세가 있다. |
| 코가 비뚤어지게[비뚤어지도록] | 몹시 취할 정도로. |
| 코가 우뚝하다 | 잘난 체하며 거만하게 굴다. |
| 코를 떼다 | 무안을 당하거나 핀잔을 맞다. |

**Q7.** "못 쓰게 만들거나 일을 망치다."를 의미하는 관용구는?  ㉠ 코가 빠지다  ㉡ 코를 빠뜨리다

정답 | Q1. ㉡  Q2. ㉡  Q3. ㉠  Q4. ㉡  Q5. ㉡  Q6. ㉠  Q7. ㉡

## 2. 기타 기출 관용구

| 관용구 | 뜻 |
|---|---|
| 가방끈(이) 길다 | 많이 배워 학력이 높다. |
| 감투(를) 쓰다 | 벼슬자리나 높은 지위에 오름을 속되게 이르는 말. |
| 경종을 울리다 ★ | 잘못이나 위험을 미리 경계하여 주의를 환기시키다. |
| 곁(을) 주다 ★ | 다른 사람으로 하여금 자기에게 가까이할 수 있도록 속을 터 주다. |
| 곁다리(를) 들다 | 당사자가 아닌 사람이 참견하여 말하다. |
| 교편(을) 잡다 ★ | 학교에서 교사 생활을 하다. |
| 구름(을) 잡다 | 막연하거나 허황된 것을 좇다. |
| 구미가 당기다[돌다] | 욕심이나 관심이 생기다. |
| 구색(을) 맞추다 | 여러 가지가 고루 갖추어지게 하다. |
| 근처도 못 가다 | 비교가 안 되다. |
| 기름을 끼얹다 | 감정이나 행동을 부추겨 정도를 심하게 만들다. |
| 깨가 쏟아지다 | 몹시 아기자기하고 재미가 나다. |

**Q1.** "잘못이나 위험을 미리 경계하여 주의를 환기시키다."를 의미하는 관용구는?   ㉠ 경종을 울리다   ㉡ 기름을 끼얹다

| 관용구 | 뜻 |
|---|---|
| 놓아먹인 망아지 (놀듯) | 들에 풀어놓고 기른 말 새끼 또는 그 노는 모양이라는 뜻으로, 교양이 없고 막돼먹은 사람 또는 그런 행동을 비유적으로 이르는 말. |
| 눈물이 앞서다 | 말을 하지 못하고 눈물을 먼저 흘리다. |
| 눈총(을) 맞다 | 남의 미움을 받다. |
| 느루 가다 | 양식이 일정한 예정보다 더 오래가다. |
| 달(이) 차다 ★ | 아이를 배어 낳을 달이 되다. |
| 덜미(를) 잡히다 | 못된 일 등을 꾸미다가 발각되다. |
| 돌(을) 던지다 ★ | 남의 잘못을 비난하다. |
| 뜸(을) 들이다 | 일이나 말을 할 때에, 쉬거나 여유를 갖기 위해 서둘지 않고 한동안 가만히 있는 경우를 비유적으로 이르는 말. |
| 마각을 드러내다 ★ | 말의 다리로 분장한 사람이 자기 모습을 드러낸다는 뜻으로, 숨기고 있던 일이나 정체를 드러냄을 이르는 말. |
| 막이 오르다 | 무대의 공연이나 어떤 행사가 시작되다. |
| 막차를 타다 | 끝나 갈 무렵에 뒤늦게 뛰어들다. |
| 모골이 송연하다 | 끔찍스러워서 몸이 으쓱하고 털끝이 쭈뼛해지다. |
| 무대에 서다 | 공연에 참가하다. |
| 밑이 드러나다 | 사건이나 일의 내막이 밝혀지다. |

**Q2.** "아이를 배어 낳을 달이 되다."를 의미하는 관용구는?   ㉠ 달이 차다   ㉡ 마각을 드러내다

| 관용구 | 의미 |
|---|---|
| 발꿈치를 물리다 | 은혜를 베풀어 준 상대로부터 뜻밖에 해를 입다. |
| 배알이 꼴리다[뒤틀리다]★ | 비위에 거슬려 아니꼽다. |
| 뱃심(이) 좋다 | 염치나 두려움이 없이 제 고집대로 하는 비위가 좋다. |
| 벗바리(가) 좋다 | 뒷배를 보아 주는 사람이 많다. |
| 벽(을) 쌓다 | 서로 사귀던 관계를 끊다. |
| 별이 보이다 | 충격을 받아서 갑자기 정신이 아득하고 어지럽다. |
| 복장(이) 터지다 | 몹시 마음에 답답함을 느끼다. |
| 볼꼴 좋다 | (놀림조로) 꼴이 보기에 흉하다. |
| 봉(을) 잡다 | 상상 속에서만 존재하는 진귀한 봉황을 잡는다는 뜻으로, 매우 귀하고 훌륭한 사람이나 일을 얻음을 비유적으로 이르는 말. |
| 비행기(를) 태우다 | 남을 지나치게 칭찬하거나 높이 추어올려 주다. |
| 산통(을) 깨다★ | 다 잘되어 가던 일을 이루지 못하게 뒤틀다. |
| 살(을) 붙이다 | 바탕에 여러 가지를 덧붙여 보태다. |

**Q3.** "꼴이 보기에 흉하다."를 의미하는 관용구는? ㉠ 벗바리가 좋다 ㉡ 볼꼴 좋다

| 관용구 | 의미 |
|---|---|
| 소매(를) 걷어붙이다 | 어떤 일에 아주 적극적인 태도를 취하다. |
| 수(가) 좋다 | 수단이 매우 뛰어나다. |
| 시색(이) 좋다 | 당대에 행세하는 것이 버젓하다. |
| 연막(을) 치다 | 어떤 수단을 써서 교묘하게 진의를 숨기다. |
| 오금이 저리다 | 저지른 잘못이 들통이 나거나 그 때문에 나쁜 결과가 있지 않을까 마음을 졸이다. |
| 오지랖(이) 넓다★ | 쓸데없이 지나치게 아무 일에나 참견하는 면이 있다. |
| 울고 가다 | 도저히 감당할 수 없다고 느끼고 몹시 한탄하며 물러서다. |
| 자라목(이) 되다★ | 사물이나 기세 등이 움츠러들다. |
| 주머니가 가볍다 | 가지고 있는 돈이 적다. |
| 죽지(가) 처지다 | 기세가 꺾이거나 의기가 없어지다. |
| 토(를) 달다 | 어떤 말 끝에 그 말에 대하여 덧붙여 말하다. |
| 판에 박히다 | 말과 행동을 정해진 격식대로 반복하여 진부하다. |
| 허리를 잡다 | 웃음을 참을 수 없어 고꾸라질 듯이 마구 웃다. |
| 회가 동하다 | 구미가 당기거나 무엇을 하고 싶은 마음이 생기다. |

**Q4.** "당대에 행세하는 것이 버젓하다."를 의미하는 관용구는? ㉠ 수가 좋다 ㉡ 시색이 좋다

정답 | Q1. ㉠  Q2. ㉠  Q3. ㉡  Q4. ㉡

# STEP 3 기출동형 문제 풀어보기

**1** 노력과 끈기의 중요성을 나타내는 상황에 사용하기에 적절하지 않은 것은?

① 푸석돌에 불난다.
② 야윈 말이 짐 탐한다.
③ 낙숫물이 댓돌을 뚫는다.
④ 걸음새 뜬 소가 천리를 간다.
⑤ 구르는 돌은 이끼가 안 낀다.


**2** 다음 중 "윗사람에게 충성을 다하는 자신의 노력을 낮추어 이르는 말."이라는 의미의 사자성어는?

① 견마지로(犬馬之勞)
② 공전절후(空前絶後)
③ 등화가친(燈火可親)
④ 오비이락(烏飛梨落)
⑤ 후안무치(厚顔無恥)


**3** 밑줄 친 사자성어의 쓰임으로 적절하지 않은 것은?

① 그녀는 도둑을 맞닥뜨리자 대경실색(大驚失色)하여 소리를 질렀다.
② 그는 우공이산(愚公移山)의 정신으로 개인 최고 기록을 경신하였다.
③ 철저한 계획으로 고대하던 기회를 잡아내자, 모두가 만시지탄(晩時之歎)하였다.
④ 사장은 직원들의 환심을 사기 위해 미사여구(美辭麗句)로 가득한 연설을 늘어놓았다.
⑤ 경쟁에서 밀린 기업들은 와신상담(臥薪嘗膽)의 각오로 기술 개발에 모든 역량을 집중했다.


**4** 밑줄 친 관용 표현의 쓰임으로 적절하지 않은 것은?

① 그는 회삿돈을 횡령한 후 입을 씻었다.
② 두 사람은 입을 맞추어 거짓 증언을 했다.
③ 그녀는 입이 짧아서 다른 사람과 식사하기가 어려웠다.
④ 그 아이는 입이 여물어서 허무맹랑한 소리를 자주 한다.
⑤ 친구는 입이 천 근 같아 비밀을 절대 누설하지 않을 것이다.

**5** 밑줄 친 관용구의 쓰임이 문맥상 적절하지 <u>않은</u> 것은?

① 내 동생은 <u>귀가 질겨서</u> 엄마의 말을 듣지 않는다.
② 엄마는 <u>귀가 얇아서</u> 홈쇼핑을 볼 때마다 물건을 구매하신다.
③ 사회생활 10년 차인 그는 <u>귀가 열려</u> 세상의 이치를 잘 아는 듯하다.
④ 언니는 오빠의 흉을 보면서 오빠의 <u>귀가 가려울</u> 것이라며 너스레를 떨었다.
⑤ 그녀의 목소리는 너무 크고 높아서 말할 때마다 <u>귀에 딱지가 앉는</u> 것 같다.


**6** 밑줄 친 속담의 쓰임이 문맥상 적절하지 <u>않은</u> 것은?

① 초보 운전자가 외국에서 시내 운전을 한다니 <u>잣눈도 모르고 조복 마르는</u> 격이다.
② <u>더벅머리 댕기 치레하듯</u>, 그 회사는 실력은 없으면서 외형적 성장만 추구하다 몰락했다.
③ <u>쇠붙이도 늘 닦지 않으면 빛을 잃는 것</u>처럼 아무리 재주가 뛰어나도 꾸준히 노력하지 않으면 뒤처지고 말 것이다.
④ 그 일을 시작할 때는 누구도 도와주지 않았는데, 일이 성공하자 모두가 자기 덕분이라고 하니 <u>닭 잡아먹고 오리발 내놓기</u>다.
⑤ 부모는 자식을 위해 모든 것을 희생하지만 자식은 그만큼 부모를 사랑하기 어려운 것을 보니 <u>내리사랑은 있어도 치사랑은 없다</u>는 말이 맞다.


**7** 밑줄 친 사자성어의 쓰임으로 적절하지 <u>않은</u> 것은?

① 수년간 고생한 끝에 얻은 성과로 <u>대기만성(大器晚成)</u>을 실감했다.
② 이번 사태는 <u>누란지위(累卵之危)</u>와 같아, 조금만 잘못하면 큰일이 날 수도 있다.
③ 선배의 성공 비결은 <u>주경야독(晝耕夜讀)</u>하며 꾸준히 노력한 결과라고 할 수 있다.
④ 그들은 <u>관포지교(管鮑之交)</u>를 맺은 사이라 어려울 때마다 서로 도움을 주고받았다.
⑤ 팀장은 <u>방약무인(傍若無人)</u>한 태도로 회의를 진행하며 다른 직원들의 의견을 경청했다.


**8** 밑줄 친 관용 표현의 쓰임으로 적절하지 <u>않은</u> 것은?

① 취업 면접을 다니느라 <u>발이 닳도록</u> 여러 도시를 다녔다.
② 요즘 우리 동네는 제과점이 <u>발에 챌</u> 정도로 생겨났다.
③ 그는 중요한 회의에 <u>발이 묶여</u> 가족 여행에 함께 가지 못했다.
④ 나는 <u>발이 짧아</u> 식사 모임 때마다 제일 먼저 식탁 앞에 앉아 있다.
⑤ 옆집 강아지는 <u>발을 타기</u> 시작해서 가까운 거리로 산책을 다닐 수 있게 되었다.

영역1 어휘

# 05 순화어

최근 3개년 매회 2문제 출제
어휘 15문제

## STEP 1 최신 기출유형 파악하기

### 기출유형 ① 한자어의 순화어
최근 3개년 평균 정답률 50.51%

선택지에 쓰인 한자어를 쉬운 우리말로 바꾼 표현이 적절한지 판단하는 유형이다. 일상생활이나 법률 용어로 쓰이는 한자어가 주로 출제된다. 뜻을 정확히 알지 못해도 풀 수 있으므로 순화 대상어가 쓰이는 상황을 유추하며 푸는 연습이 필요하다. 매회 1문제 출제된다.

**예제**

밑줄 친 한자어를 맥락에 맞게 순화한 표현으로 적절하지 않은 것은?
① 그는 간헐적(間歇的) 발생하는 두통으로 병원을 찾았다. → 이따금
② 정부는 일부 국유지를 개인 투자자들에게 불하(拂下)하였다. → 팔아 버렸다
③ 매년 수진자(受診者)가 증가하여 병원 시설을 확장하였다. → 진료받는 사람
④ 대표님은 회사의 성과를 경영 일지에 누가 기록(累加記錄)하였다. → 거듭 보태 적었다
⑤ 이번 연구 결과는 기존 이론의 한계를 노정(露呈)하여 학계의 주목을 받았다. → 뛰어넘어

**정답분석**
⑤ '노정(露呈)하다'는 "겉으로 다 드러내어 보이다."를 의미하므로 '뛰어넘어'로 순화하는 것은 적절하지 않다. 참고로, '노정하다'는 '드러내다', '나타내다' 등으로 순화할 수 있다.

### 기출유형 ② 외래어의 순화어
최근 3개년 평균 정답률 68.42%

선택지에 쓰인 외래어를 쉬운 우리말로 바꾼 표현이 적절한지 판단하는 유형이다. 일상생활이나 사회적으로 주목받는 외래어가 주로 출제된다. 뜻을 정확히 알지 못해도 풀 수 있으므로 순화 대상어가 쓰이는 상황을 유추하며 푸는 연습이 필요하다. 매회 1문제 출제된다.

**예제**

밑줄 친 부분을 다듬은 말로 적절하지 않은 것은?
① 폐허 속 건물은 그로테스크한(→ 기괴한) 분위기를 풍겼다.
② 요즘 카페에서 드라이브스루(→ 승차 구매) 서비스가 확대되고 있다.
③ 은행은 창업을 위한 새로운 이지 머니(→ 저리 자금) 상품을 출시했다.
④ 레거시 미디어(→ 선동 매체)의 영향력은 줄었지만 여전히 무시할 수 없다.
⑤ 그는 혁신적인 투자 전략으로 커리어 하이(→ 최고 기록)를 달성하며 주목을 받았다.

**정답분석**
④ '레거시 미디어(Legacy Media)'는 "정보화 시대 이전에 등장한 주요 대중 매체."를 의미하는 말이므로 '선동 매체'로 다듬는 것은 적절하지 않다. 참고로, '레거시 미디어(Legacy Media)'는 '기성 매체'로 다듬을 수 있다.

# STEP 2 기출개념 암기하기

추가 어휘 PDF ▶

★ = 2회 이상 출제된 어휘

## 1 한자어 순화어

| 순화 대상어 | 순화어 | 순화 대상어 | 순화어 |
|---|---|---|---|
| 가가호호(家家戶戶) | 집집마다 | 골조(骨組) | 뼈대 |
| 가료(加療)하다 ★ | 치료하다, 고치다 | 공복(空腹) | 빈속 |
| 가사(假使) | 가령(假令), 이를테면 | 공사다망(公私多忙) | 바쁘신 |
| 각호(各戶) | 집집마다 | 골자(骨子) | 요점, 핵심, 골갱이 |
| 간헐적(間歇的) | 이따금 | 과당경쟁(過當競爭) | 지나친 경쟁 |
| 개찰(改札) | 표 확인 | 과오급(過誤給) | 잘못 지급, 잘못 내줌 |
| 객담(喀痰) | 가래 | 교부(交付)하다 | 내주다 |
| 거증(擧證)하다 | 증거를 들다 | 기실(其實) | 사실은, 실제 사정 |
| 경구투여(經口投與) | 복용, 약 먹음, 복약 | 기왕력(旣往歷) | 과거 병력 |
| 계류(繫留)하다 | 매어 두다, 붙들어 매다 | 기장(記帳)하다 | 장부에 적다(써 넣다) |
| 계리(計理)하다 ★ | 회계처리하다 | 나대지(裸垈地) ★ | 빈집터 |
| 고수부지(高水敷地) ★ | 둔치 | 납기일(納期日) | 내는 날 |

Q1. '골조(骨組)'의 순화어는? ㉠ 뼈대  ㉡ 요점

| 순화 대상어 | 순화어 | 순화 대상어 | 순화어 |
|---|---|---|---|
| 납득(納得)하다 ★ | 이해하다 | 반흔(瘢痕) | 흉터 |
| 내구연한(耐久年限) | 사용 가능 햇수, 견딜 햇수 | 부불금(賦拂金) | 할부금 |
| 노견(路肩) ★ | 갓길 | 불출(拂出)하다 ★ | 내어주다 |
| 노정(露呈)하다 ★ | 드러내다, 나타내다 | 불하(拂下)하다 ★ | 매각하다 |
| 누가기록(累加記錄)하다 | 거듭 보태 적다 | 상신(上申)하다 | 올리다 |
| 대부(貸付)하다 | 빌려주다 | 소요되다(所要) | 들다, 걸리다 |
| 등재(登載)하다 | 기록하여 올리다 | 소택지(沼澤地) | 늪(지역), 습한 땅, 습지 |
| 매상고(賣上高) | 판매액, 매출액 | 수수(授受)하다 | 주거나 받다 |
| 맹지(盲地) | 도로 없는 땅 | 수순(手順) ★ | 순서, 절차, 차례 |
| 명기(明記) | 분명히 기록함 | 수의 시담(隨意示談) | 가격 협의 |
| 명문화(明文化) | 문서로 밝힘 | 수진자(受診者) | 진료받는 사람 |
| 미상불(未嘗不) | 아닌게 아니라 | 수탁(受託) | 받음 |

Q2. '불하(拂下)하다'의 순화어는? ㉠ 내어주다  ㉡ 매각하다

정답 | Q1. ㉠  Q2. ㉡

| 순화 대상어 | 순화어 | 순화 대상어 | 순화어 |
|---|---|---|---|
| 시말서(始末書)★ | 경위서 | 시건장치(施鍵裝置)★ | 잠금장치, 자물쇠 장치 |
| 심방조사(尋訪調査) | 방문 조사 | 저류(貯溜)하다 | (물 따위를) 가두어 두다 |
| 앙등(昂騰)하다 | 오르다, 뛰어오르다 | 절사(切捨)하다 | 버리다, 끊어 버리다 |
| 양생(養生) | 굳히기 | 정제(錠劑) | 알약 |
| 예후(豫後) | 경과 | 제반(諸般) | 여러, 여러 가지, 모든 |
| 유기(遺棄)하다 | 내버리다 | 주야장천(晝夜長川) | 밤낮없이 |
| 유어행위(遊魚行爲) | 낚시 | 준설(浚渫) | 파내기 |
| 은닉(隱匿)하다★ | 감추다, 숨기다 | 중차대(重且大)하다 | 매우 중요하다 |
| 이격(離隔) | 어긋남, 벌림 | 지참(持參)하다 | 지니고 오다 |
| 익월(翌月)★ | 다음 달 | 초치(招致)하다 | 청해 오다, 불러 오다 |
| 인수(引受)하다 | 넘겨받다 | 최고(催告)하다★ | 독촉하다 |
| 일부인(日附印) | 날짜 도장 | 취부(取付)하다 | 붙이다, 덧붙이다, 부착하다 |
| 일실(逸失)치★ | 잃지, 놓치지 | 통로암거(通路暗渠) | 지하 통로, 도로 밑 통로 |
| 잔반(殘飯)★ | 남은 밥, 음식 찌꺼기 | 해태(懈怠)하다★ | 게을리하다, 제때 하지 않다 |
| 잔업(殘業) | 시간 외 일 | 환부율(還付率) | 반송률 |
| 재가(裁可)하다 | 허가하다 | 회람(回覽) | 돌려 보기 |

Q1. '해태(懈怠)하다'의 순화어는?   ㉠ 허가하다   ㉡ 제때 하지 않다

## 2 외래어 순화어

| 순화 대상어 | 순화어 | 순화 대상어 | 순화어 |
|---|---|---|---|
| 거버넌스(governance) | 정책, 행정, 관리 | 노가다(どかた)★ | (공사판) 노동자 |
| 곤색(紺色)★ | 감청색, 감색 | 노쇼(no show) | 예약 부도 |
| 굿바이 히트(goodbye hit) | 끝내기, 끝내기안타 | 노 슬리브(no sleeve) | 민소매 |
| 굿즈(goods) | 팬 상품 | 뉴스레터(newsletter) | 소식지 |
| 그레이시 톤(grayish tone) | 회색조 | 다대기(たたき)★ | 다짐, 다진 양념 |
| 그로테스크(grotesque) | 기괴 | 데이터마이닝(data mining) | 정보 채굴 |
| 그린 스완(green swan) | 기후발 위기 | 듀얼 라이프(dual life) | 두 지역살이 |
| 드라이브스루(drive-through) | 승차 구매, 승차 구매점 | 메타팜(metafarm) | 가상 농장 |
| 디지털 디톡스(digital detox) | 디지털 거리 두기 | 무데뽀(むてっぽう)★ | 막무가내 |
| 디폴트(default) | 채무 불이행 | 무라벨(無 label) | 무상표 |
| 램프(ramp)★ | 연결로 | 레거시 미디어(Legacy Media) | 기존 매체 |
| 러시아워(rush hour) | 몰릴 때, 붐빌 때, 혼잡 시간 | 레시피(recipe)★ | 조리법 |

Q2. '그린 스완(green swan)'의 순화어는?   ㉠ 기후발 위기   ㉡ 두 지역살이

| 순화 대상어 | 순화어 | 순화 대상어 | 순화어 |
|---|---|---|---|
| 레자(レジャ)★ | 인조 가죽 | 발레파킹(valet parking)★ | 대리주차 |
| 로드 맵(road map)★ | 이행안, 단계별 이행안 | 뱅크 런(bank run) | 인출 폭주 |
| 로드숍(road shop) | 거리 매장 | 베타 테스트(beta test) | 출시 전 시험 |
| 로드킬(road kill) | 동물 찻길(교통) 사고 | 브이로그(vlog) | 영상 일기 |
| 론칭(launching) | (신규) 사업 개시 | 센서스(census) | 조사, 총조사 |
| 리빌딩(rebuilding) | 재정비 | 센티하다(sentimental)★ | 감상적이다 |
| 리콜(recall) | 결함 보상, 결함 보상제 | 스크린 도어(screen door)★ | 안전문 |
| 리클라이너(recliner) | 각도 조절 의자 | 스포티하다(sporty) | 날렵하다, 경쾌하다 |
| 마더 팩토리(mother factory) | 핵심 공장 | 슬로건(slogan) | 표어, 강령, 구호 |
| 메디컬 푸어(medical poor) | 의료 빈곤층 | 시그니처 아이템(signature item) | 대표 상품 |
| 싱크홀(sinkhole) | 땅꺼짐, 함몰 구멍 | 시니컬하다(cynical-) | 냉소적이다 |
| 아우라(Aura) | 기품 | 실링(ceiling) | 한도액, 상한, 최고 한도(액) |
| 밀키트(meal kit) | 바로 요리 세트 | 엑기스(エキス)★ | 진액, 농축액 |
| 바우처(voucher)★ | 상품권, 이용권 | 오티티(Over The Top) | 인터넷 동영상 서비스 |

Q3. '바우처(voucher)'의 순화어는?  ㉠ 상품권  ㉡ 대표 상품

| 순화 대상어 | 순화어 | 순화 대상어 | 순화어 |
|---|---|---|---|
| 아카이빙(archiving) | 자료 보관, 자료 저장 | 오픈 마켓(Open Market)★ | 열린 시장, 열린 장터 |
| 앙꼬(あんこ)★ | 팥소 | 워킹 그룹(working group)★ | 실무단 |
| 어그로(aggro) | 억지 주목 | 웹마스터(webmaster) | 누리지기 |
| 어젠다(agenda)★ | 의제 | 유도리(ゆとり)★ | 여유, 여유분, 융통, 늘품 |
| 언론 플레이(play)★ | 여론몰이 | 유비쿼터스(ubiquitous) | 두루누리 |
| 언택트(untact)★ | 비대면 | 킬러 아이템(killer item)★ | 핵심 상품 |
| 이니셔티브(initiative) | 주도권, 구상, 발의 | 팁(tip)★ | 도움말, 봉사료 |
| 이지머니(easy money) | 저리 자금 | 파일럿 프로그램(pilot program) | 맛보기(시험) 프로그램 |
| 제너럴리스트(generalist) | 다방면 인재 | 팝업창(pop-up 窓)★ | 알림창 |
| 커리어 하이(career high)★ | 최고 기록 | 포토존(photo zone) | (사진) 촬영 구역, 사진 찍는 곳 |
| 컨트롤 타워(control tower)★ | 통제탑, 지휘 본부, 사령탑 | 풀필먼트(fulfillment) | 물류 종합 대행 |
| 케어 푸드(care food) | 돌봄식, 돌봄 음식 | 플래카드(placard)★ | 펼침막, 현수막 |
| 쿠사리(くさり)★ | 면박, 핀잔 | 피크 아웃(peak out) | 하락 전환 |
| 쿠키 영상(cookie 映像) | 부록 영상 | 하우스 푸어(house poor) | 내집빈곤층 |
| 크루(crew) | 모임, 동료 | 헤드헌터(headhunter) | 취업 관리자, 인재 중개인 |
| 오픈 런(open run)★ | 상시 공연, 개점 질주 | 혈당 스파이크(血糖 spike) | 혈당 급상승 |

Q4. '워킹 그룹(working group)'의 순화어는?  ㉠ 여론몰이  ㉡ 실무단

# STEP 3 기출동형 문제 풀어보기

**1** 밑줄 친 한자어를 맥락에 맞게 순화한 표현으로 적절하지 않은 것은?

① 수술 예후(豫後)를 보니 퇴원해도 괜찮을 듯하다. → 경과
② 어릴 적 사고로 생긴 반흔(瘢痕)이 아직도 남아있다. → 흉터
③ 가사(假使) 내일 비가 오더라도 행사는 진행될 것입니다. → 가령
④ 모든 거래 내역을 꼼꼼하게 기장(記帳)하여 정리하였다. → 계산하여
⑤ 판매자와 구매자는 오랜 시간 수의 시담(隨意示談)을 벌였다. → 가격 협의

**2** 밑줄 친 표현을 다듬은 말로 적절하지 않은 것은?

① 모든 승강장에 스크린 도어(screen door)를 설치하였다. → 안전문
② 친구가 알려준 간단한 레시피(recipe)로 요리를 만들었다. → 조리법
③ 공연장에 노쇼(no show)가 많아서 빈자리가 눈에 띄었다. → 예약 부도
④ 전시회 입구에는 예쁜 포토존(photo zone)이 마련되어 있었다. → 사진 촬영 구역
⑤ 유비쿼터스(ubiquitous) 환경에서는 정보 접근이 훨씬 쉬워졌다. → 복합 자동 기술

**3** 밑줄 친 표현을 다듬은 말로 적절하지 않은 것은?

① 평소 음악에 관심이 많던 그는 해외 음악 크루(→ 모임)에 가입했다.
② 드라마와 영화의 쿠키 영상(→ 부록 영상)은 관객들의 기대감을 높였다.
③ 의료 전문가들은 메디컬 푸어(→ 의료 사각지대)의 심각성을 사회에 알렸다.
④ 전문가들은 저출산이 심화되면 피크 아웃(→ 하락 전환)될 수 있다고 경고했다.
⑤ 전자 상거래 기업은 전문적인 풀필먼트(→ 물류 종합 대행) 서비스로 고객 만족도를 높였다.

**4** 밑줄 친 표현을 다듬은 말로 적절하지 <u>않은</u> 것은?

① 그는 회의 초반에 의제를 제시하며 이니셔티브(initiative)를 확보했다. → 주도권
② 경쟁사는 시그니처 아이템(signature item)으로 공격적인 홍보를 시작했다. → 대표 상품
③ 통신망 관리의 효율성을 높이기 위해 웹마스터(webmaster)를 채용하기로 결정했다. → 누리지기
④ 성적이 부진하자 감독은 리빌딩(rebuilding)하여 신인 선수들에게 기회를 주기로 결정했다. → 전술 변경
⑤ 농부들은 올해부터 메타팜(metafarm)에서 병충해 확산을 예측하고 대응할 수 있게 되었다. → 가상 농장

**5** 밑줄 친 부분을 순화한 것으로 적절하지 <u>않은</u> 것은?

① 계약 조건의 골자(骨子)를 다시 확인했다. → 세부 조건
② 시청은 과오급(過誤給)된 실업 급여를 회수하였다. → 잘못 지급
③ 잔반(殘飯)을 수거하고 처리할 업체를 선정하는 공고를 냈다. → 남은 밥
④ 납기일(納期日)까지 세금을 내지 않으면 가산세를 물어야 한다. → 내는 날
⑤ 해양 연구팀은 심해 관측선을 암초 근처에 계류(繫留)하여 해양 생태를 조사했다. → 매어 두어

**6** 밑줄 친 부분을 순화한 것으로 적절하지 <u>않은</u> 것은?

① 그는 상품의 매상고(賣上高)를 분석하여 경영 전략을 세웠다. → 판매 주기
② 토목 공사장에서 교량 기초 공사의 양생(養生) 과정을 자세히 관찰했다. → 굳히기
③ 최근 원자재 가격이 급격히 앙등(昂騰)하여 기업들이 어려움을 겪고 있다. → 올라
④ 공직자의 금품 등의 수수(授受) 행위는 법으로 다룰 정도로 예민한 문제이다. → 주고받음
⑤ 우리 회사는 중요한 특허 기술을 일실(逸失)치 않도록 보안에 매우 엄격하다. → 잃지 않도록

# 최종 점검 문제

**1** "두려워하거나 삼가는 태도가 없이 꽤 버릇없다."를 뜻하는 고유어는?

① 내숭스럽다　　　② 느물스럽다　　　③ 발만스럽다
④ 되통스럽다　　　⑤ 남우세스럽다

**2** 밑줄 친 고유어의 쓰임이 적절하지 않은 것은?

① 우리 아이들에 대한 기대가 자못 컸다.
② 나는 시험을 치기도 전에 지레 겁이 났다.
③ 형은 군대를 가기 전에 머리를 바투 깎았다.
④ 길 줄 알았던 이번 휴가도 노상 끝나가고 있었다.
⑤ 누나는 그 사건이 일어난 것을 알면서도 짐짓 처음 듣는 척했다.

**3** 밑줄 친 한자어의 사전적 뜻풀이로 옳지 않은 것은?

① 위원회는 이 사안을 차치(且置) 없이 철저히 조사하기로 했다. → 내버려두고 문제 삼지 아니함.
② 융간(戎間)의 어려운 상황 속에서도 예술가들은 작품 활동을 이어갔다. → 전쟁을 하고 있는 동안.
③ 회의 끝에 사업 확장 계획의 재가(裁可)를 결정했다. → 어떤 일이나 문제 따위에 대하여 다시 생각함.
④ 우리 시에서는 환경 정화 시설을 유치(誘致)하는 데 힘을 쏟고 있다. → 행사나 사업 등을 이끌어 들임.
⑤ 투자금에서 두 배 정도의 이익을 남길 가량(假量)으로 주식을 매수했다. → 어떤 일에 대하여 확실한 계산은 아니나 대강 얼마쯤이 되리라고 짐작하여 봄.

**4** 밑줄 친 고유어의 의미로 적절하지 않은 것은?

① 그는 마당을 바장이며 시간을 보냈다. → 힘없이 천천히 거닐다.
② 우리는 겯속을 듣고 나서야 상황을 이해했다. → 일이 되어 가는 속사정.
③ 햇빛이 서서히 이울자 바람이 거세졌다. → 해나 달의 빛이 약해지거나 스러지다.
④ 아이들도 울력에 끼어 물동이를 날랐다. → 여러 사람이 힘을 합하여 일함. 또는 그런 힘.
⑤ 어머니는 어제 담근 김치를 보시기에 담으셨다. → 김치나 깍두기 따위를 담는 반찬 그릇의 하나.

**5** 밑줄 친 한자어의 쓰임이 적절하지 <u>않은</u> 것은?

① 그는 가차(假借) 없이 잘못을 저지른 직원을 해고했다.
② 그녀는 기탄(忌憚)없이 자신의 의견을 솔직하게 말했다.
③ 그가 쓴 글은 서술이 난삽(難澁)하여 이해하기가 어려웠다.
④ 이번 명절에는 기본급과 함께 가외(加外)로 수당을 지급하였다.
⑤ 미술관을 찾은 관람객들은 명화 앞에서 도탄(塗炭)을 멈추지 않았다.

**6** 짝 지은 문장의 밑줄 친 단어들의 관계가 다의어 관계가 <u>아닌</u> 것은?

① • 텃밭을 가꾸는 데 들이는 품이 대단했다.
　 • 가난한 농부는 품을 팔아 생계를 유지했다.
② • 차가운 바람이 얼굴을 스치며 지나갔다.
　 • 그는 친구에게 여행을 가자고 바람을 넣었다.
③ • 안경의 다리가 조금 휘어져 쓰기에 불편했다.
　 • 어젯밤 폭우로 마을의 오래된 다리가 무너졌다.
④ • 공항에서 짐을 부치는 데 시간이 오래 걸렸다.
　 • 그는 지도자로서의 무거운 짐을 묵묵히 수행했다.
⑤ • 도시에 떠도는 말을 그대로 믿어서는 안 된다.
　 • 상대방의 말을 경청하는 것이 의사소통의 기본이다.

**7** <보기>의 밑줄 친 ㉠ ~ ㉢에 해당하는 한자로 올바르게 묶인 것은?

<보기>
• 경기 상황을 보니 우승할 ㉠<u>가망</u>이 매우 크다.
• 정부는 부패 공무원 ㉡<u>타진</u>에 강력한 의지를 표명했다.
• 그는 나에게 ㉢<u>유감</u>이 있는 것처럼 불만스러운 표정이었다.

|  | ㉠ | ㉡ | ㉢ |  | ㉠ | ㉡ | ㉢ |
|---|---|---|---|---|---|---|---|
| ① | 加望 | 打盡 | 有感 | ② | 加望 | 打盡 | 遺憾 |
| ③ | 加望 | 打診 | 遺憾 | ④ | 可望 | 打盡 | 遺憾 |
| ⑤ | 可望 | 打診 | 有感 |  |  |  |  |

**8** <보기>의 밑줄 친 단어와 유의 관계가 아닌 것은?

<보기>
- 그는 과거의 사건을 숨기고 살아갈 작정이었다.

① 덮고　　　　　② 파묻고　　　　　③ 감추고
④ 외면하고　　　⑤ 은폐하고

**9** <보기>의 두 단어 관계와 동일한 관계에 있는 단어로 적절한 것은?

<보기>
국경일 - 한글날

① 손 - 손톱
② 예술 - 음악
③ 질다 - 진하다
④ 둥글다 - 동글다
⑤ 차지다 - 메지다

**10** 밑줄 친 한자 성어의 쓰임이 문맥상 적절하지 않은 것은?

① 이른 나이에 부모님을 여읜 그녀는 풍수지탄(風樹之嘆)을 온몸으로 느꼈다.
② 거의 새것과 다름없는 그의 책은 위편삼절(韋編三絶)의 태도를 여실히 보여준다.
③ 호사다마(好事多魔)라더니 동생은 취업에 성공했지만 예상치 못한 어려움을 겪었다.
④ 수많은 지원자 중에서 선발되는 것은 구우일모(九牛一毛)의 격이지만, 형은 끝까지 최선을 다했다.
⑤ 창업 초기에 혼자서 고장난명(孤掌難鳴)의 상황을 겪던 삼촌은 결국 동료들의 도움으로 사업에서 성공했다.

**11** 밑줄 친 고유어를 한자어로 바꾸었을 때 적절하지 않은 것은?

① 언니는 결혼식 날짜를 여름으로 잡았다. → 한정(限定)했다
② 축산 농가는 방역 지침에 따라 소를 잡았다. → 도축(屠畜)했다
③ 소방관은 신속하게 현장에 도착해 불길을 잡았다. → 진화(鎭火)했다
④ 동생은 내가 그릇을 깨뜨렸다는 거짓말로 나를 잡았다. → 모함(謀陷)했다
⑤ 그는 팀이 혼란한 상황에서도 팀장으로서 중심을 잡았다. → 유지(維持)했다

**12** 밑줄 친 속담의 사용이 문맥상 적절하지 않은 것은?

① 교수님은 말은 할 탓이라며 전달 방식의 중요성을 가르쳐 주셨다.
② 친구는 말 안 하면 귀신도 모른다면서 고민을 털어 놓으라고 재촉했다.
③ 남의 말도 석 달이니 계속 일러준다면 그 아이도 나쁜 습관을 고칠 것이다.
④ 말 속에 뜻이 있고 뼈가 있다더니 그 말은 사실 칭찬이 아니라 나를 비꼬는 말이었다.
⑤ 어머니는 항상 발 없는 말이 천 리 간다고 하시며 남에 대한 험담을 삼가라고 말씀하셨다.

**13** 밑줄 친 관용 표현의 사용이 적절하지 않은 것은?

① 불공정한 결과에 속을 끓였다.
② 이제 성인이니 속을 차려야 하지 않겠니?
③ 그는 속을 빼놓은 사람이라 매번 감정이 앞선다.
④ 민감한 주제를 일부러 언급해 속을 긁고 있었다.
⑤ 은밀하게 상대방의 속을 떠보려 대화를 시도했다.

**14** 밑줄 친 부분을 순화한 것으로 적절하지 않은 것은?

① 그는 감기가 심해 객담(喀痰)이 가득찼다. → 가래
② 올림픽 출전은 선수에게 중차대(重且大)한 기회이며 평생의 꿈이다. → 매우 드문
③ 보안을 위해 사무실 입구의 시건장치(施鍵裝置)를 이중으로 설치했다. → 잠금장치
④ 동생은 내구연한(耐久年限)이 지난 컴퓨터를 아직도 사용하고 있다. → 사용 가능 햇수
⑤ 회사는 중요한 업무 규정을 명문화(明文化)하여 모든 직원에게 배포했다. → 문서로 밝혀

**15** 밑줄 친 부분을 다듬은 표현으로 적절하지 않은 것은?

① 배가 고팠지만, 앙꼬(→ 팥소) 없는 찐빵은 먹고 싶지 않았다.
② 정부 조직의 각 부처 워킹그룹(→ 실무단)이 정책의 개선 방안을 논의했다.
③ 식품 기술의 발전으로 밀키트(→ 즉석 식품)의 영양과 맛이 크게 개선되었다.
④ 지역 상권의 활성화를 위해 로드숍(→ 거리 매장)을 지원하는 정책을 시행했다.
⑤ 현대인들은 정신 건강을 위해 정기적인 디지털 디톡스(→ 디지털 거리 두기)를 실천한다.

해커스 36시간에 끝내는 KBS한국어능력시험

# 영역2 어법

01 한글 맞춤법
02 표준어 규정
03 외래어·로마자 표기법
04 기타 문법 및 문장 표현

## 최신 출제 경향

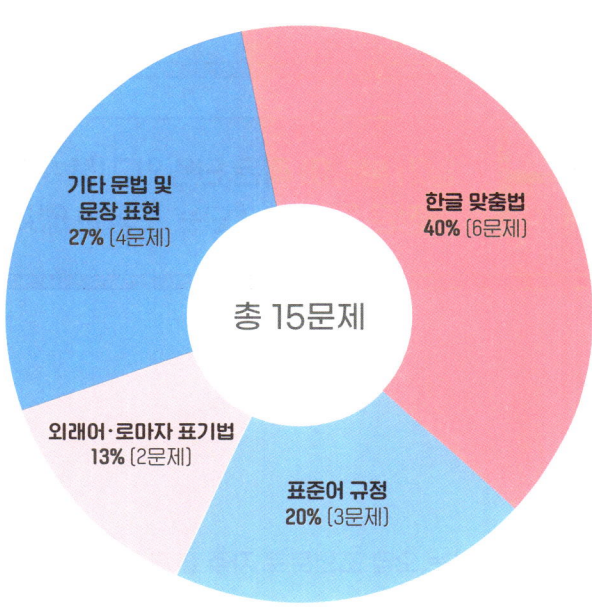

▲ 최근 3개년 출제 경향

**출제 1순위** **한글 맞춤법 40% (6문제)**
한글 맞춤법 규정에 따른 올바른 한글 표기, 띄어쓰기, 문장 부호의 쓰임을 가려내는 문제가 가장 많이 출제됩니다.

**출제 2순위** **기타 문법 및 문장 표현 27% (4문제)**
문장의 높임 표현, 문장 성분의 호응, 중의성, 번역 투 표현을 파악하는 문제가 많이 출제됩니다.

**출제 3순위** **표준어 규정 20% (3문제)**
표준어 사정 원칙, 표준 발음법에 따른 표준어와 비표준어, 표준 발음을 구분하는 문제가 출제됩니다.

# 기출분석으로 보는 합격전략

3+~2+급에 합격하려면 어법을 어떻게 공부해야 하나요?

암기 분량이 적은 단원의 기출 어법을 먼저 익히고 어문 규정은 자주 출제되는 조항과 예시 위주로 암기하세요.

**합격전략 1**  외래어·로마자는 오답 포인트로 자주 출제되는 조항과 표기를 함께 암기하기!

● 외래어 표기법 조항 및 선택지 예시

[조항]
제1항 무성 파열음([p], [t], [k])
1. 짧은 모음 다음의 어말 무성 파열음([p], [t], [k])은 받침으로 적는다.
   예 gap[gæp] 갭  cat[kæt] 캣  book[buk] 북

[선택지]
우주 과학자들은 새로운 로케트(rocket)를 설계하는 데 심혈을 기울였다.
→ 로켓(○)

외래어 표기법과 로마자 표기법은 특정 조항이 오답 포인트로 자주 출제됩니다. 따라서 빈출 조항, 예시, 대표 기출어휘를 함께 암기하는 것이 효과적입니다. 특히 외래어 표기법은 확실한 정답을 찾기 위해 바른 표기와 틀린 표기를 명확히 구분하여 암기하는 것이 좋습니다.

**합격전략 2** 암기 분량이 적고 빈출 표현이 반복 출제되는 유형의 개념은 확실히 암기하기!

● 최근 3개년 단원별 평균 정답률

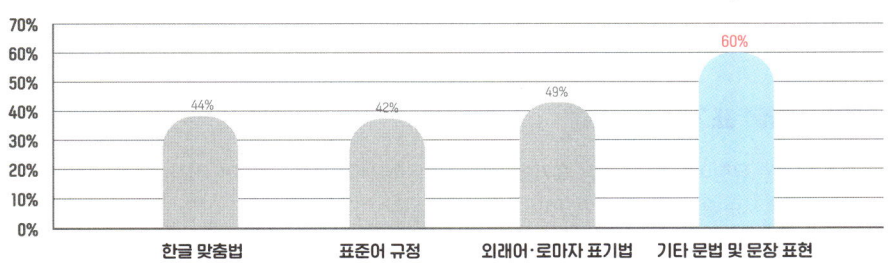

| 한글 맞춤법 | 표준어 규정 | 외래어·로마자 표기법 | 기타 문법 및 문장 표현 |
| --- | --- | --- | --- |
| 44% | 42% | 49% | 60% |

기타 문법 및 문장 표현은 암기 분량이 적고 출제 패턴이 고정적이어서 어법 영역 중 정답률이 높습니다. 따라서 빈출 개념만 암기해도 쉽게 문제를 풀 수 있습니다. 특히 문장 표현은 나오는 구조와 표현이 고정적이므로 이를 중심으로 암기하고 문제 풀이에 적용합시다.

**고등급 필수**

**합격전략 3** 한글 맞춤법, 표준어 규정은 빈출 조항과 예시를 우선으로 암기하기!

● 최근 3개년 한글 맞춤법 빈출 조항

| 조항 | 횟수 |
| --- | --- |
| 제30항(사이시옷 관련 조항) | 13회 |
| 제18항(용언의 활용형 형태) | 7회 |
| 제21항(접미사가 붙은 말의 형태) | 6회 |

● 최근 3개년 표준어 규정 빈출 조항

| 조항 | 횟수 |
| --- | --- |
| 제29항(음의 첨가 관련 조항) | 7회 |
| 제10항(겹받침 발음 관련 조항) | 5회 |
| 제28항(경음화 관련 조항) | 3회 |

한글 맞춤법, 표준어 규정은 어법 영역 15문제 중 9문제로, 출제 비중이 매우 큽니다. 평균 정답률은 약 45%대로 고난도이지만, 어법 영역은 학습 시간 투자 대비 점수 효율이 높으므로 빈출 조항과 표기 위주로 학습하는 것이 효율적입니다.

영역2 어법

# 01 한글 맞춤법

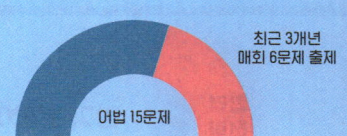

최근 3개년
매회 6문제 출제

어법 15문제

## STEP 1 최신 기출유형 파악하기

### 기출유형 ① 올바른 한글 표기

최근 3개년 평균 정답률 44.76%

밑줄 친 표기가 올바른지 판단하는 유형이다. 주로 해당 표기를 사용한 예문이 선택지로 구성되며, 가끔 관련 조항이 보기로 제시되기도 한다. 빈출 조항의 예시가 자주 출제되는 편이며, 매회 4문제 출제된다.

**예제**

밑줄 친 표기가 적절한 것은?

① <u>편잖은</u> 옷을 입은 친구는 종일 불편해 보였다.
② 내일 면접에 입고 갈 옷이 <u>변변잖아</u> 걱정이다.
③ 이따 은사님께서 오시면 <u>섭섭잖게</u> 대접해 드려야 한다.
④ 하루 만에 세 과목을 모두 공부하겠다니 <u>당잖은</u> 생각이다.
⑤ 새로 생긴 아파트는 분양 가격이 <u>만만잖아</u> 우리는 구매를 포기했다.

**정답분석**
③ 준말에서 '하' 앞의 받침 소리가 [ㄱ, ㄷ, ㅂ]이면 '하'가 통째로 줄어들고 그 외의 경우에는 'ㅎ'이 남는다. '섭섭하지 않게'의 '섭섭하지'는 어간 끝소리 '하'가 'ㅂ' 뒤에서 완전히 줄어 '섭섭지'가 되고 '-지 않-'은 '잖'으로 줄여 적으므로 '섭섭잖게'로 쓸 수 있다.

**오답분석**
① '편하지 않은'은 '하' 앞의 받침이 'ㄴ'이므로 'ㅎ'이 남는다. 'ㅎ'과 'ㅈ'과 어울려 거센소리 'ㅊ'이 되므로 '편찮은'으로 적는다.
② '변변하지 않아'는 '하' 앞의 받침이 'ㄴ'이므로 'ㅎ'이 남는다. 'ㅎ'과 'ㅈ'이 어울려 거센소리 'ㅊ'이 되므로 '변변찮아'로 적는다.
④ '당하지 않은'은 '하' 앞의 받침이 'ㅇ'이므로 'ㅎ'이 남는다. 'ㅎ'과 'ㅈ'이 어울려 거센소리 'ㅊ'이 되므로 '당찮은'으로 적는다.
⑤ '만만하지 않아'는 '하' 앞의 받침이 'ㄴ'이므로 'ㅎ'이 남는다. 'ㅎ'과 'ㅈ'이 어울려 거센소리 'ㅊ'이 되므로 '만만찮아'로 적는다.

## 기출유형 ② 띄어쓰기

밑줄 친 단어들의 띄어쓰기가 올바른지 판단하는 유형이다. 주로 비슷한 표기의 조사, 의존 명사, 어미나 용언의 띄어쓰기를 포인트로 삼는다. 매회 1문제 출제된다.

### 예제

**밑줄 친 부분의 띄어쓰기가 잘못된 것은?**

① 그녀를 본∨둥∨만∨둥 지나쳐버렸다.
② 성적이 전교에서 꼴등인∨줄은 몰랐다.
③ 그∨딴에는 아이를 위한다고 한 일이다.
④ 저기 있는 저 빌딩이 여기에서 가장 오래된 건물일걸.
⑤ 계획한 작업들이 바라는대로 끝난다면 얼마나 좋을까.

### 정답분석

⑤ '바라는대로'는 관형어 '바라는'과 의존 명사 '대로'의 구성이므로 '바라는∨대로'처럼 각각을 띄어 써야 한다. 따라서 띄어쓰기가 잘못된 것은 ⑤이다.

### 오답분석

① 무슨 일을 하는 듯도 하고 하지 않는 듯도 함을 나타내는 말인 '둥'은 의존 명사이므로 앞말과 띄어 쓴다.
② 어떤 방법, 사실, 셈속 따위를 나타내는 말인 '줄'은 의존 명사이므로 앞말과 띄어 쓴다.
③ "자기 나름대로의 생각이나 기준."을 뜻하는 '딴'은 의존 명사이므로 앞말과 띄어 쓴다.
④ 해할 자리나 혼잣말에 쓰여, 화자의 추측이 상대편이 이미 알고 있는 바나 기대와는 다른 것임을 나타내는 종결 어미 '-ㄹ걸'은 앞말과 붙여 쓴다.

## 기출유형 ③ 문장 부호

문장 부호의 쓰임이 올바른지 판단하는 유형이다. 문장 부호와 설명만 제시되거나 문장 부호가 쓰인 예문이 함께 제시되기도 한다. 매회 1문제 출제된다.

### 예제

**문장 부호의 쓰임에 관한 설명으로 적절하지 않은 것은?**

| | 문장 부호 | 설명 |
|---|---|---|
| ① | …… | 문장이나 글의 일부를 생략할 때 줄임표를 쓴다. |
| ② | . | 아라비아 숫자만으로 연월일을 표시할 때 마침표를 쓴다. |
| ③ | ( ) | 우리말 표기와 원어 표기를 아울러 보일 때 소괄호를 쓴다. |
| ④ | : | 원문에 대한 이해를 돕기 위해 설명이나 논평 등을 덧붙일 때 쌍점을 사용한다. |
| ⑤ | < > | 소제목, 그림이나 노래와 같은 예술 작품의 제목, 상호, 법률, 규정 등을 나타낼 때 홑화살괄호를 사용한다. |

### 정답분석

④ 쌍점(:)은 표제 다음에 해당 항목을 들거나 설명을 붙일 때 사용하는 문장 부호이므로 적절하지 않은 것은 ④이다. 참고로, 원문에 대한 이해를 돕기 위해 설명이나 논평 등을 덧붙일 때 사용하는 문장 부호는 대괄호([ ])이다.

# STEP 2 기출개념 암기하기

★ = 2회 이상 출제

## 1 한글 표기 관련 빈출 조항

### 1. 된소리

**제5항** 한 단어 안에서 뚜렷한 까닭 없이 나는 된소리는 다음 음절의 첫소리를 된소리로 적는다.

1. 두 모음 사이에서 나는 된소리
   소쩍새　　　　어깨　　　　오빠　　　　해쓱하다　　　　가끔
2. 'ㄴ, ㄹ, ㅁ, ㅇ' 받침 뒤에서 나는 된소리
   산뜻하다　　　　잔뜩　　　　살짝　　　　훨씬

다만, 'ㄱ, ㅂ' 받침 뒤에서 나는 된소리는, 같은 음절이나 비슷한 음절이 겹쳐 나는 경우가 아니면 된소리로 적지 않는다.
국수　　　　깍두기★　　　　싹둑(~싹둑)★　　　　법석　　　　갑자기

**관련 기출 어휘**
- 된소리가 일어나는 형태를 표준어로 삼는 경우
  깜빡이　　　들썩　　　듬뿍　　　뚝딱　　　오싹　　　재깍　　　함빡
- 된소리가 일어나지 않는 형태를 표준어로 삼는 경우
  깜박　　　눈곱　　　눈살　　　농군　　　뚝배기　　　문득　　　산듯하다　　　족집게

**Q1.** 다음 중 맞춤법에 맞는 표기는?　　㉠ 깍두기　　㉡ 깍뚜기

### 2. 구개음화

**제6항** 'ㄷ, ㅌ' 받침 뒤에 종속적 관계를 가진 '-이(-)'나 '-히-'가 올 적에는 그 'ㄷ, ㅌ'이 'ㅈ, ㅊ'으로 소리 나더라도 'ㄷ, ㅌ'으로 적는다.
해돋이★　　　　굳이　　　　같이　　　　닫히다　　　　묻히다

**Q2.** 밑줄 친 부분의 표기가 올바르면 ○, 틀리면 ✕에 표시하시오.　　그와 해도지를 보러 떠났다. [○, ✕]

### 3. 모음

**제9항** '의'나, 자음을 첫소리로 가지고 있는 음절의 'ㅢ'는 'ㅣ'로 소리 나는 경우가 있더라도 'ㅢ'로 적는다.
의의(意義)　　　본의(本義)　　　무늬[紋]★　　　보늬　　　오늬
하늬바람　　　늴리리　　　띄어쓰기　　　희망(希望)　　　희다

**Q3.** 다음 중 맞춤법에 맞는 표기는?　　㉠ 무늬　　㉡ 무니

## 4. 두음 법칙

**제11항** 한자음 '랴, 려, 례, 료, 류, 리'가 단어의 첫머리에 올 적에는, 두음 법칙에 따라 '야, 여, 예, 요, 유, 이'로 적는다.

양심(良心)   역사(歷史)   예의(禮儀)   유행(流行)

다만, 다음과 같은 의존 명사는 본음대로 적는다.

리(里): 몇 리냐?   리(理): 그럴 리가 없다.

[붙임 1] 단어의 첫머리 이외의 경우에는 본음대로 적는다.

개량(改良)   선량(善良)   수력(水力)   사례(謝禮)
혼례(婚禮)   쌍룡(雙龍)   급류(急流)   도리(道理)

다만, 모음이나 'ㄴ' 받침 뒤에 이어지는 '렬, 률'은 '열, 율'로 적는다.

나열(羅列)   비율(比率)   실패율(失敗率)   백분율(百分率)★

**관련 기출 어휘**

· '랴, 려, 례, 료, 류, 리'로 적는 경우

강렬(剛烈)   역력(歷歷)   열렬(熱烈/烈烈)   정렬(整列)
시청률(視聽率)   용적률(容積率)   취업률(就業率)   확률(確率)

· '야, 여, 예, 요, 유, 이'로 적는 경우

건폐율(建蔽率)   발열(發熱)   역력(歷歷)   열렬(熱烈/烈烈)   치사율(致死率)

**Q4.** 밑줄 친 부분의 표기가 올바르면 ○, 틀리면 ×에 표시하시오.   수치를 백분율로 환산하였다. [○, ×]

**제12항** 한자음 '라, 래, 로, 뢰, 루, 르'가 단어의 첫머리에 올 적에는, 두음 법칙에 따라 '나, 내, 노, 뇌, 누, 느'로 적는다.

낙원(樂園)   내일(來日)   노인(老人)   뇌성(雷聲)

[붙임 1] 단어의 첫머리 이외의 경우에는 본음대로 적는다.

쾌락(快樂)   극락(極樂)   거래(去來)   지뢰(地雷)   광한루(廣寒樓)

[붙임 2] 접두사처럼 쓰이는 한자가 붙어서 된 단어는 뒷말을 두음 법칙에 따라 적는다.

내내월(來來月)   상노인(上老人)   중노동(重勞動)   비논리적(非論理的)

**관련 기출 어휘**

낭랑(浪浪)   냉랭(冷冷)   녹록(碌碌)   늠름(凜凜)   적나라(赤裸裸)

**Q5.** 다음 중 맞춤법에 맞는 표기는?   ㉠ 락원   ㉡ 낙원

## 5. 겹쳐 나는 소리

**제13항** 한 단어 안에서 같은 음절이나 비슷한 음절이 겹쳐 나는 부분은 같은 글자로 적는다.

똑딱똑딱   쓱싹쓱싹★   연연불망(戀戀不忘)   유유상종(類類相從)   누누이(屢屢-)   꼿꼿하다
눅눅하다   밋밋하다   싹싹하다   쌉쌀하다   씁쓸하다   짭짤하다★

**관련 기출 어휘**

노노(勞勞) 갈등   딱딱하다   연연하다(戀戀하다)

**Q6.** 다음 중 맞춤법에 맞는 표기는?   ㉠ 똑딱똑딱   ㉡ 똑딱똑닥

정답 | Q1. ㉠   Q2. ×, 해돋이   Q3. ㉡   Q4. ○   Q5. ㉡   Q6. ㉠

## 6. 어간과 어미

**제18항** 다음과 같은 용언들은 어미가 바뀔 경우, 그 어간이나 어미가 원칙에 벗어나면 벗어나는 대로 적는다.

1. 어간의 끝 'ㄹ'이 줄어질 적
   놀다 노니 논   불다 부니 분   둥글다 둥그니 둥근

2. 어간의 끝 'ㅅ'이 줄어질 적
   긋다 그어 그으니   낫다 나아 나으니   짓다 지어 지으니

3. 어간의 끝 'ㅎ'이 줄어질 적
   동그랗다★ 동그라니 동그랄   하얗다★ 하야니 하얄   퍼렇다 퍼러니 퍼럴

4. 어간의 끝 'ㅜ, ㅡ'가 줄어질 적
   담그다 담가 담갔다   뜨다 떠 떴다   푸다 퍼 펐다

5. 어간의 끝 'ㄷ'이 'ㄹ'로 바뀔 적
   걷다[步]★ 걸어 걸으니   듣다[聽]★ 들어 들으니   싣다[載] 실어 실으니

6. 어간의 끝 'ㅂ'이 'ㅜ'로 바뀔 적
   굽다[炙] 구워 구우니   무겁다 무거워 무거우니   쉽다 쉬워 쉬우니

   다만, '돕-, 곱-'과 같은 단음절 어간에 어미 '-아'가 결합되어 '와'로 소리 나는 것은 '-와'로 적는다.
   돕다[助] 도와 도와서   곱다[麗] 고와 고와서

7. '하다'의 활용에서 어미 '-아'가 '-여'로 바뀔 적
   하다   하여   하여서

8. 어간의 끝음절 '르' 뒤에 오는 어미 '-어'가 '-러'로 바뀔 적
   이르다[至] 이르러 이르렀다   누르다 누르러 누르렀다   푸르다 푸르러 푸르렀다

   **관련 기출 어휘**

   · 어간의 끝 'ㄹ'이 줄어드는 경우
   말다(마니)   머물다(머무니)   몰다(몬)   물설다(물선)   밀다(미니)   절다(전)   헐다(허니)

   · 어간의 끝 'ㅅ'이 줄어드는 경우
   붓다(부어)   잇다(이어)   젓다(저어)

   · 어간의 끝 'ㅎ'이 줄어드는 경우
   까맣다(까말)   네모낳다(네모난)   노랗다(노라니)   누렇다(누러니)   둥그렇다(둥그래)
   멀겋다(멀개)   빨갛다(빨가니)   뿌옇다(뿌여니)   자그맣다(자그매)   좁다랗다(좁다래)

   · 어간의 끝 'ㄷ'이 'ㄹ'로 바뀌는 경우
   긷다(길어)   눋다(눌어)   묻다[問](물어)   붇다(불어)   일컫다(일컬어)

   · 어간의 끝음절 '르'의 'ㅡ'가 줄고, 그 뒤에 오는 어미 '-아/-어'가 '-라/-러'로 바뀌는 경우
   가파르다(가팔라)   마르다(말라)   무르다(물러)   바르다(발라)   사르다(살라)
   서투르다(서툴러)   으르다(을러)   지르다(질러)   짓무르다(짓물러)

**Q1.** 밑줄 친 부분의 표기가 올바르면 ○, 틀리면 ✕에 표시하시오.   그녀는 얼굴이 둥그레서 귀엽다. [○, ✕]

**제20항** 명사 뒤에 '-이'가 붙어서 된 말은 그 명사의 원형을 밝히어 적는다.

1. 부사로 된 것

곳곳이  낱낱이  몫몫이  샅샅이  앞앞이  집집이

2. 명사로 된 것

곰배팔이  바둑이  삼발이  애꾸눈이
육손이  절뚝발이/절름발이

[붙임] '-이' 이외의 모음으로 시작된 접미사가 붙어서 된 말은 그 명사의 원형을 밝히어 적지 아니한다.

꼬락서니  끄트머리  바가지  바깥  사타구니
싸라기  이파리  지붕  지푸라기  짜개

**Q2.** 다음 중 맞춤법에 맞는 표기는?  ㉠ 삼바리  ㉡ 삼발이

## 7. 접미사

**제21항** 명사나 혹은 용언의 어간 뒤에 자음으로 시작된 접미사가 붙어서 된 말은 그 명사나 어간의 원형을 밝히어 적는다.

1. 명사 뒤에 자음으로 시작된 접미사가 붙어서 된 것

값지다  홑지다  넋두리  빛깔  옆댕이  잎사귀

2. 어간 뒤에 자음으로 시작된 접미사가 붙어서 된 것

낚시  늙정이  덮개  뜯게질  갉작갉작하다
갉작거리다  뜯적거리다  뜯적뜯적하다  굵다랗다  굵직하다
깊숙하다  넓적하다  높다랗다  늙수그레하다  얽죽얽죽하다

다만, 다음과 같은 말은 소리대로 적는다.

1) 겹받침의 끝소리가 드러나지 아니하는 것

할짝거리다★  널따랗다  널찍하다  말끔하다  말쑥하다
말짱하다  실쭉하다  실큼하다  얄따랗다  얄팍하다
짤따랗다  짤막하다  실컷

2) 어원이 분명하지 아니하거나 본뜻에서 멀어진 것

넙치  올무  골막하다  납작하다

**관련 기출 어휘**

- 원형을 밝혀 적는 경우

  깊다랗다  넓둥글다  넓죽하다

- 소리나는 대로 적는 경우

  기다랗다  너부죽하다

**Q3.** 다음 중 맞춤법에 맞는 표기는?  ㉠ 굵다랗다  ㉡ 굵따랗다

정답 | Q1. ×, 둥그래서  Q2. ㉡  Q3. ㉠

| 제23항 | '-하다'나 '-거리다'가 붙는 어근에 '-이'가 붙어서 명사가 된 것은 그 원형을 밝히어 적는다. |
|---|---|

| 깔쭉이 | 꿀꿀이 | 눈깜짝이 | 더펄이 | 배불뚝이 | 삐죽이 |
| 살살이 | 쌕쌕이 | 오뚝이★ | 코납작이 | 푸석이 | 홀쭉이 |

[붙임] '-하다'나 '-거리다'가 붙을 수 없는 어근에 '-이'나 또는 다른 모음으로 시작되는 접미사가 붙어서 명사가 된 것은 그 원형을 밝히어 적지 아니한다.

| 개구리 | 귀뚜라미 | 기러기 | 깍두기 | 꽹과리 |
| 날라리 | 누더기 | 동그라미 | 두드러기 | 딱따구리 |
| 매미 | 부스러기 | 뻐꾸기★ | 얼루기 | 칼싹두기 |

**Q1.** 다음 중 맞춤법에 맞는 표기는?   ㉠ 오뚝이   ㉡ 오뚜기

| 제25항 | '-하다'가 붙는 어근에 '-히'나 '-이'가 붙어서 부사가 되거나, 부사에 '-이'가 붙어서 뜻을 더하는 경우에는 그 어근이나 부사의 원형을 밝히어 적는다. |
|---|---|

1. '-하다'가 붙는 어근에 '-히'나 '-이'가 붙는 경우

| 급히 | 꾸준히 | 도저히 | 딱히 | 어렴풋이 | 깨끗이 |

2. 부사에 '-이'가 붙어서 역시 부사가 되는 경우

| 곰곰이 | 더욱이 | 생긋이 | 오뚝이 | 일찍이 | 해죽이 |

관련 기출 어휘

| 나란히 | 뚜렷이 | 말끔히 | 무던히 | 자욱이 |

**Q2.** 밑줄 친 부분의 표기가 올바르면 ○, 틀리면 ✕에 표시하시오.   나는 시험에 합격하기 위해 <u>꾸준이</u> 노력했다. (○, ✕)

## 8. 합성어 및 접두사

| 제29항 | 끝소리가 'ㄹ'인 말과 딴 말이 어울릴 적에 'ㄹ' 소리가 'ㄷ' 소리로 나는 것은 'ㄷ'으로 적는다. |
|---|---|

| 반짇고리(바느질~)★ | 사흗날(사흘~)★ | 삼짇날(삼질~) | 섣달(설~)★ |
| 숟가락(술~)★ | 이튿날(이틀~) | 잗주름(잘~)★ | 푿소(풀~) |
| 섣부르다(설~)★ | 잗다듬다(잘~) | 잗다랗다(잘~)★ | |

**Q3.** 다음 중 맞춤법에 맞는 표기는?   ㉠ 이틀날   ㉡ 이튿날

**제30항** 사이시옷은 다음과 같은 경우에 받치어 적는다.

1. 순우리말로 된 합성어로서 앞말이 모음으로 끝난 경우
   1) 뒷말의 첫소리가 된소리로 나는 것

   | 고랫재 | 귓밥 | 나룻배 | 나뭇가지 | 냇가 | 댓가지 | 뒷갈망 |
   |---|---|---|---|---|---|---|
   | 맷돌 | 머릿기름 | 모깃불 | 못자리 | 바닷가 | 뱃길 | 볏가리 |
   | 부싯돌 | 선짓국 | 쇳조각 | 아랫집 | 우렁잇속 | 잇자국 | 잿더미 |
   | 조갯살 | 찻집 | 쳇바퀴 | 킷값 | 핏대 | 햇볕 | 혓바늘 |

   2) 뒷말의 첫소리 'ㄴ, ㅁ' 앞에서 'ㄴ' 소리가 덧나는 것

   | 멧나물 | 아랫니 | 텃마당 | 아랫마을 | 뒷머리 | 잇몸 |
   |---|---|---|---|---|---|
   | 깻묵 | 냇물 | 빗물 | | | |

   3) 뒷말의 첫소리 모음 앞에서 'ㄴㄴ' 소리가 덧나는 것

   | 도리깻열 | 뒷윷 | 두렛일 | 뒷일 | 뒷입맛 | 베갯잇 |
   |---|---|---|---|---|---|
   | 욧잇 | 깻잎 | 나뭇잎 | 댓잎 | | |

2. 순우리말과 한자어로 된 합성어로서 앞말이 모음으로 끝난 경우
   1) 뒷말의 첫소리가 된소리로 나는 것

   | 귓병 | 머릿방 | 뱃병 | 봇둑 | 사잣밥 | 샛강 | 아랫방 |
   |---|---|---|---|---|---|---|
   | 자릿세 | 전셋집 | 찻잔 | 찻종 | 촛국 | 콧병 | 탯줄 |
   | 텃세 | 핏기 | 햇수 | 횟가루 | 횟배 | | |

   2) 뒷말의 첫소리 'ㄴ, ㅁ' 앞에서 'ㄴ' 소리가 덧나는 것

   | 곗날 | 제삿날 | 훗날 | 툇마루 | 양칫물 |
   |---|---|---|---|---|

   3) 뒷말의 첫소리 모음 앞에서 'ㄴㄴ' 소리가 덧나는 것

   | 가욋일★ | 사삿일 | 예삿일 | 훗일 |
   |---|---|---|---|

3. 두 음절로 된 다음 한자어

   | 곳간(庫間) | 셋방(貰房) | 숫자(數字) | 찻간(車間) | 툇간(退間) | 횟수(回數) |
   |---|---|---|---|---|---|

**관련 기출 어휘**

- 사이시옷을 표기하는 경우

  | 낙숫물 | 날갯죽지 | 노잣돈 | 등굣길 |
  |---|---|---|---|
  | 만둣국 | 배춧잎 | 부챗살 | 북엇국 |
  | 소싯적 | 숫접다 | 아랫돌 | 안갯속 |
  | 앞엣것 | 양잿물 | 이야깃거리 | 일숫돈 |
  | 장밋빛 | 저잣거리 | 햇곡식 | 햇귀 |
  | 햇발 | 햇살 | 허드렛일 | 혼잣말 |

- 사이시옷을 표기하지 않는 경우

  | 나라님 | 개수 | 대가 | 대님 |
  |---|---|---|---|
  | 뒤태 | 뒤풀이 | 마구간 | 머리기사 |
  | 머리말 | 백지장 | 소수점 | 수라상 |
  | 예사말 | 월세방 | 위층 | 전기세 |
  | 전세방 | 최소치 | 피자집 | 해님 |

**Q4.** 밑줄 친 부분의 표기가 올바르면 ○, 틀리면 ×에 표시하시오.  산전수전 다 겪은 우리에게 그쯤은 <u>예삿일</u>이었다. [○, ×]

## 9. 준말

**제34항** 모음 'ㅏ, ㅓ'로 끝난 어간에 '-아/-어, -았-/-었-'이 어울릴 적에는 준 대로 적는다.

| 본말 | 준말 | 본말 | 준말 | 본말 | 준말 |
| --- | --- | --- | --- | --- | --- |
| 나아 | 나 | 펴어 | 펴 | 서었다 | 섰다 |
| 타아 | 타 | 가았다 | 갔다 | 켜었다 | 켰다 |
| 서어 | 서 | 나았다 | 났다 | 펴었다 | 폈다 |

[붙임 1] 'ㅐ, ㅔ' 뒤에 '-어, -었-'이 어울려 줄 적에는 준 대로 적는다.

| 본말 | 준말 | 본말 | 준말 |
| --- | --- | --- | --- |
| 개어 | 개 | 개었다 | 갰다★ |
| 베어 | 베 | 베었다 | 벴다 |
| 세어 | 세 | 세었다 | 셌다 |

**Q1.** 다음 문장이 올바르면 ○, 틀리면 × 에 표시하시오.　'개었다'의 준말은 '갰다'이다. [ ○, × ]

**제35항** 모음 'ㅗ, ㅜ'로 끝난 어간에 '-아/-어, -았-/-었-'이 어울려 'ㅘ/ㅝ, ㅙ/ㅞ'으로 될 적에는 준 대로 적는다.

| 본말 | 준말 | 본말 | 준말 | 본말 | 준말 |
| --- | --- | --- | --- | --- | --- |
| 주어 | 줘 | 두었다 | 뒀다 | 쏘아 | 쏴 |
| 꼬았다 | 꽜다 | 쑤었다 | 쒔다 | 보았다 | 봤다 |

[붙임 1] '놓아'가 '놔'로 줄 적에는 준 대로 적는다.

[붙임 2] 'ㅚ' 뒤에 '-어, -었-'이 어울려 'ㅙ, ㅙㅆ'으로 될 적에도 준 대로 적는다.

| 본말 | 준말 | 본말 | 준말 |
| --- | --- | --- | --- |
| 괴어 | 괘 | 괴었다 | 괬다★ |
| 되어 | 돼 | 되었다 | 됐다 |

**관련 기출 어휘**

놔두렴(← 놓아두렴)　　　　　　　되뇄다(← 되뇌었다)

**Q2.** 다음 중 '괴었다'의 준말로 올바른 것은?　㉠ 꿨다　㉡ 괬다

**제38항** 'ㅏ, ㅗ, ㅜ, ㅡ' 뒤에 '-이어'가 어울려 줄어질 적에는 준 대로 적는다.

| 본말 | 준말 | 본말 | 준말 |
| --- | --- | --- | --- |
| 쏘이어 | 쐬어, 쏘여 | 뜨이어 | 띄어★ |
| 누이어 | 뉘어, 누여★ | 트이어 | 틔어, 트여★ |

**Q3.** 다음 중 '쏘이어'의 준말로 올바른 것은?　㉠ 쐬어　㉡ 쐬여

**제39항** 어미 '-지' 뒤에 '않-'이 어울려 '-잖-'이 될 적과 '-하지' 뒤에 '않-'이 어울려 '-찮-'이 될 적에는 준 대로 적는다.

| 본말 | 준말 | 본말 | 준말 |
|---|---|---|---|
| 그렇지 않은 | 그렇잖은 | 만만하지 않다 | 만만찮다 |
| 적지 않은 | 적잖은 | 변변하지 않다 | 변변찮다 |

**관련 기출 어휘**

귀찮잖다(← 귀찮지 않다)    꼴같잖다(← 꼴같지 않다)    당찮다(← 당하지 않다)
두렵잖다(← 두렵지 않다)    대단찮다(← 대단하지 않다)    마땅찮게(← 마땅하지 않게)
수월찮다(← 수월하지 않다)    션찮다/시원찮다(← 시원하지 않다)    어쭙잖다(← 어쭙지 않다)
오죽잖다(← 오죽지 않다)    점잖잖다(← 점잖지 않다)    편안찮다(← 편안하지 않다)
하찮다(← 하지 않다)

**Q4.** 다음 문장이 올바르면 ○, 틀리면 × 에 표시하시오.  '그렇지 않다'의 준말은 '그렇찮은'이다. (○, ×)

**제40항** 어간의 끝음절 '하'의 'ㅏ'가 줄고 'ㅎ'이 다음 음절의 첫소리와 어울려 거센소리로 될 적에는 거센소리로 적는다.

| 본말 | 준말 | 본말 | 준말 |
|---|---|---|---|
| 간편하게 | 간편케★ | 다정하다 | 다정타 |
| 연구하도록 | 연구토록 | 정결하다 | 정결타 |
| 가하다 | 가타 | 흔하다 | 흔타 |

[붙임 1] 'ㅎ'이 어간의 끝소리로 굳어진 것은 받침으로 적는다.

않다        않고        않지        않든지
어떻다       어떻고       어떻지       어떻든지

[붙임 2] 어간의 끝음절 '하'가 아주 줄 적에는 준 대로 적는다.

| 본말 | 준말 | 본말 | 준말 |
|---|---|---|---|
| 거북하지 | 거북지 | 넉넉하지 않다 | 넉넉지 않다★ |
| 생각하건대 | 생각건대★ | 못하지 않다 | 못지않다 |
| 생각하다 못해 | 생각다 못해 | 섭섭하지 않다 | 섭섭지 않다 |
| 깨끗하지 않다 | 깨끗지 않다★ | 익숙하지 않다 | 익숙지 않다★ |

**관련 기출 어휘**

단언컨대(← 단언하건대)    달성케(← 달성하게)    사임코자(← 사임하고자)
청컨대(← 청하건대)    허송치(← 허송하지)    마뜩잖다(← 마뜩지 않다 ← 마뜩하지 않다)
섭섭잖게(← 섭섭지 않게 ← 섭섭하지 않게)    깨끗잖다(← 깨끗지 않다 ← 깨끗하지 않다)

**Q5.** 다음 중 '생각하건대'의 준말로 올바른 것은?    ㉠ 생각건대    ㉡ 생각컨대

정답 | Q1. ○  Q2. ㉡  Q3. ㉠  Q4. ×, 그렇잖은  Q5. ㉠

## 2 띄어쓰기 관련 빈출 조항

### 1. 조사

| 제41항 | 조사는 그 앞말에 붙여 쓴다. |
|---|---|

꽃이　　　　꽃마저　　　　꽃밖에　　　　꽃에서부터　　　　꽃으로만　　　　웃고만

**관련 기출 어휘**

보이는구먼그래　　마음대로　　　나만큼　　　나에게만이라도　　아들이라고
이름조차　　　　　누구처럼만　　고기는커녕　돈은커녕　　　　　누구하고

**Q1.** 밑줄 친 부분의 띄어쓰기가 올바르면 ○, 틀리면 × 에 표시하시오.　　그에게 받은 것은 꽃∨밖에 없었다. [ ○ , × ]

### 2. 의존 명사, 단위를 나타내는 명사 및 열거하는 말 등

| 제42항 | 의존 명사는 띄어 쓴다. |
|---|---|

아는 것이 힘이다.　　나도 할 수★있다.　　먹을 만큼★먹어라.　　그가 떠난 지★가 오래다.

**관련 기출 어휘**

| 의존 명사 | 예 | 의존 명사 | 예 |
|---|---|---|---|
| 간 | 되었던∨간에, 자식∨간에도 | 딴 | 내∨딴에는 |
| 거리 | 마실∨거리, 한∨입∨거리 | 리 | 삼십∨리 |
| 나름 | 자기∨나름의 | 만 | 두∨시간∨만에 |
| 남짓 | 만∨원∨남짓 | 만치 | 많은∨만치 |
| 님 | 홍길동∨님 | 무렵 | 저녁∨무렵 |
| 대로 | 바라는∨대로, 생각한∨대로 | 뿐 | 낼∨뿐이었다, 사라질∨뿐 |
| 데 | 사는∨데는 | 줄 | 어쩔∨줄, 죽는∨줄 |
| 둥 | 먹는∨둥∨마는∨둥 | 차 | 10년∨차에 |
| 듯 | 박은∨듯, 쏟아질∨듯 | 측 | 회사∨측 |
| 따위 | 괴로움∨따위 | 통 | 전쟁∨통에 |

**Q2.** 다음 중 띄어쓰기가 올바른 것은?　　㉠ 먹는∨둥∨마는∨둥　　㉡ 먹는둥∨마는둥

### 3. 보조 용언

| 제47항 | 보조 용언은 띄어 씀을 원칙으로 하되, 경우에 따라 붙여 씀도 허용한다. |
|---|---|

| 원칙 | 허용 | 원칙 | 허용 |
|---|---|---|---|
| 내 힘으로 막아 낸다. | 내 힘으로 막아낸다. | 일이 될 법하다. | 일이 될법하다. |
| 그 일은 할 만하다. | 그 일은 할만하다. | 잘 아는 척한다. | 잘 아는척한다. |

다만, 앞말에 조사가 붙거나 앞말이 합성 용언인 경우, 그리고 중간에 조사가 들어갈 적에는 그 뒤에 오는 보조 용언은 띄어 쓴다.

　책을 읽어도 보고······.　　네가 덤벼들어 보아라.　　그가 올 듯도 하다.　　잘난 체를 한다.

**관련 기출 어휘**

- 띄어 씀이 원칙이나, 붙여 씀도 허용하는 경우

| 원칙 | 허용 | 원칙 | 허용 |
|---|---|---|---|
| 올∨듯싶다 | 올듯싶다 | 들어∨보다 | 들어보다 |
| 떠나∨버리다 | 떠나버리다 | 놓칠∨뻔하다 | 놓칠뻔하다 |
| 보내∨드리다 | 보내드리다 | 울어∨쌓다 | 울어쌓다 |

- 띄어 쓰는 경우

| 보조 용언 앞에 '-(으)ㄴ가, -나, -지' 등의 종결 어미가 있는 경우 | 추운가∨보다, 먹나∨보다, 힘들겠지∨싶었다 |
|---|---|
| 본용언의 활용형이 3음절 이상인 경우 | 시도해∨볼, 시작해∨버렸다, 황량했던∨듯하다 |

- 붙여 쓰기만 가능한 경우

| 한 단어인 경우 | 먹고살다, 마지않다, 도와주다 |
|---|---|

**Q3.** 밑줄 친 부분의 띄어쓰기가 올바르면 ○, 틀리면 ×에 표시하시오.   그녀는 무엇이든 잘 <u>아는척한다</u>. [○, ×]

## 4. 고유 명사 및 전문 용어

**제48항** 성과 이름, 성과 호 등은 붙여 쓰고, 이에 덧붙는 호칭어, 관직명 등은 띄어 쓴다.
김양수(金良洙)   채영신 씨   최치원 선생   충무공 이순신 장군

다만, 성과 이름, 성과 호를 분명히 구분할 필요가 있을 경우에는 띄어 쓸 수 있다.
남궁억 / 남궁 억   독고준 / 독고 준   황보지봉(皇甫芝峰) / 황보 지봉

**관련 기출 어휘**
김∨여사   박∨선생   이한별∨사장

**Q4.** 밑줄 친 부분의 띄어쓰기가 올바르면 ○, 틀리면 ×에 표시하시오.   <u>박∨여사</u>는 새벽마다 공원을 산책한다. [○, ×]

## 5. 그 밖의 기출 띄어쓰기

| 1 | *구속∨영장 | 7 | 마감∨시간 | 13 | 안전사고 | 19 | 중간보고 |
| 2 | *국가∨고시 | 8 | 마을∨마을에 | 14 | 안전지대 | 20 | 중소기업 |
| 3 | 그간 | 9 | 베니스의 상인 | 15 | 여기저기 | 21 | 학교생활 |
| 4 | 그때그때 | 10 | 백과사전 | 16 | 역사의식 | 22 | 카스피해 |
| 5 | 돌발∨상황 | 11 | 섬진강 | 17 | 오랜만 | 23 | 태백산맥 |
| 6 | 두시언해 | 12 | 수학여행 | 18 | 윤리의식 | 24 | 후속∨조치 |

*: 띄어 쓰는 것이 원칙이나 붙여 쓰는 것도 허용되는 단어

**Q5.** 다음 중 띄어쓰기가 올바른 것은?   ㉠ 돌발상황   ㉡ 돌발∨상황

정답 | Q1. ×, 꽃밖에   Q2. ㉠   Q3. ○   Q4. ○   Q5. ㉡

# 3 혼동하기 쉬운 표기

## 1. 부사, 접미사, 어미

**제51항** 부사의 끝음절이 분명히 '이'로만 나는 것은 '-이'로 적고, '히'로만 나거나 '이'나 '히'로 나는 것은 '-히'로 적는다.

1. '이'로만 나는 것

| 깨끗이 | 반듯이 | 산뜻이 | 의젓이 | 가까이 | 고이 |
| 날카로이 | 대수로이 | 번거로이 | 많이 | 적이 | 헛되이 |
| 겹겹이 | 번번이 | 일일이★ | 집집이 | 틈틈이 | |

2. '히'로만 나는 것

| 극히 | 급히 | 딱히 | 속히 | 작히 | 족히 |
| 특히 | 엄격히 | 정확히 | | | |

3. '이, 히'로 나는 것

| 솔직히 | 가만히 | 간편히 | 각별히 | 쓸쓸히 | 과감히 |
| 꼼꼼히 | 심히 | 열심히 | 급급히 | 답답히 | 공평히 |
| 당당히 | 분명히 | 상당히 | 조용히 | 고요히 | 도저히 |

**관련 기출 어휘**

| 굵직이 | 깊숙이 | 그득히 | 끔찍이 |
| 나직이 | 두둑이 | 묵직이 | 뿔뿔이 |

**Q1.** 다음 중 맞춤법에 맞는 표기는?   ㉠ 깨끗이   ㉡ 깨끗히

---

**제54항** 다음과 같은 접미사는 된소리로 적는다.

| -꾼 | 심부름꾼, 익살꾼, 일꾼, 장꾼, 장난꾼, 지게꾼, 농사꾼 |
|---|---|
| -깔 | 때깔, 빛깔, 성깔 |
| -때기 | 귀때기, 볼때기, 판자때기 |
| -꿈치 | 뒤꿈치, 팔꿈치 |
| -빼기 | 이마빼기, 코빼기, 곱빼기,★ 얼룩빼기, 구석빼기, 밥빼기 |
| -쩍다 | 객쩍다,★ 겸연쩍다 |

**Q2.** 밑줄 친 부분의 표기가 올바르면 ○, 틀리면 ×에 표시하시오.   배가 너무 고파서 비빔밥을 곱빼기로 시켰다. [○, ×]

---

**제56항** '-더라, -던'과 '-든지'는 다음과 같이 적는다.

1. 지난 일을 나타내는 어미는 '-더라, -던'으로 적는다.
   지난겨울은 몹시 춥더라.   깊던★ 물이 얕아졌다.   그 사람 말 잘하던데!   얼마나 놀랐던지 몰라.

2. 물건이나 일의 내용을 가리지 아니하는 뜻을 나타내는 조사와 어미는 '(-)든지'로 적는다.
   배든지 사과든지 마음대로 먹어라.   가든지 오든지★ 마음대로 해라.

**Q3.** 밑줄 친 부분의 표기가 올바르면 ○, 틀리면 ×에 표시하시오.   비가 오던지 눈이 오던지 그는 꼭 산에 간다. [○, ×]

## 2. 혼동하기 쉬운 어휘

| 어휘 | 의미 | 예 |
|---|---|---|
| 가름 | 쪼개거나 나누어 따로따로 되게 하는 일 | 둘로 가름 |
| 갈음 | 다른 것으로 바꾸어 대신함 | 새 책상으로 갈음 |
| 갈다 | 이미 있는 사물을 다른 것으로 바꾸다. | 컴퓨터의 부속품을 좋은 것으로 갈았다. |
| 가르다 | 쪼개거나 나누어 따로따로 되게 하다. | 편을 셋으로 가르다. |
| 가리다 | 여럿 가운데서 하나를 구별하여 고르다. | 우승 팀을 가리다. |
| 걷잡다 | 한 방향으로 치우쳐 흘러가는 형세 따위를 붙들어 잡다. | 걷잡을 수 없는 상태 |
| 겉잡다 | 겉으로 보고 대강 짐작하여 헤아리다. | 겉잡아서 이틀 걸릴 일 |
| 너머 | 높이나 경계로 가로막은 사물의 저쪽. 또는 그 공간 | 고개 너머 |
| 넘어(넘다) | 높은 부분의 위를 지나가다. | 오늘 내로 고개 둘을 넘어야 한다. |
| 느리다 | 어떤 동작을 하는 데 걸리는 시간이 길다. | 진도가 너무 느리다. |
| 늘이다 | 본디보다 더 길어지게 하다. | 고무줄을 늘인다. |
| 늘리다 ★ | 물체의 넓이, 부피 따위를 본디보다 커지게 하다. | 수출량을 더 늘린다. |
| 다리다 | 옷이나 천 따위의 주름이나 구김을 펴고 줄을 세우기 위하여 다리미나 인두로 문지르다. | 옷을 다린다. |
| 달이다 | 액체 따위를 끓여서 진하게 만들다. | 약을 달인다. |
| 다치다 | 부딪치거나 맞거나 하여 신체에 상처가 생기다. 또는 상처를 입다. | 부주의로 손을 다쳤다. |
| 닫히다 | 열린 문짝, 뚜껑, 서랍 따위가 도로 제자리로 가 막히다. '닫다'의 피동사. | 문이 저절로 닫혔다. |
| 닫치다 | 열린 문짝, 뚜껑, 서랍 따위를 꼭꼭 또는 세게 닫다. | 문을 힘껏 닫쳤다. |
| 당기다 | 입맛이 돋우어지다. | 식욕이 당기다. |
| 땅기다 | 몹시 단단하고 팽팽하게 되다. | 얼굴이 땅기다. |
| 들이켜다 | 물이나 술 등의 액체를 단숨에 마구 마시다. | 물을 들이켰다. |
| 들이키다 | 안쪽으로 가까이 옮기다. | 통로에 있던 화분을 들이켰다. |
| 떠벌리다 | 이야기를 과장하여 늘어놓다. | 자신의 이력을 떠벌리다. |
| 떠벌이다 | 굉장한 규모로 차리다. | 그는 사업을 떠벌여 놓고 곤욕을 치르고 있다. |
| 마치다 | 어떤 일이나 과정, 절차 따위가 끝나다. 또는 그렇게 하다. | 벌써 일을 마쳤다. |
| 맞추다 | 둘 이상의 일정한 대상들을 나란히 놓고 비교하여 살피다. | 나는 친구와 답을 맞춰 봤다. |
| 맞히다 ★ | 문제에 대한 답을 틀리지 않게 하다. | 여러 문제를 더 맞혔다. |
| 받치다 | 물건의 밑이나 옆 등에 다른 물체를 대다. | 쟁반에 찻잔을 받쳤다. |
| 받히다 | 머리나 뿔 등에 세차게 부딪히다. | 차에 받혔다. |
| 밭치다 | 구멍이 뚫린 물건 위에 국수나 야채 등을 올려 물기를 빼다. | 씻어 놓은 상추를 채반에 밭쳤다. |
| 부딪치다 | '부딪다'를 강조하여 이르는 말. | 차와 차가 마주 부딪쳤다. |
| 부딪히다 | 무엇과 무엇이 힘 있게 마주 닿게 되거나 마주 대게 되다. 또는 닿게 되거나 대게 되다. '부딪다'의 피동사. | 마차가 화물차에 부딪혔다. |
| 부치다 ★ | 편지나 물건 따위를 일정한 수단이나 방법을 써서 상대에게로 보내다. | 편지를 부친다. |
| 붙이다 | 맞닿아 떨어지지 않게 하다. | 우표를 붙인다. |
| 빌다 | 바라는 바를 이루게 하여 달라고 신이나 사람, 사물 등에 간청하다. | 소녀는 하늘에 소원을 빌었다. |
| 빌리다 | 어떤 일을 하기 위해 기회를 이용하다. | 이 자리를 빌려 감사의 말씀을 드립니다. |

정답 | Q1. ㉠   Q2. ×, 곱빼기   Q3. ×, 비가 오든지 눈이 오든지

| 삭이다 | 기침이나 가래 등을 잠잠하게 하거나 가라앉히다. | 생강차는 기침을 삭이는 데 좋다. |
|---|---|---|
| 삭히다 | 김치나 젓갈 등의 음식물을 발효시켜 맛이 들게 하다. | 김치를 삭히다. |
| 아름 | 둘레의 길이를 나타내는 단위 | 세 아름 되는 둘레 |
| 알음 | 사람끼리 서로 아는 일 | 전부터 알음이 있는 사이 |
| 앎 | 아는 일 | 앎이 힘이다. |
| 안치다 ★ | 밥, 떡, 찌개 등을 만들기 위하여 그 재료를 솥이나 냄비 등에 넣고 불 위에 올리다. | 밥을 안친다. |
| 앉히다 | 사람이나 동물이 윗몸을 바로 한 상태에서 엉덩이에 몸무게를 실어 다른 물건이나 바닥에 몸을 올려놓게 하다. | 윗자리에 앉힌다. |
| 이따가 | 조금 지난 뒤에 | 이따가 오너라. |
| 있다가(있다) | 어떤 물체를 소유하거나 자격이나 능력 등을 가진 상태이다. | 돈은 있다가도 없다. |
| 저리다 | 뼈마디나 몸의 일부가 오래 눌러서 피가 잘 통하지 못하여 감각이 둔하고 아리다. | 다친 다리가 저린다. |
| 절이다 | 푸성귀나 생선 등을 소금이나 식초, 설탕 등에 담가 간이 배어들게 하다. | 김장 배추를 절인다. |
| 조리다 | 양념을 한 고기나 생선, 채소 등을 국물에 넣고 바짝 끓여서 양념이 배어들게 하다. | 생선을 조린다. |
| 졸이다 | 속을 태우다시피 초조해하다. | 마음을 졸인다. |
| 지그시 | 슬며시 힘을 주는 모양 | 지그시 밟다. |
| 지긋이 | 나이가 비교적 많아 듬직하게 | 그는 나이가 지긋이 들어 보인다. |
| 하노라고 (-노라고) | 자기 나름대로 꽤 노력했음을 나타내는 연결 어미 | 하노라고 한 것이 이 모양이다. |
| 하느라고 (-느라고) | 앞 절의 사태가 뒤 절의 사태에 목적이나 원인이 됨을 나타내는 연결 어미 | 공부하느라고 밤을 새웠다. |
| (으)로서 | 지위나 신분 또는 자격을 나타내는 격 조사 | 사람으로서 그럴 수는 없다. |
| (으)로써 | 어떤 물건의 재료나 원료를 나타내는 격 조사 | 쌀로써 떡을 만든다. |

Q1. 다음 중 '나이가 비교적 많아 듬직하게'를 뜻하는 말은?   ㉠ 지그시   ㉡ 지긋이

## 4 문장 부호 관련 빈출 조항

**마침표(.)**
① 서술, 명령, 청유 등을 나타내는 문장의 끝에 쓴다. 예 젊은이는 나라의 기둥입니다.
② 아라비아 숫자만으로 연월일을 표시할 때 쓴다. 예 1919. 3. 1.
③ 특정한 의미가 있는 날을 표시할 때 월과 일을 나타내는 아라비아 숫자 사이에 쓴다. 예 3.1 운동
④ 장, 절, 항 등을 표시하는 문자나 숫자 다음에 쓴다. 예 가. 인명 / ㄱ. 머리말 / Ⅰ. 서론 / 1. 연구 목적
[붙임] '마침표' 대신 '온점'이라는 용어를 쓸 수 있다.

**물음표(?)**
① 의문문이나 의문을 나타내는 어구의 끝에 쓴다. 예 점심 먹었어? / 뭐라고?
② 특정한 어구의 내용에 대하여 의심, 빈정거림 등을 표시할 때, 또는 적절한 말을 쓰기 어려울 때 소괄호 안에 쓴다. 예 우리와 의견을 같이할 사람은 최 선생(?) 정도인 것 같다.
③ 모르거나 불확실한 내용임을 나타낼 때 쓴다.
　예 최치원(857~?)은 통일 신라 말기에 이름을 떨쳤던 학자이자 문장가이다.

**느낌표(!)**
① 감탄문이나 감탄사의 끝에 쓴다. 예 이거 정말 큰일이 났구나! / 어머!
② 특별히 강한 느낌을 나타내는 어구, 평서문, 명령문, 청유문에 쓴다.
　예 청춘! 이는 듣기만 하여도 가슴이 설레는 말이다.
③ 물음의 말로 놀람이나 항의의 뜻을 나타내는 경우에 쓴다. 예 이게 누구야!
④ 감정을 넣어 대답하거나 다른 사람을 부를 때 쓴다. 예 네, 선생님!

**쉼표(,)**
① 같은 자격의 어구를 열거할 때 그 사이에 쓴다.
　예 충청도의 계룡산, 전라도의 내장산, 강원도의 설악산은 모두 국립 공원이다.
② 짝을 지어 구별할 때 쓴다. 예 닭과 지네, 개와 고양이는 상극이다.
③ 이웃하는 수를 개략적으로 나타낼 때 쓴다. 예 5, 6세기 / 6, 7, 8개
④ 짧게 더듬는 말을 표시할 때 쓴다.
　예 선생님, 부, 부정행위라니요? 그런 건 새, 생각조차 하지 않았습니다.
⑤ 같은 말이 되풀이되는 것을 피하기 위하여 일정한 부분을 줄여서 열거할 때 쓴다.
　예 여름에는 바다에서, 겨울에는 산에서 휴가를 즐겼다.
[붙임] '쉼표' 대신 '반점'이라는 용어를 쓸 수 있다.

**가운뎃점(·)**
① 열거할 어구들을 일정한 기준으로 묶어서 나타낼 때 쓴다.
　예 민수·영희, 선미·준호가 서로 짝이 되어 윷놀이를 하였다.
② 짝을 이루는 어구들 사이에 쓴다. 예 빨강·초록·파랑이 빛의 삼원색이다.
③ 공통 성분을 줄여서 하나의 어구로 묶을 때 쓴다. 예 상·중·하위권 / 금·은·동메달 / 통권 제54·55·56호

**쌍점(:)**
① 표제 다음에 해당 항목을 들거나 설명을 붙일 때 쓴다. 예 문방사우: 종이, 붓, 먹, 벼루
② 희곡 등에서 대화 내용을 제시할 때 말하는 이와 말한 내용 사이에 쓴다.
　예 김 과장: 난 못 참겠다.
③ 시와 분, 장과 절 등을 구별할 때 쓴다. 예 오전 10:20(오전 10시 20분)
④ 의존 명사 '대'가 쓰일 자리에 쓴다. 예 65:60(65 대 60)
[붙임] 쌍점의 앞은 붙여 쓰고 뒤는 띄어 쓴다. 다만, (3)과 (4)에서는 쌍점의 앞뒤를 붙여 쓴다.

> **Q2.** 다음 중 원칙상 마침표를 써야 하는 상황은?　　㉠ 아라비아 숫자만으로 연월일을 표시할 때　　㉡ 짧게 더듬는 말을 표시할 때

정답　Q1. ㉡　Q2. ㉠

| 문장 부호 | 용법 |
|---|---|
| 빗금( / ) | ① 대비되는 두 개 이상의 어구를 묶어 나타낼 때 그 사이에 쓴다. 예 금메달/은메달/동메달<br>② 기준 단위당 수량을 표시할 때 해당 수량과 기준 단위 사이에 쓴다. 예 1,000원/개<br>③ 시의 행이 바뀌는 부분임을 나타낼 때 쓴다.<br>   예 산에 / 산에 / 피는 꽃은 / 저만치 혼자서 피어 있네<br>[붙임] 빗금의 앞뒤는 (1)과 (2)에서는 붙여 쓰며, (3)에서는 띄어 쓰는 것을 원칙으로 하되 붙여 쓰는 것을 허용한다. 단, (1)에서 대비되는 어구가 두 어절 이상인 경우에는 빗금의 앞뒤를 띄어 쓸 수 있다. |
| 큰따옴표(" ") | ① 글 가운데에서 직접 대화를 표시할 때 쓴다. 예 "어머니, 제가 가겠어요."<br>② 말이나 글을 직접 인용할 때 쓴다. 예 나는 "어, 광훈이 아니냐?" 하는 소리에 깜짝 놀랐다. |
| 작은따옴표(' ') | ① 인용한 말 안에 있는 인용한 말을 나타낼 때 쓴다.<br>   예 그는 "여러분! '시작이 반이다.'라는 말 들어 보셨죠?"라고 말하며 강연을 시작했다.<br>② 마음속으로 한 말을 적을 때 쓴다. 예 나는 '일이 다 틀렸나 보군.' 하고 생각하였다. |
| 소괄호(( )) | ① 주석이나 보충적인 내용을 덧붙일 때 쓴다. 예 니체(독일의 철학자)의 말을 빌리면 다음과 같다.<br>② 우리말 표기와 원어 표기를 아울러 보일 때 쓴다. 예 기호(嗜好), 커피(coffee)<br>③ 생략할 수 있는 요소임을 나타낼 때 쓴다.<br>   예 학교에서 동료 교사를 부를 때는 이름 뒤에 '선생(님)'이라는 말을 덧붙인다.<br>④ 내용이 들어갈 자리임을 나타낼 때 쓴다. 예 우리나라의 수도는 (　　　)이다. |
| 중괄호({ }) | ① 같은 범주에 속하는 여러 요소를 세로로 묶어서 보일 때 쓴다. 예 주격 조사 {이 / 가}<br>② 열거된 항목 중 어느 하나가 자유롭게 선택될 수 있음을 보일 때 쓴다.<br>   예 아이들이 모두 학교{에, 로, 까지} 갔어요. |
| 대괄호([ ]) | ① 괄호 안에 또 괄호를 쓸 필요가 있을 때 바깥쪽의 괄호로 쓴다.<br>   예 이번 회의에는 두 명[이혜정(실장), 박철용(과장)]만 빼고 모두 참석했습니다.<br>② 고유어에 대응하는 한자어를 함께 보일 때 쓴다. 예 나이[年歲]<br>③ 원문에 대한 이해를 돕기 위해 설명이나 논평 등을 덧붙일 때 쓴다.<br>   예 그런 일은 결코 있을 수 없다.[원문에는 '업다'임.] |
| 겹낫표(『 』)와<br>겹화살괄호(《 》) | 책의 제목이나 신문 이름 등을 나타낼 때 쓴다.<br>예 우리나라 최초의 민간 신문은 1896년에 창간된 『독립신문』이다. |
| 홑낫표(「 」)와<br>홑화살괄호(〈 〉) | 소제목, 그림이나 노래와 같은 예술 작품의 제목, 상호, 법률, 규정 등을 나타낼 때 쓴다.<br>예 이 곡은 베르디가 작곡한 「축배의 노래」이다. |
| 줄표( ― ) | 제목 다음에 표시하는 부제의 앞뒤에 쓴다.<br>예 '환경 보호 ― 숲 가꾸기 ―'라는 제목으로 글짓기를 했다. |
| 붙임표( - ) | ① 차례대로 이어지는 내용을 하나로 묶어 열거할 때 각 어구 사이에 쓴다.<br>   예 멀리뛰기는 도움닫기-도약-공중 자세-착지의 순서로 이루어진다.<br>② 두 개 이상의 어구가 밀접한 관련이 있음을 나타내고자 할 때 쓴다. 예 원-달러 환율 |
| 물결표( ~ ) | 기간이나 거리 또는 범위를 나타낼 때 쓴다. 예 9월 15일~9월 25일 |

> **Q1.** 문장 부호의 쓰임이 올바르면 ○, 틀리면 ✕에 표시하시오.　　예 나는 '일이 다 틀렸나 보군.' 하고 생각하였다. [○, ✕]

| 드러냄표(˙)와 밑줄(__) | 문장 내용 중에서 주의가 미쳐야 할 곳이나 중요한 부분을 특별히 드러내 보일 때 쓴다.<br>예 한글의 본디 이름은 훈민정음이다. / 다음 보기에서 명사가 아닌 것은? |
|---|---|
| 숨김표(○, ×) | ① 금기어나 공공연히 쓰기 어려운 비속어임을 나타낼 때, 그 글자의 수효만큼 쓴다.<br>　　예 배운 사람 입에서 어찌 ○○○/×××란 말이 나올 수 있느냐?<br>② 비밀을 유지해야 하거나 밝힐 수 없는 사항임을 나타낼 때 쓴다.<br>　　예 모임의 참석자는 김×× 씨, 정×× 씨/김○○ 씨, 정○○ 씨 등 5명이었다. |
| 빠짐표(□) | ① 옛 비문이나 문헌 등에서 글자가 분명하지 않을 때 그 글자의 수효만큼 쓴다.<br>　　예 大師爲法主□□賴之大□薦<br>② 글자가 들어가야 할 자리를 나타낼 때 쓴다.<br>　　예 훈민정음의 초성 중에서 아음(牙音)은 □□□의 석 자다. |
| 줄임표(…) | ① 할 말을 줄였을 때 쓴다.　예 "어디 나하고 한번……." 하고 민수가 나섰다.<br>② 말이 없음을 나타낼 때 쓴다.　예 "빨리 말해!" / "……."<br>③ 문장이나 글의 일부를 생략할 때 쓴다.<br>　　예 육십갑자: 갑자, 을축, 병인, 정묘, 무진, 기사, 경오, 신미 …… 신유, 임술, 계해<br>④ 머뭇거림을 보일 때 쓴다.<br>　　예 "우리는 모두…… 그러니까…… 예외 없이 눈물만…… 흘렸다."<br>[붙임 1] 점은 가운데에 찍는 대신 아래쪽에 찍을 수도 있다.<br>[붙임 2] 점은 여섯 점을 찍는 대신 세 점을 찍을 수도 있다. |

**Q2.** 문장 부호의 쓰임이 올바르면 ○, 틀리면 × 에 표시하시오.　　그는…… 잠시 말을 잇지 못하고 고개를 떨궜다. [○, ×]

정답 | Q1. ○　Q2. ○

# STEP 3 기출동형 문제 풀어보기

**1** <보기>에 제시된 한글 맞춤법 규정의 예에 대한 설명으로 적절하지 <u>않은</u> 것은?

― <보기> ―

제30항 사이시옷은 다음과 같은 경우에 받치어 적는다.
1. 순우리말로 된 합성어로서 앞말이 모음으로 끝난 경우
   (1) 뒷말의 첫소리가 된소리로 나는 것
   (2) 뒷말의 첫소리 'ㄴ, ㅁ' 앞에서 'ㄴ' 소리가 덧나는 것
   (3) 뒷말의 첫소리 모음 앞에서 'ㄴㄴ' 소리가 덧나는 것
2. 순우리말과 한자어로 된 합성어로서 앞말이 모음으로 끝난 경우
   (1) 뒷말의 첫소리가 된소리로 나는 것
   (2) 뒷말의 첫소리 'ㄴ, ㅁ' 앞에서 'ㄴ' 소리가 덧나는 것
   (3) 뒷말의 첫소리 모음 앞에서 'ㄴㄴ' 소리가 덧나는 것

① '혀'와 '바늘'이 결합한 단어는 1-(1)에 따라 '혓바늘'로 적는다.
② '메'와 '나물'이 결합한 단어는 1-(2)에 따라 '멧나물'로 적는다.
③ '가외'와 '일'이 결합한 단어는 1-(3)에 따라 '가욋일'로 적는다.
④ '자리'와 '세'가 결합한 단어는 2-(1)에 따라 '자릿세'로 적는다.
⑤ '퇴'와 '마루'가 결합한 단어는 2-(2)에 따라 '툇마루'로 적는다.

**2** <보기>에 제시된 한글 맞춤법 규정의 예에 해당하지 <u>않는</u> 것은?

― <보기> ―

[한글 맞춤법 제29항] 끝소리가 'ㄹ'인 말과 딴 말이 어울릴 적에 'ㄹ' 소리가 'ㄷ'으로 나는 것은 'ㄷ'으로 적는다.

① 삼짇날    ② 숟가락    ③ 이튿날    ④ 곧이듣다    ⑤ 반짇고리

**3** 밑줄 친 부분의 표기가 어법에 맞지 <u>않는</u> 것은?

① 이제야 집에 돌아왔는데 이게 다 무슨 <u>일일꼬</u>.
② 그렇게 안 봤는데 그 사람 발표를 정말 <u>잘하데</u>.
③ 그는 부지런한 성격이 <u>아니어서</u> 할 일을 자주 미룬다.
④ 부모님이 무엇을 <u>말하던지</u> 간에 잘 듣고 따라야 한다.
⑤ 태풍의 영향으로 어젯밤 폭우가 내려서 하천이 다 <u>불었다</u>.

**4** 밑줄 친 부분의 표기가 적절하지 않은 것은?

① 무서운 얘기를 듣고 나니 머리가 주뼛 섰다.
② 어디선가 나를 힐긋 쳐다보는 느낌이 들었다.
③ 그 소문이 퍼지자마자 온 동네 사람들이 법썩였다.
④ 아이는 기운이 없어 눈만 깜작 감았다 뜰 뿐이었다.
⑤ 골목길에 가로등이 드문드문 있어서 혼자 걸어가기에는 무서웠다.

**5** 밑줄 친 부분의 표기가 적절하지 않은 것은?

① 새로 지은 건물이 참 커다라네.
② 몸이 안 좋은지 얼굴이 누래 보인다.
③ 아침 안개가 피어올라서 강가가 뿌예.
④ 그 길은 좁다래서 차가 지나가기 어려웠다.
⑤ 엄마를 닮았으면 아이의 얼굴이 동그랄 것이다.

**6** 밑줄 친 단어의 표기가 바른 것은?

① 아이는 널판지로 만든 장난감 성을 가장 좋아한다.
② 서 있지도 못할 정도로 지쳤지만 힘을 내 걸음을 내딛었다.
③ 영화 '장미빛 인생'은 죽기 전에 꼭 한 번 봐야 할 영화이다.
④ 고집부리는 사람을 적당히 구슬러 보내는 것은 쉬운 일이 아니다.
⑤ 저 친구는 끼니를 걱정할 만큼 형편이 어려운데도 어쭙잖게 외제차를 산다더라.

**7** 밑줄 친 단어의 표기가 바른 것은?

① 뇌졸증과 중풍은 다른 질병이므로 구별해야 한다.
② 쌀알을 세게 문질러서 씻으니 맑은 쌀뜻물이 생긴다.
③ 물을 붓고 끓인 구수한 눌은밥을 먹으니 속이 편하다.
④ 별에별 걱정을 해대느라 아침까지 잠을 이루지 못했다.
⑤ 동생이 고구마에 실증을 내는 바람에 오늘은 감자를 먹었다.

**8** 밑줄 친 부분의 띄어쓰기가 잘못된 것은?

① 마약을 밀매한 혐의로 <u>구속∨영장</u>을 신청했다.
② 선생님께서는 <u>역사∨의식</u>을 가질 것을 강조하셨다.
③ 약사가 되기 위해 <u>국가∨고시</u>에 응시하여 합격하였다.
④ 중학교 2학년 때 <u>수학여행</u>으로 간 곳이 바로 경주였다.
⑤ 정부는 고용 안정을 위한 <u>후속∨조치</u>를 즉시 추진할 것을 주문했다.

**9** 문장 부호 규정에 대한 설명이 잘못된 것은?

| | 문장 부호 | 규정 설명 | 예시 |
|---|---|---|---|
| ① | 가운뎃점 ( · ) | 열거할 어구들을 일정한 기준으로 묶어서 나타낼 때 쓴다. | 오늘부터 민호·경현, 은영·혜지가 서로 짝이 되었다. |
| ② | 대괄호 ( [ ] ) | 괄호 안에 또 괄호를 쓸 필요가 있을 때 바깥쪽의 괄호로 쓴다. | 어제 행사 때 한 명[김영희(대리)]만 빼고 모두 참석했다. |
| ③ | 홑낫표 (「 」) | 소제목, 그림이나 노래와 같은 예술 작품의 제목, 상호, 법률, 규정 등을 나타낼 때 쓴다. | 회사 옆 건물에는 「아름다운 사람들」이라고 쓴 간판이 걸렸다. |
| ④ | 쌍점 ( : ) | 표제 다음에 해당 항목을 들거나 설명을 붙일 때 쓴다. | 올림표(#): 음의 높이를 반음 올릴 것을 지시한다. |
| ⑤ | 빗금 ( / ) | 차례대로 이어지는 내용을 하나로 묶어 열거할 때 각 어구 사이에 쓴다. | 멀리뛰기는 도움닫기/도약/공중 자세/착지의 순서로 이루어진다. |

**10** 밑줄 친 부분의 띄어쓰기가 옳은 것은?

① <u>섬진∨강</u>은 아름답기로 유명한 강이다.
② <u>태백∨산맥</u>은 국내에서 가장 큰 산맥이다.
③ <u>나주∨평야</u>는 쌀과 목화 생산지로 유명하다.
④ <u>번역∨소학</u>은 조선시대 중종 때 간행된 책이다.
⑤ <u>바람과∨함께∨사라지다</u>는 영화로도 제작된 유명 소설이다.

**11** 밑줄 친 부분의 띄어쓰기가 옳은 것은?

① 노력한∨만큼 최고의 성과를 얻었다.
② 피곤할∨망정 모임에는 빠지지 않았다.
③ 그녀를 볼∨작시면 세 살짜리 아이 같다.
④ 책을 많이 읽을∨수록 어휘력이 향상된다.
⑤ 그는 실력이 뛰어날∨뿐더러 성격도 좋다.

**12** 밑줄 친 부분의 표기가 적절하지 않은 것은?

① 농부는 씨앗을 땅에 <u>묻어</u> 농사를 시작했다.
② 의사는 환자에게 증상을 <u>묻고</u> 진단을 내렸다.
③ 그 사건을 비밀로 <u>물자</u>, 한편으로 안심이 되었다.
④ 그녀는 행인에게 길을 <u>물어</u> 간신히 식당을 찾았다.
⑤ 학생에게 시험 성적을 <u>물으니</u> 갑자기 울음을 터뜨렸다.

**13** 밑줄 친 부분의 표기가 적절하지 않은 것은?

① 요리사가 칼로 채소를 <u>썩둑썩둑</u> 썰었다.
② 할머니는 무를 <u>깍둑깍둑</u> 썰어 김치를 담그셨다.
③ 그는 연필로 책상을 <u>똑닥똑닥</u> 두드리며 생각에 잠겼다.
④ 아기의 머리카락이 <u>꼽슬꼽슬</u> 말려있어 더욱 사랑스러웠다.
⑤ 아이는 선생님 말씀에 <u>깝죽갑죽</u> 대답하다가 결국 혼이 났다.

# 02 표준어 규정

영역2 어법

최근 3개년
매회 3문제 출제

어법 15문제

## STEP 1 최신 기출유형 파악하기

### 기출유형 ① 표준어와 비표준어

최근 3개년 평균 정답률 38.94%

밑줄 친 말이 표준어 사정 원칙에 따른 표준어인지 비표준어인지 판단하는 유형이다. 일상생활에서 혼동하여 쓰는 단어가 자주 출제되며, 매회 1문제 출제된다.

**예제**

밑줄 친 말이 표준어가 아닌 것은?

① 친구는 유난히 소설책에 사족을 못 쓴다.
② 날이 더워서 시원한 모밀 국수가 먹고 싶다.
③ 내 취향은 단 초콜릿이 아니라 쌉싸래한 초콜릿이다.
④ 카페의 사람들은 갑자기 내리는 장대비에 걱정하는 눈치였다.
⑤ 오빠의 얼굴이 해쓱한 것을 보니 아프기는 많이 아픈 모양이었다.

**정답분석**
② '모밀'은 '마디풀과의 한해살이풀'의 열매인 '메밀'의 잘못이다. 따라서 표준어가 아닌 것은 ②의 '모밀'이다.

**오답분석**
① 사족: 짐승의 네발. 또는 네발 가진 짐승. 참고로, 관용구 '사족(을) 못 쓰다'는 "무슨 일에 반하거나 혹하여 꼼짝 못 하다."라는 의미이다.
③ 쌉싸래하다: 조금 쓴 맛이 있는 듯하다.
④ 장대비: 장대처럼 굵고 거세게 좍좍 내리는 비
⑤ 해쓱하다: 얼굴에 핏기나 생기가 없어 파리하다.

## 기출유형 ② 표준 발음법

최근 3개년 평균 정답률 46.11%

제시된 단어의 발음이 표준 발음법인지 판단하는 유형이다. 빈출 조항의 예시와 예외 사항이 출제되는 편이며, 매회 1문제 출제된다.

**예제**

다음 중 표준 발음이 아닌 것은?

① 굳이[구지]   ② 밭이[바치]   ③ 벼훑이 [벼훌치]
④ 미닫이[미:다지]   ⑤ 홑이불[호치불]

**정답분석**
⑤ 받침 'ㄷ,ㅌ(ㄾ)'이 조사나 접미사의 모음 'ㅣ'와 결합되는 경우에는 [ㅈ, ㅊ]으로 바꾸어서 뒤 음절 첫소리로 옮겨 발음해야 한다. 하지만 '홑이불'은 받침 'ㅌ'이 조사나 접미사의 모음 'ㅣ'가 아닌 명사의 모음 'ㅣ'와 결합하고 있으므로 [ㅊ]으로 바꾸어 [호치불]로 발음하지 않는다. 참고로, '홑이불'은 [혼니불]로 발음해야 한다. 따라서 정답은 ⑤이다.

**오답분석**
① '굳이'는 '굳다'의 어간 '굳-'의 받침 'ㄷ'이 부사 파생 접미사 '-이'와 결합하여 [ㅈ]으로 발음되므로 [구지]로 발음하는 것은 적절하다.
② '밭이'는 명사 '밭'의 받침 'ㅌ'이 조사 '이'와 결합하여 [ㅊ]으로 발음되므로 [바치]로 발음하는 것은 적절하다.
③ '벼훑이'는 '훑-'의 받침 'ㅌ'이 명사 파생 접미사 '-이'와 결합하여 [ㅊ]으로 발음되므로 [벼훌치]로 발음하는 것은 적절하다.
④ '미닫이'는 '닫-'의 받침 'ㄷ'이 명사 파생 접미사 '-이'와 결합하여 [ㅈ]으로 발음되므로 [미:다지]로 발음하는 것은 적절하다.

## 기출유형 ③ 표준어와 방언

최근 3개년 평균 정답률 41.55%

예문에 쓰인 방언에 대응하는 표준어가 적절한지 판단하는 유형이다. 표준어에 대응하는 방언을 외우기보다 예문에 쓰인 상황이나 느낌으로 유추하여 푸는 것이 효과적이다. 매회 1문제 출제된다.

**예제**

다음 밑줄 친 방언에 대응하는 표준어가 적절하지 않은 것은?

① 한창 울다가도 고닥새 (→ 금방) 웃어버리고 말 거여.
② 성님은 새북(→ 새벽)마다 어디를 그렇게 나가실꼬?
③ 귀년시리(→ 괜히) 시방 우넌소리 허니라구! 팔 원만 받어요 팔 원.
④ 그는 소주를 괄락괄락( → 벌컥벌컥) 들이키더니 금방 취해버렸다.
⑤ 꼽꼽하고(→ 야무지고) 착실하고 고정하고 그리고도 사람이 재치가 있고 이래서 윤장의 영감의 눈에 들었습니다.

**정답분석**
⑤ '꼽꼽하다'는 "빈틈이 없이 차분하고 조심스럽다."를 뜻하는 표준어 '꼼꼼하다'의 전라 방언이므로 '야무지다'라는 표현은 적절하지 않다. 따라서 정답은 ⑤이다.

**오답분석**
① '고닥새'는 "말하고 있는 시점보다 바로 조금 전에."를 뜻하는 표준어 '금방'의 전라 방언이므로 적절하다. 참고로, '고닥새'는 '바로'로도 쓸 수 있다.
② '새북'은 "먼동이 트려 할 무렵."을 뜻하는 표준어 '새벽'의 전라, 경상 방언이므로 적절하다.
③ '귀년시리'는 "아무 까닭이나 실속이 없게."를 뜻하는 표준어 '괜히'의 전라, 강원 방언이므로 적절하다.
④ '괄락괄락'은 "음료나 술 따위를 거침없이 자꾸 들이켜는 소리. 또는 그 모양."을 뜻하는 표준어 '벌컥벌컥'의 제주 방언이므로 적절하다.

# STEP 2 기출개념 암기하기

 추가 어법 PDF ▶

★ = 2회 이상 출제

## 1 표준어 원칙 빈출 조항

### 1. 자음

**제3항** 다음 단어들은 거센소리를 가진 형태를 표준어로 삼는다.

| 표준어 | 비표준어 | 표준어 | 비표준어 |
| --- | --- | --- | --- |
| 살-쾡이★ | 삵-괭이 | 털어-먹다★ | 떨어-먹다 |

**Q1.** 다음 중 표준어는?   그는 도박으로 재산을 몽땅 (㉠ 털어먹었다 / ㉡ 떨어먹었다).

**제5항** 어원에서 멀어진 형태로 굳어져서 널리 쓰이는 것은, 그것을 표준어로 삼는다.

| 표준어 | 비표준어 | 표준어 | 비표준어 |
| --- | --- | --- | --- |
| 고삿 | 고살 | 사글-세 | 삭월-세 |

다만, 어원적으로 원형에 더 가까운 형태가 아직 쓰이고 있는 경우에는, 그것을 표준어로 삼는다.

| 표준어 | 비표준어 | 표준어 | 비표준어 |
| --- | --- | --- | --- |
| 밀-뜨리다 | 미-뜨리다 | 적-이★ | 저으기 |

**Q2.** 다음 중 표준어는?   (㉠ 사글세 / ㉡ 삭월세)를 받다.

**제7항** 수컷을 이르는 접두사는 '수-'로 통일한다.

| 표준어 | 비표준어 | 표준어 | 비표준어 |
| --- | --- | --- | --- |
| 수-꿩★ | 수-퀑/숫-꿩 | 수-사돈 | 숫-사돈 |
| 수-나사 | 숫-나사 | 수-놈★ | 숫-놈 |

다만 1. 다음 단어에서는 접두사 다음에서 나는 거센소리를 인정한다. 접두사 '암-'이 결합되는 경우에도 이에 준한다.

| 표준어 | 비표준어 | 표준어 | ㄴ |
| --- | --- | --- | --- |
| 수-캉아지★ | 숫-강아지 | 수-퇘지★ | 숫-돼지 |
| 수-탉★ | 숫-닭 | 수-평아리★ | 숫-병아리 |

다만 2. 다음 단어의 접두사는 '숫-'으로 한다.

| 표준어 | 비표준어 | 표준어 | 비표준어 |
| --- | --- | --- | --- |
| 숫-양 | 수-양 | 숫-쥐 | 수-쥐 |
| 숫-염소 | 수-염소 | - | |

**Q3.** 밑줄 친 부분이 표준어면 ○, 비표준어면 ×에 표시하시오.   숫꿩 한 마리를 보았다. [ ○, × ]

## 2. 모음

**제8항** 양성 모음이 음성 모음으로 바뀌어 굳어진 다음 단어는 음성 모음 형태를 표준어로 삼는다.

| 표준어 | 비표준어 | 표준어 | 비표준어 |
|---|---|---|---|
| 깡충-깡충★ | 깡총-깡총 | 뻗정-다리★ | 뻗장-다리 |
| 발가-숭이 | 발가-송이 | 오뚝-이 | 오똑-이 |

다만, 어원 의식이 강하게 작용하는 다음 단어에서는 양성 모음 형태를 그대로 표준어로 삼는다.

| 표준어 | 비표준어 | 표준어 | 비표준어 |
|---|---|---|---|
| 부조(扶助) | 부주 | 사돈(査頓) | 사둔 |

**Q4.** 다음 중 표준어는?  그는 [㉠ 뻗장다리 / ㉡ 뻗정다리]이다.

**제9항** 'ㅣ' 역행 동화 현상에 의한 발음은 원칙적으로 표준 발음으로 인정하지 아니하되, 다만 다음 단어들은 그러한 동화가 적용된 형태를 표준어로 삼는다.

| 표준어 | 비표준어 | 표준어 | 비표준어 |
|---|---|---|---|
| -내기 | -나기 | 동댕이-치다 | 동당이-치다 |

[붙임] 기술자에게는 '-장이', 그 외에는 '-쟁이'가 붙는 형태를 표준어로 삼는다.

| 표준어 | 비표준어 | 표준어 | 비표준어 |
|---|---|---|---|
| 멋쟁이 | 멋장이 | 담쟁이-덩굴 | 담장이-덩굴 |
| 소금쟁이 | 소금장이 | 골목쟁이 | 골목장이 |

**Q5.** 밑줄 친 부분이 표준어면 ○, 비표준어면 ✕에 표시하시오.  담벼락이 담쟁이덩굴로 뒤덮였다. [○, ✕]

**제12항** '웃-' 및 '윗-'은 명사 '위'에 맞추어 '윗-'으로 통일한다.

| 표준어 | 비표준어 | 표준어 | 비표준어 |
|---|---|---|---|
| 윗-니 | 웃-니 | 윗-잇몸 | 웃-잇몸 |

다만 1. 된소리나 거센소리 앞에서는 '위-'로 한다.

| 표준어 | 비표준어 | 표준어 | 비표준어 |
|---|---|---|---|
| 위-쪽 | 웃-쪽 | 위-층 | 웃-층 |

다만 2. '아래, 위'의 대립이 없는 단어는 '웃-'으로 발음되는 형태를 표준어로 삼는다.

| 표준어 | 비표준어 | 표준어 | 비표준어 |
|---|---|---|---|
| 웃-돈 | 윗-돈 | 웃-어른 | 윗-어른 |

**Q6.** 다음 중 표준어는?  [㉠ 웃어른 / ㉡ 윗어른]으로 대접하다.

## 2 기출 표준어

### 1. 표준어와 비표준어

| 표준어 | 비표준어 | 표준어 | 비표준어 |
|---|---|---|---|
| 가난하다 | 기찹다 | 되레★ | 되려 |
| 가볍다 | 해깝다 | 많이 | 하영 |
| 갑갑하다★ | 깝깝하다 | 먼지떨이★ | 먼지털이 |
| 개운하다 | 개완하다 | 몰아붙이다★ | 몰아부치다 |
| 거의★ | 거진, 건줌 | 무릅쓰다 | 무릎쓰다 |
| 건넛마을★ | 건넌마을 | 배고프다 | 굴풋하다 |
| 괜스레★ | 괜스리 | 부지깽이 | 부지땡이 |
| 구레나룻★ | 구렛나루 | 비슷하다★ | 가이방하다 |
| 귀띔★ | 귀팀 | 새벽 | 새북 |
| 귀밑머리★ | 귀영머리 | 샛별★ | 새벽별 |
| 금방, 바로 | 고닥새 | 애달프다★ | 애닯다 |
| 깜박 | 깜뭇 | 어련하다 | 비문하다 |
| 꼼꼼하다 | 꼽꼽하다 | 여느★ | 여늬 |
| 끄떡없다(끄떡없이)★ | 끄덕없다(끄덕없이) | 여우 | 여시 |
| 다르다★ | 달부다 | 해코지★ | 해꼬지 |
| 도리어 | 뎁세 | 흐리멍덩하다 | 흐리멍텅하다 |

Q1. 다음 중 표준어는?   길게 자란 (㉠ 구레나룻 / ㉡ 구렛나루)가 멋스럽다.

### 2. 단수·복수 표준어

| | | | |
|---|---|---|---|
| 가락지 | 넝쿨/덩굴 | 버러지/벌레★ | 여태/입때 |
| 가없다 | 눈엣가시 | 별의별/별별★ | 우수리★ |
| 가엾다/가엽다★ | 늑장/늦장 | 빠릿빠릿하다 | 장대비 |
| 거슴츠레하다/게슴츠레하다★ | 당최 | 사족★ | 재까닥(재깍) |
| 거짓부리/거짓불 | 두리뭉실 | 쌉싸래하다/쌉싸름하다 | 종지 |
| 꺼림직하다/꺼림칙하다★ | 마뜩이 | 어쭙잖다★ | 주책바가지 |
| 나부랭이/너부렁이★ | 마파람/앞바람★ | 얼추 | 추켜세우다/치켜세우다 |

*' / ' 표시된 것은 복수 표준어이고, '( )' 안은 준말임

Q2. 밑줄 친 부분이 표준어면 ○, 비표준어면 × 에 표시하시오.   굶주린 길고양이가 가엾다. [○, ×]

## 3. 혼동하기 쉬운 표준어

| 어휘 | 의미 및 용례 |
|---|---|
| 건넌방 | 안방에서 대청을 건너 맞은편에 있는 방. |
| 건넛방 | 건너편에 있는 방. |
| 낙낙하다 | 크기, 수효, 부피 등이 조금 크거나 남음이 있다. |
| 넉넉하다 | 크기나 수량 등이 기준에 차고도 남음이 있다. |
| 뒤처지다 | 어떤 수준이나 대열에 들지 못하고 뒤로 처지거나 남게 되다. 예 성적이 남들보다 뒤처지다. |
| 뒤쳐지다 | 물건이 뒤집혀서 젖혀지다. 예 바람에 현수막이 뒤쳐지다. |
| 또아리 | 갈퀴발의 다른 끝을 모아 휘감아 잡아맨 부분. |
| 똬리 | 둥글게 빙빙 틀어 놓은 것. 또는 그런 모양. 예 구렁이가 똬리를 틀고 있다. |
| 밭떼기 | 밭에서 나는 작물을 밭에 나 있는 채로 몽땅 사는 일. 예 배추를 밭떼기로 샀다. |
| 밭뙈기 | 얼마 안 되는 자그마한 밭 예 손바닥만 한 밭뙈기에 농사를 지어 살아가는 형편이다. |
| 배리다 | ① 날콩이나 물고기, 동물의 피 등에서 나는 맛이나 냄새와 조금 같은 데가 있다.<br>② 하는 짓이 좀스럽고 구차스러워서 조금 더럽고 아니꼽다.<br>  예 그 사람은 하는 행동이 하도 배려서 주위 사람들이 다 싫어한다. |
| 버리다 | 본바탕을 상하게 하거나 더럽혀서 쓰지 못하게 망치다. 예 흙탕물이 튀어 새 옷을 버리고 말았다. |
| 사단(事端) | 사건의 단서. 또는 일의 실마리. |
| 사달 | 사고나 탈. 예 일이 꺼림칙하게 되어 가더니만 결국 사달이 났다. |
| 웃옷 | 맨 겉에 입는 옷. 예 날씨가 추워서 웃옷을 걸쳐 입었다. |
| 윗옷 | 위에 입는 옷. 예 그녀는 여행을 떠나기 위해 윗옷 두 벌과 아래옷 세 벌을 준비하였다. |
| 옷집 | 배 안에 집처럼 장식한 시설. |
| 윗집 | 위쪽에 이웃하여 있거나 지대가 높은 곳에 있는 집. |
| 으슥하다 | 무서움을 느낄 만큼 깊숙하고 후미지다. 예 으슥한 골목길. |
| 이슥하다 | 밤이 꽤 깊다. 예 아버지는 밤이 이슥해서야 집에 돌아오셨다. |
| 짬짜미 | 남모르게 자기들끼리만 짜고 하는 약속이나 수작. |
| 짬짬이 | 짬이 나는 대로 그때그때. 예 언니는 직장에 다니면서도 짬짬이 아버지가 하시는 일을 도왔다. |
| 해쓱하다 | 얼굴에 핏기나 생기가 없어 파리하다. |
| 핼쑥하다 | 얼굴에 핏기가 없고 파리하다. |

Q3. 문맥상 쓰이기 적절한 표준어는? [㉠ 으슥한 / ㉡ 이슥한] 골목길.

## 3 표준 발음법 빈출 조항

### 1. 자음과 모음

**제5항** 'ㅑ ㅐ ㅕ ㅖ ㅘ ㅙ ㅛ ㅝ ㅞ ㅠ ㅢ'는 이중 모음으로 발음한다.

다만 1. 용언의 활용형에 나타나는 '져, 쪄, 쳐'는 [저, 쩌, 처]로 발음한다.
가지어 → 가져[가저]   찌어 → 쪄[쩌]   다치어 → 다쳐[다처]

다만 2. '예, 례' 이외의 'ㅖ'는 [ㅔ]로도 발음한다.
계집[계:집/게:집]   개폐[개폐/개페](開閉)   혜택[혜:택/헤:택](惠澤)   지혜[지혜/지헤](智慧)

다만 3. 자음을 첫소리로 가지고 있는 음절의 'ㅢ'는 [ㅣ]로 발음한다.
늴리리[닐리리]   닁큼[닝큼]   무늬[무니]   유희[유히]
씌어[씨어/씨여]   틔어[티어/티여]   희망[히망]   띄어쓰기[띠어쓰기/띠여쓰기]

다만 4. 단어의 첫음절 이외의 '의'는 [ㅣ]로, 조사 '의'는 [ㅔ]로 발음함도 허용한다.
주의[주의/주이]   협의[혀븨/혀비]   우리의[우리의/우리에]   강의의[강:의의/강:이에]

**관련 기출 어휘**
민주주의[민주주의/민주주이]   자본주의[자본주의/자본주이]   본의[보늬/보니]   설의[서릐/서리]

**Q1.** 밑줄 친 부분의 발음이 올바르면 ○, 틀리면 × 에 표시하시오.   온라인 채팅에서는 띄어쓰기[띠여쓰기]를 생략하는 경우가 많다. [○, ×]

### 2. 받침의 발음

**제9항** 받침 'ㄲ, ㅋ', 'ㅅ, ㅆ, ㅈ, ㅊ, ㅌ', 'ㅍ'은 어말 또는 자음 앞에서 각각 대표음 [ㄱ, ㄷ, ㅂ]으로 발음한다.
닦다[닥따]   키읔[키윽]   옷[옫]   있다[읻따]

**관련 기출 어휘**
시옷[시옫]   치읓[치읃]   티읕[티읃]

**Q2.** 다음 중 '키읔'의 발음으로 올바른 것은?   ㉠ 키윽   ㉡ 키읃

**제10항** 겹받침 'ㄳ', 'ㄵ', 'ㄼ, ㄽ, ㄾ', 'ㅄ'은 어말 또는 자음 앞에서 각각 [ㄱ, ㄴ, ㄹ, ㅂ]으로 발음한다.
넋[넉]   넋과[넉꽈]   앉다[안따]   여덟[여덜]   넓다[널따]
외곬[외골]   핥다[할따]   값[갑]   없다[업:따]

다만, '밟-'은 자음 앞에서 [밥]으로 발음하고, '넓-'은 다음과 같은 경우에 [넙]으로 발음한다.
밟다[밥:따]   밟소[밥:쏘]   넓-죽하다[넙쭈카다]   넓-둥글다[넙뚱글다]

**관련 기출 어휘**
떫지[떨:찌]   삯[삭]   얇다[얄:따]   짧다[짤따]   훑다[훌따]   짓밟고[짇빱꼬]

**Q3.** 다음 중 '여덟'의 발음으로 올바른 것은?   ㉠ 여덜   ㉡ 여덥

**제11항** 겹받침 'ㄺ, ㄻ, ㄿ'은 어말 또는 자음 앞에서 각각 [ㄱ, ㅁ, ㅂ]으로 발음한다.

닭[닥]　　　　젊다[점:따]　　　　맑다[막따]　　　　읊다[읍따]

다만, 용언의 어간 말음 'ㄺ'은 'ㄱ' 앞에서 [ㄹ]로 발음한다.

맑게[말께]　　　　묽고[물꼬]　　　　얽거나[얼꺼나]

[관련 기출 어휘]
늙다[늑따]　　읽다[익따]　　젊고[점:꼬]　　갉작갉작[각짝깍짝]　　읽고[일꼬]

**Q4.** 다음 중 '맑다'의 발음으로 올바른 것은?　　㉠ 막따　　㉡ 말따

**제15항** 받침 뒤에 모음 'ㅏ, ㅓ, ㅗ, ㅜ, ㅟ' 들로 시작되는 실질 형태소가 연결되는 경우에는, 대표음으로 바꾸어서 뒤 음절 첫소리로 옮겨 발음한다.

밭 아래[바다래]　　맛없다[마덥따]　　겉옷[거돋]　　헛웃음[허두슴]　　꽃 위[꼬뒤]

다만, '맛있다, 멋있다'는 [마싣따], [머싣따]로도 발음할 수 있다.

[붙임] 겹받침의 경우에는, 그중 하나만을 옮겨 발음한다.

넋 없다[너겁따]　　닭 앞에[다가페]　　값어치[가버치]　　값있는[가빈는]

**Q5.** 다음 중 '겉옷'의 발음으로 올바른 것은?　　㉠ 거톤　　㉡ 거돋

## 3. 음의 동화

**제17항** 받침 'ㄷ, ㅌ(ㄾ)'이 조사나 접미사의 모음 'ㅣ'와 결합되는 경우에는, [ㅈ, ㅊ]으로 바꾸어서 뒤 음절 첫소리로 옮겨 발음한다.

곧이듣다[고지듣따]　　벼훑이[벼훌치]　　미닫이[미:다지]　　땀받이[땀바지]

**Q6.** 밑줄 친 부분의 발음이 올바르면 ○, 틀리면 ×에 표시하시오.　소문을 곧이듣다[고디듣따]가 오해가 생겼다. [○, ×]

**제18항** 받침 'ㄱ(ㄲ, ㅋ, ㄳ, ㄺ), ㄷ(ㅅ, ㅆ, ㅈ, ㅊ, ㅌ, ㅎ), ㅂ(ㅍ, ㄼ, ㄿ, ㅄ)'은 'ㄴ, ㅁ' 앞에서 [ㅇ, ㄴ, ㅁ]으로 발음한다.

국물[궁물]　　　　긁는[긍는]　　　　흙만[흥만]　　　　닫는[단는]
꽃망울[꼰망울]　　밥물[밤물]　　　　밟는[밤:는]

**Q7.** 다음 중 '흙만'의 발음으로 올바른 것은?　　㉠ 흑만　　㉡ 흥만

**제20항** 'ㄴ'은 'ㄹ'의 앞이나 뒤에서 [ㄹ]로 발음한다.

신라[실라]　　천리[철리]　　광한루[광:할루]　　물난리[물랄리]　　줄넘기[줄럼끼]

다만, 다음과 같은 단어들은 'ㄹ'을 [ㄴ]으로 발음한다.

의견란[의:견난]　　임진란[임:진난]　　생산량[생산냥]　　결단력[결딴녁]　　공권력[공꿘녁]　　동원령[동:원녕]

**Q8.** 다음 중 '광한루'의 발음으로 올바른 것은?　　㉠ 광:한누　　㉡ 광:할루

정답 | Q1. ○　Q2. ㉠　Q3. ㉠　Q4. ㉠　Q5. ㉡　Q6. ×, 고지듣따　Q7. ㉡　Q8. ㉡

## 4. 경음화

**제23항** 받침 'ㄱ(ㄲ, ㅋ, ㄳ, ㄺ), ㄷ(ㅅ, ㅆ, ㅈ, ㅊ, ㅌ), ㅂ(ㅍ, ㄼ, ㄿ, ㅄ)' 뒤에 연결되는 'ㄱ, ㄷ, ㅂ, ㅅ, ㅈ'은 된소리로 발음한다.

| 국밥[국빱] | 깎다[깍따] | 닭장[닥짱] | 뻗대다[뻗때다] |
| 낯설다[낟썰다] | 넓죽하다[넙쭈카다] | 읊조리다[읍쪼리다] | 값지다[갑찌다] |

**Q1.** 다음 중 '넓죽하다'의 발음으로 올바른 것은?   ㉠ 넙쭈카다   ㉡ 널쭈카다

**제24항** 어간 받침 'ㄴ(ㄵ), ㅁ(ㄻ)' 뒤에 결합되는 어미의 첫소리 'ㄱ, ㄷ, ㅅ, ㅈ'은 된소리로 발음한다.

| 껴안다[껴안따] | 닮고[담ː꼬] | 앉고[안꼬] | 얹다[언따] |

다만, 피동, 사동의 접미사 '-기-'는 된소리로 발음하지 않는다.

| 안기다★ | 감기다 | 굶기다 | 옮기다 |

**관련 기출 어휘**

| 늙다[늑따] | 읽다[익따] | 젊고[점ː꼬] | 갉작갉작[각짝깍짝] | 읽고[일꼬] |

**Q2.** 다음 중 '안기다'의 발음으로 올바른 것은?   ㉠ 안기다   ㉡ 안끼다

**제26항** 한자어에서, 'ㄹ' 받침 뒤에 연결되는 'ㄷ, ㅅ, ㅈ'은 된소리로 발음한다.

| 갈등[갈뜽] | 갈증[갈쯩] | 발전[발쩐] | 몰상식[몰쌍식] | 불세출[불쎄출] |

**관련 기출 어휘**

| 발단[발딴] | 출동[출똥] | 별세[별쎄] |

**Q3.** 밑줄 친 부분의 발음이 올바르면 ○, 틀리면 ×에 표시하시오.   오랜 갈등[갈뜽] 끝에 결국 화해할 수 있었다. [○, ×]

**제28항** 표기상으로는 사이시옷이 없더라도, 관형격 기능을 지니는 사이시옷이 있어야 할(휴지가 성립되는) 합성어의 경우에는, 뒤 단어의 첫소리 'ㄱ, ㄷ, ㅂ, ㅅ, ㅈ'을 된소리로 발음한다.

| 문-고리[문꼬리] | 눈-동자[눈똥자] | 신-바람[신빠람] | 산-새[산쌔] | 손-재주[손째주] |
| 길-가[길까] | 물-동이[물똥이] | 발-바닥[발빠닥] | 굴-속[굴ː쏙] | 술-잔[술짠] |
| 바람-결[바람껼] | 그믐-달[그믐딸] | 아침-밥[아침빱] | 강-줄기[강쭐기] | 강-가[강까] |
| 초승-달[초승딸] | 등-불[등뿔] | 창-살[창쌀] | | |

**관련 기출 어휘**

| 발단[발딴] | 출동[출똥] | 별세[별쎄] |

**Q4.** 다음 중 '강가'의 발음으로 올바른 것은?   ㉠ 강가   ㉡ 강까

## 5. 음의 첨가

**제29항** 합성어 및 파생어에서, 앞 단어나 접두사의 끝이 자음이고 뒤 단어나 접미사의 첫음절이 '이, 야, 여, 요, 유'인 경우에는, 'ㄴ' 음을 첨가하여 [니, 냐, 녀, 뇨, 뉴]로 발음한다.

솜-이불[솜:니불]   홑-이불[혼니불]   막-일[망닐]   삯-일[상닐]
맨-입[맨닙]   꽃-잎[꼰닙]   내복-약[내:봉냑]   한-여름[한녀름]
남존-여비[남존녀비]   신-여성[신녀성]   색-연필[생년필]   직행-열차[지캥녈차]
늑막-염[능망념]   콩-엿[콩녇]   담-요[담:뇨]   눈-요기[눈뇨기]
영업-용[영엄뇽]   식용-유[시굥뉴]   백분-율[백뿐뉼]   밤-윷[밤:뉻]

다만, 다음과 같은 말들은 'ㄴ' 음을 첨가하여 발음하되, 표기대로 발음할 수 있다.

이죽-이죽[이중니죽/이주기죽]   야금-야금[야금냐금/야그먀금]   검열[검:녈/거:멸]
율랑-율랑[율랑뇰랑/율랑율랑]   금융[금늉/그뮹]

[붙임 1] 'ㄹ' 받침 뒤에 첨가되는 'ㄴ' 음은 [ㄹ]로 발음한다.

들-일[들:릴]   솔-잎[솔립]   설-익다[설릭따]   물-약[물략]   불-여우[불려우]
서울-역[서울력]   물-엿[물렫]   휘발-유[휘발류]   유들-유들[유들류들]

다만, 다음과 같은 단어에서는 'ㄴ(ㄹ)' 음을 첨가하여 발음하지 않는다.

6·25[유기오]   3·1절[사밀쩔]   송별-연[송:벼련]   등-용문[등용문]

**Q5.** 밑줄 친 부분의 발음이 올바르면 ○, 틀리면 ×에 표시하시오.   두꺼운 솜이불[소미불] 하나면 겨울 추위도 문제없다. (○, ×)

**제30항** 사이시옷이 붙은 단어는 다음과 같이 발음한다.

1. 'ㄱ, ㄷ, ㅂ, ㅅ, ㅈ'으로 시작하는 단어 앞에 사이시옷이 올 때는 이들 자음만을 된소리로 발음하는 것을 원칙으로 하되, 사이시옷을 [ㄷ]으로 발음하는 것도 허용한다.
   냇가[내:까/낻:까]   샛길[새:낄/샏:낄]   햇살[해쌀/핻쌀]   고갯짓[고개찓/고갣찓]

2. 사이시옷 뒤에 'ㄴ, ㅁ'이 결합되는 경우에는 [ㄴ]으로 발음한다.
   콧날[콛날 → 콘날]   아랫니[아랟니 → 아랜니]   툇마루[퇻:마루 → 퇸:마루]   뱃머리[밷머리 → 밴머리]

3. 사이시옷 뒤에 '이' 음이 결합되는 경우에는 [ㄴㄴ]으로 발음한다.
   베갯잇[베갣닏 → 베갠닏]   깻잎[깯닙 → 깬닙]   나뭇잎[나묻닙 → 나문닙]

**Q6.** 다음 중 '아랫니'의 발음으로 올바른 것은?   ㉠ 아랜니   ㉡ 아래니

정답 | Q1. ㉠   Q2. ㉠   Q3. ○   Q4. ㉡   Q5. ×, 솜:니불   Q6. ㉠

# STEP 3 기출동형 문제 풀어보기

**1** 밑줄 친 말이 표준어가 아닌 것은?

① 새벽에 내린 비로 길이 <u>촉촉히</u> 젖어 있다.
② 간장을 담을 <u>종지</u>를 찾기 위해 찬장을 뒤졌다.
③ <u>괜스레</u> 마음이 떨리는 것을 보니 봄이 오는 모양이다.
④ 아이는 사탕을 사 오라는 심부름을 <u>빠릿빠릿하게</u> 잘 해냈다.
⑤ <u>이제야</u> 그가 나를 속였음을 깨닫다니 원통한 마음이 들었다.

**2** 밑줄 친 말이 표준어가 아닌 것은?

① 할아버지 댁을 뒤덮고 있는 담쟁이 <u>넝쿨</u>은 매우 근사하다.
② 우리 부부는 <u>아옹다옹</u>하면서도 행복한 나날을 보내고 있다.
③ 요즘 너무 잘 먹어서 그런지 살이 쪄서 얼굴까지 <u>두루뭉실</u>해졌다.
④ 그는 <u>허우대</u>만 컸지 겁이 많아서 내가 그를 지켜주어야 할 지경이다.
⑤ 공기가 <u>후텁지근하다</u> 보니 창문을 열어도 시원한 바람이 불지 않는다.

**3** 밑줄 친 부분이 표준어인 것은?

① 아이는 교통사고 후 <u>뻗장다리</u>가 되었다.
② 오래된 음식에는 <u>벌러지</u>가 꼬이기 마련이다.
③ 사업이 실패하여 재산을 모두 <u>떨어먹고</u> 말았다.
④ 그는 술에 취해 바닥에 <u>널부러져</u> 잠들어 있었다.
⑤ 밤새워 공부한 아들은 눈을 <u>거슴츠레</u> 뜨고 있었다.

**4** 표준 발음이 적절하지 않은 것은?

① 햇살[해쌀/핻쌀]    ② 검열[검ː녈/거ː멸]    ③ 금요일[금뇨일/그묘일]
④ 이죽이죽[이중니죽/이주기죽]    ⑤ 민주주의[민주주의/민주주이]

**5** 다음 중 표준 발음이 아닌 것은?

① 샛길[새ː낄/샏ː낄]    ② 금융[금늉/그뮹]    ③ 색연필[생년필/새견필]
④ 고갯짓[고개찓/고갣찓]    ⑤ 야금야금[야금냐금/야그먀금]

**6** 밑줄 친 발음이 표준 발음이 아닌 것은?

① 우리 동네의 공원은 아름답고 넓다[널따].
② 학생 여덟을[여더를] 데리고 운동장으로 나갔다.
③ 우리 집의 닭은[달근] 옆집의 닭보다 몸집이 크다.
④ 소년은 교실에서 동시를 읊고[읍꼬] 박수를 받았다.
⑤ 아이는 팔이 간지러운지 자꾸 긁적긁적[극쩍극쩍] 긁었다.

**7** 다음 밑줄 친 방언에 대응하는 표준어가 적절하지 않은 것은?

① 그리 오래 노력하더니 이제사(→ 이제) 결실을 맺었구려?
② 고된 운동 끝에 굴풋하던(→ 배고프던) 참이라 양껏 고기를 욱여넣었다.
③ 나비 제비야 깝치지(→ 재촉하지) 마라. 맨드라미 들마꽃에도 인사를 해야지.
④ 예사로 여겼더니만 개주무리인지(→ 감기 몸살인지) 영 나가지를 못하겠다.
⑤ 우리 언니가 너희 언니와 어찌 달븐지(→ 닮았는지) 확인해 보랬응게 말이여.

**8** 밑줄 친 방언에 대응하는 표준어가 적절하지 않은 것은?

① 내둥(→ 여태껏) 그런 일은 한 번도 못 봤다.
② 올해는 해톨이(→ 양식이) 넉넉해서 끼니 걱정은 없슈.
③ 최가는 제가 무슨 잘못이라도 저질러 머퉁이를(→ 핀잔을) 먹는 것처럼 고만 질겁을 하였다.
④ 어머님이 쓰시던 쌀독이며 나무 따가리까지도(→ 뚜껑까지도), 나는 함부로 손댈 수가 없었제.
⑤ 그 일은 분명 화근일 줄 알았건만, 뎁세(→ 결국) 우리 집안이 다시 일어서는 계기가 되었지라.

**9** 밑줄 친 방언에 대응하는 표준어가 적절하지 않은 것은?

① 이 마을은 이상한 냄살로(→ 냄새로) 가득하다.
② 그런 객괭스러운(→ 낯간지러운) 농담은 이제 그만혀라.
③ 장날 구경하는 건지루(→ 재미루) 일주일을 버티는 거여, 아셔유?
④ 기어코 오해를 풀었더니 가슴이 개완허게(→ 개운하게) 확 시원허네.
⑤ 모두가 웃고 있는데 홀로 표정 하나 바꾸지 않는 괴딴지(→ 뚱딴지)같은 모습이었다.

**10** 밑줄 친 표현이 표준어인 것은?

① 호랑이들 중 그 숫놈은 가장 몸집이 컸다.
② 아이들은 골목장이에 숨어 술래를 피했다.
③ 선생님은 지각한 학생들을 크게 나무랬다.
④ 병든 어머니를 간호하는 딸의 모습이 가엾다.
⑤ 한정판 운동화는 출시 직후 윗돈이 붙어 거래되었다.

**영역2 어법**

# 03 외래어·로마자 표기법

최근 3개년 매회 2문제 출제
어법 15문제

## STEP 1 최신 기출유형 파악하기

### 기출유형 ① 외래어 표기법
최근 3개년 평균 정답률 47.49%

예문에 쓰인 외래어 표기가 외래어 표기법에 따른 올바른 표기인지 판단하는 유형이다. 일상생활에서 자주 쓰이는 외래어가 주로 출제되며, 매회 1문제 출제된다.

**예제**

밑줄 친 외래어 표기가 적절하지 않은 것은?

① 젊은 세대는 <u>디지털</u>(digital) 환경에 가장 잘 적응하고 있다.
② 대학 입학처는 학과를 소개하는 <u>카탈로그</u>(catalog)를 제작했다.
③ 자동차를 수리해야 해서 임시로 <u>렌터카</u>(rent-a-car)를 활용했다.
④ 노인 복지 <u>센터</u>(center)는 어르신들의 건강과 여가를 책임졌다.
⑤ <u>불독</u>(bulldog)은 특유의 주름진 얼굴이 귀여워 보이지만 실제 성격은 용감한 편이다.

**정답분석**

⑤ 불독(bulldog)(×) → 불도그(○): 'bulldog[bʊldɒg]'의 [g]는 어말이므로 '으'를 붙여 '그'로 표기한다. 따라서 '불독'이 아닌 '불도그'로 표기해야 한다.

### 기출유형 ② 로마자 표기법
최근 3개년 평균 정답률 50.61%

국어의 로마자 표기가 로마자 표기법에 따른 올바른 표기인지 판단하는 유형이다. 음식, 지명, 문화재명 등이 주로 출제되며, 매회 1문제 출제된다.

**예제**

다음 중 국어의 로마자 표기로 올바르지 않은 것은?

① 김치전골 kimchijeonkol
② 꼬리곰탕 kkorigomtang
③ 동태찌개 dongtaejjigae
④ 순대볶음 sundaebokkeum
⑤ 고등어구이 godeungeogui

**정답분석**

① 김치전골 kimchijeonkol(×) → kimchijeongol(○): 모음 앞에 오는 'ㄱ'은 'g'로 적어야 한다. 따라서 '김치전골'은 'kimchijeongol'로 표기해야 한다.

# STEP 2 기출개념 암기하기

추가 어법 PDF ▶

★ = 2회 이상 출제

## 1 외래어 표기

1. 빈출 외래어 표기법

1) 표기의 기본 원칙

> 제1항 외래어는 국어의 현용 24 자모만으로 적는다.
> 제2항 외래어의 1 음운은 원칙적으로 1 기호로 적는다.
> 제3항 받침에는 'ㄱ, ㄴ, ㄹ, ㅁ, ㅂ, ㅅ, ㅇ'만을 쓴다.
> 제4항 파열음 표기에는 된소리를 쓰지 않는 것을 원칙으로 한다.
> 제5항 이미 굳어진 외래어는 관용을 존중하되, 그 범위와 용례는 따로 정한다.

2) 파열음 표기

**제1항**  무성 파열음([p], [t], [k])

1. 짧은 모음 다음의 어말 무성 파열음([p], [t], [k])은 받침으로 적는다.
   gap[gæp] 갭   cat[kæt] 캣   book[buk] 북

2. 짧은 모음과 유음·비음([l], [r], [m], [n]) 이외의 자음 사이에 오는 무성 파열음([p], [t], [k])은 받침으로 적는다.
   apt[æpt] 앱트   setback[setbæk] 셋백   act[ækt] 액트

3. 위 경우 이외의 어말과 자음 앞의 [p], [t], [k]는 '으'를 붙여 적는다.
   stamp[stæmp] 스탬프   desk[desk] 데스크   make[meik] 메이크   mattress[mætris] 매트리스
   apple[æpl] 애플   chipmunk[ʧipmʌŋk] 치프멍크   sickness[siknis] 시크니스

**제2항**  유성 파열음([b], [d], [g])

어말과 모든 자음 앞에 오는 유성 파열음은 '으'를 붙여 적는다.
bulb[bʌlb] 벌브   land[lænd] 랜드   zigzag[zigzæg] 지그재그
lobster[lɔbstə] 로브스터   kidnap[kidnæp] 키드냅   signal[signəl] 시그널

Q1. 다음 중 'zigzag'의 표기로 올바른 것은?   ㉠ 직잭   ㉡ 지그재그

정답 | Q1. ㉡

3) 마찰음, 파찰음 표기

**제3항** 마찰음([s], [z], [f], [v], [θ], [ð], [ʃ], [ʒ])

1. 어말 또는 자음 앞의 [s], [z], [f], [v], [θ], [ð]는 '으'를 붙여 적는다.
   mask[mɑːsk] 마스크    jazz[dʒæz] 재즈    thrill[θril] 스릴

2. 어말의 [ʃ]는 '시'로 적고, 자음 앞의 [ʃ]는 '슈'로, 모음 앞의 [ʃ]는 뒤따르는 모음에 따라 '샤', '섀', '셔', '셰', '쇼', '슈', '시'로 적는다.
   flash[flæʃ] 플래시    fashion[fæʃən] 패션    shopping[ʃɔpiŋ] 쇼핑

3. 어말 또는 자음 앞의 [ʒ]는 '지'로 적고, 모음 앞의 [ʒ]는 'ㅈ'으로 적는다.
   mirage[mirɑːʒ] 미라지    vision[viʒən] 비전

**제4항** 파찰음([ts], [dz], [tʃ], [dʒ])

1. 어말 또는 자음 앞의 [ts], [dz]는 '츠', '즈'로 적고, [tʃ], [dʒ]는 '치', '지'로 적는다.
   bridge[bridʒ] 브리지    Pittsburgh[pitsbəːg] 피츠버그    hitchhike[hitʃhaik] 히치하이크

2. 모음 앞의 [tʃ], [dʒ]는 'ㅊ', 'ㅈ'으로 적는다.
   chart[tʃɑːt] 차트    virgin[vəːdʒin] 버진

**Q1.** 다음 중 'flash'의 표기로 올바른 것은?    ㉠ 플래시    ㉡ 플래쉬

4) 비음, 유음 표기

**제5항** 비음([m], [n], [ŋ])

1. 어말 또는 자음 앞의 비음은 모두 받침으로 적는다.
   steam[stiːm] 스팀    lamp[læmp] 램프    ink[iŋk] 잉크

2. 모음과 모음 사이의 [ŋ]은 앞 음절의 받침 'ㅇ'으로 적는다.
   hanging[hæniŋ] 행잉    longing[lɔniŋ] 롱잉

**제6항** 유음([l])

1. 어말 또는 자음 앞의 [l]은 받침으로 적는다.
   hotel[houtel] 호텔    pulp[pʌlp] 펄프

2. 어중의 [l]이 모음 앞에 오거나, 모음이 따르지 않는 비음([m], [n]) 앞에 올 때에는 'ㄹㄹ'로 적는다. 다만, 비음([m], [n]) 뒤의 [l]은 모음 앞에 오더라도 'ㄹ'로 적는다.
   slide[slaid] 슬라이드    film[film] 필름    helm[helm] 헬름

**Q2.** 다음 중 'steam'의 표기로 올바른 것은?    ㉠ 스팀    ㉡ 스티므

## 2. 기출 외래어 표기

### 1) 음식명

| 바른 표기 | 틀린 표기 | 바른 표기 | 틀린 표기 |
| --- | --- | --- | --- |
| 리소토(risotto) | 리조또, 리소또 | 초콜릿(chocolate) | 초코렛 |
| 멜론(melon) ★ | 메론 | 카레(karê <curry) ★ | 커리 |
| 밀크셰이크(milk shake) ★ | 밀크쉐이크 | 카스텔라(castela) ★ | 캐스텔라 |
| 바비큐(barbecue) ★ | 바베큐 | 캐러멜(caramel) ★ | 카라멜 |
| 소시지(sausage) ★ | 소세지, 쏘시지 | 케이크(cake) ★ | 케잌 |
| 주스(juice) ★ | 주우스, 쥬스 | 크루아상(croissant) | 크로아상, 크라샹 |

**Q3.** 다음 중 'milk shake'의 표기로 올바른 것은?　　㉠ 밀크쉐이크　　㉡ 밀크셰이크

### 2) 일반 용어

| 바른 표기 | 틀린 표기 | 바른 표기 | 틀린 표기 |
| --- | --- | --- | --- |
| 가톨릭(Catholic) ★ | 카톨릭, 카돌릭, 캐톨릭 | 로봇(robot) ★ | 로보트, 로봊트 |
| 깁스(Gips) ★ | 집스 | 로열티(royalty) ★ | 로얄티 |
| 난센스(nonsense) ★ | 넌센스, 넌쎈스 | 로켓(rocket) ★ | 로켓트, 로케트 |
| 내레이션(narration) | 나레이션 | 리넨(linen) | 리닌, 리넌, 린넨 |
| 내비게이션(navigation) ★ | 네비게이션 | 리더십(leadership) ★ | 리더쉽, 리이더십 |
| 노즐(nozzle) ★ | 노쯜 | 리포트(report) | 레포트 |
| 녹다운(knockdown) | 넉다운, 노크다운 | 링거(Ringer) ★ | 닝겔, 링겔 |
| 디지털(digital) ★ | 디지탈 | 마네킹(mannequin) ★ | 마네킨, 마네퀸 |
| 라이선스(license) ★ | 라이쎈스, 라이센스 | 마사지(massage) ★ | 마싸지, 맛사지 |
| 랑데부(rendez-vous) ★ | 랑데뷰, 레덴쯔보우스 | 메시지(message) ★ | 메쎄지, 메세지 |
| 레크리에이션(recreation) | 리크리에이션, 레크레이션 | 메커니즘(mechanism) ★ | 매커니즘, 메카니즘 |
| 레퍼토리(repertory) ★ | 레파토리, 리퍼토리 | 몽타주(montage) | 몽타쥐, 몽타쥬 |
| 렌터카(rent-a-car) ★ | 렌타카, 랜터카 | 미니어처(miniature) | 미니아추어, 미니어춰 |

**Q4.** 밑줄 친 부분의 표기가 올바르면 ○, 틀리면 × 에 표시하시오.　　리더쉽을 갖춘 인재가 필요한 시대다. [○, ×]

정답 | Q1. ㉠　Q2. ㉠　Q3. ㉡　Q4. ×, 리더십

| 바른 표기 | 틀린 표기 | 바른 표기 | 틀린 표기 |
|---|---|---|---|
| 미라(mirra) | 미이라 | 센티미터(centimeter) | 센치미터 |
| 미스터리(mystery) | 미스테리 | 소파(sofa) | 쇼파 |
| 바리케이드(barricade) | 배리캐이드, 바리케이트 | 슈퍼마켓(supermarket)★ | 수퍼마켓, 수퍼마킷 |
| 배지(badge) | 뱃지, 뺏지 | 스카우트(scout) | 스카웃 |
| 버저(buzzer)★ | 부저 | 스태프(staff)★ | 스탭, 스탶 |
| 보닛(bonnet) | 보네트, 본네트, 본넷 | 스티로폼(styrofoam) | 스티로폴 |
| 불도그(bulldog)★ | 불독, 벌도그 | 아웃렛(outlet) | 아울렛 |
| 브로슈어(brochure)★ | 브로우셔 | 알루미늄(aluminium)★ | 앨루미늄, 앨루미늄 |
| 블라인드(blind) | 블린드 | 앙케트(enquête)★ | 앙케이트, 앙케에트 |
| 비즈니스(business)★ | 비지니쓰 | 앙코르(encore)★ | 앵코르, 앵콜 |
| 새시(sash)★ | 섀시, 샤시, 샷시 | 애드리브(ad lib) | 애드립, 에드립 |
| 샌들(sandal) | 쌘들 | 애프터서비스(after service)★ | 애프터써비스 |
| 센터(center) | 센타 | 액세서리(accessory) | 악세사리, 액세사리 |

**Q1.** 다음 중 'mystery'의 표기로 올바른 것은?   ㉠ 미스터리   ㉡ 미스테리

| 바른 표기 | 틀린 표기 | 바른 표기 | 틀린 표기 |
|---|---|---|---|
| 앰뷸런스(ambulance)★ | 앰뷰런스, 앰블런스 | 클라이맥스(climax) | 클라이막스 |
| 에어컨디셔너(air conditioner)★ | 에어콘디셔너 | 킥보드(kickboard) | 퀵보드, 킥보드 |
| 엔도르핀(endorphin)★ | 엔돌핀 | 타깃(target)★ | 타겟, 타기트, 타게트 |
| 옐로(yellow)★ | 옐로우 | 텀블링(tumbling) | 덤블링 |
| 워크숍(workshop)★ | 워크샵, 웍샵 | 테이프(tape)★ | 테잎 |
| 카디건(cardigan)★ | 캐어디건, 가디건 | 트럼펫(trumpet)★ | 트럼페트 |
| 캐럴(carol) | 캐롤 | 팀워크(teamwork) | 팀웍 |
| 커닝(cunning) | 컨닝 | 파이팅(fighting) | 화이팅 |
| 커트(cut)1)★ | 컽 | 판타지(fantasy)★ | 팬타지 |
| 컨소시엄(consortium) | 콘소이엄 | 팸플릿(pamphlet)★ | 팜플렛 |
| 컨트롤(control)★ | 콘트롤 | 플래카드(placard) | 프랑카드, 플랑카드 |
| 컷(cut)2)★ | 컽 | 플루트(flute)★ | 프루트 |
| 코미디(comedy)★ | 커메디, 코메디 | 헥타르(hectare)★ | 헥태어, 헥타아르 |

1) ① 전체에서 일부를 잘라 내는 일. 또는 진행되던 일을 중간에서 차단하는 일 ② 미용을 목적으로 머리를 자르는 일. 또는 그 머리 모양
2) 한 번의 연속 촬영으로 찍은 장면을 이르는 말

**Q2.** 밑줄 친 부분의 표기가 올바르면 ○, 틀리면 ×에 표시하시오.   관광지 입구에서 안내 팸플릿을 받아왔다. (○, ×)

## 2 로마자 표기

### 1. 빈출 로마자 표기법

#### 1) 표기의 기본 원칙

> 제1항 국어의 로마자 표기는 국어의 표준 발음법에 따라 적는 것을 원칙으로 한다.
> 제2항 로마자 이외의 부호는 되도록 사용하지 않는다.

#### 2) 모음 표기

**제1항** 모음은 다음 각호와 같이 적는다.

1. 단모음

| ㅏ a | ㅓ eo | ㅗ o | ㅜ u | ㅡ eu | ㅣ i |
|---|---|---|---|---|---|
| ㅐ ae | ㅔ e | ㅚ oe | ㅟ wi | | |

2. 이중 모음

| ㅑ ya | ㅕ yeo | ㅛ yo | ㅠ yu | ㅒ yae | ㅖ ye |
|---|---|---|---|---|---|
| ㅘ wa | ㅙ wae | ㅝ wo | ㅞ we | ㅢ ui | |

[붙임 1] 'ㅢ'는 'ㅣ'로 소리 나더라도 ui로 적는다.
광희문 Gwanghuimun ★

#### 3) 자음 표기

**제2항** 자음은 다음 각호와 같이 적는다.

1. 파열음

| ㄱ g, k | ㄲ kk | ㅋ k | ㄷ d, t | ㄸ tt | ㅌ t |
|---|---|---|---|---|---|
| ㅂ b, p | ㅃ pp | ㅍ p | | | |

2. 파찰음

| ㅈ j | ㅉ jj | ㅊ ch |
|---|---|---|

3. 마찰음

| ㅅ s | ㅆ ss | ㅎ h |
|---|---|---|

4. 비음

| ㄴ n | ㅁ m | ㅇ ng |
|---|---|---|

5. 유음

| ㄹ r, l |
|---|

[붙임 1] 'ㄱ, ㄷ, ㅂ'은 모음 앞에서는 'g, d, b'로, 자음 앞이나 어말에서는 'k, t, p'로 적는다.
  ([ ] 안의 발음에 따라 표기함.)

구미 Gumi  영동 Yeongdong  백암 Baegam
옥천 Okcheon  합덕 Hapdeok  월곶[월곧] Wolgot

[붙임 2] 'ㄹ'은 모음 앞에서는 'r'로, 자음 앞이나 어말에서는 'l'로 적는다. 단, 'ㄹㄹ'은 'll'로 적는다.

구리 Guri  설악 Seorak  칠곡 Chilgok
임실 Imsil  울릉 Ulleung  대관령[대괄령] Daegwallyeong

**Q3.** 다음 중 로마자 표기가 올바른 것은?  그녀의 고향은 구미(㉠ Kumi / ㉡ Gumi)이다.

4) 발음 관련 표기상의 유의점

**제1항** 음운 변화가 일어날 때에는 변화의 결과에 따라 다음 각호와 같이 적는다.

1. 자음 사이에서 동화 작용이 일어나는 경우
   백마[뱅마] Baengma   신문로[신문노] Sinmunno   종로[종노] Jongno
   왕십리[왕심니] Wangsimni   별내[별래] Byeollae   신라[실라] Silla ★

2. 'ㄴ, ㄹ'이 덧나는 경우
   학여울[항녀울] Hangnyeoul   알약[알략] allyak

3. 구개음화가 되는 경우
   해돋이[해도지] haedoji   같이[가치] gachi   굳히다[구치다] guchida

4. 'ㄱ, ㄷ, ㅂ, ㅈ'이 'ㅎ'과 합하여 거센소리로 소리 나는 경우
   좋고[조코] joko   놓다[노타] nota   잡혀[자펴] japyeo   낳지[나치] nachi

다만, 체언에서 'ㄱ, ㄷ, ㅂ' 뒤에 'ㅎ'이 따를 때에는 'ㅎ'을 밝혀 적는다.
묵호(Mukho) ★   집현전(Jiphyeonjeon) ★

[붙임] 된소리되기는 표기에 반영하지 않는다.
압구정 Apgujeong   낙동강 Nakdonggang   죽변 Jukbyeon
낙성대 Nakseongdae   합정 Hapjeong   팔당 Paldang

**제2항** 발음상 혼동의 우려가 있을 때에는 음절 사이에 붙임표( - )를 쓸 수 있다.

중앙 Jung-ang   반구대 Ban-gudae ★   세운 Se-un   해운대 Hae-undae

**Q1.** 다음 중 로마자 표기가 올바른 것은?   나는 학여울(㉠ Hangnyeoul / ㉡ Hagyeoul) 역에서 환승한다.

5) 고유 명사, 인명 표기상의 유의점

**제3항** 고유 명사는 첫 글자를 대문자로 적는다.
부산 Busan   세종 Sejong

**제4항** 인명은 성과 이름의 순서로 띄어 쓴다. 이름은 붙여 쓰는 것을 원칙으로 하되 음절 사이에 붙임표( - )를 쓰는 것을 허용한다.( ( ) 안의 표기를 허용함.)
민용하 Min Yongha (Min Yong-ha)   송나리 Song Nari (Song Na-ri)

1. 이름에서 일어나는 음운 변화는 표기에 반영하지 않는다.
   한복남 Han Boknam (Han Bok-nam)   홍빛나 Hong Bitna (Hong Bit-na)

2. 성의 표기는 따로 정한다.

**Q2.** 다음 중 로마자 표기가 올바른 것은?   그의 이름은 한복남(㉠ Han Boknam / ㉡ Hanboknam)입니다.

## 6) 행정 구역, 지명 등 표기상의 유의점

**제5항** '도, 시, 군, 구, 읍, 면, 리, 동'의 행정 구역 단위와 '가'는 각각 'do, si, gun, gu, eup, myeon, ri, dong, ga'로 적고, 그 앞에는 붙임표(-)를 넣는다. 붙임표(-) 앞뒤에서 일어나는 음운 변화는 표기에 반영하지 않는다.

신창읍 Sinchang-eup  봉천 1동 Bongcheon 1(il)-dong
종로 2가 Jongno 2(i)-ga  퇴계로 3가 Toegyero 3(sam)-ga

**제6항** 자연 지물명, 문화재명, 인공 축조물명은 붙임표(-) 없이 붙여 쓴다.

속리산 Songnisan ★  독도 Dokdo ★
경복궁 Gyeongbokgung  독립문 Dongnimmun

**Q3.** 다음 중 로마자 표기가 올바른 것은?  독도[㉠ Dokdo / ㉡ Dok-do]에서 바라본 일출이 매우 아름다웠다.

## 2. 기출 로마자 표기

### 1) 도로명 및 행정 구역

| 가야곡면 | Gayagok-myeon | 여의도★ | Yeouido |
| 가좌3동 | Gajwa 3(sam)-dong | 충장로4가 | Chungjangno 4(sa)-ga |
| 곡성읍★ | Gokseong-eup | 평창군★ | Pyeongchang-gun |

**Q4.** 다음 중 로마자 표기가 올바른 것은?  여의도[㉠ Yeouido / ㉡ Yeoido]는 교통이 편리해서 접근성이 좋다.

### 2) 문화재 및 지명

| 강강술래★ | Ganggangsullae | 북한산★ | Bukhansan |
| 낙산 | Naksan | 사물놀이 | Samullori |
| 덕유산 | Deogyusan | 욕지도 | Yokjido |

**Q5.** 다음 중 로마자 표기가 올바른 것은?  강강술래[㉠ Ganggangsullae / ㉡ Ganggangsurae]는 우리나라의 대표적인 전통 민속놀이다.

### 3) 음식명

| 고등어구이 | godeungeogui | 동태찌개 | dongtaejjigae |
| 김치전골 | kimchijeongol | 순대볶음 | sundaebokkeum |
| 꼬리곰탕 | kkorigomtang | 식혜★ | sikhye |
| 꽃빵 | kkotppang | 철판구이 | cheolpan-gui |
| 낙지전골★ | nakjijeongol | 비빔밥★ | bibimbap |

**Q6.** 다음 중 로마자 표기가 올바른 것은?  식혜[㉠ sikhye / ㉡ sikye]가 맛있다.

정답 | Q1. ㉠  Q2. ㉠  Q3. ㉠  Q4. ㉠  Q5. ㉠  Q6. ㉠

# STEP 3 기출동형 문제 풀어보기

**1** 로마자 표기가 적절하지 않은 것은?

① 선릉 Seolleung
② 반구대 Bangudae
③ 사물놀이 Samulloli
④ 집현전 Jiphyeonjeon
⑤ 강강술래 Ganggangsullae

**2** 밑줄 친 외래어 표기가 적절하지 않은 것은?

① 동생은 판타지(fantasy) 영화를 가장 좋아한다.
② 운동 후 피로를 해소하기 위해 마사지(massage)를 받았다.
③ 국제 학술 심포지엄(symposium)에서 연구 결과를 발표했다.
④ 기업은 임원들의 리더쉽(leadership) 역량을 강화하는 교육을 진행했다.
⑤ 신제품 개발 전에 시장을 조사하기 위해 소비자를 대상으로 한 앙케트(enquête)를 실시했다.

**3** 밑줄 친 외래어 표기가 적절한 것은?

① 위험 지역의 주변에 임시로 바리케이트(barricade)를 설치했다.
② 요리 프로그램에서 관자 크림 리소토(risotto) 만드는 법을 배웠다.
③ 저작권을 보호하려면 라이센스(license)를 엄격하게 관리해야 한다.
④ 우주 과학자들은 새로운 로케트(rocket)를 설계하는 데 심혈을 기울였다.
⑤ 배가 부르다면서 음식을 자꾸 시키는 그의 행동은 넌센스(nonsense)로 보였다.

**4** 로마자 표기가 틀린 것은?

① 가좌로 Gajwaro
② 팔달로 Paldalro
③ 퇴계로 Toegyero
④ 중앙로 Jungangno
⑤ 충장로 Chungjangno

**5** 로마자 표기가 틀린 것은?

① 식혜 sikhye
② 욕지도 Yokjido
③ 꽃빵 kkotppang
④ 낙지전골 nakji-jeongol
⑤ 철판구이 cheolpan-kui

**6** 다음 중 국어의 로마자 표기로 올바른 것은?

① 낙산 Nakssan
② 덕유산 Deokyusan
③ 북한산 Bukhansan
④ 설악산 Seollaksan
⑤ 속리산 Sonkrisan

**7** 밑줄 친 외래어의 표기가 올바른 것은?

① 전 사원을 위한 비지니스(business) 교육을 실시했다.
② 영화의 클라이맥스(climax) 장면에서 관객들은 탄성을 질렀다.
③ 요새 길거리에서는 공유 퀵보드(kick-board)를 많이 볼 수 있다.
④ 내일 중요한 프리젠테이션(presentation)을 위해 밤새 준비했다.
⑤ 길에서 잃어버린 카드가 책상 위에서 발견된 일은 미스테리(mystery)한 일이다.

**8** 밑줄 친 외래어 표기가 적절한 것은?

① 창문의 낡은 샤시(sash)를 교체하기로 했다.
② 신제품 홍보용 팜플렛(pamphlet)을 배포했다.
③ 나는 매일 아침 직접 만든 쥬스(juice)를 마신다.
④ 직원들의 역량을 강화하기 위해 워크숍(workshop)을 개최했다.
⑤ 최신형 네비게이션(navigation)을 설치해 길 찾기가 편리해졌다.

**영역2 어법**

# 04 기타 문법 및 문장 표현

최근 3개년 매회 4문제 출제
어법 15문제

## STEP 1 최신 기출유형 파악하기

### 기출유형 ① 높임법
최근 3개년 평균 정답률 58.76%

예문에 쓰인 높임법에 대한 설명이 적절한지 판단하거나 보기에 제시된 높임법과 같은 높임법이 쓰인 예문이 무엇인지 찾는 유형이다. 주체, 객체 높임 표현이 무엇인지 알아야 하며, 상대 높임법의 어미는 반드시 암기해야 한다. 매회 1문제 출제된다.

#### 예제

높임 표현에 대한 설명으로 적절하지 않은 것은?

① 오늘 너희 집에 놀러 가도 되니? → '되니'는 청자를 낮추고 있다.
② 할머니, 이모가 도착했어요. → '도착했어요'는 '할머니'를 높이고 있다.
③ 오늘 엄마가 늦게 오신대. → '오신대'는 '엄마'를 직접적으로 높이고 있다.
④ 나는 아버지를 모시고 공원에 갔다. → '모시고'는 '아버지'를 높이고 있다.
⑤ 할아버지, 지팡이가 엄청 멋있으시네요. → '멋있으시네요'는 '할아버지'를 직접적으로 높이고 있다.

**정답분석**
⑤ '멋있으시네요'의 '-시-'는 할아버지가 소유한 '지팡이'를 통해, 할아버지를 간접적으로 높이고 있으므로 적절하지 않다. 참고로, 간접 높임은 높임 대상의 신체, 소유물 등을 높이는 방법을 말한다.

**오답분석**
① '되니'의 '-니'는 '해라체' 종결 어미이다. '해라체'는 상대를 낮추는 표현이므로 청자를 낮추고 있다는 설명은 적절하다.
② '도착했어요'의 '-어요'는 '해요체' 종결 어미이다. '해요체'는 상대를 높이는 표현이므로 청자인 '할머니'를 높이고 있다는 설명은 적절하다.
③ '오신대'의 '-시-'가 동작의 주체인 '어머니'를 직접 높이고 있으므로 적절하다.
④ '모시다'는 목적어인 '아버지'를 높이는 특수한 어휘이므로 적절하다. 참고로, 특수한 어휘로 목적어나 부사어를 높이는 방법을 객체 높임법이라고 한다.

## 기출유형 ② 중의적 표현

최근 3개년 평균 정답률 67.08%

선택지에 제시된 예문의 뜻이 2가지 이상으로 해석되는 중의적 문장인지 판단하는 유형이다. 자주 나오는 문장 구조만 익히면 쉽게 풀 수 있는 유형이며, 매회 1문제 출제된다.

### 예제

다음 중 중의적으로 해석되지 <u>않는</u> 문장은?

① 친구들이 다 오지 않았다.
② 언니가 동생에게 예쁜 옷을 입혔다.
③ 나는 어머니의 사진을 유심히 보았다.
④ 그는 우리 동네에서 손이 크기로 유명하다.
⑤ 어머니의 오랜 친구가 나와 만나고 싶어 하셨다.

### 정답분석
⑤ '어머니의 오랜 친구가 나와 만나고 싶어 하셨다.'는 중의적으로 해석되지 않는 올바른 문장이므로 정답은 ⑤이다.

### 오답분석
① 부정 표현 '-지 않다'와 수량 표현 '다'의 관계에 따라 '친구들이 하나도 오지 않았다'와 '친구들 중 일부만 오고, 전체가 오지는 않았다.'의 뜻으로 해석될 수 있으므로 중의적으로 해석되는 문장이다.
② 사동 표현 '입혔다'의 주체에 따라 언니가 동생에게 예쁜 옷을 직접 입혀 준 것인지, 언니가 동생에게 예쁜 옷을 입으라고 시켜서 동생이 직접 예쁜 옷을 입게 된 것인지 명확하지 않으므로 중의적으로 해석되는 문장이다.
③ 관형격 조사 '의'에 따라 '어머니의 사진'이 '어머니가 직접 찍은 사진'인지, '어머니를 찍은 사진'인지, '어머니가 소유한 사진'인지 명확하지 않으므로 중의적으로 해석되는 문장이다.
④ '손이 크다'의 뜻에 따라, 신체 부위인 '손'의 크기가 크다는 것인지, 관용 표현 '손이 크다'의 "씀씀이가 후하고 크다."의 의미인지 명확하지 않으므로 중의적으로 해석되는 문장이다.

## 기출유형 ③  문장 성분의 호응

예문의 주어, 목적어, 부사어, 서술어 등이 모두 호응하는지 판단하는 유형이다. 문장 하나하나가 흐름이 매끄러운지 주의하며 읽으면 풀 수 있는 쉬운 유형이며, 매회 1문제 출제된다.

> **예제**
>
> <보기>의 ㉠~㉤ 가운데 어법에 맞지 않는 문장은?
>
> ─────── <보기> ───────
>
> ㉠ 많은 사람은 바쁜 일상과 반복되는 업무에서 잠시 벗어나 새로운 활력을 얻기 위해 여행을 떠난다. ㉡ 여행지는 자연경관이 뛰어나거나 문화유산이 풍부한 곳으로 선택되며, 때로는 휴양 시설이나 체험 행사의 유무도 중요한 선택 기준이 된다. ㉢ 여행자는 현지의 문화를 직접 경험하고, 낯선 환경에서 만나는 사람들과 교류함으로써 색다른 시각을 얻는다. ㉣ 그러나 무분별한 관광은 지역사회의 경제 구조를 왜곡하거나 환경을 훼손하여 장기적으로 큰 피해를 주기도 한다. ㉤ 따라서 우리는 여행을 단순히 즐기는 것을 넘어 의미를 두어야 한다.
>
> ① ㉠   ② ㉡   ③ ㉢   ④ ㉣   ⑤ ㉤

> **정답분석**
>
> ⑤ ㉤에서 '두다'는 부사어와 목적어가 필요한 서술어로, 문장에서 목적어 '의미를'은 서술어 '두어야 한다'와 호응하나, 부사어는 생략되었으므로 적절하지 않다. 참고로, 올바른 문장이 되려면 '지속 가능성에'와 같은 부사어를 추가하여 "따라서 우리는 여행을 단순히 즐기는 것을 넘어 지속 가능성에 의미를 두어야 한다."로 쓰는 것이 적절하다.

## 기출유형 ④  번역 투 표현

밑줄 친 표현이 번역 투인지 판단하는 유형이다. 자주 나오는 번역 투 표현이 고정되어 있고 쉽게 암기할 수 있으며, 매회 1문제 출제된다.

> **예제**
>
> 밑줄 친 번역 투의 문장을 잘못 고친 것은?
>
> ① 그 여자는 고운 머릿결을 가지고 있다. → 머릿결이 곱다
> ② 언론은 민간 항공기를 격추시킨 그의 만행을 비판했다. → 격추한
> ③ 이 도로는 야생동물이 자주 나와서 통행에 주의해야 한다. → 주의가 요구된다.
> ④ 건강하게 살고 싶다면 짜고 매운 음식을 자제해야 할 필요가 있다. → 자제해야 한다.
> ⑤ 친구의 말에 의하면 담임 선생님께서 이번 달 말에 결혼하신다고 한다. → 말에 따르면

> **정답분석**
>
> ③ '~가 요구되다'는 영어의 'be required of ~ '를 직역한 표현이다. 따라서 '주의해야 한다'를 '주의가 요구된다'로 바꾸는 것은 적절하지 않으므로 답은 ③이다.

# STEP 2 기출개념 암기하기

추가 어휘 PDF ▶

★ = 2회 이상 출제

## 1 높임 표현

### 1. 상대 높임법: 상대를 높이거나 낮추어 말하는 방법

| 구분 | | 평서법 | 의문법 | 명령법 | 청유법 | 감탄법 |
|---|---|---|---|---|---|---|
| 아주높임 | 하십시오체 | 갑니다 (-ㅂ니다) | 갑니까 (-ㅂ니까) | 가십시오 (-ㅂ시오) | 가십시다 (-ㅂ시다) | - |
| 예사높임 | 하오체 | 가오, 갔소 (-오, -소) | 가오? (-오) | 가오 (-오) | 갑시다 (-ㅂ시다) | 가는구려 (-는구려) |
| 예사낮춤 | 하게체 | 가네 (-네) | 가나?, 가는가? (-나, -는가) | 가게 (-게) | 가세 (-세) | 간다네 (-ㄴ다네) |
| 아주낮춤 | 해라체 | 간다 (-ㄴ다) | 가니?, 가냐 (-니, -냐) | 가라 (-라) | 가자 (-자) | 가는구나 (-는구나) |
| 두루높임 | 해요체 | 가요 (-아요) | 가요? (-아요) | 가요 (-아요) | 가요 (-아요) | - |
| 두루낮춤 | 해체 | 가, 가지 (-아, -지) | 가?, 가지? (-아, -지) | 가, 가지 (-아, -지) | 가, 가지 (-아, -지) | 가는구먼 (-는구먼) |

> **Q1.** 다음 중 '갑시다'와 상대 높임법의 등급이 동일한 것은?    집으로 ㉠ 가오 / ㉡ 가는가?

### 2. 주체 높임법: 문장에서 동작을 나타내는 대상인 주체를 높이는 방법

#### 1) 주체 높임 실현 방법

| 표현 | 예 |
|---|---|
| 선어말 어미 '-(으)시-', 조사 '께서' | 아버지께서 오시었다. |
| 특수 어휘 '계시다', '잡수시다', '주무시다', '편찮다(편찮으시다)', '돌아가다(돌아가시다)' | 할아버지께서 편찮으시다. |

#### 2) 간접 높임: 높여야 할 대상의 신체, 성품, 소유물 등에 '-(으)시-'를 붙여 주체를 간접적으로 높이는 방법이다.
예) 교장 선생님의 눈이 밝으시다.

> **Q2.** 다음 설명이 올바르면 ○, 틀리면 ✕에 표시하시오.    '교장 선생님의 눈이 밝으시다'는 주체를 직접 높인 표현이다. [○, ✕]

### 3. 객체 높임법: 문장의 목적어, 부사어가 가리키는 대상인 객체를 높이는 방법

#### 1) 객체 높임 실현 방법

| 표현 | 예 |
|---|---|
| 조사 '께', 특수 어휘 '드리다', '모시다', '여쭙다' | 부모님께 선물을 드리다. |

> **Q3.** 다음 설명이 올바르면 ○, 틀리면 ✕에 표시하시오.    '부모님께 선물을 드리다'는 조사 '께'와 특수 어휘 '드리다'로 객체를 높이고 있다. [○, ✕]

정답 | Q1. ㉠    Q2. ✕, 주체를 간접적으로 높인 표현    Q2. ○

## 2 문장 성분의 호응

### 1. 주어와 서술어의 호응

예 제가 하고 싶은 말은 친구들과 잘 지내고 싶습니다. (×) → 제가 하고 싶은 말은 친구들과 잘 지내고 싶다는 것입니다. (○)

▶ 주어 '말은'과 서술어 '지내고 싶습니다'의 호응이 어색하다. 서술어를 '지내고 싶다는 것입니다'로 고쳐 쓰는 것이 자연스럽다.

**Q1.** 다음 문장이 어법에 맞으면 ○, 맞지 않으면 ×에 표시하시오.   제가 하고 싶은 말은 친구들과 잘 지내고 싶습니다. [○, ×]

### 2. 목적어와 서술어의 호응

예 자기의 강점과 약점을 보완하는 사람이 되자. (×) → 자기의 강점을 살리고 약점을 보완하는 사람이 되자. (○)

▶ 목적어 '강점과'와 서술어 '보완하는'의 의미상 호응이 어색하다. 목적어에 호응하는 서술어를 추가하여 '강점을 살리고 약점을 보완하는'으로 고쳐 쓰는 것이 적절하다.

**Q2.** 다음 문장이 어법에 맞으면 ○, 맞지 않으면 ×에 표시하시오.   자기의 강점을 살리고 약점을 보완하는 사람이 되자. [○, ×]

### 3. 부사어와 서술어의 호응

예 그것은 결코 우연한 일이다. (×) → 그것은 결코 우연한 일이 아니었다. (○)

▶ 부사어 '결코, 비단'은 부정하는 서술어와 호응한다.

**Q3.** 다음 문장이 어법에 맞으면 ○, 맞지 않으면 ×에 표시하시오.   그것은 결코 우연한 일이다. [○, ×]

## 3 중의적 문장

### 1. 부정 표현에 따른 중의성

예 동호회 사람들이 약속 장소에 다 오지 않았다. (×)
→ 동호회 사람 중 일부만 약속 장소에 왔다. (일부는 오고 일부는 오지 않았다.) (○)
→ 동호회 사람들이 약속 장소에 아직 아무도 오지 않았다. (한 사람도 오지 않았다.) (○)

▶ 동호회 사람들이 일부는 오고 일부는 오지 않은 것인지, 한 사람도 오지 않은 것인지 분명하지 않은 문장이다.

**Q4.** 다음 문장이 올바르면 ○, 중의적 문장이면 ×에 표시하시오.   동호회 사람들이 약속 장소에 다 오지 않았다. [○, ×]

### 2. 수식 대상에 따른 중의성

예 선생님은 웃으면서 들어오는 학생을 반겨 주었다. (×)
→ 웃으면서 들어오는 학생을 선생님이 반겨 주었다. (학생이 웃다.) (○)
→ 선생님은 들어오는 학생을 반기며 웃고 계셨다. (선생님이 웃다.) (○)

▶ 학생이 웃은 것인지, 선생님이 웃은 것인지 분명하지 않은 문장이다.

예) 형은 어제 예쁜 주희의 친구와 만났다. (×)
→ 형은 어제 예쁜 주희의, 친구와 만났다. (주희가 예쁘다.) (○)
→ 형은 어제 주희의 예쁜 친구와 만났다. (주희의 친구가 예쁘다.) (○)
▶ 주희가 예쁜 것인지, 주희의 친구가 예쁜 것인지 분명하지 않은 문장이다.

**Q5.** 다음 문장이 올바르면 ○, 중의적 문장이면 × 에 표시하시오.　웃으면서 들어오는 학생을 선생님이 반겨 주었다. [ ○, × ]

### 3. 조사 '와/과'의 연결 관계에 따른 중의성

예) 할머니께서 사과와 귤 두 개를 사 오셨다. (×)
→ 할머니께서 사과와 귤을 각각 두 개씩 사 오셨다. (○)
→ 할머니께서 사과 한 개와 귤 한 개를 사 오셨다. (○)
→ 할머니께서 사과 한 개와 귤 두 개를 사 오셨다. (○)
▶ 사과 두 개와 귤 두 개인지, 사과 한 개와 귤 한 개인지, 사과 한 개와 귤 두 개인지 분명하지 않은 문장이다.

예) 지혜는 공원에서 예지와 효주를 만났다. (×)
→ 지혜는 공원에서 예지와 함께 효주를 만났다. (○)
→ 지혜는 공원에서 예지와 함께 있는 효주를 만났다. (○)
→ 지혜는 공원에서 예지를 만나고, 그 다음에 효주를 만났다. (○)
▶ 지혜와 예지가 함께 효주를 만난 것인지, 예지와 효주가 함께 있는데 지혜가 가서 만난 것인지, 지혜가 예지와 효주 둘 모두를 각각 만난 것인지 분명하지 않다.

**Q6.** 다음 문장이 올바르면 ○, 중의적 문장이면 × 에 표시하시오.　할머니께서 사과 한 개와 귤 한 개를 사 오셨다. [ ○, × ]

### 4. 비교 구문의 중의성

예) 남편은 나보다 운동을 더 좋아한다. (×)
→ 남편은 나를 좋아하기보다는 운동을 더 좋아한다. (○)
→ 남편은 내가 운동을 좋아하는 것보다 더 운동을 좋아한다. (○)
▶ 나와 운동 자체를 비교하는 것인지, 남편이 운동을 좋아하는 정도와 내가 운동을 좋아하는 정도를 비교하는 것인지 분명하지 않은 문장이다.

**Q7.** 다음 문장이 올바르면 ○, 중의적 문장이면 × 에 표시하시오.　남편은 나보다 운동을 더 좋아한다. [ ○, × ]

### 5. '의'를 포함한 명사구의 중의성

예) 이것은 우리 어머니의 사진이 아니다. (×)
→ 이것은 우리 어머니를 찍은 사진이 아니다. (○)
→ 이것은 우리 어머니가 찍은 사진이 아니다. (○)
→ 이것은 우리 어머니가 소유한 사진이 아니다. (○)
▶ 어머니를 찍은 사진이 아니라는 것인지, 어머니가 직접 찍은 사진이 아니라는 것인지, 어머니가 소유한 사진이 아니라는 것인지 분명하지 않은 문장이다.

**Q8.** 다음 문장이 올바르면 ○, 중의적 문장이면 × 에 표시하시오.　이것은 우리 어머니의 사진이 아니다. [ ○, × ]

---

정답 | Q1. ×, 주어와 서술어가 호응하지 않는 문장　Q2. ○　Q3. ×, 부사어와 서술어가 호응하지 않는 문장　Q4. ×, 부정 표현에 따른 중의성　Q5. ○
Q6. ○　Q7. ×, 비교 구문의 중의성　Q8. ×, '의'를 포함한 명사구의 중의성

## 6. 동음이의어의 중의성

예 배에 문제가 생겼다. (×)
  → 선박에 문제가 생겼다. (○)
  → 과수원의 배에 문제가 생겼다. (○)
  → 과식을 하더니 기어코 배에 문제가 생겼다. (○)

▶ 선박 '배'인지, 과일 '배'인지, 신체 부위 '배'인지 의미가 분명하지 않은 문장이다.

**Q1.** 다음 문장이 올바르면 ○, 중의적 문장이면 × 에 표시하시오.   과식을 하더니 기어코 배에 문제가 생겼다. [○, ×]

## 7. 관용적 표현에 따른 중의성

예 나는 귀가 아팠다. (×)
  → 나는 귀에 공을 맞아서 귀가 아팠다. (○)
  → 나는 매일 잔소리를 들어 귀가 아팠다. (○)

▶ 신체 일부인 귀가 아프다는 것인지, 관용적 표현 '귀가 아프다'가 사용된 것인지 분명하지 않은 문장이다. 참고로, 관용구 '귀가 아프다'는 '너무 여러 번 들어서 듣기가 싫다'라는 의미이다.

**Q2.** 다음 문장이 올바르면 ○, 중의적 문장이면 × 에 표시하시오.   나는 귀에 공을 맞아서 귀가 아팠다. [○, ×]

## 8. 사동 표현에 따른 중의성

예 조카가 삼촌에게 과자를 먹였다. (×)
  → 조카가 삼촌에게 과자를 먹으라고 했다. (○)
  → 조카가 직접 삼촌에게 과자를 먹였다. (○)

▶ 조카가 삼촌 스스로 과자를 먹도록 시킨 것인지, 조카가 직접 삼촌의 입에 과자를 넣은 것인지 분명하지 않은 문장이다.

**Q3.** 다음 문장이 올바르면 ○, 중의적 문장이면 × 에 표시하시오.   조카가 삼촌에게 과자를 먹였다. [○, ×]

## 9. 동작상에 따른 중의성

예 동생이 교복을 입고 있다. (×)
  → 동생이 교복을 입는 중이다. (○)
  → 동생이 교복을 입은 상태이다. (○)

▶ 동생이 교복을 입는 행위가 진행 중인지, 동생이 교복을 입은 행위가 완료되어 그 상태가 지속되고 있는 것인지 분명하지 않은 문장이다.

**Q4.** 다음 문장이 올바르면 ○, 중의적 문장이면 × 에 표시하시오.   동생이 교복을 입은 상태이다. [○, ×]

## 4 번역 투 표현

| 번역 투 표현 → 수정 표현 | 예 |
|---|---|
| ~고 있는 중이다 → ~고 있다 | 서울에 살고 있는 중이다. (×)<br>→ 서울에 살고 있다. (○) |
| ~로 인해 → ~로 | 시끄러운 소리로 인해 고통받고 있다. (×)<br>→ 시끄러운 소리로 고통받고 있다. (○) |
| ~에 값하다 → ~할 만하다, ~할 가치가 있다 | 그의 발명은 주목에 값하다. (×)<br>→ 그의 발명은 주목할 만하다. (○) |
| ~에 다름 아니다 → ~와/과 다르지 않다 | 이 관습은 문화유산에 다름 아니다. (×)<br>→ 이 관습은 문화유산과 다르지 않다. (○) |
| ~에 대하여/대한 → ~은/는, ~을/를 | 그 부분에 대하여 잘 알지 못합니다. (×)<br>→ 그 부분은 잘 알지 못합니다. (○) |
| ~에 위치하다 → ~에 있다 | 그 상점은 골목 입구에 위치한다. (×)<br>→ 그 상점은 골목 입구에 있다. (○) |
| ~에 의해/의한 → ~로 | 폭격에 의해 다리가 무너졌다. (×)<br>→ 폭격으로 다리가 무너졌다. (○) |
| ~에 있어서 → 에서 | 유아기에 있어서 자아의 변화 (×)<br>→ 유아기에서 자아의 변화 (○) |
| ~에 한하여 → ~에서만, ~에 한정하여, ~으로만 | 일정 계급에 한하여 규정을 적용하지 않는다. (×)<br>→ 일정 계급에서만 규정을 적용하지 않는다. (○) |
| ~에도 불구하고 → ~지만 | 불경기임에도 불구하고 판매량이 증가하였다. (×)<br>→ 불경기이지만 판매량이 증가하였다. (○) |
| ~을/를 가지다 → ~이/가 있다, ~을/를 하다 | · 어린아이를 가진 양육자는 열심히 일할 수밖에 없다. (×)<br>　→ 어린아이가 있는 양육자는 열심히 일할 수밖에 없다. (○)<br>· 각국 정상은 오찬 모임을 가졌다. (×)<br>　→ 각국 정상은 오찬 모임을 했다. (○) |
| ~을/를 요하다 → ~하기 바라다 | 많은 이의 참여를 요하다. (×)<br>→ 많은 이가 참여하기 바라다. (○) |
| ~을/를 통해 → ~에 | 이번 기회를 통해 신제품을 선보였다. (×)<br>→ 이번 기회에 신제품을 선보였다. (○) |
| ~을/를 행하다 → ~을/를 하다 | 정부가 복지 사업을 행하다. (×)<br>→ 정부가 복지 사업을 하다. (○) |
| ~의 → (생략, 어순 변경) | 선생님은 열 개의 문제를 준비했다. (×)<br>→ 선생님은 문제 열 개를 준비했다. (○) |
| ~의 경우에 → 때 | 건강에 이상이 있는 경우에는 병원에 방문해야 한다. (×)<br>→ 건강에 이상이 있을 때는 병원에 방문해야 한다. (○) |

> **Q5.** 밑줄 친 표현이 올바르면 ○, 번역 투면 ×에 표시하시오.  각국 정상은 오찬 모임을 가졌다. [○, ×]

정답 | Q1. ○   Q2. ○   Q3. ×, 사동 표현에 따른 중의성   Q4. ○   Q5. ×, 했다

| 번역 투 표현 → 수정 표현 | 예 |
|---|---|
| ~이/가 요구되다 → ~(을/를) 해야 한다 | 근본적인 문제 해결이 요구됐다. (×)<br>→ 근본적인 문제 해결을 해야 한다. (○) |
| ~이 되는 ~이다 → ~이 된다 | 손 씻기는 감기 예방에 도움이 되는 방법이다. (×)<br>→ 손 씻기는 감기 예방에 도움이 된다. (○) |
| ~있으시기 바랍니다 → ~해 주십시오 | 많은 신청 있으시기 바랍니다. (×)<br>→ 많이 신청해 주십시오. (○) |
| 가능성을 배제할 수 없다 → ~할 수 있다 | 핵무기 사용 가능성을 배제할 수 없다. (×)<br>→ 핵무기를 사용할 수 있다. (○) |
| 가장 ~한 ~ 중 하나 → 가장 ~한 ~ | 내게 가장 중요한 사람 중 하나는 남편이다. (×)<br>→ 내게 가장 중요한 사람은 남편이다. (○) |
| 그것(대명사 직역 표현)<br>→ (앞에서 나온 명사 다시 반복) | 현대에는 과학과 그것의 응용이 중요하다. (×)<br>→ 현대에는 과학과 과학의 응용이 중요하다. (○) |
| 무생물 주어 → 사람 주어 | 불꽃은 우리에게 설렘을 주었다. (×)<br>→ 우리는 불꽃에 설렜다. (○) |
| 아무리 ~해도 지나치지 않다<br>→ 매우/대단히 중요하다 | 건강은 아무리 강조해도 지나치지 않다. (×)<br>→ 건강은 대단히 중요하다. (○) |
| 아닐 수 없다(이중 부정) → 이다(긍정) | 비극적인 일이 아닐 수 없다. (×)<br>→ 비극적인 일이다. (×) |
| ~할 필요가 있다, ~을/를 필요로 하다<br>→ ~이/가 필요하다 | 옷을 수선하려면 실을 필요로 하다. (×)<br>→ 옷을 수선하려면 실이 필요하다. (○) |

**Q1.** 밑줄 친 표현이 올바르면 ○, 번역 투면 ×에 표시하시오.   근본적인 문제 해결이 요구됐다. [○, ×]

## 5 피동 표현

1. 피동 표현: 피동 접사 '-이-, -히-, -리-, -기-'나 통사적 피동 표현인 '-어지다', '되다'를 붙인 형태

2. 피동 표현의 오류

   예 김 교수는 잊혀진 역사에 주목하고 있다. (×) → 김 교수는 잊힌 역사에 주목하고 있다. (○)
   
   ▶ '잊다'의 피동사 '잊히다'와 통사적 피동 표현인 '-어지다'가 중복 사용되어 적절하지 않은 문장이다.

   예 대기가 건조한 탓에 태풍은 우리나라에 상륙하자마자 열대성 고기압으로 약화되어졌다. (×)
   → 대기가 건조한 탓에 태풍은 우리나라에 상륙하자마자 열대성 고기압으로 약화되었다. (○)
   
   ▶ 피동 표현인 '-되다'와 '-어지다'가 중복 사용되어 적절하지 않은 문장이다.

**Q2.** 다음 문장이 어법에 맞으면 ○, 맞지 않으면 ×에 표시하시오.   김 교수는 잊혀진 역사에 주목하고 있다. [○, ×]

정답 | Q1. ×, 해결을 해야 한다   Q2. ×, 잊힌

## STEP 3 기출동형 문제 풀어보기

**1** <보기>의 밑줄 친 표현과 동일한 상대 높임법이 사용된 문장으로 적절한 것은?

<보기>

지금 집에서 출발했네.

① 오늘 날씨가 좋은가?
② 연필 좀 빌려주십시오.
③ 아이가 많이 자랐더군.
④ 생일 선물은 준비했냐?
⑤ 나도 그 이야기를 들었소.

**2** 밑줄 친 높임 표현의 사용이 적절한 것은?

① 손님, 이쪽으로 들어오실게요.
② 찾으시는 물건은 품절이십니다.
③ 어르신께서는 손주가 계시다면서요?
④ 어머니께서는 나를 뵙고 싶어 병원에 오셨다.
⑤ 할아버지께서는 항상 아침에 진지를 잡수신다.

**3** 밑줄 친 번역 투의 문장을 잘못 고친 것은?

① 그녀의 노력은 주목에 값하다(→ 주목할 가치가 있다).
② 그 소식은 올해의 가장 기쁜 소식이 아닐 수 없다(→ 기쁜 소식이다).
③ 기업은 독거노인을 대상으로 기부 사업을 행했다(→ 기부 사업을 했다).
④ 선생님의 칭찬에 의해(→ 칭찬으로 인해) 아이의 태도가 긍정적으로 변화했다.
⑤ 위기 극복을 위한 구체적인 목표와 그것의(→ 목표의) 구체적인 달성 방안이 필요하다.

**4** 표현의 중의성을 해소한 것으로 적절하지 않은 것은?

① 그 남자는 어제 버스를 타지 않았다. → 어제 그 남자는 버스를 안 탔다.
② 형이 드디어 손을 씻었다. → 형이 드디어 비누로 손을 깨끗하게 씻었다.
③ 담임 선생님께서 안경을 쓰고 있다. → 담임 선생님께서 안경을 쓴 상태이다.
④ 나는 공원에서 수지와 민희를 만났다. → 나와 수지가 공원에서 민희를 만났다.
⑤ 이번 모의고사에서 몇 문제 풀지 못했다. → 이번 모의고사에서 몇 문제밖에 풀지 못했다.

**5** 어법에 맞고 자연스러운 문장은?

<보기>

㉠ 피톤치드는 나무와 식물이 만들어 내는 휘발성 물질로, 해충이나 곰팡이에 버티고 저항하는 역할을 한다. ㉡ 또한 피톤치드는 소나무나 편백나무가 밀집된 숲에서 풍부한 음이온과 상쾌한 냄새가 나게 한다. ㉢ 그뿐 아니라 숲 속의 총부유세균량이 숲 바깥보다 적다는 점에서 피톤치드가 항균 효과도 있음을 알 수 있다. ㉣ 한편, 숲의 산소음이온 농도는 cc당 939~1,291개로, 도시는 이에 한참 못 미치는 80~150개이다. ㉤ 산소음이온 현상은 녹색식물의 광합성 과정이나 물이 다른 물이나 물체에 마찰되어질 때 발생하는 현상이다.

① ㉠   ② ㉡   ③ ㉢   ④ ㉣   ⑤ ㉤

**6** <보기>의 ㉠~㉤ 가운데 어법에 맞지 <u>않는</u> 문장은?

<보기>

㉠ 비빔밥은 밥 위에 여러 가지 나물을 올려 고추장에 골고루 비벼 먹는 한국의 대표 음식이다. ㉡ 이때 지역과 계절에 따라 나물 종류가 달라질 수 있고, 신선한 재료를 넣으면 맛과 영양을 동시에 챙길 수 있다. ㉢ 비빔밥에는 밥과 나물, 고기, 양념 등으로 맛을 조절하며, 사람들은 각 재료의 풍미를 느껴 식사 시간 내내 즐거움을 느낄 수 있다. ㉣ 또한 전통적으로 돌솥에 담아서 먹으면 바삭한 누룽지와 함께 고소한 맛을 즐길 수 있다. ㉤ 오늘날 비빔밥은 가정에서도 쉽게 만들 수 있으며, 다양한 재료로 개인 취향에 맞게 즐기는 음식으로 자리 잡았다.

① ㉠   ② ㉡   ③ ㉢   ④ ㉣   ⑤ ㉤

**7** <보기>의 문장과 동일한 중의성 원인이 나타난 문장은?

<보기>

그는 작년에 마주친 친구의 여동생을 소개받았다.

① 동생은 새 운동화를 신고 있다.
② 그녀는 예쁜 눈을 보며 감탄하였다.
③ 아름다운 친구의 미소를 사진에 담았다.
④ 도서관에서 소설과 잡지 열 권을 빌렸다.
⑤ 어머니는 감기에 걸린 아이에게 해열제를 먹였다.

**8** 다음 중 중의적으로 해석되지 않는 문장은?

① 모든 학생이 이번 시험을 통과하지 못했다.
② 영수는 웃으면서 노래하는 친구를 바라보았다.
③ 철수와 영희의 동생은 같은 직장에서 근무한다.
④ 민수는 이번 시험에서 영희보다 높은 점수를 받았다.
⑤ 경기장에서 파란 유니폼을 입은 민수와 재현을 보았다.

**9** 밑줄 친 번역 투의 표현을 잘못 고친 것은?

① 참새는 우리나라에서 가장 흔하게 보이는 새 중의 하나이다. → 새이다.
② 누구로부터 그 이야기를 들었는지 모르지만 그건 낭설이다. → 누구에게서
③ 우리 집에서 버스로 30분이 걸리는 곳에 위치한 식당의 음식은 맛있다. → 곳에 있는
④ 오늘 오후에 이곳에서 다채로운 행사를 가질 계획입니다. → 행사를 주선할 예정입니다.
⑤ 안전사고 예방을 위해 안전수칙을 준수하는 것은 아무리 강조해도 지나치지 않다. → 매우 중요하다.

**10** 밑줄 친 번역 투 표현을 고친 것으로 적절하지 않은 것은?

① 일방적인 그의 입장 표명은 배신에 다름 아니다(→ 배신과 다름 없다).
② 월요일임에도 불구하고(→ 월요일이지만) 놀이동산에는 사람이 많았다.
③ 학생들에게 모범이 된 그녀는 전교 회장으로 선출되어졌다(→ 선출되었다).
④ 어린이의 경우에(→ 어린이에 있어서) 보호자 동반 없이는 입장이 불가하다.
⑤ 곧 수능을 앞둔 수험생들은 밤낮없이 열심히 공부하고 있는 중이다(→ 공부하고 있다).

# 최종 점검 문제

**1** 밑줄 친 단어의 표기가 적절한 것은?

① 학교에서 내가 물건을 훔쳤다는 덤테기를 썼다.
② 사촌 동생의 얼굴을 닦아 주면서 눈꼽도 같이 떼어 주었다.
③ 어느 날 갑자기 민수 아버지는 가족을 데리고 야밤도주를 했다.
④ 막내동생인 그녀는 나이가 들어도 철부지와 같은 모습이 남아 있다.
⑤ 자원 낭비를 방지하기 위해 우리는 우유갑 재활용 캠페인을 하고 있다.


**2** 밑줄 친 부분의 표기가 적절한 것은?

① 우리가 알고 지낸 지 자그만치 십 년이 넘었다.
② 엄마는 아들의 모든 행동이 눈에가시처럼 거슬렸다.
③ 아이들을 사랑하는 모습을 보니 그녀는 천상 선생님이다.
④ 이번 대회에는 전국의 내로라하는 선수들이 모두 참가했다.
⑤ 할머니는 손자의 귓때기가 시리지 않도록 모자를 씌워 주었다.


**3** 밑줄 친 부분의 표기가 옳지 <u>않은</u> 것은?

① 그녀는 바쁜 와중에도 틈틈히 운동하였다.
② 엄마는 아이의 이름을 나지막이 불러 보았다.
③ 어제부터 곰곰이 생각해 보니 내 잘못이 맞았다.
④ 안개가 자욱이 껴 있는 모습은 그야말로 장관이었다.
⑤ 어느 순간 아들은 부모님이 자신을 일일이 간섭한다고 느꼈다.


**4** 밑줄 친 부분의 띄어쓰기가 <u>잘못된</u> 것은?

① 박 회장은 오후에 참석한 회의에서 중간∨보고를 받았다.
② 아들은 어려서부터 늘 식물 백과사전을 옆에 끼고 살았다.
③ 원서 마감∨시간이 다 되어 가니 서둘러 제출하시기 바랍니다.
④ 사촌 누나는 대학교 졸업 후 중소기업에 들어갔다는 소식을 전해왔다.
⑤ 이 회사에는 돌발∨상황이 발생했을 때 대응하는 팀이 별도로 존재한다.

**5** 문장 부호 규정에 대한 설명이 잘못된 것은?

| | 문장 부호 | 규정 설명 | 예시 |
|---|---|---|---|
| ① | 대괄호 ( [ ] ) | 원문에 대한 이해를 돕기 위해 설명이나 논평 등을 덧붙일 때 쓴다. | 그것[한글]은 그 어느 것보다도 과학적인 문자이다. |
| ② | 숨김표 ( ○, × ) | 비밀을 유지해야 하거나 밝힐 수 없는 사항임을 나타낼 때 쓴다. | 최종 합격자는 최○지, 박○훈 등 모두 2명이다. |
| ③ | 작은따옴표 ( ' ' ) | 말이나 글을 직접 인용할 때 쓴다. | 나는 '어, 광훈이 아니냐?' 하는 소리에 깜짝 놀랐다. |
| ④ | 줄표 ( ─ ) | 제목 다음에 표시하는 부제의 앞뒤에 쓴다. | 김 교수는 '올바른 언어생활 ─ 인터넷 용어 사용의 자제'라는 주제로 특강할 예정이다. |
| ⑤ | 느낌표 ( ! ) | 감탄문이나 감탄사의 끝에 쓴다. | 정말 잘 됐다! |

**6** 밑줄 친 말이 표준어가 아닌 것은?

① 할머니께 <u>가락지</u>를 선물해 드렸다.
② 민수는 업무를 <u>재까닥</u> 처리하는 인재이다.
③ 동생에게 <u>먼지떨이</u>를 사오라고 심부름을 시켰다.
④ 그녀는 <u>주책바가지</u>라도 말이 헤픈 사람은 아니다.
⑤ 이번 주 친구 결혼식에 참석할 때에 <u>부주</u>할 돈을 챙겨 갔다.

**7** 밑줄 친 표현이 표준어인 것은?

① <u>하마트면</u> 버스를 놓칠 뻔했다.
② <u>여늬</u> 사람들처럼 그도 성공을 꿈꿨다.
③ <u>짚북더기</u>를 태운 연기로 모기를 쫓았다.
④ 수박을 <u>통채</u>로 먹기 어려워 반으로 잘랐다.
⑤ 항상 <u>거짓부리</u>만 하니 아무도 그를 믿지 않는다.

**8** 다음 밑줄 친 방언에 대응하는 표준어가 적절하지 <u>않은</u> 것은?

① 모르는 사람은 <u>아무따나</u>(→ 함부로) 따라가지 마래이.
② 나이가 몇인데 인자는 <u>말짓</u>(→ 거짓말) 좀 그만하고 댕겨라.
③ 아이들은 내 얼굴이 꼭 <u>도새기</u>(→ 돼지)를 닮았다며 좋아했다.
④ <u>미구</u>(→ 여우) 같은 것이 들어와서 온 마을을 헤집어 놓고 다닌다.
⑤ 아저씨는 화가 나서 <u>부지땡이</u>(→ 부지깽이)를 내리치며 소리를 질렀다.

**9** 복수 표준 발음이 인정되는 예가 <u>아닌</u> 것은?

① 불법[불법/불뻡]
② 몰염치[몰렴치/모렴치]
③ 연이율[연니율/여니율]
④ 안간힘[안깐힘/안간힘]
⑤ 인기척[인끼척/인기척]

**10** 밑줄 친 외래어 표기가 적절하지 <u>않은</u> 것은?

① 마케팅 팀은 20대를 <u>타겟</u>(target)으로 삼아 홍보 문구를 제작했다.
② 결혼기념일을 맞아 특별한 <u>액세서리</u>(accessory)를 선물로 준비했다.
③ 학생은 환경 문제를 주제로 한 <u>리포트</u>(report)를 제출했다.
④ 어린이들은 다양한 맛의 <u>초콜릿</u>(chocolate)을 맛있게 먹었다.
⑤ 과일 가게에 진열된 <u>멜론</u>(melon)들이 고객들의 시선을 끌었다.

**11** 국어의 로마자 표기가 <u>틀린</u> 것은?

① 별내 Byeollae
② 청주시 Cheongju-si
③ 신창읍 Sinchang-eup
④ 종로2가 Jongno 2(i)-ga
⑤ 가야곡면 Gayagongmyeon

## 12 어법에 맞고 자연스러운 문장은?

⊙ 내년부터 전면 시행되어지는 중학교 자유학기제 도입에 맞춰 경기도가 전국 지자체 중 최초로 에너지교육 프로그램 교과과정을 지원한다. ⓒ 올해 자유학기제 시범 도입 대상인 도내 51개 중학교 총 6,961명의 학생을 대상으로 '에너지 프로젝트 1331' 교과과정을 지원한다고 밝혔다. ⓒ '에너지 프로젝트 1331'은 미래 세대인 중학생들에게 '에너지에 대한 올바른 이해, 에너지와 진로 연계' 등을 탐구하게 하는 교과과정이다. ⓔ 일주일에 2시간씩 학생들의 자유학기제 선택 프로그램으로 활용될 이번 교과과정은 의(衣), 식(食), 주(住) 등 4개 단원으로 구성하였다. ⓜ 특히, 학생들에게 에너지 관련 주제들을 균형 잡힌 시각에서 살펴보고 첨단 에너지 기술이 활용될 자신들의 삶을 미리 예측할 수 있는 좋은 기회가 될 것으로 보인다.

① ⊙   ② ⓒ   ③ ⓒ   ④ ⓔ   ⑤ ⓜ

## 13 <보기>의 밑줄 친 표현과 동일한 상대 높임법이 사용된 문장으로 적절한 것은?

— <보기> —

아직도 커피를 <u>좋아하는가?</u>

① 그 책을 빨리 읽으시오.
② 어떤 점이 불편하십니까?
③ 배고플 텐데 한 숟갈 더 먹게.
④ 학교에 늦지 않게 얼른 뛰어.
⑤ 너도 이 영화를 좋아하는구나.

## 14 다음 중 중의적으로 해석되지 <u>않는</u> 문장은?

① 그는 내가 선물한 파란색 넥타이를 매고 있었다.
② 어머니께서 할머니의 초상화를 화랑에 전시하셨다.
③ 장난꾸러기인 형은 누나와 함께 나를 놀리곤 하였다.
④ 그녀는 짐을 든 채 문에 들어서는 우리에게 인사하였다.
⑤ 공연장은 어마어마한 관객의 함성으로 들썩들썩하였다.

## 15 밑줄 친 번역 투 표현을 고친 것으로 적절하지 <u>않은</u> 것은?

① 산 정상에서 바라본 풍경은 <u>놀랍지 않을 수 없다</u>(→ 놀라웠다).
② <u>그의 요리는 우리에게 기쁨을 주었다</u>(→ 우리는 그의 요리 덕분에 기뻤다).
③ 동생이 <u>가장 재밌어하는 책 중 하나는</u>(→ 가장 재밌어하는 책은) 이 책이다.
④ 이 사건에 다른 사람이 개입했을 <u>가능성을 배제할 수 없다</u>(→ 가능성도 있다).
⑤ 안전사고 예방을 위한 사전 교육에 <u>많은 협조있으시기 바랍니다</u>(→ 많은 협조를 요합니다).

# 영역3 국어 문화

01  문학 작품 및 작가
02  중세 국어 및 남북한의 언어
03  다양한 매체와 언어

## 최신 출제 경향

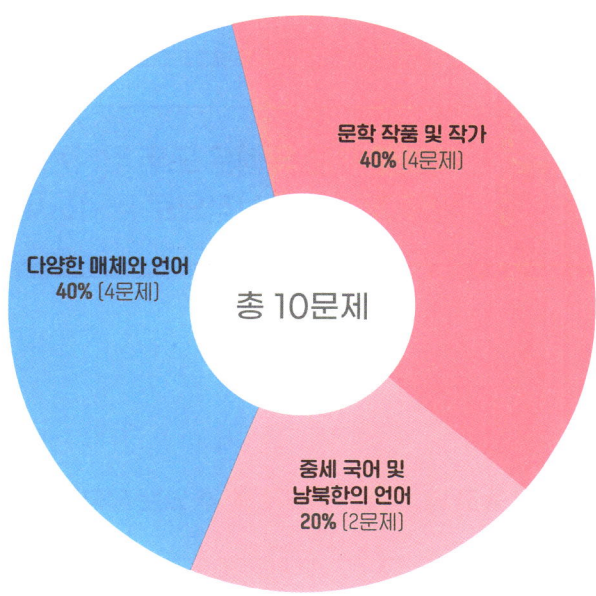

▲ 최근 3개년 출제 경향

**출제 1순위** **문학 작품 및 작가 40% [4문제]    다양한 매체와 언어 40% [4문제]**
보기에서 설명하는 작품, 작가를 찾거나 문학 작품 속 어휘의 의미를 파악하는 문제, 점자, 수어, 방송 언어, 법률 용어 등 다양한 매체 언어의 표현 방식이나 특징을 파악하는 문제가 가장 많이 출제됩니다.

**출제 2순위** **중세 국어 및 남북한의 언어 20% [2문제]**
훈민정음 서문을 해석하거나 관련 문법을 파악하는 문제, 남한과 북한의 어휘나 어법을 비교하여 푸는 문제가 많이 출제됩니다.

# 기출분석으로 보는 합격전략

 3+~2+급에 합격하려면 국어 문화를 어떻게 공부해야 하나요?

 독해로 푸는 유형은 모두 맞히는 것을 목표로 하고, 빈출 개념을 우선적으로 암기하세요!

**합격전략 1** 정답률이 높고 암기 없이 독해로 풀 수 있는 유형을 먼저 풀기!

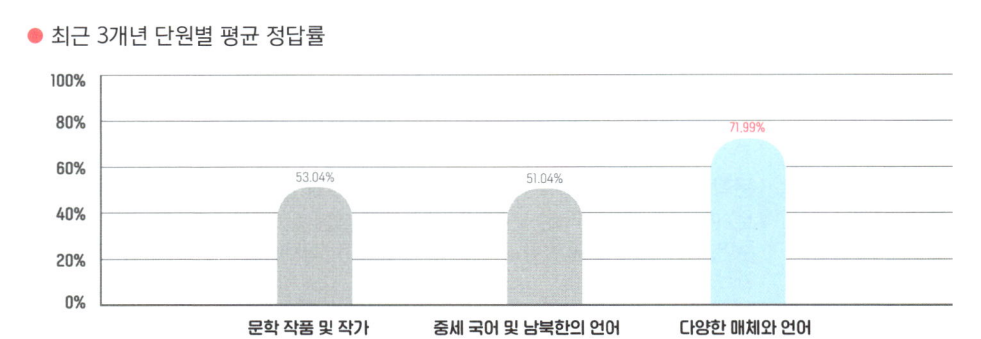

● 최근 3개년 단원별 평균 정답률

- 문학 작품 및 작가: 53.04%
- 중세 국어 및 남북한의 언어: 51.04%
- 다양한 매체와 언어: 71.99%

국어 문화 10문제 중 4문제는 암기 없이 독해로 풀 수 있는 유형입니다. 최근 3개년 평균 정답률을 분석한 결과, 다양한 매체와 언어에 속하는 유형은 나머지 유형에 비해 약 20%나 정답률이 높았습니다. 따라서 해당 유형을 먼저 풀어서 안정적으로 득점을 확보해야 합니다.

## 합격전략 2 — 고정적으로 출제되는 훈민정음 서문의 해석과 문법 요소는 반드시 암기하기!

● 훈민정음 서문 및 빈출 포인트

> 나랏 말ᄊᆞ미 中國에 달아 文字와로 서르 ᄉᆞᄆᆞᆺ디 아니홀ᄊᆡ 이런 젼ᄎᆞ로 어린 百姓이 니르고져 홇 배 이셔도 ᄆᆞᄎᆞᆷ내 제 ᄠᅳ들 시러 펴디 몯홇 노미 하니라 내 이ᄅᆞᆯ 爲ᄒᆞ야 어엿비 너겨 새로 스믈여듧 字ᄅᆞᆯ 밍ᄀᆞ노니 사ᄅᆞᆷ마다 ᄒᆡᅇᅧ 수ᄫᅵ 니겨 날로 ᄡᅮ메 便安킈 ᄒᆞ고져 홇 ᄯᆞᄅᆞ미니라

| 해석 관련 | 어엿비-불쌍히(3회), 젼ᄎᆞ로-까닭으로(2회), ᄉᆞᄆᆞᆺ디-통하지(2회), 어린-어리석은(2회) |
|---|---|
| 문법 관련 | 순경음 'ㅸ'(4회), 성조(3회), 이어적기(3회), 주격조사(2회), 어두자음군(2회) |

최근 3년 동안 훈민정음 서문은 고정적으로 출제되었습니다. <보기>에 제시된 훈민정음 서문을 현대어로 해석하거나 중세 국어 문법의 적절성을 가려내는 형식으로 출제되며, 훈민정음 서문의 해석과 문법 요소의 빈출 포인트는 암기할 분량이 적으니, 반드시 암기합시다.

## 합격전략 3 (고등급 필수) — 빈출 작가와 작품을 암기하여 추가 득점으로 고등급 확보하기!

● 최근 3개년 빈출 대표 작가

| 작가 | 출제 횟수 |
|---|---|
| 백석 | 5회 |
| 김소월, 김광균, 박태원, 신석정, 유치환, 이용악 | 3회 |
| 김기림, 김동리, 김영광, 박목월, 손창섭, 이육사, 이태준 | 2회 |

● 최근 3개년 빈출 대표 작품

| 작품 | 출제 횟수 |
|---|---|
| 사미인곡, 상춘곡, 두껍전 | 3회 |
| 관동별곡, 규원가, 무진기행, 삼포 가는 길, 어부사시사, 운수 좋은 날, 호질 | 2회 |

기출 작가, 작품은 다시 출제될 확률이 평균 40% 이상이며, 작가와 작품 특징만 암기하면 쉽게 풀 수 있는 유형이므로 고등급을 위해서는 빈출 작가, 작품을 암기해야 합니다. 작가는 대표 작품과 함께 암기하고, 작품은 각 작품의 줄거리를 핵심 키워드로 정리하여 암기하는 것이 효율적입니다.

영역3 국어 문화

# 01 문학 작품 및 작가

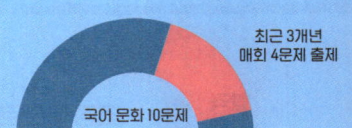
최근 3개년
매회 4문제 출제
국어 문화 10문제

## STEP 1 최신 기출유형 파악하기

### 기출유형 ① 작가
최근 3개년 평균 정답률 42.43%

<보기>에서 설명하는 작가를 파악하는 유형이다. 매회 1문제가 출제된다.

**예제**
<보기>에서 설명하고 있는 작품을 쓴 작가는?

―――― <보기> ――――
이 소설은 1930년대 팽배한 황금 열풍을 바탕으로 당시 농촌의 열악한 환경과 구조적 모순을 사실적으로 표현한 작품이다. 가난하고 무지하지만 성실한 농민이던 주인공 영식은 콩밭에 묻힌 금을 캐러 가자는 수재의 거짓말에 속아 한 해 농사뿐 아니라 자신의 밭까지 모두 망치고 만다. 제목에는 이처럼 금을 얻기는커녕 콩을 수확할 밭까지 모두 잃은 반어적인 상황이 반영되어 있다.

① 김동인    ② 김유정    ③ 이광수    ④ 채만식    ⑤ 황순원

**정답분석**
② <보기>에서 설명하고 있는 작품은 김유정의 소설 「금 따는 콩밭」이므로 답은 ②이다. 참고로, 김유정은 1930년대 농촌과 도시의 인간상을 반어적 상황과 특유의 해학적인 문체를 통해 표현했으며 주요 작품으로는 '봄·봄', '만무방', '동백꽃' 등이 있다.

### 기출유형 ② 작품
최근 3개년 평균 정답률 52.98%

<보기>에서 설명하는 작품을 파악하는 유형이다. 매회 2문제가 출제된다.

**예제**
<보기>에서 설명하는 문학 작품은?

―――― <보기> ――――
조선 선조 때 박인로가 지은 144구의 가사 작품으로 작가가 임진왜란 때 통주사로 종군하여 부산에 있을 때 지었다. 배 위에서 조국에 대한 충성 및 전쟁의 비애를 읊었으며 전쟁이 종식되고 태평한 시절이 돌아오길 소망하는 내용을 그렸다.

① 누항사    ② 선상탄    ③ 안민가    ④ 어부가    ⑤ 한거십팔곡

**정답분석**
② <보기>에서 설명하는 작품은 「선상탄」으로 박인로가 지은 가사이다. 총 5문단으로 구성되어 있으며 전쟁의 비애와 평화를 추구하는 작자의 심정을 노래한 작품이다. 따라서 ②가 정답이다.

## 기출유형 ③ 작품 속 어휘의 의미

고전 작품에 쓰인 어휘의 뜻을 파악하는 유형이다. 매회 1문제가 출제된다.

**예제**

<보기>의 ㉠~㉤의 의미로 적절하지 않은 것은?

― <보기> ―

십 삭만의 싱남ᄒ니 얼골은 관옥이오 ㉠ 풍칙는 두목지라 열손의 ㉡ 써밧드러 금옥ᄀ치 ᄉ랑ᄒ정 삼칠일이 다 지나고 오륙 삭이 ㉢ 너머 가니 터덕터덕 노는 냥 쌩긋쌩긋 웃는 냥 엄마 압바 도리도리 웃고 품에 큰돈 ㉣ ᄎ여 감을ᄉ셔 쌀니 오며 쥬야 ᄉ랑이 졍터니 ㉤ 쯧밧게 이 난를 당ᄒ얏구나

- 「적벽가」

① ㉠: 드러나 보이는 사람의 겉모양
② ㉡: 소중하게 다루다.
③ ㉢: 어디를 거치거나 통과하여 가다.
④ ㉣: 물건을 몸의 한 부분에 달아매거나 끼워서 지니게 하다.
⑤ ㉤: 생각이나 기대 또는 예상과 달리

**정답분석**
③ '너머 가니'는 '넘어가다'로 "일정한 시간, 시기, 범위 따위를 넘어서 지나다."를 뜻한다. "어디를 거치거나 통과하여 가다."는 '지나가다'의 뜻이므로 ㉢의 의미로 적절하지 않다.

**오답분석**
① '풍칙'는 "드러나 보이는 사람의 겉모양."을 뜻하는 현대어 '풍채'를 말하므로 적절하다.
② '써밧드러'는 "소중하게 다루다."를 뜻하는 현대어 '떠받들다'를 말하므로 적절하다.
④ 'ᄎ여'는 "물건을 몸의 한 부분에 달아매거나 끼워서 지니게 하다."를 뜻하는 현대어 '채우다'를 말하므로 적절하다.
⑤ '쯧밧게'는 "생각이나 기대 또는 예상과 달리."를 뜻하는 현대어 '뜻밖에'를 말하므로 적절하다.

## 기출유형 ④ 문학 이론

문학과 관련된 개념을 암기하여 적용해야 풀 수 있는 유형이다. 문학 감상 방법, 문학의 미적 범주 등의 문학 이론이 출제되나, 최근 출제 비중이 매우 줄어들었다.

**예제**

다음 중 절대론적 관점에서 문학 작품을 분석한 내용으로 적절하지 않은 것은?

① 주어진 운명에 순응하는 화자의 태도가 드러난다.
② 시각적 이미지를 중심으로 겨울밤 농촌의 모습을 표현하고 있다.
③ 표면적 화자가 아닌 이면적 화자가 자신의 정서를 드러내고 있다.
④ 비유법을 사용하여 '사랑'이라는 소재를 생동감 있게 표현하고 있다.
⑤ 절망에 빠진 독자가 이 작품을 읽음으로써 열정과 희망을 갖게 되었다.

**정답분석**
⑤ '절대론적 관점'은 문체, 운율, 구성 등 작품 내부적인 요소를 중심으로 작품을 해석하는 관점이다. 하지만 ⑤는 작품을 읽은 후 생각을 바꾸게 된 계기로 받아들였다는 독자의 반응에 초점을 두고 문학 작품을 분석하고 있으므로 효용론적 관점에 해당한다. 따라서 답은 ⑤이다.

# STEP 2  기출개념 암기하기

★ = 2회 이상 출제

## 1 작가

### 1. 고전 문학 작가

| 작가 | 대표 작품 | 작가 | 대표 작품 |
| --- | --- | --- | --- |
| 김시습★ | 남염부주지, 만복사저포기, 취유부벽정기 | 임춘★ | 국순전, 공방전, 서하선생집 |
| 박인로 | 선상탄, 누항사, 태평사 | 정극인 | 상춘곡, 불우헌가 |
| 석식영암★ | 식영암집, 정시자전 | 정약용 | 보리타작(타맥행), 탐진촌요, 목민심서 |
| 송순 | 면앙정가, 오륜가 | 정철★ | 관동별곡, 사미인곡, 성산별곡, 속미인곡, 훈민가 |
| 윤선도★ | 어부사시사, 산중신곡, 견회요 | 최치원 | 계원필경, 향악잡영 |
| 이규보★ | 슬견설, 국선생전, 동명왕편, 청강사자현부전 | 허균 | 홍길동전, 남궁선생전, 장생전 |
| 이첨★ | 저생전, 쌍매당협장문집 | 황진이 | 청산리 벽계수야, 동짓달 기나긴 밤을 |

> Q1. 다음 설명이 올바르면 ○, 틀리면 ×에 표시하시오.  '만복사저포기'와 '취유부벽정기'는 김시습의 작품이다. [○, ×]

### 2. 현대 문학 작가

| 작가 | 대표 작품 | 작가 | 대표 작품 |
| --- | --- | --- | --- |
| 강소천 | 호박꽃초롱, 꿈을 찍는 사진관 | 이문구 | 백결, 이 풍진 세상을, 암소, 관촌수필, 우리 동네 |
| 김광균★ | 와사등, 기항지, 황혼가 | 이상★ | 오감도, 날개, 종생기, 권태 |
| 김기림★ | 바다와 나비, 기상도 | 이상화 | 나의 침실로, 빼앗긴 들에도 봄은 오는가, 태양의 노래 |
| 김동리★ | 무녀도, 역마, 등신불 | 이순원 | 낮달, 압구정동엔 비상구가 없다, 수색 그 물빛 무늬 |
| 김동인★ | 약한 자의 슬픔, 배따라기, 감자, 운현궁의 봄 | 이용악★ | 분수령, 낡은 집, 그리움, 오랑캐꽃 |
| 김소월★ | 진달래꽃, 산유화, 접동새 | 이육사★ | 청포도, 광야, 절정 |
| 김수영 | 달나라의 장난, 헬리콥터, 폭포 | 이인직 | 혈의 누, 귀의 성, 치악산 |
| 김승옥 | 무진기행, 서울 1964년 겨울 | 이청준★ | 퇴원, 병신과 머저리, 소문의 벽 |
| 김억 | 해파리의 노래, 금모래, 봄의 노래 | 이태준★ | 오몽녀, 달밤, 복덕방, 패강랭 |
| 김영랑★ | 독을 차고, 모란이 피기까지는 | 이해조 | 자유종, 모란병, 옥중화, 만월대 |
| 김영하 | 거울에 대한 명상, 엘리베이터에 낀 그 남자는 어떻게 되었나 | 이효석★ | 메밀꽃 필 무렵, 화분, 벽공무한 |

> Q2. 다음 설명이 올바르면 ○, 틀리면 ×에 표시하시오.  김승옥의 대표작으로는 '무진기행', '서울 1964년 겨울' 등이 있다. [○, ×]

| 작가 | 대표 작품 | 작가 | 대표 작품 |
|---|---|---|---|
| 김유정★ | 소낙비, 금 따는 콩밭, 동백꽃, 만무방 | 임철우 | 사평역, 붉은 방, 눈이 오면 |
| 김정한 | 사하촌, 모래톱 이야기 | 임화★ | 네거리의 순이, 어머니 |
| 김춘수 | 꽃, 꽃을 위한 서시, 부두에서, 봄바다 | 장만영★ | 봄노래, 해안에서, 달·포도·잎사귀 |
| 나도향★ | 벙어리 삼룡이, 물레방아, 뽕 | 장용학 | 무영탑, 기상도, 비인탄생, 원형의 전설 |
| 노천명 | 산호림, 사슴의 노래 | 전광용★ | 흑산도, 사수, 꺼삐딴 리 |
| 박경리 | 흑흑백백, 토지, 불신시대, 파시, 김약국의 딸들 | 전영택★ | 화수분, 소 |
| 박목월★ | 산도화, 산그늘, 경상도의 가랑잎, 청담, 무순 | 정지용★ | 향수, 유리창, 바다, 고향 |
| 박영희★ | 유령의 나라, 사냥개, 전투 | 조세희 | 칼날, 뫼비우스의 띠, 난장이가 쏘아올린 작은 공 |
| 박완서★ | 엄마의 말뚝, 꿈꾸는 인큐베이터, 그 여자네 집 | 조지훈★ | 고풍의상, 승무, 봉황수 |
| 박재삼★ | 춘향이 마음, 울음이 타는 가을 강, 추억에서 | 주요섭★ | 사랑손님과 어머니, 추운 밤 |
| 박태원 | 소설가 구보 씨의 일일, 천변풍경 | 채만식★ | 레디메이드 인생, 치숙, 태평천하, 미스터 방 |
| 백석★ | 여승, 남신의주 유동 박시봉방 | 최서해★ | 탈출기, 홍염 |
| 서정주★ | 국화 옆에서, 귀촉도, 자화상, 추천사, 화사 | 최승호 | 비발디, 대설주의보 |
| 손창섭★ | 비 오는 날, 잉여인간, 인간교실 | 최인호 | 타인의 방, 깊고 푸른 밤 |

Q3. 다음 설명이 올바르면 ○, 틀리면 ×에 표시하시오.   '소설가 구보 씨의 일일', '천변풍경'은 박완서의 소설이다. [ ○, × ]

| 작가 | 대표 작품 | 작가 | 대표 작품 |
|---|---|---|---|
| 송수권 | 산문에 기대어, 새야 새야 파랑새야 | 최인훈★ | 광장, 회색인 |
| 신경림★ | 갈대, 묘비, 농무, 우리들의 북 | 하근찬★ | 흰 종이수염, 붉은 언덕, 삼각의 집, 수난이대 |
| 신동엽 | 이야기하는 쟁기꾼의 대지, 껍데기는 가라, 금강 | 하성란 | 곰팡이 꽃, 알파의 시간 |
| 신석정★ | 아직 촛불을 켤 때가 아닙니다, 슬픈 목가 | 하종오 | 허수아비의 꿈, 도요새 |
| 염상섭 | 표본실의 청개구리, 만세전, 삼대 | 한강 | 채식주의자, 몽고반점 |
| 오상원★ | 유예, 균열, 모반 | 한용운★ | 님의 침묵 |
| 유치진 | 토막, 빈민가, 한강은 흐른다 | 함세덕 | 동승, 고목 |
| 유치환★ | 깃발, 그리움, 생명의 서 | 현진건★ | 빈처, 운수 좋은 날, B사감과 러브레터 |
| 윤동주★ | 자화상, 소년, 눈 오는 지도, 또 다른 고향 | 황동규★ | 시월, 즐거운 편지, 비가, 겨울의 빛, 풍장 |
| 이광수★ | 무정, 흙, 유정, 어린 벗에게, 소년의 비애 | 황석영 | 삼포 가는 길, 장길산 |
| 이강백 | 파수꾼, 다섯, 칠산리 | 황순원★ | 목넘이 마을의 개, 소나기, 학 |

Q4. 다음 설명이 올바르면 ○, 틀리면 ×에 표시하시오.   현진건의 대표작은 '운수 좋은 날', 'B사감과 러브레터' 등이 있다. [ ○, × ]

정답 | Q1. ○   Q2. ○   Q3. ×, 박태원   Q4. ○

## 2 작품

### 1. 고전 산문

| 작품 | 작가 및 특징 |
|---|---|
| 공방전★ | • 작가: 임춘<br>• 특징: 가전체 작품으로, 엽전을 옥석으로 의인화함 |
| 광문자전 | • 작가: 박지원<br>• 특징: 양반의 탐욕과 부패함을 은근히 풍자한 작품 |
| 구운몽★ | • 작가: 김만중<br>• 특징: 액자식 구성을 취해 꿈과 현실을 교차시켜 부와 명예는 한낱 꿈에 지나지 않는다는 진리를 제시함 |
| 국선생전★ | • 작가: 이규보<br>• 특징: 가전체 작품으로, 등장인물과 지명을 모두 술 또는 누룩에 관련지었으며, 당시의 문란한 사회상을 풍자함 |
| 남염부주지★ | • 작가: 김시습<br>• 특징: 『금오신화』에 실린 한문 단편 소설로, 불교를 믿지 않던 '박생'의 꿈속 이야기를 제시함 |
| 두껍전★ | • 작가: 미상<br>• 특징: 조선 시대 우화 소설로, 동물의 세계를 통하여 인간성의 결함을 풍자함 |

Q1. 다음 설명이 올바르면 ○, 틀리면 × 에 표시하시오.  '구운몽'은 액자식 구성을 통해 주인공의 꿈과 현실을 교차시키는 작품이다. [○, ×]

| 작품 | 작가 및 특징 |
|---|---|
| 만복사저포기★ | • 작가: 김시습<br>• 특징: 『금오신화』에 실린 한문 단편 소설로, 산 사람과 죽은 여자의 사랑을 다룸 |
| 박씨전★ | • 작가: 미상<br>• 특징: 조선 후기의 국문본 여성 영웅 소설로, 병자호란에서 패배한 역사적 사실을 박씨 부인이 청나라에 승리하는 허구적 이야기로 바꿈 |
| 사씨남정기★ | • 작가: 김만중<br>• 특징: 조선 숙종 때 지은 한글 소설로, 축첩 제도의 문제점을 제기하고 '권선징악'이라는 교훈을 제시함 |
| 서동지전★ | • 작가: 미상<br>• 특징: 조선 후기의 한글 우화 소설로, 게으름뱅이 다람쥐와 부자인 쥐의 이야기를 제시함 |
| 설공찬전★ | • 작가: 채수<br>• 특징: 죽은 설공찬과 그의 누이의 이야기로 귀신, 저승을 소재로 활용함 |
| 슬견설 | • 작가: 이규보<br>• 특징: 개와 이의 죽음에 대해 나누는 대화를 통해 교훈을 제시함 |
| 심생전★ | • 작가: 이옥<br>• 특징: 신분의 차이가 있는 남녀의 애정을 다룸 |
| 심청전★ | • 작가: 미상<br>• 특징: 주인공 심청이 아버지의 눈을 뜨게 하기 위하여 공양미 삼백 석에 자신을 팔아 인당수에 빠졌으나, 상제의 도움으로 왕후가 되어 아버지를 만나고 아버지도 눈을 뜨게 되었다는 내용 |
| 양반전★ | • 작가: 박지원<br>• 특징: 한문 소설로, 양반 계급의 허위와 부패를 폭로하였으며 실학사상을 고취함 |

Q2. 다음 설명이 올바르면 ○, 틀리면 × 에 표시하시오.  '사씨남정기'는 권선징악의 교훈을 제시하는 한문 소설이다. [○, ×]

| 작품 | 작가 및 특징 |
|---|---|
| 이생규장전★ | • 작가: 김시습<br>• 특징: 『금오신화』에 실린 전기 소설로, 죽음을 초월한 '이생'과 '최랑'의 사랑을 다룸 |
| 장끼전★ | • 작가: 미상<br>• 특징: 조선 시대의 우화 소설로, 장끼 남편을 잃은 까투리의 개가 문제를 통하여 사회 제도를 풍자함 |
| 저생전★ | • 작가: 이첨<br>• 특징: 고려 말기에 지은 가전체 소설로, 종이를 의인화하여 위정자들에게 올바른 정치를 권유하는 내용 |
| 정시자전★ | • 작가: 석식영암<br>• 특징: 고려 말기에 지은 가전체 작품으로, 지팡이를 의인화하여 불교 포교와 지도층의 겸허를 권유한 내용 |
| 조웅전★ | • 작가: 미상<br>• 특징: 조선 시대의 군담 소설로, 중국 송나라의 '조웅'이 운명을 개척하며 위기에 처한 태자와 나라를 구한다는 내용 |
| 한중록★ | • 작가: 혜경궁 홍씨<br>• 특징: 홍 씨가 만년에 남편 장헌 세자의 일을 중심으로 자기의 일생을 돌아보면서 씀 |
| 허생전★ | • 작가: 박지원<br>• 특징: 『열하일기』에 실린 한문 단편 소설로, 허생의 상행위로 당시 허약한 국가 경제를 비판하고, 양반의 무능과 허위의식을 풍자함 |
| 호질★ | • 작가: 박지원<br>• 특징: 『열하일기』에 실린 한문 단편 소설로, 호랑이를 통하여 도학자의 위선을 신랄하게 꾸짖는 내용 |

**Q3.** 다음 설명이 올바르면 ○, 틀리면 ×에 표시하시오.  '저생전'은 조선 시대 사회 제도를 풍자하는 우화 소설이다. [○, ×]

## 2. 고전 운문

| 작품 | 작가 및 특징 |
|---|---|
| 강호사시가 | • 작가: 맹사성<br>• 특징: 만년에 벼슬을 버리고 강호에 묻혀 사는 생활을 네 계절의 변화와 관련시켜 노래한 연시조 |
| 고산구곡가★ | • 작가: 이이<br>• 특징: 작자가 황해도 고산에 은거하고 있을 때 고산의 구곡 풍경과 감회를 읊은 연시조 |
| 규원가★ | • 작가: 허난설헌<br>• 특징: 남편의 사랑을 받지 못하고 눈물과 한숨으로 늙어 가는 여인의 애처로운 정한을 노래한 규방 가사 |
| 누항사★ | • 작가: 박인로<br>• 특징: 자연을 벗 삼아 안빈낙도하는 심정을 드러낸 가사 |
| 만언사 | • 작가: 안조환<br>• 특징: 유배 가사로, 추자도로 유배된 사건을 작품의 배경으로 함 |
| 면앙정가★ | • 작가: 송순<br>• 특징: 전라남도 담양에 면앙정이라는 정자를 짓고 은거하면서 자연의 아름다움과 자신의 심정을 읊은 가사 |
| 모죽지랑가 | • 작가: 득오<br>• 특징: 스승인 화랑 죽지랑을 사모하여 지은 8구체 향가 |
| 상춘곡★ | • 작가: 정극인<br>• 특징: 우리나라 최초의 가사이며, 자연에 파묻힌 생활 속에서 봄날의 경치를 찬탄한 내용 |

**Q4.** 다음 설명이 올바르면 ○, 틀리면 ×에 표시하시오.  '규원가'는 남편의 사랑을 받지 못하고 규방에서 늙어 가는 여인의 한을 담은 작품이다. [○, ×]

정답 | Q1. ○    Q2. ×, 한글 소설    Q3. ×, 장끼전    Q4. ○

| 작품 | 작가 및 특징 |
|---|---|
| 서동요 | • 작가: 서동<br>• 특징: 선화 공주를 아내로 얻었다는 내용의 4구체 향가 |
| 선상탄 ★ | • 작가: 박인로<br>• 특징: 조선 선조 때 지은 전쟁 가사로, 배 위에서 조국에 대한 충성 및 전쟁의 비애를 읊음 |
| 속미인곡 ★ | • 작가: 정철<br>• 특징: 임금을 연인으로 설정하고 그 임을 잃고 사모하는 여인의 심정을 두 선녀의 대화 형식으로 표현한 가사 |
| 안민가 | • 작가: 충담사<br>• 특징: 나라를 잘 다스리고 백성을 평안하게 하는 바른길을 읊은 향가 |
| 어부사시사 ★ | • 작가: 윤선도<br>• 특징: 연시조로, 강촌에서 자연과 더불어 살아가는 어부의 생활을 노래함 |
| 연행가 ★ | • 작가: 홍순학<br>• 특징: 중국 청나라 연경에 갔다가 그해 8월 말에 귀국하기까지의 기행·견문을 적은 가사 |
| 오우가 | • 작가: 윤선도<br>• 특징: 연시조, 물, 돌, 소나무, 대나무, 달을 벗에 비유하여 노래한 것 |

Q1. 다음 설명이 올바르면 ○, 틀리면 × 에 표시하시오.   '어부사시사'는 자연과 더불어 살아가는 어부의 생활을 노래한 연시조이다. (○, ×)

| 작품 | 작가 및 특징 |
|---|---|
| 원왕생가 | • 작가: 광덕<br>• 특징: 달을 서방 정토의 사자에 비유하여 그곳에 귀의하고자 하는 불심을 노래한 10구체 향가 |
| 일동장유가 ★ | • 작가: 김인겸<br>• 특징: 기행 가사로, 조엄이 통신사로 일본에 갔을 때 보고 느낀 일본의 문물·제도·풍속 등을 기록한 것 |
| 찬기파랑가 | • 작가: 충담사<br>• 특징: 화랑 기파랑의 고결한 인격을 밤하늘의 달빛과 시냇물, 그리고 서리에 시들지 않는 잣나무에 비유하여 노래한 10구체 향가 |
| 청산별곡 | • 작가: 미상<br>• 특징: 고려 시대의 속요로, 현실 도피의 비애를 노래한 것 |
| 타맥행<br>(보리타작 노래) | • 작가: 정약용<br>• 특징: 한시로, 유배지에서 보리타작하는 모습을 보며 지음 |
| 태평사 ★ | • 작가: 박인로<br>• 특징: 전란의 참상과 종전 후 태평성대를 맞이하게 된 기쁨과 성은에 보답하여 길이 이 태평을 즐기자는 뜻을 노래한 가사 |
| 훈민가 ★ | • 작가: 정철<br>• 특징: 작가가 강원도 관찰사로 있을 때, 백성을 훈계하기 위하여 지은 시조 |

Q2. 다음 설명이 올바르면 ○, 틀리면 × 에 표시하시오.   '일동장유가'는 일본의 문물, 제도, 풍속 등을 기록한 김인겸의 기행 가사이다. (○, ×)

## 3. 현대 소설

| 작품 | 작가 및 특징 |
|---|---|
| 감자★ | • 작가: 김동인<br>• 특징: 불우한 환경 속에서 몰락하여 가는 여인 '복녀'의 삶을 그린 작품으로, 우리나라 초기 자연주의 소설의 대표작 |
| 강상련★ | • 작가: 이해조<br>• 특징: 판소리 사설 심청가를 신소설 형태로 고쳐 쓴 소설 |
| 광장★ | • 작가: 최인훈<br>• 특징: 남북 간 이데올로기의 대립 속에서 고통받고 갈등하는 지식인 상을 보여 준 작품 |
| 금 따는 콩밭★ | • 작가: 김유정<br>• 특징: 밭에서 금을 캔다는 허황된 꾐에 넘어간 순박한 농군이 성격적으로 파탄에 이르는 과정을 통해 1930년대 농촌 사회의 궁핍함을 실감 나게 그림 |
| 꺼삐딴 리★ | • 작가: 전광용<br>• 특징: 일제 강점기 말기와 광복을 거쳐 6·25 전쟁 후에 이르는 시대를 배경으로, 기회주의적 인간에 대하여 비판적으로 풍자함 |
| 난장이가 쏘아 올린 작은 공★ | • 작가: 조세희<br>• 특징: 1970년대 산업화를 배경으로 계층 간의 갈등과 소외 계층의 비참한 삶을 그려 냄 |
| 남과 북★ | • 작가: 홍성원<br>• 특징: 1970년부터 1975년까지 『세대』에 연재된 대하소설로, 전쟁의 비참함을 보여 줌 |

**Q3.** 다음 설명이 올바르면 ○, 틀리면 ×에 표시하시오. '강상련'은 판소리 사설 흥보가를 신소설 형태로 고쳐 쓴 소설이다. [○, ×]

| 작품 | 작가 및 특징 |
|---|---|
| 동백꽃★ | • 작가: 김유정<br>• 특징: 마름의 딸과 소작인 아들의 순박한 사랑을 토속적 해학을 가미하여 서술한 작품 |
| 만무방★ | • 작가: 김유정<br>• 특징: '응칠', '응오' 두 형제가 부랑하는 삶을 중심으로 식민지 농촌 사회에 가해지는 가혹한 삶을 사실적으로 형상화함 |
| 만세전★ | • 작가: 염상섭<br>• 특징: 3·1 운동 전의 암울한 시대 상황을 사실적으로 그림 |
| 무녀도 | • 작가: 김동리<br>• 특징: 무녀의 사연을 중심으로 무속과 기독교의 대립을 그려 재래의 토속 신앙이 변화하는 세계 앞에 쓰러져 가는 비극적 인간상을 형상화함 |
| 무영탑★ | • 작가: 현진건<br>• 특징: '아사달'과 '아사녀'의 비극을 그린 역사 소설 |
| 무정★ | • 작가: 이광수<br>• 특징: 우리나라 최초의 현대 소설로, 민족주의적 이상과 계몽주의적 정열이 잘 나타난 초기 작품 |
| 무진기행★ | • 작가: 김승옥<br>• 특징: 세속적인 삶을 벗어나려는 고립된 개인의 복잡한 심리를 내용으로 하여, 개인의 삶과 현실 속에 던져진 자기 존재의 파악이라는 주제를 다룸 |

**Q4.** 다음 설명이 올바르면 ○, 틀리면 ×에 표시하시오. 염상섭의 '만세전'은 3.1 운동 전의 시대 상황을 사실적으로 그려 낸 작품이다. [○, ×]

정답 | Q1. ○  Q2. ○  Q3. ×, 심청가  Q4. ○

| 작품 | 작가 및 특징 |
|---|---|
| 별 | • 작가: 황순원<br>• 특징: 어머니와 누이의 죽음을 겪은 소년의 심리적 충격을 묘사함 |
| 병신과 머저리 ★ | • 작가: 이청준<br>• 특징: 6·25 전쟁을 겪은 형의 정신적 고통과 아픔의 근원을 인지하지 못하는 무기력한 동생의 모습을 통해 1960년대 지식인의 두 모습을 형상화함 |
| 봄봄 ★ | • 작가: 김유정<br>• 특징: 판소리계 소설과 사설시조를 이어받아 농촌의 궁핍상과 순박한 생활상을 향토적 정서를 바탕으로 특유의 해학적 어조와 문체로 형상화함 |
| 비 오는 날 ★ | • 작가: 손창섭<br>• 특징: 6·25 전쟁 후의 암담한 시대 상황 속에서 불구적인 인간들의 무기력하고 우울한 삶을 형상화함 |
| 빈처 ★ | • 작가: 현진건<br>• 특징: 작가를 지망하는 지식인 'K'와 가난한 현실 속에서 물질적 유혹에 흔들리는 아내를 그림 |
| 사랑손님과 어머니 ★ | • 작가: 주요섭<br>• 특징: '옥희'라는 주인집 어린 딸을 화자로 하여 홀어머니와 그 집에서 하숙을 하는 아저씨와의 애정 심리를 서정적으로 그린 작품 |
| 사하촌 ★ | • 작가: 김정한<br>• 특징: 가난한 소작인들의 비참한 삶과 생존을 위하여 결집하는 모습을 통하여 1930년대 우리 농민의 고통과 그 극복 의지를 그림 |

> **Q1.** 다음 설명이 올바르면 ○, 틀리면 ×에 표시하시오.
> 현진건의 '사랑손님과 어머니'는 주인공 옥희의 어머니와 그 집에서 하숙을 하는 아저씨의 사랑 이야기를 담은 작품이다. [○, ×]

| 작품 | 작가 및 특징 |
|---|---|
| 삼대 | • 작가: 염상섭<br>• 특징: 주인공 '덕기'와 조부, 아버지의 삼대를 다루면서 3·1 운동을 전후한 우리나라의 혼란하고 암담한 시대상을 사실적으로 묘사함 |
| 삼포 가는 길 ★ | • 작가: 황석영<br>• 특징: 부랑자 둘과 술집에서 도망친 여자가 만나 서로의 아픔을 이해하는 모습을 통해 가속화된 산업화로 고향을 잃은 소외된 존재를 그려 냄 |
| 서울, 1964년 겨울 | • 작가: 김승옥<br>• 특징: 우연히 만난 세 인물의 이야기로, 1960년대 뚜렷한 가치관을 갖지 못하고 방황하는 현대인의 모습을 그려 냄 |
| 선학동 나그네 | • 작가: 이청준<br>• 특징: 소리꾼 아버지, 시각 장애인 딸, 이복 오빠의 한과 예술가의 정신을 그림 |
| 소나기 ★ | • 작가: 황순원<br>• 특징: 소년과 소녀의 순수한 사랑을 그림 |
| 소낙비 ★ | • 작가: 김유정<br>• 특징: 정착하지 못하고 떠돌아다니는 농민의 삶을 해학적으로 그림 |
| 수난이대 ★ | • 작가: 하근찬<br>• 특징: 일제 강점기에 징용으로 끌려가 한쪽 팔을 잃은 아버지와, 6·25 전쟁에 참전하였다가 한쪽 다리를 잃은 아들의 모습을 통하여 우리 민족이 근현대사에서 겪은 고통과 그 극복 의지를 상징적으로 보여 줌 |

> **Q2.** 다음 설명이 올바르면 ○, 틀리면 ×에 표시하시오.    황석영의 '삼포 가는 길'은 가속화된 산업화로 소외된 존재들을 그려 낸 작품이다. [○, ×]

| 작품 | 작가 및 특징 |
|---|---|
| 역마★ | · 작가: 김동리<br>· 특징: 한곳에 정착하지 못하고 끊임없이 떠돌아다녀야 하는 역마살이 든 아들과 그의 어머니의 노력을 통하여 운명에 순응하는 삶을 형상화함 |
| 연의 각 | · 작가: 이해조<br>· 특징: 판소리계 소설 「흥부전」을 현대에 알맞게 개작함 |
| 오발탄 | · 작가: 이범선<br>· 특징: 월남한 한 가족의 비참한 처지를 그려 분단의 비극성을 증언하고 황폐화된 전후의 남한 현실을 날카롭게 비판함 |
| 옥중화★ | · 작가: 이해조<br>· 특징: 판소리 명창 '박기홍'의 「춘향가」 사설을 바탕으로 현대에 알맞게 개작함 |
| 우리들의<br>일그러진 영웅★ | · 작가: 이문열<br>· 특징: 시골 초등학교의 반장 '엄석대'의 모습을 통해 권력의 형성과 붕괴 과정을 상징적으로 그려 냄 |
| 운수 좋은 날★ | · 작가: 현진건<br>· 특징: 인력거꾼 '김 첨지'의 하루와 아내의 죽음을 통해 하층민의 열악한 삶을 보여 줌 |
| 유예 | · 작가: 오상원<br>· 특징: 전쟁에 참여한 주인공이 포로로 잡혀 총살되기까지의 상황을 그려 냄 |

> **Q3.** 다음 설명이 올바르면 ○, 틀리면 ×에 표시하시오.
> 역마살이 든 아들과 그의 어머니가 노력을 통해 운명에 순응하는 삶을 형상화한 작품은 김동리의 '역마'이다. ( ○, × )

| 작품 | 작가 및 특징 |
|---|---|
| 유정★ | · 작가: 이광수<br>· 특징: 남녀의 애정 문제를 다루는 연애 소설로, 등장인물의 일기와 편지가 삽입되어 있음 |
| 자유종★ | · 작가: 이해조<br>· 특징: 여성들이 토론하는 형식을 빌려, '부녀의 해방', '계급 철폐' 등의 개화 사상을 드러냄 |
| 장마★ | · 작가: 윤흥길<br>· 특징: 전사한 국군 아들을 둔 외할머니와 빨치산 아들을 둔 친할머니의 갈등과 화해를 그려 냄 |
| 제3인간형★ | · 작가: 안수길<br>· 특징: 6·25 전쟁으로 피난 생활을 하는 사람들의 모습을 그림 |
| 천변풍경★ | · 작가: 박태원<br>· 특징: 므더니즘 소설로, 청계천의 천변을 중심으로 벌어지는 서민들의 다양한 삶의 모습을 보여 줌 |
| 카인의 후예★ | · 작가: 황순원<br>· 특징: 광복 전후의 토지 개혁을 제재로 하여 다양한 인간들의 행동 양상과 심리를 객관적으로 그려 냄 |
| 탁류★ | · 작가: 채만식<br>· 특징: 1930년대 한국 사회의 한 흐름을 사실적 문체로 날카롭게 풍자함 |
| 탈출기 | · 작가: 최서해<br>· 특징: 주인공이 일제 강점기의 간도에서 비참한 삶을 살아가는 모습을 그린 것 |

> **Q4.** 다음 설명이 올바르면 ○, 틀리면 ×에 표시하시오.
> 이해조의 '자유종'은 여성들이 토론하는 형식으로 '부녀의 해방', '계급 철폐'등의 개화 사상을 드러낸다. ( ○, × )

정답 | Q1. ×, 주요섭   Q2. ○   Q3. ○   Q4. ○

| 작품 | 작가 및 특징 |
|---|---|
| 태평천하 | • 작가: 채만식<br>• 특징: 일제 강점기의 현실을 태평세월로 믿는 주인공 윤 직원을 통하여 당시의 현실을 풍자적으로 그림 |
| 토의 간 | • 작가: 이해조<br>• 특징: 판소리계 소설「별주부전」을 현대에 알맞게 개작함 |
| 토지★ | • 작가: 박경리<br>• 특징: 최씨 집안의 몰락과 재기를 통해 그 시대 민중의 삶을 보여 줌 |
| 표본실의 청개구리★ | • 작가: 염상섭<br>• 특징: 3·1 운동 전후의 젊은 지식인의 좌절한 모습을 광인 '김창억'이란 인물을 통하여 제시하였는데, 우리나라 자연주의 소설의 효시로 평가받음 |
| 학 | • 작가: 황순원<br>• 특징: 동족상잔의 비극인 6·25 전쟁으로 인한 민족적 상처를 치유할 방법으로 민족적 동질성과 동족애의 회복을 상징적으로 제시함 |
| 혈의 누 | • 작가: 이인직<br>• 특징: 최초의 신소설로, 가족과 이별한 '옥련'이 일본 군인의 도움으로 일본에 가서 학교를 다니다가 미국에 유학을 가고 그곳에서 부모도 만나고 약혼도 한다는 내용 |
| 홍염 | • 작가: 최서해<br>• 특징: '문 서방'이 서간도로 이주한 후 중국인의 소작농이 된 사건을 중심으로 이야기가 전개됨 |

**Q1. 다음 설명이 올바르면 ○, 틀리면 ✕에 표시하시오.**
'표본실의 청개구리'는 우리나라 자연주의 소설의 효시로, 3.1 운동 전후의 젊은 지식인의 모습을 그려 낸 작품이다. [○, ✕]

## 4. 현대 시

| 작품 | 작가 및 특징 |
|---|---|
| 별 헤는 밤 | • 작가: 윤동주<br>• 특징: 『하늘과 바람과 별과 시』에 실린 대표작의 하나로, 어머니에게 이야기하는 형식으로 전개되며 그리움을 주제로 함 |
| 서시★ | • 작가: 윤동주<br>• 특징: 『하늘과 바람과 별과 시』에 실린 대표작의 하나로, '하늘, 바람, 별' 등의 시어를 사용해 지식인의 성찰, 고뇌, 극복 의지를 그려 냄 |
| 쉽게 씌여진 시★ | • 작가: 윤동주<br>• 특징: 식민지 시대를 고뇌하며 살다 간 지식인의 순수한 마음을 부끄러움의 정서와 자아 성찰의 태도를 통하여 노래한 작품 |
| 자화상★ | • 작가: 서정주<br>• 특징: 대담한 언어 구사로 생명에 대한 강렬함을 노래한 작품 |
| 참회록 | • 작가: 윤동주<br>• 특징: 『하늘과 바람과 별과 시』에 실린 시로, 괴로운 식민지 상황 속에서도 끊임없이 자기를 성찰하려는 태도가 드러남 |
| 청포도 | • 작가: 이육사<br>• 특징: 시어 '청포도, 하늘, 푸른 바다'와 '흰 돛단배, 하이얀 모시 수건'의 색채 대비가 특징적이고, 조국 광복의 염원을 주제로 함 |

**Q2. 다음 설명이 올바르면 ○, 틀리면 ✕에 표시하시오.** 윤동주의 '자화상'은 대담한 언어 구사로 생명에 대한 강렬함을 노래한 작품이다. [○, ✕]

## 3 문학 이론

### 1. 외재적 관점
작가, 사회, 역사, 독자 등 작품 외적 요소를 작품과 연결하여 감상하는 관점

| 관점 | 개념 |
| --- | --- |
| 표현론적 관점 | 작가의 경험, 사상, 감정 등을 작품에 표현한 것으로 보고, 작가와 작품을 연관 지어 작품을 감상하는 관점 |
| 반영론적 관점 | 작품에 반영된 시대, 역사, 현실 등을 중심으로 작품을 감상하는 관점 |
| 효용론적 관점 | 작품이 독자에게 어떤 영향을 주었는지에 초점을 두고 작품을 감상하는 관점 |

### 2. 내재적 관점
작품 외부의 요소는 배제하고 작품의 운율, 표현 기법, 문체, 등장인물 등의 내적 특징을 근거로 작품을 감상하는 관점

> Q3. 다음 설명이 올바르면 ○, 틀리면 ×에 표시하시오.
> 작품이 독자에게 어떤 영향을 주었는지에 초점을 두고 작품을 감상하는 관점은 '반영론적 관점'이다. [ ○, × ]

### 3. 문학의 미적 범주 ★

| 미적 범주 | 개념 |
| --- | --- |
| 숭고미 | 경외하는 위대한 존재를 추구하는 데에서 느낄 수 있는 미의식 |
| 우아미 | 조화롭고 균형을 갖춘 대상에게서 느끼는 고전적인 미의식 |
| 비장미 | 현실을 비극적으로 인식하면서 슬픔을 느낄 때 형상화되는 미의식 |
| 골계미 | 풍자와 해학의 수법으로 우스꽝스러운 상황이나 인간상을 그리며 재미와 교훈을 주는 미의식 |

> Q4. 다음 설명이 올바르면 ○, 틀리면 ×에 표시하시오.  조화롭고 균형을 갖춘 대상에게서 느끼는 고전적인 미의식은 '우아미'이다. [ ○, × ]

### 4. 문학의 구성 형식 ★

| 구성 형식 | 개념 |
| --- | --- |
| 액자식 구성 | 이야기 속에 하나 또는 그 이상의 이야기가 들어 있는 구성 |
| 옴니버스 구성 | 하나의 주제를 중심으로 등장인물과 배경이 다른 몇 개의 독자적인 이야기를 묶어 놓은 구성 |
| 전기(傳奇)적 구성 | 현실적으로 일어나기 어려운 신기한 일을 이야기로 삼는 구성 |
| 피카레스크식 구성 | 등장인물과 배경은 같지만, 독립적인 몇 개의 이야기를 전개하는 구성 |

> Q5. 다음 설명이 올바르면 ○, 틀리면 ×에 표시하시오.  액자식 구성은 하나의 이야기 속에 하나 이상의 내부 이야기를 가진 구성을 말한다. [ ○, × ]

정답 | Q1. ○   Q2. ×, 서정주   Q3. ×, 효용론적 관점   Q4. ○   Q5. ○

## STEP 3 기출동형 문제 풀어보기

**1** <보기>에서 설명하고 있는 시인의 이름으로 적절한 것은?

― <보기> ―

1917년 북간도 명동촌에서 태어난 이 시인은 서울의 연희전문학교를 졸업하고 일본으로 유학을 갔다. 1943년에 귀향하려던 중 독립운동을 했다는 혐의로 일본 경찰에 체포되어 후쿠오카 형무소에서 복역하였다. 하지만 복역 중 건강 악화로 28세라는 젊은 나이에 타계하였다. 사후에 그의 자필 유작 3부와 다른 작품을 모은 시집이 출간되었다.

① 김소월  ② 윤동주  ③ 이상화  ④ 이육사  ⑤ 정지용

**2** <보기>는 어떤 문인에 대한 설명이다. 빈칸에 들어갈 문인으로 알맞은 것은?

― <보기> ―

_____은(는) 평안 방언을 비롯한 여러 지역의 언어들을 시어로 끌어들이고 고어와 토착어를 빈번하게 사용함으로써 시어의 영역을 넓히고 모국어를 확장시켰다. 특히 그의 초기 시의 개성이 잘 드러나는 「여우난골족」은 큰집의 명절 풍경을 어린 아이의 시선을 통해 표현한 작품으로, 향토적 소재와 평안도 방언, 대상에 대한 감각적 묘사가 두드러진다.

① 이상  ② 백석  ③ 강소천  ④ 서정주  ⑤ 조지훈

**3** <보기>의 밑줄 친 부분에서 영희가 설명하고 있는 문학의 미적 범주는?

― <보기> ―

철수: 국어 시간에 송순의 <면앙정가>를 읽었는데 자연 친화적인 삶을 사는 작가의 인생관을 배울 수 있었어.
영희: 그랬구나. 문학 작품에는 여러 미적 범주가 있는데, <u>작품 속 '나'가 자연에서 유유자적한 삶의 모습을 보이는 것과 같이 자연을 바라보는 '나'가 자연의 조화에 순응하는 태도를 보임으로써 나타나는 미의식이 있어.</u>

① 우아미  ② 비장미  ③ 숭고미  ④ 골계미  ⑤ 소박미

**4** 밑줄 친 작품의 예로 해당하지 <u>않는</u> 것은?

― <보기> ―

1950년에 발발한 6·25 전쟁과 분단 상황은 우리 문학에도 큰 영향을 미쳤다. 이 시대의 작가들은 전쟁의 상처를 안고 있는 전후 사회 현실에 대한 인식을 바탕으로 분단으로 인한 한국 사회의 비극, 가치관 혼란 등을 형상화하였다.

① 채만식, 「탁류」  ② 오상원, 「유예」  ③ 이범선, 「오발탄」
④ 하근찬, 「수난이대」  ⑤ 손창섭, 「비 오는 날」

**5** <보기>에서 설명하는 문학 작품은?

― <보기> ―

　이 작품은 우리나라 최초의 가사로 봄의 아름다움과 그 속에서 누리는 즐거움을 노래하고 있다. 봄날의 아름다운 풍경을 생동감 있게 표현하고 그 속에서 느끼는 흥취를 통해 속세를 떠나 자연의 풍류를 한가로이 즐기고자 하는 삶의 의지를 노래하였다. 자연의 주인이 되어 삶을 즐기는 모습이 나타나며 이러한 시풍은 후에 강호가도 작품으로 이어진다.

① 북천가　　② 상춘곡　　③ 관서별곡　　④ 강호사시가　　⑤ 일동장유가

**6** <보기>에서 설명하는 문학 작품은?

― <보기> ―

　이 작품은 1980년대에 발표된 이문열의 단편 소설로, 초등학교 교실을 배경으로 권력의 형성과 붕괴 과정을 그린 작품이다. 집단 속에서 형성되는 절대적 권력과 독재 구조의 실체를 아이들의 세계를 통해 상징적으로 드러내며, 당시 1980년대 한국 사회의 권위주의적 체제에 대한 비판 의식을 담고 있다. 특히 학생들의 관계를 통해 권력의 속성과 피지배층의 무기력한 모습을 드러내어 대중의 심리를 날카롭게 파헤치고 있다.

① 감자　　　　　　② 소나기　　　　　　③ 우상의 눈물
④ 우리들의 날개　　⑤ 우리들의 일그러진 영웅

**7** <보기>의 ㉠~㉤의 의미로 적절하지 않은 것은?

― <보기> ―

　"오늘의 일은 ㉠ 우연이 아니다. 하느님이 도우시고 부처님이 돌보셔서, 고운 님을 맞이하여 백년해로를 하게 되었다. 어버이께 여쭙지 못하고 시집가는 것은 비록 ㉡ 예법에 어그러졌지만, 서로 즐거이 맞이하게 된 것은 또한 평생의 ㉢ 기이한 인연이다. 너는 집으로 가서 앉을 자리와 술안주를 가지고 오너라." 시녀가 그 명령대로 가서 뜨락에 술자리를 베푸니, 시간은 벌써 ㉣ 사경(四更)이나 되었다. 시녀가 차려 놓은 방석과 술상은 무늬가 없이 깨끗하였으며, 술에서 풍기는 향내도 정녕 인간 세상의 솜씨는 아니었다. 양생은 비록 의심나고 ㉤ 괴이하였지만, 여인의 이야기와 웃음소리가 맑고 고우며 얼굴과 몸가짐이 얌전하여, '틀림없이 귀한 집 아가씨가 담을 넘어 나왔구나' 생각하고는 더 이상 의심하지 않았다.

- 김시습, 「만복사저포기」

① ㉠: 아무런 인과 관계가 없이 뜻하지 아니하게 일어난 일.
② ㉡: 예의로써 지켜야 할 규범.
③ ㉢: 기묘하고 이상하다.
④ ㉣: 하룻밤을 오경(五更)으로 나눈 넷째 부분. 새벽 1시에서 3시 사이이다.
⑤ ㉤: 마음에 꺼리거나 염려스럽다.

영역3 국어 문화

# 02 중세 국어 및 남북한의 언어

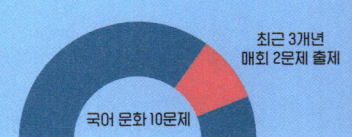

최근 3개년 매회 2문제 출제

국어 문화 10문제

---

## STEP 1 최신 기출유형 파악하기

### 기출유형 ① 중세 국어
최근 3개년 평균 정답률 46.66%

<보기>로 제시된 훈민정음 서문에서 문법적 쓰임의 적절성을 파악하거나, 훈민정음 서문 내용을 해석하는 유형으로 매회 1문제 출제된다. 훈민정음 서문을 토대로 현대 국어와 중세 국어를 비교하는 형태로 출제되기도 한다.

**예제**

<보기>는 『훈민정음』이다. ㉠~㉤에 대한 설명으로 적절하지 <u>않은</u> 것은?

─── <보기> ───

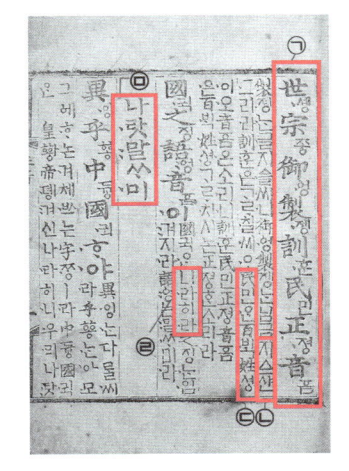

① ㉠: 동국정운식 한자음 표기가 나타난다.
② ㉡: '지스샨'은 임금을 높이기 위한 높임법이 사용되었다.
③ ㉢: 한자의 뜻에 대해 설명하고 있다.
④ ㉣: '나라히라'는 끊어적기의 방식으로 표기되었다.
⑤ ㉤: 각 음절의 성조를 표시하기 위해 방점을 찍었다.

**정답분석**
④ ㉣의 '나랑'는 ㆆ 종성 체언으로, '나라히라'로 표기된 것은 받침이 있는 체언이 모음으로 시작하는 조사와 결합했을 때 받침을 이어서 적는 '이어적기' 방식이 반영된 표기이다. 따라서 끊어적기 방식으로 표기되지 않았으므로 적절하지 않다. 참고로, 'ㆆ 종성 체언'이란 중세 국어에서 'ㆆ'을 말음으로 가지는 체언으로, 모음으로 시작하는 조사 앞에서는 'ㆆ'이 그대로 유지되고 유기음화할 수 있는 'ㄱ', 'ㄷ', 'ㅂ' 앞에서는 그것과 결합하여 'ㅋ', 'ㅌ', 'ㅍ'을 만드는 체언이다.

**오답분석**
① ㉠의 '世솅宗종御엉製졩'에는 초성, 중성, 종성을 고루 갖추기 위해 종성 'ㅇ, ㆁ'을 사용한 동국정운식 한자음 표기가 나타나므로 적절하다. 참고로, 동국정운식 한자음 표기는 한자음의 표준화를 위해 규정한 표기 방식이다. 한자음을 중국의 원음에 가깝게 표기하려 하였으나, 현실음과 괴리가 있어 세종 때 규정되었다가 성종 때 폐기되었다.
② ㉡의 '지스샨'은 현대 국어로 '지으신'으로 해석한다. 이때 주체 '님금(임금)'을 높이기 위해 중세 국어의 주체 높임 선어말어미 '-샤-'가 사용되었으므로 적절하다.
③ ㉢은 한자 '民'이 '백성'을 뜻함을 풀이하고 있다. 따라서 한자의 뜻에 대해 설명하고 있으므로 적절하다.
⑤ ㉤은 글자 왼편에 방점을 찍어 각 음절의 성조를 표시하고 있으므로 적절하다.

※출처: e뮤지엄, https://www.emuseum.go.kr/

## 기출유형 ② 남북한의 언어

최근 3개년 평균 정답률 55.42%

<보기>에 제시된 북한의 어문 규범을 토대로 선택지에 제시된 남북한 언어 표기의 적절성을 파악하는 유형이다. 북한 어문 규범을 선택지에 대응하여 풀 수 있으나 간혹 남한의 어문 규범 조항은 제시되지 않으므로 '어법' 영역의 한글맞춤법 조항을 알아 두어야 한다. 매회 1문제 출제된다.

### 예제

<보기>는 남북의 맞춤법 관련 내용이다. 남북의 표기가 모두 올바른 것은?

―<보기>―

(남한)
어간의 끝음절 모음이 'ㅏ, ㅗ'일 때에는 어미를 '-아'로 적고, 그 밖의 모음일 때에는 '-어'로 적는다.
예 개다(→개어), 쉬다(→쉬어), 겪다(→겪어)

(북한)
말줄기의 모음이 ≪ㅣ, ㅐ, ㅔ, ㅚ, ㅟ, ㅢ≫인 경우와 줄기가 ≪하≫인 경우에는 ≪여, 였≫으로 적는다. 그러나 말줄기의 끝소리마디에 받침이 있을 때에는 ≪어, 었≫으로 적는다.
예 기다(→기여), 개다(→개여), 심다(→심어)

|   | 남 | 북 |
|---|---|---|
| ① | 손을 베었다. | 손을 베었다. |
| ② | 줄이 길었다. | 줄이 길였다. |
| ③ | 꽃이 피였다. | 꽃이 피였다. |
| ④ | 나무를 심었다. | 나무를 심였다. |
| ⑤ | 가수가 되었다. | 가수가 되였다. |

### 정답분석
⑤ '되다'에서 어간 '되-'와 어미 '-었-'이 결합할 때, 남한에서는 '-었-'으로 표기하나, 북한에서는 어간 '되-'의 모음이 'ㅚ'이므로 '-였-'으로 표기한다. 따라서 남한은 '되었다', 북한은 '되였다'로 표기하므로 ⑤가 적절하다.

### 오답분석
① '베다'에서 어간 '베-'와 어미 '-었-'이 결합할 때, 남한에서는 '었'으로 표기하나, 북한에서는 어간 '베-'의 모음이 'ㅔ'이므로 '였'으로 표기한다. 따라서 북한은 '베었다'가 아닌 '베였다'로 표기해야 하므로 적절하지 않다.
② '길다'의 어간 '길-'과 어미 '-었-'이 결합할 때, 남한에서는 '었'으로 표기하고, 북한에서는 어간 '길-'에 받침이 있으므로 '었'으로 표기한다. 따라서 북한은 '길였다'가 아닌 '길었다'로 표기해야 하므로 적절하지 않다.
③ '피다'의 어간 '피-'와 어미 '-었-'이 결합할 때, 남한에서는 '었'으로 표기하고, 북한에서는 어간 '피-'의 모음이 'ㅣ'이므로 '였'으로 표기한다. 따라서 남한은 '피였다'가 아닌 '피었다'로 표기해야 하므로 적절하지 않다.
④ '심다'의 어간 '심-'과 어미 '-었-'이 결합할 때, 남한에서는 '었'으로 표기하고, 북한에서는 어간 '심-'에 받침이 있으므로 '었'으로 표기한다. 따라서 북한은 '심였다'가 아닌 '심었다'로 표기해야 하므로 적절하지 않다.

# STEP 2 기출개념 암기하기

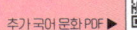

★ = 2회 이상 출제

## 1 훈민정음(訓民正音)

### 1. 제자 원리

#### 1) 초성(初聲)

| 기본자<br>발음 기관의 모양을 본뜸 | + | 가획자<br>기본자에 획을 더함 | + | 이체자<br>가획의 의미가 없음<br>(소리가 세지지 않음) |

| 구분 | 기본자 | 가획자 | 이체자 |
| --- | --- | --- | --- |
| 아음(牙音) | ㄱ | ㅋ | ㆁ |
| 설음(舌音) | ㄴ | ㄷ, ㅌ | ㄹ |
| 순음(脣音) | ㅁ | ㅂ, ㅍ | |
| 치음(齒音) | ㅅ | ㅈ, ㅊ | ㅿ |
| 후음(喉音) | ㅇ | ㆆ, ㅎ | |

#### 2) 중성(中聲)

| 기본자<br>하늘, 땅, 인간의 모습을 본뜸 | + | 초출자<br>기본자 상호 결합함 | + | 재출자<br>초출자에 'ㆍ'를 더함 |

| 구분 | 기본자 | 초출자 | 재출자 |
| --- | --- | --- | --- |
| 하늘의 모양 | ㆍ | ㅗ, ㅏ, ㅜ, ㅓ | ㅛ, ㅑ, ㅠ, ㅕ |
| 땅의 모양 | ㅡ | | |
| 사람의 모양 | ㅣ | | |

#### 3) 종성(終聲)

8종성법(ㄱ, ㆁ, ㄷ, ㄴ, ㅂ, ㅁ, ㅅ, ㄹ)
→ '종성부용초성(終聲復用初聲)'에 따라 종성은 새로 만들지 않고 초성으로 쓰는 글자를 다시 써 8글자를 사용

**Q1.** 다음 설명이 올바르면 ○, 틀리면 ×에 표시하시오.  훈민정음 초성의 기본자는 발음 기관의 모양을 본뜬 것이다. [○, ×]

## 2. 표기법

| 특징 | 개념 | 예 |
| --- | --- | --- |
| 연서 | 순경음을 표기하기 위하여 순음자 밑에 'ㅇ'을 이어 쓰는 일 | ㅱ, ㅸ, ㆄ, ㅹ |
| 병서 ★ | 초성자 두 글자 또는 세 글자를 가로로 나란히 붙여 쓰는 일<br>• 각자 병서: 같은 자음 두 글자를 가로로 나란히 붙여 쓰는 일<br>• 합용 병서: 서로 다른 자음을 가로로 나란히 붙여 쓰는 일 | • ㄲ, ㄸ<br>• ㄼ, ㅄ |
| 연철 | 한 음절의 종성을 다음 자의 초성으로 내려서 쓰는 일 | 말쓰미(말씀 + 이) |
| 동국정운식<br>한자음 표기 | 세종이 훈민정음 창제 후 당시 우리나라 한자음의 통일된 표준음을 정하기 위해 정리한 『동국정운』에 따른 이상적인 한자음 표기법 | 솅(世), 엉(御), 中國듕귁 |

**Q2.** 다음 설명이 올바르면 ○, 틀리면 ×에 표시하시오.   한 음절의 종성을 다음 자의 초성으로 내려 쓰는 표기법을 연서라고 한다. [○, ×]

## 3. 『세종어제훈민정음(世宗御製訓民正音)』★

| 원문 | 나·랏:말쓰미 |
| --- | --- |
| 현대어 | 나랏말이 |
| 원문 | 中듕國·귁·에달·아 |
| 현대어 | 중국과 달라 |
| 원문 | 文문字·쫑·와·로서르ᄉ뭇·디아·니홀·씨 |
| 현대어 | 한자와 서로 통하지 않으므로 |
| 원문 | ·이런젼·ᄎ·로어·린百빅姓·셩·이니르·고·져·홇·배이·셔·도 |
| 현대어 | 이런 이유로 우매한 백성이 말하고자 하는 바가 있어도 |
| 원문 | ᄆ·ᄎᆷ:내제·ᄠ·들시·러펴·디:몯ᄒᆞᇙ·노·미하·니·라 |
| 현대어 | 마침내 제 뜻을 잘 펼 수 없는 사람이 많다. |
| 원문 | ·내·이·룰為·윙·ᄒ·야:어엿·비너·겨 |
| 현대어 | 내가 이를 딱하게 여기어 |
| 원문 | ·새·로·스·믈여·듧字·쫑·ᄅᆞᆯ밍·ᄀᆞ노·니 |
| 현대어 | 새로 스물여덟 글자를 만들었으니 |
| 원문 | :사ᄅᆞᆷ:마·다:히·ᅇᅧ:수·ᄫᅵ니·겨·날·로·ᄡᅮ·메 便뼌安한·킈ᄒ·고·져홇ᄯᆞᄅᆞ·미니·라 |
| 현대어 | 사람들이 쉽게 익히고 나날이 쓰는 데 편하게 하기 위함이다. |

**Q3.** 다음 설명이 올바르면 ○, 틀리면 ×에 표시하시오.   훈민정음 원문의 '어엿비너겨'는 현대어로 '어여삐 여기어'이다. [○, ×]

정답 | Q1. ○   Q2. ×, 연철   Q3. ×, 딱하게 여기어

## 2 중세 국어의 특징

### 1. 음운의 특징

| 구분 | | 특징 | 예 |
|---|---|---|---|
| 자음 | ㅸ (순경음 비읍) | 15세기 중순까지 존속하다가 이후 반모음 'ㅗ/ㅜ[w]'로 교체 | 더븐>더운 |
| | ㅿ (반치음) | 16세기 말까지 쓰이다가 17세기부터 자취를 감춤 | 여슥/여스>여우 |
| | ㆁ (옛이응) | 16세기까지는 종성 자리에서만 쓰이다 이후 'ㅇ'과 혼동해 쓰이는 과정을 거쳐 완전히 'ㅇ'에 합류함 | 숭아지>송아지 |
| 모음 | 모음 조화 | 모음 조화가 잘 지켜지는 편임<br>• 양성 모음: ㅗ, ㆍ, ㅏ<br>• 음성 모음: ㅡ, ㅜ, ㅓ | • 조차(좇- + -아)<br>• 그쳐(그치- + -어) |

**Q1.** 다음 설명이 올바르면 ○, 틀리면 ×에 표시하시오.　중세 국어에서 모음 조화는 잘 지켜지는 편이다. [○, ×]

### 2. 조사의 특징

#### 1) 주격 조사

| 주격 조사 | 실현 환경 | 예 |
|---|---|---|
| 이 | 자음으로 끝나는 체언 뒤 | 말쓰미(말씀 + 이) 中國에 |
| ㅣ | 'ㅣ'나 반모음 'ㅣ' 이외의 모음으로 끝나는 체언 뒤 | 부톄(부텨 + ㅣ) 니러 |
| ∅ | 'ㅣ'나 반모음 'ㅣ'로 끝나는 체언 뒤 | 불휘(불휘 + ∅) 기픈 |

#### 2) 목적격 조사

| 목적격 조사 | 실현 환경 | 예 |
|---|---|---|
| 올 / 을 | 자음으로 끝나는 체언 뒤 | • 江南올(강남 + 올) 저ᄒᆞ샤<br>• 帝業을(제업 + 을) 여르시니 |
| 롤 / 를 | 모음으로 끝나는 체언 뒤 | • 나롤 겨집 사모시니<br>• 부텨를 조쯔와 |

#### 3) 관형격 조사★

| 관형격 조사 | 실현 환경 | 예 |
|---|---|---|
| ㅅ | 무정 명사나 높임의 대상인 유정 명사 뒤 | • 부텻(부텨 + ㅅ) 功德을<br>• ᄂᆞ미 나랏(나라 + ㅅ) 그를 |
| 익 / 의 | 유정 명사이면서 모음 뒤 | • ᄂᆞ미(놈 + 익) 나랏 그를<br>• 거부븨(거붑 + 의) 터리와 |

**Q2.** 다음 설명이 올바르면 ○, 틀리면 ×에 표시하시오.　중세 국어에서 자음으로 끝나는 체언 뒤에는 주격 조사가 오지 않는다. [○, ×]

### 4) 부사격 조사 ★

| 부사격 조사 | 실현 환경 | 예 |
|---|---|---|
| 애 | 끝말이 양성 모음인 체언 뒤 | • 象頭山애(상두산 + 애) 가샤 |
| 에 | 끝말이 음성 모음인 체언 뒤 | • 그르세(그릇 + 에) 담아 |
| 예 | 'ㅣ'나 반모음 'ㅣ'로 끝나는 체언 뒤 | • 서리예 가샤 |

### 5) 보조사

| 보조사 | 실현 환경 | 예 |
|---|---|---|
| 온 / 은 | 자음으로 끝나는 체언 뒤 | • 모든 무수믄(무숨 + 은)<br>• 邊은(변 + 은) ᄀ싀라 |
| ᄂᆞᆫ / 는 | 모음 뒤 | • 푸ᄂᆞᆫ(호 + ᄂᆞᆫ) 아모그에<br>• 語는(어 + 는) 말쓰미라 |

> **Q3.** 다음 설명이 올바르면 ○, 틀리면 × 에 표시하시오.    중세 국어에서 'ㅣ'로 끝나는 체언 뒤에는 부사격 조사 '에'가 온다. [○, ×]

## 3. 어미의 특징

### 1) 높임 선어말 어미

| 높임법 | 선어말 어미 | 실현 환경 | 예 |
|---|---|---|---|
| 주체 | -시- | 자음 어미 앞에서 | 가시고 |
| | -샤- | 모음 어미 앞에서 | 가샤(가- + -샤- + -아) |
| 객체 ★ | -ᄉᆞᆸ- | 'ㄱ, ㅂ, ㅅ, ㅎ'으로 끝나는 어간 뒤 | 돕ᄉᆞᆸ고 |
| | -ᄋᆞᆸ- | 모음이나 'ㄴ, ㅁ, ㄹ'로 끝나는 어간 뒤 | 셰ᄋᆞᆸ논, 삼ᄋᆞᆸ고 |
| | -ᄌᆞᆸ- | 'ㄷ, ㅈ, ㅊ'으로 끝나는 어간 뒤 | 듣ᄌᆞᆸ노니 |
| 상대 | -이- | 평서형 | ᄒᆞᄂᆞ이다 |
| | -잇- | 의문형 | ᄒᆞᄂᆞ니잇가 |

### 2) 회상 선어말 어미

| 선어말 어미 | 실현 환경 | 예 |
|---|---|---|
| -더- | 주어의 인칭 제한 없이 실현 | 님그미 나갯더시니 |
| -다- | 주로 1인칭 주어일 때 실현 | 나도 조쯘바 가다니 |
| -러- | '-이다'의 어간 뒤 | 부텻 나히 셜흔둘히러시니 |

> **Q4.** 다음 설명이 올바르면 ○, 틀리면 × 에 표시하시오.    중세 국어의 주체 높임법은 자음 어미 앞에서 '-시-'로 실현된다. [○, ×]

정답 | Q1. ○  Q2. ×, 주격 조사 '이'  Q3. ×, 부사격 조사 '예'  Q4. ○

# 3 남북한의 언어

## 1. 표기 규칙의 차이 ★

| 남한 표준어 | 북한 표준어 |
|---|---|
| 두음 법칙을 인정함 예 난초, 요리 | 두음 법칙을 인정하지 않음 예 란초, 료리 |
| 사이시옷을 표기함 예 냇물, 빗자루 | 사이시옷을 표기하지 않음 예 내물, 비자루 |
| 모음 조화를 지키지 않는 경우가 있음 예 아름다웠습니다. | 모음 조화를 지킴 예 아름다왔습니다. |
| 의존 명사를 앞말과 띄어 씀 예 아는∨것, 두∨마리 | 의존 명사를 앞말과 붙여 씀 예 아는것, 두마리 |
| 단위, 시공간의 의미를 나타내는 명사를 띄어 씀 예 지붕∨밑, 한∨자루 | 단위, 시공간의 의미를 나타내는 명사를 붙여 씀 예 지붕밑, 한자루 |
| 본용언과 보조용언을 띄어 쓰는 것이 원칙이나, 붙여 쓸 수도 있음 예 지켜∨나갈/지켜나갈 | 본용언과 보조 용언을 붙여 씀 예 지켜나갈 |
| 어간의 끝음절 모음이 'ㅏ, ㅐ, ㅔ, ㅚ, ㅟ, ㅢ'인 경우 어미를 '-어'로 적음 예 베어, 쥐어 | 어간의 끝음절 모음이 'ㅏ, ㅐ, ㅔ, ㅚ, ㅟ, ㅢ'인 경우 어미를 '-여'로 적음 (단, 어간이 자음으로 끝날 때는 '-어'로 적음) 예 베여, 쥐여 |
| 어간의 끝음절 '하' 앞의 받침 소리가 [ㄱ, ㄷ, ㅂ]이면 '하'가 통째로 준 대로 적음 예 섭섭하지 않다 - 섭섭지 않다 | '않다', '못하다' 앞의 '하지'는 '치'로 줄여 적음 예 섭섭하지 않다 - 섭섭치 않다 |
| '수컷'을 의미하는 접두사 '수-'나 '암컷'을 의미하는 접두사 '암-' 뒤에서 거센소리가 나는 것을 인정하는 단어는 소리대로 적음 예 수평아리, 암캉아지 | '암', '수'가 결합되는 동물이나 대상은 거센소리로 적지 않고 형태를 그대로 밝혀 적음 예 수병아리, 암강아지 |
| '계, 례, 몌, 폐, 혜'의 'ㅖ'는 [ㅔ]로 소리가 나는 경우가 있더라도 'ㅖ'로 적음 예 몌분, 화폐 | 한자말에서 모음 'ㅖ'가 들어있는 소리 중 '계, 례, 혜, 예'만 'ㅖ'로 적음 예 몌분, 화페 |

**Q1.** 다음 설명이 올바르면 ○, 틀리면 ×에 표시하시오.    '섭섭하지 않다'의 준말은 남한과 북한 모두 '섭섭치 않다'이다. [○, ×]

## 2. 문장 부호의 차이

| 기능 | 남한 | 북한 |
|---|---|---|
| 말을 인용할 때 | 큰따옴표(" ") 예 "어, 광훈이 아니냐?"라고 말했다. | 인용표(《 》) 예 《야, 백두산이 보인다!》라고 말했다. |
| 책의 제목 등을 나타낼 때 | 겹화살괄호(《 》), 큰따옴표(" ") 예 《한성순보》는 우리나라 최초의 근대 신문이다. | 인용표(《 》) 예 장편소설 《석개울의 새봄》 |
| 인용한 말 안에 또 다른 인용문이 들어갈 때 | 작은따옴표(' ') 예 그는 "여러분! '시작이 반이다.'라는 말 들어 보셨죠?"라고 말하며 강연을 시작했다. | 거듭인용표(〈 〉) 예 《우리 분조에는 〈천리마〉호가 3대나 배정되었습니다.》 |
| 본문을 보충할 때 | 소괄호(( )) 예 니체(독일의 철학자)의 말을 빌리면 다음과 같다. | 쌍괄호(( )) 예 내가 대학에 입학하던 해였다.(그해도 풍년이 들었었다.) |
| 표제 다음에 해당 항목을 들거나 설명을 붙일 때 | 쌍점( : ) 예 문방사우: 종이, 붓, 먹, 벼루 | 두점( : ) 예 실험 조건: |

**Q2.** 다음 설명이 올바르면 ○, 틀리면 ×에 표시하시오.    말을 인용할 때 남한은 큰따옴표(" ")를 쓰고, 북한은 인용표(《 》)를 쓴다. [○, ×]

정답 | Q1. ×, 남한 '섭섭지 않다', 북한 '섭섭치 않다'    Q2. ○

# STEP 3 기출동형 문제 풀어보기

**1** <보기>는 『훈민정음』 서문이다. <보기>에 대한 설명으로 적절하지 않은 것은?

― <보기> ―

나랏 말싸미 中國에 달아 文字와로 서르 ㉠ 스뭇디 아니홀씨 이런 젼ᄎ로 어린 百姓이 니르고져 ㉡ 홇 배 이셔도 ᄆᆞᄎᆞᆷ내 제 ㉢ ᄠᅳ들 시러 펴디 몯홇 ㉣ 노미 하니라 내 이를 爲ᄒᆞ야 어엿비 너겨 새로 스믈여듧 字를 밍ᄀᆞ노니 사ᄅᆞᆷ마다 ᄒᆡ여 ㉤ 수ᄫᅵ 니겨 날로 ᄡᅮ메 便安킈 ᄒᆞ고져 홇 ᄯᆞᄅᆞ미니라

① ㉠: 음운 현상이 적용된 대로 '디'로 표기한다.
② ㉡: 관형사형 어미 '-ㄹ'과 'ㆆ'을 함께 표기한다.
③ ㉢: 서로 다른 자음을 합쳐 쓰는 합용 병서로 표기한다.
④ ㉣: 받침을 다음 음절의 초성으로 이어 적는 연철로 표기한다.
⑤ ㉤: 가벼운 소리를 나타내기 위해 'ㅇ'을 'ㅂ' 아래에 이어서 표기한다.

**2** <보기>는 『훈민정음』 서문이다. <보기>의 ㉠~㉤과 현대 국어의 대응으로 적절하지 않은 것은?

― <보기> ―

나랏 말싸미 ㉠ 中國에 달아 文字와로 서르 스뭇디 아니홀씨 이런 ㉡ 젼ᄎ로 ㉢ 어린 百姓이 니르고져 홇 배 이셔도 ᄆᆞᄎᆞᆷ내 제 ᄠᅳ들 시러 펴디 몯홇 노미 ㉣ 하니라 내 이를 爲ᄒᆞ야 어엿비 너겨 새로 스믈여듧 字를 밍ᄀᆞ노니 사ᄅᆞᆷ마다 ᄒᆡ여 ㉤ 수ᄫᅵ 니겨 날로 ᄡᅮ메 便安킈 ᄒᆞ고져 홇 ᄯᆞᄅᆞ미니라

① ㉠: 中國에 > 중국과
② ㉡: 젼ᄎ로 > 까닭으로
③ ㉢: 어린 > 젊은
④ ㉣: 하니라 > 많으니라
⑤ ㉤: 수ᄫᅵ > 쉽게

**3** <보기>는 『훈민정음』 서문이다. <보기>의 ㉠~㉤과 그에 대응하는 한자어를 짝 지은 것으로 적절하지 않은 것은?

― <보기> ―

나랏 말싸미 中國에 ㉠ 달아 文字와로 서르 ㉡ 스뭇디 아니홀씨 이런 젼ᄎ로 어린 百姓이 ㉢ 니르고져 홇 배 이셔도 ᄆᆞᄎᆞᆷ내 제 ᄠᅳ들 시러 펴디 몯홇 노미 하니라 내 이를 爲ᄒᆞ야 ㉣ 어엿비 너겨 새로 스믈여듧 字를 밍ᄀᆞ노니 사ᄅᆞᆷ마다 ᄒᆡ여 수ᄫᅵ 니겨 날로 ㉤ ᄡᅮ메 便安킈 ᄒᆞ고져 홇 ᄯᆞᄅᆞ미니라

① ㉠: 異
② ㉡: 通
③ ㉢: 說
④ ㉣: 恤
⑤ ㉤: 誌

**4** 목적격 조사가 적절하게 사용된 것을 모두 고른 것은?

─── <보기> ───
ㄱ. 奚琴(해금) + 올  ㄴ. 梨花(이화) + 을
ㄷ. 精舍(정사) + 롤  ㄹ. 香油(향유) + 를

① ㄱ, ㄷ  ② ㄱ, ㄹ  ③ ㄷ, ㄹ
④ ㄱ, ㄴ, ㄷ  ⑤ ㄴ, ㄷ, ㄹ

**5** <보기>의 규범을 바탕으로 할 때, 다음 예문 빈칸에 들어갈 남한어와 북한어가 올바르게 짝 지어진 것은?

─── <보기> ───
조선말규범집, 맞춤법 제6장 제24항
부사에서 뒤붙이 ≪이≫나 ≪히≫가 그 어느 하나로만 소리나는 것은 그 소리대로 적는다.
1) ≪히≫로 적는 것(주로 ≪하다≫를 붙일수 있는것)
 례: 덤덤히, 마땅히
2) ≪이≫로 적는 것(주로 ≪하다≫를 붙일수 없는것)
 례: 기어이, 짬짬이
3) 말뿌리에 직접 ≪하다≫를 붙일수 없으나 ≪히≫로만 소리나는것은 ≪히≫로 적으며 말뿌리에 직접 ≪하다≫를 붙일수 있으나 ≪이≫로만 소리나는것은 ≪이≫로 적는다.

그의 한마디로 교실 안이 [        ] 가라앉았다.

|   | 남한어 | 북한어 |
|---|---|---|
| ① | 고요이 | 고요히 |
| ② | 고요히 | 고요이 |
| ③ | 고요이 | 고요이 |
| ④ | 고요히 | 고요히 |
| ⑤ | 고요이/고요히 | 고요히 |

**6** 다음은 남북한의 언어를 비교한 표이다. 적절하지 않은 것은?

|   | 남한 | 북한 |
|---|---|---|
| ① | 내년 | 래년 |
| ② | 인사말 | 인사말 |
| ③ | 잊을∨수 | 잊을수 |
| ④ | 어둑새벽 | 어뜩새벽 |
| ⑤ | 가족∨밖에 | 가족밖에 |

**7** <보기>를 바탕으로 할 때, 남한과 북한 사전의 단어 배열 순서가 올바르게 짝 지어진 것은?

<보기>

초성 배열 순서

| 남 | ㄱㄲㄴㄷㄸㄹㅁㅂㅃㅅㅆㅇㅈㅉㅊㅋㅌㅍㅎ |
|---|---|
| 북 | ㄱㄴㄷㄹㅁㅂㅅㅈㅊㅋㅌㅍㅎㄲㄸㅃㅆㅉㅇ |

중성 배열 순서

| 남 | ㅏㅐㅑㅒㅓㅔㅕㅖㅗㅘㅙㅚㅛㅜㅝㅞㅟㅠㅡㅢㅣ |
|---|---|
| 북 | ㅏㅑㅓㅕㅗㅛㅜㅠㅡㅣㅐㅒㅔㅖㅚㅟㅢㅘㅝㅙㅞ |

① • 남: 거미-개수-끄다-나비-우유
  • 북: 거미-개수-끄다-나비-우유
② • 남: 거미-개수-끄다-나비-우유
  • 북: 개수-거미-끄다-우유-나비
③ • 남: 개수-거미-나비-우유-끄다
  • 북: 거미-개수-우유-나비-끄다
④ • 남: 개수-끄다-거미-나비-우유
  • 북: 개수-거미-나비-우유-끄다
⑤ • 남: 개수-거미-끄다-나비-우유
  • 북: 거미-개수-나비-끄다-우유

영역3 국어 문화

# 03 다양한 매체와 언어

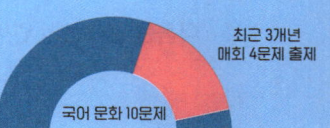

최근 3개년 매회 4문제 출제
국어 문화 10문제

## STEP 1 최신 기출유형 파악하기

### 기출유형 ① 수어

최근 3개년 평균 정답률 67.63%

<보기>에 제시된 수어가 나타내는 의미를 파악하는 유형으로, 2회에 한 번 정도 출제된다.

**예제**

<보기>의 설명을 바탕으로 할 때, 제시된 수어의 뜻으로 적절한 것은?

―<보기>―

수어는 손의 위치나 손의 움직임에 따라 의미가 달라지는 언어이다. 예를 들어, '뜨다'를 나타낼 때는 오른 주먹의 엄지손가락과 집게손가락을 펴서 붙이고 오른쪽 눈앞에서 떼는 것으로 표현한다.

① 좋다 ② 가다 ③ 자다 ④ 내리다 ⑤ 재밌다

**정답분석**
③ 제시된 수어는 오른 주먹의 집게손가락과 가운뎃손가락을 펴서 끝이 눈으로 향하게 하여 왼쪽에서 오른쪽으로 옮기며 한 번 구부리고 있다. 이는 눈을 감는 행위를 묘사한 수어로 '자다'를 의미한다.

## 기출유형 ② 점자

최근 3개년 평균 정답률 72.63%

<보기>에 제시된 점자 표기법을 토대로, 선택지 어휘의 점자 표기가 적절한지 파악하는 유형이다. 2회에 한 번 정도 출제된다.

### 예제

<보기>를 참고할 때 점자 표기가 올바르지 않은 것은?

――― <보기> ―――

제15항 다음 글자들을 약자를 사용하여 적는다.

| 건 | 경 |
|---|---|
| ○● ●● ●● | ●● ●● ○● |

※자음자(첫소리)

| ㄱ | ㄴ |
|---|---|
| ○● ○○ ○○ | ●● ○○ ○○ |

※자음자(받침)

| ㄱ | ㄴ | ㅇ |
|---|---|---|
| ●○ ○○ ○○ | ○○ ●● ○○ | ○○ ●● ○● |

※모음자

| ㅏ | ㅓ | ㅕ |
|---|---|---|
| ●○ ○● ●○ | ○● ●○ ○● | ○● ●○ ●● |

※단, 'ㅇ'이 첫소리로 쓰일 때에는 점자로 이를 표기하지 않는다.

① 격언

② 경영

③ 안녕

④ 언어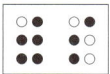

⑤ 영어

### 정답분석

② 제15항에 따라 '경'은 약자로 표기해야 하므로 '경영'의 초성 'ㄱ' 뒤에 '경'의 약자를 2번 표기하면 된다.

| ㄱ | 경 | 경 |
|---|---|---|
| ○● ○○ ○○ | ●● ●● ○● | ●● ●● ○● |

## 기출유형 ③  근대 신문 이해

최근 3개년 평균 정답률 82.99%

근대 신문을 읽고 선택지의 내용이 신문과 일치하는지 파악하는 유형이다. 주로 음악회나 영화, 공연 안내 등을 제재로 하여 매회 1문제 출제된다.

**예제**

<보기>는 일제 강점기 신문에 게재된 기사이다. 이에 대한 설명으로 적절하지 <u>않은</u> 것은?

―――――――――― <보기> ――――――――――

학생대회(學生大會) 음악회(音樂會) 성황으로맛추어

일즉이보도한바와갓치 조선학생대회의쥬최로음악 를 작이십육(二十六)일밤팔(八)시브터 경성중앙청년회관에서 개최하얏는대팔(八)시가채되지못하야 구름쳐럼대여드는사람은 청년회관 대강당이빼ㄱㅅ하게챳다 처음으로개회의사가 간단이 잇슨후로 백경애녀사의 사현금독쥬가 잇슨후로김원복쳐녀의 아름다은 얼골로쳥아한음셩을내여 다듬이노래랄독창하고 그대음은 셔양쳐녀『터양』씨가 노란눈을 반득이며고살리갓흔손으로 피아노를 독주하고 그대음으로 리샹쥰씨가다시 사현금을들고 아름다은노래를부르고 긔타칠팔(七八)종의 음악이잇섯더라

― 『조선일보』, 1920년 6월 28일자

① 음악회의 처음은 개회사로 진행되었다.
② 음악회는 경성 중앙 청년 회관에서 개최되었다.
③ 음악회는 조선 학생 대회의 주최로 개최되었다.
④ 독창 이후에 서양 여성 연주자가 피아노를 독주했다.
⑤ 8시 이후부터 사람이 대강당에 가득 차기 시작했다.

**정답분석**

⑤ "팔(八)시가채되지못하야 구름쳐럼대여드는사람은 청년회관 대강당이빼ㄱㅅ하게챳다"에서 8시가 되기 전부터 사람들이 대강당에 가득 모였음을 알 수 있으므로 8시 이후부터 사람이 대강당에 가득 차기 시작했다는 설명은 적절하지 않다.

## 기출유형 ④  법률 용어 순화어

최근 3개년 평균 정답률 55.22%

제시된 문장의 단어를 순화한 단어가 적절한지 판단하는 유형이다. 보통 법률 조항에 사용된 단어가 제시되며 매회 1문제 출제된다.

**예제**

밑줄 친 용어를 쉬운 용어로 정비한 것으로 가장 적절한 것은?

―――――――――― <보기> ――――――――――

상대방과 <u>통정한</u> 허위의 의사표시는 무효로 한다. (민법 제108조)

① 몰래 한   ② 짜고 한   ③ 우연히 한   ④ 혼동해서 한   ⑤ 형식적으로 한

**정답분석**

② '통정한'은 법률 용어에서 '상대방과 짜고 한'으로 바꾸어 쓸 수 있으므로 적절하다.

※ 출처: 법제처, https://www.moleg.go.kr

## 기출유형 ⑤ 방송 언어

최근 3개년 평균 정답률 79.46%

방송에 쓰이는 대본을 읽고 선택지의 표현 기법이 적절한지 파악하는 유형이다. 매회 1문제 출제된다.

### 예제

<보기>에서 드러나는 방송 언어의 특성으로 적절하지 않은 것은?

―――― <보기> ――――

(경쾌한 음악) 안녕하세요, 여러분! '건강한 하루' 시간입니다. 오늘은 날씨가 정말 좋네요. 아니, 사실 조금 흐리긴 하지만 그래도 상쾌한 아침입니다. 요즘 많은 분들이 건강에 관심을 가지시는데요, 특히 면역력 강화에 도움이 되는 음식에 대한 질문을 많이 보내주셨습니다. 청취자 여러분의 의견을 모아봤는데요, 제일 많이 언급된 음식은 바로 발효식품이었습니다. 김치, 요거트, 된장 등이 대표적이죠. '건강지킴이' 님께서는 "매일 아침 요거트 한 컵이 하루를 활기차게 만들어요"라고 말씀해 주셨습니다. 맞습니다, 발효식품은 좋은 균들이 장내 환경을 개선해 주는데요. 여러분도 하루에 한 번은 발효식품을 드셔 보세요. 그럼 오늘의 건강 팁을 전해 드립니다. 음... 요즘처럼 환절기에는 충분한 수분 섭취가 중요합니다. 물을 자주 마시는 습관을 들이시고요. 또한 규칙적인 생활 리듬을 유지하시면 더욱 좋겠습니다. 자, 이제 오늘의 건강 음악과 함께 활기찬 하루를 시작해 볼까요?

① 직접 인용을 통해 청취자의 의견을 그대로 전달하고 있다.
② 의문형 종결 표현을 사용하여 청취자의 참여를 유도하고 있다.
③ 방송 진행에 필요한 전문 용어를 활용해 진행자의 전문성을 높이고 있다.
④ 말을 고쳐 말하는 자기 수정의 방식을 통해 정보의 정확성을 높이고 있다.
⑤ 방송 중간마다 비격식체를 사용하여 친근한 태도로 청취자와 소통을 진행하고 있다.

### 정답분석

③ 위 라디오 방송에서는 방송 진행에 필요한 전문 용어가 사용되지 않았다. 건강과 관련된 일반적인 정보와 표현만을 사용하고 있을 뿐, 방송 제작이나 진행과 관련된 특수한 전문 용어는 나타나지 않으므로 적절하지 않다.

### 오답분석

① "매일 아침 요거트 한 컵이 하루를 활기차게 만들어요"라고 청취자의 의견을 따옴표를 통해 직접 인용하여 전달하고 있으므로 적절하다.
② "자, 이제 오늘의 건강 음악과 함께 활기찬 하루를 시작해 볼까요?"와 같이 질문형 종결 표현을 사용하여 청취자의 참여를 유도하고 있으므로 적절하다.
④ "오늘은 날씨가 정말 좋네요. 아니, 사실 조금 흐리긴 하지만"에서 자신의 말을 고쳐 말하는 자기 수정 방식을 사용하여 정보의 정확성을 높이고 있으므로 적절하다.
⑤ "~드릴게요.", "~시작해 볼까요?"와 같은 비격식체를 사용하여 공적인 방송 상황에서 청취자와의 친근감을 조성하고 있으므로 적절하다.

# STEP 2 기출개념 암기하기

추가 국어 문화 PDF ▶

★ = 2회 이상 출제

## 1 기출 법률 용어

### 1. 기출 법률 용어 개념

| 용어 | 의미 |
| --- | --- |
| 기산일(起算日) | 일정한 동안의 날수를 계산할 때 첫날로 잡는 날. |
| 멸실(滅失)하다 ★ | 물건이나 가옥 등이 재난에 의하여 그 가치를 잃어버릴 정도로 심하게 파손되다. |
| 송달(送達) ★ | 소송에 관련된 서류를 일정한 방식에 따라 당사자나 소송 관계인에게 보내는 일. |
| 소급(遡及)하다 ★ | 과거에까지 거슬러 올라가서 미치게 하다. |
| 악의(惡意) | 법률관계의 발생·소멸·효력에 영향을 미칠 수 있는 어떤 사정을 알고 있는 것. |
| 인용(認容) | 인정하여 용납함. |
| 준용(準用)하다 ★ | 어떤 사항에 관한 규정을 그와 유사하지만 본질적으로 다른 사항에 적용하다. |
| 추인(追認) ★ | 일단 행하여진 불완전한 법률 행위를 뒤에 보충하여 완전하게 하는 일방적 의사 표시. |

Q1. '추인(追認)'의 의미로 적절한 것은?
ⓐ 인정하여 용납함   ⓑ 일단 행하여진 불완전한 법률 행위를 뒤에 보충하여 완전하게 하는 일방적 의사 표시

### 2. 기출 법률 용어 순화어

| 순화 대상어 | 순화어 | 순화 대상어 | 순화어 |
| --- | --- | --- | --- |
| 가사 사용인(家事使用人) | 가사 도우미 | 부기(附記)하다 | 덧붙여 적다(기재하다) |
| 개산(槪算)하다 | 대략 계산하다, 어림잡아 계산하다 | 부의(附議)하다 ★ | 토의(회의)에 부치다 |
| 개진(開陳)하다 | (의견을) 드러내다, (의견을) 밝히다 | 분장(分掌)하다 | 나눠 맡다, 나눠 맡아 처리하다 |
| 게기(揭記)하다 | 싣다, 기재하다 | 불입(拂入)하다 | 내다, 납입하다 |
| 견적서(見積書) | 추산서 | 사위(詐僞) | 거짓, 속임수 |
| 결석계(缺席屆) | 결석 신고, 결석 신고서 | 산입(算入)하다 | 포함하다 |
| 계리(計理) | 회계 처리 | 선의(善意)로 ★ | (그 사실을) 모르고서 |
| 공작물(工作物) | 인공 구조물 | 유예(猶豫)하다 | 미루다 |
| 공제(控除)하다 | 빼다 | 응결수(凝結水) | 물방울 |
| 급부(給付)하다 | 주다 | 일부인(日附印) | 날짜도장 |
| 대합실(待合室) | 맞이방, 기다리는 곳 | 통정(通情)한 | 상대방과 짜고 한 |
| 매출(賣出) | 판매, 팔기 | 필(畢)하다 | 마치다 |
| 면탈(免脫)하다 ★ | 벗어나다, 회피하다 | 해태(懈怠)하다 | 게을리하다, 제때 하지 않다 |
| 모용(冒用) | 속여 씀 | 호소(湖沼) | 호수와 늪 |
| 병과(倂科)하다 | 동시에 부과하다, 함께 부과하다 | 환부(還付)하다 | 반환하다, 되돌려주다 |

Q2. '부의(附議)하다'의 순화어로 적절한 것은?   ⓐ 토의에 부치다   ⓑ 동시에 부과하다

정답 | Q1. ⓑ   Q2. ⓐ

# STEP 3 기출동형 문제 풀어보기

**1** 밑줄 친 말을 쉬운 말로 순화할 때 가장 적절하지 않은 것은?

① 서류에 일부인(→이름 쓰고 도장 찍음)이 잘못 찍혀 있었다.
② 그는 피해자에게 수차례 협박하여 돈을 갈취했다(→빼앗았다).
③ 법원은 원고의 청구를 전부 인용하는(→인정하여 받아들이는) 판결을 내렸다.
④ 근로자의 업무상 중과실(→큰 잘못)이 인정되면, 회사는 해고 등의 징계를 내릴 수 있다.
⑤ 3개월 이상 보험료를 내지 않으면 보험 계약은 자동으로 실효되어(→효력을 잃어) 보장을 받을 수 없다.

**2** <보기>의 설명을 바탕으로 할 때, 제시된 수어의 뜻으로 적절한 것은?

<보기>

수어는 손의 모양, 손바닥의 방향, 손의 움직임 등으로 의미를 전달하는 언어이다. 예를 들어, '뛰다'를 나타낼 때는 양팔을 가슴 위치에서 위아래로 움직여 뛰는 모습을 연상하게 한다.

① 씻다　　② 먹다　　③ 읽다
④ 놀다　　⑤ 보다

**3** <보기>는 점자 표기에 대한 설명이다. 이를 참고할 때, '양궁'의 점자 표기로 적절한 것은?

─ <보기> ─

| 초성 | 중성 | | 종성 |
|---|---|---|---|
| ㄱ | ㅑ | ㅜ | ㅇ |

* 초성 'ㅇ'은 표기하지 않는다.

① ② ③
④ ⑤

**4** <보기>는 일제 강점기의 신문 기사이다. 기사 내용으로 적절하지 <u>않은</u> 것은?

─ <보기> ─

고학생(苦學生)갈돕회(會)

고학성셔로돕기로
새로히성겨난한단데

경성의고학성 셔광진『서(徐)광진』이외의사십(四十)명은 일반 고학생을단결하야 셔로도와 갈취지로(고학생갈돕회)을발긔하야작이십일(二十一)일오후시반브터 종로즁앙례배당안에서 창립총회를개최하그 임원의선광이 잇슨후 리병조(이병조(李秉祚))씨의 권면연설이잇셧난대 참석자─ 칠팔십(七八十)명에달하얏더라

\- 조선일보, 1920년 6월 22일 기사

① 단체 창립의 목적을 언급하고 있다.
② 창립총회는 지난 21일 오후에 개최되었다.
③ 단체의 창립총회는 예배당에서 진행되었다.
④ 창립총회에 참여한 인원수를 언급하고 있다.
⑤ 단체 구성원은 출신 지역을 기준으로 구성되었다.

**5** <보기>에서 드러나는 방송 언어의 특성으로 적절하지 <u>않은</u> 것은?

───────────── <보기> ─────────────

　(자연의 소리 배경) 청취자 여러분 '초록 지구' 시간입니다. 여러분, 저는 지난주에 산림욕을 다녀왔는데, 그곳에서 만난 공기는 도시에서는 못 느낄 상쾌함이었어요. 나뭇잎 사이로 살랑살랑 비치는 햇살, 사각사각 밟히는 낙엽 소리, 여기에 새들의 지저귐까지! 완벽한 자연의 교향곡이었습니다. '3456'님도 사연을 보내주셨네요. "저도 어제 등산을 다녀왔어요. 그런데, 등산로에 버려진 쓰레기들을 보며 마음이 아팠습니다." 맞아요, '가져온 것은 다시 가져가자'라는 간단한 원칙만 지켜도 많이 달라질 텐데요. 여러분도 기회가 되시면 주말에 한번 산림욕 어떠세요? 단, 꼭! 쓰레기는 되가져오시고요. 잠시 음악과 함께하시죠.

① 청취자의 의견에 동조하며 자신의 견해를 덧붙이고 있다.
② 직접 인용을 통해 청취자의 의견을 그대로 전달하고 있다.
③ 감각적 표현을 사용하여 자신의 경험을 생생하게 전달하고 있다.
④ 청취자에게 질문을 던져 화제에 대한 청취자의 선호도를 확인하고 있다.
⑤ 격식체와 비격식체를 함께 사용하여 친근한 분위기로 진행을 이어가고 있다.

**6** 방송 언어에 대한 지적으로 적절하지 <u>않은</u> 것은?

① 시장과의 긴밀한 <u>협의</u>를 통해 철도 연결 사업 계획을 마련하였다. → [혀븨] 또는 [혀비]로 발음해야 한다.
② 우리나라의 가수 3명<u>은</u> 오리콘 차트에 동시에 진입했다. → 청자에게 새로운 정보이므로 주격 조사 '이'가 더 적절하다.
③ 장난 전화로 <u>늦장</u> 대응을 할 수밖에 없었다는 지자체의 입장이 거짓인 것으로 드러나며 물의를 빚고 있습니다. → '늑장'도 적절한 표현이다.
④ 이번 달 서울의 음식점 <u>180곳</u>을 집중 단속한 결과, 86곳이 원산지 미표기로 적발되어 과태료가 부과될 것으로 예상됩니다. → [백팔씹꼳]으로 발음한다.
⑤ 등단과 동시에 주요 인물로 떠오른 박 작가는 기성 작가들의 <u>전철을 밟아</u> 문학계에서 선한 영향력을 줄 수 있는 사람이 되고 싶다고 밝혔습니다. → '전철을 밟아'는 긍정적 의미에 어울리므로 적절하다.

# 최종 점검 문제

**1** <보기>에서 설명하는 문학 작품은?

― <보기> ―

정철이 지은 16수의 시조로 작가가 강원도 관찰사로 있을 때 민간 교화를 위해 창작하였다. 백성들이 지켜야 할 윤리적인 규범과 도덕적 가치를 쉬운 언어로 전달하여 유교적으로 올바른 삶의 방향을 권유하며, 이때 명령적 어조가 아닌 친근한 어조를 사용하여 더욱 강한 설득의 효과를 끌어내는 작품이다.

① 훈민가　　　　② 연행가　　　　③ 오우가
④ 찬기파랑가　　⑤ 고산구곡가

**2** <보기>에서 설명하는 문학 작품은?

― <보기> ―

김동리가 지은 단편 소설로 한곳에 정착하지 못하는 아들과 그의 어머니의 노력으로 운명에 순응하며 살아가는 삶을 그렸다. 작가의 전통지향적인 의식을 토속적인 소재로 드러내어 한국적인 운명관을 보여주는 작품이다.

① 날개　　　　② 역마　　　　③ 홍염
④ 무진기행　　⑤ 병신과 머저리

**3** <보기>에서 설명하는 작가는?

― <보기> ―

이 시인은 1930년대 모더니즘 계열의 시를 선도하였다. 감각적 이미지를 온건하고 회화적인 시풍으로 작품에 담아내어 서정적 극치를 높였으며, 도시적 감수성을 감각적으로 담아내기도 하였다. 대표작으로는 <와사등>, <외인촌> 등이 있다.

① 임화　　　② 김광균　　　③ 김기림
④ 김수영　　⑤ 노천명

**4** <보기>를 이해한 내용으로 적절하지 않은 것은?

―― <보기> ――

음악연주회(音樂演奏會)

　비속한 거리의 육행가에진저리가난 일반에게 보다더조흔 음악을 복급시키는 동시에 고달푼여름의하로밤 위안에이바지하려는데서 성진학생친목회주최와 본사성진지국 후원으로 으는칠일밤 일곱시반부터성진읍이층대회의실에서 조선의절문예 술가들을 망라한 음악대연주회를 개최하기로 되엇다, 이음악회에 출연할예술가 진용을대략소개하면 "바이올린"에는일찌기 본사주최 음악 "콩쿠—르에 일등입상의 영예를획득한 조선악단의 중진김생려(金生麗)씨,와 경성이화(梨花)고녀의 성악 선생인 "쏘푸라노" 김자경(金慈璟)양 연전(延專)관현악부의 "피아노"를 담당하고잇는 이순도(李順道)양등의 쟁쟁한 "멤버"로 대회의인끼는벌써부터 비상이놉다

― 《조선일보》 1940.08.06.

① 성진지국은 음악연주회를 후원하였다.
② 음악연주회는 8월 7일 저녁 7시 30분에 시작된다.
③ 경성이화고의 음악 교사가 음악회의 사회를 담당할 예정이다.
④ 성진학생 친목회는 좋은 음악을 일반인에게 알리고 싶어 한다.
⑤ 음악연주회에 참가하는 바이올린 연주가는 콩쿠르에서 입상한 적이 있다.

**5** <보기>의 ㉠~㉤의 의미로 적절하지 않은 것은?

―― <보기> ――

　"이러한 형편을 보고 있다가 ㉠칭병(稱病)하고 오래도록 누워 있으면, 주군께서 반드시 고향으로 돌아가라 할 것이다. 이때 ㉡낭군(郞君)과 함께 손을 잡고 돌아가 ㉢백년해로(百年偕老)하는 것보다 좋은 계획이 없으리라. 이러한 생각은 하지 않고 감히 도리에 어긋난 꾀를 내니, 네가 누구를 속이며 하늘마저 속이려 하느냐?" <중 략> 이때 자란이 말했습니다.
　"주군께서 이처럼 ㉣영명(英明)하시면서 죄 없는 시녀로 하여금 스스로 ㉤사지(死地)로 나가게 하시니, 지금부터 저희들은 맹세코 붓을 들어 글을 쓰지 않겠습니다."
　대군은 비록 화가 많이 났지만, 마음속으로는 진실로 제가 죽는 것은 바라지 않았습니다. 그래서 자란으로 하여금 저를 구하여 죽지 못하게 하였습니다.

① ㉠: 병이 있다고 핑계함
② ㉡: 젊은 여자가 자기 남편이나 연인을 부르던 말
③ ㉢: 부부가 되어 한평생을 사이좋게 지내고 즐겁게 함께 늙음
④ ㉣: 신분, 지위가 매우 높음
⑤ ㉤: 죽을 지경의 매우 위험하고 위태한 곳

**6** <보기>는 북한의 표기 조항이다. 표기가 남과 북 모두 올바른 것은?

― <보기> ―

제25항
한자말은 소리마다마다 해당 한자음대로 적는 것을 원칙으로 한다.
예 국가, 로동, 례외

|   | 남 | 북 |
|---|---|---|
| ① | 예절 | 녜절 |
| ② | 낙원 | 낙원 |
| ③ | 요리 | 뇨리 |
| ④ | 용궁 | 룡궁 |
| ⑤ | 내일 | 내일 |

**7** <보기>는 『훈민정음』 서문이다. ㉠~㉤에 대한 설명으로 가장 적절한 것은?

― <보기> ―

나랏 말쏘미 中國에 달아 文字와로 서르 스뭇디 아니홀씨 이런 젼ᄎ로 어린 百姓이 니르고져 홇 ㉠배 이셔도 ᄆᆞᄎᆞ내 제 ᄠᅳ들 ㉡시러 펴디 몯홇 ㉢노미 하니라 내 이ᄅᆞᆯ 爲ᄒᆞ야 어엿비 너겨 새로 스믈여듧 字를 ᄆᆡᆼᄀᆞ노니 사ᄅᆞᆷ마다 ᄒᆡ여 수비 니겨 날로 ㉣ᄡᅮ메 便安킈 ᄒᆞ고져 홇 ㉤ᄯᆞᄅᆞ미니라

① ㉠: 주격 조사가 생략되어 있다.
② ㉡: 현대어로 '신다'의 뜻이다.
③ ㉢: 현대까지 동일한 의미로 사용되고 있다.
④ ㉣: 명사를 만드는 어미 '-움'이 쓰였다.
⑤ ㉤: 'ㅼ'은 현대어에서도 나타나는 표기이다.

**8** 밑줄 친 법령 용어를 쉬운 용어로 정비한 예로 가장 적절하지 <u>않은</u> 것은?

① 법원은 피고인의 구금 기간을 형기에 <u>산입할</u>(→셈하여 넣을) 것을 명령했다.
② 그는 현장에서 도주하는 피의자를 <u>목도했다고</u>(→숨겨주었다고) 증언했다.
③ 이 법안은 시행일 이전의 사안에 <u>소급하여</u>(→거슬러 올라가) 적용할 수 없다.
④ 건설 회사는 하청 기업에 공사 대금을 <u>급부하지</u>(→주지) 않아 분쟁이 발생했다.
⑤ 법원은 피고인에게 징역 3년과 함께 벌금 500만 원을 <u>병과한다는</u>(→동시에 부과한다는) 판결을 내렸다.

**9** <보기>를 바탕으로 할 때 점자 표기가 올바르지 <u>않은</u> 것은?

─── <보기> ───

제15항 다음 글자들은 약자를 사용하여 적는다.

| 억 | 언 | 연 | 열 | 영 | 옥 | 온 | 운 | 울 | 인 |
|---|---|---|---|---|---|---|---|---|---|

[붙임] '억, 언, 얼, 연, 열, 영, 옥, 온, 옹, 운, 울, 은, 을, 인, 것'이 포함되어 있는 글자에도 약자를 사용하여 적는다.

※ 자음자·모음자 표기

| ㄱ | ㄹ | ㅅ | ㅎ |
|---|---|---|---|

| ㅓ | ㅐ | ㅗ | ㅜ |
|---|---|---|---|

① 군인
② 수련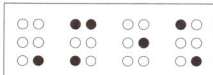
③ 억새
④ 헌혈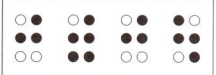
⑤ 혼인

**10** <보기>에서 드러나는 방송 언어의 특성으로 적절하지 <u>않은</u> 것은?

─── <보기> ───

스포츠 캐스터: 안녕하세요, '오늘의 축구'입니다. 오늘 대한민국 대표팀이 브라질을 상대로 역전승을 거뒀습니다. 전반에는 0대 1로 지고 있었는데요, 후반에 김영민 선수가 동점 골을 성공시켰고 종료 직전 박준호 선수의 중거리 슛으로 2대 1 승리를 거뒀습니다! 와, 정말 가슴이 터질 것 같았어요! 오늘의 승리로 내일 말레이시아와의 경기도 기대가 되는데요. 다만, 내일은 전국적으로 비 소식이 있다고 합니다. 시간당 30mm의 강한 비가 내릴 전망이며 기온도 26도까지 오른다네요. 내일 경기를 관람하실 분들은 우산과 함께 바람막이도 챙기시는 게 좋을 것 같습니다. 이상 오늘의 축구였습니다.

① 감탄사와 함께 자신의 감정을 드러내고 있다.
② 축구 용어를 사용하여 정보를 전달하고 있다.
③ 경기 정보 외에 다른 정보를 함께 전달하고 있다.
④ 구체적인 숫자를 제시하여 정확한 정보를 전달하고 있다.
⑤ 현재형 시제를 사용하여 경기의 현장감을 전달하고 있다.

정답 찾는 전략으로 등급이 오르는 # 전략편

## ● 전략편 출제 비중

전략편은 총 100문제 중 60문제로, 듣기·말하기 영역 15문제(15%), 쓰기 영역 5문제(5%), 창안 영역 10문제(10%), 읽기 영역 30문제(30%)의 비중을 차지합니다. 전략편은 지문을 이해해야 문제를 풀 수 있는 영역으로, 정확하고 빠르게 독해하는 풀이 전략이 중요합니다.

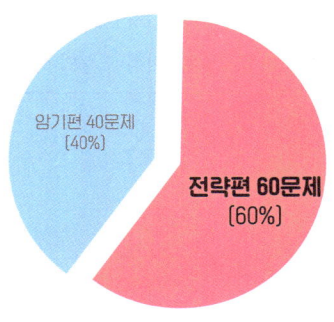

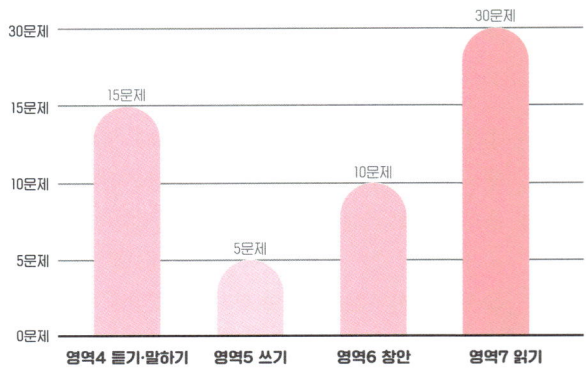

해커스 36시간에 끝내는 KBS한국어능력시험

영역4 듣기·말하기
영역5 쓰기
영역6 창안
영역7 읽기

## ○ 영역별 학습 시간 및 방법

| 암기편 22시간 | 전략편 총 학습 시간 10시간 | | | | 모의고사 4시간 |
| --- | --- | --- | --- | --- | --- |
| | 듣기·말하기 2시간 | 쓰기 1시간 | 창안 2시간 | 읽기 5시간 | |

36시간

⏱ **듣기·말하기 2시간**
- 풀이 2시간
  - 기출유형으로 전략 파악하기
  - 전략 적용하여 문제 풀이 연습하기

⏱ **쓰기 1시간**
- 풀이 1시간
  - 기출유형으로 전략 파악하기
  - 전략 적용하여 문제 풀이 연습하기

⏱ **창안 2시간**
- 풀이 2시간
  - 기출유형으로 전략 파악하기
  - 전략 적용하여 문제 풀이 연습하기

⏱ **읽기 5시간**
- 풀이 5시간
  - 기출유형으로 전략 파악하기
  - 전략 적용하여 문제 풀이 연습하기

해커스 36시간에 끝내는 KBS한국어능력시험

# 영역4 듣기·말하기

01 설명·이야기·시 이해
02 대화·설명 이해 및 말하기 방식 추론

# 최신 출제 경향

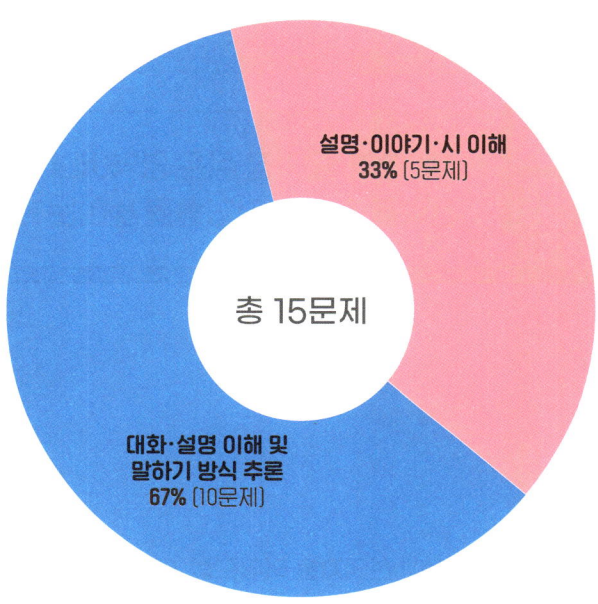

▲ 최근 3개년 출제 경향

**출제 1순위**  **대화·설명 이해 및 말하기 방식 추론 67% (10문제)**
대담, 협상 등의 대화나 강연, 발표 등의 설명을 듣고 세부 내용을 파악하면서 말하기 방식을 추론하는 문제가 가장 많이 출제됩니다.

**출제 2순위**  **설명·이야기·시 이해 33% (5문제)**
그림 해설, 강연, 라디오 방송 등의 설명을 듣고 세부 내용을 파악하거나 이야기, 시를 듣고 주제를 파악하는 문제가 많이 출제됩니다.

# 기출분석으로 보는 합격전략

**Q** 3+~2+급에 합격하려면 듣기·말하기를 어떻게 공부해야 하나요?

**A** 7개 영역 중 가장 쉬운 영역이니 만점을 목표로, 전략을 적용해 정답률을 높이는 연습이 필요합니다!

**합격전략 1** 음성이 나오기 전에 선택지별 키워드를 표시하고, 그에 집중해 오답 소거하기!

● 최근 3개년 기출유형별 평균 정답률

| 기출유형 | | 평균 정답률 |
|---|---|---|
| 01 설명·이야기·시 이해 | 세부 내용 파악 | 90.09% |
| | 주제 파악 | 84.96% |
| 02 대화·설명 이해 및 말하기 방식 추론 | 등장인물 입장 파악 | 89.89% |
| | 등장인물 말하기 방식 추론 | 75.04% |
| | 세부 내용 파악 | 91.49% |
| | 말하기 방식 추론 | 84.95% |

세부 내용을 파악하거나 등장인물의 입장을 파악하는 유형은 듣기·말하기 영역에서 정답률이 높습니다. 키워드가 바로 들리는 유형이니 선택지별 키워드에 먼저 표시하고 이에 집중하여 들으면 정답을 정확하게 찾을 수 있습니다. 그리고 등장인물의 특정 말투나 표현에 집중하여 들으면 정답을 찾기 쉽습니다.

### 합격 전략 2 | 주제를 파악하는 유형은 음성의 끝부분과 반복되는 표현에 집중하기!

● '주제 파악' 유형 예시

[지문]
한 마을에 이웃의 땅까지 탐내는 욕심이 많은 부자가 살았어요. 그 소문을 들은 영주는 부자에게 해가 뜰 때부터 해가 질 때까지 달려서 되돌아온 거리만큼 땅을 주겠다고 제안했습니다. 부자는 기뻐하며 잠시도 쉬지 않은 채 아주 멀리 돌아 시골의 모든 땅을 포함할 정도로 넓게 달렸어요. 그러나 과욕으로 지친 부자는 출발 지점에 겨우 도착하자마자 쓰러져 죽었습니다. 결국 그가 평생 탐하던 수많은 땅 중 얻은 곳은 영원히 드러누울 무덤 세 평뿐이었답니다.

[정답 선택지]
② 과도한 욕심은 오히려 자신을 해한다.

이야기나 시를 듣고 주제를 파악하는 유형은 들은 내용을 포괄하는 선택지를 정답으로 골라야 합니다. 특히 이야기의 주제를 파악하는 유형은 대개 이야기 끝부분에 전달되는 내용이 핵심이므로 끝부분에 집중해야 합니다. 또한 시의 주제를 파악하는 유형은 음성에서 반복되는 시어와 가장 어울리는 선택지를 골라야 합니다.

### 고등급 필수
### 합격 전략 3 | 정답률이 낮은 유형은 음성을 들으면서 관련 내용을 메모하기!

● '말하기 방식 추론' 유형 예시

발표자의 말하기 전략으로 적절하지 않은 것은?
① 질문의 형식을 사용해 뉴스 해설의 화제를 소개하고 있다.
② 어린이들이 바라는 20년 후 우리나라의 미래 모습을 나열하고 있다.
③ 전문가의 말을 인용해 우리 사회가 나아가야 할 방향을 제시하고 있다.
④ 다른 나라와의 비교를 통해 어린이 관련 정책에 대한 관심을 촉구하고 있다.
⑤ 설문 조사와 관련된 구체적 수치를 언급해 현 상황의 문제점을 제시하고 있다.

듣기·말하기 영역은 쉬운 영역이나, 주제를 파악하거나 등장인물의 말하기 방식을 추론하는 유형은 정답률이 낮은 편입니다. 선택지의 키워드가 그대로 들리지 않으며, 하나의 음성으로 2문제를 푸는 유형이므로 정답을 놓치기 쉽습니다. 따라서 기억에만 의존하지 말고 음성 내용을 미리 메모해야 정답을 놓치지 않을 수 있습니다.

**영역4 듣기·말하기**

# 01 설명·이야기·시 이해

최근 3개년 매회 5문제 출제

듣기·말하기 15문제

## STEP 1 최신 기출유형 파악하기

듣기 MP3 바로 듣기 ▶

### 기출유형 ① 세부 내용 파악

최근 3개년 평균 정답률 90.09%

그림, 음악, 과학적 상식, 사회적 이슈 등의 주제를 설명하는 내용을 듣고, 듣기 내용과 선택지가 일치하는지 파악하는 유형이다. 하나의 음성을 듣고 한 문제를 푸는 유형이며, 매회 3문제 출제된다.

⚙ **정답 찾는 전략**

- **1단계** 음성이 나오기 전, 키워드에 먼저 표시한다.
- **2단계** 키워드에 집중하며 정답과 오답을 빠르게 판별한다.

**예제**

그림에 대한 해설로 적절하지 <u>않은</u> 것은?

① 발레리나들이 움직이는 순간이 그림으로 표현되어 있다.
② 빛의 다양한 효과에 대한 관심이 구석의 창문을 통해 나타나고 있다.
③ 발레리나 허리의 장식 띠를 통해 화려한 장식적 효과를 드러내고 있다.
④ 평범한 사회 계층의 전형이 계단을 오르는 발레리나의 옆모습에 반영되어 있다.
⑤ 유화 기법뿐 아니라 다양한 기법을 활용해 발레리나의 모습을 자세히 묘사하고 있다.

**정답 ③**

⚙ **전략 적용하기**

**1단계** 선택지별 키워드는 ① '발레리나들이 움직이는 순간', ② '창문', ③ '허리의 장식 띠', ④ '발레리나의 옆모습', ⑤ '유화 기법'이다.

**2단계**
① "움직임을 순간적으로 포착해 정지해 놓은 듯 표현하는 것이 드가 그림의 특징 중 하나입니다."에서 설명이 적절함을 알 수 있다.
② "창문은 그가 다양한 종류의 '빛'이 자아내는 효과에 관심이 많았음을."에서 설명이 적절함을 알 수 있다.
③ "장식 띠 형식을 통해 아래에서 위를 찍는 상향 촬영식 효과를 드러냄으로써."에서 장식 띠가 상향 촬영식 효과가 있음을 드러냈으나, 화려한 장식적 효과는 언급되지 않았으므로 적절하지 않다.
④ "발레리나의 옆모습은 오페라 극장에 오르는 신인 발레리나에게 투영되던 평범한 사회 계층에 대한 물리적인 전형을."에서 설명이 적절함을 알 수 있다.
⑤ "유화 기법과 파스텔 기법, 모노타이프 기법을 함께 사용해."에서 설명이 적절함을 알 수 있다.

---

### 기출유형 ② 주제 파악

최근 3개년 평균 정답률 84.96%

이야기나 시 한 편을 듣고 주제를 찾는 유형이다. 하나의 음성을 듣고 한 문제를 푸는 유형이며, 매회 2문제 출제된다.

⚙ **정답 찾는 전략**

등장인물의 행동과 결말, 반복되는 단어, 이미지 등에 주목하여 주제와 가장 가까운 선택지를 고른다.

**예제**

이야기의 주제로 가장 적절한 것은?

① 모험을 두려워하면 성공할 수 없다.
② 과도한 욕심은 오히려 자신을 해한다.
③ 기회가 왔을 때 적극적으로 도전해야 한다.
④ 좋은 제안을 받았을 때는 더욱 신중해야 한다.
⑤ 건강 관리는 삶을 지속하는 데 중요한 요소이다.

**정답 ②**

⚙ **전략 적용하기**

이야기의 주인공은 '욕심이 많은 부자'이며, 결말에서 주인공은 과욕으로 죽음을 맞이하고 있다. 주인공의 행동과 결말에 주목하면, 과도한 욕심(넓은 땅을 차지하려고 무리 함)은 오히려 해(죽음)가 된다는 주제임을 알 수 있다. 따라서 답은 ②이다.

# STEP 2 기출동형 문제 풀어보기

**1** 그림에 대한 설명과 일치하는 것은?

① 죽음을 상징하는 것은 곤충이다.
② 용감한 삶과 관련된 소재는 올빼미이다.
③ 그림 속에서 평온함을 암시하는 것은 버섯이다.
④ 두 마리의 나비는 구원을 받은 신성한 영혼들을 나타낸다.
⑤ 올빼미가 딛고 서 있는 하얀 장미는 유한한 사랑을 상징한다.

**2** 이야기의 주제로 가장 적절한 것은?

① 두려움은 또 다른 두려움을 빚어낸다.
② 진정한 자유는 용기를 통해서만 획득할 수 있다.
③ 본성이 선할수록 부정적인 상황을 극복하기 어렵다.
④ 인간이 스스로 만든 정신적 제약이 고통의 근원이 된다.
⑤ 현실 세계와 비현실적 세계는 본질적으로 구분되지 않는다.

**3** 강연의 내용과 일치하지 <u>않는</u> 것은?

① <진주 귀고리 소녀>는 영화의 소재가 되기도 한 예술 작품이다.
② 보통 사람들은 예술 작품을 전시적 가치가 있는 인공물로 여긴다.
③ 예술가의 명성은 일반 사물이 예술로 인정받는 데 영향을 미친다.
④ 평범한 자연물도 미술관에 전시되면 감상 대상의 자격을 얻을 수 있다.
⑤ 현대 예술에서 작품으로 인정받으려면 예술가의 직접적인 물리적 행위가 필요하다.

**4** 방송의 내용에 대한 이해로 적절하지 <u>않은</u> 것은?

① '대지의 노래'는 말러가 인생에서 가장 어두운 시기에 작곡한 작품이다.
② '대지의 노래'는 말러가 의도적으로 교향곡이라 명명하지 않은 작품이다.
③ 마지막 악장 '고별'은 말러의 죽음을 예견하고 작곡된 자서전적 작품이다.
④ 말러의 음악은 그의 생전에는 완전히 이해받지 못했으나 현대에 재평가되었다.
⑤ 말러는 중국 당나라 시대의 시를 번역한 시집에서 영감을 받아 이 작품을 작곡했다.

**5** 이 시의 주제로 가장 적절한 것은?

① 가난한 삶에 대한 안타까움
② 삶의 허무감을 극복하려는 의지
③ 고향을 상실하고 떠도는 처지에 대한 비애
④ 인간의 기본 감정을 배제하는 사회 구조에 대한 비판
⑤ 탄생과 소멸의 순환으로 지속되는 자연의 진리에 대한 예찬

영역4 듣기·말하기

# 02 대화·설명 이해 및 말하기 방식 추론

최근 3개년 매회 10문제 출제

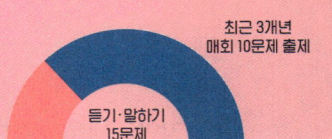

듣기·말하기 15문제

## STEP 1 최신 기출유형 파악하기

듣기 MP3 바로 듣기 ▶

### 기출유형 ① 등장인물 입장 파악

최근 3개년 평균 정답률 89.89%

두 사람 이상의 대화를 듣고 등장인물이 언급한 내용이 선택지와 일치하는지 판단하는 유형이다. 하나의 음성을 듣고 두 문제를 푸는 유형이며, 매회 3문제 출제된다.

⚙ **정답 찾는 전략**

| 1단계 | 대화로 이루어진 하나의 음성으로 두 문제를 풀어야 하므로 인물별 키워드를 확인해 표시한다. |
| 2단계 | 각 인물의 발언과 관련된 선택지를 빠르게 찾아 대조하며 일치 여부를 판단한다. |

**예제**

대화를 통해 알 수 있는 등장인물의 생각으로 가장 적절하지 <u>않은</u> 것은?

① 여자는 유명한 관광지는 혼잡할 것으로 생각한다.
② 여자는 한적한 자연환경에서 휴식하는 여행을 선호한다.
③ 남자는 맛집이나 다양한 체험을 포함한 여행을 선호한다.
④ 여자는 여행에서 맛있는 음식을 먹는 것을 중요하게 생각한다.
⑤ 남자는 관광지를 사진으로 보는 것은 만족하나 체험은 직접하고 싶어 한다.

정답 ⑤

⚙ **전략 적용하기**

| 1단계 | 남자의 키워드는 ③ '맛집과 다양한 체험 선호', ⑤ '관광지는 사진 만족, 체험은 직접'이고, 여자의 키워드는 ① '유명한 관광지 혼잡', ② '자연환경 휴식 선호', ④ '맛있는 음식 중요'이다. 각 인물이 발언할 때 해당 키워드에 집중하여 듣는다. |
| 2단계 | ① 여자는 "그런 곳들은 너무 관광객이 많아서 기운이 다 빠질 것 같아."라고 하였으므로 적절하다.<br>② 여자는 "조용하고 한적한 곳에서 휴식하는 게 더 나을 것 같은데…"라고 하였으므로 적절하다.<br>③ 남자는 "체험도 하고 맛집도 가야 여행 느낌이 나지."라고 하였으므로 적절하다.<br>④ 여자는 "여행은 먹는 재미도 중요하니까."라고 하였으므로 적절하다.<br>⑤ 남자는 "사진이나 후기로 보는 거랑 직접 경험하는 건 다르지."라고 하였으므로 관광지는 가지 않아도 사진으로 만족한다는 설명은 적절하지 않다. |

## 기출유형 ② 등장인물 말하기 방식 추론

최근 3개년 평균 정답률 75.04%

두 사람 이상의 대화를 듣고 등장인물의 말하기 방식을 추론하는 유형이다. 말하기 방식은 직접 언급되는 것이 아니므로 사례, 인용 등의 표현 방식에 집중해야 한다. 하나의 음성을 듣고 두 문제를 푸는 유형이며, 매회 3문제 출제된다.

### ✿ 정답 찾는 전략

**1단계** 선택지에서 사례, 인용, 강조 등의 말하기 방식을 드러내는 키워드를 미리 확인한다.

**2단계** 인물의 발언에서 이러한 방식을 사용했는지 확인하고, 선택지와 대조해 가장 적절한 방식을 추론한다.

### 예제

인물들의 말하기 방식에 대한 설명으로 가장 적절한 것은?

① 남자: 제삼자의 의견을 인용하여 자신의 입장을 강화하고 있다.
② 남자: 자신의 경험 사례를 근거로 상대에게 공감을 요구하고 있다.
③ 여자: 양측의 의견을 절충한 대안을 제시하며 합의점을 모색하고 있다.
④ 남자: 상대방의 말에 동의하지 않는 점을 속담을 활용해 표현하고 있다.
⑤ 여자: 의문 형식을 사용해 상대방의 제안에 대해 직접적으로 비판하고 있다.

정답 ③

### ✿ 전략 적용하기

**1단계** 남자의 키워드는 ① '의견 인용', ② '경험 사례, 공감 요구', ④ '동의하지 않음, 속담 활용'이고, 여자의 키워드는 ③ '절충 대안', ⑤ '의문 형식, 직접적 비판'이다. 각 인물이 발언할 때 해당 방식을 사용하고 있는지 집중하며 듣는다.

**2단계**
① 남자는 제삼자의 의견을 인용하고 있지 않으므로 적절하지 않다.
② 남자는 자신의 경험을 언급하고 있지 않으므로 적절하지 않다.
③ 여자는 "오전에는 자연 위주로 둘러보고 오후에는 네가 가고 싶은 곳을 한두 군데 가는 건 어때?"라며 자신과 남자의 의견을 절충하고 있으므로 적절하다.
④ 남자는 사람들 후기로 경험할 수 있다는 여자의 말을 "사진이나 후기로 보는 거랑 직접 경험하는 건 다르지."라며 반박하고 있으나 속담을 활용하고 있지 않으므로 적절하지 않다.
⑤ 여자는 "우리 이번 여행은 한라산 둘레길이나 숨은 해변을 찾아다니며 보내는 건 어때?"라며 의문 형식을 사용하고 있으나 이는 상대를 직접적으로 비판하는 내용이 아니므로 적절하지 않다.

## 기출유형 ③  세부 내용 파악

최근 3개년 평균 정답률 91.49%

과학적 사실, 사회적 이슈 등의 다양한 주제를 설명하는 강연, 발표를 듣고, 듣기 내용과 선택지가 일치하는지 파악하는 유형이다. 하나의 음성을 듣고 두 문제를 푸는 유형이며, 매회 2문제 출제된다.

### ✿ 정답 찾는 전략

| 1단계 | 음성이 나오기 전, 키워드에 먼저 표시한다. |
| --- | --- |
| 2단계 | 키워드에 집중하며 정답과 오답을 빠르게 판별한다. |

---

**예제**

발표의 내용과 일치하지 <u>않는</u> 것은?

① 어린이들은 20년 후 한국의 미래를 긍정적으로 평가하고 있다.
② 어린이들이 보는 우리나라의 미래를 크게 5가지로 구분할 수 있다.
③ 어린이 중 절반 이상이 길거리와 사이버 공간을 안전한 곳이라고 여긴다.
④ 어린이들은 폭력과 범죄가 없는 나라를 가장 바라는 미래의 모습으로 꼽았다.
⑤ 어린이를 위한 사회를 이루려면 자녀 교육 아카데미 같은 정책도 실시되어야 한다.

---

정답 ③

### ✿ 전략 적용하기

| 1단계 | 선택지별 키워드는 ① '20년 후 한국의 미래', ② '5가지', ③ '길거리와 사이버 공간의 안전', ④ '폭력과 범죄, 가장 바라는 미래', ⑤ '자녀 교육 아카데미'이다. |
| --- | --- |
| 2단계 | ① "20년 후 우리 사회 미래에 대해 어린이들은 전반적으로 낙관적 인식을 하고 있으며"라고 했으므로 적절하다.<br>② "'어린이들이 내다보는 우리나라 미래 모습'은 크게 5가지로 구분되는데,"라고 했으므로 적절하다.<br>③ "어린이들은 현재의 길거리와 사이버 공간에 대해 각각 29.3%와 38.7%만 안전하다고 인식하는 것으로 나타나,"라고 했으므로 길거리와 사이버 공간이 안전하다고 여기는 어린이는 절반이 되지 않는다. 따라서 ③은 적절하지 않다.<br>④ "'폭력과 범죄가 없는 나라'라고 응답한 어린이가 47.8%로 가장 많았고,"라고 했으므로 적절하다.<br>⑤ "'자녀 교육 아카데미 운영 등의 시책 사업 등이 바람직하다'고 조언했습니다."라고 했으므로 적절하다. |

## 기출유형 ④ 말하기 방식 추론

최근 3개년 평균 정답률 84.95%

강연, 발표를 듣고, 강연자나 발표자의 말하기 방식을 추론하는 유형이다. 말하기 방식은 직접 언급되는 것이 아니므로 사례, 인용 등의 표현 방식에 집중해야 한다. 하나의 음성을 듣고 두 문제를 푸는 유형이며, 매회 2문제 출제된다.

### 🔩 정답 찾는 전략

**1단계** 선택지에서 질문, 나열, 비교 등의 말하기 방식을 드러내는 키워드를 미리 확인한다.

**2단계** 인물의 발언에서 이러한 방식을 사용했는지 확인하고, 선택지와 대조해 가장 적절한 방식을 추론한다.

---

**예제**

발표자의 말하기 전략으로 적절하지 <u>않은</u> 것은?

① 질문의 형식을 사용해 뉴스 해설의 화제를 소개하고 있다.
② 어린이들이 바라는 20년 후 우리나라의 미래 모습을 나열하고 있다.
③ 전문가의 말을 인용해 우리 사회가 나아가야 할 방향을 제시하고 있다.
④ 다른 나라와의 비교를 통해 어린이 관련 정책에 대한 관심을 촉구하고 있다.
⑤ 설문 조사와 관련된 구체적 수치를 언급해 현 상황의 문제점을 제시하고 있다.

**정답** ④

### 🔩 전략 적용하기

**1단계** 선택지별 키워드는 ① '질문', ② '나열', ③ '전문가 말 인용', ④ '다른 나라와의 비교', ⑤ '설문 조사, 구체적 수치'이다.

**2단계** ① "어린이들이 내다보는 우리나라의 미래는 어떤지 생각해 보신 적 있으신가요?"라고 했으므로 적절하다.
② 어린이들이 바라고 소망하는 20년 후 우리 사회의 미래 모습을 나열하고 있으므로 적절하다.
③ 해당 연구를 진행한 연구위원의 조언을 인용하여 필요한 정책과 사업을 설명하고 있으므로 적절하다.
④ "어린이를 위한 안전한 세상을 만들 수 있는 정책에 지속적으로 관심을 가져야 할 것입니다."라며 어린이 관련 정책에 대한 관심을 촉구하고 있는 것은 맞지만, 다른 나라와 비교하고 있지는 않으므로 답은 ④이다.
⑤ 설문 조사에 응답한 수치를 구체적으로 언급하며 문제 상황(길거리와 사이버 공간의 안전성)을 보여 주고 있으므로 적절하다.

## STEP 2 기출동형 문제 풀어보기

**1** 발표의 내용에 대한 이해로 적절하지 <u>않은</u> 것은?

① 유건은 양반들이 주로 쓴 모자로 집 안에서도 썼다.
② 탕건과 달리 유건은 말의 갈기나 꼬리털로 만들었다.
③ 보부상들은 패랭이에 목화솜을 큼직하게 얹어서 썼다.
④ 갓은 외출할 때 쓰며 주로 대나무와 말총으로 만들었다.
⑤ 전모는 부녀자들이 외출할 때 햇빛을 가리기 위해 썼다.

**2** 발표 내용을 고려할 때, 발표자의 말하기 전략으로 가장 적절한 것은?

① 조선 시대 모자를 다른 시대의 모자와 비교하여 설명한다.
② 조선 시대 모자의 차이점을 그 재료에 초점을 맞춰 설명한다.
③ 조선 시대 모자를 부르는 명칭을 명칭의 유래와 함께 설명한다.
④ 현대인들에게 익숙한 대상을 먼저 설명한 후, 익숙하지 않은 대상을 설명한다.
⑤ 조선 시대 모자를 용도별로 분류한 뒤, 사용한 계층에 따라 재분류하여 설명한다.

**3** 두 학생의 입장을 가장 바르게 이해한 것은?

① 문예부 학생은 발표회에서 발표회 내용이 가장 중요하다고 생각한다.
② 천체 관측부 학생은 문예부가 자신들보다 유명한 동아리라고 생각한다.
③ 천체 관측부 학생은 천체 망원경을 구매하기 위해 발표회를 이용하고자 한다.
④ 천체 관측부 학생은 서로 타협할 수 있는 지점을 들어 문예부 학생을 설득한다.
⑤ 문예부 학생과 천체 관측부 학생은 둘 다 별관 꼭대기 층 교실을 사용하고 싶어한다.

**4** 두 학생의 갈등을 해소하기 위해 파악한 갈등의 근본적인 원인으로 적절한 것은?

① 두 학생은 말꼬리를 잡으며 서로를 헐뜯는 말투를 사용하고 있다.
② 천체 관측부 학생은 '될 대로 되어라' 식의 태도로 일관하고 있다.
③ 두 학생은 자신의 입장만 늘어놓으며 서로에게 양보를 미루고 있다.
④ 천체 관측부 학생은 끝까지 자신의 속내를 숨기며 이익을 취하고 있다.
⑤ 문예부 학생은 항상 자신의 부서만 장소를 양보하는 것에 대해 불만을 가지고 있다.

**5** 강연의 내용으로 적절하지 않은 것은?

① 무거운 가구는 벽에 고정해 두어야 지진 시 안전하다.
② 내진 설계된 건물은 지진 충격을 흡수하거나 분산시킬 수 있다.
③ '면진 구조'보다 '제진 구조'가 지진 피해를 막는 데 더 효과적이다.
④ '댐퍼'는 지진이 발생할 때 이를 감지하고 지진의 충격을 완화해 주는 장치이다.
⑤ 건축법상 일정 규모 이상의 건물, 특정 용도 건축물 등은 의무적으로 내진 설계해야 한다.

**6** 강연자의 말하기 방식에 대한 설명으로 적절하지 않은 것은?

① 조사 결과를 활용하여 문제점을 지적하고 있다.
② 청중이 이해하기 쉽게 개념의 정의를 설명하고 있다.
③ 실제 지진 사례를 설명하며 내진 설계의 효과를 입증하고 있다.
④ 질문을 활용하여 청중의 호기심을 유발하며 강연을 시작하고 있다.
⑤ 일상에서 지킬 수 있는 안전 수칙을 제시하고 대비를 당부하며 마무리하고 있다.

**7** 대화에서 발생한 갈등의 원인으로 가장 적절한 것은?

① 최 부장은 정 과장의 업무 능력이 부족하다고 생각한다.
② 정 과장은 부품 구매 시 단가는 중요하지 않다고 생각한다.
③ 최 부장은 의사결정 시 의논하는 과정이 중요하다고 생각한다.
④ 정 과장은 최 부장이 자신의 결정에 대해 비난하고 있다고 생각한다.
⑤ 최 부장은 정 과장의 결정이 회사의 예산을 초과해 손해가 발생했다고 생각한다.

**8** 갈등을 해결할 수 있는 말하기 방식으로 가장 적절하지 않은 것은?

① "최 부장님, 회의 대 했던 말은 어떤 의미였는지 설명해 주세요."
② "정 과장님, 구입한 부품이 핵심적이라고 생각한 이유를 설명해 주세요."
③ "최 부장님, 부품 구매 시 가장 중요하게 생각하는 요소는 무엇인가요?"
④ "정 과장님, 부품 구매 시 단가뿐 아니라 전체적인 요소를 고려하셨나요?"
⑤ "정 과장님, 부품 구매로 발생한 손해를 해결할 수 있는 방법을 말씀해 주세요."

# 최종 점검 문제

**1** 그림에 대한 이해로 적절하지 <u>않은</u> 것은?

듣기 MP3 바로 듣기 ▶

① 소나기에 젖은 인왕산의 모습을 표현한 그림이다.
② 산등성이 아래로는 연하게 채색하여 구름을 표현하였다.
③ 연운은 그림의 수평세와 수직세가 조화를 이루게 하는 역할을 수행한다.
④ 봉우리는 힘차고 굳센 붓질을 여러 번 반복해 그리는 '적묵법'으로 나타내었다.
⑤ 주봉을 잘라 표현한 것 때문에 동양에서는 볼 수 없는 독특한 작품이라 인정받고 있다.

**2** 이야기의 다음에 이어질 내용으로 가장 적절한 것은?

① 남의 잘못까지 감싸줄 수 있는 포용력을 길러야 한다.
② 목표가 구체적이면 자신이 세운 목표를 달성할 수 있다.
③ 직접 도와주기보다는 근본적인 해결 방안을 마련해 준다.
④ 제대로 된 지도자는 다른 사람들에게 도움을 주는 사람이다.
⑤ 도움을 주는 행동이 오히려 상대방에게 피해를 끼칠 수 있다.

**3** 강연의 내용과 일치하지 <u>않는</u> 것은?

① 필터 버블은 콘텐츠에 대한 비판적 인식으로 극복할 수 있는 현상이다.
② 특정한 정치적 견해를 강화하는 수단으로 필터 버블이 사용될 수 있다.
③ 콘텐츠의 주제가 같아도 콘텐츠 형태가 다르다면 필터 버블이 발생할 확률이 줄어든다.
④ 필터 버블 중에는 유사한 콘텐츠가 꼬리에 꼬리를 물며 사용자에게 추천되는 유형도 있다.
⑤ 필터 버블은 사용자의 콘텐츠 이용 데이터가 콘텐츠 제공 업체에 의해 분석되고 있음을 시사한다.

**4** 라디오 방송의 내용에 대한 이해로 적절하지 않은 것은?

① 엘라 피츠 제럴드는 직접 작곡한 곡으로 '콜 포터 송북'을 발표하였다.
② 엘라 피츠 제럴드는 '재즈의 여왕'이라고 불릴 만큼 재즈 보컬의 역사에서 중요한 인물이다.
③ 엘라 피츠 제럴드는 '스캣'이라는 즉흥 보컬 기법을 사용해 목소리를 악기처럼 자유롭게 사용했다.
④ 엘라 피츠 제럴드는 인종 차별이 존재하던 시대에 그래미 상을 13회 수상하고 평생공로상도 받았다.
⑤ 엘라 피츠 제럴드는 불우한 청소년기를 보냈으나 아폴로 극장의 경연 대회에서 우승하며 음악 경력을 시작했다.

**5** 다음 시의 주제로 가장 적절한 것은?

① 사랑하는 이와 이별한 슬픔
② 인간의 근원적 고독과 외로움
③ 새로운 삶에 대한 희망과 기원
④ 가을 풍경에 대한 감상과 예찬
⑤ 젊은 날에 대한 회고와 아쉬움

**6** 전문가가 설명한 내용으로 가장 적절한 것은?

① 아이스크림은 감기를 직접적으로 유발할 수 있다.
② 아이스크림을 먹으면 여름철 체온 조절에 도움이 될 수 있다.
③ 차가운 음식을 급하게 먹으면 순간적으로 혈관이 확장될 수 있다.
④ 아이스크림은 칼로리가 낮지만, 많이 섭취하면 충치를 일으킬 수 있다.
⑤ 아이스크림이 건강에 미치는 긍정적 영향보다 부정적 영향이 더 크다.

**7** 진행자의 말하기 전략으로 가장 적절한 설명은?

① 다양한 사례를 비교하며 청취자의 이해를 돕고 있다.
② 전문가의 설명에 의문을 제기하며 반론을 펼치고 있다.
③ 전문가의 주장에 대한 근거 자료를 추가로 요청하고 있다.
④ 자신의 기존 인식을 언급하며 전문가의 견해를 구하고 있다.
⑤ 객관적인 통계 자료를 제시하며 전문가의 의견을 보강하고 있다.

**8** 대화를 통해 알 수 있는 내용으로 가장 적절하지 않은 것은?

① 여자: 리더에게 가장 필요한 것은 성과를 내는 능력이다.
② 남자: 리더에게 필요한 자질은 구성원을 존중하는 태도이다.
③ 여자: 합창반의 리더보다 연극 동아리의 리더가 더 뛰어나다.
④ 여자: 좋은 성과를 내다가 발생한 소수의 희생은 나중에 보상할 수 있다.
⑤ 남자: 구성원의 의견을 모아 합리적인 계획을 세우는 것이 리더의 역할이다.

**9** 대화 참여자의 말하기 방식으로 적절한 것은?

① 남자는 속담을 활용해 상대를 설득하고 있다.
② 남자는 신문 기사를 인용하며 자신의 주장을 뒷받침하고 있다.
③ 남자는 여자의 말을 그대로 반복하며 여자의 주장을 비꼬고 있다.
④ 여자는 남자의 말을 다시 정리하며 되묻는 방식으로 반응하고 있다.
⑤ 여자는 리더의 결정으로 단원들이 상처받으면 안 된다는 말에 동의하고 있다.

**10** 설명을 통해 알 수 있는 내용이 아닌 것은?

① 에어컨은 기화열에 의해 냉각되는 원리를 적용한 것이다.
② 압축된 냉매는 증발기에서 증발하여 주변의 열을 빼앗는다.
③ 동남아 사람들은 젖은 잔디를 바닥에 널어 내부 공기를 낮추었다.
④ 프레온 가스가 냉매로 사용되는 것은 저온에서 쉽게 증발하기 때문이다.
⑤ 고대 로마인들은 수로의 물을 이용하여 벽을 차갑게 함으로써 더위를 피했다.

**11** 강연자의 말하기 전략으로 적절하지 않은 것은?

① 도입부에서 상황을 가정하며 화제를 암시하고 있다.
② 전문 용어를 사용하여 강연자의 전문성을 높이고 있다.
③ 구체적 사례를 언급하여 에어컨의 역사를 제시하고 있다.
④ 질문을 던져 청중이 이어질 내용을 예측할 수 있도록 하고 있다.
⑤ 비유적 표현을 사용하여 에어컨의 냉각 과정을 설명하며 청중의 이해를 돕고 있다.

**12** 발표의 내용과 일치하지 않는 것은?

① 쇼팽 콩쿠르는 세계 3대 콩쿠르로, 5년마다 한 번씩 개최된다.
② 쇼팽 콩쿠르에서의 1위 기록은 역대 한국인이 낸 성적 중 가장 높다.
③ 조성진은 한국계 심사위원도 없는 상황에서 입상하는 쾌거를 이뤄냈다.
④ 2017년 초 한국에서 쇼팽 콩쿠르 수상자들의 합동 공연이 있을 예정이다.
⑤ 수상자들은 갈라 콘서트를 진행할 예정이며 유럽과 미국에서 투어 콘서트를 진행한다.

**13** 발표자가 사용한 말하기 전략으로 가장 적절한 것은?

① 경연에 참여한 인물의 성장 과정을 소개하고 있다.
② 발표 중간에 청중에게 질문하며 청중의 관심을 끌고 있다.
③ 앞에서 언급했던 내용을 요약하며 발표를 마무리하고 있다.
④ 경연의 정보와 의의를 함께 제시하여 청중의 이해를 돕고 있다.
⑤ 대립되는 견해를 같이 소개하며 중립적인 입장을 유지하고 있다.

**14** 대화에서 나타난 '주민 대표'의 생각으로 적절하지 않은 것은?

① 정기적으로 자원봉사의 운영에 대해 평가할 계획이다.
② 자원봉사자들이 있으므로 도서관을 야간 운영하는 데 문제가 없다.
③ 도서관은 직장인의 근무 시간을 고려해 운영 시간을 연장해야 한다.
④ 자원봉사로 도서관을 야간 운영하더라도 기본적인 운영비가 필요하다.
⑤ 자원봉사자의 전문성은 도서관에서 마련한 교육 프로그램을 수료하여 확보할 수 있다.

**15** 두 인물의 갈등 해결 방식으로 가장 적절한 것은?

① 두 인물은 제안을 조건부로 수용하여 협상을 타결하였다.
② 두 인물은 처음 제안과 달리 제안이 수정되자 협상을 중단하였다.
③ 두 인물은 다른 지역의 사례를 인용하여 조건을 수정해 협상을 타결하였다.
④ 두 인물은 감정에 호소하여 각자의 입장에 공감을 유도해 협상을 타결하였다.
⑤ 두 인물은 객관적인 수치를 근거로 상대의 손해를 보상할 방안을 제공하여 협상을 타결하였다.

정답 및 해설 [약점 보완 및 해설] p.35

해커스 36시간에 끝내는 KBS한국어능력시험

# 영역5 쓰기

**01** 글 구성과 표현의 적절성 파악

# 최신 출제 경향

▲ 최근 3개년 출제 경향

**출제 1순위** **글 구성과 표현의 적절성 파악 100% (5문제)**
글쓰기 계획, 개요, 자료의 적절성을 파악하는 문제와 글의 고쳐쓰기 및 보완 방안의 적절성을 가려내는 문제가 가장 많이 출제됩니다.

# 기출분석으로 보는 합격전략

3+~2+급에 합격하려면 쓰기를 어떻게 공부해야 하나요?

하나의 짧은 지문으로 5문제를 푸는 쉬운 영역이므로 정답 찾는 전략을 익혀 시간을 단축하는 연습을 하세요.

**합격전략 1** 글쓰기 계획, 개요, 자료가 제시되는 유형은 키워드를 파악해 빠르게 정답 찾기!

● '글쓰기 계획의 적절성 파악' 유형 예시

[지문]
…디지털 치매란 독일의 신경과학자 만프레드 슈피처가 2012년 처음 사용한 용어로, 스마트폰, 컴퓨터 등 디지털 기기에 과도하게 의존한 나머지 기억력, 계산능력, 언어능력 등 기본적인 인지기능이 저하되는 현상을 말한다. 특히 젊은 세대에서 이러한 현상이 두드러지게 나타나고 있어 사회적 관심이 집중되고 있다. 실제로 디지털 과의존과 치매의 심각성을 보여 주는 통계들이 잇따라 발표되고 있으며, 대부분의 통계에서 청소년의 스마트폰 과의존도는 성인보다 2배 가까이 높았다. 또한 서울대학교 의과대학 연구팀이 2024년 발표한 연구 결과에 따르면, 하루 5시간 이상 스마트폰을 사용하는 사용자의 기억력 테스트 점수가 2시간 미만 사용자보다 평균 23% 낮게 나타났다.…

[보기]
ㄱ. 상반된 연구 결과를 제시하여 쟁점의 복잡성을 드러내야겠어.
ㄴ. 주제와 관련된 기사 제목을 제시하여 독자의 관심을 유발해야겠어.
ㄷ. 핵심 개념의 정의를 명확히 제시하여 대상의 의미를 명료히 밝혀야겠어.
ㄹ. 전문가의 인터뷰 내용을 인용하여 쟁점에 관한 전문적인 관점을 제시해야겠어.

쓰기 영역의 45번, 46번, 47번 문제는 각각 '글쓰기 계획', '자료', '개요'가 <보기>로 제시되며, 지문과 연관 지었을 때 적절한지 파악하는 유형으로 출제됩니다. 선택지의 키워드를 먼저 확인한 뒤, 지문과 <보기>를 읽으면서 해당 키워드가 반영됐는지, 관련된 내용인지 확인하면 빠르게 오답을 소거할 수 있습니다.

## 합격전략 2    고쳐쓰거나 보완하는 방안을 가려내는 유형은 선택지를 지문에 대입하기!

● '고쳐쓰기 방식의 적절성 파악', '글 보완 방안의 적절성 파악' 유형 예시

[지문]
앞서 제시한 바처럼, 우리 학교 학생 대다수가 인터넷 정보를 무비판적으로 ⓔ수용시키는 것으로 드러났다. 많은 청소년들이 인터넷 정보를 무비판적으로 이용하는 양상이 우리 학교 학생들에게도 나타나고 있는 것이다. 따라서 우리 학교 학생들이 ㉮ 태도 형성을 위한 조치가 ⓜ강구될 필요가 있다.

[문제]
㉠~㉤을 수정하기 위한 방안으로 적절하지 <u>않은</u> 것은?
④ ⓔ은 사동 표현이 부적절하게 사용되었으므로 '수용하는'으로 고친다.
⑤ ⓜ은 그 앞에 '태도 형성을'이란 독적어가 있으므로 '강구할'로 고친다.
→ 지문에 수정 후 표현을 대입하여 적절한지 판단하기!

쓰기 영역의 49, 50번 문제는 각각 고쳐쓰기 방식과 글 보완 방안이 적절한지 파악하는 문제가 출제됩니다. 선택지에 제시된 수정 후 표현을 기호의 위치에 대입하여 자연스럽게 읽히는지 확인하거나, 선택지에 제시된 표현을 지문의 빈칸에 대입하여 앞뒤 문장과 함께 읽어보면 가장 적절한 문장을 빠르게 찾을 수 있습니다.

### 고등급 필수
## 합격전략 3    쉬운 주제의 짧은 지문이니 5문제를 10분 내로 푸는 연습하기!

● 최근 3개년 쓰기 영역 지문 주제

나트륨 과다 섭취, 수면 부족 문제, 일회용품 용기, 동물실험, 1인 미디어, 헌혈, 청소년 우울증, 반려동물 보유세, 장애인 이동권, 사이버 폭력, 소음 공해

쓰기 영역은 일상적인 주제가 짧은 지문으로 출제되는 만큼, 다른 영역에 비해 빠르게 지문과 문제를 파악할 수 있습니다. 또한 5문제 모두 고정적인 출제 경향을 보이므로 풀이 전략을 익혀 최대 10분 내로 문제를 푸는 시간 단축 연습이 필요합니다.

영역5 쓰기

# 01 글 구성과 표현의 적절성 파악

최근 3개년 매회 5문제 출제

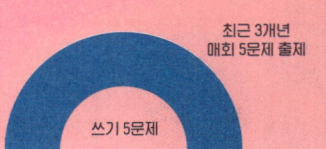

쓰기 5문제

## STEP 1 최신 기출유형 파악하기

### 기출유형 ① 글쓰기 계획의 적절성 파악
최근 3개년 평균 정답률 83.77%

글쓰기 계획에 제시된 내용이 초고에 반영되어 있는지 파악하는 유형이다. 매회 1문제 출제된다.

⚙ **정답 찾는 전략**

<글쓰기 계획>에 제시된 키워드가 지문에 적용됐는지 판별한다.

**예제**

다음은 '디지털 치매'를 주제로 작성한 초고이다. 글을 읽고 물음에 답하시오.

"스마트폰 없으면 암산도 못 해", "내비게이션 없으면 길 못 찾는 2030세대" 등 디지털 기기에 과도하게 의존하는 현대인들의 모습을 다룬 기사들이 연일 보도되고 있다. 이러한 현상은 디지털 치매로 이어져 개인의 인지 능력뿐만 아니라 사회경제적으로도 심각한 영향을 미칠 것이라는 우려가 ㉠ 제기하고 있다.

디지털 치매란 독일의 신경과학자 만프레드 슈피처가 2012년 처음 사용한 용어로, 스마트폰, 컴퓨터 등 디지털 기기에 과도하게 의존한 나머지 기억력, 계산능력, 언어능력 등 기본적인 인지기능이 저하되는 현상을 말한다. ㉡ 그러나 젊은 세대에서 이러한 현상이 두드러지게 나타나고 있어 사회적 관심이 집중되고 있다. 실제로 디지털 과의존과 치매의 심각성을 보여주는 통계들이 잇따라 발표되고 있으며, 대부분의 통계에서 청소년의 스마트폰 과의존도는 성인보다 2배 가까이 높았다. 또한 서울대학교 의과대학 연구팀이 2024년 발표한 연구 결과에 따르면, 하루 5시간 이상 스마트폰을 사용하는 사용자의 기억력 테스트 점수가 2시간 미만 사용자보다 평균 23% 낮게 나타났다. (A)

디지털 치매가 확산되는 원인은 무엇일까? 첫째, 사람들은 궁금한 것이 생기면 정보를 스스로 기억하거나 사고하지 않고 바로 디지털 기기로 검색하는 습관을 갖게 되었다. 쉽게 검색할 수 있는 정보일수록 장기 기억에 저장하지 않고 필요할 때 다시 찾으면 된다고 인식하게 되므로 이러한 습관은 뇌의 자발적인 암기와 기억 형성을 위축시킨다. 둘째, 동시다발적 작업 환경, 즉 '멀티태스킹'의 확산도 중요한 원인이다. 여러 가지 ㉢ 다양한 앱을 동시에 사용하거나 끊임없이 울리는 알림에 반응하는 생활은 주의 집중을 단기적으로 분산시킨다. 셋째, SNS의 단편적 정보 소비도 인지 기능 저하에 영향을 미친다. 짧은 글, 이미지, 영상 위주의 콘텐츠를 반복적으로 소비하는 환경은 맥락적 이해와 논리적 사고 과정을 약화시킨다.

디지털 치매를 예방하고 해결하기 위해서는 먼저 개인 차원에서 '디지털 거리두기'를 실천하는 것이 필요하다. 하루 일정 시간 스마트폰을 사용하지 않거나, 주말에는 디지털 기기 없는 시간을 마련하는 것이다. 또한 의도적으로 뇌를 직접 사용하는 시간을 ㉣ 늘이는 것도 효과적이다. 예를 들어 간단한 계산은 암산으로 해결하고, 길을 찾을 때는 지도나 표지판을 활용하며, 중요한 내용은 손으로 메모하는 방식이 있다. 이러한 활동은 기억과 공간 인지 능력을 자극하여 뇌 기능을 유지하는 데 기여한다. 다음으로 사회 차원에서는 올바른 디지털 사용 문화를 형성하기 위한 교육과 제도가 뒷받침되어야 한다. 학교와 지역 사회에서 디지털 리터러시 교육을 강화하여 단순한 기기 활용법뿐 아니라, 과도한 사용이 초래할 수 있는 인지적·사회적 문제까지 함께 다루어야 한다. 또한 기업 차원에서도 사용자가 방해받지 않고 원하는 작업에 집중할 수 있도록 알림과 방해 요소를 제한하는 기능을 개발하여 제공할 필요가 있다. 결국 디지털 시대를 건강하게 살아가려면 기술을 단순히 배제하기보다 절제된 습관을 ㉤ 가짐으로 뇌 기능을 적극적으로 유지하는 자세가 필요하다.

다음은 윗글을 쓰기 전에 세운 글쓰기 계획이다. 윗글에 반영된 것으로만 묶은 것은?

<글쓰기 계획>

ㄱ. 상반된 연구 결과를 제시하여 쟁점의 복잡성을 드러내야겠어.
ㄴ. 주제와 관련된 기사 제목을 제시하여 독자의 관심을 유발해야겠어.
ㄷ. 핵심 개념의 정의를 명확히 제시하여 대상의 의미를 명료히 밝혀야겠어.
ㄹ. 전문가의 인터뷰 내용을 인용하여 쟁점에 관한 전문적인 관점을 제시해야겠어.

① ㄱ, ㄴ    ② ㄱ, ㄷ    ③ ㄴ, ㄷ    ④ ㄴ, ㄹ    ⑤ ㄷ, ㄹ

정답 ③

### 🔧 전략 적용하기

- ㄱ: 윗글에서 '상반된 연구 결과'는 제시되지 않았으므로 적절하지 않다.
- ㄴ: 1문단에서 "스마트폰 없으면 암산도 못 해", "내비게이션 없으면 길 못 찾는 2030세대" 등의 '기사 제목'을 제시하여 독자의 관심을 유발하고 있으므로 적절하다.
- ㄷ: 2문단에서 "디지털 치매란 ~ 현상을 말한다."와 같이 '핵심 개념의 정의'를 명확히 제시하고 있으므로 적절하다.
- ㄹ: 2문단에서 연구 결과와 함께 전문적 관점이 드러나나 '전문가의 인터뷰'는 드러나지 않으므로 적절하지 않다.

---

## 기출유형 ② 글쓰기 개요의 적절성 파악

최근 3개년 평균 정답률 85.94%

글쓰기 개요를 토대로 초고가 적절히 수정, 보완되었는지 적절성을 파악하는 유형이다. 매회 1문제 출제된다.

### ⚙ 정답 찾는 전략

**1단계**  글쓰기 개요는 보통 초고의 문단과 일대일로 대응하므로 각 문단과 개요 내용이 일치하는지 파악한다.
**2단계**  각 문단과 개요 내용을 비교하며 선택지를 빠르게 소거해 정답을 찾는다.

### 예제

*p.226 [기출유형① 예제]의 지문을 바탕으로 푸는 문제입니다.

다음은 윗글을 쓰기 전에 작성한 글의 개요이다. 윗글을 쓰는 과정에서 필자가 점검하여 반영한 내용으로 적절하지 <u>않은</u> 것은?

<개요>

Ⅰ. 디지털 과의존 현상 사례 및 영향
Ⅱ. 디지털 치매
  1. 디지털 치매의 개념
  2. 연령별 디지털 소외 현상 발생 현황
Ⅲ. 디지털 치매의 원인
  1. 디지털 치매의 심각성
  2. 정보의 가치를 판별하는 능력 저하
  3. 동시다발적 작업 환경으로 집중력 분산
  4. 단편적 정보 소비로 논리적 사고 약화
Ⅳ. 디지털 치매 예방을 위한 정책
  1. 개인 차원의 노력
  2. 사회 차원의 노력

① Ⅱ-2는 Ⅱ에 적절하지 않은 내용이므로 삭제한다.
② Ⅲ-1은 상위 항목과의 연관성을 고려하여 Ⅱ의 하위 항목으로 이동한다.
③ Ⅲ-2는 제시된 내용을 포괄하기 위해 '정보의 검색 용이성으로 암기 기능 저하'로 수정한다.
④ Ⅲ-4는 글 전체의 구조를 고려하여 독립된 문단인 Ⅴ로 재구성한다.
⑤ Ⅳ는 하위 항목의 내용을 고려하여 '디지털 치매 예방을 위한 방안'으로 수정한다.

정답 ④

## 전략 적용하기

**1단계** 개요의 Ⅰ~Ⅳ가 초고의 1~4문단에 일대일로 대응하는 내용임을 파악한다.

**2단계**
① Ⅱ-2 '연령별 디지털 소외 현상 발생 현황'은 '디지털 치매'와 직접적으로 관련이 있지 않으며, 윗글에 제시되지도 않았으므로 삭제하는 것은 적절하다.
② Ⅲ-1 '디지털 치매의 심각성'은 2문단에서 디지털 치매 개념 다음에 제시되고 있으므로 연관성을 고려하여 Ⅱ의 하위 항목으로 이동하는 것이 적절하다.
③ Ⅲ-2는 2문단에 '첫째'로 제시된 디지털 치매의 원인과 관련된 내용이다. 사람들이 궁금한 것이 생기면 생각하려 하지 않고 바로 검색하는 습관 때문에 뇌의 암기력이 위축된다는 내용이므로 이를 포괄하기 위해 '정보의 검색 용이성으로 암기 기능 저하'로 수정하는 것은 적절하다.
④ Ⅲ-4 '단편적 정보 소비로 논리적 사고 약화'는 3문단 '디지털 치매의 원인'에 속하는 내용이므로 이를 독립된 문단으로 재구성하는 것은 적절하지 않다.
⑤ Ⅳ는 디지털 치매 예방을 위한 개인적, 사회적 노력을 제시하고 있다. 이를 '정책'으로만 한정하면 '개인적 노력'을 포괄하기 어려우므로 하위 항목의 내용을 고려하여 '디지털 치매 예방을 위한 방안'으로 수정하는 것은 적절하다.

## 기출유형 ③ 자료 활용 방안의 적절성 파악

최근 3개년 평균 정답률 88.43%

기사, 설문조사, 인터뷰 등의 다양한 자료를 글에 활용하는 방안이 적절한지 파악하는 유형이다. 매회 1문제 출제된다.

### 정답 찾는 전략

**1단계** 먼저 글쓰기 자료의 내용과 선택지를 비교하여 적절성을 판별한다.
**2단계** 자료와 선택지가 일치한다면 자료와 지문의 관련성을 확인해 최종적으로 정답을 파악한다.

### 예제

*p.226 [기출유형① 예제]의 지문을 바탕으로 푸는 문제입니다.

**다음은 윗글을 수정·보완하기 위해 추가로 수집한 자료이다. 자료의 활용 방안으로 적절하지 않은 것은?**

| | 자료 내용 | 유형 |
|---|---|---|
| (가) | 디지털 치매 현상은 기업 환경에서도 나타난다. 기업들은 생산성 향상과 경쟁력 강화를 위해 막대한 비용을 투자하여 업무 자동화와 정보화를 추진하였으나 컴퓨터 시스템의 오류나 통신망의 바이러스 감염 등으로 시스템이 멈추면 업무도 함께 정지하게 되는 문제가 발생하고 있다. 컴퓨터 없이 업무를 수행하는 능력이 저하되는 추세는 디지털 의존 현상을 보여 주는 대표적인 예이다. | 뉴스 기사 |
| (나) | 가정주부 김○○ 씨: 제 아들은 20살인데 전화번호 10개도 외우지 못해요. 계산기 없으면 간단한 계산도 못하고요. 이게 정상인가 싶어 걱정됩니다.<br>전문의 이○○ 씨: 디지털 치매를 단순히 기억력 약화라고 생각하여 병이 아닌 증상으로만 인식하는 경우가 많습니다. 하지만 기억력 감퇴가 심해지면 실제 치매로 이어질 수 있으므로 유의해야 합니다. | 인터뷰 |
| (다) | 핀란드는 디지털 기술의 사용과 관련하여 교육 과정을 개편하고 있으며, 디지털 웰빙 교육을 강화하고 있습니다. 예를 들어, 2021년부터 초등학교에서 디지털 시민교육을 의무화하였으며, 학생들에게 디지털 기기의 적절한 사용과 온라인상의 윤리적 행동에 대해 교육하고 있습니다. | 교육 칼럼 |

| (라) | 미국과 캐나다 연구팀은 2주 동안 디지털 기기를 사용한 집단과 디지털 기기 사용을 중단한 집단을 비교하였다. 연구 결과, 디지털 기기의 사용을 중단한 집단은 주의력, 정신 건강, 수면 시간에 긍정적인 영향을 보였다. 특히 주의력 향상은 노화로 발생하는 10년간의 뇌 인지력 저하를 막는 효과와 비슷하다고 발표하였다. | 연구 보고서 |
|---|---|---|
| (마) | 이 중에서 3~4개 이상을 겪고 있다면 '디지털 치매'를 의심해 봐야 한다.<br>① 대화할 때 디지털 기기를 주로 이용한다.<br>② 외우고 있는 전화번호가 3개 이하이거나 몇 년째 사용하는 번호가 잘 외워지지 않는다.<br>③ 손으로 글씨 쓰는 일이 거의 없다.<br>④ 자주 듣거나 부르는 노래여도 가사가 없으면 부르기 어렵다.<br>⑤ 내비게이션 없이는 길 찾기가 어렵다.<br>⑥ 같은 이야기를 반복한다는 지적을 받은 적이 있다.<br>⑦ 전에 만났던 사람이나 전날에 먹은 식사 메뉴가 생각나지 않을 때가 있다. | 진단 도구 |

① (가)를 활용하여 디지털 치매가 개인의 문제를 넘어 사회경제적 문제를 일으킨다는 내용을 보강한다.
② (나)를 활용하여 디지털 치매 현상의 현실성과 심각성을 강조한다.
③ (다)를 활용하여 디지털 치매 예방을 위한 교육 정책의 해외 사례를 근거로 들어 교육과 제도의 필요성을 뒷받침한다.
④ (라)를 활용하여 디지털 거리두기의 효과를 입증하는 과학적 근거를 제시한다.
⑤ (마)를 활용하여 디지털 치매의 원인이 스마트폰 과사용임을 증명하는 실증적 자료로 활용한다.

**정답** ⑤

### 🔧 전략 적용하기

**1단계** <글쓰기 자료> (가)~(마)와 각 자료의 활용 방안을 설명하는 선택지 ①~⑤ 내용의 적절성을 파악한다. 이때, (마) '진단 도구'의 디지털 치매 증상과 ⑤의 '디지털 치매의 원인이 스마트폰 과사용'이라는 내용이 대응하지 않음을 알 수 있다.

**2단계**
① 1문단에서 디지털 치매 현상이 개인의 인지 능력뿐만 아니라 사회경제에 끼칠 부정적 영향을 우려하고 있다. 또한 (가)는 디지털 치매와 의존으로 기업의 생산력이 저하될 수 있다는 자료이므로 (가)를 활용하여 디지털 치매가 개인의 문제를 넘어 사회경제적 문제를 일으킨다는 내용을 보강할 수 있다.
② (나)를 활용하여 디지털 치매 현상이 일반 가정에서도 실제로 나타나고 있다는 현실성을 강조하고, 실제 치매로 이어질 수 있다는 심각성을 강조할 수 있다.
③ 4문단에서 디지털 치매를 예방하려면 교육과 제도가 뒷받침되어야 한다고 주장하고 있다. 따라서 (다)를 활용하여 디지털 치매 예방을 위한 교육과 제도의 필요성을 뒷받침할 수 있다.
④ 4문단에서 디지털 치매를 예방하는 개인적 차원으로 디지털 거리두기를 들고 있다. 따라서 (라)를 활용하여 디지털 거리두기의 효과를 입증하는 과학적 근거를 제시할 수 있다.
⑤ (마)는 디지털 치매를 자가 진단하는 체크리스트로, 디지털 치매의 증상을 확인하는 도구이다. 이를 디지털 치매의 원인을 증명하는 자료로 활용하는 것은 적절하지 않다.

## 기출유형 ④ 고쳐쓰기 방식의 적절성 파악

최근 3개년 평균 정답률 88.27%

초고에서 제시된 단어, 문법 표현, 접속 표현 등의 쓰임을 토대로 선택지에서 제시한 고쳐쓰기 방안이 하는 적절한지 파악하는 유형이다. 매회 1문제 출제되며 쓰기 영역의 네 번째 문제로 출제된다.

### 정답 찾는 전략

| 1단계 | 선택지에 제시된 수정한 표현을 초고의 수정 전 문장에 대입한다. |
| 2단계 | 앞뒤 문장과 함께 읽어 보며 문법적 표현이나 의미가 자연스러운지 파악한다. |

### 예제

*p.226 [기출유형① 예제]의 지문을 바탕으로 푸는 문제입니다.

윗글의 ㉠~㉤을 고쳐 쓰기 위한 방안으로 적절하지 <u>않은</u> 것은?

① ㉠: 맥락상 피동 표현이 쓰여야 하므로 '제기되고'로 수정한다.
② ㉡: 앞뒤의 내용을 고려할 때 쓰임이 적절하지 않으므로 '특히'로 수정한다.
③ ㉢: 다른 말과의 관계를 고려할 때 의미가 중복되었으므로 삭제한다.
④ ㉣: 문맥상 단어의 쓰임이 적절하지 않으므로 '늘리는'으로 수정한다.
⑤ ㉤: 문맥상 조사의 쓰임이 적절하지 않으므로 '가지므로'로 수정한다.

정답 ⑤

### 전략 적용하기

| 1단계 | 선택지에 제시된 '제기되고', '특히', 늘리는', '가지므로'를 초고의 각 부분에 대입하거나, 삭제한다는 내용은 초고에서 삭제하고 내용이 자연스러운지 앞뒤 문장과 함께 읽어본다. |
| 2단계 | ① ㉠의 앞은 '~라는 우려가'이므로 '우려'라는 문제 상황이 주어로 쓰였다. 따라서 맥락상 피동 표현인 '제기되다'가 쓰여야 하므로 '제기되고'로 수정하는 것은 적절하다.<br>② ㉡의 앞은 디지털 치매의 정의이고, 뒤는 젊은 세대에서 디지털 치매의 심각성이 부각된다는 내용이다. 따라서 앞뒤의 내용이 상반되지 않았으므로 앞의 내용과 뒤의 내용이 상반될 때 쓰는 접속 부사 '그러나'가 아닌 '보통과 다르게'를 뜻하는 '특히'로 수정하는 것은 적절하다.<br>③ ㉢ '다양한'의 앞에는 '여러 가지가' 제시되었다. 두 말의 관계를 고려할 때 '여러 가지로 많다'라는 의미가 중복되므로 '다양한'을 삭제하는 것은 적절하다.<br>④ ㉣은 문맥상 뇌를 사용하는 시간을 길게 한다는 뜻이므로 '시간이나 기간을 길게 하다'를 뜻하는 '늘리다'를 사용해야 한다. 따라서 '늘리는'으로 수정하는 것은 적절하다. 참고로, '늘이다'는 '고무줄을 늘이다'와 같이 대상을 본디보다 더 길어지게 할 때 쓰는 표현이다.<br>⑤ ㉤이 포함된 문장은 절제된 습관을 지녀 뇌 기능을 유지해야 한다는 뜻이다. 따라서 문맥상 까닭을 나타내는 어미인 '-므로'로 수정하는 것은 적절하지 않다. |

## 기출유형 ⑤ 글 보완 방안의 적절성 파악

최근 3개년 평균 정답률 92.04%

선택지에 제시된 문장 중, 초고의 빈칸에 들어갈 문장을 파악하거나 빈칸에 들어갈 문장을 <보기>에 제시한 후 문장을 추가하는 의도를 추론하는 유형이다. 매회 1문제 출제되며 쓰기 영역의 마지막 문제로 출제된다.

### 🔧 정답 찾는 전략

**1단계** <보기>에 제시된 문장에서 정답이 유추되므로 <보기>의 핵심 논지를 파악한다.

**2단계** 정확한 정답 판별을 위해서는 빈칸의 앞뒤 문장을 읽어 의도가 적절한지 확인한다.

---

### 예제

*p.226 [기출유형①  예제]의 지문을 바탕으로 푸는 문제입니다.

<보기>를 (A)에 추가한다고 할 때, 그 의도로 가장 적절한 것은?

― <보기> ―

이러한 연구 결과는 디지털 치매가 더 이상 개인의 문제가 아닌 사회 전체가 해결해야 할 과제임을 시사한다.

① 해결 방안의 시급성을 강조하기 위해
② 문제의 원인을 심층적으로 분석하기 위해
③ 문제의 사회적 파급 효과를 부각하기 위해
④ 제시된 통계 자료의 신뢰성을 강조하기 위해
⑤ 문제 해결에 관한 개인의 책임을 면제해 주기 위해

**정답** ③

### 🔧 전략 적용하기

**1단계** <보기>의 핵심 논지는 디지털 치매가 '사회 전체가 해결해야 할 과제'라는 것이다. 즉, 디지털 치매가 사회적 문제가 되었다는 것이다.

**2단계** ① <보기>는 해결 방안의 시급성에 초점을 맞추고 있지 않으므로 적절하지 않다.
② <보기>는 문제의 원인을 분석하는 내용이 아니라, 결과와 영향(사회적 파급력)에 초점을 맞추고 있으므로 적절하지 않다.
③ (A)의 앞은 청소년이 성인보다 스마트폰 과의존도가 높다는 통계와 스마트폰을 오래 사용할수록 인지기능이 저하되었다는 연구 결과를 제시하고 있는데, 이는 모두 디지털 치매 문제의 심각성을 보여 주는 사례이다. <보기>는 이러한 사례를 바탕으로 디지털 치매가 '개인의 문제'를 넘어 '사회 전체가 해결해야 할 과제'라고 규정하고 있는데, 이는 디지털 과의존과 치매 현상이 사회 전체가 관심을 가져야 하는 문제임을 강조하는 것이다. 따라서 문제의 사회적 파급 효과가 큼을 부각하는 것이므로 적절하다.
④ <보기>는 통계 자체의 신뢰성을 언급하지 않고 있으며, 연구 결과가 사회적 의미를 갖는다는 점에 초점을 맞추고 있으므로 적절하지 않다.
⑤ <보기>는 개인의 책임을 면제하는 내용이 아니라, 문제를 사회적 차원으로 확장한 것이므로 적절하지 않다.

# STEP 2 기출동형 문제 풀어보기

[1~6] '생태 관광의 문제점과 개선 방안'을 주제로 글을 작성하려고 한다. 제시된 물음에 답하시오.

　'땅끝황토나라 꼼지락 캠핑', '섬진강 생태여행 - 반딧불이가 덮고 자는 모래이불'과 같은 프로그램을 들어보신 적 있으신가요? 이것들은 모두 땅끝해안길 걷기, 어촌 체험하기, 반딧불이 관찰하기, 모래생태 체험하기 등이 이루어지는 생태 테마 관광 프로그램의 이름입니다.
　생태 관광은 환경에 대한 피해를 최소화하면서 자연을 관찰하고 이해하며 즐기는 여행 방식이나 여행 문화를 말합니다. 기존의 관광이 자연의 경치를 보고 즐기는 데서 그치는 것과 달리, 생태적 가치가 높은 지역의 자연과 문화를 직접 체험하면서 자연을 소중히 보전해 다음 세대도 누릴 수 있게 하는 데 그 목적이 있습니다. ㉠ 이에 따라 문화체육관광부는 매년 '생태 테마 관광 사업'을 선정하는 등 우리 고유의 생태 관광 개발을 적극적으로 지원하고 있습니다.
　자연 친화적으로만 들리는 생태 관광에도 문제는 있습니다. 무리한 관광지 조성으로 숲과 늪지가 사라지거나 관광객들의 인식 부족으로 생태계가 훼손되기도 합니다. 또 지역 주민의 참여가 부진하여 생태 관광 운영의 어려움이 발생하거나 관광객들이 원하는 생태 관광 프로그램이 부족해 생태 관광이 다양하게 이루어지지 못하는 문제도 일어납니다.
　생태 관광이 ㉡ 널리 확산되고 있는 상황에서 무엇보다 중요한 것은 생태 관광의 문제점을 분석하고 개선 방안을 마련하는 일입니다. 첫째, 미래 세대에게 잘 보존된 생태계를 물려줄 수 있는 방법으로 관광지를 조성해야 합니다. 둘째, 관광객들은 생태계 훼손을 방지하기 위해 정해진 탐방로를 이용하는 등 바람직한 관람 태도를 지녀야 합니다. 셋째, 생태 관광으로 ㉢ 지역 사회 이미지와 소득 증가에 성공한 □□ 지역이나 ○○섬의 사례를 활용해 지역 주민의 적극적 참여를 이끌어낼 방안을 마련해야 합니다. 마지막으로 관광객의 69.8%가 지역과 관련된 생태 프로그램을 원하며, 지방 자치 단체가 생태 관광 때문에 겪는 가장 큰 어려움이 ㉣ '프로그램 개발'인 만큼 다양한 프로그램 개발을 위해 적극적으로 노력해야 합니다.
　생태 관광은 누구나 생태 자원을 직접 느끼고 배우며 즐길 수 있고, 다양한 체험 프로그램과 지역 주민의 해설을 통해 그 안에 숨어있는 재미있는 이야기도 들을 수 있는 등 다양한 이점을 지닙니다. 관광의 즐거움이나 실질적 이득만을 중요하게 여기는 태도를 버리고, 자연을 우리 세대의 자원인 동시에 다음 세대에 물려줄 유산이라고 생각하는 태도를 ㉤ 지양해야 합니다. 생태 자원을 보전하기 위해 노력한다면 생태 관광은 보다 바람직한 방향으로 나아갈 수 있을 것입니다.

**1**　글을 작성하기 위하여 계획한 내용으로 적절하지 않은 것은?

　　　　　　　　　　　　　　　　＜글쓰기 계획＞
- 주제: 생태 관광의 문제점과 개선 방안
- 목적: 생태 관광에 대한 정보 전달과 바람직한 생태 관광을 위한 노력 촉구
- 예상 독자: 일반인
- 글의 내용
  - 생태 관광의 개념과 목적을 소개한다. ······················································· ①
  - 현재 운영되고 있는 생태 관광 프로그램을 제시한다. ····································· ②
  - 생태 관광객의 프로그램 수요를 분석한다. ················································· ③
  - 생태 관광지 개발로 인한 지역 개발 불균형 문제를 드러낸다. ························· ④
  - 생태 관광으로 인한 지방 자치 단체의 어려움과 해결 방안을 제시한다. ··············· ⑤

**2** <보기>에 제시된 자료의 활용 방안으로 적절하지 <u>않은</u> 것은?

─── <보기> ───

(가) 신문 기사

　최근 생태 관광이 전국적으로 확산되고 있다. 생태 관광은 경치를 보고 즐기는 기존의 관광과 달리, 생태적 가치가 높은 지역의 자연과 문화를 직접 체험하면서 자연을 소중히 하는 마음을 갖고 다음 세대로 잘 보전하자는 데 목적이 있다. 그러나 관광지 조성을 위한 무리한 개발로 숲과 늪지가 사라지거나 관광객들의 인식 부족으로 생태계가 오히려 훼손되는 등 본래의 취지를 살리지 못하고 있다. 또한 실질적 이득이 없을 것이라고 보아 생태 관광 운영에 적극적으로 참여하지 않는 주민들의 태도도 생태 관광의 활성화에 걸림돌이 되고 있다.

(나) 조사 자료

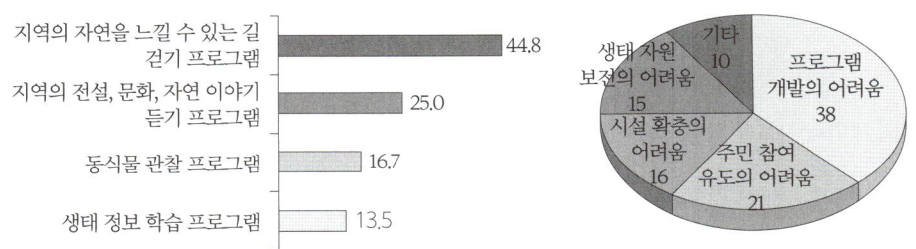

(다) 우수 사례
- □□ 지역은 민물고기 생태관과 인근 동굴을 이용한 프로그램을 특화하여 관광객의 수가 증가하고 지역의 이미지가 제고됨.
- 철새 도래지인 ○○섬은 겨울 철새를 관찰하거나 습지에서 서식하는 생물들을 탐구하는 생태 체험 프로그램을 상시 운영하고 있으며, 지역 주민들이 이에 적극적으로 참여하여 가계 소득이 증대됨.

① (가)를 활용해 기존 관광과 대비되는 생태 관광의 특징을 소개한다.
② (나)를 활용해 지역 특색을 살린 프로그램 개발이 필요함을 제시한다.
③ (다)를 활용해 생태 관광이 지역 경제에 긍정적인 영향을 줄 수 있음을 제시한다.
④ (가), (다)를 활용해 생태 관광이 인근 자연을 파괴하는 문제점이 있음을 지적한다.
⑤ (나) - 2와 (다)를 활용해 생태 관광 활성화에 지역 주민의 역할이 중요함을 제시한다.

**3** ㉠~㉤을 수정하려고 할 때, 그 방안으로 적절하지 않은 것은?

① ㉠: 글의 주제와 관련 없으므로 삭제한다.
② ㉡: 뒷말과 의미가 중복되므로 '널리'를 삭제한다.
③ ㉢: 문장 성분의 호응을 고려해 '지역 사회 이미지 제고와 소득 증가'로 수정한다.
④ ㉣: '만큼'은 보조사이므로 "프로그램 개발'인만큼'으로 붙여 쓴다.
⑤ ㉤: 문맥의 흐름을 고려해 '지향해야 합니다'로 수정한다.

**4** 위의 계획과 자료를 바탕으로 <개요>를 작성하였다. <개요>의 수정 및 상세화 방안으로 적절하지 않은 것은?

<개요>
Ⅰ. 처음
  1. 생태 관광의 개념과 이점
  2. 생태 관광의 특징 ·············································· ㉠
Ⅱ. 생태 관광의 문제점
  1. 관광객들의 인식 부족 ········································ ㉡
  2. 관광지 개발로 인한 생태계 훼손
  3. 지역 주민의 적극적 참여 ···································· ㉢
  4. 생태 관광 프로그램의 부족
Ⅲ. 생태 관광 문제의 개선 방안
  1. 생태계 보전이 가능한 관광지 개발
  2. 생태 관광에 대한 관광객의 인식 개선
  3. 지역 주민의 참여 유도 방안 마련
  4. 다양한 생태 관광 프로그램 마련
  5. 지역 특색을 살린 생태 관광 연구 ····················· ㉣
Ⅳ. 끝
  1. 생태 관광에 대한 노력 촉구 ····························· ㉤

① ㉠은 Ⅰ-1과 중복되므로 '생태 관광의 현황'으로 수정한다.
② ㉡은 자연스러운 글의 흐름을 위해 Ⅱ-2와 순서를 바꾼다.
③ ㉢은 '생태 관광의 문제점'에 포함될 수 있도록 '지역 주민의 참여 부족'으로 수정한다.
④ ㉣은 Ⅲ-4와 관련 있는 내용이므로 통합해 제시한다.
⑤ ㉤은 내용이 구체적이지 않으므로 '생태 관광 인식 개선을 위한 지자체의 노력 촉구'로 수정한다.

**5** 윗글에 쓰인 글쓰기 전략에 대해 바르게 설명한 것은?

① 인과의 방식을 활용하여 글의 객관성을 높이고 있다.
② 대상에 대한 구체적인 사례를 들어 독자의 이해를 돕고 있다.
③ 권위 있는 전문가의 말을 인용해 주장에 대한 설득력을 높이고 있다.
④ 기존 관광과 생태 관광을 비교해 기존 관광의 문제점을 부각시키고 있다.
⑤ 생태 관광을 보는 여러 입장에 대한 중재안을 제시해 글의 논리성을 강화하고 있다.

**6** <보기>의 평가 내용을 반영하여 윗글을 보완할 수 있는 방안으로 가장 적절한 것은?

<보기>

생태 관광 프로그램 개발이 어렵다는데, 다른 나라에서는 어떤 생태 관광 프로그램을 운영하고 있는지 궁금하다.

① 하천을 정비해 동식물 서식지를 조성한 외국의 실례를 제시한다.
② 지역별로 실시하고 있는 생태 관광 프로그램의 구체적 사례를 제시한다.
③ 자연 훼손을 방지하기 위한 외국의 생태 관광지 관련 보호 제도를 제시한다.
④ 외국의 세계 자연 유산에서 지역 주민이 진행하는 산악 활동이나 여가 스포츠 상품을 제시한다.
⑤ 희귀 동식물이나 물새의 서식지인 습지를 보호하기 위한 람사르 협약에 가입한 국가에 대해 추가로 설명한다.

# 최종 점검 문제

**[1~5]** 다음 글을 읽고 물음에 답하시오.

디지털 환경에서 성장한 현대의 청소년들은 인터넷을 통한 정보 ⓐ이용이 적극적이다. 인터넷은 무한한 정보의 ⓑ바다임으로 청소년들은 인터넷을 통해 많은 정보를 얻는다. 그런데 인터넷 정보들 중에는 부정확하거나 검증되지 않은 정보들이 포함되어 있다. 따라서 정보의 정확성과 신뢰성을 비판적으로 평가할 필요가 있다. 또한 자신의 이용 목적에 부합하는 정보를 선별하여 활용하는 것이 바람직하다. 우리 학교 학생들은 이러한 인식하에 인터넷 정보를 이용하고 있을까? 이를 ⓒ알아보려면 우리 학교 학생들을 대상으로 설문 조사를 실시했다. 설문 조사 항목으로는 인터넷 정보의 신뢰성 평가 여부, 인터넷 정보의 이용 방식 등 네 가지였다. 그 결과를 제시하면 다음과 같다.

첫째 문항에 대해 우리 학교 학생은 대다수가 인터넷 정보의 신뢰성을 평가하지 않는다고 응답하였다. 그 이유를 묻는 둘째 문항에 대해서는 '인터넷 정보를 대체로 사실이라 생각'하거나 '평가 방법을 몰라서'라고 응답한 학생이 절반 이상에 달하였다. 이처럼 인터넷 정보의 신뢰성을 평가하지 않는 학생의 비율이 매우 높은 것은 우려할 만하다. 다음으로 인터넷 정보의 신뢰성 평가 방법에 대한 인식을 묻는 셋째 문항에 대해 인터넷 정보의 신뢰성을 평가하는 방법을 잘 알고 있다는 학생이 4%뿐이라는 사실이 확인되었는데 이는 사태의 심각성을 시사한다. 특히, 인터넷 정보의 신뢰성을 평가하지 않는 학생들은 신뢰성 평가를 하지 않는 가장 큰 이유를 '평가 방법을 몰라서'라고 하였다. 마지막으로 우리 학교 학생의 인터넷 정보 이용 방식을 묻는 넷째 문항에 대해 우리 학교 학생 중의 18%만이 '정보 이용 목적에 따라 인터넷 정보를 선별한 뒤 활용한다'고 응답하였고, 77%는 '나머지는 그대로 활용한다'고 응답했다.

앞서 제시한 바처럼, 우리 학교 학생 대다수가 인터넷 정보를 무비판적으로 ⓓ수용시키는 것으로 드러났다. 많은 청소년들이 인터넷 정보를 무비판적으로 이용하는 양상이 우리 학교 학생들에게도 나타나고 있는 것이다. 따라서 우리 학교 학생들이 ㉮_____ 태도 형성을 위한 조치가 ⓔ강구될 필요가 있다.

**1** 다음 <글쓰기 계획>에서 글에 반영된 내용만으로 묶은 것은?

― <글쓰기 계획> ―

ㄱ. 설문 조사 결과를 제시하여 문제의 심각성을 강조한다.
ㄴ. 질문을 활용하여 학생들이 정보를 비판적으로 이용해야 한다는 내용을 강조한다.
ㄷ. 문제 상황을 제시한 후에 문제 해결을 위한 태도가 필요함을 촉구하며 마무리한다.
ㄹ. 다른 학교 사례를 인용하여 청소년의 인터넷 정보의 이용 문제가 보편적인 문제임을 드러낸다.
ㅁ. 청소년기의 특징을 분석하여 청소년의 특징이 인터넷 정보의 이용 문제와 연관 있음을 제시한다.

① ㄱ, ㄴ　　　② ㄱ, ㄷ　　　③ ㄴ, ㄷ
④ ㄴ, ㅁ　　　⑤ ㄷ, ㄹ

**2** (가)~(마)의 자료를 활용할 방안으로 적절하지 않은 것은?

| 구분 | | <자료 내용> |
|---|---|---|
| (가) | 보고서 | ○○도 교육연구원의 연구 보고서 '청소년이 뉴스를 접하는 방법'에 따르면, 청소년은 누리 소통망을 통해 뉴스를 접하며, 누리 소통망의 공감 수와 댓글 내용만으로 뉴스 내용을 신뢰하는 경향을 보인다. |
| (나) | 인터뷰 | 보고서를 작성해야 하는 숙제를 할 때 인터넷에서 괜찮아 보이는 보고서를 그대로 복사해서 제출했었어요. 그런데 주제와 관련 없는 내용도 있었고, 다른 학교 학생의 이름도 그대로 있어서 선생님께서 이건 표절이라며 다시 제출하라고 하셔서 민망했던 경험이 있어요. |
| (다) | 신문 기사 | 미디어 전문가들은 청소년들이 일상에서도 하나의 정보를 다양한 관점에서 파악할 수 있는 습관을 들여야 한다고 강조했다. |
| (라) | 정책자료 | 교육부는 미디어 속 정보의 신뢰도 판별 및 비판적 수용 등 학생들의 비판적 이해 역량을 높이기 위해 학생 활동 중심의 콘텐츠를 개발하여 보급하였다. |
| (마) | 통계자료 | 우리 학교 학생 대상 설문 조사 결과<br>① 인터넷 정보의 신뢰성 평가 여부<br><br>\| 한다 \| 안 한다 \|<br>\|---\|---\|<br>\| 23% \| 77% \|<br><br>② 인터넷 정보의 신뢰성을 평가하지 않는 이유 (①의 "안 한다" 응답자 대상)<br>- 인터넷 정보를 대체로 사실이라 생각해서 54%<br>- 평가 방법을 몰라서 23%<br>- 필요성을 못 느껴서 19%<br>- 기타 4% |

① (가)를 활용하여 학생들이 신뢰성을 평가하는 방법을 알지 못한다는 설문 조사의 내용을 뒷받침한다.
② (나)를 활용하여 학생들이 이용 목적에 상관없이 그대로 정보를 활용한다는 내용을 강조한다.
③ (다)를 활용하여 인터넷 정보의 이용 문제를 해결할 수 있는 방안을 추가한다.
④ (라)를 활용하여 학생들의 정보 판단 능력을 키울 수 있도록 개인 차원에서 노력이 필요하다는 내용을 강조한다.
⑤ (마)를 활용하여 윗글의 설문 조사 결과에 대한 구체적인 수치를 밝혀 내용을 보충한다.

**3** 위의 계획과 자료를 바탕으로 <개요>를 작성하였다. <개요>의 수정 방안으로 적절하지 <u>않은</u> 것은?

---

<개요>

Ⅰ. 청소년들의 인터넷 정보 이용 실태
   1. 디지털 사회의 도래
   2. 인터넷 정보 이용 실태에 대한 조사 필요성
   3. 갈수록 흉악해지는 악성 댓글 문제 ·················· ㉠
Ⅱ. 인터넷 정보 이용 관련 범죄 추이 ·················· ㉡
   1. 인터넷 정보의 신뢰성을 평가하지 않는 이유
   2. 인터넷 정보의 신뢰성 평가 여부 ·················· ㉢
   3. 인터넷 정보의 신뢰성 평가 방법에 대한 인식
   4. 인터넷 정보의 이용 방식
Ⅲ. 인터넷 정보 이용 문제의 심각성과 개선의 필요성 ·················· ㉣
   1. 인터넷 정보를 무비판적으로 수용하는 실태 정리
   2. 인터넷 정보를 선별하여 활용하는 태도 형성을 통한 경제적 이익 ·················· ㉤

---

① ㉠은 '인터넷 정보 이용 실태'와 관련성이 부족하므로 삭제한다.
② ㉡은 'Ⅱ-1~4'의 내용을 아우르지 못하므로 '인터넷 정보 이용 관련 설문 조사 결과'로 수정한다.
③ ㉢은 'Ⅱ-1'에 선행되어야 하는 내용이므로 'Ⅱ-1'과 순서를 바꾼다.
④ ㉣은 하위 항목을 포괄할 수 있도록 '인터넷 정보 이용의 비효율적 문제 해결의 필요성'으로 수정한다.
⑤ ㉤은 글의 마지막 내용으로 부적절하므로 '인터넷 정보를 선별하여 활용하는 태도 형성의 필요성'으로 수정한다.

**4** ㉠~㉤을 수정하기 위한 방안으로 적절하지 않은 것은?

① ㉠은 조사의 사용이 부적절하므로 '이용에'로 고친다.
② ㉡은 맞춤법에 어긋나므로 '바다이브로'로 고친다.
③ ㉢은 어미의 사용이 부적절하므로 '알아보려고'로 고친다.
④ ㉣은 사동 표현이 부적절하게 사용되었으므로 '수용하는'으로 고친다.
⑤ ㉤은 그 앞에 '태도 형성을'이란 목적어가 있으므로 '강구할'로 고친다.

**5** 글의 내용을 고려할 때 ㉮에 들어갈 내용으로 가장 적절한 것은?

① 인터넷 정보를 신뢰하고, 정보의 출처를 밝혀 활용하는
② 인터넷 정보의 정확성과 신뢰성을 평가할 수 있는 방법을 찾아 활용하는
③ 자신이 정보를 활용하려는 목적을 먼저 확인한 후 목적에 맞게 정보를 찾아 활용하는
④ 인터넷 정보를 비판적으로 평가하고, 자신의 이용 목적에 따라 그것을 선별하여 활용하는
⑤ 무한한 정보 속에서 필요한 정보만을 선별하여 활용하고, 정보가 공동의 이익을 추구하는지 평가하는

# 영역6 창안

01  글 이해 및 다른 상황에 적용

02  시각 자료 이해 및 추론

# 최신 출제 경향

▲ 최근 3개년 출제 경향

**출제 1순위** **글 이해 및 다른 상황에 적용 70% (7문제)**
다양한 분야의 주제를 설명하는 글의 핵심을 이해하고 이를 다른 사례에 비추어 공통점을 추론하거나, 주제를 바탕으로 조건에 맞는 문구를 고르는 문제가 가장 많이 출제됩니다.

**출제 2순위** **시각 자료 이해 및 추론 30% (3문제)**
두 개 이상의 시각 자료에 담긴 주제, 표현 등을 비교 분석하고 시각 자료의 주제를 바탕으로 다른 사례를 추론하는 문제가 많이 출제됩니다.

# 기출분석으로 보는 합격전략

 3+~2+급에 합격하려면 창안을 어떻게 공부해야 하나요?

 생소한 영역이지만 한 번의 풀이로 감을 익힐 수 있으니 반드시 기출 유형별로 문제 풀이 연습을 합시다.

**합격전략 1** '시각 자료 이해' 유형은 그림의 주제를 바탕으로 해석이 적절한지 판단하기!

● 최근 3개년 유형별 평균 정답률

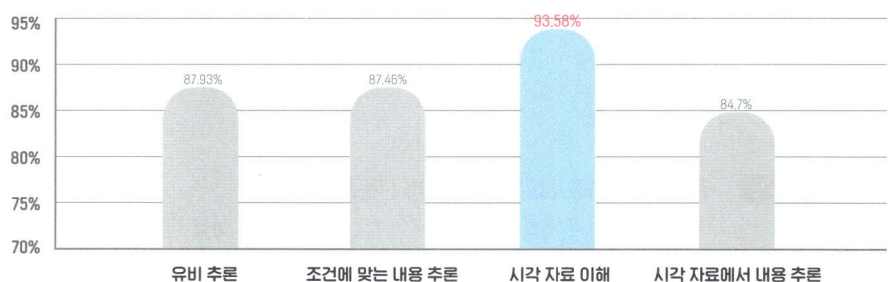

| 유비 추론 | 조건에 맞는 내용 추론 | 시각 자료 이해 | 시각 자료에서 내용 추론 |
| 87.93% | 87.46% | 93.58% | 84.7% |

● '시각 자료 이해' 유형 예시

그림 (가), (나)를 분석한 내용으로 적절하지 않은 것은?
① ㉠  ② ㉡  ③ ㉢  ④ ㉣  ⑤ ㉤

창안 영역은 평균 정답률이 약 87%로 쉽게 풀 수 있는 영역입니다. 그중에서도 제시된 그림 설명이 적절한지 판단하는 '시각 자료 이해' 유형은 정답률이 93.5%로 가장 높습니다. 그림의 주제를 바탕으로 선택지에 제시된 내용이 적절한지 판단하면 쉽고 빠르게 정답을 찾을 수 있습니다.

| 합격 전략 2 | '유비 추론' 유형은 지문과 비유 대상의 특징을 바탕으로 선택지 고르기!

● '유비 추론' 유형 예시

㉠을 기업 경영에 비유할 때 이끌어 낼 수 있는 내용으로 가장 적절한 것은?
① 리더는 직원들의 역량에 맞는 과제를 단계적으로 배분해야 한다.
② 리더는 연차와 상관없이 자유롭게 지식을 공유하는 체계를 마련해야 한다.
③ 리더는 직원의 다양성을 존중하기 위해 실패를 용인하는 조직 문화를 조성해야 한다.
④ 리더는 조직의 효율성을 높이기 위해 명확한 의사결정 체계와 보고 체계를 구축해야 한다.
⑤ 리더는 단순한 매뉴얼 교육이 아니라 실제 경험을 공유하는 방식으로 기술을 전수해야 한다.

'유비 추론' 유형은 창안 영역 10문제 중 4문제나 출제될 정도로 비중이 큽니다. 비유하는 대상과 구조를 정확히 인식하고, 지문에 제시된 대상의 특징을 중심으로 비유 대상의 특징을 추론해 이와 결이 비슷한 선택지를 찾으면 정답을 쉽게 찾을 수 있습니다.

| 고등급 필수 | 합격 전략 3 | 생소하지만 쉽게 풀 수 있는 영역이므로 10분 컷으로 정답을 도출하는 연습하기!

● 최근 3개년 전략편 영역별 정답률

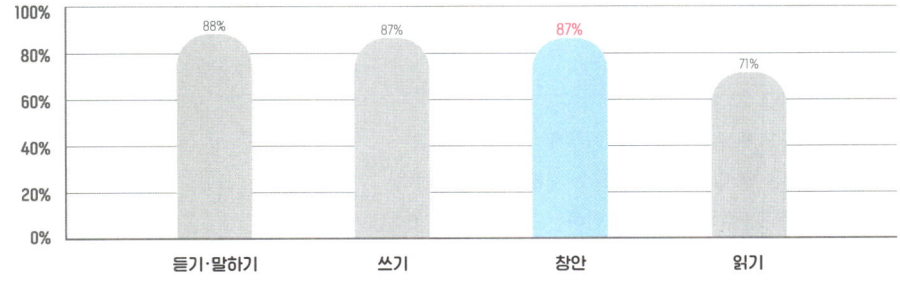

창안 영역은 전략편 영역(듣기·말하기, 쓰기, 창안, 읽기) 중에서 쓰기와 같이 쉬운 영역입니다. 안정적으로 고등급을 확보하려면 창안 영역에서 정확한 독해력과 풀이 속도를 높일 수 있도록 제한 시간 내에 푸는 연습을 해야 합니다.

**영역6 창안**

# 01 글 이해 및 다른 상황에 적용

최근 3개년
매회 7문제 출제

창안 10문제

## STEP 1 최신 기출유형 파악하기

### 기출유형 ① 유비 추론

최근 3개년 평균 정답률 87.93%

식물, 동물, 과학 원리, 사회 현상 등의 다양한 주제를 설명하는 글의 핵심을 파악하고, 이를 인간 사회에 적용하여 기업 운영 방식, 교육 방식 등을 추론하거나 주제에 맞는 시각 자료를 추론하는 유형이다. 매회 4문제 출제된다.

**⚙ 정답 찾는 전략**

㉠의 핵심을 먼저 파악하고, 이와 결이 비슷한 선택지를 찾는다.

**예제**

㉠을 기업 경영에 비유할 때 이끌어 낼 수 있는 내용으로 가장 적절한 것은?

> 범고래는 바다의 최상위 포식자로서 지능과 사회성이 매우 발달한 동물이다. 범고래는 뛰어난 청각 능력을 갖추고 있어 초음파를 이용한 음향 탐지로 먹이를 찾고 의사소통하는데, 무리마다 고유한 '방언'을 사용하여 정체성을 유지한다.
> 범고래는 모계 중심의 강한 가족 구조로 하나의 공동체를 형성한다. ㉠ 어미 범고래는 새끼에게 사냥 기술을 가르치기 위해 위험을 무릅쓰고 의도적으로 해변에 몸을 올려 사냥하는 모습을 보여 준다. 어미는 실패와 위험을 감수하면서 새끼가 기술을 습득할 때까지 이 행위를 반복한다.
> 범고래는 먹이를 찾을 때 ㉡ 협력 사냥 전략을 사용한다. 예를 들어 물고기 무리를 포위하거나, 물결을 일으켜 얼음판 위의 바다표범을 물에 빠뜨리는 방식으로 사냥하는데, 이때 무리의 구성원들이 각자 맡은 임무를 수행하며 사냥한다. 이 과정에서 범고래들은 임시로 지도자를 정하고 그의 지시에 따라 행동하지만, 상황이 변하면 다른 개체가 지도자 역할을 맡아 유연하게 대처한다. 범고래는 사냥한 먹이를 무리 전체가 나누어 먹는 경향이 있는데, 새끼 등의 약한 개체에게 배려하는 모습을 보이기도 한다.

① 리더는 직원들의 역량에 맞는 과제를 단계적으로 배분해야 한다.
② 리더는 연차와 상관없이 자유롭게 지식을 공유하는 체계를 마련해야 한다.
③ 리더는 직원의 다양성을 존중하기 위해 실패를 용인하는 조직 문화를 조성해야 한다.
④ 리더는 조직의 효율성을 높이기 위해 명확한 의사결정 체계와 보고 체계를 구축해야 한다.
⑤ 리더는 단순한 매뉴얼 교육이 아니라 실제 경험을 공유하는 방식으로 기술을 전수해야 한다.

**정답** ⑤

**⚙ 전략 적용하기**

⑤ ㉠의 핵심은 어미가 실패를 감수하면서 실습과 경험을 반복 제공한다는 것이다. 이는 이론적인 교육보다 실제 경험을 공유하는 것이 중요하다는 것이므로 이끌어 낼 수 있는 내용으로 가장 적절한 것은 ⑤이다.

## 기출유형 ② 조건에 맞는 내용 추론

최근 3개년 평균 정답률 87.46%

글에서 가리키는 내용의 핵심을 파악하고, 문제에 제시된 조건에 맞는 조언, 교훈, 문구 등을 찾는 유형이다. 매회 3문제 출제된다.

### 정답 찾는 전략

| 1단계 | ⓒ과 <보기>의 핵심을 모두 확인한다. |
| 2단계 | <보기>와 ⓒ을 모두 포괄하는 선택지를 찾는다. |

### 예제

*p.244 [기출유형① 예제]의 지문을 바탕으로 푸는 문제입니다.

윗글의 ⓒ의 관점에서 <보기>의 '민지'에게 조언할 내용으로 가장 적절한 것은?

─── <보기> ───

대학생인 민지는 팀 프로젝트에서 다른 팀원들이 자신보다 능력이 없거나 열심히 하지 않을 것으로 판단하여, 중요한 업무는 모두 자신이 맡고 다른 팀원들에게는 간단한 일만 배정했다. 하지만 혼자서 많은 일을 처리하다 보니 점점 부담이 커지고 있으며, 팀원들은 자신들의 능력을 발휘할 기회를 얻지 못해 불만을 표시하고 있다.

① 팀원의 능력과 상관없이 공평하게 업무 분량을 나눈다.
② 상황에 따라 역할을 분배하여 협력하는 것이 효과적이다.
③ 팀원과의 의사소통은 팀의 목표를 설정하는 데 도움이 된다.
④ 프로젝트는 혼자 처리하는 것이 가장 확실하므로 직접 해결하는 것이 바람직하다.
⑤ 능력이 부족한 팀원에게는 최소한의 역할만 주고 스스로가 더 많은 일을 맡아야 한다.

**정답** ②

### 전략 적용하기

| 1단계 | ⓒ '협력 사냥 전략'의 특징은 '구성원의 업무 분배', '상황에 따라 지도자 역할 교체', '결과물 공유', '약자 배려'이다. <보기>는 '민지'가 팀원들을 신뢰하지 않고 중요 업무를 독점하여 본인의 부담이 커지고 팀원들이 불만을 표시하는 상황이다. |
| 2단계 | ① ⓒ은 약자에게도 결과물(보상)을 공유하나 '공평한 업무 분량'은 ⓒ에서 드러나지 않는다.<br>② ⓒ은 각 개체가 맡은 임무를 수행하고 상황에 따라 역할을 조정하는 것이고, <보기>에서 '민지'에게 필요한 것은 팀원과의 적절한 역할 분배와 협력이므로 조언할 내용으로 가장 적절하다.<br>③ 의사소통의 중요성은 ⓒ에서 드러나지 않는다.<br>④ ⓒ과 반대되는 개념이며, <보기>의 상황에도 적절하지 않은 조언이다.<br>⑤ ⓒ과 반대되는 개념이며, <보기>의 상황에도 적절하지 않은 조언이다. |

## STEP 2 기출동형 문제 풀어보기

**[1~3]** 다음 글을 읽고 물음에 답하시오.

도서관은 지식과 정보를 체계적으로 보관하고 이용자에게 효율적으로 제공하는 공간이다. 이를 위해 도서관에서는 다양한 자료 관리 및 대출 시스템이 운영된다. '수집 부서'는 새로운 자료가 처음 도서관에 들어오는 곳이며, '분류 센터'는 자료의 주제와 성격에 따라 분류하는 곳이다. 그리고 '열람 공간'은 분류된 자료를 이용자가 직접 접근할 수 있게 배치하는 곳이다.

도서관의 자료 제공 방식은 크게 ㉠ 개방형 접근 방식과 ㉡ 중앙 관리 방식이 있다. 개방형 접근 방식은 이용자가 서가에 직접 접근하여 원하는 자료를 자유롭게 탐색하고 선택하는 형태이다. 사서의 중개 없이 자료에 바로 접근할 수 있어 이용 시간이 단축될 수 있으나, 자료 관리가 어렵고 자료가 분실되거나 잘못 배치될 수도 있다. 또한 모든 서가에 이용자가 접근할 수 있어야 하므로 공간 활용 효율성이 떨어질 수 있다.

중앙 관리 방식은 모든 자료를 중앙 서고에 보관하고, 이용자가 목록에서 필요한 자료를 신청하면 사서가 찾아 제공하는 형태이다. 이 방식은 자료 보존과 관리가 쉽고 공간을 효율적으로 사용할 수 있다. 하지만 반드시 사서를 통해 자료를 요청해야 하므로 이용 시간이 길어질 수 있으며, 자료 요청량이 많을 때 처리 지연이나 오류가 발생할 가능성이 크다.

이처럼 두 방식은 뚜렷한 장단점을 가지므로, 현대 도서관에서는 자료의 특성, 이용자의 요구, 도서관의 규모 등을 종합적으로 고려하여 두 방식을 적절히 병행하는 지혜가 필요하다. 예를 들어 일반 도서는 개방형으로 제공하고, 희귀본이나 고문서는 중앙 관리 방식으로 보존하는 등 자료의 성격에 맞게 유연하게 운영하는 것이 효과적이다.

**1** 자료 제공 방식을 '아이디어를 얻는 방식'에 비유할 때, ㉠의 효과로 가장 적절한 것은?

① 오래된 정보를 탐구할수록 좋은 아이디어를 얻을 수 있다.
② 신뢰가 높은 전문가의 조언에서 좋은 아이디어를 얻을 수 있다.
③ 필요한 정보를 빠르게 얻을수록 좋은 아이디어를 얻을 수 있다.
④ 최대한 많은 양의 정보를 모을수록 좋은 아이디어를 얻을 수 있다.
⑤ 복잡하고 구조화된 지식을 습득할수록 좋은 아이디어를 얻을 수 있다.

**2** ㉠, ㉡을 교육 방법에 비유할 때, ㉡과 가장 유사한 것은?

① 학생들이 스스로 커리큘럼을 구성하고 자율적으로 학습한다.
② 학교와 가정이 연계하여 공통된 커리큘럼으로 일관적으로 지도한다.
③ 학생들의 수준에 맞게 커리큘럼을 분류하고 각 수준에 맞게 지도한다.
④ 교사가 학생들의 특성을 파악하고 개인 맞춤형 커리큘럼을 구성하여 지도한다.
⑤ 학생들이 자신의 취향에 맞는 커리큘럼을 선택하면 교사가 그에 맞춰 지도한다.

**3** <조건>에 맞는 표현으로 가장 적절한 것은?

― <조건> ―
도서관의 자료 제공 방식을 '의사소통 방식'에 비유할 때, ㉠과 ㉡의 방식을 종합적으로 고려한 효과적인 의사소통의 지혜를 표현할 것.

① 상대방의 말을 경청하는 태도가 효과적인 의사소통의 기본이다.
② 의견 차이가 있을 때는 객관적인 제삼자의 중재를 통해 해결해야 한다.
③ 효율적인 의사소통을 위해서는 정보의 양보다 질에 초점을 맞추어야 한다.
④ 의사소통은 일방적인 전달보다 쌍방향적인 교류가 항상 우선시되어야 한다.
⑤ 상황과 대상에 따라 직접적인 소통과 매개자를 통한 소통을 적절히 선택해야 한다.

**[4~6]** 치즈를 다양한 삶에 비유하고자 한다. 다음 글을 읽고 물음에 답하시오.

치즈는 대표적인 발효식품으로 동물의 젖을 응고하여 만든다. 응고는 두 가지 방식으로 이루어지는데, 우유의 pH 값을 낮춰 산성으로 만드는 방식과 효소제인 '레닌'을 활용하는 방식이 있다. 우유가 응고된 형태를 '커드'라고 하는데, 치즈의 종류에 따라 커드를 자르는 법이 다르다. 수분 함유량이 많은 치즈는 커드를 큰 덩어리로 자르고, 수분 함유량이 적은 치즈는 커드를 작은 덩어리로 자른다. 자른 후에는 커드가 엉기지 않도록 계속해서 저어 주어야 한다. 커드를 충분히 저은 후에는 형태를 잡기 위해 틀을 사용하는데, ⓐ 치즈 종류에 따라 알맞은 틀을 사용해 모양을 만든다. 단단한 고형의 치즈를 제조하려면 커드에서 유청을 분리해야 한다. 이때 자연적으로 유청이 빠지길 기다리거나 압력을 가하는 방법이 있다. 이 단계는 치즈 제조 과정에서 가장 많은 시간이 소요되며 치즈의 품질을 결정하는 데 가장 중요하다. 유청을 뺀 후에는 치즈의 맛을 내기 위해 소금을 첨가하는데, 소금을 치즈 표면에 뿌리거나 치즈를 소금물에 담근다. 소금은 치즈의 맛을 더하고, 치즈의 껍질을 만들어 치즈에 유해한 곰팡이가 생기지 않도록 치즈를 보호하는 중요한 요소이다.

위 과정을 거쳐 만들어진 치즈는 신선 치즈이며 이외의 치즈는 추가로 숙성 과정을 거친다. 숙성은 치즈 종류에 따라 짧게는 몇 주, 길게는 몇 년이 걸린다. 숙성 환경도 중요하지만, 치즈를 꼼꼼하게 관리하는 수작업도 중요하다. 주기적으로 치즈 덩어리를 닦고 뒤집어 주어야 하며, 치즈 종류에 따라 적절한 곰팡이가 자랄 수 있도록 ㉠ 지속적으로 곰팡이를 묻혀 주어야 한다. 이렇게 완성된 치즈는 적절한 습도와 온도 속에서 보관해야 하며, ㉡ 같은 종류의 치즈끼리 보관하면 보관 환경을 쉽게 조성할 수 있어 품질을 유지하는 데 용이하다.

**4** 치즈 제조 과정을 거래처와의 협상 과정에 비유할 때 가장 적절하지 <u>않은</u> 것은?

① 커드 자르기: 거래처의 규모에 따라 협상 범위를 조정한다.
② 커드 젓기: 협상이 결렬되지 않도록 새로운 협상 자원을 투자한다.
③ 유청 분리: 협상에서 필요한 것과 필요하지 않은 것을 구분해야 한다.
④ 소금물 첨가: 협상 도중 일어날 수 있는 부정적인 변화를 방지하고자 일정한 자원을 투자한다.
⑤ 숙성 과정: 협상을 진행하는 일정 기간에 거래처의 동향을 지속적으로 파악하여 알맞은 태도를 취해야 한다.

**5** ⓐ와 같은 상황으로 적절하지 않은 것은?

① 학습 전략 설계사는 학습자의 성향에 알맞은 학습 방법을 조언하였다.
② 의사는 환자의 알레르기 질환을 고려하여 기존의 약 대신 다른 약을 처방하였다.
③ 인사팀은 직업 적성 검사를 활용해 해당 직무에 지원자가 적절한지 확인하였다.
④ 휴대 전화 제조 업체는 기종에 상관없이 충전이 가능한 무선 충전기를 개발하였다.
⑤ 세탁기 제조 업체는 섬유를 인식하여 수온을 자동으로 조절하는 기술을 적용한 세탁기를 출시하였다.

**6** ㉠과 ㉡을 <조건>에 맞는 문구로 표현할 때 가장 적절한 것은?

― <조건> ―
㉠의 '곰팡이'가 '부패'를 일으킬 수 있지만 '발효'에서는 긍정적인 기능을 한다는 점과 ㉡의 상황을 고려할 때, '기업인의 자질'과 관련한 내용으로 표현할 것.

① 기업인은 이익과 손해를 객관적으로 따져야 하며, 구성원의 활발한 의사 교류를 위해 주기적으로 팀을 재구성한다.
② 기업인은 위기 요인을 미리 제거하여 손해를 예방해야 하며, 구성원의 대인 관계를 위해 업무가 유사한 팀 간의 교류를 증대한다.
③ 기업인은 위기 요인을 기회로 만드는 전략을 구상할 수 있어야 하며, 구성원을 직무별로 구분하여 조직을 효율적으로 관리해야 한다.
④ 기업인은 장기적으로 이익을 창출할 수 있는 자원은 유지해야 하며, 구성원이 아이디어를 공유할 수 있는 자유로운 환경을 조성해야 한다.
⑤ 기업인은 이익 요인을 파악하여 이익을 최대로 증대할 수 있어야 하며, 구성원의 능력 신장을 위해 다양한 프로젝트에 참여할 수 있는 기회를 제공해야 한다.

**[7~8]** 다음 글을 읽고 물음에 답하시오.

번아웃 증후군은 장기간에 걸친 과도한 스트레스와 압박감으로 신체적, 정신적으로 완전히 소진된 상태를 말한다. 주로 직장에서의 과도한 업무 요구와 자원 부족, 자율성 저하, 충분한 보상이나 인정의 결여 등이 원인으로 작용한다. 번아웃의 주요 증상으로는 극도의 피로감, 냉소적 태도, 업무 효율성 저하가 있다. ㉠지속적인 에너지 고갈 상태에서 일과 삶에 대한 무관심과 냉담함이 나타나며, 자신의 업무 능력과 성취에 대한 부정적 평가가 이어진다. 이러한 증상은 점진적으로 발전한다. 처음에는 업무에 대한 열정과 헌신으로 시작하지만 차츰 좌절감이 쌓이면서 결국 완전한 소진 상태에 이르게 된다.

번아웃을 예방하고 극복하기 위해서는 무엇보다 적절한 휴식과 회복의 시간이 필요하다. 일과 삶의 균형을 유지하고, 자신의 한계를 인정하며, 도움을 요청하는 것을 두려워하지 않는 태도가 필요하다. 조직 차원에서는 업무를 합리적으로 분담하고 유연한 환경을 조성하여 구성원들의 번아웃을 예방할 수 있다. 지속적으로 성과만을 추구하며 회복 없이 에너지를 소비한다면, 결국 개인의 건강과 조직의 생산성 모두에 부정적인 영향을 미치게 된다.

**7** 윗글의 ㉠과 <보기>에서 공통적으로 이끌어 낼 수 있는 주제로 가장 적절한 것은?

<보기>

스프링은 늘어났다가 원래 형태로 돌아오지만, 과도하게 늘어나면 원래 형태를 잃고 만다.

① 한계를 넘는 도전만이 새로운 역량을 계발할 수 있다.
② 목표 달성을 위해서는 일시적인 고통을 감내해야 한다.
③ 유연한 구조일수록 외부 충격에 더 강하게 대응할 수 있다.
④ 극단적인 상황에서는 오히려 과감한 변화가 해결책이 될 수 있다.
⑤ 지속적인 압박은 기능을 저하시키므로 투입하는 힘의 조절이 필요하다.

**8** 윗글의 내용을 참고하여 <보기>의 교사에게 할 수 있는 조언으로 가장 적절한 것은?

<보기>

한 중학교 교사는 3년째 담임, 교과 수업, 학생 상담, 행정 업무 등을 모두 맡아 열정적으로 일해왔다. 처음에는 학생들의 성장을 돕는다는 보람으로 견딜 수 있었지만, 최근에는 아침에 일어나기가 힘들고 학생들에게 무관심해지는 자신을 발견했다. 수업 준비도 점점 소홀해지고, '내가 왜 이 일을 하는지' 의문이 들기 시작했다. 몸과 마음이 지쳐가는 것을 느끼지만, 학생들과 동료 교사들에게 폐를 끼칠까 봐 도움을 청하지 못하고 있다.

① 업무 효율성을 높이기 위해 추가 연수와 자기 계발에 투자한다.
② 처음의 마음가짐을 다시 떠올려 보고 직업적 사명감의 의미를 되새겨야 한다.
③ 자신의 현재 생활을 인정하고 일부 업무를 분담할 수 있도록 도움을 요청한다.
④ 동료 교사와의 경쟁에서 뒤처지지 않도록 동료 교사들의 피드백을 적극 수용한다.
⑤ 학생들의 학업 성취도를 높이는 데 집중하여 성과를 파악해 성취감을 느껴야 한다.

[9~10] 다음 글을 보고 물음에 답하시오.

> 학교폭력은 사이버 폭력, 언어폭력, 지속적인 괴롭힘 등 다양한 형태로 나타나며, 이중 사이버 폭력의 비중이 25.8%로 가장 높게 조사되었다. 청소년 상담가의 조사에 따르면, 피해 학생의 66.3%가 우울증을 경험하며 대인 기피, 등교 거부, 자해 및 극단적 선택 충동을 호소하는 경우도 많다. 특히 피해 학생의 62.7%는 성인이 된 후에도 후유증이 지속되는 것으로 나타나 학교폭력이 일시적인 문제가 아닌 장기적 상처로 이어짐을 보여준다. 따라서 학교폭력을 단순히 개인 간의 문제로 치부해서는 안 된다. 방관하지 않고 적극적으로 개입하여 지속적인 피해와 후유증이 발생하지 않도록 예방하는 노력이 필요하다.

**9** 윗글을 참고하여 제작한 공익 광고의 사례로 적절하지 <u>않은</u> 것은?

①
②
③
④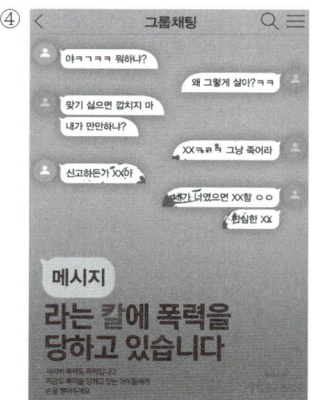
⑤

**10** <조건>에 맞는 공익 광고 문구로 가장 적절한 것은?

<조건>
- 윗글과 그림에 나타난 메시지를 모두 포괄할 것
- 평서형으로 표현할 것
- 대조적 표현을 활용할 것

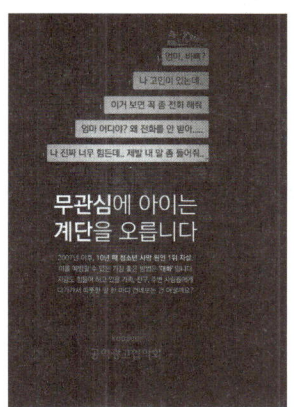

'무관심에 아이는 계단을 오릅니다'

① 학교폭력을 아이들의 단순한 장난으로 보고 웃어넘기지 마세요.
② 당신의 침묵은 상처를 주지만 당신의 목소리는 치유가 됩니다.
③ 당신의 관심으로 한 사람의 인생이 바뀐다면 행동하시겠습니까?
④ 타인의 고통에 눈을 감는 순간, 당신도 또 다른 가해자가 됩니다.
⑤ 침묵은 가해자에게 용기를, 피해자에게 절망을 주는 것을 아십니까?

# 02 시각 자료 이해 및 추론

**영역6 창안**

최근 3개년 매회 3문제 출제

창안 10문제

## STEP 1 최신 기출유형 파악하기

### 기출유형 ① 시각 자료 이해

최근 3개년 평균 정답률 93.58%

2개 이상의 시각 자료를 분석한 내용이 적절한지 판단하는 유형이다. 주제, 목적, 목표, 방법, 비유 등으로 분류하여 자료를 이해한 내용이 선택지로 구성된다. 매회 2문제 출제된다.

**⚙ 정답 찾는 전략**

| 1단계 | 시각 자료에서 강조하는 내용과 표에 제시된 설명을 바탕으로 시각 자료의 핵심을 이해한다. |
| 2단계 | 이해한 내용을 바탕으로 시각 자료에 어울리지 않는 선택지를 찾는다. |

**예제**

그림 (가), (나)를 분석한 내용으로 적절하지 <u>않은</u> 것은?

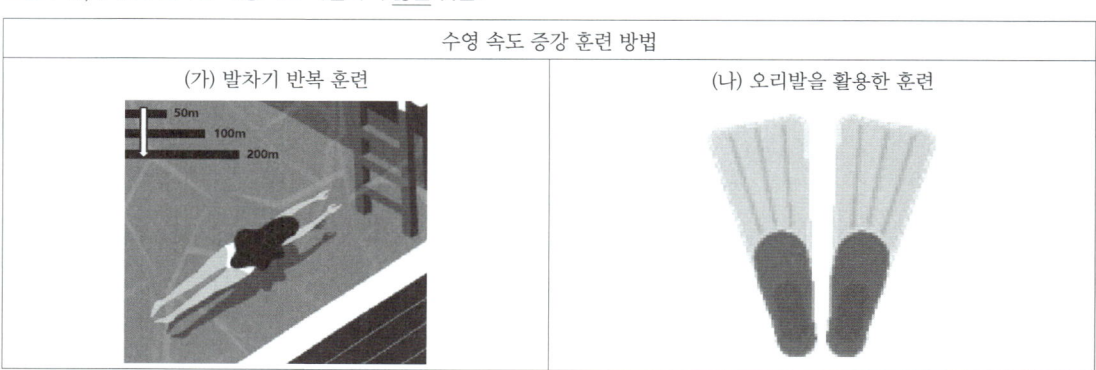

| | (가) | (나) |
| --- | --- | --- |
| 목표 | 수영 속도 증강을 위해 기초 능력을 향상하는 것 | ㉠ 수영 속도 증강을 위해 보조 도구를 효율적으로 활용하는 것 |
| 방법 | ㉡ 수영 거리를 점진적으로 늘리면서 발차기 횟수도 늘리는 방법 | 발에 오리발을 끼고 물속에서 추진력을 받아 빠르게 나아가는 방법 |
| 핵심 | ㉢ 수영의 다양한 영법을 구현할 수 있도록 팔과 다리를 자연스럽게 움직이게 함 | 기본 발차기보다 빠른 속도로 나아갈 수 있도록 도움을 줌 |
| 비유 | ㉣ 계산 능력을 키우기 위해서는 계산의 기초가 되는 사칙 연산 문제를 반복적으로 접하는 것이 중요하다. | ㉤ 복잡한 수식을 빠르게 계산하기 위해서 계산기를 사용할 수 있다. |

① ㉠　② ㉡　③ ㉢　④ ㉣　⑤ ㉤

정답 ③

## 🔧 전략 적용하기

**1단계** (가)와 (나)는 모두 수영 속도를 높이는 훈련 방법이다. 그중 (가)는 '반복 훈련으로 기초 능력을 높여 수영 속도를 증강'하려는 것이고, (나)는 '도구를 활용해 수영 속도를 증강'하려는 것이다.

**2단계** ① (나)는 도구인 '오리발'을 활용해 수영 속도를 증강하는 것이 목표이므로 적절하다.
② (가)는 수영 속도를 증강하기 위해 '50m, 100m, 200m'로 점점 거리를 늘리며 기초 능력을 높이는 방법이므로 적절하다.
③ (가)의 핵심은 '반복 훈련으로 기초 능력을 높여 수영 속도를 증강'하려는 것이다. 따라서 다양한 영법을 구현하는 것은 (가)와 관련 없는 내용이므로 적절하지 않다.
④ (가)의 핵심은 '기초 능력 강화', '반복 훈련'이다. 이를 계산에 비유할 때 기초 능력인 사칙 연산을 반복한다는 내용을 이끌어 낼 수 있으므로 적절하다.
⑤ (나)의 핵심은 '도구 활용'이다. 이를 계산에 비유할 때 계산기를 활용한다는 내용을 이끌어 낼 수 있으므로 적절하다.

---

## 기출유형 ② 시각 자료에서 내용 추론

최근 3개년 평균 정답률 84.70%

시각 자료를 이해한 내용을 바탕으로 <보기>나 <조건>에 맞는 주장, 광고 문구, 조언 등을 찾는 유형이다. 매회 1문제 출제된다.

### 🔧 정답 찾는 전략

지시문에서 가리키는 시각 자료 (나)와 <보기>의 내용을 대응시키고, 이들의 원리를 모두 포괄하는 선택지를 찾는다.

### 예제

*p.252 [기출유형① 예제]의 지문을 바탕으로 푸는 문제입니다.

<보기>는 (나)의 오리발 길이(ⓐ)에 따른 추진력(ⓑ)을 나타낸 표이다. ⓐ를 '경험의 양', ⓑ를 '사고력'으로 가정할 때 제시할 수 있는 주장으로 가장 적절한 것은?

<보기>

| ⓐ 오리발 길이 | 길다 | 짧다 |
|---|---|---|
| ⓑ 추진력 | 강함 | 약함 |

① 양질의 사고를 위해 간접 경험보다 직접 경험이 더 중요하다.
② 부정적인 경험보다 긍정적인 경험이 사고에 더 큰 영향을 끼친다.
③ 사고의 폭은 경험에 비례하므로 다양한 경험을 하는 것은 중요하다.
④ 개인마다 사고방식이 다르므로 동일한 경험에서도 다양한 반응이 나타난다.
⑤ 한 번의 경험이더라도 누구와 어떻게 경험했는지에 따라 사고력이 달라질 수 있다.

정답 ③

### 🔧 전략 적용하기

③ <보기>에 따르면 (나)의 오리발은 길이가 길수록 추진력이 강하고, 짧을수록 추진력이 약하다. 이를 '경험의 양'과 '사고력'으로 가정하면 경험의 양이 많을수록 사고력이 강하고, 경험의 양이 적을수록 사고력이 약함을 알 수 있다. 따라서 관계가 비례한다는 원리를 포함한 ③이 가장 적절하다.

# STEP 2 기출동형 문제 풀어보기

[1~2] 다음 그림을 보고 물음에 답하시오.

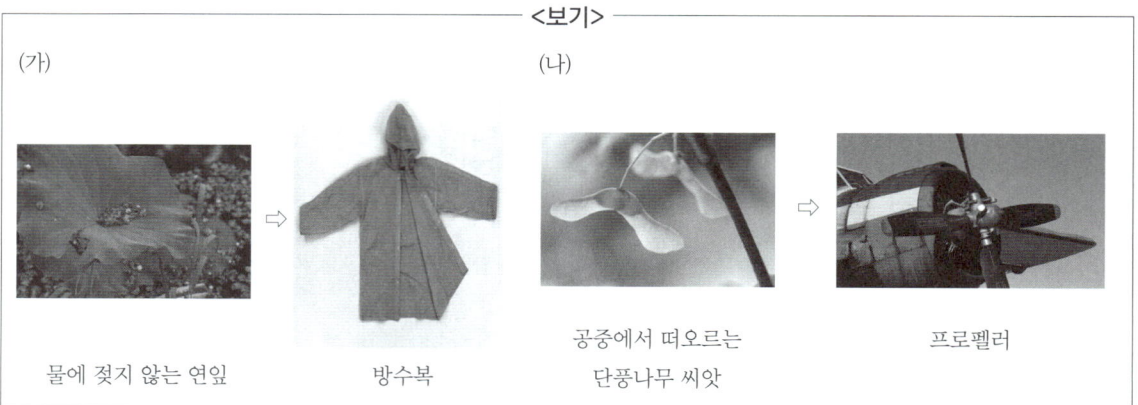

<보기>

(가) 물에 젖지 않는 연잎 ⇒ 방수복

(나) 공중에서 떠오르는 단풍나무 씨앗 ⇒ 프로펠러

**1** (가)와 (나)를 통해 연상한 내용으로 가장 적절한 것은?

① 약간의 불편함이 더 나은 삶을 가능하게 합니다.
② 미래를 위해 지속가능한 발전을 추구해야 합니다.
③ 자연은 우리가 간과하고 지내는 일상의 소중함을 일깨워 줍니다.
④ 주변의 자연물을 자세히 관찰하는 것은 창조적 사고의 시작입니다.
⑤ 평범한 사물도 자세히 들여다보면 그 안에 숨겨진 특별함이 보입니다.

**2** (가)와 (나)의 화살표 관계와 유사한 사례로 가장 적절한 것은?

① 해바라기 → 태양
② 나무 → 원목 가구
③ 스마트폰 → 배터리
④ 도마뱀 발바닥 → 접착제
⑤ 연어 지느러미 → 생선 초밥

[3~5] 다음 그림을 보고 물음에 답하시오.

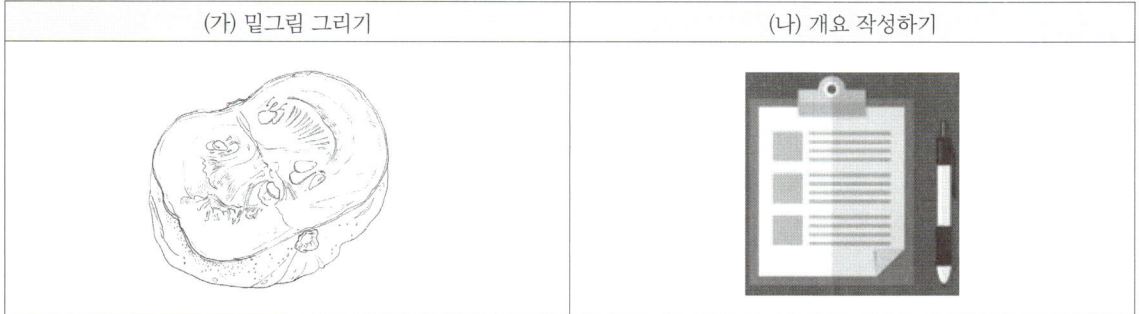

| (가) 밑그림 그리기 | (나) 개요 작성하기 |

**3** (가)와 (나)에 대한 이해로 적절하지 않은 것은?

① (가)는 작품의 구도를, (나)는 글의 구조를 결정한다.
② (가)와 (나)는 모두 수정과 변경이 쉬운 단계에서 이루어진다.
③ (가)와 (나)는 모두 본격적인 작업 전에 방향성을 설정하는 단계이다.
④ (가)는 시각적 표현을 위한, (나)는 문자적 표현을 위한 준비 과정이다.
⑤ (가)는 전체적인 형태만 드러나지만, (나)는 세부 내용이 구체적으로 드러난다.

**4** (가)의 '밑그림 그리기'와 (나)의 '개요 작성하기'를 비교한 설명으로 가장 적절한 것은?

① (가)와 (나)는 주체의 비판적 사고 결과를 반영하기 어렵다.
② (가)는 표현력을 중시하고, (나)는 논리적 구조화를 중시한다.
③ 완성물에 (가)와 (나)의 흔적이 남지 않아야 성공적인 결과물이다.
④ (나)는 (가)와 달리 특정한 공간에서만 활동이 이루어진다는 한계가 있다.
⑤ (가)는 독자적으로 수행하는 활동이지만, (나)는 협업으로 수행하는 활동이다.

**5** (나)를 활용하여 설명 가능한 사례로 가장 적절한 것은?

① 건축가가 건물을 설계하기 전에 자료를 수집했다.
② 요리사가 자신의 감각만으로 새로운 요리를 만들었다.
③ 배우가 관객들의 반응에 따라 즉흥적으로 연기하였다.
④ 연설자가 발표 전에 주요 내용과 순서를 카드에 메모했다.
⑤ 무용수가 동료의 조언을 참고하여 완성된 동작을 일부 수정했다.

정답 및 해설 [약점 보안 해설집] p.47

# 최종 점검 문제

[1~3] 다음 그림을 보고 물음에 답하시오.

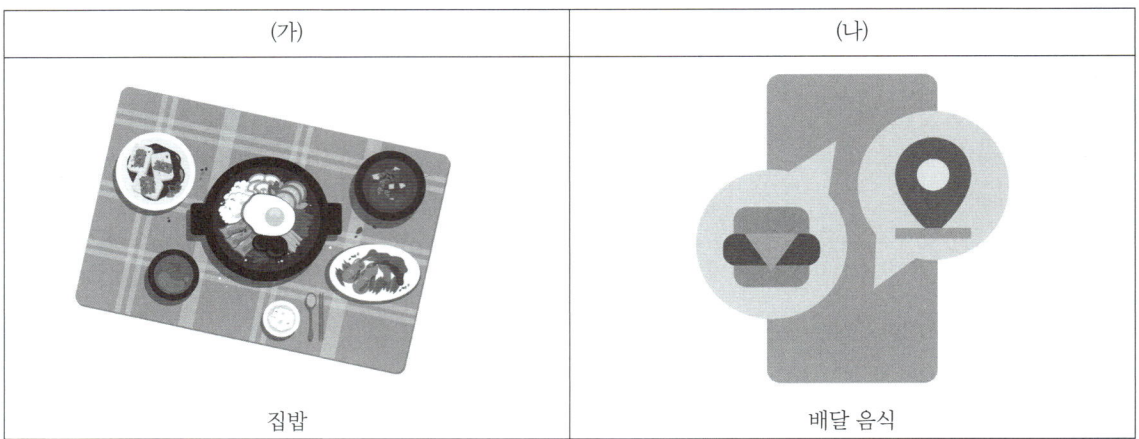

**1** (가)와 (나)를 분석한 표의 내용으로 적절하지 <u>않은</u> 것은?

| | (가) | (나) |
|---|---|---|
| 핵심 | 재료를 준비하여 집에서 직접 음식을 조리함 | 스마트폰 애플리케이션으로 식당에 음식을 주문하고 배달받음 |
| 목적 | ㉠ 개인의 취향을 고려한 맞춤형 식사 | ㉡ 사회적 소통이 중심이 되는 접대용 식사 |
| 특징 | ㉢ 재료 선택부터 완성까지 전 과정을 통제하나 시간과 노력이 듦 | 시간과 노력을 절약하나 일회용품 사용이 증가함 |
| 주제 | ㉣ 자기 주도적 식생활과 식재료 활용의 효율성 | ㉤ 디지털 기술을 활용한 생활의 편의성 증진 |

① ㉠　　② ㉡　　③ ㉢　　④ ㉣　　⑤ ㉤

**2** (가)와 유사한 특징의 사례로 가장 적절한 것은?

① 뜨개질을 배워 자신이 입고 싶은 옷을 만들어 입었다.
② 온라인으로 식당을 예약한 후 직접 방문하여 식사했다.
③ 미용실에서 전문가의 제안에 따라 머리 모양을 변경하였다.
④ 장기 여행을 떠나기 위해 여행사의 묶음 여행 상품을 구매하였다.
⑤ 가구점에서 조립된 책상을 구매한 후 원하는 색상으로 덧칠하였다.

**3**  (나)를 통해 이끌어 낼 수 있는 시사점으로 가장 적절한 것은?

① 기술의 발전은 전통의 가치를 훼손하므로 경계해야 한다.
② 몸을 건강하게 관리하려면 요리하는 습관을 길러야 한다.
③ 현대 사회에서 편의성 추구는 환경 비용을 수반할 수 있다.
④ 디지털 기술은 소비자의 선택권을 제한하므로 주의가 필요하다.
⑤ 배달 문화는 지역 간 교류를 활성화하는 데 긍정적인 영향을 미친다.

**4**  다음 <보기>의 맥락을 고려하여 연상한 내용으로 적절하지 않은 것은?

<보기>

　오늘 아침엔 다른 날보다 일찍 잠이 깨었다. 무엇을 할까 잠시 망설이다가 학교까지 걸어가 보기로 했다. 길을 걷는 동안 버스가 빠른 속도로 곁을 스쳐 갔다. 어제까지는 나도 그 속에 앉아 바쁘게 오고 가느라 느긋함을 느끼지 못했다는 것이 떠올랐다. 하지만 오늘은 걸어가면서 주변을 천천히 둘러볼 수 있었다. 걸어가다 보니 새들이 나뭇가지에 앉아 지저귀는 소리가 조그맣게 들려왔다. 걸어서 등교하지 않았다면 듣지 못했을 것이라는 생각을 하니 뿌듯한 마음에 발걸음이 더 가벼워졌다.
　아침 햇살을 받으며 반짝이고 있는 나뭇잎들을 보면서 걷다가 문득 '어, 한 나무에서 돋아난 나뭇잎들인데 빛깔이 다르네!'라는 생각이 들었다. 발걸음을 멈추고 나무를 자세히 올려다 보니 수많은 나뭇잎들이 모두 조금씩 다른 빛깔을 지니고 있었다. 그리고 이 다른 빛깔들이 서로 어울려 조화를 이루고 있는 모습에서 아름다움을 느꼈다. 가을에 나무가 아름다운 것은 다양한 빛깔의 나뭇잎들이 서로 조화를 이루고 있기 때문이었다.
　나는 가을의 아침을 나무들과 함께 걸으며 나의 생활을 돌아보았다. 문득 친구들이 떠올랐다. 나와 생각이 다른 친구들과 함께 있으면 불편했던 일, 내 의견에 반대하는 친구들에게 반감을 가졌던 일들이 생각났다. 그리고 그런 모습으로 살아왔던 나 자신이 부끄러워졌다. 사람들이 살아가는 모습이 저마다 다른 것은 삶의 빛깔이 조금씩 다르기 때문이다.

① 버스 → 바쁘게 오고 가느라 마음의 여유를 갖지 못했음을 떠올리게 하는구나.
② 새 소리 → 이전에 주목하지 못했던 것을 인식하는 기쁨을 느끼게 하는구나.
③ 나뭇잎들 → 서로 다른 모습에서 다양성의 가치를 발견하게 하는구나.
④ 가을 → 아름다움을 위해서는 인내가 필요함을 알게 하는구나.
⑤ 친구들 → 생각의 차이를 받아들이지 않았던 기억을 떠올리게 하는구나.

**[5~7]** 코끼리의 습성을 경제에 비유하고자 한다. 다음 글을 읽고 물음에 답하시오.

"코끼리는 절대 잊지 않는다"라는 미국 속담이 있다. 속담과 같이 코끼리는 기억력이 뛰어난 포유류로 무리를 지어 살아간다. 코끼리는 매일 100L 이상의 물과 300kg 이상의 식량을 섭취해야 하므로 물과 식량을 찾아 이동하며 살아간다. 이때 지나온 길과 물웅덩이의 위치 등을 기억해야 하므로 코끼리의 기억력은 생존에 필수적인 능력이다. 특히 물이 부족한 건기에 코끼리는 기억력을 이용해 효율적으로 물을 관리한다. 우기에 코와 엄니를 이용해 물웅덩이를 만들어 물을 저장하고, 건기가 되면 미리 만들어 놓은 물웅덩이로 이동해 수분을 보충한다. 이 물웅덩이는 코끼리뿐 아니라 다른 동물들의 생존에도 도움을 주어 생태계 전체에 긍정적인 영향을 끼친다. 이처럼 코끼리는 물웅덩이 위치를 기억해 건기를 대비하여 자원을 장기적으로 관리하고 계획적으로 사용한다.

이러한 코끼리의 습성은 은행의 예·적금 상품에 가입하여 이자를 얻어 자산을 안정적으로 늘리고 관리하는 우리의 모습과 유사하다. 은행은 높은 이자율을 홍보하여 사람들이 예·적금 상품에 가입할 수 있도록 유도하는데, [가] 이는 상품에 가입하는 사람이 늘어날수록 은행의 총자본도 늘어나기 때문이다. 이처럼 예·적금 상품은 개인의 장기적인 자산 관리에도 도움이 되지만 기업과 나라에서도 유동할 수 있는 현금이 많아지기 때문에 결과적으로 경제 발전에 도움이 된다. 즉, 은행의 예·적금 상품은 개인이 자산을 안정적으로 관리하여 자신의 ○○○ (을)를 불리기 위해 마련했지만, 이는 사회 전체의 경제적 안정성을 도모할 수 있다는 점에서 코끼리의 물웅덩이처럼 ○○○ 같은 역할을 한다는 것이다.

**5** 코끼리의 습성과 관련된 내용으로 가장 적절한 것은?

① 목마른 놈이 우물 판다.  ② 물이 깊어야 고기가 모인다.  ③ 밥 열 술이 한 그릇이 된다.
④ 우물물은 퍼 쓸수록 맛이 있다.  ⑤ 가꿀 나무는 밑동을 높이 자른다.

**6** [가]의 상황에서 이자율과 경제 성장 가능성의 관계를 나타낸 지점으로 가장 적절한 것은?

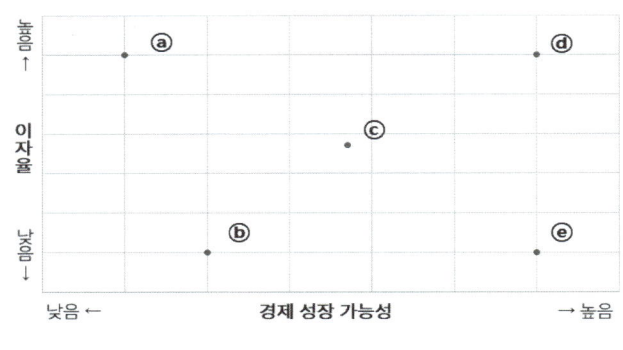

① ⓐ  ② ⓑ  ③ ⓒ  ④ ⓓ  ⑤ ⓔ

**7** ㉠과 ㉡에 들어갈 단어로 가장 적절한 것은?

|   | ㉠ | ㉡ |
|---|---|---|
| ① | 쌀 | 집 |
| ② | 입 | 놀이터 |
| ③ | 손 | 휴양지 |
| ④ | 배 | 오아시스 |
| ⑤ | 일 | 도서관 |

**8** 다음 글을 통해 유추한 내용으로 가장 적절한 것은?

> 바다의 포식자를 떠올리면 흔히 상어가 떠오른다. 하지만 아열대 기후의 사람들은 상어보다 두려운 존재로 창꼬치를 꼽는다. 날카로운 이빨과 빠른 이동 속도를 가진 창꼬치는 생김새만으로도 위협적이지만, 무리를 지어 먹잇감을 향해 돌진하는 모습은 무수한 창을 한꺼번에 던진 것 같아 더욱 위협적으로 보인다. 공격성이 강한 창꼬치는 빠른 속도를 이용하여 먹잇감을 기절하게 만들어 사냥에 성공한다. 한 연구진은 창꼬치의 공격성을 알아보기 위해 창꼬치와 작은 물고기를 유리 벽이 세워진 수조에 분리해 넣었다. 창꼬치는 작은 물고기를 보자마자 유리 벽에 몸을 부딪치며 강한 공격성을 보였다. 하지만 계속해서 사냥에 실패하자 공격성이 현저히 떨어졌다. 연구진이 유리 벽을 제거한 후에도 창꼬치는 공격성을 보이지 않았다.

① 자신의 한계를 인식하는 것은 성장의 밑거름이 된다.
② 인간의 타고난 본성은 어떠한 환경에서도 변하지 않는다.
③ 당면한 문제를 쉽게 극복하려면 집단 지성을 활용해야 한다.
④ 지속적인 실패 경험은 현재의 가능성을 파악하지 못하게 한다.
⑤ 실패 경험은 문제 상황이 바뀌어도 유연한 태도를 가질 수 있도록 한다.

**[9~10]** 다음 글을 보고 물음에 답하시오.

> 불법 촬영은 타인의 동의 없이 신체를 촬영하는 행위이다. 최근 몰래카메라 기술의 발달로 그 수법이 지능화, 다양화되고 있다. 이러한 범죄는 피해자에게 심각한 정신적인 사고 후유 장애를 남기며, 촬영물이 온라인에 유포될 경우 지속적인 2차 피해로 이어져 주의와 예방이 필요하다. 불법 촬영 범죄와 관련된 공익 광고의 표현 전략은 다음과 같다.
> (가): 불법 촬영물을 보거나, 내려받은 사람도 가해자임을 강조한다.
> (나): 기술의 발달로 몰래카메라가 일상 용품으로 둔갑할 수 있어 주의해야 함을 제시한다.
> (다): 대조적인 뜻의 줄임말을 사용하여 광고의 주제 의식을 드러낸다.
> (라): 아이를 대상으로 한 불법 촬영물로 아동 범죄가 발생할 수 있음을 강조하여 경각심을 준다.
> (마): 불법 촬영물 2차 피해로 고통이 지속될 수 있음을 강조한다.

**9** 윗글을 참고하여 제작한 공익 광고의 사례로 적절하지 않은 것은?

① (가): '공범'까지 20% 남았습니다.

② (나): 이 모든 것이 '카메라'라면 믿으시겠습니까?

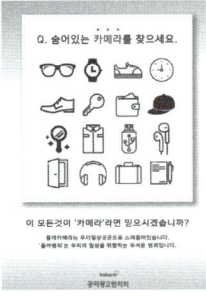

③ (다): 도촬 말고 동촬하세요

④ (라): 무심코 올린 아이 사진. 범죄의 표적이 될 수도

⑤ (마): 뭐가 보이나요? 하나의 구멍, 그 안에 끝없는 고통이 보이지 않나요?

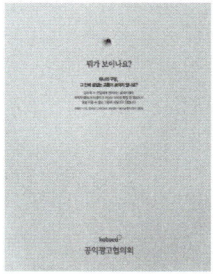

**10** <조건>을 반영하여 (가)의 유형에 해당하는 공익 광고 문구를 만들 때 가장 적절한 것은?

― <조건> ―
- 비유법을 활용하여 내용을 드러낼 것
- 명령형을 사용하여 표현 효과를 나타낼 것

① 당신이 흩뿌린 사진, 피해자에게는 평생의 족쇄가 됩니다.
② 불법 영상 시청은 당신을 범죄의 공범으로 만드는 독약입니다.
③ 호기심의 바다에 빠져 범죄의 섬으로 향하는 당신이 무섭습니다.
④ 당신의 눈이 범죄의 창문이 되지 않도록 지금 당장 창을 닫으세요.
⑤ 카메라 셔터 소리는 잠시지만 범죄 사실은 평생, 셔터를 누르지 마세요.

해커스 36시간에 끝내는 KBS한국어능력시험

# 영역7 읽기

01 현대 시·소설 내용 파악 및 추론
02 인문·과학 분야의 장문 내용 파악 및 추론
03 실용문 내용 파악 및 추론

# 최신 출제 경향

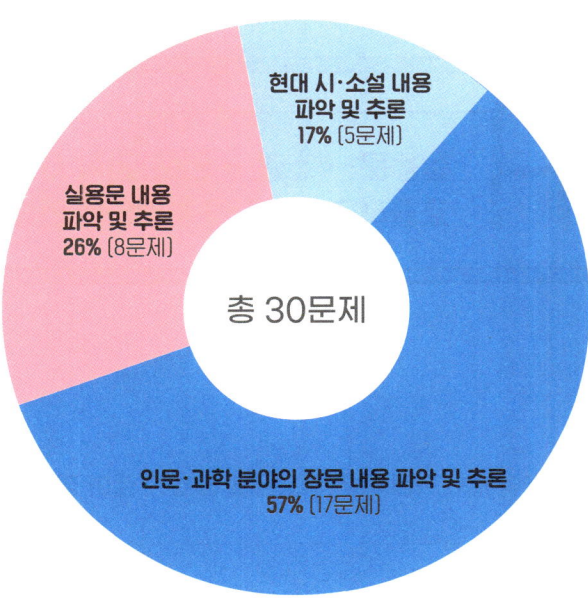

▲ 최근 3개년 출제 경향

**출제 1순위** **인문·과학 분야의 장문 내용 파악 및 추론 57% (17문제)**
인문, 과학 분야의 주제를 다루는 긴 지문을 읽고, 지문과 선택지의 내용이 일치하는지, 지문에서 이끌어 낸 내용이나 빈칸에 들어갈 내용이 적절한지 등을 가려내는 문제가 가장 많이 출제됩니다.

**출제 2순위** **실용문 내용 파악 및 추론 26% (8문제)**
안내문, 공문, 뉴스 보도 등의 지문을 읽고, 지문과 선택지의 내용이 일치하는지, 보완해야 할 내용이 무엇인지, 표현 방식과 특징이 적절한지 등을 가려내는 문제가 많이 출제됩니다.

**출제 3순위** **현대 시·소설 내용 파악 및 추론 17% (5문제)**
시, 소설을 읽고, 지문과 선택지의 내용이 일치하는지, 표현 방식이 적절한지, 추론한 내용이 적절한지 등을 가려내는 문제가 출제됩니다.

# 기출분석으로 보는 합격전략

 3+~2+급에 합격하려면 읽기를 어떻게 공부해야 하나요?

 실용문 → 소설 → 인문·과학 지문의 순서대로 풀어 효율적으로 시간을 분배하는 연습을 해야 합니다.

**합격전략 1** 읽기 영역에서 가장 쉬운 실용문을 빠르게 풀어 점수와 시간 확보하기!

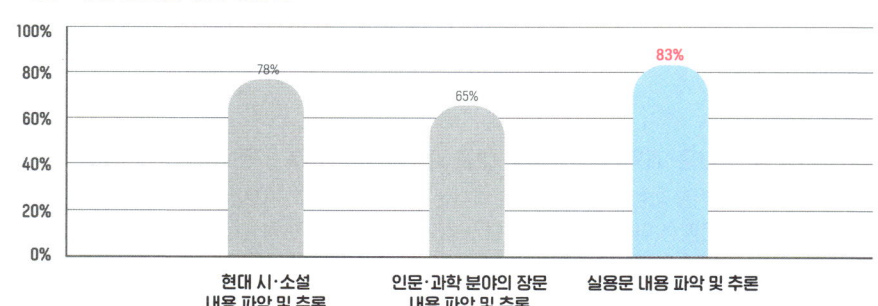

● 최근 3개년 단원별 평균 정답률

- 현대 시·소설 내용 파악 및 추론: 78%
- 인문·과학 분야의 장문 내용 파악 및 추론: 65%
- 실용문 내용 파악 및 추론: 83%

실용문은 안내문, 공문, 뉴스 보도와 같이 일상에서 접할 수 있는 소재를 다룬 지문으로, 다른 지문보다 길이가 짧고 독해가 쉬워 정답률이 높은 편입니다. 특히 안내문과 공문은 선택지의 키워드를 빠르게 찾아 비교할 수 있으니 실용문에서 시간을 단축해 '인문·과학 분야의 장문 내용 파악 및 추론' 문제 풀이 시간을 늘려야 합니다.

**합격전략 2** 표현의 특징을 파악하는 유형은 선택지에서 서술 방식 관련 키워드를 먼저 찾기!

- '표현의 특징 파악' 선택지 예시

  ① 경어체를 사용하여 화자의 정서를 부각한다.
  ② 색채 이미지를 대조해 시적 대상을 선명하게 나타낸다.
  ③ 청각적 이미지를 통해 시적 상황을 생동감 있게 전달한다.
  ④ 역순행적으로 시상을 전개하여 화자의 인식 변화를 드러낸다.
  ⑤ 청유 형식의 표현을 사용하여 낙관적인 미래에 대한 소망을 드러낸다.

표현, 서술상의 특징을 파악하는 유형은 표현 방식의 특징과 효과가 함께 선택지로 제시됩니다. 따라서 선택지에서 표현이나 서술 방식의 키워드를 먼저 찾고, 지문을 읽으며 그 특징이 쓰였는지 확인하여 오답을 소거해야 시간을 줄이고 정답률을 높일 수 있습니다. 주요 표현 방식은 문제를 풀며 개념을 익혀 두어야 합니다.

**고등급 필수**
**합격전략 3** 인문, 과학 분야의 장문은 독해하는 연습을 반복하여 읽기 만점을 목표로 삼기!

- 최근 3개년 '인문·과학 분야의 장문 내용 파악 및 추론' 지문 주제별 평균 정답률

| 주제 | 세부주제 | 평균 정답률 |
| --- | --- | --- |
| 인문 | 자유 지상주의, 설계 논증, 법률의 공포와 관보, 임대차 계약, 저작물, 한옥의 구조 | 67.33% |
| 과학 | 부력, 특수 상대성 이론, 관성 모멘트, 반도체, 원자의 핵, 냄새 분자, 표면 장력 | 59.27% |

인문·과학 분야의 장문은 읽기 30문제 중 17문제가 출제될 정도로 비중이 많으나 읽기 영역에서 정답률이 가장 낮습니다. 하나의 지문을 바탕으로 3~4문제 세트로 출제되므로 고등급을 위해서는 읽기 영역의 만점을 목표로 삼아 충분한 시간을 투자해 정확히 독해하는 연습이 필요합니다.

# 영역7 읽기
## 01 현대 시·소설 내용 파악 및 추론

최근 3개년 매회 5문제 출제
읽기 30문제

## STEP 1 최신 기출유형 파악하기

### 기출유형 ① 현대 시 - 표현의 특징 파악
최근 3개년 평균 정답률 77.58%

시에 나타난 표현 기법과 그 표현으로 나타나는 효과를 파악하는 유형이다. 매회 1문제 출제된다.

**⚙ 정답 찾는 전략**

선택지에 제시된 표현 방식을 먼저 확인하고 시를 읽어 그 표현 방식이 나타났는지, 그 효과가 적절한지 파악한다.

**예제**

다음 글에 대한 설명으로 가장 적절한 것은?

> 나는 당신의 옷을 다 지어 놓았습니다.
> ㉠ 심의(深衣)도 짓고, 도포도 짓고, 자리옷도 지었습니다.
> 짓지 아니한 것은 작은 주머니에 수놓는 것뿐입니다.
>
> ㉡ 그 주머니는 나의 손때가 많이 묻었습니다.
> 짓다가 놓아두고 짓다가 놓아두고 한 까닭입니다.
> 다른 사람들은 나의 바느질 솜씨가 없는 줄로 알지마는 그러한 비밀은 나밖에는 아는 사람이 없습니다.
> ㉢ 나는 마음이 아프고 쓰린 때에 주머니에 수를 놓으려면 나의 마음은 수놓는 금실을 따라서 바늘구멍으로 들어가고 주머니 속에서 맑은 노래가 나와서 나의 마음이 됩니다.
> ㉣ 그러고 아직 이 세상에는 그 주머니에 넣을 만한 무슨 보물이 없습니다.
> ㉤ 이 작은 주머니는 짓기 싫어서 짓지 못하는 것이 아니라 짓고 싶어서 다 짓지 않는 것입니다.
>
> - 한용운, 「수의 비밀」

① 경어체를 사용하여 화자의 정서를 부각한다.
② 색채 이미지를 대조해 시적 대상을 선명하게 나타낸다.
③ 청각적 이미지를 통해 시적 상황을 생동감 있게 전달한다.
④ 역순행적으로 시상을 전개하여 화자의 인식 변화를 드러낸다.
⑤ 청유 형식의 표현을 사용하여 낙관적인 미래에 대한 소망을 드러낸다.

정답 ①

**⚙ 전략 적용하기**

'경어체', '색채 이미지 대조', '청각적 이미지', '역순행적 전개', '청유 형식'이 시에 나타나는지 확인한다. 윗글은 경어체 종결 어미 '-ㅂ니다'를 활용하면서 화자의 정서(사랑)를 효과적으로 드러내고 있으므로 ①이 적절한 설명이다.

## 기출유형 ② 현대 시 - 시어, 시구의 의미 추론

최근 3개년 평균 정답률 78.73%

시에 쓰인 시어나 시구가 어떤 의미를 지니는지 추론하는 유형이다. 시의 창작 배경을 보기로 제시하고 이를 시와 연관 지어 의미를 추론하는 유형으로 출제되기도 한다. 매회 1문제 출제된다.

### ✿ 정답 찾는 전략

**1단계**  시를 읽으면서 주제와 전체적인 분위기를 파악한다.

**2단계**  이를 바탕으로 선택지에 제시된 시어나 시구의 의미가 적절한지 확인한다.

### 예제

*p.266 [기출유형① 예제]의 지문을 바탕으로 푸는 문제입니다.

㉠~㉤에 대한 설명으로 가장 적절하지 않은 것은?

① ㉠: '당신'을 향한 화자의 사랑과 정성을 드러낸다.
② ㉡: '당신'에 대한 기다림이 오래 지속되었음을 암시한다.
③ ㉢: '당신'을 위한 선물을 준비하지 못한 것에 대한 자책을 드러낸다.
④ ㉣: 화자에게 '당신'만큼 가치 있게 생각하는 존재가 없음을 나타낸다.
⑤ ㉤: '당신'을 계속 기다리고자 하는 화자의 의지를 표현한다.

정답 ③

### ✿ 전략 적용하기

**1단계**  윗글은 사랑하는 사람을 기다리면서 수를 놓는 화자의 마음을 그린 시이다. '수놓기'는 '당신'을 기다리는 화자의 마음에 평안을 주고 있으며, 화자는 '당신'을 계속 기다리겠다는 마음을 드러내고 있다.

**2단계**
① ㉠의 '심의', '도포', '자리옷'은 화자가 '당신'을 위해 지은 옷의 종류로, 화자가 옷을 짓는 행위는 '당신'에 대한 사랑과 정성을 드러내는 행위이므로 적절하다.
② ㉡에서 주머니에 화자의 손때가 많이 묻었다는 것은 주머니에 때가 묻을 만큼 오랫동안 수놓기를 시도했다는 것을 의미한다. 화자에게 수를 놓는 행위는 '당신'을 기다리는 하나의 과정에 해당하기 때문에 '당신'에 대한 기다림 역시 오래되었다는 것을 추론할 수 있으므로 적절하다.
③ ㉢은 화자가 '당신'을 기다리는 힘든 상황에서 '수놓기'로 위로를 얻고 있다는 것이다. 따라서 '당신'을 위한 선물을 준비하지 못해 자책을 드러낸다는 설명은 적절하지 않다.
④ ㉣의 '보물'은 '당신'에게 어울리는 가치 있는 존재를 의미한다. 화자는 주머니에 넣을 만한 보물이 없다고 말한다. 따라서 세상에서 화자에게 '당신'만큼 가치 있는 존재가 없음을 추론할 수 있으므로 적절하다.
⑤ ㉤에서 화자는 주머니를 짓고 싶어서 짓지 않는다는 역설적 표현을 사용하여 '당신'을 영원히 기다릴 것을 드러내고 있다. '수놓기'는 화자가 '당신'을 기다리는 행위를 의미하므로 수가 완성된다면 기다림의 행위가 종결된다. 따라서 화자는 '당신'을 영원히 기다리기 위해 수놓기를 지속하려는 것이므로 적절하다.

## 기출유형 ③  현대 소설 - 서술상의 특징 파악

소설의 전개 방식이나 이야기를 끌고 나가는 서술자의 시점 등을 확인하고, 서술 방식이 어떤 효과를 지니는지 파악하는 유형이다. 매회 1문제 출제된다.

### 정답 찾는 전략

**1단계** 선택지에 제시된 서술 방식 키워드를 먼저 확인하고 소설을 읽는다.
**2단계** 선택지에 제시된 서술 방식이 나타났는지 그 효과가 적절한지 파악한다.

### 예제

다음 글의 서술상의 특징으로 가장 적절한 것은?

　장인님은 빙장님 해야 좋아하고, 밖에 나와서 장인님 하면 괜스리 골을 낼라구 든다. 뱀두 뱀이래야 좋냐구, 창피스러우니 남 듣는 데는 제발 빙장님, 빙모님 하라고 일상 말조짐을 받아 오면서 난 그것도 자꾸 잊는다. 당장두 장인님 하다 옆에서 내 발등을 꾹 밟고 곁눈질을 흘기는 바람에야 겨우 알았지만…….
　구장님도 내 이야기를 자세히 듣더니 퍽 딱한 모양이었다. 하기야 구장님뿐만 아니라 누구든지 다 그럴 게다. 길게 길러둔 새끼손톱으로 코를 후벼서 저리 탁 튀기며
　"그럼 봉필 씨! 얼른 성렐 시켜 주구려, 그렇게까지 제가 하구 싶다는 걸…….."
　하고 내 짐작대로 말했다. 그러나 이 말에 장인님이 삿대질로 눈을 부라리고
　"아, 성례구 뭐구 기집애년이 미처 자라야 할 게 아닌가?"
　하니까 고만 멀쑤룩해서 입맛만 쩍쩍 다실 뿐이 아닌가…….
　"그것두 그래!"
　"그래, 거진 사 년 동안에도 안 자랐다니 그 킨 은제 자라지유? 다 그만두구 사경 내슈…….."
　"글쎄, 이 자식아! 내가 크질 말라구 그랬니, 왜 날 보구 떼냐?"
　"빙모님은 참만 한 것이 그럼 어떻게 앨 낳지유? (사실 장모님은 점순이보다도 귓배기 하나가 적다.)"
　장인님은 이 말을 듣고 껄껄 웃더니 (그러나 암만해두 돌 씹은 상이다.) 코를 푸는 척하고 날 은근히 골릴랴구 팔꿈치로 옆 갈비께를 퍽 치는 것이다. 더럽다. 나두 종아리의 파리를 쫓는 척하고 허리를 구부리며 어깨로 그 궁둥이를 꽉 떼 밀었다. 장인님은 앞으로 우찔근하고 싸리문께로 씨러질 듯하다 몸을 바루 고치드니 눈총을 몹시 쏘았다. 이런 쌍년의 자식 하곤 싶으나, 남의 앞이라서 차마 못 하고 섰는 그 꼴이 보기에 퍽 쟁그러웠다. <중 략>
　그러나 이 말에는 별반 신통한 귀정을 얻지 못하고 도루 논으로 돌아와서 모를 부었다. 왜냐면, 장인님이 뭐라구 귓속말로 수군수군하고 간 뒤다. 구장님이 날 위해서 조용히 데리구 아래와 같이 일러 주었기 때문이다. (뭉태의 말은 구장님이 장인님에게 땅 두 마지기 얻어 부치니까 그래 꾀였다고 하지만 난 그렇게 생각 않는다.)
　"자네 말두 하기야 옳지. 암, 나이 찼으니까 아들이 급하다는 게 잘못된 말은 아니야. 허지만, 농사가 한창 바쁜 때 일을 안 한다든가 집으로 달아난다든가 하면 손해죄루 그것도 징역을 가거든! (여기에 그만 정신이 번쩍 났다.) 왜 요전에 삼포 말서 산에 불 좀 놓았다구 징역 간 거 못 봤나. 제 산에 불을 놓아도 징역을 가는 이땐데 남의 농사를 버려 두니 죄가 얼마나 더 중한가. 그리고 자넨 정장을(사경 받으러 정장 가겠다 했다.) 간대지만, 그러면 괜스리 죌 들쓰고 들어가는 걸세. 또, 결혼두 그렇지. 법률에 성년이란 게 있는데 스물하나가 돼야지 비로소 결혼을 할 수가 있는 걸세. 자넨 물론 아들이 늦을 걸 염려하지만, 점순이로 말하면 이제 겨우 열여섯이 아닌가. 그렇지만 아까 빙장님의 말씀이 올 갈에는 열일을 제치고라두 성례를 시켜 주겠다 하시니 좀 고마울 겐가. 빨리 가서 모 붓든 거나 마저 붓게. 군소리 말구 어서 가."
　그래서 오늘 아침까지 끽소리 없이 왔다.

- 김유정, 「봄 · 봄」

① 대화를 통해 인물의 갈등이 해소되는 과정을 보여주고 있다.
② 서술자가 사건을 관조하며 사건의 전말을 풀어 설명하고 있다.
③ 어수룩한 서술자가 자신과 관련된 사건을 주관적 시선으로 설명하고 있다.
④ 편집자적 논평으로 인물에 대한 서술자의 부정적인 평가를 보여주고 있다.
⑤ 동일한 시간에 일어난 사건을 교차해 인물의 심리를 세세하게 드러내고 있다.

정답 ③

⚙ **전략 적용하기**

1단계 '대화로 갈등 해소', '서술자가 사건의 전말을 설명', '어수룩한 서술자가 사건 설명', '서술자의 부정적 평가', '사건 교차하여 인물의 심리 드러냄'의 방식이 소설에 나타나는지 유의하며 읽는다.

2단계
① 윗글에서 '장인님'과 '나'의 갈등이 드러나지만, 갈등이 해소되고 있진 않으므로 적절하지 않다.
② 윗글은 '나'의 생각과 대화로 사건이 전개되고 있다. 따라서 서술자가 사건을 관조하고 있지 않으므로 적절하지 않다.
③ 윗글의 '나'는 '장인님'의 말을 자꾸 잊어버려 혼나고, 4년 동안 성례도 못 하면서 구장의 회유에 겁을 먹는 어수룩한 인물이다. 이러한 특성의 서술자가 자신과 관련된 사건을 주관적으로 설명하고 있으므로 서술상 특징으로 가장 적절한 것은 ③이다.
④ '편집자적 논평'은 작가가 작품에 개입하여 인물의 심리와 행동을 분석하여 평가하는 것으로, 윗글에서는 드러나지 않는다.
⑤ '장인님'과 '나'와 관련된 하나의 사건만 전개되고 있으므로 동일한 시간에 일어난 사건이 교차된다는 설명은 적절하지 않다.

## 기출유형 ④ 현대 소설 - 인물의 행동 및 심리 파악

최근 3개년 평균 정답률 73.19%

소설에 등장하는 인물의 심리적 상태, 태도 등을 파악하는 유형이다. 매회 1문제 출제된다.

⚙ **정답 찾는 전략**

지시문이나 선택지에 제시된 등장인물이 언급된 부분을 찾아 적절한지 확인한다.

### 예제

*p.268 [기출유형③ 예제]의 지문을 바탕으로 푸는 문제입니다.

**윗글에 나타난 '나'에 대한 설명으로 적절하지 않은 것은?**

① '나'는 '구장님'이 '장인님'에게 할 말을 짐작하고 있었다.
② '나'는 '빙모님'을 근거로 '장인님'의 주장을 반박하고 있다.
③ '나'는 '장인님' 딸과의 성례를 기다리며 농사일을 하고 있다.
④ '나'는 '구장님'의 조언대로 '장인님' 몰래 성례를 진행하려는 계획을 세웠다.
⑤ '나'는 '장인님'을 남들 앞에서 다른 호칭으로 불러야 하는 것을 잊어 혼이 난다.

정답 ④

⚙ **전략 적용하기**

① "구장님도 ~ 내 짐작대로 말했다."에서 '나'는 '구장님'이 '장인님'에게 할 말을 짐작하고 있다.
② "빙모님은 참새만 한 것이 그럼 어떻게 앨 낳지유?"에서 '점순이'보다 작은 '빙모님'을 근거로 '장인님'의 주장을 반박하고 있다.
③ "성례구 뭐구 기집애년이 미처 자라야 할 게 아닌가?"와 "농사가 한창 바쁜 때 일을 안 한다든가 집으로 달아난다든가 하면 손해죄루 그것도 징역을 가거든!"이라고 하였으므로 '나'가 '장인님'의 딸과의 성례를 빌미로 농사일을 하고 있음을 알 수 있다.
④ '구장님'은 "점순이로 말하면 이제 겨우 열여섯이 아닌가. 그렇지만 아까 빙장님의 말씀이 올 갈에는 열일을 제치고라두 성례를 시켜 주겠다 하시니 좀 고마울 겐가."라고 회유하고 있으나 '장인님' 몰래 성례를 진행하라고 말하지 않았으므로 적절하지 않다.
⑤ "장인님은 ~ 밖에 나와서 장인님 하면 괜스리 골을 낼라구 든다."에서 호칭 때문에 '나'가 혼남을 알 수 있다.

## 기출유형 ⑤ 현대 소설 - 비판적 이해

최근 3개년 평균 정답률 82.14%

소설의 창작 배경, 비평 관점 등 소설과 관련된 정보를 소설과 연관 지어 비판적으로 이해하는 유형이다. <보기>는 소설과 관련된 정보나 독자가 소설을 감상하는 내용으로 구성되기도 한다. 매회 1문제 출제된다.

### 정답 찾는 전략

소설의 세부 내용이 파악된 상태에서 <보기>의 관점만 정확히 이해한다면 빠르게 풀 수 있다.

#### 예제

*p.268 [기출유형③ 예제]의 지문을 바탕으로 푸는 문제입니다.

<보기>를 참고하여 윗글을 비평한 내용으로 적절하지 <u>않은</u> 것은?

― <보기> ―

「봄봄」은 1930년대 농촌을 배경으로 한 작품으로, 농촌에서 나타나는 구조적 모순을 해학적으로 드러내었다. 당시 땅을 빌려 농사를 짓는 소작농은 지주, 마름과의 갈등을 겪으면서도 생계를 위해 그들에게 굴복할 수밖에 없었다. 이는 농촌의 지배 구조를 견고하게 만들었고, 작가는 이러한 지배 구조를 비판적으로 인식하였다.

① 성례를 빌미로 노동력을 착취하는 '장인님'의 모습으로 농촌의 불평등한 구조를 보여주고 있군.
② '장인님'의 눈치를 보는 '구장님'의 모습에서 '구장님' 또한 지배적 구조의 제약을 겪고 있음을 드러내고 있군.
③ '나'의 이중적인 언어 표현은 지배 계층과 갈등 관계에 있으면서도 굴복할 수밖에 없는 모습을 해학적으로 보여주는군.
④ '구장님'의 개입으로 '나'가 정당한 대가를 받게 되는 모습은 농촌의 지배 구조가 붕괴되길 바라는 작가의 의식을 드러내는군.
⑤ 허세를 부리는 '장인님'의 모습과 어수룩한 '나'의 모습이 대비되어 당시 지배 계층을 부정적으로 바라보는 작가의 인식이 드러나는군.

정답 ④

### 전략 적용하기

① 윗글에서 '장인님'은 자신의 딸인 '점순이'와의 성례를 빌미로 오랜 시간 '나'의 노동력을 착취하였다. 이는 정당한 대가 없이 노동이 이루어진 불평등한 관계를 보여주므로 적절하다.
② 윗글에서 '구장님'은 '장인님'에게 땅 두 마지기를 얻어 농사를 짓는 소작농임을 알 수 있다. 또한 처음에는 '나'의 편을 들었으나, 곧 '장인님'의 눈치를 보며 입장을 바꾼다. 이는 지배 구조 속 소작농의 제약을 드러내고 있으므로 적절하다.
③ 윗글에서 '나'는 '빙모님'을 '참새만 한 것'이라고 표현하며, 높임 표현과 낮춤 표현을 함께 사용하고 있다. 이러한 언어의 이중성은 해학을 유발하면서도 지배 계층인 동시에 자신의 노동력을 착취하는 존재에 대한 굴복과 반발의 심리가 뒤섞여 있음을 보여주므로 적절하다.
④ 윗글에서 '구장님'이 개입하여 '나'를 설득하는 것은 '나'가 '장인님'에게 계속해서 노동력을 제공할 수 있도록 하기 위함이다. '장인님'은 '구장님'에게 '나'를 설득하도록 하였고, 소작농인 '구장님'은 '장인님'의 편에 서서 '나'를 회유하였다. 이러한 '구장님'의 개입은 오히려 정당한 노동의 대가가 없는 불합리한 농촌의 지배 구조를 지속하는 행동이며, '나'가 정당한 대가를 받고 있지도 않으므로 적절하지 않다.
⑤ '장인님'은 체면을 중시해 허세를 부리지만, '나'는 '구장님'의 설득에도 쉽게 회유당하는 순진한 모습을 보인다. 이처럼 지배층인 '장인님'과 소작농인 '나'의 대조적인 모습은 '나'의 순수한 모습을 부각하여 횡포를 부리는 '장인님'을 더욱 부정적으로 드러내므로 적절하다.

# STEP 2 기출동형 문제 풀어보기

**[1~2]** 다음 글을 읽고 물음에 답하시오.

산산이 부서진 이름이여! / 허공중에 헤어진 이름이여!
불러도 주인 없는 이름이여! / 부르다가 내가 죽을 이름이여!

심중(心中)에 남아 있는 말 한마디는 / 끝끝내 마저 하지 못하였구나.
사랑하던 그 사람이여! / 사랑하던 그 사람이여!

붉은 해는 서산마루에 걸리었다. / 사슴의 무리도 슬피 운다.
떨어져 나가 앉은 산 위에서 / 나는 그대의 이름을 부르노라.

설움에 겹도록 부르노라. / 설움에 겹도록 부르노라.
㉠ 부르는 소리는 비껴가지만 / 하늘과 땅 사이가 너무 넓구나.

선 채로 이 자리에 돌이 되어도 / 부르다가 내가 죽을 이름이여!
사랑하던 그 사람이여! / 사랑하던 그 사람이여!

- 김소월, 「초혼」

**1** 윗글에 대한 평가로 적절하지 <u>않은</u> 것은?

① 유사한 시어와 시구를 반복하여 운율감을 형성하고 있다.
② 하강적 이미지를 통해 애상적인 분위기를 자아내고 있다.
③ 공간적 배경을 통해 임과 화자의 거리감을 부각하고 있다.
④ 사물에 화자의 감정을 투영하여 화자의 정서를 직접적으로 표출하고 있다.
⑤ 화자의 감정이 집약된 상징물을 통해 슬픔을 극복한 화자의 모습을 드러내고 있다.

**2** 시적 화자의 상황과 감정을 고려할 때, ㉠을 바꾸어 쓸 수 있는 내용으로 가장 적절한 것은?

① 임이 없는 하루는 너무도 길구나.
② 임이 나의 부름을 듣지 못하니 서럽구나.
③ 임의 죽음으로 헤어졌으니 절망스럽구나.
④ 임이 죽어 홀로 남겨진 세상이 아득하구나.
⑤ 임이 부르는 나의 목소리가 초라하게 느껴지는구나.

**[3~5]** 다음 글을 읽고 물음에 답하시오.

평생 인연이 없는 것이라고 신세가 서글퍼졌다. 일신에 가까운 것이라고는 언제나 변함없는 한 필의 당나귀였다. 그렇다고는 하여도 꼭 한번의 첫일을 잊을 수는 없었다. 뒤에도 처음에도 없는 단 한번의 괴이한 인연! 봉평에 다니기 시작한 젊은 시절의 일이었으나 그것을 생각할 적만은 그도 산 보람을 느꼈다.

"달밤이었으나 어떻게 해서 그렇게 됐는지 지금 생각해두 도무지 알 수 없어."

허 생원은 오늘밤도 또 그 이야기를 끄집어내려는 것이다. 조 선달은 친구가 된 이래 귀에 못이 박히도록 들어 왔다. 그렇다고 싫증을 낼 수도 없었으나 허 생원은 시치미를 떼고 되풀이할대로는 되풀이하고야 말았다.

"달밤에는 그런 이야기가 격에 맞거든."

조 선달 편을 바라는 보았으나 물론 미안해서가 아니라 달빛에 감동하여서였다. 이지러는 졌으나 보름을 갓 지난 달은 부드러운 빛을 흐뭇이 흘리고 있다. 대화까지는 팔십리의 밤길, 고개를 둘이나 넘고 개울을 하나 건너고 벌판과 산길을 걸어야 된다.

길은 지금 긴 산허리에 걸려 있다. 밤중을 지난 무렵인지 죽은듯이 고요한 속에서 짐승 같은 달의 숨소리가 손에 잡힐 듯이 들리며, 콩포기와 옥수수 잎새가 한층 달에 푸르게 젖었다. 산허리는 온통 메밀밭이어서 피기 시작한 꽃이 소금을 뿌린 듯이 흐뭇한 달빛에 숨이 막힐 지경이다. 붉은 대궁이 향기같이 애잔하고 나귀들의 걸음도 시원하다. 길이 좁은 까닭에 세 사람은 나귀를 타고 외줄로 늘어섰다. 방울소리가 시원스럽게 딸랑딸랑 메밀밭게로 흘러간다. 앞장 선 허 생원의 이야기소리는 꽁무니에 선 동이에게는 확적히는 안 들렸으나, 그는 그대로 개운한 제멋에 적적하지는 않았다.

"장선 꼭 이런 날 밤이었네. 객줏집 토방이란 무더워서 잠이 들어야지. 밤중은 돼서 혼자 일어나 개울가에 목욕하러 나갔지. 봉평은 지금이나 그제나 마찬가지지, 보이는 곳마다 메밀밭이어서 개울가가 어디없이 하얀 꽃이야. 돌밭에 벗어도 좋을 것을, 달이 너무나 밝은 까닭에 옷을 벗으러 물방앗간으로 들어가지 않았나. 이상한 일도 많지. 거기서 난데없는 성 서방네 처녀와 마주쳤단 말이네. 봉평서야 제일가는 일색이었어." <중 략>

"첫날밤이 마지막 밤이었지. 그 때부터 봉평이 마음에 든 것이 반평생을 두고 다니게 되었네. 반평생인들 잊을 수 있겠나."

"수 좋았지. 그렇게 신통한 일이란 쉽지 않아. 항용 못난것 얻어 새끼 낳고 걱정 늘고, 생각만 해두 진저리가 나지……그러나 늙으막바지까지 장돌뱅이로 지내기도 힘드는 노릇 아닌가. 난 가을까지만 하구 이 생계와두 하직하려네. 대화쯤에 조그만 전방이나 하나 벌이구 식구들을 부르겠어. 사시장천 뚜벅뚜벅 걷기란 여간이래야지."

"옛 처녀나 만나면 같이나 살까……난 거꾸러질 때까지 이 길 걷고 저 달 볼 테야."

- 이효석,「메밀꽃 필 무렵」

**3** 윗글의 '허 생원'에 대한 이해로 적절하지 <u>않은</u> 것은?

① '옛 처녀나 만나면 같이나 살까'에서 첫사랑에 미련이 남은 허 생원의 심리를 알 수 있다.
② 허 생원이 '한 필의 당나귀'만을 동반자로 생각하는 데서 홀로 외롭게 살아온 처지임을 알 수 있다.
③ '되풀이할대로는 되풀이 하고야 말았다'에서 성 서방네 처녀와의 이별을 부정하고 싶은 허 생원의 심리를 알 수 있다.
④ '거꾸러질 때까지 이 길 걷고 저 달 볼테야'라고 말하는 것에서 허 생원이 장돌뱅이의 삶을 운명적으로 수용하는 면모를 볼 수 있다.
⑤ '그 때부터 봉평이 마음에 든 것이 반평생을 두고 다니게 되었네'에서 허 생원이 봉평을 마음에 들어 하는 태도는 성 서방네 처녀와의 추억이 깃든 장소이기 때문임을 알 수 있다.

**4** <보기>를 고려하여 윗글을 이해한 설명으로 가장 적절하지 않은 것은?

<보기>

「메밀꽃 필 무렵」은 먼 길을 걸어 장을 이동하고 있는 허 생원이 달밤을 매개로 과거를 회상하게 되면서 과거와 현재의 이야기가 교차되고 있다. 특히 허 생원과 조 선달, 동이가 걸어가는 길의 배경을 서정적 문체로 표현해 낭만적 분위기를 극대화하고 백색의 이미지를 드러내어 순수한 분위기를 조성한다.

① '길은 지금 긴 산허리에 걸려 있다'에서 낭만적 분위기 속에서 동행하고 있는 등장인물들의 모습을 알 수 있다.
② '소금을 뿌린 듯이 흐뭇한 달빛'에서 정경을 서정적으로 나타내 낭만적 분위기를 극대화하고 있음을 알 수 있다.
③ '장선 꼭 이런 날 밤'에서 장을 이동하는 현재와 성 서방네 처녀와 만난 과거의 이야기가 교차되고 있음을 알 수 있다.
④ 과거를 회상하고 묘사할 때, '하얀 꽃'과 '달'을 함께 사용하여 순수한 첫사랑의 분위기를 자아내고 있음을 알 수 있다.
⑤ '달밤에는 그런 이야기가 격에 맞거든'과 같은 허 생원의 말에서 허 생원이 달을 보고 과거를 회상하고 있음을 알 수 있다.

**5** 윗글의 서술상 특징으로 가장 적절한 것은?
① 빈번한 장면 전환을 통해 인물 간의 긴장감을 고조시킨다.
② 특정 인물의 내면과 외면의 모순을 풍자적으로 드러내고 있다.
③ 외부의 서술자가 인물의 행동뿐만 아니라 심리까지 전달하고 있다.
④ 비속어와 향토적 소재를 활용하여 인물을 해학적으로 묘사하고 있다.
⑤ 입장이 대비되는 인물의 심리를 묘사하여 갈등을 간접적으로 드러내고 있다.

영역7 읽기

# 02 인문·과학 분야의 장문 내용 파악 및 추론

최근 3개년 매회 17문제 출제

읽기 30문제

## STEP 1 최신 기출유형 파악하기

### 기출유형 ① 세부 내용 파악

최근 3개년 평균 정답률 71.44%

인문, 과학 분야의 다양한 주제의 지문을 읽고 선택지에 제시된 내용의 적절성을 파악하는 유형이다. 주로 지문에 쓰인 표현이 선택지에 그대로 쓰인다. 매회 6문제 출제된다.

**⚙ 정답 찾는 전략**

1단계  선택지에서 키워드를 확인한다.
2단계  지문에서 키워드가 쓰인 부분을 찾아 내용의 적절성을 가려낸다.

**예제**

다음 글의 내용을 이해한 내용으로 가장 적절하지 않은 것은?

어떤 물체가 물이나 공기와 같은 유체 속에서 자유 낙하할 때 물체에는 중력, 부력, 항력이 작용한다. 중력은 물체의 질량에 중력 가속도를 곱한 값으로 물체가 낙하하는 동안 일정하다. 부력은 어떤 물체에 의해서 배제된 부피만큼의 유체의 무게에 해당하는 힘으로, 항상 중력의 반대 방향으로 작용한다. 빗방울에 작용하는 부력의 크기는 빗방울의 부피에 해당하는 공기의 무게이다. 공기의 밀도는 물의 밀도의 1,000분의 1 수준이므로, 빗방울이 공기 중에서 떨어질 때 부력이 빗방울의 낙하 운동에 영향을 주는 정도는 미미하다. 그러나 스티로폼 입자와 같이 밀도가 매우 작은 물체가 낙하할 경우에는 부력이 물체의 낙하 속도에 큰 영향을 미친다.

물체가 유체 내에 정지해 있을 때와는 달리, 유체 속에서 운동하는 경우에는 물체의 운동에 저항하는 힘인 항력이 발생하는데, 이 힘은 물체의 운동 방향과 반대로 작용한다. 항력은 유체 속에서 운동하는 물체의 속도가 커질수록 이에 상응하여 커진다. 항력은 마찰 항력과 압력 항력의 합이다. 마찰 항력은 유체의 점성 때문에 물체의 표면에 가해지는 항력으로, 유체의 점성이 크거나 물체의 표면적이 클수록 커진다. 압력 항력은 물체가 이동할 때 물체의 전후방에 생기는 압력 차에 의해 생기는 항력으로, 물체의 운동 방향에서 바라본 물체의 단면적이 클수록 커진다.

안개비의 빗방울이나 미세 먼지와 같이 작은 물체가 낙하하는 경우에는 물체의 전후방에 생기는 압력 차가 매우 작아 마찰 항력이 전체 항력의 대부분을 차지한다. 빗방울의 크기가 커지면 전체 항력 중 압력 항력이 차지하는 비율이 점점 커진다. 반면 스카이다이버와 같이 큰 물체가 빠른 속도로 떨어질 때에는 물체의 전후방에 생기는 압력 차에 의한 압력 항력이 매우 크므로 마찰 항력이 전체 항력에 기여하는 비중은 무시할 만하다.

빗방울이 낙하할 때 처음에는 중력 때문에 빗방울의 낙하 속도가 점점 증가하지만, 이에 따라 항력도 커지게 되어 마침내 항력과 부력의 합이 중력의 크기와 같아지게 된다. 이때 물체의 가속도가 0이 되므로 빗방울의 속도는 일정해지는데, 이렇게 일정해진 속도를 종단 속도라 한다. 유체 속에서 상승하거나 지면과 수평으로 이동하는 물체의 경우에도 종단 속도가 나타나는 것은 이동 방향으로 작용하는 힘과 반대 방향으로 작용하는 힘의 평형에 의한 것이다.

① 물체가 유체 안에서 정지하면 항력은 발생하지 않는다.
② 유체 안에서 운동하는 물체의 중력은 부력과 운동 방향이 반대이다.
③ 종단 속도는 수직, 수평의 방향으로 이동하는 물체에서 모두 나타난다.
④ 물체가 유체 안에서 자유 낙하를 할 때는, 중력, 부력, 항력의 영향을 받는다.
⑤ 자유 낙하를 하는 물체의 단면적이 작을수록 전체 항력 중 압력 항력의 비중은 커진다.

정답 ⑤

### 전략 적용하기

**1단계** 선택지의 키워드는 ① '정지, 항력', ② '중력, 부력', ③ '종단 속도', ④ '자유 낙하', ⑤ '압력 항력'이다.

**2단계**
① 2문단 "물체가 유체 내에 정지해 있을 때와는 달리, 유체 속에서 운동하는 경우에는 물체의 운동에 저항하는 힘인 항력이 발생하는데, 이 힘은 물체의 운동 방향과 반대로 작용한다."에 따르면 물체가 유체 속에서 정지한다면 항력이 발생하지 않는다.
② 1문단 "부력은 어떤 물체에 의해서 배제된 부피만큼의 유체의 무게에 해당하는 힘으로, 항상 중력의 반대 방향으로 작용한다."에 따르면 부력과 중력은 반대 방향으로 작용한다.
③ 4문단 "유체 속에서 상승하거나 지면과 수평으로 이동하는 물체의 경우에도 종단 속도가 나타나는"에 따르면 종단 속도는 수직, 수평의 방향으로 이동하는 물체에서 모두 나타난다.
④ 1문단 "어떤 물체가 물이나 공기와 같은 유체 속에서 자유 낙하할 때 물체에는 중력, 부력, 항력이 작용한다."에 따르면 물체가 유체 안에서 자유 낙하를 할 때는 중력, 부력, 항력의 영향을 받는다.
⑤ 2문단 "압력 항력은 물체가 이동할 때 물체의 전후방에 생기는 압력 차에 의해 생기는 항력으로, 물체의 운동 방향에서 바라본 물체의 단면적이 클수록 커진다."에 따르면 작은 물체는 단면적이 작을수록 압력 항력의 비중이 적을 것이므로 적절하지 않다.

## 기출유형 ② 내용 전개 방식 파악

최근 3개년 평균 정답률 76.53%

선택지에 제시된 지문 전개 방식이 적절한지 가려내는 유형이다. 매회 1문제 출제된다.

### 정답 찾는 전략

지문 전체를 훑으면서 선택지에 제시된 전개 방식이 있는지 확인한다.

#### 예제

*p.274 [기출유형① 예제]의 지문을 바탕으로 푸는 문제입니다.

**윗글의 서술상 특징으로 가장 적절한 것은?**

① 유체 내 물체의 운동에 관한 통념의 오류를 실험 결과를 통해 반박하고 있다.
② 유체 내 물체의 운동에 작용하는 힘들을 분석하여 특정 현상을 설명하고 있다.
③ 유체 내 물체의 운동에 관한 상반된 이론을 대조한 후 각 이론의 한계점을 지적하고 있다.
④ 유체 내 물체의 운동에 관한 사례를 구체적 수치로 제시한 후 이론의 의의를 제시하고 있다.
⑤ 유체 내 물체의 운동에 관한 개념을 정의하고 개념 간의 관계를 다른 대상에 빗대어 설명하고 있다.

정답 ②

### 전략 적용하기

② 유체 내 물체의 운동에 작용하는 힘인 중력, 부력, 항력을 분석한 후 빗방울이 떨어지는 현상에 관해 설명하고 있으므로 ②가 가장 적절하다.

## 기출유형 ③ 내용 추론

최근 3개년 평균 정답률 64.26%

지문에서 다루는 개념, 지문의 제재 등과 관련된 내용, 전제나 근거, 빈칸에 들어갈 내용을 추론하는 유형이다. 매회 7문제 출제된다.

### 정답 찾는 전략

지문에 제시된 비례 관계나 구체적 수식을 바탕으로 추론한 내용의 적절성을 확인한다.

### 예제

*p.274 [기출유형① 예제]의 지문을 바탕으로 푸는 문제입니다.

윗글에서 추론할 수 있는 내용으로 적절한 것을 <보기>에서 있는 대로 고른 것은?

───── <보기> ─────

ㄱ. 빗방울의 크기가 작을수록 전체 항력에서 마찰 항력이 차지하는 비중은 작아질 것이다.
ㄴ. 스카이다이버가 낙하 중에 팔과 다리를 벌리면 단면적이 증가하면서 압력 항력이 커질 것이다.
ㄷ. 빗방울과 스티로폼 중 스티로폼은 부력의 영향으로 물체의 낙하 속도가 더 많이 감소할 것이다.

① ㄱ　　　　　　　② ㄴ　　　　　　　③ ㄱ, ㄴ
④ ㄱ, ㄷ　　　　　⑤ ㄴ, ㄷ

정답 ⑤

### 전략 적용하기

⑤ ㄴ, ㄷ이 적절한 추론이므로 답은 ⑤이다.

- ㄱ: 3문단에 따르면 작은 물체가 낙하하는 경우에는 압력 항력이 작아 마찰 항력이 전체 항력의 대부분을 차지한다. 따라서 크기가 작을수록 마찰 항력이 차지하는 비율이 커지고, 크기가 클수록 압력 항력이 차지하는 비율이 커지므로, 빗방울의 크기가 작을수록 마찰 항력이 차지하는 비중이 작아진다는 추론은 적절하지 않다.
- ㄴ: 2문단 "압력 항력은 물체가 이동할 때 물체의 전후방에 생기는 압력 차에 의해 생기는 항력으로, 물체의 운동 방향에서 바라본 물체의 단면적이 클수록 커진다"에 따르면, 단면적이 넓을수록 압력 항력이 커진다. 따라서 스카이다이버가 팔과 다리를 벌려 단면적을 넓게 하면 압력 항력이 커지므로 적절하다.
- ㄷ: 1문단에 따르면 부력은 어떤 물체에 의해서 배제된 부피만큼의 유체의 무게에 해당하는 힘으로 중력의 반대 방향으로 작용하는 힘이다. 또한 부력이 빗방울의 낙하 운동에는 영향을 미미하게 끼치지만, 스티로폼의 낙하 운동에는 큰 영향을 미침을 알 수 있다. 따라서 스티로폼이 빗방울보다 낙하 속도가 더 많이 감소할 것임을 추론할 수 있으므로 적절하다.

## 기출유형 ④ 구체적 상황에 적용

최근 3개년 평균 정답률 48.77%

지문의 내용을 다른 상황이나 사례에 연관 지었을 때 도출한 내용이 적절한지 가려내는 유형이다. 주로 탐구, 실험 결과가 <보기>의 내용으로 제시된다. 매회 3문제 출제된다.

### ✿ 정답 찾는 전략

<보기>에서 설명하는 키워드를 확인하고, 관련된 원리를 지문에서 찾아 적절성을 확인한다.

### 예제

*p.274 [기출유형① 예제]의 지문을 바탕으로 푸는 문제입니다.

**윗글을 바탕으로 <보기>의 탐구 내용 중 적절한 것을 모두 고른 것은?**

― <보기> ―

과학 동아리 학생들은 질량, 모양, 부피에 따라 물체에 가해지는 힘에 대해 탐구하기 위해 A~C 구슬을 활용해 실험을 진행했다.

(단, 실험 과정에서 A~C 구슬의 질량, 모양, 부피는 변하지 않으며, 해당 요인 외의 구슬에 가해지는 힘에 영향을 줄 수 있는 모든 요인은 동일하다고 가정함)

| 질량 | A > B = C |
|---|---|
| 모양 | A = B = C |
| 부피 | A = B > C |

◎ 탐구 내용

ㄱ. 낙하할 때의 A는 낙하할 때의 B보다 종단 속도가 더 크겠군.
ㄴ. B와 C 중에서 B에 작용하는 부력이 더 크겠군.
ㄷ. 고정된 상태에서 B에 작용하는 항력이 C보다 크겠군.
ㄹ. A에 작용하는 부력은 A가 고정될 때보다 낙하할 때 더 크겠군.

① ㄱ, ㄴ    ② ㄱ, ㄷ    ③ ㄴ, ㄷ
④ ㄴ, ㄹ    ⑤ ㄷ, ㄹ

**정답** ①

### ✿ 전략 적용하기

① ㄱ, ㄴ이 적절한 추론이므로 답은 ①이다.

- ㄱ: A는 B보다 질량이 크지만, 부피는 동일하다. 1문단에 따르면 중력은 물체의 질량이 클수록 커지고 부력은 물체의 부피가 클수록 커지므로, A에는 B보다 큰 중력이 가해지고 B와 동일한 부력이 가해진다는 것을 알 수 있다. 이어서 4문단에 따르면 종단 속도에 이르기 위해서는 항력과 부력의 합이 중력의 크기와 동일해야 함(항력+부력 = 중력)을 알 수 있다. 이를 바탕으로 B보다 중력이 크고 B와 부력이 동일한 A는 종단 속도에 도달하기 위해 B보다 큰 항력이 가해져야 함을 알 수 있다. 이때 3문단에 따르면 항력은 물체의 속도가 커질수록 커지므로, 종단 속도 도달을 위해 B보다 더 큰 항력이 가해져야 하는 A는 B보다 종단 속도가 더 클 것임을 추론할 수 있다.
- ㄴ: B는 C와 같은 조건이나 C보다 부피가 크다. 1문단에 따르면 "부력은 어떤 물체에 의해서 배제된 부피만큼의 유체의 무게에 해당하는 힘"이므로 부피가 크면 부력이 큼을 알 수 있다. 따라서 B는 C보다 부력이 큼을 추론할 수 있다.
- ㄷ: 2문단 "물체가 유체 내에 정지해 있을 때와 달리, 유체 속에서 운동하는 경우에는 물체의 운동에 저항하는 힘인 항력이 발생하는데"에서 고정된 상태에선 항력이 발생하지 않음을 알 수 있다. 따라서 고정된 상태에서 항력을 비교하는 것은 적절하지 않은 추론이다.
- ㄹ: 1문단 "부력은 어떤 물체에 의해서 배제된 부피만큼의 유체의 무게에 해당하는 힘"이라고 하였으므로 물체가 정지하거나 운동하는지에 따라 달라지지 않는다. 따라서 고정될 때와 낙하할 때의 부력을 비교하는 것은 적절하지 않은 추론이다.

## STEP 2  기출동형 문제 풀어보기

**[1~2]** 다음 글을 읽고 물음에 답하시오.

　사회심리학에서는 다른 사람의 시선을 느끼는 정도를 자기의식이라고 부른다. 다른 사람의 시선을 의식하게 되면 다른 사람의 시선에 비친 자기 모습을 의식하게 된다는 의미에서 자기의식이라는 이름이 붙여졌다. 자기의식이란 일종의 성격이기 때문에 쉽게 바뀌지 않는다. 나이가 들어가면서 서서히 바뀔 뿐이다. 물론 노력 여하에 따라 어느 정도는 바꿀 수 있기는 하다.
　모든 일이란 게 그렇지만 지나쳐서 좋을 것은 하나도 없다. 자기의식 역시 마찬가지이다. 자기의식이 너무 높은 사람은 다른 사람과 마주하는 상황만 생각하더라도 긴장이 된다. 생각만으로도 이러다 보니 직접 사람과 마주할 때 어떤 모습을 보여줄지는 상상하기 어렵지 않다. 특히 마주한 사람이 상대하기 어렵거나 거북한 사람이라면 제대로 대화를 이루어가지 못할 정도로 긴장하는 것이다. 상대방에 비친 자신의 모습만 생각하는 나머지 정작 자기를 제대로 표현하지를 못하기 때문이다. 자기의식이 너무 높다 보면 대인 불안에 빠지기 쉽다.
　자기의식이 너무 낮은 사람 역시 좋을 것은 별로 없다. 대인관계에서는 상대방의 반응을 살펴 가면서 언동을 조절해 나갈 필요가 있다. 자기가 하고 싶은 대로 행동하고 말을 할 수는 없다는 이야기이다. 이러기 위해서는 다른 사람의 시선과 반응에 신경을 쓸 수밖에 없다. 다른 사람의 시선과 반응에 따라 이쪽의 언동을 조절해 갈 필요가 있기 때문이다. 자기의식이 너무 낮은 사람은 다른 사람의 반응을 완벽하게 무시한다. 무시하고 싶어서 무시하는 것이 아니라 그런 식으로 행동해 왔기 때문에 자연스레 무시하는 것이다. 자기의식이 너무 낮은 사람은 스스로의 대인관계에는 아무런 문제가 없다고 착각하기 쉽다. 하지만 이것은 말 그대로 착각일 뿐이다. 상대는 말을 안 할 뿐, 속으로는 '뭐 이런 사람이 다 있나'라고 생각하기 마련이다.
　자기의식이 높은 사람이 대인관계에서 어려움을 느끼기는 하지만 대인관계 자체가 불가능한 것은 아니다. 자기의식이 높은 사람이 특히 힘들게 느끼는 경우는 단 두 사람만 있는 상황이다. 상대의 시선, 정확히 말하면 상대의 시선에 비친 자기 모습만 의식하다 보니 제대로 된 대화조차 이끌어 가기가 힘들기 때문이다.
　자기의식이 너무 높은 사람은 다수가 있는 상황에서는 오히려 편하다. 의식해야 할 시선이 분산되기 때문이다. 이러한 상황에서는 타인의 시선을 잘 의식한다는 것이 장점으로 작용하기도 한다. 타인을 골고루 배려하며 갈등을 조정하면서 모임의 화목을 이끌어 낼 수 있기 때문이다. 따라서 자기의식이 지나치게 높지 않다면 사회생활 하기는 오히려 편한 경우도 있다.
　반면 자기의식이 낮은 사람은 조직의 입장에서 본다면 장애물이다. 다른 사람의 시선을 고려하지 않고 자기 본위의 말과 행동을 거침없이 해대기 때문이다. 인화를 해치기 딱 좋은 사람이다. 문제는 이런 사람일수록 본인이 인화를 해치고 있다는 것을 모르고 있을 때가 많다는 것이다. 특히 자기의식이 낮은 사람을 상사로 둔다면 직장생활은 고달플 각오를 해야 할 것이다.
　정신 건강 면에서 본다면 자기의식이 낮은 사람이 높은 사람보다 오히려 건강하다. 타인의 시선을 의식하지 않기 때문에 보통 사람보다 걱정할 거리가 확실하게 줄어들기 때문이다.
　㉠ 자기의식이 높은 사람은 정신 건강 면에서 좋지 않다. 잘못하다 보면 대인불안으로 발전하기도 쉽다. 그뿐 아니라 특히 직장생활 같은 공적 생활에서 친밀한 관계를 맺기가 어렵기 때문에 속을 터놓을 수 있는 사람이 없을 때도 많다. 또한 남의 시선에 비친 삶을 살다 보니 행복감을 느끼지 못할 때도 많다.
　이처럼 다른 사람의 시선을 느끼는 정도는 우리의 관계뿐 아니라 행복감을 결정하기도 한다. 따라서 자신이 너무 남을 의식한다고 생각되는 사람이라면 그 정도를 낮추어 갈 필요가 있다. 한 가지 분명한 것은 내가 생각하는 만큼 다른 사람이 나를 주목하고 있지 않다는 것. 이것만 확실하게 알아 두어도 다른 사람들의 시선을 얼마든지 이길 수 있다.

**1** 윗글의 제목으로 가장 적절한 것은?

① 자기의식의 정의와 두 가지 유형
② 정신 건강과 자기의식의 상관관계
③ 인간이 타인의 시선에 예민한 이유
④ 현대인에게 자기의식이 미치는 영향
⑤ 행복해지기 위해 자기의식을 조절하는 방법

**2** <보기>를 바탕으로 ㉠의 이유를 설명한 내용으로 가장 적절한 것은?

<보기>

시선이 관계에 영향을 줄 때 대개 우리는 시선을 받는 객체이기 쉽다. 하지만 우리는 항상 시선의 객체로만 머무르는 것은 아니다. 적극적으로 다른 사람을 쳐다보는 시선의 주체일 때도 있다는 이야기이다. 우리가 시선의 객체보다는 주체가 될 때 더 관계에 큰 영향을 준다. 우리가 시선의 주체가 되는 가장 흔한 경우는 아마 우리가 자신을 다른 사람과 비교하는 비교의 순간일 것이다.

① 시선의 객체가 되는 것보다 주체가 되는 쪽을 편하게 여기기 때문이다.
② 시선의 객체가 될 때 자기의 모습을 모두 보여주기 어려워하기 때문이다.
③ 다른 사람을 적극적으로 바라볼 때 그들을 배려하려고 끊임없이 노력하기 때문이다.
④ 타인에게 비치는 자신의 모습과 자기가 인식하는 자신의 모습을 비교하기 때문이다.
⑤ 자신을 시선의 객체로 대하는 사람들의 수에 따라 대인관계의 편안함이 달라지기 때문이다.

**[3~4]** 다음 글을 읽고 물음에 답하시오.

한국 전통 건축의 특성 중 하나는 비대칭 구성이다. 궁궐, 서원, 향교, 한옥 모두 전체 배치를 놓고 보면 좌우 대칭인 경우가 거의 없을 정도로 철저하게 비대칭으로 구성되어 있다. 궁궐은 정전 앞, 서원과 향교는 대성전 앞마당에 부분적으로 대칭 구도가 나타나긴 하지만, 이 경우도 역시 전체의 배치를 놓고 보면 누군가가 일부러 건물들을 조금씩 옮겨 놓은 듯 주변으로 확산되어 가면서 대칭 구도는 여지없이 깨지고 있다.

궁궐같이 전각의 수가 많고 영역의 규모가 큰 경우에는 대칭을 지키기가 어려운 것이 사실이다. 그러나 그렇게 큰 규모임에도 불구하고 대칭 구도로 지어진 건축물은 얼마든지 있다. 서양의 베르사유 궁전이나 루브르 궁전 등이 이에 해당한다. 이는 궁궐같이 큰 규모의 건축물일지라도 대칭 구도로 짓는 것이 가능하다는 것을 잘 보여 준다. 이렇게 볼 때 한국 전통 건축에 나타나는 비대칭 구도는 대칭 구도를 의도적으로 피한 결과로 해석할 수 있다.

건축을 땅 위에 인간 세계만의 새로운 질서를 세우는 작업이라고 보았을 때, 대칭 구도는 가장 먼저 생각해 낼 수 있는 질서 가운데 하나이다. 이런 이유로 인해 건물을 대칭으로 짓는 것이 세계 각국의 일반적인 현상이다. 특히 정형적 질서를 추구했던 서양 고전 건축의 경우 대칭 구도에 대한 선호는 강박 관념에 가까울 정도로 심하게 나타난다.

이처럼 보편적 현상에 가까운 대칭 구도를 유독 한국 전통 건축에서는 찾아보기 힘든 이유가 무엇일까? 무엇보다도 주변의 자연 지세(地勢)에 순응했기 때문이다. 구릉이 흐르고 계곡이 파이며 때로는 물길이 나 있는 자연 지세에 맞추다 보면, 대칭 구도는 자연히 피할 수밖에 없게 된다. 이것은 자연을 인간의 선인 직선으로 정지(整地)하고 재단함으로써 그 위에 인간만의 새로운 질서를 세우려던 서양 고전 건축의 자연관과는 분명히 구별되는 한국 전통 건축의 자연관에서 나온 현상이다. 이처럼 주변의 지세를 좇아 물 흐르듯 자연스럽게 건물을 배치하는 경향은 한국 전통 건축만이 지니는 큰 특징 가운데 하나이다.

　이와 같은 친자연적 건축관(建築觀)은 한국 전통 건축이 비대칭적 경향을 띠는 이유 가운데 가장 많은 사람이 동의하고 있는 사항이다. 그러나 이것만이 전부는 아니다. 왜냐하면 평지에 지어진 건물의 경우에도 비대칭적 경향이 두드러지게 나타나기 때문이다. 물리적으로 보았을 때, 대칭이 허용되는 경우인데도 이처럼 비대칭적 경향이 나타나는 것은 한국 전통 건축에서 ⓐ_____.

　그 이유는 '비대칭적 대칭'이라는 역설적인 개념으로부터 이끌어 낼 수 있다. 비대칭의 의미는 여러 가지로 해석될 수 있다. 대칭이라는 정형적 질서에 반대하여 의도적으로 질서를 흐트러뜨리려는 무질서를 의미할 수도 있다. 그러나 비대칭에 이러한 의미만 있는 것은 아니다. 비대칭에는 좌우 모습이 거울에 비치듯 똑같지는 않지만 전체적으로 보았을 때는 큰 균형감이 느껴지는 경우도 있다. 이것은 산만한 혼란으로 나타나는 무질서적 비대칭과 달리 그 나름대로 고도의 질서를 갖는 또 하나의 대칭이다. 한국 전통 건축에 나타나는 비대칭이 바로 이런 경우에 해당한다.

**3**　문맥상 ⓐ에 들어갈 말로 가장 적절한 것은?

① 비대칭이 대칭보다 더 선호되었음을 의미한다.
② 비대칭이 대칭보다 만들기 어려웠음을 의미한다.
③ 대칭을 이루기 어려운 규모가 큰 건물이 많았음을 의미한다.
④ 무질서함을 경계하자는 의미를 건축물에 담고 싶어 했음을 의미한다.
⑤ 인위적인 선으로는 건축물을 섬세히 표현할 수 없다고 생각했음을 의미한다.

**4**　윗글의 관점에서, <보기>의 이유를 파악한 것으로 가장 적절한 것은?

<보기>
조선 시대 건축물 중에는 각 건물이 비대칭적으로 배치되어 있는 것들이 많다.

① 오랜 시간을 두고 천천히 지어졌기 때문이다.
② 잦은 전쟁으로 건물의 복구가 많이 일어난 결과이다.
③ 건축물의 좌우 대칭을 측정할 기술이 없었기 때문이다.
④ 주변의 지세와 조화를 이루는 건축물을 지향했기 때문이다.
⑤ 세계의 보편적 문화를 거부하고 독자적 문화를 형성했기 때문이다.

[5~7] 다음 글을 읽고 물음에 답하시오.

　이어폰으로 스테레오 음악을 들으면 두 귀에 약간 차이가 나는 소리가 들어와서 자기 앞에 공연장이 펼쳐진 것 같은 공간감을 느낄 수 있다. 이러한 효과는 어떤 원리가 적용되어 나타난 것일까?

　사람의 귀는 주파수 분포를 감지하여 음원의 종류를 알아내지만, 음원의 위치를 알아낼 수 있는 직접적인 정보는 감지하지 못한다. 하지만 사람의 청각 체계는 두 귀 사이 그리고 각 귀와 머리 측면 사이의 상호 작용에 의한 단서들을 이용하여 음원의 위치를 알아낼 수 있다. 음원의 위치는 소리가 오는 수평·수직 방향과 음원까지의 거리를 이용하여 지각하는데, 그 정확도는 음원의 위치와 종류에 따라 다르며 개인차도 크다. 음원까지의 거리는 목소리 같은 익숙한 소리의 크기와 거리의 상관관계를 이용하여 추정한다.

　음원이 청자의 정면 정중앙에 있다면 음원에서 두 귀까지의 거리가 같으므로 소리가 두 귀에 도착하는 시간 차이는 없다. 반면 음원이 청자의 오른쪽으로 치우치면 소리는 오른쪽 귀에 먼저 도착하므로, 두 귀 사이에 도착하는 시간 차이가 생긴다. 이때 치우친 정도가 클수록 시간 차이도 커진다. 도착 순서와 시간 차이는 음원의 수평 방향을 알아내는 중요한 단서가 된다.

　음원이 청자의 오른쪽 귀 높이에 있다면 머리 때문에 왼쪽 귀에는 소리가 작게 들린다. 이러한 현상을 '소리 그늘'이라고 하는데, 주로 고주파 대역에서 일어난다. 고주파의 경우 소리가 진행하다가 머리에 막혀 왼쪽 귀에 잘 도달하지 않는 데 비해, 저주파의 경우 머리를 넘어 왼쪽 귀까지 잘 도달하기 때문이다. 소리 그늘 효과는 주파수가 1,000 Hz 이상인 고음에서는 잘 나타나지만, 그 이하의 저음에서는 거의 나타나지 않는다. 이 현상은 고주파 음원의 수평 방향을 알아내는 데 특히 중요한 단서가 된다.

　한편, 소리는 귓구멍에 도달하기 전에 머리 측면과 귓바퀴의 굴곡의 상호 작용에 의해 여러 방향으로 반사되고, 반사된 소리들은 서로 간섭을 일으킨다. 같은 소리라도 소리가 귀에 도달하는 방향에 따라 상호 작용의 효과가 달라지는데, 수평 방향뿐만 아니라 수직 방향의 차이도 영향을 준다. 이러한 상호 작용에 의해 주파수 분포의 변형이 생기는데, 이는 간섭에 의해 어떤 주파수의 소리는 작아지고 어떤 주파수의 소리는 커지기 때문이다. 이 또한 음원의 방향을 알아낼 수 있는 중요한 단서가 된다.

**5** 윗글에 대한 이해로 적절하지 않은 것은?

① 사람의 귀는 주파수 분포를 감지해 음원의 종류를 구분할 수 있다.
② 저주파 소리는 고주파 소리보다 소리 그늘 효과가 더 뚜렷하게 나타난다.
③ 음원까지의 거리는 익숙한 소리의 크기와 거리의 상관관계로 파악할 수 있다.
④ 머리 측면과 귓바퀴의 굴곡에 의한 반사는 음원 방향을 파악하는 단서가 된다.
⑤ 소리가 두 귀에 도착하는 시간 차이는 음원의 수평적 위치를 파악하는 단서가 된다.

**6** 다음 중 음원의 수평적 위치 파악이 가장 정확한 조건은?

① 정면에서 들려오는 100Hz의 소리
② 왼쪽에서 들려오는 300Hz의 소리
③ 정면으로부터 45도 각도에서 들려오는 1,500Hz의 소리
④ 정면에서 동시에 들려오는 500Hz와 2,000Hz가 혼합된 소리
⑤ 오른쪽에서 들려오는 익숙한 목소리가 반향이 심한 공간에서 울리는 소리

**7** <보기>는 청각 실험의 결과이다. 이에 대한 해석으로 적절한 것을 있는 대로 고른 것은?

─ <보기> ─

⊙ 실험 내용
- 피실험자에게 동일한 강도의 500Hz와 2,000Hz 소리를 각각 오른쪽에서 들려주었다.
- 500Hz 소리는 오른쪽 귀와 왼쪽 귀에서 모두 비슷한 크기로 감지되었다.
- 2,000Hz 소리는 왼쪽 귀보다 오른쪽 귀에서 훨씬 더 크게 감지되었다.

⊙ 해석한 내용
ㄱ. 소리 그늘 효과는 주파수에 따라 차이가 있다.
ㄴ. 저주파 소리는 음원의 수평 방향 파악에 더 유리하다.
ㄷ. 고주파 소리는 머리에 의한 차단 효과가 더 크게 나타난다.

① ㄱ      ② ㄴ      ③ ㄱ, ㄴ      ④ ㄱ, ㄷ      ⑤ ㄴ, ㄷ

## [8~11] 다음 글을 읽고 물음에 답하시오.

인간은 정보와 독립적으로 존재하며 정보는 인간의 도구에 불과하다는 인간중심주의와 달리, 플로리디의 정보 철학은 인간을 정보적 존재의 하나로 간주한다. 인간을 포함한 세계 내 모든 존재는 속성과 행위가 정보로 환원된다는 것이다. 가령 내가 빵을 사는 행위를 하는 것은, '내가 빵을 산다'는 정보이다. 이렇듯 속성과 행위가 정보로 환원되는 정보적 존재를 플로리디는 ㉠'인포그'라고 부른다. 인포그는 정보적으로 상호 연결되어 영향을 주고받는 존재이다. 상호 연결되었다는 것의 의미는, 다른 정보를 변화시키는 행위자 즉 주체인 동시에 다른 정보에 의해 변화되는 대상이라는 것이다. 내가 친구에게 빵이 맛있다고 말해서 친구가 그 빵을 샀다면, 나의 음성 정보는 그 빵이 지닌 속성이라는 정보에 의해 촉발된 대상이자 친구의 행위라는 정보를 발생시킨 주체이다. 플로리디는 인간을 정보적 상호 연결에 의해 구현되는 인포그의 하나로 본다는 점에서, 인간을 별도의 범주로 분류하는 인간중심주의와 대비된다.

인간을 바라보는 관점의 차이는 윤리적 견해의 차이로 이어진다. 존재함 즉 '있음'을 '경험될 수 있다'는 뜻으로 정의하는 경험주의와 달리, 인포그의 '있음'은 '상호 연결의 주체와 대상이 될 수 있다'는 뜻으로 정의된다. 그러한 연결 속에서 인간을 비롯한 모든 인포그들은, 동일한 권리는 아니지만 각자의 본성에 적합한 방식으로 '있을' 나름의 권리를 가진다고 플로리디는 주장한다. 자유 의지를 지닌 인간만을 도덕 행위자로 인정하는 칸트 윤리학과 생명에 절대적인 가치를 부여하는 생명 중심 윤리학은 도덕적 주체 및 도덕적으로 대해야 하는 대상의 범위에서 인공물을 제외하지만, 플로리디는 존재하는 것의 내재적 가치를 '있음'에서 찾음으로써 인공물까지 그 범위를 확장한다.

플로리디는 인포그와 그 상호 연결을 망라하는 공간을 '인포스피어'라 칭한다. 온라인 공간과 오프라인 공간이 중첩되어 가는 오늘날, 우리의 생활 환경 전체가 인포스피어에 해당한다. 이 공간은 기존의 공간 개념과는 다른 이해를 요구한다. 예를 들어 뉴턴이 생각한 공간은 주체나 대상과 관계없는 절대적인 것이었으나, 인포스피어는 대상과 주체가 서로 의존함으로써 존재하는 공간이자 대상이 추상화 층위를 통해서 인식되는 공간이다. 추상화 층위란 주체의 목적이나 관심을 반영함으로써 주체와 대상 사이의 인식적 관계를 매개하는 경로이다. 추상화 층위에서는, 그 층위를 선택한 주체의 목적에 부합하는 속성만 정보로 인식되고 나머지 정보는 생략된다. 예컨대 차량 구매 시, 안전성을 목적으로 추상화 층위를 선택했을 때는 에어백 성능 등의 정보가, 경제성을 목적으로 했을 때는 유지 비용 등의 정보가 인식된다. 이처럼 추상화 층위를 통해 인식되는 정보는 '구성'된 것이다. 여기서 구성이란, 주어진 세계를 주체가 택한 경로에 따라 해석하여 이해하는 것을 말한다. 즉, 플로리디에 따르면 인포스피어라는 공간은 주체가 발견한 것도 주체가 만들어 낸 허구도 아니다. 정보 철학은 삶의 터전이 온라인으로 확장되는 한편 인공 지능 등의 비인간 행위자가 인간과 공존하는 현대의 변화를 통찰한다는 의의를 가진다.

**8** 윗글에 대한 이해로 적절하지 <u>않은</u> 것은?

① 플로리디의 정보 철학은 정보를 인간의 도구로 보지 않는다.
② 플로리디의 정보 철학에서 인간은 정보적 존재인 인포그의 하나이다.
③ 인간중심주의는 인간을 정보와 독립적으로 존재하는 특별한 존재로 본다.
④ 플로리디의 정보 철학과 달리 칸트 윤리학은 인공물도 도덕적 행위자로 인정한다.
⑤ 인포그의 '있음'은 상호 연결의 주체가 상호 연결의 대상이 될 수 있다는 것을 의미한다.

**9** ㉠의 속성으로 적절하지 <u>않은</u> 것은?

① 상호 연결된다.
② 양면성을 가진다.
③ 정보로 환원이 가능하다.
④ 인간에게 독점 적용된다.
⑤ 다른 인포그에 영향을 줄 수 있다.

**10** 제시된 대상의 특성을 올바르게 짝지은 것은?

|   | 인포스피어 | 추상화 층위 | 인식된 정보 |
|---|---|---|---|
| ① | 뉴턴의 공간 | 대상의 선택 | 본질적 정보 |
| ② | 허구적 공간 | 대상의 선택 | 필수 정보 |
| ③ | 관계적 공간 | 주체의 선택 | 본질적 정보 |
| ④ | 허구적 공간 | 제삼자의 선택 | 구성된 정보 |
| ⑤ | 관계적 공간 | 주체의 선택 | 구성된 정보 |

**11** 플로리디의 정보 철학에 대한 비판으로 적절하지 <u>않은</u> 것은?

① 인간, 자연, 기계를 모두 인포그로 본다면 인간과 비인간의 구분이 모호해진다.
② 온라인 공간에서 인포그 탐구는 가능하나 오프라인 공간에서의 탐구는 불가하다.
③ 인간을 인포그로만 규정하면 인간의 정신적·윤리적 특성이 충분히 설명되지 않는다.
④ 인포스피어 속 추상화 층위는 정보를 선택적으로 구성하므로 객관성이 떨어질 수 있다.
⑤ 현실을 정보적 상호작용의 그물망으로만 설명하면 물리적이고 절대적인 성질이 배제될 수 있다.

**[12~15]** 다음 글을 읽고 물음에 답하시오.

특허권은 발명에 대한 정보의 소유자가 특허 출원 및 담당 관청의 심사를 통하여 획득한 특허를 일정 기간 독점적으로 사용할 수 있는 법률상 권리를 말한다. 한편 영업 비밀은 생산 방법, 판매 방법, 그 밖에 영업 활동에 유용한 기술상 또는 경영상의 정보 등으로, 일정 조건을 갖추면 법으로 보호받을 수 있다. 법으로 보호되는 특허권과 영업 비밀은 모두 지식 재산인데, 정보 통신 기술(ICT) 산업은 이 같은 지식 재산을 기반으로 창출된다. 지식 재산 보호 문제와 더불어 최근에는 ICT 다국적 기업이 지식 재산으로 거두는 수입에 대한 과세 문제가 불거지고 있다.

일부 국가에서는 ICT 다국적 기업에 대해 디지털세 도입을 진행 중이다. 디지털세는 이를 도입한 국가에서 ICT 다국적 기업이 거둔 수입에 대해 부과되는 세금이다. 디지털세의 배경에는 법인세 감소에 대한 각국의 우려가 있다. 법인세는 국가가 기업으로부터 걷는 세금 중 가장 중요한 것으로, 재화나 서비스의 판매 등을 통해 거둔 수입에서 제반 비용을 제외하고 남은 이윤에 대해 부과하는 세금이라 할 수 있다.

많은 ICT 다국적 기업이 법인세율이 현저하게 낮은 국가에 자회사를 설립하고 그 자회사에 이윤을 몰아주는 방식으로 법인세를 회피한다는 비판이 있어 왔다. 예를 들면 ICT 다국적 기업 Z사는 법인세율이 매우 낮은 A국에 자회사를 세워 특허의 사용 권한을 부여한다. 그리고 법인세율이 A국보다 높은 B국에 설립된 Z사의 자회사에서 특허 사용으로 수입이 발생하면 Z사는 B국의 자회사로 하여금 A국의 자회사에 특허 사용에 대한 수수료인 로열티를 지출하도록 한다. 그 결과 Z사는 B국의 자회사에 법인세가 부과될 이윤을 최소화한다. ICT 다국적 기업의 본사를 많이 보유한 국가에서도 해당 기업에 대한 법인세 징수는 문제가 된다. 그러나 그중 어떤 국가들은 ICT 다국적 기업의 활동이 해당 산업에서 자국이 주도권을 유지하는 데 중요하기 때문에라도 디지털세 도입에는 방어적이다.

ICT 산업을 주도하는 국가에서 더 중요한 문제는 ICT 지식 재산 보호의 국제적 강화일 수 있다. 이론적으로 봤을 때 지식 재산의 보호가 약할수록 유용한 지식 창출의 유인이 저해되어 지식의 진보가 정체되고, 지식 재산의 보호가 강할수록 해당 지식에 대한 접근을 막아 소수의 사람만이 혜택을 보게 된다. 전자로 발생한 손해를 유인 비용, 후자로 발생한 손해를 접근 비용이라고 한다면, 지식 재산 보호의 최적 수준은 두 비용의 합이 최소가 될 때일 것이다. 각국은 그 수준에서 자국의 지식 재산 보호 수준을 설정한다. 특허 보호 정도와 국민 소득의 관계를 보여 주는 한 연구에서는 국민 소득이 일정 수준 이상인 상태에서는 국민 소득이 증가할수록 특허 보호 정도가 강해지는 경향이 있지만, 가장 낮은 소득 수준을 벗어난 국가들은 그들보다 소득 수준이 낮은 국가들보다 오히려 특허 보호가 약한 것으로 나타났다. 이는 지식 재산 보호의 최적 수준에 대해서도 국가별 입장이 다름을 시사한다.

**12** Z회사의 사례에 나타난 요소를 해석한 내용으로 적절하지 <u>않은</u> 것은?

|   | Z회사 사례 | 해석 내용 |
|---|---|---|
| ① | A국의 자회사 | 세금 피난처 |
| ② | B국의 자회사 | 실질적 사업 활동 주체 |
| ③ | 특허 사용 권한 부여 | 제반 비용 발생의 명분 제공 |
| ④ | 로열티 | 이윤 이전 수단 |
| ⑤ | 디지털세 도입 | 세금을 이윤으로 만드는 정책 |

**13** 질문에 대한 올바른 답변으로 적절하지 않은 것은?

① 문: 기업의 보안 자료는 공개되면 무조건 영업 비밀로 보호받을 수 있는가?
답: 영업 비밀은 일정 조건을 갖추어야 법으로 보호받을 수 있으므로, 공개만으로 보호되지 않는다.

② 문: 지식 재산 보호 수준이 국가마다 다른 것은 불공평하지 않은가?
답: 보호 수준은 각국의 경제적 환경을 고려해 수준을 정하는 것이므로 불공평하지 않다.

③ 문: 특허권과 영업 비밀은 모두 지식 재산이므로 ICT 산업의 수익 창출에 기여하는가?
답: 특허권은 수익 창출에 기여하나 영업 비밀은 타인이 사용할 수 없는 내용이므로 수익 창출에 기여하지 않는다.

④ 문: Z사가 보유한 특허권은 단순한 기술 정보이므로 법적 보호는 받지 못하는가?
답: 특허권은 발명자가 특허 출원 및 심사를 통해 일정 기간 독점적으로 사용할 수 있는 법률상의 권리이므로 법적으로 보호받는다.

⑤ 문: 지식 재산 보호의 최적 수준은 ICT 산업의 발전에 어떤 영향을 미치는가?
답: ICT 산업 주도 국가들은 유인 비용을 최소화하기 위해 지식 재산 보호를 강화함으로써 혁신을 촉진하고 산업 발전을 가속할 수 있다.

**14** 윗글을 이해한 내용으로 적절하지 않은 것은?

① 국민 소득이 일정 수준 이상일 때, 특허 보호 정도는 소득 수준에 비례한다.
② 지식 재산 보호의 최적 수준은 유인 비용과 접근 비용의 합이 최소가 될 때이다.
③ ICT 다국적 기업의 본사를 보유한 국가라면 디지털세 도입에 적극적인 태도를 보인다.
④ 디지털세는 ICT 다국적 기업의 총수입이 아닌 특정 국가에서 얻은 수입에만 부과된다.
⑤ 특허 사용 수수료인 로열티는 법인세가 높은 국가에 속한 회사의 이윤을 낮추는 기능을 한다.

**15** 윗글을 바탕으로 할 때, ICT 다국적 기업이 법인세를 회피하는 방식의 원인으로 가장 적절한 것은?

① 대부분의 국가가 지식 재산에 대한 과세를 면제해 주기 때문에
② 디지털세의 부과로 자국 내 법인세 납부 부담이 가중되었기 때문에
③ 지식 재산권 보호 수준이 국가마다 달라 수익 파악이 어렵기 때문에
④ 국가별로 상이한 법인세율을 이용하여 이윤을 이전할 수 있기 때문에
⑤ ICT 다국적 기업의 수익 구조가 전통적인 세금 체계와 맞지 않기 때문에

영역7 읽기

# 03 실용문 내용 파악 및 추론

최근 3개년 매회 8문제 출제
읽기 30문제

## STEP 1 최신 기출유형 파악하기

### 기출유형 ① 세부 내용 파악

최근 3개년 평균 정답률 84.92%

안내문, 공문, 뉴스 보도 등의 지문과 선택지의 내용이 일치하는지 판단하는 유형이다. 지문에 쓰인 표현이 선택지에 그대로 제시되거나 독자 입장에서 지문을 이해한 내용을 서술하는 형태로 구성되기도 한다. 매회 4문제 출제된다.

⚙ **정답 찾는 전략**
선택지의 키워드가 지문에 바로 드러나니, 관련 부분만 찾아 내용의 적절성을 가려낸다.

**예제**

글에 대한 이해로 가장 적절하지 않은 것은?

---

**직원 복지 포인트 사용 안내**

1. 복지 포인트 배정 기준
   ○ 기본 포인트: 전 직원 200만 포인트 일괄 배정
   ○ 근속 포인트: 1년 단위로 5만 포인트 추가 배정(최대 100만 포인트)
   ○ 가족 포인트: 배우자 50만 포인트, 자녀 1인당 30만 포인트(자녀는 최대 2인까지)
   ※ 매해 위 기준으로 합산하여 배정됨. 단, 근속 포인트는 1년 만근 기준임

2. 포인트 사용 가능 기간: 2025년 3월 2일 ~ 2025년 12월 31일
   ※ 기간 내 미사용 포인트는 이월되지 않고 소멸함

3. 포인트 사용 분야
   ○ 자기 계발, 건강 관리, 여가 활동, 생활 지원 (자세한 사항은 사내 홈페이지 '복지 포인트' 메뉴에서 확인)
   ※ 상품권 등 현금성 상품, 주류 등 기호성 상품, 귀금속 등 사치성 상품 구매 불가

4. 포인트 사용 방법
   ○ 온라인 사용: 사내 홈페이지 '복지 포인트' 메뉴 접속 → 상품 구매 → 본인 인증 후 결제
   ○ 오프라인 사용: 지정 매장에서 복지 카드 제시 후 결제 (복지 카드 미소지 시, 개인 결제 후 '포인트 환급 신청')
   ※ 환급 신청 시 필요 서류: 영수증 원본, 환급 신청서

5. 포인트 환급 신청 절차
   ○ 개인 결제 후 30일 이내 신청
   ○ 인사팀 복지 담당자에게 서류 제출
   ○ 승인 후 다음 달 급여와 함께 지급
   ※ 환급 신청은 월 1회, 건당 5만 포인트 이상만 가능

6. 유의 사항
   ○ 복지 포인트는 타인에게 양도 불가
   ○ 퇴직일이 포함된 달의 직전 달까지 포인트 사용 완료

① 복지 포인트로 상품권은 구매할 수 없다.
② 복지 포인트는 다음 해로 이월되지 않고 소멸된다.
③ 기본 포인트는 직급이나 직책에 따라 차등 배정된다.
④ 포인트는 한 달에 한 번 신청자에 한하여 환급받을 수 있다.
⑤ 12월 퇴사 예정자는 11월까지 복지 포인트를 모두 사용해야 한다.

**정답** ③

### ✿ 전략 적용하기

① '3. 포인트 사용 분야'에 따르면 상품권은 사용 불가 항목이므로 적절하다.
② '2. 포인트 사용 가능 기간'에 따르면 기간(2025년 3월 2일 ~ 2025년 12월 31일) 내 미사용 포인트는 다음 해로 이월되지 않고 소멸하므로 적절하다.
③ '1. 복지 포인트 배정 기준'에 따르면 기본 포인트로 200만 포인트가 배정되고 근속 1년 단위로 5만 포인트씩 가산됨을 알 수 있다. 하지만 직급이나 직책에 따른 포인트 배정은 언급되지 않았으므로 적절하지 않다.
④ '5. 포인트 환급 신청 절차'에 따르면 포인트를 환급받으려면 인사팀에 서류를 제출하는 등의 신청 절차를 거쳐야 하며, 환급 신청은 월 1회 가능하다고 하였으므로 적절하다.
⑤ '6. 유의 사항'에 따르면 퇴직일이 포함된 달의 직전 달까지 포인트를 사용해야 한다. 따라서 12월 퇴사 예정자는 11월까지 복지 포인트를 모두 사용해야 하므로 적절하다.

## 기출유형 ② 구체적 상황에 적용

최근 3개년 평균 정답률 81.49%

지문과 관련된 추가 정보나 사례를 지문과 함께 이해하여 내용의 적절성을 판단하는 유형이다. 매회 1문제 출제된다.

### 정답 찾는 전략

| 1단계 | <보기>의 사례를 먼저 확인하고 관련 정보를 지문에서 찾는다. |
|---|---|
| 2단계 | 관련 정보를 <보기>의 사례에 적용한 후, 적절성을 확인한다. |

### 예제

*p.286 [기출유형① 예제]의 지문을 바탕으로 푸는 문제입니다.

윗글과 관련하여 <보기>의 상황을 이해한 내용으로 적절하지 않은 것은?

―――― <보기> ――――

A사원: 3년 근속, 배우자와 자녀 1명이 있음
B과장: 15년 근속, 배우자와 자녀 3명이 있음
C대리: 8년 근속, 미혼
D사원: 7개월 근속, 배우자가 있음
E부장: 25년 근속, 배우자와 자녀 2명이 있음

① A사원은 총 295만 포인트를 받을 수 있다.
② B과장은 총 385만 포인트를 받을 수 있다.
③ C대리는 총 240만 포인트를 받을 수 있다.
④ D사원은 총 250만 포인트를 받을 수 있다.
⑤ E부장은 총 435만 포인트를 받을 수 있다.

정답 ⑤

### 전략 적용하기

**1단계** <보기>는 복지 포인트 배정과 관련 있는 사례이다. '1. 복지 포인트 배정 기준'에 따르면 "기본 포인트: 전 직원 200만 포인트 일괄 배정, 근속 포인트: 1년 단위로 5만 포인트 추가 배정(최대 100만 포인트), 가족 포인트: 배우자 50만 포인트, 자녀 1인당 30만 포인트(자녀는 최대 2인까지)"이며, 근속 포인트는 1년 만근을 기준으로 한다.

**2단계**
① A사원은 기본 200만 포인트, 근속 15만 포인트(5만*3년), 가족 80만 포인트(배우자 50만+자녀 30만)를 받을 수 있다. 따라서 총 295만 포인트를 받을 수 있다.
② B과장은 기본 200만 포인트, 근속 75만 포인트(5만*15년), 가족 110만 포인트(배우자 50만+자녀 60만)를 받을 수 있다. 따라서 총 385만 포인트를 받을 수 있다.
③ C대리는 기본 200만 포인트, 근속 40만 포인트(5만*8년)를 받을 수 있다. 따라서 총 240만 포인트를 받을 수 있다.
④ D사원은 기본 200만 포인트, 가족 50만 포인트(배우자 50만)를 받을 수 있다. 따라서 총 250만 포인트를 받을 수 있다.
⑤ E부장은 기본 200만 포인트, 근속 100만 포인트(최대 100만), 가족 110만 포인트(배우자 50만+자녀 60만)를 받을 수 있다. 따라서 총 410만 포인트를 받을 수 있으므로 적절하지 않다.

## 기출유형 ③ 내용 추론

지문과 관련된 내용이나 빈칸, 질문 등을 추론하는 유형이다. 최근에는 지문에서 보완돼야 할 내용을 추론하는 유형이 자주 출제된다. 매회 1문제 출제된다.

### 정답 찾는 전략
선택지에 제시된 정보가 이미 지문에 있는 정보인지, 지문과 무관한 정보인지 확인한다.

#### 예제
다음 글에 추가로 제시되어야 할 정보로 가장 적절한 것은?

---

**○○구 노인 생활 안정 사업 시행 계획 안내**

○○구 노인의 건강하고 안정적인 생활을 도모하기 위해 「○○구 노인 생활 안정 사업 시행 계획 안내」를 아래와 같이 공고합니다.

1. 사업 개요
   가. 사업 대상: ○○구민의 노인(사업 내용별 구체적 대상자 상이함)
   나. 사업 내용: 식사 배달 사업, 효 드림 사업
   다. 사업 기간: 2025년 1~12월(12개월)

2. 사업 내용
   가. 식사 배달 사업
      1) 사업 대상: 가정 형편이 어렵거나 기타 부득이한 사정으로 식사를 거를 우려가 있는 60세 이상의 거동이 불편한 노인
      2) 지원 금액: 1인 1식 10,000원
      3) 세부 사항
         가) 보조금은 주식, 부식 등 직접적인 급식지원비로 사용
         나) 노인의 안부 확인 및 말벗 서비스 등을 동시에 시행한다.
   나. 효 드림 사업
      1) 사업 대상: 만 75세 이상 어르신 중 기초생활수급자, 차상위자
      2) 지원 금액: 1인 100,000원
      3) 사용처: ○○구 소재 건강, 식사, 위생, 전통시장 등 관련 가맹점

---

① 사업별 지원 대상의 조건
② 사업별 신청 방법 및 절차
③ 지원 대상자의 만족도 조사 결과
④ 노인 생활 안정 사업의 역사적 배경
⑤ 타 지역 노인 복지 사업과의 비교 자료

**정답** ②

### 전략 적용하기
① 사업별 지원 대상의 조건은 '2. 사업 내용 – 1) 사업 대상'에 있으므로 추가로 제시하기 적절하지 않다.
② 사업별 신청 방법 및 절차는 윗글에 없는 내용이면서 공고문에 반드시 기재해야 하는 실질적 정보이므로 추가로 제시할 내용으로 적절하다.
③ 지원 대상자의 만족도 조사 결과는 시행 계획을 안내하는 공고문에 제시하기 적절하지 않다.
④ 노인 생활 안정 사업의 역사적 배경은 시행 계획을 안내하는 공고문에 제시하기 적절하지 않다.
⑤ 타 지역 노인 복지 사업과의 비교 자료는 시행 계획을 안내하는 공고문에 제시하기 적절하지 않다.

## 기출유형 ④ 표현 전략 및 효과 파악

뉴스 보도를 전개하는 방식, 뉴스 보도에 쓰인 표현과 전략적 효과를 파악하는 유형이다. 매회 2문제 출제된다.

### 🔧 정답 찾는 전략
지문 전체를 읽지 않고, 선택지와 대응되는 장면과 표현만 찾아 적절성을 확인한다.

**예제**

뉴스에 사용된 시각 자료의 제시 전략으로 적절하지 않은 것은?

| "건강 관리도 똑똑하게, 개인 맞춤형 모바일 건강 관리" | |
|---|---|
| <br>각 지자체, '스마트 워치'를 이용한 개인 맞춤형 건강 관리 서비스 제공<br>[장면1] | 앵커: 스마트 워치. 많이 들어보셨을 텐데요. 이렇게 착용할 수 있는 스마트 기기로 실시간 건강을 모니터링하고 건강 관리를 받을 수 있다면 어떨까요? 각 지자체에서 제공하는 건강 관리 서비스의 변화. 이○○ 기자가 보도합니다. |
| <br>성인 3명 중 1명 만성 질환 증후군<br>[장면2] | 이○○ 기자: 최근 조사에 따르면 성인 3명 중 1명은 만성 질환 위험군에 속하는 것으로 나타났습니다. 이에 지자체 보건소에서는 건강 관리 프로그램을 적극 도입하여 지역 주민의 건강 관리에 앞서고 있습니다. |
| 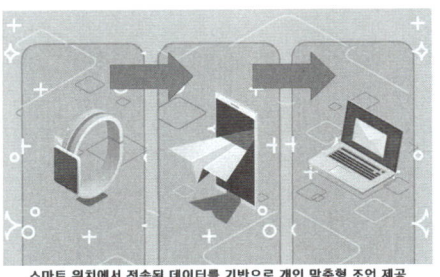<br>스마트 워치에서 전송된 데이터를 기반으로 개인 맞춤형 조언 제공<br>[장면3] | 이○○ 기자: 그중 최근 이 스마트 워치를 활용한 모바일 건강 관리 프로그램이 주목받고 있는데요. 스마트 워치를 통해 개인의 심박수, 수면 상태, 일일 활동량 등의 정보가 수집됩니다. 그리고 이 정보가 보건소로 전송되면, 보건소에서 정보를 분석하여 개인에게 맞춤형 건강 조언을 제공합니다. 마치 개인 건강 코치를 24시간 옆에 둔 느낌입니다. |

[장면4]

시민: 평소 바쁜 일상 때문에 건강 관리를 소홀히 했는데, 이번 프로그램에 참여하면서 제 건강에 대한 인식이 완전히 바뀌었어요. 스마트 워치를 통해 매일 제 활동량과 수면 습관을 확인하고, 전문가의 맞춤형 조언을 받으니, 건강에 대한 동기 부여가 확실히 달라졌죠.

[장면 5]

이○○ 기자: 각 지자체 보건소에서는 19세 이상 만성질환 위험군 성인을 대상으로 모바일 건강 관리 서비스를 무료로 제공합니다. 건강 조언뿐 아니라 개인의 건강 관리 지속을 위해 운동이나 식습관 미션을 제공하는 지자체도 있는데요. 보다 자세한 서비스 내용은 각 지자체 보건소 홈페이지에서 확인할 수 있습니다. 이상 이○○ 기자입니다.

① [장면1]: 자막에서 보도의 핵심 대상에 작은따옴표를 사용하여 시청자의 주의 집중을 유도한다.
② [장면2]: 그림의 크기와 음영을 달리해 시청자가 문제의 심각성을 인지하도록 한다.
③ [장면3]: 보도 내용을 간략하게 시각화한 자료를 제시하여 시청자가 쉽게 내용을 이해할 수 있도록 돕는다.
④ [장면4]: 시민 인터뷰 내용에 관한 추가 정보를 자막으로 제공하여 시청자에게 정보를 풍부하게 전달한다.
⑤ [장면5]: 보건소 홈페이지에 접속하는 모습을 보여 주어 시청자가 지자체마다 다른 서비스 내용을 직접 확인할 수 있도록 돕는다.

**정답** ④

## ⚙ 전략 적용하기

① 보도 내용의 핵심인 '스마트 워치'에 작은따옴표를 사용하여 시청자가 핵심 대상이 무엇인지 인식하면서 주의를 집중시키고 있으므로 적절하다.
② 그림의 세 명 중 한 사람만 크기를 키우고 음영을 달리하여 '성인 3명 중 1명은 만성 질환 위험군'이라는 핵심 내용의 심각성을 강조하고 있으므로 적절하다.
③ 스마트 워치의 정보가 보건소로 전송되고, 이를 분석하여 다시 맞춤형 조언이 제공된다는 보도 내용을 간략하게 시각 자료로 나타내어 시청자의 이해를 돕고 있으므로 적절하다.
④ [장면 4]의 자막은 시민 인터뷰 내용의 핵심 내용을 간략하게 요약하여 제시한 부분이다. 따라서 추가적인 정보는 제시되지 않았으므로 적절하지 않다.
⑤ 각 지자체 보건소 홈페이지에 접속하는 모습을 보여줌으로써 시청자가 직접 지자체별 서비스 내용을 확인할 수 있도록 돕고 있으므로 적절하다.

## STEP 2 기출동형 문제 풀어보기

**[1~2]** 다음 글을 읽고 물음에 답하시오.

---

ⓐ 2024년 Global K-Food 박람회 참가 업체 모집 공고

K-FOOD 박람회는 해외 농식품 수출 시장에서 수출 상담회와 소비자 체험 행사를 통합 추진하는 대표 농식품 수출 마케팅 행사로, 국제 시장과 업체의 ㉠시너지 효과를 기대할 수 있는 행사입니다.

1. 모집개요
   - 참가 대상: 개최 국가별 수출이 가능한 한국 농림축수산식품 제조 수출 업체
   - 대상 품목: 농림축수산식품 (박람회 국가별 수출이 유망하거나 수출 확대 가능성이 높은 한국 농림축수산식품. 단, 수산물 중 생물은 제외)
   - 모집 규모: 총 290개사(박람회별 20~45개사)
   - 개최 지역: 8개국 8회 (총 2개 박람회까지 신청 가능, '미국, 유럽, 일본, 인니, 중남미, 중화권, 중동권, 베트남')
     ※ 현지 여건에 따라 개최 시기 및 개최 장소 일부 변동 가능 (일본, 두바이는 소비자 체험 행사 미진행)
     ※ '24년 참가 업체 중 중도 참가 포기(사전 설명회 후 포기) 및 불성실 업체의 경우, 올해 잔여 K-Food 박람회 취소 및 내년도 선정에서 제외되므로 신청 시 유의 바람

2. 행사 ㉡프로세스별 지원 사항
   - 사전: ㉢홈페이지 구축, 시장 보고서 제공
   - 현장 상담: 왕복 출장 항공비(1인), 수출 상담 일대일 ㉣매칭 시스템 지원
   - 사후: 구매자 국내 초청 등
     ※ 우수 성과 업체 10개사 대상

3. 신청방법: 온라인 신청
   '수출 업체 종합 지원 시스템' 내 'K-Food 박람회' 사이트
   - 신청 기간 : 2023. 12. 28.(목) ~ 1. 14.(일)

4. 심사 및 결과 발표
   - 선정 심사 위원회: 한국 농수산 식품 유통 공사 및 유관 기관 농식품 수출 전문가로 구성
   - 결과 발표 : 2024. 2. 8.(목) 17:00(예정)

5. 문의처
   - 박람회 사업 관련: 글로벌 사업처 마케팅 지원부
   - 전산 체계 관련: ICT 기반부

붙임 K-Food 박람회 참가업체 온라인 신청 ㉤매뉴얼 끝.

---

**1** ㉠~㉤을 순화한 말로 적절하지 <u>않은</u> 것은?

① ㉠ 시너지효과 → 상승효과
② ㉡ 프로세스 → 과정
③ ㉢ 홈페이지 → 누리집
④ ㉣ 매칭 시스템 → 전담 조직
⑤ ㉤ 매뉴얼 → 설명서

**2** ⓐ에 대한 이해로 가장 적절한 것은?

① 수산 식품은 대상 품목에서 제외된다.
② 업체당 2개 이상의 박람회를 신청할 수 있다.
③ 신청 마감 후 결과 발표는 한 달 이내에 진행된다.
④ 온라인 신청 시 전산 처리에 문제가 생기면 글로벌 사업처로 문의해야 한다.
⑤ 2024년 참가 업체 중 중도 포기하거나 불성실한 업체는 금년부터 내후년까지 참가 제재를 받는다.

**[3~4]** 다음 글을 읽고 물음에 답하시오.

○○시 생활 쓰레기 배출 안내

□ 소각용: 가정에서 배출되는 불에 타는 쓰레기(흰색 종량제 봉투, 매일)
  가. 휴지, 낱장종이, 기저귀, 벽지 등
  나. 인형, 신발, 가방, 의류, 섬유류 등
  다. 계란, 오리알, 메추리알, 타조알 등의 껍데기
  라. 쪽파, 대파, 뿌리 채소류, 고추씨, 고춧대, 생강껍질, 옥수수껍질 및 속대, 마늘대
  마. 그 밖에 불에 타는 쓰레기
□ 매립용: 불에 타지 않는 쓰레기(하늘색 종량제 봉투, 매일)
  가. 꽃병, 깨진 유리 및 형광등, 거울, 각종 전구류 등
  나. 전복, 소라, 조개 등 껍데기류, 동물의 뼈다귀 또는 털(소, 돼지) 등
  다. 그 밖에 불에 타지 않는 쓰레기
□ 음식물 쓰레기: 식품 쓰레기 및 음식물 찌꺼기(매일)
  가. 소금 성분이 많은 김치 등은 헹구어 배출
  나. 이물질을 제거하고, 물기는 최대한 제거하여 종량제 봉투 또는 전용수거 용기에 물이 고여 있지 않도록 배출
  다. 비닐, 병뚜껑, 패각류, 복어내장, 티백 등 딱딱하거나 유해하거나 포장되어 재활용이 어려운 물질은 반드시 제거 후 배출
□ 재활용품 분리배출
  가. 종이팩: 신문지, 전단지 등은 물기에 젖지 않게 묶어서 배출해야 함
    - 제외: 휴지, 1회용 기저귀, 코팅된 종이, 사진, 스티커 등
  나. 캔류: 음료수캔, 부탄가스 등은 내용물을 비우고 가능한 압착 후 배출해야 함
    - 제외: 이물질이나 내용물이 들어 있는 병, 페인트통, 우산 등
  다. 유리: 음료수병, 기타병 등은 내용물을 비우고 깨끗하게 배출해야 함
    - 제외: 깨진 유리병, 이물질이 들어있는 병
  라. 플라스틱: 페트병, 플라스틱 등은 내용물을 비우고 라벨을 제거해 가능한 압착 후 배출해야 함
    - 제외: 장난감 등 복합 재질, 화분, 전화기, 비디오테이프 등
  마. 비닐류: 과자, 라면봉지 등은 이물질 없이 깨끗하게 배출해야 함
    - 제외: 이물질이 묻은 비닐, 음식물이 묻은 비닐 등
  바. 스티로폼: 포장·식품용기, 완충재 등은 이물질 없이 깨끗하게 배출함
    - 제외: 건축용 자재로 쓰인 스티로폼, 물이 먹거나 이물질이 묻은 스티로폼
  ※ 재활용품으로 오해하기 쉬운 품목들: 솜이불, 비디오, CD, 고무대야, 거울 등 유리, 우산, 목재류, 스펀지, 페인트통, 사기그릇, 도자기류, 고무류 등
  ※ 재활용품 적절 미배출 시 폐기물관리법 제68조에 의거 쓰레기 불법투기로 100만 원 이하 과태료 부과

**3** 위 안내문을 읽은 후에 보일 수 있는 반응으로 적절하지 <u>않은</u> 것은?

① 비디오테이프는 플라스틱 용기와 달리 재활용이 되지 않는군.
② 벽지와 함께 떨어진 사진은 묶어서 종이팩으로 분리배출하는군.
③ 다 먹은 음료수 캔은 깨끗하게 닦은 후 납작하게 밟아 배출해야겠군.
④ 찜닭을 먹은 후 나온 닭 뼈는 하늘색 종량제 봉투에 담아 매일 버릴 수 있군.
⑤ 음식물 쓰레기를 소각용 종량제 봉투에 담아 버릴 경우 과태료가 부과되겠군.


**4** 생활 쓰레기를 배출하려는 사람이 위 안내문을 읽고 제기할 수 있는 질문으로 적절하지 <u>않은</u> 것은?

① 소금 성분이 많은 음식물에는 김치 외에 무엇이 있을까?
② 음식물 외에 비닐류에 묻을 수 있는 다른 이물질에는 무엇이 있을까?
③ 아이가 더는 가지고 놀지 않는 인형은 어떤 방식으로 분리배출을 해야 할까?
④ 생활 쓰레기를 배출할 때 사용하는 종량제 봉투는 어디서 구입할 수 있을까?
⑤ 제시된 것 외에 '불에 타는 쓰레기'와 '타지 않는 쓰레기'를 쉽게 구분하는 방법은 무엇일까?


**[5~6]** 다음 글을 읽고 물음에 답하시오.

---

### 중소기업 디지털 전환 지원 사업 안내

2025년 10월부터 중소기업 디지털 전환 지원 사업이 확대 시행됩니다.

1. 기업당 지원 한도가 기존 3,000만 원에서 최대 5,000만 원으로 상향됩니다.
2. 자부담 비율이 기존 총 사업비의 30%에서 20%로 완화됩니다.
3. 지원 분야가 기존 스마트 공장, 데이터 분석 분야에서 인공지능, 가상 세계 분야까지 확대됩니다.

■ 지원 대상: (기업) 중소기업기본법상 중소기업 + (소재지) 신청일 기준 ○○시 소재 사업장 보유
■ 신청 기한: 공고일로부터 45일 이내(1차 모집), 이후 예산 소진 시까지 상시 접수
■ 지원 내용: 기업당 최대 5,000만 원 디지털 전환 비용 지원(상담, 해결책 도입, 인력 교육)
■ 지원 방법: 선정 심사 후 분기별 비용 정산하여 기업 계좌로 지급
　※ ○○시 기업 지원 기반 사이트 가입 및 디지털 역량 진단 필수

■ 지원 조건
　- 최근 3년 이내 동일 사업 지원을 받지 않은 기업
　- 고용보험 가입 직원 5인 이상 기업
　- 창업 후 1년 이상 기업

■ 신청 방법: 온라인 신청 또는 ○○시 디지털진흥원 방문 신청
　※ 신청 시 사업계획서, 재무제표, 사업자등록증, 국세·지방세 완납증명서 제출 필요

**5** 윗글에 대한 이해로 적절하지 않은 것은?

① 창업 후 1년 미만인 기업은 지원 대상에서 제외된다.
② 인공지능과 가상 세계 분야까지 지원 범위가 확대되었다.
③ 최대 5,000만 원까지 디지털 전환 비용을 지원받을 수 있다.
④ 지원 대상 기업은 디지털 역량 진단을 필수로 진행해야 한다.
⑤ 디지털 전환 지원 사업은 총 사업비의 30%를 기업이 부담해야 한다.

**6** 윗글에서 알 수 없는 내용은?

① 지원금 정산 주기
② 기업 선정 시 평가 기준
③ 방문 신청 시 접수 장소
④ 지원 신청에 필요한 서류
⑤ 지원 조건의 최소 고용인원

**[7~9]** 다음 글을 읽고 물음에 답하시오.

| 전국 곳곳 산불 위험… 올해 산불 건수 작년보다 50% 증가 | |
|---|---|
| <br>[장면1] | 앵커: 전국적으로 건조한 날씨가 이어지면서 산불 위험도가 높아지고 있습니다. ㉠ 올해 들어 산불 발생 건수가 작년보다 50% 이상 신장됐고, 피해 면적도 늘어나 각별한 주의가 요구됩니다. 이○○ 환경 전문 기자가 보도합니다. |
| <br>[장면2] | 이 기자: 어제 ○○시의 한 산림 지역에서 발생한 산불 현장입니다. ㉡ 소방대원들은 불길을 잡기 위해 진화 장비를 이용하며 땀을 흘리고 있습니다. 전국적으로 건조 특보가 내려진 가운데 산불 위험이 고조되고 있습니다. 전국 42개 시군에는 산불 경보가, 65개 지역에는 산불 주의보가 발령된 상태입니다. |

| | |
|---|---|
| [장면3] | 이 기자: ⓒ 산림청은 올해 발생한 산불은 총 756건으로, 작년 349건보다 2배 이상 늘었다는 것입니다. 산불의 피해 면적은 24,797헥타르로 작년 같은 기간 766헥타르보다 약 32배 증가했습니다. |
| 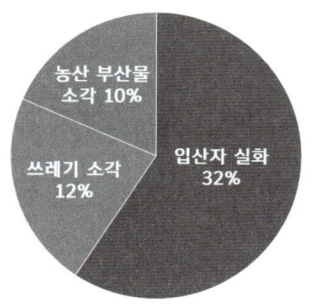[장면4] | 이 기자: 지난 10년간 산불 원인을 분석해 보면, 전체의 32%가 입산자 실화로 가장 많고, 그다음으로는 쓰레기 소각이 12%, 농산 부산물 소각이 10%를 차지합니다. ② 산림 전문가들은 건조한 날씨와 강풍이 겹치면 산불이 확산할 가능성이 높다고 경고하고 있습니다. |
| [장면5] | 이 기자: 산림청은 내일까지 전국적으로 건조한 날씨가 이어질 것으로 전망하며 산불 방지를 위한 특별 경계 체제에 돌입했습니다. ⑩ 산불 발생 시 처음부터 초동 진화할 수 있도록 헬기와 소방 인력을 24시간 배치하고, 산림 인접 지역 주민들에게는 화기 취급에 각별한 주의를 당부하고 있습니다. |

**7** 뉴스 보도 장면에서 알 수 있는 정보 제시 전략으로 적절하지 <u>않은</u> 것은?

① [장면1]: 산불 발생 건수가 증가하였음을 자막과 기호로 표시하고 있다.
② [장면2]: '산불 경보'와 '산불 주의보'가 발령된 지역의 개수만 크기를 달리하여 표시하였다.
③ [장면3]: 산불 발생 건수와 피해 면적이 작년보다 증가했음을 그래프의 길이로 나타내었다.
④ [장면4]: 보도 내용에 언급된 수치를 원그래프로 제시하여 비중을 한눈에 파악할 수 있도록 한다.
⑤ [장면5]: 보도 내용의 핵심인 산불 대응 방책을 요약하여 자막으로 제시하고 있다.

**8** <보기>의 시청자 반응에 대한 설명으로 가장 적절하지 않은 것은?

― <보기> ―

시청자 1: 매년 이맘때쯤엔 대개 산불 증가 뉴스가 나오던데, 일상에서 어떻게 예방해야 할지는 알려주지 않아서 아쉽네요.
시청자 2: 농산 부산물 소각이 산불의 주요 원인 중 하나이니, 특히 농촌 지역에서는 뉴스를 예의주시하여 산불에 대한 각별한 주의가 필요할 것 같아요.
시청자 3: 산불 경보와 산불 주의보가 발령된 걸 뉴스를 보기 전까지는 모르고 있었어요. 발령 기준은 어떻게 되는지 궁금해져서 따로 찾아봐야겠어요.
시청자 4: 요즘 등산하러 주말마다 산에 가는데, 이런 뉴스를 보니 산행 시 라이터나 버너 사용에 더 주의해야겠네요. 건조한 날씨가 며칠이나 더 계속될지도 궁금했는데 도움이 됐어요.
시청자 5: '입산자 실화'라는 용어가 생소해서 이해하기 어려웠어요. 산에 들어간 사람들의 실수로 불이 났다는 의미인지, 아니면 다른 뜻이 있는지 좀 더 쉽게 설명해 주면 좋겠습니다.

① 시청자 1: 뉴스에서 제공한 정보가 부족하다는 점에서 아쉬워하고 있군.
② 시청자 2: 뉴스 정보의 신뢰성에 따라 영향력이 달라짐을 언급하며, 뉴스 정보가 유익할 지역을 언급하고 있군.
③ 시청자 3: 뉴스를 통해 새롭게 알게 된 정보를 언급하며 추가 자료를 찾고자 하는군.
④ 시청자 4: 자신과 뉴스 보도 주제를 관련지어 일상에서 뉴스 정보를 유용하게 활용하고 있군.
⑤ 시청자 5: 뉴스에서 사용된 특정 용어의 어려움을 언급하며 개선이 필요함을 제안하고 있군.

**9** ㉠~㉤에 대한 이해로 가장 적절하지 않은 것은?

① ㉠: 정확한 의미 전달을 위해 '신장됐고'를 '증가했고'로 수정한다.
② ㉡: 원인과 결과를 명확하게 드러내기 위해 '이용하며'를 '이용해서'로 수정한다.
③ ㉢: 문장의 호응을 고려해 '늘었다는 것입니다'를 '늘었다고 발표했습니다'로 수정한다.
④ ㉣: 건조한 날씨와 강풍의 영향으로 산불이 커지는 것이므로 '확산될'이라고 수정한다.
⑤ ㉤: 불필요한 의미 중복을 피하기 위해 '처음부터 초동 진화'를 '처음 진화' 또는 '초동 진화'로 수정한다.

**[10~12]** 다음 글을 읽고 물음에 답하시오.

| | 천연 공기청정기, 실내 식물로 건강한 실내 환경 만든다 | |
|---|---|---|
| <br>[장면1] | | 앵커: 최근 미세먼지와 실내 오염 물질로 실내 공기 질에 대한 관심이 높아지고 있는데요. 실내 공기를 자연적으로 정화하는 데 도움을 주는 식물들이 주목받고 있습니다. ㉠ 실내 공기 정화 식물에 대해 정○○ 기자가 취재했습니다. |
| <br>[장면2] | | 정 기자: ○○시에 있는 한 사무실. 이곳은 다른 사무실과 달리 곳곳에 푸른 식물들이 배치되어 있습니다. 이 회사는 3년 전부터 '그린 오피스 프로젝트'의 일환으로 사무실 내 공기 정화 식물을 적극 도입했습니다. ㉡ 직원들은 식물이 있는 환경에서 일하면서 공기 질 개선뿐 아니라 업무 스트레스 감소 효과도 체감하고 있다고 말합니다. ㉢ 미국 항공우주국 NASA의 연구에 따르면 스파티필룸, 산세비에리아, 아레카야자 등의 식물은 폼알데하이드, 벤젠, 트라이클로로에틸렌 같은 유해 물질을 제거하는 데 효과적이라고 합니다. |
| <br>[장면3] | | 정 기자: 특히 산세비에리아는 밤에도 산소를 배출하고 이산화탄소를 흡수해 '천연 공기청정기'로 불립니다. ㉣ 국내 원예학회에서 발표한 연구에 따르면, 실내 면적 6평당 중간 크기 화분 3~4개를 배치하면 초미세먼지를 약 20%까지 줄일 수 있다고 합니다. 또한 식물은 습도를 조절하고 음이온을 발생시켜 건조한 실내 환경을 개선하는 효과도 있습니다. |
| <br>[장면4] | | 원예 전문가: 식물은 단순히 공기를 정화하는 것 외에도 심리적 안정감을 주고 집중력을 향상시키는 효과가 있습니다. 특히 코로나19 이후 재택근무가 늘면서 집 안에서 식물을 기르는 '플랜테리어'에 대한 관심이 크게 증가했습니다. 식물 관리가 어려운 초보자라면 스파티필룸이나 산세비에리아처럼 관리가 쉬운 식물부터 시작하는 것이 좋습니다. |
| 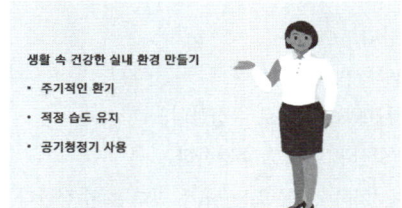<br>[장면5] | | 정 기자: ㉤ 다만, 전문가들은 식물만으로 모든 실내 오염 물질을 제거할 수는 없으므로, 주기적인 환기, 적정 습도 유지, 공기청정기 사용 등 종합적인 관리가 필요하다고 조언합니다. 생활 속 작은 변화, 식물과 함께하는 건강한 실내 환경 만들기가 새로운 생활 문화로 자리 잡고 있습니다. 이상 정○○이었습니다. |

**10** 뉴스 보도 장면에서 알 수 있는 정보 제시 전략으로 적절하지 <u>않은</u> 것은?

① 장면 1: 보도 주제를 자막으로 제시하여 시청자가 전개될 내용에 대해 파악할 수 있도록 한다.
② 장면 2: 보도 내용에서 언급한 사무실 환경을 보여 주어 시청자가 현장감을 느낄 수 있도록 한다.
③ 장면 3: 보도 내용에서 언급되지 않은 추가 정보를 시각 자료로 제시해 보도 내용을 보완하고 있다.
④ 장면 4: 요약한 인터뷰 내용을 자막으로 제시하여 시청자가 핵심 내용을 빠르게 파악할 수 있도록 한다.
⑤ 장면 5: 기자의 보도 내용과 동일한 문구를 제시하여 내용을 강조하고 있다.

**11** <보기>는 위 뉴스 보도를 본 시청자의 반응이다. 이에 대한 설명으로 가장 적절하지 <u>않은</u> 것은?

───────────── <보기> ─────────────
시청자 1: 실내 식물이 공기 정화에 도움이 된다는 건 예전부터 알고 있었지만, 습도 조절과 음이온 발생 효과도 있다는 건 처음 알게 되어 신기해요.
시청자 2: 공기청정기 같은 기계적 방법과 식물을 이용한 자연적 방법의 효과를 비교하는 정보가 있었으면 소비자들의 합리적인 선택을 도울 수 있겠어요.
시청자 3: 모든 식물은 관리가 힘들어 키우기 어렵다고만 생각했는데, 뉴스에서 키우기 쉬운 식물이 있다고 하니 여태 식물 키우기를 너무 어렵게만 생각했던 것 같아요.
시청자 4: 뉴스에서는 특정 식물들의 공기 정화 효과를 언급했지만, 식물이 실내 알레르기를 유발할 가능성에 관한 내용도 함께 다뤘으면 더 균형 잡힌 내용이 될 것 같아요.
시청자 5: 뉴스에서 구체적인 식물 종류와 공간 대비 적정 개수까지 제시해 준 점이 실용적이었지만, 각 식물의 가격이나 어디서 구할 수 있는지는 알 수 없어서 검색해 봐야겠어요.

① 시청자 1은 뉴스에서 새롭게 알게 된 식물의 부가적 효과에 대한 놀라움을 표현하고 있다.
② 시청자 2는 뉴스에서 다루지 않은 비교 정보를 추가했다면 더 유용했을 것이라는 아쉬움을 드러내고 있다.
③ 시청자 3은 뉴스를 통해 식물 관리에 대한 자신의 기존 인식이 바뀌었음을 보여주고 있다.
④ 시청자 4는 뉴스에서 식물 알레르기 정보가 간략하게 제시되었기 때문에 추가 정보가 필요함을 제안하고 있다.
⑤ 시청자 5는 뉴스의 실용적 정보를 긍정적으로 평가하면서도 보완이 필요한 부분을 언급하고 있다.

**12** ㉠~㉤에 대한 이해로 가장 적절하지 <u>않은</u> 것은?

① ㉠: 도입부에서 보도 주제와 내용을 전달하는 주체를 밝혀 시청자에게 보도 내용을 안내하고 있다.
② ㉡: 실제 사례에서 경험한 내용을 언급하여 시청자가 보도 내용에 흥미를 느낄 수 있도록 하고 있다.
③ ㉢: 권위 있는 기관의 연구 결과를 인용하여 보도 내용의 신뢰성을 강화하고 있다.
④ ㉣: 전문가 집단의 연구 결과를 인용하여 식물이 초미세먼지를 줄이는 원리를 이해하기 쉽게 제시하고 있다.
⑤ ㉤: 전문가의 조언을 인용해 한계점과 보완책을 함께 제시하며 균형 있는 관점으로 정보를 제공하고 있다.

# 최종 점검 문제

**[1~2]** 다음 글을 읽고 물음에 답하시오.

> 내 고장 칠월은
> ㉠ 청포도가 익어 가는 시절
>
> 이 마을 전설이 주저리주저리 열리고
> 먼 데 하늘이 꿈꾸며 알알이 들어와 박혀
>
> 하늘 밑 푸른 바다가 가슴을 열고
> ㉡ 흰 돛단배가 곱게 밀려서 오면
>
> 내가 바라는 손님은 ㉢ 고달픈 몸으로
> ㉣ 청포(靑袍)를 입고 찾아온다고 했으니
>
> 내 그를 맞아 이 포도를 따 먹으면
> 두 손은 함뿍 적셔도 좋으련
>
> 아이야 우리 식탁엔 ㉤ 은쟁반에
> 하이얀 모시 수건을 마련해 두렴
>
> — 이육사, 「청포도」

**1** 윗글에 대한 설명으로 가장 적절한 것은?

① 공간적 배경을 대조하여 화자의 이상을 부각하고 있다.
② 돈호법을 사용하여 쓸쓸한 어조로 시상을 전개하고 있다.
③ 색채 대비로 화자가 처한 부정적 현실을 강조하고 있다.
④ 의태어를 사용하여 화자의 서러움을 효과적으로 전달하고 있다.
⑤ 형태적으로 유사한 시어를 대응시켜 대상의 모습을 감각적으로 묘사하고 있다.

**2** ㉠~㉤ 중 <보기>의 ⓐ와 관련 있는 것은?

<보기>
이육사는 일제강점기 시대의 시인이자 독립운동가로 조국 독립에 대한 염원과 ⓐ조국 독립을 맞이하기 위한 노력을 시에 담아냈다.

① ㉠   ② ㉡   ③ ㉢   ④ ㉣   ⑤ ㉤

**[3~5]** 다음 글을 읽고 물음에 답하시오.

그 뒤 경술년(庚戌)에 일본이 조선을 합방하여 나라는 망하였다.
사람들이 나라 망한 것을 원통히 여길 때, ㉠한 생원은
"그깐 놈의 나라, 시언히 잘 망했지."
하였다. 한 생원 같은 사람으로는 나라란 백성에게 고통이지, 하나도 고마운 것이 아니었다. 또 꼭 있어야 할 요긴한 것도 아니었다.
그런 나라라는 것을 도로 찾았다고 하여 섬뻑 감격이 일지 아니한 것도 일변 의당한 노릇이라 할 것이었다.
논 스무 마지기에서 열서 마지기를 빼앗기고 나니, 원통한 것도 원통한 것이지만, 앞으로 일이 딱하였다. 논이나 겨우 일곱 마지기를 가지고는 어림도 없었다.
하릴없이 남의 세토를 얻어 그 보충을 하여야 하였다. 그러나 남의 세토는 도지를 물어야 하는 것이라, 힘은 내 논을 지을 때와 마찬가지로 들면서도 가을에 가서 차지를 하기는 절반이 못 되는 것이었었다. 그렇지만 그렇다고 남의 세토를 소작 아니할 수는 없었다.
이리하여 한 생원네는 나라 명색이 망하지 않고 내 나라로 있을 적부터 가난한 소작농이었다.
경술년 나라가 망하고, 삼십육 년 동안 일본의 다스림 속에서도 같은 가난한 소작농이었다.
그리고, 속담에 남의 불에 게 잡기로, 남의 덕에 나라를 도로 찾기는 하였다지만 한국 말년의 나라만을 여겨 그 나라가 오죽할 리 없고, 여전히 남의 세토나 지어먹는 가난한 소작농이기는 일반일 것이라고 한 생원은 생각하던 것이었다.
일본이 항복을 하던 바로 전의 삼사 년에, 공출이야 징용이야 하면서 별안간 군색함과 불안이 생겼던 것이지, 그 밖에는 나라가 망하여 없어지고서 일본의 속국 백성으로 사는 것이 경술년 이전 나라가 있어가지고 조선 백성으로 살 적보다 별양 못할 것이 한 생원에게는 없었다. 여전히 남의 세토를 지어, 절반 이상이나 도지를 물고, 그 나머지를 천신하는 가난한 소작인이요, 순사나 일인이나 면서기들의 교만과 압박보다 못할 것도 없거니와 더할 것도 없었다.
독립이 된 이 앞으로도, 그것이 천지개벽이 아닌 이상, 가난한 농투성이가 느닷없이 부자장자 될 이치가 없는 것이요, 원·아전·토반이나 일본놈 대신에, 만만하고 가난한 농투성이를 핍박하는 '권세 있는 양반들'이 생겨날 것이요 할 것이매, 빼앗겼던 나라를 도로 찾아 다시금 조선 백성이 되었다는 것이 조금도 신통하거나 반가울 것이 없었다.
원과 토반과 아전이 있어, 토색질이나 하고 붙잡아다 때리기도 하고 교만이나 피우고, 하되 세미(稅米)는 국가의 이름으로 꼬박꼬박 받아가면서 백성은 죽어야 모른 체하고 하는 나라의 백성으로도 살아보았다.
천하 오랑캐, 애비와 자식이 맞담배질을 하고, 남매간에 혼인을 하고, 뱀을 먹고 하는 왜인들이, 저희가 주인이랍시고서 교만을 부리고, 순사와 헌병은 칼바람에 조선 사람을 개 도야지 대접을 하고, 공출을 내어라 징용을 나가거라 야미를 하지 마라 하면서 볶아대고, 또 일본이 우리 나라다, 나는 일본 백성이다 이런 도무지 그럴 마음이 우러나지를 않는 억지춘향이 노릇을 시키고 하는 나라의 백성으로도 살아보았다.
결국 그러고 보니 나라라고 하는 것은 내 나라였건 남의 나라였건 있었댔자 백성에게 고통이나 주자는 것이지, 유익하고 고마울 것은 조금도 없는 물건이었다. 따라서 앞으로도 새나라는 말고 더한 것이라도, 있어서 요긴할 것도 없어서 아쉬울 일도 없을 것이었다. <중략>
그 뒤 훨씬 지나서.
일인의 재산을 조선 사람에게 판다, 이런 소문이 들렸다.

사실이라고 한다면 한 생원은 그 논 일곱 마지기를 돈을 내고 사지 않고서는 도로 차지할 수가 없을 판이었다. 물론 한 생원에게는 그런 재력이 없거니와, 도대체 전의 임자가 있는데, 그것을 아무나에게 판다는 것이 한 생원으로 보기에는 불합리한 처사였다.

한 생원은 분이 나서 두 주먹을 쥐고 ⓒ 구장에게로 쫓아갔다.

"그래 일인들이 죄다 내놓구 가는 것을, 백성들더러 돈을 내구 사라구 마련을 했다면서?"

"아직 자세힌 모르겠어두, 아마 그렇게 되기가 쉬우리라구들 하드군요."

해방 후에 새로 난 구장의 대답이었다.

"그런 놈의 법이 어딨단 말인가? 그래, 누가 그렇게 마련을 했는구?"

"나라에서 그랬을 테죠."

"나라?"

"우리 조선나라요."

"나라가 다 무어 말라비틀어진 거야? 나라 명색이 내게 무얼 해준 게 있길래, 이번엔 일인이 내놓구 가는 내 땅을 저이가 팔아먹으려구 들어? 그게 나라야?"

"일인의 재산이 우리 조선나라 재산이 되는 거야 당연한 일이죠."

"당연?"

"그렇죠."

"흥, 가만 뒤두면 저절루, 백성의 것이 될걸, 나라 명색은 가만히 앉었다, 어디서 툭 튀어나와 가지구, 걸 뺏어서 팔아먹어? 그 따위 행사가 어딨다든가?"

"한 생원은, 그 논이랑 멧갓이랑 길천이한테 돈을 받구 파셨으니깐 임자로 말하면 길천이지 한 생원인가요?"

"암만 팔았어두, 길천이가 내놓구 쫓겨갔은깐, 도루 내것이 돼야 옳지, 무슨 말야. 걸, 무슨 탁에 나라가 뺏을 영으루 들어?"

"한 생원한테 뺏는 게 아니라, 길천이한테 뺏는 거랍니다."

"흥, 둘러대대긴 잘들 허이. 공동묘지 가보게나. 핑계 없는 무덤 있던가? 지, 병신년에 원놈(郡守[군수]) 김가가 우리 논 열두 마지기 뺏을 제두 핑계 다 있었드라네."

"좌우간, 아직 그렇게 지레 염려 하실 게 아니라, 기대리구 있느라면 나라에서 다 억울치 않두룩 처단을 하겠죠."

"일 없네. 난 오늘버틈 도루 나라 없는 백성이네. 제길 삼십육 년두 나라 없이 살아왔을려드냐. 아니글쎄, 나라가 있으면 백성한테 무얼 좀 고마운 노릇을 해주어야, 백성두 나라를 믿구, 나라에다 마음을 붙이구 살지. 독립이 됐다면서 고작 그래, 백성이 차지할 땅 뺏어서 팔아먹는 게 나라 명색야?"

그러고는 털고 일어서면서 혼잣말로

"독립됐다구 했을 제, 내, 만세 안 부르기, 잘했지."

- 채만식, 「논 이야기」

**3** 윗글의 서술상 특징으로 가장 적절한 것은?

① 역사적 사건을 객관적으로 서술하여 시대를 풍자하고 있다.
② 서술자가 사건에 직접 개입하여 인물의 행동에 대한 윤리적 판단을 내린다.
③ 서술자가 인물의 내면 심리를 직접적으로 서술하여 인물의 태도를 드러낸다.
④ 인물의 현재와 과거 행적을 병렬적으로 제시하여 삶의 변화 과정을 드러낸다.
⑤ 인물 간의 대립되는 견해를 통해 사건을 다각도로 조명하여 갈등을 심화시킨다.

**4** 윗글의 등장인물 ㉠, ㉡에 대한 이해로 가장 적절한 것은?

① ㉠은 팔았던 땅을 돈을 돌려주고 되찾았다.
② ㉡은 민족의식을 근거로 ㉠을 계몽하려고 한다.
③ ㉠은 국가의 존재 의미를 부정하는 반면, ㉡은 국가 체제의 정당성을 옹호한다.
④ ㉠은 토지의 권리가 개인에게 있음을 주장하나 ㉡은 국가에 귀속됨을 주장한다.
⑤ ㉠은 ㉡이 새로 부임했다는 점을 미루어 정책을 실행하는 데 어려움을 겪을 것이라고 판단한다.

**5** <보기>를 참고하여 윗글을 비평한 내용으로 적절하지 <u>않은</u> 것은?

<보기>
채만식의 「논 이야기」는 해방 직후 과도기를 겪는 한국 사회의 모습을 농민의 시선에서 그려낸 작품이다. 이 작품은 소시민적인 인물이 갖는 편협한 국가관을 풍자함과 동시에 해방 전후로 달라지지 않는 국가의 모습을 함께 보여 주어 현실에 대한 작가의 비판 의식을 드러내고 있다.

① 만세 안 부르기를 잘했다는 한 생원의 말은 민족주의적 국가관에 동조하지 않는 당시 농민 군상의 한 모습을 보여준다.
② 나라 없는 백성이 되겠다는 한 생원의 선언은 국가의 존재를 부정하고 무정부주의를 지향하는 정치적 메시지를 드러낸다.
③ 한 생원이 일본인 재산의 처리 방식에 분노하는 것은 국가 차원의 정책보다 개인의 이익에 더 가치를 두는 소시민의 모습을 보여준다.
④ 한 생원이 자신의 논을 돈을 주고 사야 하는 정책에 분노하는 것은 해방 이후에도 경제적 문제가 해결되지 않은 당대 농민의 현실을 보여준다.
⑤ 한 생원이 독립 이후에도 가난한 농투성이로 살 수밖에 없다고 언급한 것은 시대가 변했음에도 불구하고 개선되지 않은 나라의 모습을 드러낸다.

**[6~8]** 다음 글을 읽고 물음에 답하시오.

심리학자 찰스 리처드 스나이더C. R. Snyder는 대학생, 운동선수, 일반인 등을 대상으로 한 수많은 실험과 조사연구를 통해, 성취 수준이 높은 사람일수록 목표를 달성할 수 있는 구체적인 방법을 찾아낼 수 있다는 믿음과 이를 실천하는 성향이 더 강한 것을 확인했다. 성공에 이르는 경로를 찾아낼 수 있다고 믿는 사람들에게는 몇 가지 특징이 있다. 첫째, 그들은 목표 달성을 위한 남다른 방법을 찾아낼 수 있다고 믿기 때문에 그렇지 못한 사람들에 비해 목표 수준을 더 높게 잡는다. 둘째, 한 가지 방법으로 실패하면 다른 대안을 찾으면 된다고 생각하기 때문에 실패해도 쉽게 포기하지 않는다. 셋째, 목표에 따라 이룰 수 있는 방법도 달라질 수 있다고 믿기 때문에 다양한 방식의 달성 방법을 찾아낸다.

목표를 달성하려면 두 가지 동기가 필요하다. 바로 '시발 동기'와 '유지 동기'이다. 시발 동기는 목표를 달성한 상태를 상상하는 것(결과 지향적 시각화)으로 만들어지고 유지 동기는 목표 달성 방법에 의해 만들어진다. 그러므로 목표 달성 루트(과정 지향적 시각화)를 찾아내지 못하면 시발 동기(결과 지향적 시각화)가 아무리 강해도 실천을 유지할 수 없기 때문에 목표를 달성할 수 없다.

그러므로 결심을 끝까지 유지해서 목표를 달성하려면 낙관적인 태도뿐 아니라 비관적인 태도도 반드시 함께 갖추고 있어야 한다. 뭐든 원하기만 하면 얻을 수 있다고 안이하게 생각하기보다는 성공으로 연결된 경로를 찾아내고 그 과정에서 나타날 수 있는 문제들을 예상하며 대비책을 세울 수 있어야 하기 때문이다. 이렇게 실천력이 뛰어난 사람들은 낙관적인 사고와 비관적인 생각을 동시에 하는 경향이 있는데 이를 '양면적 사고(Double Think)'라고 한다. 데이트 신청, 금연, 다이어트, 세일즈 등 원하는 것이 무엇이든 그것을 얻고 싶다면 양면적 사고를 할 수 있어야 한다. 양면적 사고를 기르려면 다음과 같은 과정을 거쳐야 한다. 첫째, 원하는 상태를 이룬 자신의 모습을 생생하게 상상하고 거기서 얻게 될 이득을 최대한 찾아낸다. 둘째, 목표 달성 과정에서 겪게 될 난관이나 돌발 사태를 예상한다. 셋째, 문제에 효과적으로 대처할 수 있는 대비책을 마련한다.

**6**  다음 글에 대한 설명으로 가장 적절한 것은?

① 목표를 달성하기 위해서는 유지 동기보다 시발 동기가 더 중요하다.
② 목표 달성 과정 중에 부정적 사고가 발생하면 실천력이 감소하게 된다.
③ 성취도가 높은 사람은 대안을 마련할 수 있는 능력을 갖추고 있을 것이다.
④ 성취도가 높은 사람은 목표 달성을 위해 하나의 방법을 꾸준히 활용할 것이다.
⑤ 목표 달성 과정을 파악하지 못한다면, 시발 동기를 강화하여 실천을 유지할 수 있다.

**7**  윗글을 읽고 보일 수 있는 반응으로 적절하지 <u>않은</u> 것은?

① 바람직한 롤 모델을 찾은 사람은 다른 사람보다 유지 동기를 강하게 느끼겠군.
② 목표 달성을 위해서는 사서가 된 모습을 상상하는 것도 중요하나 사서가 되기 위한 계획을 세우는 것이 더 중요하겠지.
③ 양면적 사고가 뛰어난 사람이 되기 위해선 자신이 원하는 모습이 되었을 때의 이득뿐 아니라 겪을 수 있는 난관도 예상해야겠군.
④ 실천력이 뛰어난 사람은 취업 활동을 하며 '나는 취업할 수 없나 봐'하고 생각하다가도 '자기소개서를 보완하면 다음엔 붙을 거야'라고 생각하겠군.
⑤ 대학 졸업생들의 평균 학점이 3.4일 때, 졸업 시의 목표 학점을 4.0으로 설정하는 학생은 성공에 이르는 경로를 찾아낼 수 있다는 믿음이 강한 사람이겠군.

**8** 윗글의 내용 전개 방식으로 가장 적절한 것은?

① 문제점과 해결 방안을 제시하고 있다.
② 유추를 통해 대상의 원리를 설명하고 있다.
③ 한 상황에 관한 대조적 주장을 비교하며 전개하고 있다.
④ 저명한 학자의 말을 근거로 인용하여 제시하고 있다.
⑤ 개념에 대한 정의를 제시하며 내용을 전개하고 있다.

**[9~12]** 다음 글을 읽고 물음에 답하시오.

(가) 신체의 세포, 조직, 장기가 손상되어 더 이상 제 기능을 하지 못할 때에 이를 대체하기 위해 이식을 실시한다. 이때 이식으로 옮겨 붙이는 세포, 조직, 장기를 이식편이라 한다. 자신이나 일란성 쌍둥이의 이식편을 이용할 수 없다면 다른 사람의 이식편으로 ⓐ '동종 이식'을 실시한다. 그런데 우리의 몸은 자신의 것이 아닌 물질이 체내로 유입될 경우 면역 반응을 일으키므로, 유전적으로 동일하지 않은 이식편에 대해 항상 거부 반응을 일으킨다. 면역적 거부 반응은 면역 세포가 표면에 발현하는 주조직적합복합체(MHC) 분자의 차이에 의해 유발된다. 개체마다 MHC에 차이가 있는데 서로 간의 유전적 거리가 멀수록 MHC에 차이가 커져 거부 반응이 강해진다. 이를 막기 위해 면역 억제제를 사용하는데, 이는 면역 반응을 억제하여 질병 감염의 위험성을 높인다.

(나) 이식에는 많은 비용이 소요될 뿐만 아니라 이식이 가능한 동종 이식편의 수가 매우 부족하기 때문에 이를 대체하는 방법이 개발되고 있다. 우선 인공 심장과 같은 '전자기기 인공 장기'를 이용하는 방법이 있다. 하지만 이는 장기의 기능을 일시적으로 대체하는 데 사용되며, 추가 전력 공급 및 정기적 부품 교체 등이 요구되는 단점이 있고, 아직 인간의 장기를 완전히 대체할 만큼 정교한 단계에 이르지는 못했다.

(다) 다음으로는 사람의 조직 및 장기와 유사한 다른 동물의 이식편을 인간에게 이식하는 ⓑ '이종 이식'이 있다. 그런데 이종 이식은 동종 이식보다 거부 반응이 훨씬 심하게 일어난다. 특히 사람이 가진 자연항체는 다른 종의 세포에서 발현되는 항원에 반응하는데, 이로 인해 이종 이식편에 대해서 초급성 거부 반응 및 급성 혈관성 거부 반응이 일어난다. 이런 거부 반응을 일으키는 유전자를 제거한 형질 전환 미니돼지에서 얻은 이식편을 이식하는 실험이 성공한 바 있다. 미니돼지는 장기의 크기가 사람의 것과 유사하고 번식력이 높아 단시간에 많은 개체를 생산할 수 있다는 장점이 있어, 이를 이용한 이종 이식편을 개발하기 위한 연구가 진행되고 있다.

(라) 이종 이식의 또 다른 문제는 내인성 레트로바이러스이다. 내인성 레트로바이러스는 생명체의 DNA의 일부분으로, 레트로바이러스로부터 유래된 것으로 여겨지는 부위들이다. 이는 바이러스의 활성을 가지지 않으며 사람을 포함한 모든 포유류에 존재한다. 레트로바이러스는 자신의 유전 정보를 RNA에 담고 있고 역전사 효소를 갖고 있는 바이러스로서, 특정한 종류의 세포를 감염시킨다. 유전 정보가 담긴 DNA로부터 RNA가 생성되는 전사 과정만 일어날 수 있는 다른 생명체와는 달리, 레트로바이러스는 다른 생명체의 세포에 들어간 후 역전사 과정을 통해 자신의 RNA를 DNA로 바꾸고 그 세포의 DNA에 끼어들어 감염시킨다. 이후에는 다른 바이러스와 마찬가지로 자신이 속해 있는 생명체를 숙주로 삼아 숙주 세포의 시스템을 이용하여 복제, 증식하고 일정한 조건이 되면 숙주 세포를 파괴한다.

(마) 그런데 정자, 난자와 같은 생식 세포가 레트로바이러스에 감염되고도 살아남는 경우가 있었다. 이런 세포로부터 유래된 자손의 모든 세포가 갖게 된 것이 내인성 레트로바이러스이다. 내인성 레트로바이러스는 세대가 지나면서 돌연변이로 인해 염기 서열의 변화가 일어나며 해당 세포 안에서는 바이러스로 활동하지 않는다. 그러나 내인성 레트로바이러스를 떼어 내어 다른 종의 세포 속에 주입하면 이는 레트로바이러스로 변환되어 그 세포를 감염시키기도 한다. 따라서 미니돼지의 DNA에 포함된 내인성 레트로바이러스를 효과적으로 제거하는 기술이 개발 중에 있다.

(바) 그동안의 대체 기술과 관련된 연구 성과를 토대로 이상적인 이식편을 개발하기 위해 많은 연구가 수행되고 있다.

**9** <보기>의 ⓐ, ⓑ에 들어갈 말로 가장 적절한 것은?

―――――――― <보기> ――――――――
연구팀은 미니돼지의 신장을 인간에게 이식하는 실험을 진행하였다. 이식 직후에 자연 항체에 의한 거부 반응이 나타났는데 이는 사람과 돼지의 MHC 차이가 ⓐ 때문이다. 또한 연구팀은 미니돼지의 장기에 있는 내인성 레트로바이러스가 인간 세포 내에서 ⓑ 될 수 있음을 발견했다.

| | ⓐ | ⓑ |
|---|---|---|
| ① | 크기 | 비활성화 |
| ② | 크기 | 활성화 |
| ③ | 작기 | 활성화 |
| ④ | 작기 | 중화 |
| ⑤ | 동일하기 | 비활성화 |

**10** 윗글의 구조를 도식화한 것으로 가장 적절한 것은?

① (가) ― (나) ┬ (다) ― (라)
              └ (마) ― (바)

② ┌ (가) ― (나) ─────┐
   └ (다) ― (라) ― (마) ┘ ― (바)

③ (가) ┬ (나) ― (다) ┐
        └ (라) ― (마) ┘ ― (바)

④ (가) ― (나) ┬ (다) ─────┐
               └ (라) ― (마) ┘ ― (바)

⑤ ┌ (가) ─────┐
   └ (나) ― (다) ┘ ― (라) ― (마) ― (바)

**11** 윗글의 ㉠, ㉡에 대한 설명으로 적절하지 <u>않은</u> 것은?

① ㉠과 ㉡은 모두 거부 반응이 수반된다.
② 이식이 필요한 종을 기준으로 ㉠과 ㉡으로 나뉜다.
③ ㉠보다 ㉡의 이식편이 사람과의 MHC 값의 차이가 더 크다.
④ ㉡을 활용하는 이유는 ㉠에서 사용 가능한 개체 수가 적기 때문이다.
⑤ 내인성 레트로바이러스를 제거하면 ㉡을 더 효과적으로 활용할 수 있다.

**12** 윗글을 읽고 답할 수 있는 물음으로 적절하지 않은 것은?

① 동종 이식과 이종 이식의 차이점은?
② 내인성 레트로바이러스가 관찰되는 종은?
③ 가장 부작용이 적고 적응이 빠른 이식법은?
④ 세포, 조직, 장기 이식이 실시되는 전제 조건은?
⑤ 이종 이식 연구에서 미니돼지를 사용하는 이유는?

**[13~15]** 다음 글을 읽고 물음에 답하시오.

(가) 오늘날 널리 회자되고 있는 공론장(公論場)이라는 용어는 공적 문제에 대한 개인의 의견이 공적 영역으로 확장되는 공개된 담론의 장(場)을 말한다. 즉 사회적 의제(議題)에 대해 개인이 자신의 의견과 신념을 표현하고, 서로 다른 의견을 조율해 가며, 이 과정에서 형성된 건전한 여론을 국가의 정책에 반영하는 장이란 뜻이다. 이러한 공론장은 민주주의의 요체라 할 수 있는 집회 및 결사의 자유와 언론의 자유를 보장하고 건전한 여론을 형성하기 위해 반드시 필요하다 하겠다.

(나) 사회가 다원화되고 구성원들 사이의 갈등이 분출되면서 공론장의 필요성이 더욱 부각되고 있다. 사람들은 최근 방송 편성이 늘고 있는 텔레비전 토론 프로그램이 공론장 역할을 할 것으로 기대하고 있다. 그러나 한편으로는 텔레비전 토론 프로그램이 진정한 모습의 공론장을 구현하고 있는지에 대한 회의적 견해도 제기되고 있다.

(다) 텔레비전 토론 프로그램에 대해 비판적 입장을 견지하는 학자들은 상당수의 프로그램이 다양한 공적 문제에 대해 공개적으로 상호 의사소통을 하기보다는 이해 관계에 있는 집단들의 주장을 일방향으로 전달하고 있기 때문에 공론장과는 거리가 멀다고 주장한다. 그리하여 텔레비전 토론 프로그램이 사회적 의제에 대한 공중(公衆)의 관심을 오히려 멀어지게 하고, 특정 입장을 홍보하는 이른바 '유사 공론장'으로 변질되고 있다고 그들은 비판한다. 그들은 토론 프로그램이 여론을 왜곡할 수 있다는 점을 우려하는 것이다.

(라) 비슷한 시각에서 텔레비전 토론 프로그램이 공중을 수동적인 방관자로 전락시켜 합리적 판단과 비판적 의견을 스스로 형성할 수 없게 한다고 비판하는 학자들도 있다. 그들에 의하면 텔레비전 토론 프로그램이 공중에게 자신들이 공적 논의 과정에 주체적으로 참여하고 있다는 환상을 갖게 함으로써 수동적인 수용자로 계속 남아 있게 한다는 것이다. 그들은 또한 프로그램의 주제 선정, 진행 방법, 방송 시간대와 방송량, 토론자의 특성, 시청자의 참여, 사회자의 성향 등과 같은, 방송사가 미리 설정해 놓은 형식과 구성 요소들이 토론의 진행 방향이나 논쟁의 결과를 일정한 방향으로 제한한다고 지적한다. 시청자 참여 문제와 관련해서는 토론 프로그램이 사회적 문제를 해결하는 데 진지한 성찰을 제공하고 있다 하더라도, 관심 있는 사람들만 그 프로그램을 시청하기 때문에 시청자들이 토론 프로그램에 실질적으로 참여하거나 영향력을 미치는 데 한계가 있다고 덧붙인다.

(마) 텔레비전 토론 프로그램이 사회적 의제를 논의하는 주요한 공간으로 자리잡아 가고 있는 것은 고무적인 일이다. 하지만 토론 프로그램이 진정한 공론장으로 발전하기 위해서는 그동안 제기된 비판에 대한 체계적인 분석과 연구가 뒷받침되어야 하며, 이에 대한 방송 관계자들의 숙고가 있어야 할 것이다.

**13** (가)~(마)에 대한 설명으로 적절하지 않은 것은?

① (가): 용어의 정의를 제시하며 앞으로 나올 내용을 안내하고 있다.
② (나): 특정 대상에 대한 긍정적 반응 및 우려에 대해 설명하고 있다.
③ (다): 대상에 대한 비판적 입장을 가진 학자들의 주장을 드러내고 있다.
④ (라): 예상되는 반론을 제시하고, 이를 비판함으로써 주장을 강조하고 있다.
⑤ (마): 앞서 제시된 다양한 의견을 종합해 글쓴이의 주장을 간접적으로 제시하고 있다.

**14** 글쓴이의 견해와 가장 거리가 먼 것은?

① 공론장은 건전한 여론을 형성하는 데 중요한 역할을 할 것이다.
② 텔레비전 토론 프로그램이 공론장으로 발전하기 위해서는 방송사의 노력도 중요하다.
③ 특정 이해관계에 있는 집단의 입장을 홍보하는데 텔레비전 토론 프로그램이 악용될 수도 있다.
④ 방송사가 미리 토론의 방향, 논쟁 결과를 일정한 방향으로 설정함으로써 합리적 판단과 비판적 의견을 형성하도록 도와야 한다.
⑤ 토론 프로그램이 사회적 의제에 대한 관심을 불러일으키고 공적 문제에 대해 공개적으로 소통할 수 있도록 끊임없는 연구가 필요하다.

**15** 글을 읽은 학생들의 반응으로 가장 적절한 것은?

① 누구나 볼 수 있는 방송을 통해 전파되므로 여론이 왜곡된다는 것은 어려울 거야.
② 특정 나이대의 의견을 수렴하기 위해 특정 시간대에 편성된 토론 프로그램을 시청하면 되겠어.
③ 우리의 목소리를 내기 위해서는 우리와 입장이 동일한 방송 프로그램에 참여하는 것이 좋겠어.
④ 사회적 문제에 대해 소수의 전문가와 논의하는 프로그램은 공론장의 역할을 제대로 수행하겠어.
⑤ 방송사에서 공중을 주체적으로 참여시킬 수 있는 방안을 강구한다면, 방송 프로그램은 진정한 공론장이 될 수 있겠어.

**[16~18]** 다음 글을 읽고 물음에 답하시오.

1895년 엑스선이 발견되기 전까지는 칼을 대지 않고 인체 내부를 들여다볼 수 있을 것이라는 생각은 누구도 하지 못했다. 엑스선 촬영 장치를 개량하여 인체의 단면까지 볼 수 있게 만든 컴퓨터 단층 촬영 장치(CT)는 이 방면에서 한 걸음 더 나아갔지만 구입비와 운영비가 엄청나게 비싸고 인체에 해로운 엑스선을 여전히 사용한다. 이러한 결점을 보완하여 저렴하고 안전하게 인체의 민감한 부분이나 태아까지 검진할 수 있는 장치로 널리 사용하게 된 것이 초음파 진단 장치이다.

초음파 진단 장치는 인체 내부를 들여다보기 위해 소리를 사용한다. 일반적인 소리는 사람의 귀로 감지할 수 있지만 초음파는 진동수가 20,000 Hz가 넘어서 사람의 귀로 들을 수 없는 소리이다. 인체를 진단하는 도구로 초음파를 사용하게 된 것은, 그것이 짧은 파장을 가지므로 투과성이 강하고 직진성이 탁월할 뿐 아니라 미세한 구조까지 자세하게 볼 수 있게 해 주기 때문이다.

이 진단 장치에는 초음파를 만들어 내고 감지하기 위한 압전(壓電) 변환기라는 특수한 장치가 있다. 압전 변환기의 핵심 부품인 압전 소자는 압력을 받으면 전기를 발생시키는 데 이것을 압전 효과라고 한다. 초음파를 압전 소자에 가해 주면 압전 소자에 미치는 공기의 압력이 변하면서 압전 효과로 인해 고주파 교류가 발생한다. 역으로 높은 진동수의 교류 전압을 압전 소자에 걸어 주면 압전 소자가 주기적으로 신축하면서 초음파를 발생시키는데, 이를 역압전 효과라고 한다. 이렇게 압전 소자는 압전 변환기에서 초음파를 발생시키고, 반사되어 돌아오는 초음파를 감지하는 중요한 역할을 담당한다. 즉, 압전 변환기는 마이크와 스피커의 역할을 모두 하는 셈이다.

검사하고자 하는 인체 부위에 압전 변환기를 접촉시킬 때에는 그 부위에 젤리를 발라 준다. 이는 압전 변환기와 피부 사이에 공기층을 없애 반사로 인한 음파의 손실을 최소화하기 위한 것이다. 압전 변환기에서 나온 초음파는 상이한 생체 조직을 각기 다른 속력으로 통과하며, 각 조직 사이의 경계 부위를 지날 때에는 부분적으로 반사된다. 반사되어 압전 변환기로 돌아오는 초음파의 세기는 통과한 조직의 밀도와 두께가 클수록 약해진다. 이렇게 각 조직이나 기관에서 다층적으로 반사된 초음파는 수신 모드로 전환된 압전 변환기에서 시간차를 두고 각기 다른 세기의 교류 전기 신호를 발생시킨다. 컴퓨터는 이 전기 신호들의 세기와 지체 시간을 분석하여 모니터 화면에 영상을 만들어 낸다.

돌고래는 빛이 들어오지 않는 깊은 바다 속에서, 박쥐는 칠흑같이 어두운 동굴 속에서 초음파를 발생시키고 사물에서 반사되어 돌아오는 음파를 감지해서 대상이나 장애물의 형태와 위치를 인지한다. 초음파 진단 장치는 이러한 동물들의 놀라운 능력을 모방한 생체 모방 기술의 쾌거이다.

**16** 윗글에 대한 설명으로 가장 적절한 것은?

① 압전 소자는 압력이 0이 되면 전기가 발생하는 부품이다.
② 생체 모방 기술은 인간의 생체 원리를 기술에 적용한 방법이다.
③ 초음파는 다른 생체 조직의 각 부분을 일정한 속도로 통과한다.
④ 압전 변환기는 초음파 생성과 감지의 두 가지 기능이 가능한 장치이다.
⑤ 컴퓨터 단층 촬영 장치는 엑스선의 위험성을 보완해 개량한 촬영 장치이다.

**17** 다음 글을 읽고 난 후의 반응으로 적절하지 <u>않은</u> 것은?

① 반사된 초음파의 세기가 약해지는 조건을 알게 되었다.
② 인체를 진단할 때 초음파를 사용하게 된 이유를 알게 되었다.
③ 초음파 진단 시 진단 부위에 바르는 젤리의 역할을 알게 되었다.
④ 인간과 달리 동물이 초음파를 인식할 수 있는 원인을 알게 되었다.
⑤ 초음파 진단 장치가 초음파를 생성하거나 감지하는 원리를 알게 되었다.

**18** 윗글을 바탕으로 할 때, <보기>의 탐구 내용 중 적절한 것을 모두 고른 것은?

―― <보기> ――

초음파는 인간이 들을 수 있는 주파수를 넘는 높은 음파로, 의료용 진단 시에는 주로 1MHz~20MHz가 사용된다. 이때 주파수가 높을수록 초음파 출력 해상도는 좋아지지만 투과 깊이는 감소한다. 또한 초음파의 평균 속도는 뼈나 연골과 달리 단단하게 굳지 않는 부드러운 인체의 연조직에서는 약 1,540m/s이지만 뼈에서는 약 4,080m/s로 조직의 종류에 따라 속도가 달라진다.

※ 탐구 내용
ㄱ. 갑상선처럼 세밀한 조직을 관찰할 때는 고주파를 사용하여 해상도를 높인다.
ㄴ. 초음파가 동일한 두께의 뼈와 지방 조직을 투과할 때, 반사파가 돌아오는 시간은 동일하다.
ㄷ. 간이나 신장처럼 비교적 깊은 부위를 관찰할 때는 낮은 주파수를 사용하여 투과 깊이를 확보해야 한다.
ㄹ. 태아 성장 확인을 진단할 때는 의료용 진단과 달리 비용은 비싸지만, 인체 내부를 들여다볼 수 있는 CT를 사용해야 한다.

① ㄱ, ㄴ　　② ㄱ, ㄷ　　③ ㄴ, ㄷ　　④ ㄴ, ㄹ　　⑤ ㄷ, ㄹ

## [19~22] 다음 글을 읽고 물음에 답하시오.

소비자의 권익을 위하여 국가가 집행하는 정책으로 경쟁 정책과 소비자 정책을 들 수 있다. 경쟁 정책은 본래 독점이나 담합 등과 같은 반경쟁적 행위를 국가가 규제함으로써 시장에서 경쟁이 활발하게 이루어지도록 하는 데 중점을 둔다. 이러한 경쟁 정책은 결과적으로 소비자에게 이익이 되므로, 소비자 권익을 보호하는 데 유효한 정책으로 인정된다. 경쟁 정책이 소비자 권익에 기여하는 모습은 생산적 효율과 배분적 효율의 두 측면에서 살펴볼 수 있다.

먼저, ㉠생산적 효율은 주어진 자원으로 낭비 없이 더 많은 생산을 하는 것으로서, 같은 비용이면 더 많이 생산할수록, 같은 생산량이면 비용이 적을수록 생산적 효율이 높아진다. 시장이 경쟁적이면 개별 기업은 생존을 위해 비용 절감과 같은 생산적 효율을 추구하게 되고, 거기서 창출된 여력은 소비자의 선택을 받고자 품질을 향상시키거나 가격을 인하하는 데 활용될 것이다. 그리하여 경쟁 정책이 유발한 생산적 효율은 소비자 권익에 기여하게 된다. 물론 비용 절감의 측면에서는 독점 기업이 더 성과를 낼 수도 있겠지만, 꼭 이것이 가격 인하와 같은 소비자의 이익으로 이어지지는 않는다. 따라서 독점에 대한 감시와 규제는 지속적으로 필요하다.

다음으로, 배분적 효율은 사람들의 만족이 더 커지도록 자원이 배분되는 것을 말한다. 시장이 독점 상태에 놓이면 영리 극대화를 추구하는 독점 기업은 생산을 충분히 하지 않은 채 가격을 올림으로써 배분적 비효율을 발생시킬 수 있다. 반면에 경쟁이 활발해지면 생산량 증가와 가격 인하가 수반되어 소비자의 만족이 더 커지는 배분적 효율이 발생한다. 그러므로 경쟁 정책이 시장의 경쟁을 통하여 유발한 배분적 효율도 소비자의 권익에 기여하게 된다.

경쟁 정책은 이처럼 소비자 권익을 위해 중요한 역할을 수행해 왔지만, 이것만으로 소비자 권익이 충분히 실현되지는 않는다. 시장을 아무리 경쟁 상태로 유지하더라도 여전히 남는 문제가 있기 때문이다. 우선, 전체 소비자를 기준으로 볼 때 경쟁 정책이 소비자 이익을 증진하더라도, 일부 소비자에게는 불이익이 되는 경우도 있다. 예를 들어, 경쟁 때문에 시장에서 퇴출된 기업의 제품은 사후 관리가 되지 않아 일부 소비자가 피해를 보는 일이 있다. 그렇다고 해서 경쟁 정책 자체를 포기하면 전체 소비자에게 불리한 결과가 되므로, 국가는 경쟁 정책을 유지할 수밖에 없는 것이다. 다음으로, 소비자는 기업에 대한 교섭력이 약하고, 상품에 대한 정보도 적으며, 충동구매나 유해 상품에도 쉽게 노출되기 때문에 발생하는 문제가 있다. 이를 해결하기 위해 상품의 원산지 공개나 유해 상품 회수 등의 조치를 생각해 볼 수 있지만 경쟁 정책에서 직접 다루는 사안이 아니다.

이런 문제들 때문에 소비자의 지위를 기업과 대등하게 하고 기업으로부터 입은 피해를 구제하여 소비자를 보호할 수 있는 별도의 정책이 요구되었고, 이 요구에 따라 수립된 것이 ㉡소비자 정책이다. 소비자 정책은 주로 기업들이 지켜야 할 소비자 안전 기준의 마련, 상품 정보 공개의 의무화 등의 조치와 같이 소비자 보호와 직접 관련 있는 사안을 대상으로 한다. 또한 충동구매나 유해 상품 구매 등으로 발생하는 소비자 피해를 구제하고, 소비자 교육을 실시하며, 기업과 소비자 간의 분쟁을 직접 해결해 준다는 점에서도 경쟁 정책이 갖는 한계를 보완할 수 있다.

**19** 경쟁 정책의 특징으로 적절하지 <u>않은</u> 것은?

① 독점이나 담합과 같은 반경쟁적 행위를 규제한다.
② 결과적으로 소비자에게 이익이 되는 정책으로 인정된다.
③ 소비자와 기업 사이의 갈등을 직접 해결하는 데 주력한다.
④ 시장에서 경쟁을 활성화하는 것을 목적으로 이루어지는 정책이다.
⑤ 생산적 효율과 배분적 효율 측면에서 소비자의 권익을 높일 수 있다.

**20** 윗글에서 추론할 수 있는 내용으로 적절하지 <u>않은</u> 것은?

① 소비자 정책은 경쟁 정책을 보완하는 기능을 수행한다.
② 소비자는 시장에서의 기업 간 경쟁이 활발할수록 만족한다.
③ 국가는 정책을 수단으로 하여 소비자의 권익을 보호하려고 한다.
④ 시장이 완전 경쟁 상태가 되면 소비자 권익 문제는 해결된 상태이다.
⑤ 독점 기업이 생산적 효율을 달성하더라도 소비자의 이익으로 환원되지 않을 수 있다.

**21** 윗글을 고려할 때, 윗글의 ㉠, ㉡의 사례로 적절하지 <u>않은</u> 것은?

① ㉠: 배터리 시장을 독점한 기업이 배터리 가격을 인상한 사례
② ㉠: 경쟁이 심화되어 기업이 자체 비용 절감 기술을 개발한 사례
③ ㉡: 상품의 원산지를 기업 누리집에 게재한 사례
④ ㉡: 합리적 소비 생활을 하도록 소비자에게 교육을 제공한 사례
⑤ ㉡: 구입한 상품의 하자로 발생한 기업과 소비자 분쟁을 중재한 사례

**22** <보기>를 고려할 때, 윗글에 대한 비판으로 가장 적절한 것은?

---
<보기>

'비판적'이란 현상이나 사물의 옳고 그름을 판단하여 밝히거나 잘못된 점을 지적하는 것으로 글을 읽는 과정에서도 필요한 사고이다. 글을 읽을 때, 주장과 근거가 논리적으로 타당한지, 글에 제시된 근거를 신뢰할 수 있는지, 한쪽 입장으로 치우치지 않고 공정한지를 판단하며 읽어야 한다.

---

① 경쟁 정책과 소비자 정책을 단순히 병렬적으로 나열하고 있어 공정성이 떨어진다.
② 경쟁 정책이 생산적 효율을 통해 소비자 권익에 기여한다는 주장이 논리적이므로 신뢰성이 있다.
③ 경쟁 정책이 일부 소비자에게 불이익을 줄 수 있다는 구체적 사례를 제시하지 않아 타당성이 부족하다.
④ 배분적 효율이 소비자 만족도를 높인다는 주장에 대한 실증적 자료를 제시하지 않아 신뢰성이 떨어진다.
⑤ 소비자 정책의 필요성을 강조하기 위해 경쟁 정책의 장점을 의도적으로 축소하고 있어 공정성이 떨어진다.

**[23~24]** 다음 글을 읽고 물음에 답하시오.

**2022년 관광두레 PD 선발 공고문**

　문화체육관광부는 주민주도형 관광사업체 창업 및 육성 지원을 위해 '관광두레' 사업을 2013년부터 시행하고 있습니다. 2022년도 관광두레 사업을 추진할 관광두레 PD 및 사업 대상 지역을 선정하고자 하오니 PD 활동에 관심 있는 분들과 지자체의 참여를 부탁드립니다.

[1] 관광두레사업 안내
□ 사업 목적
　- 주민 공동체 기반의 지속가능한 주민사업체 창업 및 육성
　- 지역주민들이 자발적으로 사업 법인체를 만들어 관광객을 상대로 숙박, 음식, 기념품 등 관광 사업을 경영하도록 함으로써 공동체 형성과 일자리와 소득 창출
□ 관광두레 PD의 역할
　- 지역주민의 수요 파악, 잠재력 및 발전가능성이 높은 주민사업체 발굴 및 조력자 역할수행, 사업 계획 수립 지원, 주민사업체 창업 및 지속 성장을 위한 지원 등

[2] 관광두레 PD 선발 공고 개요
□ 선발 대상
　○ 선발 대상: 지역별 1인으로 한정 ※ 팀(2인 이상) 지원 불가
　○ 선발 인원: 00명 및 해당지역 00개소
　※ 아래표: 지원불가 지역(현재 사업 진행 지역, 2년 이상 PD 활동 후 중단 지역, PD 졸업 지역)

| 권역 | 지역명 |
|---|---|
| 충북 | 제천, 괴산, 청주, 음성 |
| 충남 | 홍성, 서산, 예산, 태안, 부여, 청양, 천안 |
| 전북 | 김제, 남원, 익산, 군산, 장수, 순창, 진안, 고창, 임실 |
| 전남 | 곡성, 여수, 구례, 나주, 담양, 강진, 보성, 광양, 고흥, 순천, 목포, 장성, 영광 |
| 경북 | 청송, 봉화, 울진, 안동, 상주, 문경, 경주, 영주, 고령, 영천, 포항, 영덕 |
| 경남 | 남해, 합천, 거창, 통영, 산청, 거제, 김해, 진주, 양산, 창녕, 고성 |

□ 접수 기간 및 접수 방법
　○ 접수 기간: 2021.11.22.(월) ~ 12.27.(월) 14:00 마감
　○ 접수 방법: PD·지자체 지원 신청서(서식) 작성 및 제출
　○ 접수처: 지자체 공문 접수(이메일, 우편접수 불가)
　　※ 신청 서류는 한번 제출하면 수정할 수 없음
　　※ 관광두레 PD 신청 서류는 접수 기간 내에 제출해야만 인정됨
　　※ 심사 결과에 대한 문의는 안내하지 않음

[3] 우대 사항 및 업무 조건
□ 우대 사항(서류 평가 시 1개만 인정, 가산점 최대 3점 부여)
　1. 2021 관광두레 아카데미 수료자 1점
　2. 지역협력사업 아카데미 수료자 또는 수강 중인 자 3점
　3. 창업관련(창업보육매니저, 경영지도사, 창업지도사) 자격증을 보유한 자 3점

□ 업무 조건
  ○ 활동 기간: 최대 5년
    ※ 매년 연차 평가 결과 및 PD 활동 기간 중 성과가 낮을 경우 협약 해지 가능
    ※ 초기 1개월 활동 기간, 공사에서 실시한 교육 미이수자 및 평가 점수가 낮은 대상자는 협약 해지 가능
  ○ 활동 범위: 관광두레사업 선정 지자체(시·군·구)
  ○ 업무 내용
    - 해당 지역의 관광두레사업 추진 전담
    - 지역자원조사 및 지역콘텐츠진단연구 시행
    - 관광사업 모델 개발 및 사업실행계획 수립 지원
    - 주민 공동체 발굴 및 역량 강화 교육·창업 지원
    - 지역 내 및 인접지역 간 관광두레 네트워크 구축 등 지원

**23** 윗글에 대한 설명으로 적절한 것은?

① 관광두레 PD 선발 과정을 시간 순서대로 설명하고 있다.
② 실제 관광두레 PD로 일한 경험을 생생하게 서술하고 있다.
③ 사업 실시 기관장이 관광두레 PD의 노고를 위로하고 있다.
④ 관광두레 사업의 역사를 소개하고 사업의 의의를 알리고 있다.
⑤ 관광두레 사업을 설명하고, PD 선발을 공고하고 있다.

**24** 안내문의 내용을 이해한 것으로 적절한 것은?

① 전북에서 관광두레 PD에 지원 불가한 지역은 총 8개이다.
② 관광두레 PD로 선발되었더라도 처음 한 달의 평가 점수가 낮으면 협약 해지가 가능하다.
③ 관광두레 PD 심사 결과에 대한 문의는 결과 발표 후 일주일 내에 해야 안내를 받을 수 있다.
④ 관광두레 PD로 선발되면 해당 지역 내에 한정하여 관광두레 네트워크를 구축하는 업무를 진행하게 된다.
⑤ 지역협력사업 아카데미를 수강 중이고, 창업지도사 자격증을 보유한 사람은 총 6점의 가산점을 받을 수 있다.

## [25~27] 다음 글을 읽고 물음에 답하시오.

### "도시 농업, 수직 농장으로 식탁 혁명 일으킨다"

[장면1]

앵커: ㉠ 불규칙한 기상 이변, 좁아지는 경작지, 높아지는 농업 인구의 평균 나이. 우리나라 농업이 직면한 문제의 해결책을 찾는 것이 시급해 보이는데요. 최근 도시 농업과 수직 농장 기술이 전통적 농업의 한계를 뛰어넘으며 새로운 해결책으로 ㉡ 떠오르고 있습니다. 이 소식, 박○○ 기자가 보도합니다.

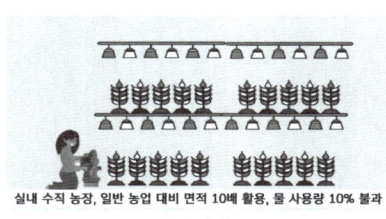
실내 수직 농장, 일반 농업 대비 면적 10배 활용, 물 사용량 10% 불과
[장면2]

박○○ 기자: ○○도의 한 고층 건물 지하. 이곳은 일반 농장과는 다릅니다. 형광등처럼 보이는 LED 조명이 줄지어 설치되어 있고, 여러 층으로 쌓인 선반마다 싱싱한 채소들이 자라고 있습니다. 바로 온도와 습도, 영양분까지 모두 정밀하게 제어할 수 있는 실내 수직 농장입니다. 수직 농장은 층층이 쌓은 선반에서 작물을 재배하는 방식으로, 같은 면적 대비 일반 농장보다 10배 정도의 토지를 활용할 수 있습니다. 또한 날씨와 계절에 상관없이 안정적인 생산이 가능하며, 농약을 사용하지 않아 친환경적입니다. 물 사용량도 일반 농업의 10% 수준에 불과해 자원 절약 효과도 큽니다.

김○○ / 수직 농장 운영자
처음에는 기술적인 어려움도 있었고 초기 투자 비용이 높아 망설였습니다. 하지만 지금은 안정적인 생산과 수익을 내고 있어요. 특히 레스토랑이나 유기농 식품을 찾는 소비자들에게 직접 공급하면서 부가 가치를 높일 수 있었습니다.
[장면3]

김○○(수직 농장 운영자): ㉢ 처음에는 기술적인 어려움도 있었고 초기 투자 비용이 높아 망설였습니다. 하지만 지금은 안정적인 생산과 수익을 내고 있어요. 특히 레스토랑이나 유기농 식품을 찾는 소비자들에게 직접 공급하면서 부가 가치를 높일 수 있었습니다.

수직 농장, 교육과 문화의 공간으로도 확장
[장면4]

박○○ 기자: 수직 농장은 이제 농업 생산을 넘어 교육과 문화의 공간으로도 확장되고 있습니다. 한 초등학교는 교실에 작은 수직 농장을 설치해 아이들에게 식물 재배 경험을 제공하고 있으며, ㉣ 일부 카페와 레스토랑에서는 매장 내에 수직 농장을 두고 진짜 신선한 식재료를 내세워 차별화에 성공했습니다.

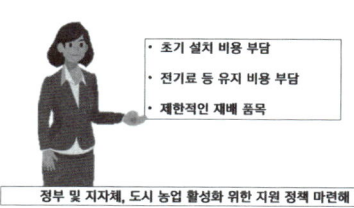
· 초기 설치 비용 부담
· 전기료 등 유지 비용 부담
· 제한적인 재배 품목
정부 및 지자체, 도시 농업 활성화 위한 지원 정책 마련해
[장면5]

박○○ 기자: 전문가들은 수직 농장이 미래 식량 안보의 중요한 대안이 될 수 있다고 말합니다. ㉤ 하지만 여전히 초기 설치 비용 및 전기료 등 유지 비용이 높다는 점과 재배할 수 있는 품목이 제한적이라는 점은 해결해야 할 과제로 남아있습니다. 정부와 지자체는 도시 농업 활성화를 위해 다양한 지원 정책을 마련하고 있습니다. 이제 농장이 반드시 넓은 들판에 있어야 한다는 고정관념은 깨졌습니다. 도시의 빌딩 안에서 자라는 농작물들이 우리의 식탁과 미래 농업의 모습을 바꿔가고 있습니다. 지금까지 ○○ 뉴스였습니다.

**25** 뉴스 보도 장면에서 알 수 있는 정보 제시 전략으로 적절하지 <u>않은</u> 것은?

① [장면1]: 보도 내용과 관련된 시각 자료를 함께 제시해 시청자의 주의를 집중시키고 있다.
② [장면2]: 기자가 소개하는 현장을 화면에 제시하여 보도 내용의 실재감을 높이고 있다.
③ [장면3]: 인터뷰 내용을 자막으로 동일하게 제시하여 시청자의 내용 이해를 돕는다.
④ [장면4]: 보도 내용과 관련한 구체적 사례를 시각 자료로 제시해 시청자의 관심을 유도한다.
⑤ [장면5]: 시각 자료에 보도 내용에서 언급하지 않은 내용을 제시하여 시청자에게 추가 정보를 제공하고 있다.

**26** <보기>의 반응 중 적절하지 <u>않은</u> 것은?

― <보기> ―

시청자 1: 뉴스를 보니 앞으로 우리나라 농업이 기존의 넓은 경작지가 아니라 도시 내 건물을 활용하는 방향으로 발전할 수도 있겠네요. 집 내부에서도 수직 재배를 할 수 있는 제품이 있는지 검색해 봐야겠어요.
시청자 2: 농약을 사용하지 않고 친환경적이라는 점이 제일 마음에 들었습니다. 다만 초기 설치 비용과 유지 비용이 높다는 한계에 대한 구체적인 해결 방안이 제시되지 않아 아쉬웠어요. 지속 가능한 발전을 위해서는 비용 문제를 어떻게 해결할 수 있을지 더 자세히 알려 줬으면 좋겠네요.
시청자 3: 수직 농장이 안정적인 생산과 수익을 낸다는 운영자의 인터뷰를 인용한 구성이 인상적이었습니다. 저도 농업에 관심이 있었는데 이 뉴스를 보고 수직 농장 창업에 대해 진지하게 고려해 보게 됐어요. 지원 정책을 자세히 알려줬으면 좋았을 것 같은데, 제가 따로 정부나 지자체에서 제공하는 지원 정책에 대해 더 알아봐야겠습니다.
시청자 4: 수직 농장이 교육과 문화의 공간으로도 활용된다는 점이 흥미로웠어요. 학교에서 일하고 있는데, 저희 학교에도 작은 수직 농장을 설치해 아이들에게 환경과 식물에 대해 가르치면 좋을 것 같아요. 학생들이 실제 농작물 재배에 참여하게 되면 좀 더 참여 중심의 교육 환경으로 발전할 수 있겠어요.
시청자 5: 농업 위기에 대한 문제의식으로 시작해서 그 해결책으로 수직 농장을 소개한 뉴스 구성이 좋았습니다. 특히 물 사용량이 일반 농업의 10% 수준에 불과하다는 점이 인상적이었어요. 요즘 물 부족 문제가 심각한데, 수직 농장이 수자원 절약에도 큰 도움이 될 것 같아 미래 농업의 희망을 보는 것 같습니다.

① 시청자 2와 3은 뉴스 내용에 대해 아쉬움을 느끼고 있다.
② 시청자 3과 4는 뉴스 내용을 본인의 진로와 관련지어 활용하려고 한다.
③ 시청자 1과 3은 뉴스 내용에서 언급되지 않은 내용을 스스로 찾아보려고 한다.
④ 시청자 3과 5는 뉴스 내용이 구성된 형식을 기준으로 긍정적인 평가를 내리고 있다.
⑤ 시청자 1과 4는 뉴스 내용을 통해 과거 환경과 대조하여 미래에 나타날 변화를 기대하고 있다.

**27** ㉠~㉤에 대한 이해로 가장 적절한 것은?

① ㉠: 현재형 시제를 나타내는 어미를 사용하여 현재 발생하고 있는 문제임을 표현하고 있다.
② ㉡: 보조 용언을 사용해 아직 사건이 일어나지 않았으나 곧 일어날 것을 확정하여 나타내고 있다.
③ ㉢: 인터뷰 대상자의 말을 간접적으로 인용하여 내용의 신뢰성을 높이고 있다.
④ ㉣: 부사를 사용해 대상의 특성을 모호하게 만들고 있다.
⑤ ㉤: 순접의 접속사를 사용하여 앞절의 내용과 같은 내용이 이어짐을 나타내고 있다.

## [28~30] 다음 글을 읽고 물음에 답하시오.

| 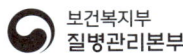 보건복지부 질병관리본부 | 오락가락 장마 속 본격 무더위 시작, 7월 말~8월 초 온열 질환 주의! |
|---|---|

질병관리본부는 오락가락하는 장마 속 본격 무더위가 시작되면서 한여름 폭염, 열대야와 함께 온열 질환자* 급증이 예상된다고 밝히며 각별한 주의를 당부하였다.

* 온열 질환은 열로 인해 발생하는 급성 질환으로 뜨거운 환경에 장시간 노출 시 두통, 어지러움, 근육 경련, 피로감, 의식 저하 등의 증상을 보이고 방치 시에는 생명이 위태로울 수 있는 질병으로 열탈진(일사병)과 열사병이 대표적

○ 질병관리본부는 전국 500여 개 응급실을 통해 온열 질환자 내원 현황을 신고 받는 「온열 질환 응급실 감시 체계」를 운영하고 있으며, 올해는 현재까지(5.20.~7.22.) 총 347명의 온열 질환자가 신고되었다.

※ 작년 같은 기간(2018.5.20.~7.22.) 온열 질환자 신고 1,228명(사망 14명)

○ 작년 감시 결과에 따르면 7월 말부터 8월 초까지(7.21.~8.10.) 온열 질환자의 62%가 신고되어 이 시기에 환자 발생이 집중된 바 있으며 올해도 같은 추세가 이어질 것으로 보여 한여름에 각별한 주의가 필요하다고 밝혔다.

질병관리본부 관계자는 "올해 온열 질환자는 실외 작업장과 논·밭, 운동장·공원에서 주로 발생하고 있으며, 더위가 심해질수록 스스로 대처가 어려운 노약자가 별다른 조치 없이 집에서 더위를 참다가 열사병 등으로 진행하는 경우가 많다."고 언급하면서 한여름 온열 질환에 대비하기 위하여 지자체에서는 노약자 등 특히 보호가 필요한 대상을 중심으로 방문 보건 사업과 무더위 쉼터를 적극 운영하여 줄 것과 각 상황에 따른 주의 사항 전파를 당부하였다.

< 작업 중 >
○ 온열 질환을 예방하기 위해서는 되도록 고온 환경을 피하는 것이 좋다. 무더위에는 갈증이 나지 않더라도 규칙적으로 수분을 섭취하고, 가능한 오후 시간대(12시~17시) 활동을 줄이며, 2인 이상이 함께 서로의 건강 상태를 살피면서 근무하도록 한다.
○ 작업 중에는 무리하지 않도록 그늘에서 규칙적으로 휴식을 취하며, 어지러움, 두통, 메스꺼움 등 초기 증상이 나타나면 즉시 작업을 중단하고 시원한 곳으로 이동하여 회복하도록 한다.
○ 특히 고령의 농작업자는 무더위에 작업하는 경우 위험할 수 있음을 인지하고, 무더위 시 작업을 자제하고 무리하지 않도록 한다.

< 관광·놀이·운동 중 >
○ 관광, 물놀이, 등산, 골프 등 실외 활동 중에는 가급적 그늘에서 활동하거나 양산, 모자 등으로 햇볕을 최대한 피하고 장시간 더위에 노출되지 않도록 주의한다.
○ 사전에 물을 충분히 준비하여 자주 마시고, 지나치게 땀을 흘리거나 무리하는 활동은 피하여 탈수가 생기지 않게 주의한다.

< 집 안에서 >
○ 선풍기, 에어컨 등 냉방 장치를 사용하고, 집의 냉방 상태가 좋지 않다면 각 지자체에서 운영하는 인근의 '무더위 쉼터'를 이용한다.
○ 평소보다 물을 많이 수시로 마셔 갈증을 피하고, 수건에 물을 적셔서 몸을 자주 닦거나 가볍게 샤워를 하면 도움이 된다. 한낮에는 가스레인지나 오븐 사용은 되도록 피한다.

< 어린이와 노약자가 있는 경우 >
○ 어린이와 어르신, 지병이 있는 경우 더위에 더 취약하므로 본인은 물론 보호자와 주변인의 각별한 관심이 필요하다.
○ 집 안과 차 등 창문이 닫힌 실내에 어린이나 노약자를 홀로 남겨두지 않도록 한다. 창문이 닫힌 자동차는 물론 창문을 일부 연 경우라도 차 안 온도가 급격히 상승하므로 어린이와 노약자를 차 안에 혼자 두지 않아야 한다.
○ 어린이와 노약자를 부득이 홀로 남겨두고 외출할 때에는 이웃이나 친인척에게 보호를 부탁하여야 한다.

< 온열 질환자 발생 시 대처 요령 >
○ 일사병·열사병 등 온열 질환이 발생하면 즉시 환자를 시원한 곳으로 옮기고, 옷을 풀고 시원한 물수건으로 닦거나 부채질을 하는 등 체온을 내리고 의료 기관을 방문한다.
○ 환자에게 수분 보충은 도움 되나 의식이 없는 경우에는 질식 위험이 있으므로 음료수를 억지로 먹이지 않도록 하며 신속히 119에 신고하여 병원으로 이송해야 한다.

**28** 윗글의 내용과 일치하지 않는 것은?
① 온열 질환을 예방하기 위해서 가능한 12~17시 사이의 활동을 삼간다.
② 온열 질환자는 피로감, 의식 저하, 근육 경련 등의 증상을 보일 수 있다.
③ 온열 질환은 주로 논과 밭, 공원 등의 실외에서 발생하므로 고온 환경을 피하는 것이 좋다.
④ 질병관리본부에서는 지자체를 중심으로 방문 보건 사업과 무더위 쉼터 운영을 적극 실시하도록 했다.
⑤ 지난해 5.20.~7.22.에 발생한 온열 질환자 신고 건수보다 올해 같은 기간의 온열 질환자 신고 건수가 더 많으므로 주의해야 한다.

**29** 윗글을 읽고 보인 반응으로 적절하지 않은 것은?
① 의식이 없는 온열 질환자에게는 음료수를 억지로 먹여서는 안 되겠군.
② 열사병 등이 발생하면 환자를 즉시 시원한 곳으로 옮기고 부채질을 해줘야겠군.
③ 집의 냉방 상태가 좋지 않을 때에는 무더위 쉼터를 활용하여 더위를 피할 수 있겠군.
④ 여름에도 건강 관리를 위해 땀을 많이 흘리는 운동을 한 후 가볍게 샤워하는 것이 좋군.
⑤ 지병이 있는 경우 고온에 취약하므로 작업할 때 규칙적으로 그늘에서 휴식을 취해야겠군.

**30** 윗글을 읽고 제기할 수 있는 질문으로 가장 적절한 것은?
① 야외 활동 시 온열 질환 예방 방법은 무엇인가?
② 어린이와 노약자만 집에 두게 될 경우 어떻게 조치해야 하는가?
③ 폭염 주의보 발령의 기준은 무엇이며 어떻게 확인할 수 있는가?
④ 폭염 시 집 안에서 지켜야 할 주의 사항으로 어떤 것이 있는가?
⑤ 열사병이나 일사병 등의 온열 질환자가 발생하면 응급 처치를 어떻게 해야 하는가?

KBS한국어능력시험 동영상강의 · 무료 학습자료 제공
**pass.Hackers.com**

해커스 36시간에 끝내는 KBS한국어능력시험

# 기출동형 모의고사

# [듣기·말하기] (1~15번)

듣기 MP3 바로 듣기

자동 채점 및 성적 분석 서비스

1. 그림에 대한 설명과 일치하는 것은?

① 이 작품을 보고 영감을 받아 창작된 문학 작품이 있다.
② 이 작품에서 쐐기풀은 일반적인 의미와 달리 초월을 상징한다.
③ 사람보다 식물을 자세히 묘사하여 그림에 생동감을 부여하였다.
④ 오필리아의 죽음을 상징하는 양귀비는 다른 꽃보다 강조되어 있다.
⑤ 애인에게 배신당한 오필리아의 모습은 버드나무의 나뭇가지로 표현된다.

2. 이 이야기의 마지막에 이어질 내용으로 가장 적절한 것은?

① 삶을 살아가다가 어려운 일이 있다면 어른들에게 물어보도록 하련.
② 사람은 혼자 살 수 없는 존재이니 주변 사람들과 잘 어울리며 살아야 한단다.
③ 마음은 시시각각 변하기 마련이니 중용과 균형의 태도를 잃지 않도록 주의하련.
④ 마음이 어지러울 때면 선인들의 이야기에서 얻은 교훈을 되새기며 살아가야 한단다.
⑤ 어떤 마음을 가지고 있든 그 마음들을 다스릴 수 있는 방법을 배우는 게 중요하단다.

3. 강연을 듣고 이해한 내용으로 적절하지 않은 것은?

① 셰그렌 증후군은 호흡기 점액 분비를 감소시킨다.
② 셰그렌 증후군을 겪으면 위염이 발생할 수도 있다.
③ 셰그렌 증후군의 환자 중 악성 종양이 발생하는 경우도 있다.
④ 셰그렌 증후군은 외분비샘에 림프구가 침범한 급성 질환이다.
⑤ 셰그렌 증후군의 환자 중 약 50%는 관절염 증상도 함께 겪는다.

4. 방송 내용에 대한 이해로 적절하지 않은 것은?
  ① 차이콥스키는 <비창>의 첫 번째 공연 이후 타계하였다.
  ② 차이콥스키는 러시아의 민족적 정서, 인간의 감정을 선율에 담았다.
  ③ <백조의 호수>와 <호두까기 인형>은 발레 음악의 예술적 수준을 높였다.
  ④ <비창>의 제4악장은 일반적인 교향곡과 달리 빠르게 하강하는 선율로 마무리된다.
  ⑤ 차이콥스키의 음악은 언어로 표현할 수 없는 내면의 감정을 드러내는 소통의 수단이었다.

5. 이 시의 제목으로 가장 적절한 것은?
  ① 강
  ② 돌
  ③ 비
  ④ 구름
  ⑤ 파도

6. 전문가가 설명한 내용과 일치하지 않는 것은?
  ① 이어폰 사용 습관을 개선하는 것은 수면의 질 향상에 도움이 된다.
  ② 청소년은 자기조절 능력이 부족해 이어폰 사용 시간 조절이 어렵다.
  ③ 헤드폰은 이어폰보다 음압이 더 집중되므로 청력 손상 위험이 크다.
  ④ 이어폰 내부의 습기와 세균으로 인해 귀의 감염 위험이 커질 수 있다.
  ⑤ 이어폰으로 인한 청력 문제는 성인이 되어서도 회복되지 않을 수 있다.

7. 진행자의 말하기 방식으로 적절하지 않은 설명은?
  ① 전문가의 설명을 요약하며 대담 내용을 정리하고 있다.
  ② 청력 손상 외의 추가적인 문제점에 대해 질문하고 있다.
  ③ 이어폰 사용이 증가한 배경을 언급하며 주제를 소개하고 있다.
  ④ 전문가에게 안전한 이어폰 사용법에 대한 정보를 요청하고 있다.
  ⑤ 전문가의 설명에 의문을 제기하며 다른 관점의 내용을 제시하고 있다.

8. 대화의 내용으로 적절하지 않은 것은?
   ① 여학생은 기부자에 대한 세제 혜택이 충분하지 않다고 생각한다.
   ② 남학생은 문제를 해결하기 위해 정부의 관리가 필요하다고 생각한다.
   ③ 여학생은 사회적 분위기로 청소년의 기부 참여가 어렵다고 생각한다.
   ④ 여학생은 사회 지도층이 소극적으로 기부하는 것을 문제로 삼고 있다.
   ⑤ 남학생은 기부 문화가 정착되지 못한 원인을 개인 차원에서 파악하고 있다.

9. 등장인물의 말하기 방식에 대한 이해로 가장 적절한 것은?
   ① 선생님: 기부 경험을 제시하여 기부 참여를 유도하고 있다.
   ② 여학생: 외국 사례와 비교하여 우리나라의 장점을 강조하고 있다.
   ③ 여학생: 전문 기관의 의견을 인용하여 남학생의 의견을 반박하고 있다.
   ④ 남학생: 여학생의 일부 의견에 먼저 공감한 뒤, 여학생과 상반된 의견을 제시하고 있다.
   ⑤ 남학생: 자료를 근거로 하여 문제의 원인을 파악하고 이에 따른 해결안을 제시하고 있다.

10. 강연의 내용과 일치하지 않는 것은?
    ① 조각보에는 사용하는 사람들의 염원이 담기기도 했다.
    ② 밥상을 덮는 조각보에는 일반적으로 꼭지가 달려 있다.
    ③ 조선 시대에는 처음 바느질을 배울 때의 결과물이 조각보였다.
    ④ 조각보는 사회적 지위가 높거나 부유한 집안에서 특히나 많이 사용되었다.
    ⑤ 조각보는 옷감의 가격이 비싸 남은 천을 이어 붙이기 시작한 데서 유래되었다.

11. 이 강연의 특징에 대한 설명으로 가장 적절한 것은?
    ① 조각보를 만드는 다양한 방법을 소개하며 설명하고 있다.
    ② 조선 시대의 다른 천 제품과 조각보를 비교하며 설명하고 있다.
    ③ 조각보의 다양한 용도를 조각보라는 이름이 붙은 이유와 함께 설명하고 있다.
    ④ 의복 기술이 발전함에 따라 조각보가 발전한 과정을 시간순으로 설명하고 있다.
    ⑤ 현대 사회와 조선 사회에서 조각보의 쓰임새가 어떻게 달라졌는지 설명하고 있다.

**12.** 이 발표에서 제시한 정보로 옳지 <u>않은</u> 것은?

① 자동차 등록 번호판은 1904년에 처음 도입되었다.
② 차량의 증가로 2019년 9월부터 여덟 자리 번호판이 도입되었다.
③ 차종을 표시할 때, 두 자리 숫자로 표기한 것은 1996년부터이다.
④ 자동차 등록 번호판은 차종, 용도, 고유 번호 등으로 구성되어 있다.
⑤ 모든 차량의 번호판에 등록 지역이 사라진 이유는 지역감정의 해소 때문이다.

**13.** 발표자의 말하기 전략으로 가장 적절한 것은?

① 청중의 경험을 환기하여 화제를 제시하고 있다.
② 비유적 표현을 사용해 청중의 이해를 돕고 있다.
③ 시간 순서대로 내용을 제시하여 문제의 심각성을 강조하고 있다.
④ 청중의 질문에 답변하는 방식을 활용하여 내용을 전개하고 있다.
⑤ 문제의 해결안을 제시하여 미래에 대한 긍정적인 전망을 언급하고 있다.

**14.** 두 사람의 입장에 대한 이해로 적절하지 <u>않은</u> 것은?

① 김 부장은 이 과장의 고충을 받아들여 인력의 충원을 약속하고 있다.
② 이 과장은 업무량, 성과, 업계 평균 연봉에 비해 현재 연봉이 낮다고 생각한다.
③ 이 과장은 업무 부담을 들어 처우 개선이 어렵다면 업무를 조정해 달라고 주장하고 있다.
④ 김 부장은 성과급을 인상하는 조건으로 기본 연봉의 인상률을 조정하기를 요구하고 있다.
⑤ 김 부장은 회사의 인건비 상승률 지침이 5%로 제한되어 이 과장의 요구를 수용하기 어렵다고 주장한다.

**15.** 두 사람의 갈등 해결 방식으로 가장 적절한 것은?

① 양측은 다양한 대안을 통해 균형점을 찾았다.
② 김 부장은 최종 결정권을 행사하여 일방적으로 결론을 내렸다.
③ 김 부장은 이 과장의 요구 사항을 모두 들어주어 합의에 도달했다.
④ 이 과장은 경쟁 회사의 입사 제안을 공개하여 자신의 가치를 입증하였다.
⑤ 양측은 회사의 지침과 개인의 요구 사이에서 타협점을 찾지 못하고 협상을 중단했다.

## [어휘] (16~30번)

16. "매우 둔하고 어리석다."를 뜻하는 고유어는?

① 가만하다   ② 덩둘하다   ③ 습습하다   ④ 의뭉하다   ⑤ 함함하다

17. 밑줄 친 한자어의 사전적 뜻풀이로 옳지 않은 것은?

① 평화 협정 이후에도 일부 반정부 세력이 여전히 준동(蠢動)하고 있다. → 활발히 활동함.
② 공사가 완료된 후 도급업자와 최종 정산(精算)을 하였다. → 정밀하게 계산함. 또는 그런 계산.
③ 그녀는 어렸을 때부터 가미(加味) 통조림을 좋아했다. → 음식에 양념이나 식료품을 더 넣어 맛이 나게 함.
④ 오래된 문서는 글자 소거(消去)가 많아 판독이 어렵다. → 글자나 그림 따위가 지워짐. 또는 그것을 지워 없앰.
⑤ 그녀는 통변(通辯) 능력을 인정받아 국제기구에서 일하게 되었다. → 말이 통하지 아니하는 사람 사이에서 뜻이 통하도록 말을 옮겨 줌. 또는 그런 일을 하는 사람.

18. 밑줄 친 고유어의 사용이 적절하지 않은 것은?

① 나는 실수를 저지른 후 점직한 표정으로 사과했다.
② 낚시꾼은 미끼가 물에 자박이는 소리에 귀를 기울였다.
③ 전통 혼례식에서 신부의 음전한 태도는 아름다움을 더했다.
④ 대학을 졸업하고 설면한 동창들과 10년 만에 모임을 개최했다.
⑤ 작가의 웅숭깊은 문학적 통찰은 독자들에게 깊은 감동을 주었다.

19. <보기>의 ㉠과 바꿔 쓸 수 있는 표현으로 적절하지 않은 것은?

<보기>
그는 논문 작성을 위해 여러 자료를 ㉠ 자세히 살펴보았다.

① 천착(穿鑿)하였다   ② 탐구(探究)하였다   ③ 일별(一瞥)하였다
④ 검토(檢討)하였다   ⑤ 고찰(考察)하였다

20. <보기>의 밑줄 친 ㉠~㉢에 해당하는 한자로 올바르게 묶인 것은?

<보기>
- ㉠ 연패 후 첫 승리의 기쁨은 더욱 크게 느껴졌다.
- 과도한 경쟁은 산업 전체의 ㉡ 자멸을 불러올 수 있다.
- 현대 건축물은 기능성과 미적 요소의 ㉢ 조화를 중시한다.

|   | ㉠ | ㉡ | ㉢ |
|---|---|---|---|
| ① | 連敗 | 自蔑 | 調和 |
| ② | 連敗 | 自滅 | 調和 |
| ③ | 連霸 | 自蔑 | 調和 |
| ④ | 連霸 | 自滅 | 造化 |
| ⑤ | 連敗 | 自滅 | 造化 |

21. 밑줄 친 고유어의 의미로 적절하지 않은 것은?

① 그 영화는 짜장 기대한 만큼 재미있다. → 과연 정말로.
② 그녀는 물색없이 행동하여 주변 사람들을 당황하게 만든다. → 하는 행동이 변변치 못하게.
③ 부장님은 회의할 때 말잔치를 꺼려한다. → 말로만 듣기 좋게 떠벌리는 일을 비유적으로 이르는 말.
④ 우리 부부는 가끔 티격을 벌이지만 금세 화해한다. → 서로 뜻이 맞지 아니하여 사이가 벌어져 이러니저러니 따지는 일.
⑤ 아이가 학교에 가기 싫어서 엄살을 부리고 있다. → 아픔이나 괴로움 따위를 거짓으로 꾸미거나 실제보다 보태어서 나타냄. 또는 그런 태도나 말.

22. 밑줄 친 단어가 나머지 단어와 다의어 관계에 있지 않은 것은?

① 우산 위에 쌓인 눈을 떨었다.
② 그녀는 불안한 마음을 떨고 무대에 올랐다.
③ 사치스러운 생활로 모든 재산을 떨어 없앴다.
④ 손님들이 남은 재고를 모두 떨어 가길 바란다.
⑤ 그는 무서움에 떨면서 어두운 동굴로 들어갔다.

23. <보기>에 제시된 두 단어의 의미 관계와 다른 것은?

   ┌─────────────── <보기> ───────────────┐
   │              목구멍 : 인후(咽喉)              │
   └──────────────────────────────────┘

   ① 턱 : 악(顎)          ② 가슴 : 흉부(胸部)         ③ 다리 : 하지(下肢)
   ④ 손목 : 수조(手爪)    ⑤ 허리뼈 : 요추(腰椎)


24. 밑줄 친 고유어를 한자어로 바꾸었을 때 가장 적절하지 않은 것은?
   ① 그는 다음 검정고시를 치기로 마음먹었다. → 응시(應試)하기로
   ② 선장은 긴급 상황을 알리기 위해 무전을 쳤다. → 타전(打電)했다
   ③ 수리공은 기계에 기름을 쳐서 마찰을 최소화했다. → 도포(塗布)해
   ④ 그는 재빠른 손놀림으로 상대방의 다리를 쳤다. → 가격(加擊)했다
   ⑤ 목장에서는 말을 치다가 승마 사업을 운영했다. → 훈련(訓練)하다가


25. <보기>에 제시된 단어의 의미 관계와 동일한 것은?

   ┌─────────────── <보기> ───────────────┐
   │                  나물 - 냉이                   │
   └──────────────────────────────────┘

   ① 사과 - 배           ② 입학 - 퇴학            ③ 야구 - 농구
   ④ 양서류 - 개구리     ⑤ 우체국 - 경찰서


26. 문맥상 속담의 쓰임이 적절하지 않은 것은?
   ① 사고 이후에 대책을 마련하는 것은 '행차 뒤에 나팔'인 격이다.
   ② '계란에도 뼈가 있다'더니 이번에는 성공할 줄 알았는데 또 실패했다.
   ③ 그의 뛰어난 수영 실력은 '신 벗고 따라도 못 따른다'더니 그는 7연패를 기록했다.
   ④ '가마솥에 든 고기'라고 하더니 드디어 너의 재능을 펼칠 수 있는 곳이 생겼구나?
   ⑤ '치장 차리다가 신주 개 물려 보낸다'고 옷차림만 신경 쓰지 말고 면접 연습을 한 번 더 해라.

27. "도저히 불가능한 일을 굳이 하려 함."을 의미하는 사자성어로 가장 적절한 것은?

① 고육지계(苦肉之計)   ② 마이동풍(馬耳東風)   ③ 연목구어(緣木求魚)
④ 불치하문(不恥下問)   ⑤ 전전반측(輾轉反側)

28. 다음 관용구의 의미가 적절하지 않은 것은?

① '눈을 거치다' → 글 등을 검토하거나 분별하다.
② '상투를 잡다' → 총각이 장가들어 어른이 되다.
③ '막이 오르다' → 무대의 공연이나 어떤 행사가 시작되다.
④ '별이 보이다' → 충격을 받아서 갑자기 정신이 아득하고 어지럽다.
⑤ '발꿈치를 물리다' → 은혜를 베풀어 준 상대로부터 뜻밖에 해를 입다.

29. 밑줄 친 부분을 순화한 것으로 적절하지 않은 것은?

① 이번 연구에 상당한 예산이 소요(所要)되었다. → 들었다
② 휴가철에 많은 사람들이 유어행위(遊漁行爲)를 즐겼다. → 낚시
③ 편집자는 초고의 불필요한 문장을 절사(切捨)하였다. → 끊어 버렸다
④ 그녀는 평소 업무를 해태(懈怠)하여 상사에게 주의를 받았다. → 잘못하여
⑤ 그는 실험 장비에 감지기를 취부(取付)하여 세포를 정밀하게 관찰하였다. → 부착하였다

30. 밑줄 친 부분을 다듬은 표현으로 적절하지 않은 것은?

① 산업별로 특화된 전문 헤드헌터(→ 취업 관리자)가 등장했다.
② 지방자치단체는 시민 참여형 거버넌스(→ 정책) 모델을 실험했다.
③ 금융 당국은 잠재적 뱅크 런(→ 은행 파산)에 대비한 대응 체계를 마련했다.
④ 시대가 바뀌면서 제너럴리스트(→ 다방면 인재)의 가치가 더 높아지고 있다.
⑤ 우리 회사는 혈당 스파이크(→ 혈당 급상승)를 고려한 기능성 식품을 개발했다.

## [어법] (31~45번)

**31. 밑줄 친 단어를 맞춤법에 맞게 수정하지 못한 것은?**
① 사장은 직원들에게 일을 빨리 처리하라고 닥달했다(→ 닦달했다).
② 건강을 챙기기 위해서 한약을 여러 번 우려먹었다(→ 울궈먹었다).
③ 동생을 가리키는(→ 가르치는) 과외 선생님은 나의 고등학교 친구이다.
④ 그의 신작은 너무나 문안하여(→ 무난하여) 대중의 관심을 끌지 못했다.
⑤ 벌써 8시인데 그렇게 느즈막하게(→ 느지막하게) 밥을 먹으면 지각할 거다.

**32. 밑줄 친 단어의 표기가 바른 것은?**
① 소현이의 말은 당췌 알아들을 수가 없다.
② 다리미로 주름을 핀 셔츠는 아주 깔끔했다.
③ 친구와 함께 귀신의 집에 들어서자마자 몸이 으시시 떨렸다.
④ 웬만히 졸리지 않고서는 추운 날씨에 밖에서 잠들기 힘들다.
⑤ 형은 끔찍한 사고로 팔 한쪽을 잃었으나 끄덕없이 지내고 있다.

**33. 밑줄 친 부분의 표기가 적절하지 않은 것은?**
① 바람이 너무 서느래.
② 그 산은 아주 높다래.
③ 아기의 웃음은 해말개.
④ 그녀의 눈은 아주 둥그레.
⑤ 폭우가 내려서 시냇물이 멀게.

**34. 밑줄 친 부분의 띄어쓰기가 잘못된 것은?**
① 괴로움∨따위에 굴복할 그가 아니었다.
② 고등학교를 졸업한∨지 벌써 10년이 되었다.
③ 화자는 작가를 대신해 시 속에서 말하는∨이이다.
④ 희수는 입맛이 없는지 밥을 먹는둥∨마는둥 하고 있다.
⑤ 대표님께서는 내일 사업차 제주도로 가실 예정입니다.

35. 밑줄 친 부분의 표기가 적절한 것은?

① 들판이 <u>널따랗게</u> 펼쳐져 있었다.
② 그의 생각은 <u>얇다랗고</u> 단순했다.
③ 나무줄기는 <u>굵따란</u> 형태로 자랐다.
④ 저수지는 크고 <u>깊따랗게</u> 만들어졌다.
⑤ 골목길은 <u>짧다란</u> 모양으로 구불거렸다.

36. 문장 부호에 관한 규정이 잘못된 것은?

| | 규정 | 예시 |
|---|---|---|
| ① | 기간이나 거리 또는 범위를 나타낼 때에는 ( ~ )를 쓴다. | 서울 ~ 수원 정도는 통학이 가능하다. |
| ② | 모르거나 불확실한 내용임을 나타낼 때에는 ( ? )를 쓴다. | 개로왕(? ~ 475)은 백제의 제21대 왕이다. |
| ③ | 희곡 등에서 대화 내용을 제시할 때 말하는 이와 말한 내용 사이에는 ( : )을 쓴다. | 김 과장: 난 못 참겠다. |
| ④ | 같은 말이 되풀이되는 것을 피하기 위하여 일정한 부분을 줄여서 열거할 때에는 ( , )를 쓴다. | 나는 종이접기반에, 내 친구는 연극반에 들어갔다. |
| ⑤ | 글자가 들어가야 할 자리를 나타낼 때에는 ( × )를 쓴다. | 훈민정음의 초성 중에서 아음(牙音)은 ×××의 석 자다. |

37. 밑줄 친 말이 표준어가 <u>아닌</u> 것은?

① 교수님은 과제를 늘 열심히 해 오는 선배를 <u>마뜩이</u> 여겼다.
② 중학생이 된 동생은 용돈 3만 원으로 한 달을 <u>근근히</u> 버티고 있다.
③ 13,500원어치를 사고 2만 원을 내면 받아야 할 <u>우수리</u>는 6,500원이다.
④ 할머니께서는 부모를 잃은 손자를 <u>주야장천</u> 걱정하시느라 주무시지 못했다.
⑤ 오랜만에 열린 야구 경기를 관람하러 모인 사람들은 <u>얼추</u> 천여 명쯤 되었다.

38. 밑줄 친 방언에 대응하는 표준어가 적절하지 <u>않은</u> 것은?

① <u>이마직</u>(→ 곧) 그는 뉘 집에 가서 신세를 진다고 하던데.
② 여태 모르는 척하더니 인자 <u>까깝하니</u>(→ 답답하니) 죽겠소?
③ 오늘 아침에 <u>깜뭇</u>(→ 깜빡) 졸다가 보니 한 시간이나 지났지, 뭐야.
④ 오늘 손자가 오는디 <u>곤쌀</u>(→ 흰쌀) 좀 있거들랑 꾸어 줄 수 있능가?
⑤ 어린 애들도 그 일을 을매나 잘 안다는디 어른이야 <u>비문하겄어</u>(→ 어련하겠어).

39. 표준 발음으로 올바르지 않은 것은?
   ① 맨입[맨닙]   ② 삯일[상닐]   ③ 서울역[서울녁]
   ④ 식용유[시굥뉴]   ⑤ 내복약[내ː봉냑]

40. 밑줄 친 외래어의 표기가 올바르지 않은 것은?
   ① 팔이 부러지는 바람에 깁스(gips)를 하고 등교했다.
   ② 이번 박물관 전시 주제는 이집트 미라(mirra) 특집이다.
   ③ 이번 주말에는 아울렛(outlet)에 가서 신발을 사기로 했다.
   ④ 새 제품이 고장 나서 애프터서비스(after service)를 신청했다.
   ⑤ 유명한 영화배우가 다큐멘터리의 내레이션(narration)을 담당했다.

41. 로마자 표기가 틀린 것은?
   ① 나물류 namullyu   ② 떡볶이 tteokbokki   ③ 만둣국 mandutguk
   ④ 빈대떡 bindaetteok   ⑤ 깻잎전 kkaetnipjeon

42. 어법에 맞고 자연스러운 문장은?

   <보기>
   ㉠ 최근 반려 식물 기르기와 같은 새로운 취미 활동이 확산하고 있다. ㉡ 산세베리아나 올리브 나무 같은 식물이 인기가 좋은 것은 날로 높아지는 미세 먼지 농도와 열매를 구경할 수 있다는 즐거움이다. ㉢ 또한 물만 제때 주면 될 것 같은 식물을 키울 때도 주의해야 할 사항이 있다. ㉣ 실내가 고온 건조하고 바람이 잘 통하지 않으면 깍지벌레와 같은 해충이 생기기 쉬우므로 식물을 키울 때는 실내의 온도와 습도를 적절히 조절하고 환기를 자주 해야 한다. ㉤ 대개 거름을 주기 위해 치우지 않는 시든 잎은 일반적인 생각과 달리 다른 식물에 벌레가 생기는 원인이 된다.

   ① ㉠   ② ㉡   ③ ㉢   ④ ㉣   ⑤ ㉤

43. <보기>의 밑줄 친 부분과 상대 높임법의 등급이 동일한 것은?

― <보기> ―
이번 주말에는 친구들과 여행을 가오.

① 물이 참 시원하구나.
② 꽃구경하러 같이 가세.
③ 자네 이리 와서 좀 앉아 보게.
④ 한 시간 뒤면 집에 도착하리다.
⑤ 저기 앉아 있는 여자가 제 동생이랍니다.

44. 다음 중 중의적으로 해석되지 않는 문장은?

① 그녀가 친구들을 웃겼다.
② 언니는 어릴 때부터 차를 좋아했다.
③ 할머니께서는 나보다 동생을 더 좋아하신다.
④ 민지는 소리를 지르며 다가오는 친구와 인사했다.
⑤ 나는 영수와 영수의 여동생을 만나러 가고 싶어 했다.

45. 번역 투 표현이 쓰이지 않은 문장은?

① 폭우로 인해 도로 곳곳이 침수되었다.
② 급박한 상황에서는 신속한 의료 지원을 요한다.
③ 학생들은 환경 보호에 대하여 중요하게 생각한다.
④ 연 1회에 한정하여 성과 보상금을 지급하기로 했다.
⑤ 그는 밤샘 작업을 통해 기한 안에 서류를 제출할 수 있었다.

# [쓰기] (46~50번)

※[46~50] 다음은 '도시 농업'을 주제로 작성한 초고이다. 제시된 물음에 답하시오.

　도심지 텃밭에서 농작물을 키워 보니 여가 선용에 도움이 된다고 느끼는 사람들이 점점 늘고 있다. 하지만 국내 도시 농업은 아직 걸음마 수준이다. 도시 농업을 활성화하려면 어떻게 해야 할까?
　도시 농업이란 도심 속 단독 주택의 화단이나 건물의 옥상, 동네 자투리땅, 학교 운동장 등을 농지로 이용하는 농업이다. 흔히 우리가 '농업'을 생각할 때 떠올리는 야채나 과일 재배는 물론 가금류를 기르기도 한다. 사람들은 '취미·여가 활동', '안전한 먹을거리 마련', '자녀의 정서 함양 교육' 등을 이유로 도시 농업을 선택하는 경향을 보인다. ㉠ 이는 귀농을 선택한 이들이 '농업의 비전 및 발전 가능성', '자연환경에 대한 선호' 등을 귀농 사유로 응답한 것과는 사뭇 다른 양상이다.
　농림축산식품부의 조사에 따르면 2018년 12월을 기준으로 도시 농업 참여자는 212만 명, 도시 농업에 ㉡ 사용되어진 텃밭 면적은 1,300ha이다. 이는 2010년에 비해 참여자는 14배, 면적은 12배 ㉢ 증가한 수치이다. 농림축산식품부가 주민센터, 도서관, 청사 등 공공기관 건물에 식물 조경시설 조성을 지원하고 있으며, '도시 농업 종합계획'을 수립함에 따라 2022년까지 도시 농업 참여자 수는 400만 명, 텃밭 면적은 2,000ha로 늘어날 것으로 예상된다.
　도시 농업의 이점과 긍정적인 전망에도 불구하고 우리나라의 도시 농업 발전이 더딘 이유는 무엇일까? 설문 조사 결과에 따르면 도시 농업에 참여하는 사람들은 '관리 시간 부족', '재배 기술 지식 부족', '재료 구입의 어려움'을 겪는 것으로 나타났다. ㉣ 그래서 우리나라의 도시 농지는 매년 감소하는 추세이며, 도시 농업 관련 기술과 전문 인력도 부족한 실정이다. 우리나라의 이런 현실은 해외와 대조적이다. 독일과 쿠바 등 우리보다 먼저 도시 농업이 시작된 나라들은 도시 농업 활성화를 위한 다양한 제도를 운영하고 있기 때문이다.
　따라서 우리나라도 도시 농업 발전을 위해 제도를 개선해야 한다. 먼저, 줄어드는 도시의 농지를 회복하기 위해 도심지 내 마을 텃밭을 조성하거나 주말 농장을 확대하는 등 도시 농업 공간을 확보해야 한다. 또한 도시 농업 전문 인력 양성을 위한 제도 마련과 기관 설립도 중요하다. 마지막으로 현재 농림축산식품부에서 도입한 '도시농업관리사 자격증'이나 일선 학교의 '학교 텃밭 활동' 같은 도시 농업과 관련된 사업을 추가적으로 시행해야 한다.
　도시 농업은 ㉤ 도시 생태 환경 개선에 도움을 주고, 안전한 농산물 공급을 가능하게 하며, 도시인의 정서 함양과 공동체 의식 형성을 돕는 등 긍정적인 측면이 많다. 이런 도시 농업이 제자리걸음을 멈추고 활발히 이루어질 수 있도록 　　　ⓐ　　　.

**46. 다음은 글을 작성하기 위하여 계획한 내용이다. 글에 반영된 내용을 모두 고른 것은?**

<보기>
ㄱ. 개념에 대한 정의를 제시하여 독자의 이해를 돕는다.
ㄴ. 외국의 현황을 제시하여 우리나라의 문제점을 강조한다.
ㄷ. 전문 기관의 조사 결과를 인용해 내용의 신뢰성을 높인다.
ㄹ. 화제의 장단점을 언급하여 독자가 내용을 객관적으로 판단할 수 있도록 한다.
ㅁ. 해결 방안과 관련된 또 다른 문제를 언급하고 이에 대한 새로운 해결 방안을 함께 제시한다.

① ㄱ, ㄴ, ㄷ
② ㄱ, ㄴ, ㅁ
③ ㄱ, ㄷ, ㄹ
④ ㄴ, ㄷ, ㄹ
⑤ ㄴ, ㄹ, ㅁ

47. <글쓰기 자료>의 활용 방안으로 적절하지 않은 것은?

<보기>

(가) 신문 기사

최근 도시민의 여가 활동 증가로 도시 농업이 주목받고 있다. 도시 농업은 도시 지역의 다양한 생활공간을 활용하여 농작물을 재배하는 활동을 말한다. 도시 농업은 도시 생태 환경 개선, 안전한 농산물 공급, 정서 함양, 공동체 의식 형성 등에서 그 가치를 인정받고 있다. 하지만 우리나라는 도시의 농지가 매년 감소하여 경작 공간이 부족할 뿐 아니라 도시 농업 관련 기술이 낙후되었고 담당 업무를 수행할 전문 인력도 부족한 실정이다.

(나) 설문 조사

1. 도시 농업에 참여하는 이유

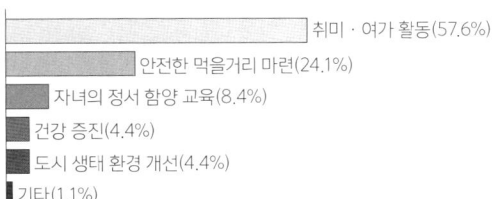

2. 도시 농업 활동에서 겪은 어려운 점

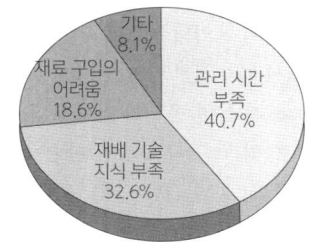

(다) 인터뷰

"우리나라는 제약 요인이 많아 도시 농업이 활성화되지 못했지만 다른 나라는 도시 농업을 육성하기 위해 제도적으로 지원하고 있습니다. 독일은 연방 건축법을 통해 지방 자치 단체에서 도시 계획을 세울 때 의무적으로 도시 농업을 위한 일정 공간을 조성하도록 규정하고 있고, 세계적인 도시 농업의 메카인 쿠바는 기술 개발과 보급을 위해 많은 연구소를 운영하고 있습니다."

- ○○ 농업 연구소장 -

① (가), (나) - 1을 활용해 도시 농업이 이루어지게 된 여러 가지 배경을 소개한다.
② (가), (다)를 활용해 도시 농업의 문제점을 제시한 후 이를 해결하기 위한 개선 방안을 제시한다.
③ (가)를 활용해 현재 우리나라의 도시 농업이 부진함을 제시하고 이를 활성화하기 위한 논의가 필요함을 밝힌다.
④ (다)를 활용해 국내와 국외의 도시 농업 관련 제도를 비교한 후 우리나라 도시 농업 제도 개선이 필요함을 제시한다.
⑤ (나) - 2를 활용해 예비 도시 농업 참여자들이 겪는 어려움을 제시하고 도시 농업 참여를 늘리기 위해 정부가 시행하는 정책을 소개한다.

48. 위의 계획과 자료를 바탕으로 <글쓰기 개요>를 작성하였다. 수정 방안으로 적절하지 않은 것은?

```
─────────────── <글쓰기 개요> ───────────────
Ⅰ. 도시 농업이란?
   1. 우리나라 도시 농업의 현황 ·················································· ㉮
   2. 도시 농업의 개념과 배경
   3. 조기 귀농 인구의 증가 ······················································ ㉯
Ⅱ. 도시 농업의 문제점
   1. 도시 농업 공간의 부족
   2. 도시 농업 관련 연구 기술 부족
   3. 전문 인력의 부족 ····························································· ㉰
   4. 도시 농업의 제도적 기반 미흡
Ⅲ. 도시 농업 개선 방안 ······························································ ㉱
   1. 도시 농업 공간의 확보
   2. 농업 기술 확보 방안 마련 ················································· ㉲
   3. 도시 농업 전문 인력 양성 및 교육
   4. 도시 농업 관련 제도적 기반 마련
Ⅳ. 도시 농업 활성화를 위한 지속적 관심 요구 및 제도 개선 촉구
```

① ㉮는 개념을 설명한 후 현황이 나오는 것이 적절하므로 'Ⅰ- 2'와 순서를 바꾼다.
② ㉯는 상위 항목인 '도시 농업'과 관련 없으므로 삭제한다.
③ ㉰는 구체적이지 않으므로 '도시 농업 담당 전문 인력의 부족'으로 수정한다.
④ ㉱는 자연스러운 내용 전개를 위해 '도시 농업 관련 제도'로 바꾼다.
⑤ ㉲는 'Ⅱ- 2'를 고려해 '도시 농업 관련 기술 개발 및 보급 확대'로 수정한다.

49. ㉠~㉤을 수정하기 위한 방안으로 적절하지 않은 것은?
① ㉠: 글의 주제와 관련 없는 내용이므로 삭제한다.
② ㉡: 이중 피동 표현이 사용되었으므로 '사용된'으로 수정한다.
③ ㉢: 의미를 분명하게 전달하기 위해 '상승'으로 바꾼다.
④ ㉣: 앞뒤 문장의 의미가 자연스럽게 이어지도록 '그뿐만 아니라'로 수정한다.
⑤ ㉤: 과도한 명사 나열을 피하기 위해 '도시 생태 환경을 개선하는 데'로 수정한다.

50. 윗글의 마지막 문단의 ⓐ에 들어갈 내용으로 가장 적절한 것은?
① 도시민의 적극적인 관심이 필요할 것이다.
② 독일과 쿠바 등 외국에 도움의 손길을 요청해야 할 것이다.
③ 농촌의 재배 기술을 활용해 도시에 맞게 적용해야 할 것이다.
④ 제도를 개선해 기반을 마련하고 관련 사업을 적극 추진해야 한다.
⑤ 도시 농업을 적극적으로 홍보하여 도시 농업 참여자 수를 증대해야 할 것이다.

# [창안] (51~60번)

※[51~53] 파리지옥에서 기업 운영 방식과 정책을 유추하고자 한다. 다음 글을 읽고 물음에 답하시오.

> 식물은 광합성 작용으로 스스로 영양분을 만들어 생장한다. ⓐ 광합성이 어려운 환경에서 서식한다면 다른 방법으로 영양소를 얻는데, 식충 식물은 벌레로 영양소를 보충한다. 움직임이 없는 보통의 식물과 달리, ㉠ 식충 식물은 스스로 잎을 움직여 벌레를 잡아 영양분을 얻는다. 대표적인 식충 식물인 파리지옥은 고온 다습한 환경에서 생장하며 잎을 이용해 벌레를 잡는 포획형 식물이다. ㉡ 이제 막 싹을 틔운 파리지옥은 벌레를 잡지 못하고, 2~3년간 성장한 후에 벌레를 잡아 영양분을 보충할 수 있다. ㉢ 파리지옥은 벌레를 포획하기 유리한 구조의 잎을 가지고 있다. 잎은 두 개의 반달 모양으로 되어 있으며, 가장자리에는 날카로운 가시가 돋아 있고 ㉣ 벌레를 감지하기 위한 미세한 감각모가 달려있다. ㉤ 파리지옥은 벌레를 잡기 위해 벌레를 유인하는 냄새를 풍긴다. 냄새를 맡은 벌레가 파리지옥의 잎 내부에 있는 3쌍의 감각모 중 2개 이상을 건드리면 파리지옥은 1초 이내로 잎을 닫아 벌레를 잡는다. 잎 내부에서는 소화 효소가 분비되는데, 일주일 정도의 소화 기간을 거쳐 벌레의 영양분을 흡수하고 소화되지 않은 잔해물은 잎을 열어 배출한다. 파리지옥은 잎을 여닫는 데 많은 에너지를 소비하므로 살아 있는 동안 3번 정도 벌레를 잡는다. ⓑ 이러한 식충 식물은 생존을 위해 새롭게 진화한 형태이다.

51. ㉠~㉤을 스타트업 회사 운영에 비유한 내용으로 가장 적절하지 않은 것은?

   ① ㉠: 자체적으로 수익을 내기 위해 사업 아이템을 적극적으로 구상해야 한다.
   ② ㉡: 창업 직후부터 수익을 기대하기보다는 회사 성장 후에 지속적으로 수익을 창출할 수 있는 능력을 갖춰야 한다.
   ③ ㉢: 핵심 상품을 만들어 수익 창출에 유리한 구조를 확보해야 한다.
   ④ ㉣: 동종 업계의 변화를 주시하여 시장 내 자사의 위치를 지속적으로 확인해야 한다.
   ⑤ ㉤: 적극적으로 자사를 홍보하기 위한 마케팅 전략을 계획해야 한다.

52. ⓐ를 '기업의 자원 확보 전략'에 비유할 때 적절한 내용은?

   ① 기업 경영 전문가에게 조언을 구하여 새로운 자원 확보 전략을 세운다.
   ② 기업 경영의 전통적인 전략 이론을 참고하여 새로운 자원 확보 전략을 세운다.
   ③ 동일 산업군 내 상위 기업의 전략을 참고하여 새로운 자원 확보 전략을 세운다.
   ④ 기존의 전략을 객관적으로 분석하여 개선할 점을 파악해 자원 확보 전략을 보완한다.
   ⑤ 기존의 보편적인 전략과는 전혀 다른 새로운 유형의 방법을 강구하여 자원 확보 전략을 세운다.

53. <조건>을 고려한 문구로 가장 적절한 것은?

   ─── <조건> ───
   ⓑ와 '급변하는 정보화 사회'를 관련지어 정책 홍보 문구를 표현할 것

   ① 디지털 약자의 증가는 우리 사회의 새로운 문제입니다.
   ② 정보 자원은 풍족해졌지만 사람 간의 관계는 빈곤해졌습니다.
   ③ 정보화 시대에 뒤처지는 것은 개인의 노력 부족과 지원 정책의 부재 때문입니다.
   ④ 하루가 다르게 달라지는 사회에서도 과거를 잊지 않기 위한 지속적인 교육 정책이 필요합니다.
   ⑤ 눈 깜짝할 사이에 달라지는 사회에서도 쉽게 뿌리 내릴 수 있도록 디지털 동반자가 되어 드리겠습니다.

※ [54~56] 다음 그림을 보고 물음에 답하시오.

| | (가) 자전거 | (나) 접이식 킥보드 |
|---|---|---|

**54.** (가)와 (나)를 분석한 표의 내용으로 가장 적절하지 <u>않은</u> 것은?

| | (가) | (나) |
|---|---|---|
| 구동 방식 | ㉠ 인력으로 페달을 돌려 바퀴를 움직임 | 한쪽 발로 지면을 짧게 차며 앞으로 나아감 |
| 특징 | 안장에 앉아 두 발로 페달을 밟음 | ㉡ 발판 위에 서서 균형을 잡고 발을 이용해 속도를 높이거나 줄일 수 있음 |
| 장점 | ㉢ 날씨에 영향을 받지 않고 주행할 수 있음 | ㉣ 비교적 휴대와 보관이 쉬움 |
| 단점 | ㉤ 크고 무거워 대중교통 연계나 보관에 어려움이 있음 | 서서 타야 하므로 체력 소모가 있고 불안정성이 있음 |

① ㉠   ② ㉡   ③ ㉢   ④ ㉣   ⑤ ㉤

**55.** (가) 자전거 운전자를 학습자에 비유할 때 유추한 내용으로 적절하지 <u>않은</u> 것은?

| | 자전거 운전 특징 | 학습의 특징 |
|---|---|---|
| ① | 페달을 계속 밟아야 전진할 수 있음 | 지속적인 노력으로 학습 능력이 계발됨 |
| ② | 두발자전거를 처음 타면 균형 잡기가 어려움 | 생소한 개념을 학습하는 데 어려움이 따름 |
| ③ | 페달을 밟는 횟수에 따라 속도를 조절할 수 있음 | 학습 속도는 외부 환경에 영향을 받음 |
| ④ | 체형에 맞게 안장 높이와 핸들 위치를 조절할 수 있음 | 자신의 학습 수준에 맞게 학습 내용을 수정함 |
| ⑤ | 도로 경사에 따라 기어를 변경할 수 있음 | 학습 난도에 따라 학습 전략을 변경함 |

56. (나)와 <보기>를 고려할 때 (나)의 '체력 소모'에 대비하기 위한 조언으로 적절한 것은?

> ─────<보기>─────
> '포모도로 기법'은 시간 관리법의 하나로, 25분 집중 작업과 5분 휴식을 반복하는 방식이다. 이 기법은 작업 시간에 고강도 집중력을 발휘하고 자주 휴식을 취해 효율적으로 과업을 수행할 수 있도록 도와준다.

① 목적지까지 한 번에 가는 것이 효율적이다.
② 중심 잡는 연습부터 하는 것이 효율적이다.
③ 주행 거리를 점점 늘리는 것이 효율적이다.
④ 음악을 듣는 등의 즐거운 일을 동반하는 것이 효율적이다.
⑤ 일정 시간 속도를 높였다가 쉬기를 반복하는 것이 효율적이다.

※[57~58] 다음 글을 보고 물음에 답하시오.

> 현대 사회에서 독서의 중요성은 더 강조되고 있지만, 디지털 미디어 이용이 증가하면서 독서율은 역대 최저치를 기록하고 있다. 이에 전국 도서관과 교육 기관에서는 다양한 독서 프로그램을 만들어 독서 습관 형성을 도모하고 있다. 독서 증진 관련 공익 광고의 주된 표현 전략은 아래와 같다.
> (가) '나비 효과'를 형상화하여 독서의 영향을 강조한다.
> (나) 학습 차원에서 독서의 중요성을 드러낸다.
> (다) 비유적 표현을 활용하여 독서로 깊이 있는 지식을 얻을 수 있음을 강조한다.
> (라) 온라인 검색이 아닌 독서에서 지식을 얻는 것이 중요함을 드러낸다.
> (마) 고전에서 삶의 지혜를 배울 수 있음을 상기시킨다.

57. 윗글의 (가)~(마)에 해당하는 광고 사례로 적절하지 <u>않은</u> 것은?

① (가): '독서 효과'

② (나): 독서보다 좋은 학력은 없습니다.

③ (다): 책속에는 지식의 나이테가 있습니다.

④ (라): '찾기'가 아니라 '읽기'입니다.

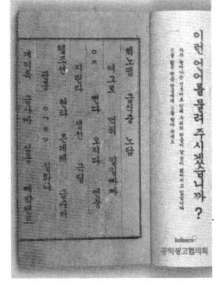
⑤ (마): 이런 언어를 물려 주시겠습니까?

58. <조건>에 맞는 공익 광고 문구로 가장 적절한 것은?

> ─────────── <조건> ───────────
> • (라) 유형에 해당하는 공익 광고 문구를 창안할 것
> • 청유형으로 표현할 것

① 책을 보고 자란 아이는 마음의 키도 큽니다.
② 몇 개의 창만 들여다보고 지식을 얻지 마라.
③ 책에서 깊이 있는 지식을 얻는 방법, 알고 싶으세요?
④ 빠르게 알기보다 깊이 알도록 진짜 지식을 읽어 봅시다.
⑤ 주기적인 독서로 나를 찾고 나를 탐구하는 기쁨을 나눕시다.

※ [59~60] 다음 글을 읽고 물음에 답하시오.

> 인공지능(AI) 기술은 인간의 의사결정 과정을 보조하거나 대체하는 데 점점 더 많이 활용되고 있다. 특히 의료, 금융, 법률 등의 분야에서 인공지능 시스템이 진단, 신용 평가, 판결 보조 등의 역할을 수행하고 있다. 그러나 이러한 인공지능의 판단이 항상 공정하고 투명한 것은 아니다. ㉠ 인공지능 시스템은 학습 데이터에 내재된 편향성을 그대로 습득하여 결과물에 반영하기 때문에, 기존 사회의 차별이나 불평등을 재생산하거나 심화시킬 우려가 있다.
>
> 이러한 문제를 해결하기 위해 ㉡ '설명 가능한 인공지능'이 주목받고 있다. 설명 가능한 인공지능은 복잡한 인공지능 모델의 의사결정 과정을 인간이 이해할 수 있는 형태로 설명하는 기술이다. 이를 통해 인공지능의 판단 근거를 파악하고, 잠재적인 편향이나 오류를 식별하여 수정할 수 있다. 따라서 사용자는 인공지능의 추천이나 예측을 맹목적으로 따르기보다는 비판적으로 평가하고 최종 결정에 활용할 수 있게 된다.

59. 윗글의 ㉠과 <보기>에서 공통적으로 이끌어 낼 수 있는 주제로 가장 적절한 것은?

> ─────────── <보기> ───────────
> 한 연구에 따르면, 판사들이 배고픔을 느낄 때 가석방 신청을 기각하는 비율이 높아지는 경향이 있다고 한다. 또한 피고인의 인종, 성별, 외모 등에 따라 판결의 엄격함이 달라질 수 있다는 연구 결과도 있다. 이러한 편향이 존재하더라도 판사 개인이 그것을 인지하거나 수정하기는 매우 어렵다.

① 기술적 한계를 극복하기 위한 지속적 연구의 필요성
② 최신 기술 도입에 따른 사회적 변화에 대한 적응 과정
③ 전문가의 판단과 인공지능 분석을 병행해야 할 필요성
④ 인간과 기계의 의사결정 방식의 차이에서 오는 윤리적 문제
⑤ 의사결정 시스템에 내재된 편향성을 인식하고 대응해야 할 필요성

60. 윗글의 ⓒ을 스포츠팀 운영 방식에 비유할 때 가장 적절하지 않은 것은?

| | ⓒ | 스포츠팀 운영 |
|---|---|---|
| ① | 판단 근거 파악 | 선수 기용 및 전술 변화에 대한 명확한 근거 제시 |
| ② | 편향 식별 | 과거 성과 또는 인기에 편중된 선수 평가 방식 점검 |
| ③ | 오류 수정 | 잘못된 평가나 전략을 확인하여 보완 |
| ④ | 비판적 평가 | 경기 결과에서 점수 등의 객관적 수치만 수용 |
| ⑤ | 최종 결정에 활용 | 평가한 내용을 토대로 팀 구성과 선수 기용에 활용 |

# [읽기] (61~90번)

※ [61~62] 다음 글을 읽고 물음에 답하시오.

> ㉠ 노주인(老主人)의 장벽(腸壁)에
> 무시(無時)로 인동(忍冬) 삼긴 물이 나린다.
>
> ㉡ 자작나무 덩그럭 불이
> 도로 피어 붉고,
>
> ㉢ 구석에 그늘 지어
> 무가 순 돋아 파릇하고,
>
> ㉣ 흙냄새 훈훈히 김도 사리다가
> 바깥 풍설(風雪) 소리에 잠착하다.
>
> ㉤ 산중(山中)에 책력(冊曆)도 없이
> 삼동(三冬)이 하이얗다.
>
> — 정지용, 「인동차(忍冬茶)」

61. 윗글에 대한 설명으로 적절한 것은?
① 화자의 정서를 직접적으로 드러내고 있다.
② 유사한 시구를 반복하여 운율을 형성하고 있다.
③ 색채 대비를 통해 시각적 이미지를 강화하고 있다.
④ 시적 허용을 사용하여 대상에 대한 애착을 드러내고 있다.
⑤ 공감각적 심상을 활용하여 대상을 생생하게 표현하고 있다.

62. ㉠~㉤ 중 <보기>와 관련 있는 시구로 가장 적절한 것은?

<보기>

러시아 형식주의의 주요한 문학적 수법인 '낯설게 하기'란 러시아의 시클롭스키(Shklovsky, V.)가 주장한 것으로 일상화되어 친숙하거나 반복되어 참신하지 않은 사물이나 관념을 특수화하고 낯설게 하여 새로운 느낌을 갖도록 표현하는 것을 이른다. 예를 들어, 시 문학에서는 일상어에 리듬, 비유, 역설 등의 일상적이지 않은 표현 방식을 적용하여 해당 단어가 일상생활에서 사용될 때와 다른 방식으로 사용되게 하거나, 해당 단어에 색다른 느낌을 부여하는 방식으로 '낯설게 하기'가 표현된다.

① ㉠　　② ㉡　　③ ㉢　　④ ㉣　　⑤ ㉤

※ [63~65] 다음 글을 읽고 물음에 답하시오.

　나는 어디로 어디로 들입다 쏘다녔는지 하나도 모른다. 다만 몇 시간 후에 내가 미쓰코시 옥상에 있는 것을 깨달았을 때는 거의 대낮이었다.
　나는 거기 아무 데나 주저앉아서 내 자라 온 스물여섯 해를 회고하여 보았다. 몽롱한 기억 속에서는 이렇다는 아무 제목도 불거져 나오지 않았다.
　나는 또 내 자신에게 물어보았다. 너는 인생에 무슨 욕심이 있느냐고. 그러나 있다고도 없다고도, 그런 대답은 하기가 싫었다. 나는 거의 나 자신의 존재를 인식하기조차도 어려웠다.
　허리를 굽혀서 나는 그저 금붕어나 들여다보고 있었다. 금붕어는 참 잘들 생겼다. 작은 놈은 작은 놈대로 큰 놈은 큰 놈대로 다 싱싱하니 보기 좋았다. 내리비치는 5월 햇살에 금붕어들은 그릇 바탕에 그림자를 내려뜨렸다. 지느러미는 하늘하늘 손수건을 흔드는 흉내를 낸다. 나는 이 지느러미 수효를 헤아려 보기도 하면서 굽힌 허리를 좀처럼 펴지 않았다. 등허리가 따뜻하다.
　나는 또 회탁의 거리를 내려다보았다. 거기서는 피곤한 생활이 똑 금붕어 지느러미처럼 흐늑흐늑 허비적거렸다. 눈에 보이지 않는 끈적끈적한 줄에 엉켜서 헤어나지를 못한다. 나는 피로와 공복 때문에 무너져 들어가는 몸뚱이를 끌고, 그 회탁의 거리 속으로 섞여 들어가지 않는 수도 없다 생각하였다.
　나서서 나는 또 문득 생각하여 보았다. 이 발길이 지금 어디로 향하여 가는 것인가를…….
　그때 내 눈앞에는 아내의 모가지가 벼락처럼 내려 떨어졌다. 아스피린과 아달린.
　우리들은 서로 오해하고 있느니라. 설마 아내가 아스피린 대신에 아달린의 정량을 나에게 먹여 왔을까? 나는 그것을 믿을 수는 없다. 아내가 대체 그럴 까닭이 없을 것이니. 그러면 나는 날밤을 새면서 도적질을, 계집질을 하였나? 정말이지 아니다.
　우리 부부는 숙명적으로 발이 맞지 않는 절름발이인 것이다. 내가 아내나 제 거동에 로직을 붙일 필요는 없다. 변해할 필요도 없다. 사실은 사실대로 오해는 오해대로 그저 끝없이 발을 절뚝거리면서 세상을 걸어가면 되는 것이다. 그렇지 않을까?
　그러나 나는 이 발길이 아내에게로 돌아가야 옳은가 이것만은 분간하기가 좀 어려웠다. 가야 하나? 그럼 어디로 가나?
　이때 뚜— 하고 정오 사이렌이 울렸다. 사람들은 모두 네 활개를 펴고 닭처럼 푸드덕거리는 것 같고 온갖 유리와 강철과 대리석과 지폐와 잉크가 부글부글 끓고 수선을 떨고 하는 것 같은 찰나, 그야말로 현란을 극한 정오다.
　나는 불현 듯이 겨드랑이가 가렵다. 아하, 그것은 내 인공의 날개가 돋았던 자국이다. 오늘은 없는 이 날개, 머릿속에서는 희망과 야심의 말소된 페이지가 딕셔너리 넘어가듯 번뜩였다.
　나는 걷던 걸음을 멈추고 그리고 어디 한번 이렇게 외쳐 보고 싶었다.
　㉠ 날개야 다시 돋아라.
　날자. 날자. 날자. 한 번만 더 날자꾸나.
　한 번만 더 날아 보자꾸나.
　　　　　　　　　　　　　　　　　　　　　　- 이상, 「날개」 중에서

### 63. 윗글에서 알 수 있는 사실이 아닌 것은?

① '나'는 지금까지 주체적인 삶을 살아오지 못했다.
② '나'는 도시의 모습을 부정적으로 인식하고 있다.
③ '금붕어'의 모습은 '나'가 성찰하게 되는 계기이다.
④ '아내'는 '나'가 도둑질을 하거나 다른 여자를 만났다고 의심하고 있다.
⑤ '나'는 '아내'와 자신의 관계가 오해로 인해 계속될 수 없다고 생각한다.

64. 윗글의 서술상 특징으로 가장 적절하지 않은 것은?

① 독백적 어조로 '나' 자신의 삶을 돌아보고 있다.
② 정오의 도시의 모습을 역동적으로 묘사하여 제시하고 있다.
③ 특정 단어를 반복해 인물의 소망과 의지를 극대화하고 있다.
④ 외국어를 의도적으로 사용해 '나'의 지식인적 면모를 드러낸다.
⑤ 대등하지 않은 인물 간의 관계를 사람의 모습에 빗대어 표현하고 있다.

65. ㉠에 나타난 인물의 태도를 나타낼 수 있는 사자성어로 가장 적절한 것은?

① 맥수지탄(麥秀之嘆)
② 애이불비(哀而不悲)
③ 일장춘몽(一場春夢)
④ 자생자결(自生自決)
⑤ 자포자기(自暴自棄)

※ [66~68] 다음 글을 읽고 물음에 답하시오.

회전 운동을 하는 물체는 외부로부터 돌림힘이 작용하지 않는다면 일정한 빠르기로 회전 운동을 유지하는데, 이를 각운동량 보존 법칙이라 한다. 각운동량은 질량이 m인 작은 알갱이가 회전축으로부터 r만큼 떨어져 속도 μ로 운동하고 있을 때 mμr로 표현된다. 그런데 회전하는 물체에 회전 방향으로 힘이 가해지거나 마찰 또는 공기 저항이 작용하게 되면, 회전하는 물체의 각운동량이 변화하여 회전 속도는 빨라지거나 느려지게 된다. 이렇게 회전하는 물체의 각운동량을 변화시키는 힘을 돌림힘이라고 한다.

그러면 팽이와 같은 물체의 각운동량은 어떻게 표현할까? 아주 작은 균일한 알갱이들로 팽이가 이루어졌다고 볼 때, 이 알갱이 하나하나를 질량 요소라고 한다. 이 질량 요소 각각의 각운동량의 총합이 팽이 전체의 각운동량에 해당한다. 회전 운동에서 물체의 각운동량은 (각속도)×(회전 관성)으로 나타낸다. 여기에서 각속도는 회전 운동에서 물체가 단위 시간당 회전하는 각이다. 질량이 직선 운동에서 물체의 속도를 변화시키기 어려운 정도를 나타내듯이, 회전 관성은 회전 운동에서 각속도를 변화시키기 어려운 정도를 나타낸다. 즉, 회전체의 회전 관성이 클수록 그것의 회전 속도를 변화시키기 어렵다.

회전체의 회전 관성은 회전체를 구성하는 질량 요소들의 회전 관성의 합과 같은데, 질량 요소들의 회전 관성은 질량 요소가 회전축에서 떨어져 있는 거리가 멀수록 커진다. 그러므로 질량이 같은 두 팽이가 있을 때 홀쭉하고 키가 큰 팽이보다 넓적하고 키가 작은 팽이가 회전 관성이 크다.

각운동량 보존의 원리는 스포츠에서도 쉽게 확인할 수 있다. 피겨 선수에게 공중 회전수는 중요한데 이를 확보하기 위해서는 공중회전을 하는 동안 각속도를 크게 해야 한다. 이를 위해 피겨 선수가 공중에서 팔을 몸에 바짝 붙인 상태로 회전하는 것을 볼 수 있다. 피겨 선수의 회전 관성은 몸을 이루는 질량 요소들의 회전 관성의 합과 같다. 따라서 팔을 몸에 붙이면 팔을 구성하는 질량 요소들이 회전축에 가까워져서 팔을 폈을 때보다 몸 전체의 회전 관성이 줄어들게 된다. 점프 이후에 공중에서 각운동량은 보존되기 때문에 팔을 붙였을 때가 폈을 때 보다 각속도가 커지는 것이다. 반대로 착지 직전에는 각속도를 줄여 착지 실수를 없애야 하기 때문에 양팔을 한껏 펼쳐 회전 관성을 크게 만드는 것이 유리하다.

66. 다음 글에서 파악할 수 있는 질문으로 적절하지 않은 것은?
    ① 각운동량 보존 법칙은 무엇인가?
    ② 팽이의 회전 관성은 팽이의 너비에 영향을 받는가?
    ③ 각운동량을 변화시키는 요인에는 어떤 것이 있는가?
    ④ 물체가 회전할 때 각속도에 따라 질량 요소 개수는 어떻게 변화하는가?
    ⑤ 피겨 선수가 공중회전을 할 때 팔을 몸에 가깝게 붙이는 이유는 무엇인가?

67. 윗글의 내용에 대한 이해로 적절하지 않은 것은?
    ① 회전하는 물체에 돌림힘이 작용하게 되면 회전 속도는 감소한다.
    ② 질량과 회전 관성은 물체의 운동 속도 변화에 영향을 주는 요인이다.
    ③ 피겨 선수가 착지 직전에 양팔을 펼치는 것은 각속도를 줄이기 위함이다.
    ④ 물체의 각운동량은 물체를 구성하는 질량 요소의 각운동량의 합과 동일하다.
    ⑤ 회전하는 물체를 구성하고 있는 질량 요소는 중심에서 가까울수록 회전 관성이 작다.

68. <보기>는 시침, 분침, 초침이 회전하고 있는 시계를 관찰한 탐구 활동이다. 이에 대한 해석으로 적절한 것을 있는 대로 고른 것은?

    ─── <보기> ───

    ⊙ 탐구 내용
    • 시침은 12시간, 분침은 60분, 초침은 60초마다 360도 회전할 수 있도록 일정한 속도를 설정하고, 시계 바늘의 회전 운동을 관찰하였다.
    • 시계 바늘의 질량은 모두 일정하며, 시침의 길이가 가장 짧고 분침과 초침의 길이는 동일하다.

    ⊙ 해석한 내용
    ㄱ. 시침과 초침의 각운동량은 동일하다.
    ㄴ. 초침의 각속도는 분침의 각속도보다 크다.
    ㄷ. 시침의 끝에 위치한 구성 요소보다 분침의 끝에 위치한 구성 요소의 회전 관성 작다.

    ① ㄱ   ② ㄴ   ③ ㄷ   ④ ㄱ, ㄴ   ⑤ ㄱ, ㄷ

※ [69~70] 다음 글을 읽고 물음에 답하시오.

　회화적 재현이 성립하려면, 즉 하나의 그림이 어떤 대상의 그림이 되기 위해서는 그림과 대상이 닮아야 할까? 입체주의의 도래를 알리는 <아비뇽의 아가씨들>을 그리기 한 해 전, 피카소는 시인인 스타인을 그린 적이 있었는데, 완성된 그림을 보고 사람들은 놀라움을 금치 못했다. 스타인의 초상화가 그녀를 닮지 않았던 것이다. 이에 대해 피카소는 "앞으로 닮게 될 것이다."라고 말했다고 한다. 이 에피소드는 미술사의 차원과 철학적 차원에서 회화적 재현에 대해 생각해 볼 계기를 제공한다.

　우선 어떻게 닮지 않은 그림이 대상의 재현일 수 있는지를 알아보기 위해서는 당시 피카소와 브라크가 중심이 되었던 입체주의의 예술적 실험과 그것을 가능케 한 미술사의 흐름을 고려해 보아야 한다. 르네상스 시대의 화가들은 원근법을 사용하여 '세상을 향한 창'과 같은 사실적인 그림을 그렸다. 현대 회화를 출발시켰다고 평가되는 인상주의자들이 의식적으로 추구한 것도 이러한 사실성이었다. 그들은 모든 대상을 빛이 반사되는 물체로 간주하고 망막에 맺힌 대로 그리는 것을 회화의 목표로 삼았다. 따라서 빛을 받는 대상이면 무엇이든 주제가 될 수 있었고, 대상의 고유한 색 같은 것은 부정되었다. 햇빛의 조건에 따라 다르게 그려진 모네의 낟가리 연작이 그 예이다.

　그러나 세잔의 생각은 달랐다. "모네는 눈뿐이다."라고 평했던 그는 그림의 사실성이란 우연적 인상으로서의 사물의 외관보다는 '그 사물임'을 드러낼 수 있는 본질이나 실재에 더 다가감으로써 얻게 되는 것이라고 생각하였다. 세잔이 그린 과일 그릇이나 사과를 보면 대부분의 형태는 실물보다 훨씬 단순하게 그려져 있고, 모네의 그림에서는 볼 수 없었던 부자연스러운 윤곽선이 둘러져 있으며, 원근법조차도 정확하지 않다. 이는 어느 한순간 망막에 비친 우연한 사과의 모습 대신 사과라는 존재를 더 잘 드러낼 수 있는 모습을 포착하려 했던 세잔의 문제의식을 보여주는 것이다.

　이를 계승하여 한 발 더 나아간 것이 바로 입체주의이다. 입체주의는 대상의 실재를 드러내기 위해 여러 시점에서 본 대상을 한 화면에 결합하는 방식을 택했다. 비록 스타인의 초상화는 본격적인 입체주의 그림은 아니지만, 세잔에서 입체주의로 이어지는 실재의 재현이라는 관심이 반영된 작품으로 볼 수 있는 것이다.

　하지만 여전히 의문인 것은 '닮게 될 것'이라는 말의 의미이다. 실제로 세월이 지난 후 피카소의 예언대로 사람들은 결국 스타인의 초상화가 그녀를 닮았다는 것을 발견하게 되었다고 한다. 어떻게 그럴 수 있었을까? 이를 설명하려면 회화적 재현에 대한 철학적 차원의 논의가 필요한데, 곰브리치와 굿맨의 이론이 주목할 만하다.

　이들은 대상을 '있는 그대로' 보는 '순수한 눈' 같은 것은 없으며, 따라서 객관적인 사실성이란 없고, 사실적인 그림이란 결국 한 문화나 개인에게 익숙한 재현 체계를 따른 그림일 뿐이라고 주장한다. 이 이론에 따르면 지각은 우리가 속한 관습과 문화, 믿음 체계, 배경 지식의 영향을 받아 구성된다고 한다. 예를 들어 우리가 작가와 작품에 대해 사전 지식을 가지고 있다면 이러한 믿음은 그 작품을 어떻게 지각하느냐에까지도 영향을 준다는 것이다. 이것이 사실이라면, 피카소의 경우에 대해서도, '이 그림이 피카소가 그린 스타인의 초상'이라는 우리의 지식이 종국에는 그림과 실물 사이의 닮음을 발견하는 방식으로 우리의 지각을 형성해 냈을 것이라는 설명이 가능하다. 사실성이라는 것이 과연 재현 체계에 따라 상대적인지는 논쟁의 여지가 많지만 피카소의 수수께끼 같은 답변과 자신감 속에는 회화적 재현의 본성에 대한 이러한 통찰이 깔려 있었다고도 볼 수 있다.

**69. 윗글에 대한 설명으로 가장 적절한 것은?**

① 대상의 발전 과정을 통시적으로 설명하고 있다.
② 대상이 가진 문제점을 제시한 후 해결 방안을 도출하고 있다.
③ 독자의 이해를 돕기 위해 구체적 수치를 사용해 설명하고 있다.
④ 대상에 대한 상반된 관점을 소개한 후 절충안을 제시하고 있다.
⑤ 다양한 견해를 들어 대상에 대한 인식의 변화를 설명하고 있다.

70. 윗글을 참고할 때, <보기>와 관련하여 떠올릴 수 있는 질문으로 적절하지 <u>않은</u> 것은?

<보기>

<건초더미>는 모네가 프랑스의 시골 지방인 지베르니에서 머물 때 그린 것으로, 햇빛과 대기에 따라 달라지는 색을 섬세하게 그려내었다는 평을 듣는다.

① '건초더미'의 실제 색은 무엇이었을까?
② <건초더미> 속에서 사실적인 원근을 따르지 않은 것은 무엇일까?
③ 모네가 흐린 날 이 그림을 그렸다면 주된 색채는 무엇이 되었을까?
④ '건초더미'의 윤곽선 유무로 세잔과 모네의 그림을 구별할 수 있을까?
⑤ 모네는 '건초더미'를 포착할 때 고유성과 우연성 중 무엇을 중시했을까?

※[71~73] 다음 글을 읽고 물음에 답하시오.

1894년, 화성에 고도로 진화한 지적 생명체가 존재한다는 주장이 언론의 주목을 받았다. 이러한 주장은 당시 화성의 지도들에 나타난, '운하'라고 불리던 복잡하게 얽힌 선들에 근거를 두고 있다. 화성의 '운하'는 1878년에 처음 보고된 뒤 거의 30년간 여러 화성 지도에 계속해서 나타났다. 존재하지도 않는 화성의 '운하'들이 어떻게 그렇게 오랫동안 천문학자들에게 받아들여질 수 있었을까?

19세기 후반에 망원경 관측을 바탕으로 한 화성의 지도가 많이 제작되었다. 특히 1877년 9월은 지구가 화성과 태양에 동시에 가까워지는 시기여서 화성의 표면이 그 어느 때보다 밝게 보였다. 영국의 아마추어 천문학자 그린은 대기가 청명한 포르투갈의 마데이라 섬으로 가서 13인치 반사 망원경을 사용해서 화성을 보이는 대로 직접 스케치했다. 그린은 화성 관측 경험이 많았으므로 이전부터 이루어진 자신의 관측 결과를 참고하고, 다른 천문학자들의 관측 결과까지 반영하여 당시로서는 가장 정교한 화성 지도를 제작하였다.

㉠ 그런데 이듬해 이탈리아의 천문학자인 스키아파렐리의 화성 지도가 나오면서 이 지도의 정확성이 도전받았다. 그린과 같은 시기에 수행한 관측을 토대로 제작한 스키아파렐리의 지도에는, 그린의 지도에서 흐릿하게 표현된 지역에 평행한 선들이 그물 모양으로 교차하는 지형이 나타나 있었기 때문이었다. 스키아파렐리는 이것을 '카날리(canali)'라고 불렀는데, 이것은 '해협'이나 '운하'로 번역될 수 있는 용어였다.

절차적 측면에서 보면 그린이 스키아파렐리보다 우위를 점하고 있었다. 우선 스키아파렐리는 전문 천문학자였지만 화성 관측은 이때가 처음이었다. 게다가 그는 마데이라 섬보다 대기의 청명도가 떨어지는 자신의 천문대에서 관측을 했고, 배율이 상대적으로 낮은 8인치 반사 망원경을 사용했다. 또한 그는 짧은 시간에 특징만을 스케치하고 나중에 기억에 의존해 그것을 정교화했으며, 자신만의 관측을 토대로 지도를 제작했던 것이다.

그런데도 승리는 스키아파렐리에게 돌아갔다. 그가 천문학계에서 널리 알려진 존경받는 천문학자였던 것이 결정적이었다. 대다수의 천문학자들은 그들이 존경하는 천문학자가 눈에 보이지도 않는 지형을 지도에 그려 넣었으리라고는 생각하기 어려웠다. 게다가 스키아파렐리의 지도는 지리학의 채색법을 그대로 사용하여 그린의 지도보다 호소력이 강했다. 그 후 스키아파렐리가 몇 번 더 '운하'의 관측을 보고하자 다른 천문학자들도 '운하'의 존재를 보고하기 시작했고, 이후 더 많은 '운하'들이 화성 지도에 나타나게 되었다.

일단 권위자가 무엇인가를 발견했다고 알려지면 그것이 존재하지 않는다는 것을 입증하기란 쉽지 않다. 더구나 관측의 신뢰도를 결정하는 척도로 망원경의 성능보다 다른 조건들이 더 중시되던 당시 분위기에서는 이러한 오류가 수정되기 어려웠다. 성능이 더 좋아진 대형 망원경으로는 종종 '운하'가 보이지 않았는데, 놀랍게도 '운하' 가설 옹호론자들은 이것에 대해 대형 망원경이 높은 배율 때문에 어떤 대기상태에서는 오히려 왜곡이 심해서 소형 망원경보다 해상도가 떨어질 수 있다고 '해명'하곤 했던 것이다.

**71. 윗글의 제목으로 가장 적절한 것은?**

① 화성의 생태계 연구 과정
② 화성 운하가 생겨난 이유
③ 천문학과 지리학의 상관관계
④ 지구 밖 생명체의 생존 가능성
⑤ 포르투갈과 이탈리아의 천문학 역사

**72. ㉠의 뜻으로 가장 적절한 것은?**

① 별을 관측하는 망원경의 배율이 단 하나뿐이었다.
② 천문학을 전공한 학자들이 천문학계에 많지 않았다.
③ 관측자가 얼마나 저명한지가 관측의 신뢰도를 결정했다.
④ 학계에서 '관측의 신뢰도'라는 개념이 확립되기 전이었다.
⑤ 관측자에 따라 결과가 달라져 관측 결과에 대한 신뢰도가 낮았다.

**73. 윗글을 읽고 보일 수 있는 반응으로 적절하지 않은 것은?**

① 13인치 반사 망원경이 8인치 반사 망원경보다 선명하군.
② 19세기 말에 제작된 화성 지도에는 '운하'가 그려진 것이 많겠군.
③ 정교한 기록을 위해서는 자신의 기억을 되짚는 일이 중요하겠군.
④ 권위자의 주장이라도 비판적으로 받아들이는 태도가 필요하겠군.
⑤ 화성 외의 행성에서 생명체가 있다고 보고된 적이 있는지 궁금하군.

※ [74~75] 다음 글을 읽고 물음에 답하시오.

　　기술이 급속하게 발달함에 따라 인간의 삶은 더욱 여유롭고 의미 있는 것으로 될 것인가, 아니면 더욱 바쁘고 의미 없는 것으로 전락할 것인가? '사색적 삶'과 '활동적 삶'을 대비하여 사회 변화를 이해하는 방식은 이런 물음의 답을 구하는 데 도움이 된다.

　　최초로 인간의 삶을 사색적 삶과 활동적 삶으로 구분한 사람은 아리스토텔레스이다. 그는 진리, 즐거움, 고귀함을 추구하는 사색적 삶의 영역이 생계를 위한 활동적 삶의 영역보다 상위에 있다고 보았다. 이러한 인식은 근대 이전의 오랜 역사 속에서 사회 질서의 기본 원리로 자리 잡아 왔다.

　　근대에 접어들어 과학 혁명과 청교도 윤리의 등장으로 활동적 삶과 사색적 삶에 대한 인식은 달라지기 시작했다. 16, 17세기 과학 혁명으로 실험 정신과 경험적 지식이 중시되면서 사색적 삶의 영역에 속한 과학적 탐구와 활동적 삶의 영역에 속한 기술 사이의 거리가 좁혀졌다. 또한 직업을 신의 소명으로 이해하고, 근면과 검약에 의한 개인의 성공을 구원의 징표로 본 청교도 윤리는 생산 활동과 부의 축적에 대한 부정적 인식을 불식하는 계기가 되었다. 이로써 활동적 삶과 사색적 삶이 대등한 위상을 갖게 된 것이다.

　　18, 19세기 산업 혁명을 계기로 활동적 삶은 사색적 삶보다 중요성이 더 커지게 되었다. 생산 기술에 과학적 지식이 응용되고 기계의 사용이 본격화되면서 기계의 속도에 기초하여 노동 규율이 확립되었고, 인간의 삶은 시간적 규칙성을 따르도록 재조직되었다. 나아가 시간이 관리의 대상으로 부각되면서 시간-동작 연구를 통해 가장 효율적인 작업 동선(動線)을 모색했던 테일러의 과학적 관리론은 20세기 초부터 생산 활동을 합리적으로 조직하는 중요한 원리로 자리 잡았다. 이로써 두뇌에 의한 노동과 근육에 의한 노동이 분리되어 인간의 육체노동이 기계화되는 결과가 초래되었다. 또한 과학을 기술 개발에 활용하기 위한 시스템이 요구되어 공학, 경영학 등의 실용 학문과 산업체 연구소들이 출현하였다. 이는 전통적으로 사색적 삶의 영역에 속했던 진리 탐구마저 활동적 삶의 영역에 속하는 생산 활동의 논리에 포섭되었음을 단적으로 보여 준다.

　　이처럼 산업 혁명 이후 기계 문명이 발달하고 그에 힘입어 자본주의 시장 메커니즘이 사회를 전면적으로 지배하게 됨에 따라 근면과 속도가 강조되었다. 활동적 삶이 지나치게 강조된 데 대한 반작용으로, '의미 없는 부지런함'이 만연해진 세태에 대한 비판의 목소리가 나타나 성찰에 의한 사색적 삶의 중요성을 역설하기도 하였다.

　　이제 20세기 말 정보화와 세계화를 계기로 시간적·공간적 거리가 압축되어 세계가 동시적 경험이 가능한 공간으로 인식되면서 인간의 삶은 이전과 크게 달라졌다. 기술의 비약적 발달로 의식주 등 생활의 기본 욕구는 충족되었지만, 현대인들은 더욱 다양해진 욕구와 성취 욕망을 충족하기 위해 스스로를 소진하고 있다. 경쟁이 세계로 확대됨에 따라 사람들이 타인과의 경쟁에서 이기는 동시에 자신의 능력을 극한으로 끌어올리기 위해 스스로를 끝없이 몰아세울 수밖에 없는 내면화된 강박증에 시달리고 있는 것이다. 결국 기술의 발달이 인간의 삶을 여유롭고 의미 있는 것으로 만들어 줄 것이라는 기대와 달리, 사색적 삶은 설 자리를 잃고 활동적인 삶이 폭주하게 된 것이다.

74. 윗글의 내용을 잘못 이해한 것은?

① 아리스토텔레스는 사색적 삶을 활동적 삶보다 중요하게 여겼다.
② 청교도 윤리는 활동적 삶에 대한 부정적 인식을 줄이는 계기가 되었다.
③ 실용 학문의 발달로 활동적 삶이 사색적 삶의 논리로 가능하게 되었다.
④ 현대 사회의 경쟁은 사색적 삶의 위상을 추락시키는 요인으로 작용한다.
⑤ 테일러의 이론은 인간의 노동을 두뇌와 근육에 의한 노동으로 분화시켰다.

## 75. 윗글의 서술상 특징에 대한 설명으로 가장 적절한 것은?

① 대상의 장단점을 비교하고 있다.
② 대상의 변화 과정을 통시적으로 설명하고 있다.
③ 문제점을 나열한 후 해결책을 각각 제시하고 있다.
④ 대상에 대한 글쓴이의 주장을 두괄식으로 드러내고 있다.
⑤ 난해한 용어에 대한 정의를 제시하여 독자의 이해를 돕고 있다.

※ [76~79] 다음 글을 읽고 물음에 답하시오.

사회 구성원들이 경제적 이익을 추구하는 과정에서 불법 행위를 감행하기 쉬운 상황일수록 이를 억제하는 데에는 금전적 제재 수단이 효과적이다.

현행법상 불법 행위에 대한 금전적 제재 수단에는 민사적 수단인 손해 배상, 형사적 수단인 벌금, 행정적 수단인 과징금이 있으며, 이들은 각각 피해자의 구제, 가해자의 징벌, 법 위반 상태의 시정을 목적으로 한다. 예를 들어 기업들이 담합하여 제품 가격을 인상했다가 적발된 경우, 그 기업들은 피해자에게 손해 배상 소송을 제기당하거나 법원으로부터 벌금형을 선고받을 수 있고 행정 기관으로부터 과징금도 부과받을 수 있다. 이처럼 하나의 불법 행위에 대해 세 가지 금전적 제재가 내려질 수 있지만 제재의 목적이 서로 다르므로 중복 제재는 아니라는 것이 법원의 판단이다.

그런데 우리나라에서는 기업의 불법 행위에 대해 손해 배상 소송이 제기되거나 벌금이 부과되는 사례는 드물어서, 과징금 등 행정적 제재 수단이 억제 기능을 수행하는 경우가 많다. 이런 상황에서는 과징금 등 행정적 제재의 강도를 높임으로써 불법 행위의 억제력을 끌어올릴 수 있다. 그러나 적발 가능성이 매우 낮은 불법 행위의 경우에는 과징금을 올리는 방법만으로는 억제력을 유지하는 데 한계가 있다. 또한 피해자에게 귀속되는 손해 배상금과는 달리 벌금과 과징금은 국가에 귀속되므로 과징금을 올려도 피해자에게는 직접적인 도움이 되지 못한다. 이 때문에         (가)         방안들이 요구되는데 그 방안 중 하나가 ㉠ '징벌적 손해 배상 제도'이다.

이 제도는 불법 행위의 피해자가 손해액에 해당하는 배상금에다 가해자에 대한 징벌의 성격이 가미된 배상금을 더하여 배상받을 수 있도록 하는 것을 내용으로 한다. 일반적인 손해 배상 제도에서는 피해자가 손해액을 초과하여 배상받는 것이 불가능하지만 징벌적 손해 배상 제도에서는 그것이 가능하다는 점에서 이례적이다. 그런데 이 제도는 민사적 수단인 손해 배상 제도이면서도 피해자가 받는 배상금 안에 벌금과 비슷한 성격이 가미된 배상금이 포함된다는 점 때문에 중복 제재의 발생과 관련하여 의견이 엇갈리며, 이 제도 자체에 대한 찬반양론으로 이어지고 있다.

이 제도의 반대론자들은 징벌적 성격이 가미된 배상금이 피해자에게 부여되는 횡재라고 본다. 또한 징벌적 성격이 가미된 배상금이 형사적 제재 수단인 벌금과 함께 부과될 경우에는 가해자에 대한 중복 제재가 된다고 주장한다. 반면에 찬성론자들은 징벌적 성격이 가미된 배상금을 피해자들이 소송을 위해 들인 시간과 노력에 대한 정당한 대가로 본다. 따라서 징벌적 성격이 가미된 배상금도 피해자의 구제를 목적으로 하는 민사적 제재의 성격을 갖는다고 보아야 하므로 징벌적 성격이 가미된 배상금과 벌금이 함께 부과되더라도 중복 제재가 아니라고 주장한다.

## 76. 윗글의 금전적 제재 수단에 대한 설명으로 가장 적절한 것은?

① 불법 행위로 인한 피해자를 구제하기 위해서 손해 배상, 벌금, 과징금의 수단을 활용한다.
② 우리나라에서는 기업의 불법 행위를 억제하기 위해 민사적, 형사적 수단보다 행정적 수단을 더 활용한다.
③ 과징금의 기준을 높인다면 불법 행위의 적발 정도와 무관하게 불법 행위의 억제력을 높이 유지할 수 있다.
④ 우리나라의 법원은 하나의 불법 행위에 대해 여러 금전적 제재가 적용된다면 이를 중복 제재라고 판단한다.
⑤ 불법 행위에 대한 벌금과 과징금은 가해자가 피해자에게 직접적으로 배상을 할 수 있는 금전적 배상 수단이다.

77. 윗글을 바탕으로 추론한 내용으로 적절하지 않은 것은?
   ① 적발 가능성이 높은 불법 행위의 경우 징벌적 손해 배상 제도의 필요성이 상대적으로 낮을 수 있다.
   ② 징벌적 손해 배상 제도는 손해 배상 피해자들이 소송에 적극적으로 참여하도록 하는 유인이 될 수 있다.
   ③ 불법 행위로 인한 피해자가 손해액 초과 배상을 받을 수 있게 되면 불법 행위에 대한 억제력이 높아질 수 있다.
   ④ 징벌적 손해 배상 제도를 반대하는 자들은 배상금과 소송에 대한 대가를 동일하게 판단해 중복 제재라고 본다.
   ⑤ 행정적 제재가 억제 기능을 주로 담당하는 법체계에서는 피해자 구제 기능이 상대적으로 약화될 가능성이 있다.

78. ㉠에 해당하는 설명으로 보기 어려운 것은?
   ① 중복 제재 발생 여부와 관련한 논란이 존재하는 제도이다.
   ② 기존의 손해 배상 제도와 달리 형사적 성격의 제재가 추가되었다.
   ③ 일반적인 손해 배상과 달리 손해액보다 더 큰 액수로 보상받을 수 있다.
   ④ 불법 행위에 대한 가해자의 배상액을 상정할 때 단일적인 관점에서 상정되지 않는다.
   ⑤ 가해자로부터 징수한 벌금의 일부를 피해자에게 분배하여 피해자를 직접 돕는 제도이다.

79. 윗글의 (가)에 들어갈 내용으로 가장 적절한 것은?
   ① 기업들이 불법 행위로 얻은 이익보다 더 큰 제재를 가할 수 있는
   ② 불법 행위에 대한 행정적 제재와 형사적 제재를 통합하여 처리할 수 있는
   ③ 제재금의 국가 귀속 여부를 피해자가 결정하여 피해자 스스로를 구제할 수 있는
   ④ 행정적 제재 수단과 민사적 제재 수단 간의 중복 적용을 방지해 피해자를 구제할 수 있는
   ⑤ 적발 가능성이 매우 낮은 불법 행위에 대해 억제력을 높이면서도 손해 배상을 더욱 충실히 할 수 있는

※[80~82] 다음 글을 읽고 물음에 답하시오.

최근의 3D 애니메이션은 섬세한 입체 영상을 구현하여 실물을 촬영한 것 같은 느낌을 준다. 실물을 촬영하여 얻은 자연 영상을 그대로 화면에 표시할 때와 달리 3D 합성 영상을 생성, 출력하기 위해서는 모델링과 렌더링을 거쳐야 한다.

㉠ 모델링은 3차원 가상 공간에서 물체의 모양과 크기, 공간적인 위치, 표면 특성 등과 관련된 고유의 값을 설정하거나 수정하는 단계이다. 모양과 크기를 설정할 때 주로 3개의 정점으로 형성되는 삼각형을 활용한다. 작은 삼각형의 조합으로 이루어진 그물과 같은 형태로 물체 표면을 표현하는 방식이다. 이 방법으로 복잡한 굴곡이 있는 표면도 정밀하게 표현할 수 있다. 이때 삼각형의 꼭짓점들은 물체의 모양과 크기를 결정하는 정점이 되는데, 이 정점들의 개수는 물체가 변형되어도 변하지 않으며, 정점들의 상대적 위치는 물체 고유의 모양이 변하지 않는 한 달라지지 않는다. 물체가 커지거나 작아지는 경우에는 정점 사이의 간격이 넓어지거나 좁아지고, 물체가 회전하거나 이동하는 경우에는 정점들이 간격을 유지하면서 회전축을 중심으로 회전하거나 동일 방향으로 동일 거리만큼 이동한다. 물체 표면을 구성하는 각 삼각형 면에는 고유의 색과 질감 등을 나타내는 표면 특성이 하나씩 지정된다.

공간에서의 입체에 대한 정보인 이 데이터를 활용하여, 물체를 어디에서 바라보는가를 나타내는 관찰 시점을 기준으로 2차원의 화면을 생성하는 것이 ㉡ 렌더링이다. 전체 화면을 잘게 나눈 점이 화소인데, 정해진 개수의 화소로 화면을 표시하고 각 화소별로 밝기나 색상 등을 나타내는 화솟값이 부여된다. 렌더링 단계에서는 화면 안에서 동일 물체라도 멀리 있는 경우는 작게, 가까이 있는 경우는 크게 보이는 원리를 활용하여 화솟값을 지정함으로써 물체의 원근감을 구현한다. 표면 특성을 나타내는 값을 바탕으로, 다른 물체에 가려짐이나 조명에 의해 물체 표면에 생기는 명암, 그림자 등을 고려하여 화솟값을 정해 줌으로써 물체의 입체감을 구현한다. 화면을 구성하는 모든 화소의 화솟값이 결정되면 하나의 프레임이 생성된다. 이를 화면출력장치를 통해 모니터에 표시하면 정지 영상이 완성된다.

모델링과 렌더링을 반복하여 생성된 프레임들을 순서대로 표시하면 동영상이 된다. 프레임을 생성할 때, 모델링과 관련된 계산을 완료한 후 그 결과를 이용하여 렌더링을 위한 계산을 한다. 이때 정점의 개수가 많을수록, 해상도가 높아 출력 화소의 수가 많을수록 연산 양이 많아져 연산 시간이 길어진다. 컴퓨터의 중앙처리장치(CPU)는 데이터 연산을 하나씩 순서대로 수행하기 때문에 과도한 양의 데이터가 집중되면 미처 연산되지 못한 데이터가 차례를 기다리는 병목 현상이 생겨 프레임이 완성되는 데 오랜 시간이 걸린다. CPU의 그래픽 처리 능력을 보완하기 위해 개발된 그래픽처리장치(GPU)는 연산을 비롯한 데이터 처리를 독립적으로 수행할 수 있는 장치인 코어를 수백에서 수천 개씩 탑재하고 있다. GPU의 각 코어는 그래픽 연산에 특화된 연산만을 할 수 있고 CPU의 코어에 비해서 저속으로 연산한다. 하지만 GPU는 동일한 연산을 여러 번 수행해야 하는 경우, 고속으로 출력 영상을 생성할 수 있다. 왜냐하면 GPU는 한 번의 연산에 쓰이는 데이터들을 순차적으로 각 코어에 전송한 후, 전체 코어에 하나의 연산 명령어를 전달하면, 각 코어는 모든 데이터를 동시에 연산하여 연산 시간이 짧아지기 때문이다.

**80. 윗글을 읽고 대답할 수 있는 내용으로 적절하지 않은 것은?**

① 렌더링 과정에서 물체의 원근감은 어떤 원리로 구현되는가?
② GPU가 CPU보다 그래픽 처리에 효율적인 이유는 무엇인가?
③ 화솟값을 결정할 때 참고하는 물체의 표면 특성에는 어떤 것들이 있는가?
④ 모델링 과정에서 물체의 크기가 변할 때 정점 간의 간격은 어떻게 변화하는가?
⑤ 3D 애니메이션에서 사실적인 물체의 움직임을 위한 최소 프레임 수는 얼마인가?

81. ㉠과 ㉡에 대한 설명으로 적절하지 않은 것은?

① ㉠과 ㉡ 모두 3D 애니메이션 제작의 필수적인 과정이다.
② ㉠과 달리 ㉡은 물체 간의 상호작용을 고려하여 값을 결정한다.
③ ㉡에서는 연산량이 ㉠보다 많으므로, 프레임 생성 시간은 대부분 ㉡과정에서 소요된다.
④ ㉡과 달리 ㉠에서는 정점을 활용하는데 이때 정점 개수는 물체가 변형되어도 동일하다.
⑤ ㉠에서는 삼각형의 조합으로 물체의 표면을 표현하고, ㉡에서는 이를 2차원 화면으로 변환한다.

82. 윗글을 바탕으로 <보기>의 반응 중 적절한 것을 모두 고른 것은?

<보기>

A 회사는 최신 영화의 한 장면을 3D 애니메이션으로 제작하고자 한다. 이 장면은 복잡한 굴곡이 있는 물체들의 사실적인 움직임과 매끄러운 표면, 광원에 따른 그림자 표현이 중요하며, 짧은 시간 내에 고해상도로 렌더링해야 한다. A 회사는 이를 위해 GPU를 활용한 시스템을 구축하였다.

⊙ 학생들의 반응
ㄱ. 고해상도로 출력하기 위해 해상도를 두 배 더 높여 렌더링한다면 연산량도 함께 증가할 것이다.
ㄴ. 물체의 표면을 더 매끄럽게 표현하려면 정점 수를 늘리는 것보다 픽셀 수를 늘리는 것이 더 효과적일 것이다.
ㄷ. 관찰 시점이 고정된 장면에서 사람 형태의 물체가 회전할 때, 해당 물체의 렌더링 결과는 회전 전과 후의 화솟값 분포가 달라질 것이다.
ㄹ. 동일한 물체가 등장하는 여러 프레임을 제작할 때, 물체의 형태 변화는 없으나 이동이 있다면 모델링 형태도 변화해야 할 것이다.

① ㄱ, ㄴ        ② ㄱ, ㄷ        ③ ㄴ, ㄷ        ④ ㄴ, ㄹ        ⑤ ㄷ, ㄹ

※ [83~84] 다음 글을 읽고 물음에 답하시오.

시립 도서관 자원봉사자 모집 안내

시민들에게 양질의 도서관 서비스를 제공하고, 지역 주민들의 독서 문화 증진을 위해 시립 도서관 자원봉사자를 아래와 같이 모집합니다.

1. 활동 기간: 2025년 10월~2025년 12월
2. 접수 기간: 2025년 9월 10일(수)~9월 24일(수), 오후 6시 마감
3. 모집 분야 및 인원
   - 도서 정리 도우미: 15명
   - 어린이 독서 지도: 10명
   - 노인 대상 책 읽기: 10명
   - 문화 행사 보조: 5명
4. 활동 장소: 시내 5개 시립 도서관(중앙, 동부, 서부, 남부, 북부)
5. 신청 자격: 공고일 기준 우리 시 거주자
   - 만 18세 이상 시민
   - 주 1회 이상(4시간) 봉사 활동 가능한 자
   - 독서 지도 분야는 관련 자격증 소지자 우대
6. 신청 방법: 시립 도서관 누리집에서 지원서 작성 후 제출
   ※ 지원 시 자기소개서와 개인 정보 이용 동의서 필수 제출
7. 선발 방법
   (1차) 서류 심사: 지원 동기 및 활동 계획 평가
   (2차) 면접: 서류 심사 통과자에 한해 실시(10월 1일~2일)
   ※ 최종 합격자 발표: 10월 13일, 개별 문자 통보
8. 혜택
   - 자원봉사 활동 시간 인정 및 확인서 발급
   - 도서관 행사 우선 참여 기회 제공
   - 월별 우수 자원봉사자 선정 및 시장 표창
   - 활동비 지원: 간식비 및 교통비 일일 8,000원

83. 윗글을 이해한 내용으로 가장 적절한 것은?

① 활동 기간은 3개월로 정해져 있다.
② 모든 지원자는 면접 심사를 거쳐야 한다.
③ 자원봉사 활동은 매일 4시간씩 진행된다.
④ 다른 시의 거주자도 활동에 참여할 수 있다.
⑤ 자원봉사 지원자는 한 분야만 선택해야 한다.

84. 윗글을 읽고 보인 반응으로 적절하지 않은 것은?

① 자원봉사를 꾸준히 잘하면 시장 표창도 받을 수 있겠군.
② 개인 정보 이용 동의서를 빠뜨리지 않고 함께 제출해야겠군.
③ 도서관 행사에 꼭 참여하고 싶었는데 우선권을 얻을 수 있겠군.
④ 자원봉사 활동 후 확인서를 받을 수 있어 취업 준비에 도움이 될 것 같아.
⑤ 나는 독서 지도 자격증이 없으니, 어린이 독서 지도에는 지원할 수 없겠군.

※ [85~87] 다음 글을 읽고 물음에 답하시오.

[앵커]
'도로 위의 시한폭탄'인 음주 운전. 음주 운전으로 발생한 사고가 잇따르면서 강력한 조치가 필요하다는 목소리가 높은 가운데, 오는 10월부터 ⓐ 음주 운전 방지법이 시행될 예정입니다.

[기자]
지난 주말, 시내 한복판에서 보행자 2명이 음주 운전 차량에 치여 숨지는 사고가 발생했습니다. 경찰 조사 결과, 가해자의 음주 운전 범죄 이력이 세 번으로 밝혀져 더욱 충격을 안겨 주었습니다.

최근 5년간 음주 운전 재범률은 약 45%. 음주 운전자 2명 중 1명은 재범을 일으킨다는 겁니다. ㉠ 피해자 가족을 비롯한 시민들은 음주 운전을 근절할 강력한 규제가 필요하다고 주장했습니다.

[이○○: 가해자들이 음주 운전을 다시는 안 한다는 보장은 없어요. 그런데도 운전하게 놔두는 것은 문제가 있다고 봐요.]

[안○○: 요새 뉴스만 봐도 음주 운전이 허다하니까 운전하다가 앞차가 조금이라도 비틀대면 음주 운전인가 싶어요. 재범률도 높은 범죄이다 보니 새로운 규제 방안이 필요해 보입니다.]

㉡ 사회적으로 음주 운전 규제를 강화할 필요성이 대두됨에 따라 오는 10월 25일부터 음주 운전 재범자에 대한 규제를 강화한 법안이 시행될 예정입니다. 개정된 도로교통법에 따르면 재범자는 차량에 음주 운전 방지 장치를 의무적으로 설치해야 합니다. 음주 운전 방지 장치는 기존의 음주 측정기와 유사한데요. 운전자의 호흡에서 알코올 농도를 측정해 일정 농도 수치가 감지되면 차량의 시동이 아예 걸리지 않도록 하는 원리입니다. 장치 설치 비용은 약 250만 원으로 운전자가 100% 부담하여 설치해야 합니다.

일각에서는 장치에 의존하다 보니 오히려 규제를 쉽게 회피할 수 있는 문제가 발생할 수 있다는 의견이 나오고 있는데요. ㉢ 만약 장치를 설치하지 않고 운전한다면 무면허 운전으로 간주하여 처벌이 가중됩니다. 세부적으로도 타인이 대신 측정하는 경우, 기계를 조작한 경우에 따른 처벌도 규정되었으며 운전자는 연 2회 이상 차량 운행 기록도 경찰서에 제출해야 합니다.

음주 운전 방지 장치는 이미 해외에서도 활용하고 있는 장치입니다. 미국은 1986년부터 장치를 도입해 결과적으로 음주 운전 재범률이 감소했다고 보고하고 있습니다. 이후 캐나다와 호주에서도 장치를 도입하였고, 유럽에서는 자발적 설치를 유도하기 위해 기계를 설치하면 면허 재취득 기간을 줄여 주는 제도도 도입하였습니다.

㉣ 일부 전문가들은 음주 운전 방지 법안의 실효성을 위해 추가적인 방안이 더 필요하다고 강조했습니다.

[교통 연구원 최○○: 음주 운전 방지 장치 도입으로 음주 운전이 줄어들 것이 기대되긴 하지만, 큰 효과를 위해서는 관련 교육을 이수하거나 치료 프로그램 등 다각도에서 추가적인 방안이 함께 시행되는 것이 더 효과적입니다.]

연일 인명 사고로 이어지고 있는 음주 운전. ㉤ '바늘 도둑이 소도둑 된다'는 말이 있듯이 처음이라는 안일한 생각이 더 큰 사고를 불러일으킨다는 점을 인식해, 경각심을 갖는 것도 중요한 시점입니다.

이상 ○○○ 기자였습니다.

85. ㉠~㉤에 대한 설명으로 적절하지 않은 것은?

① ㉠: 기사 내용과 관련한 인터뷰 내용이 이어질 것임을 예상할 수 있다.
② ㉡: 기사의 핵심 내용을 한 문장으로 정리하여 시청자에게 필요한 정보를 전달하고 있다.
③ ㉢: 법안과 관련해 예측할 수 있는 문제에 대해서도 추가적인 규정이 마련되었음을 제시하고 있다.
④ ㉣: 전문가의 의견을 인용하여 법안이 예정대로 시행되기 어려울 것이라는 주장에 신뢰성을 더하고 있다.
⑤ ㉤: 속담을 활용하여 당부할 내용을 인상 깊게 전달하고 있다.

86. <보기>를 고려하여 윗글을 이해한 내용으로 적절하지 않은 것은?

―――― <보기> ――――
뉴스 보도 시, 앵커와 기자는 시청자의 관심을 끌어야 하고, 보도 내용을 명확하게 전달해야 한다. 앵커는 보도의 핵심 내용을 파악해 전달해야 하며, 기자는 시의성을 높이면서 시청자가 공감할 수 있는 보도 내용을 다루어 시청자가 충분히 이해할 수 있도록 전달해야 한다.

① 기자는 새로운 장치를 구체적으로 설명하여 시청자의 이해를 돕고 있다.
② 앵커는 비유적 표현을 사용해 시청자에게 화제를 효과적으로 전달하고 있다.
③ 기자는 최근 사례를 먼저 제시하여 기사 내용이 시의성을 갖추고 있음을 보여준다.
④ 기자는 화제와 관련 있는 자신의 경험을 도입부에 제시하여 심각성을 드러내고 있다.
⑤ 앵커는 화제의 핵심을 전달하고 기자는 그에 대한 세부 내용을 전달하며 두 내용이 이어지도록 하고 있다.

87. ⓐ에 관한 설명으로 가장 적절한 것은?

① 처벌 대상은 면허 재취득이 불가능할 것이다.
② 법안은 이미 외국의 시행 사례로 효과가 입증되었다.
③ 법안은 재범자의의 죄질에 따라 선택적으로 적용된다.
④ 법안은 초범의 처벌 강도를 높여 재범을 막기 위한 목적으로 제정되었다.
⑤ 법안은 범죄자의 경제적 부담은 줄이되, 운전에 불편을 느끼도록 하는 방향으로 개정되었다.

※ [88~90] 다음 글을 읽고 물음에 답하시오.

|  보건복지부<br>질병관리본부 | **2017년 하반기 주의해야 할 10대 감염병 및 예방수칙 발표** |

□ 질병관리본부는 2017년 하반기에 특히 주의해야 할 10가지 감염병을 선정하고, 감염병 유행시기, 유행지역, 예방 방법 등 구체적인 질병정보와 예방수칙을 함께 발표하였다.

**[하반기 주의해야 할 국내 유행 감염병 5가지]**

① 중증열성혈소판감소증후군(Severe Fever Thrombocytopenia Syndrome, SFTS): 주로 4~11월(특히 9~10월)에 발생하며, 해마다 환자 발생이 증가하고 있고 매년 15명 이상이 사망하고 있다.
- 수풀 환경에서 작업 시 작업복을 착용하고, 돗자리를 사용하는 등 노출을 최소화해야 한다.

② 쯔쯔가무시증: 털진드기 유충 번식기인 10~12월에 주로 발생한다. 털진드기 개체 수가 증가하여 환자 발생도 증가할 것으로 예상된다.
- 수풀 환경에서 작업 시 작업복을 착용하고, 돗자리를 사용하는 등 노출을 최소화해야 한다.

③ 레지오넬라증: 연중 발생하나, 최근 신고 건수가 증가하고 물 사용이 증가하는 하반기에 증가하는 추세를 보인다.
- 냉각탑수 및 냉·온수 급수 시스템을 정기적으로 청소·소독하고, 수온 및 소독제 잔류 농도 관리 등 환경 관리가 필요하다.

④ 인플루엔자: 매년 12~4월(특히 12~2월) 유행하며, 우리나라 인구의 5~10%가 감염된다.
- 보건소나 의료 기관에서 인플루엔자 예방접종*을 받고, 30초 이상 손 씻기, 기침 예절 등으로 개인 위생 관리를 통해 예방할 수 있다.
　*생후 6~59개월 어린이, 65세 이상 어르신은 전국 보건소와 지정 의료기관에서 무료 접종 가능

⑤ 노로바이러스감염증: 연중 발생하나, 11~4월까지 주로 발생한다. 장관감염증 집단 발생 원인병원체 중 노로바이러스의 비율이 가장 높으며, 해마다 노로바이러스에 의한 집단 발생 비율이 높아지고 있다.
- 30초 이상 손 씻기, 안전한 물과 음식 먹기, 위생적으로 조리하기 등으로 노로바이러스에 예방할 수 있다.

**[일상생활 감염병 예방수칙 5가지]**

① 30초 이상 손 씻기
- 흐르는 물에 30초 이상 비누 또는 세정제 등을 사용하여 손을 씻어야 한다.
- 많은 감염병이 손을 통해 전파되는데, 30초 이상 비누 등을 이용한 손 씻기는 손에 있는 세균과 바이러스를 대부분 없애주기 때문에 감염병 예방에 가장 효과적인 방법이다.

② 옷소매 위쪽으로 기침하기
- 기침이나 재채기를 할 때는 손이 아닌 옷소매 위쪽(팔꿈치 안쪽)으로 입과 코를 가리고 한다.
- 기침을 할 때 손으로 입을 가리면 침에 있는 바이러스 등 병원체가 손에 묻어 전파될 우려가 있고, 입을 가리지 않으면 침이 주변으로 튀어 다른 사람에게 불쾌감을 주고 바이러스를 전파시킬 위험이 있다.

③ 안전한 물과 음식 먹기
- 음식은 85도 이상의 충분한 온도에서 익혀 먹고 물은 끓여 마신다.
- 대부분의 세균이나 바이러스는 열에 약하기 때문에 세균성 이질, 장출혈성대장균 감염증, A형 간염 등 수인성·식품매개 감염병을 예방하기 위해 할 수 있는 기본적인 방법이다.

4 예방접종 받기
- 접종 일정에 따라 권고되는 예방접종을 받아야 한다.
- 예방접종은 개인과 공동체의 면역력을 높여 감염병을 예방하는 가장 과학적인 방법이며, 합병증으로 인한 입원, 사망률도 크게 낮출 수 있다.
- 우리나라는 12세 이하 어린이 대상 17종 백신, 65세 이상 어르신 대상 2종 백신을 전국 보건소와 지정 의료기관을 통해 무료로 접종 받을 수 있으며, 일부 노출 고위험군 대상으로 권장되는 2종 백신은 보건소에서 무료 또는 유료로 접종이 가능하다.

5 야외 활동 시 진드기 등 매개체 조심하기
- 진드기와 모기에 의한 감염병은 매개체에 물리지 않는 것이 최선의 예방법이다. 따라서 야외 활동 시 수풀 주변은 되도록 가지 않고, 밝은 색의 긴 옷을 착용하며 야외 활동 후 샤워나 목욕을 권장한다.

88. 윗글의 내용과 일치하지 않는 것은?
① 노로바이러스감염증은 예방접종을 통해 예방할 수 있다.
② 레지오넬라증은 일 년 내내 감염 위험성이 있는 질병이다.
③ 중증열성혈소판감소증후군은 사망 우려가 있는 감염병이다.
④ 인플루엔자는 100명 중 5~10명 정도가 감염되는 경향을 보인다.
⑤ 중증열성혈소판감소증후군과 쯔쯔가무시증은 풀숲에 앉을 때 돗자리를 사용하여 예방할 수 있다.

89. 윗글을 읽고 보인 반응으로 적절하지 않은 것은?
① 인플루엔자 유행 시기에는 옷소매로 입을 가리고 기침해야겠군.
② 수풀이 많은 곳에서 일하는 경우 작업복으로 긴팔옷과 긴바지를 입어야겠군.
③ 물을 많이 사용하는 가게는 레지오넬라증을 예방하기 위해 급수 시스템을 자주 소독해야겠군.
④ 2월에는 밖에 나갔다가 돌아오면 다른 때보다 주의해서 손을 씻는 습관을 들이는 것이 중요하겠군.
⑤ 쯔쯔가무시증이 10~12월에 주로 발생하는 이유는 감염원인 털진드기의 독성이 강해지기 때문이군.

90. 윗글을 읽고 제기할 수 있는 질문으로 적절하지 않은 것은?
① 중증열성혈소판감소증후군의 감염원은 무엇인가?
② 해마다 노로바이러스감염증의 집단감염이 증가하는 이유는 무엇인가?
③ 생후 34개월 어린이에게 인플루엔자 무료 접종을 실시하는 곳은 어디인가?
④ 예방접종 일정에 따라 권고되는 예방접종 항목은 어디서 확인할 수 있는가?
⑤ 레지오넬라증 예방을 위한 급수 시스템 청소·소독은 어떤 방식으로 해야 하는가?

# [국어 문화] (91~100번)

91. <보기>의 설명을 참고할 때, 「흥부전(興夫傳)」을 개작한 신소설로 적절한 것은?

   ─── <보기> ───
   고전 소설 「별주부전」은 훗날 「토의 간(兎의 肝)」으로 개작되었다.

   ① 「강상련(江上蓮)」   ② 「구마검(驅魔劍)」   ③ 「화세계(花世界)」
   ④ 「연의 각(燕의 脚)」   ⑤ 「화의 혈(花의 血)」

92. <보기>에서 설명하는 문학 작품은?

   ─── <보기> ───
   이 작품은 조세희가 지은 단편 소설로, 산업화 시대의 도시에 사는 빈민 가족의 모습을 보여줌으로써 가난으로 인한 삶의 고통과 좌절을 드러낸다. 도시 재개발 사업으로 한순간에 집을 잃어버린 가족의 모습과 입주권을 둘러싼 갈등으로 이야기가 전개된다.

   ① 관촌수필   ② 난장이가 쏘아올린 작은 공   ③ 동행
   ④ 서울, 1964년 겨울   ⑤ 탈출기

93. <보기>에서 설명하는 작가는?

   ─── <보기> ───
   1950년대에 등단하여 고향과 어머니에 대한 그리움, 토속적 정서를 서정적으로 노래한 작품들을 발표했다. 특히 소박한 일상 소재와 정서를 시에 효과적으로 담아내며 서정성과 향토성을 조화롭게 노래하였다. 어린 시절의 경험과 어머니에 대한 기억을 바탕으로 하면서도, 개인적인 체험을 보편적 정서로 승화시켰으며 대표작으로는 「울음이 타는 가을 강」, 「추억에서」가 있다.

   ① 김광섭   ② 박재삼   ③ 신경림   ④ 신석정   ⑤ 황동규

**94.** <보기>는 일제 강점기 신문에 게재된 기사이다. 이에 대한 설명으로 적절하지 <u>않은</u> 것은?

─────── <보기> ───────

**독자우대극(讀者優待劇) 개성에서**

일즉이각처에서 무도회등 공연회를개최하야 대환영을 밧든무도계명성배구자(배구자(裵龜子))일행은금번개성유지들의 초청을바더이십이일 부터삼일간 개성좌(개성좌(開城座))에서 무도공연회를 개최하기로 되엇는데 조선무도개에명성이놉흔 그만큼 벌서부터인긔는 비등하야 대성황을이루리라는데 이와가티 무도게에명성이놉흔 배구자 일행이래개함을긔회로 본보개성 자국에서는독자를 우대키로 되엇다는바우대권은 이십이일 전부배부하리라더라(개성)

- 『조선일보』, 1929년 11월 23일자

① 무도 공연회는 22일부터 3일간 개최된다.
② 무도 공연회의 독자 우대권은 22일에 모두 배부된다.
③ 무도 공연회는 개성 이전에 다른 곳에서 이미 개최하였었다.
④ 무도 공연회는 이미 명성이 높아 대성황을 이룰 것으로 예상된다.
⑤ 무도 공연회 일행은 먼저 개성에서 공연을 개최하고 싶다는 의사를 밝혔다.

**95.** <보기>의 ㉠~㉤의 의미로 적절하지 <u>않은</u> 것은?

─────── <보기> ───────

"상공은 셰디 원훈으로 명망이 조정의 진동ᄒ거늘 근본업시 거리로 다니는 ᄋ히를 취ᄒ야 쳔금녀ᄋ의 비우를 삼으려 ᄒ시니 남의 치쇼를 면치 못ᄒ지라 거졀홈만 ᄀᆺ지 못ᄒ가 ᄒ나이다." 통판이 소 왈 "이 아ᄒ 비록 곤궁ᄒ나 타일에 반다시 일홈이 사희에 진동ᄒ리라. 아직 표리ᄒ믈 ㉠ <u>혐의홀</u> ᄒ리오." 호 씨 이 말을 듯고 풍운을 자셰 보니 나히 어리나 은은ᄒ 골격과 ㉡ <u>널널ᄒ</u> 정신이 진짓 긔남ᄌ라 마음에 혀오디 경패게 비우를 삼으면 제 ᄌ식의게 무식ᄒ가ᄒ야 히흘 ᄯᆺ을 두고 거즛 허락ᄒ더라. 이후로 통판이 풍운을 글을 가르치미 ᄒ나흘 드르면 열을 통하니 공은 의중니 너기나 호 씨는 ㉢ <u>싀긔ᄒ여</u> 몬져 경패를 히ᄒ리라하고 독약을 죽에 너허 쇼져를 쥬니 소져 밧ᄃ가 놋쳐 ᄂ러치니 호 씨 크게 ㉣ <u>ᄭ짓고</u> ㉤ <u>계교</u> 일우지 못ᄒᄆᆯ 한ᄒ더라.

- 작자 미상, 「장풍운전」

① ㉠: 못 견디게 괴롭히다.
② ㉡: 어떤 것에 대한 애정이나 태도가 매우 맹렬하다.
③ ㉢: 남이 잘되는 것을 샘하여 미워하다.
④ ㉣: 윗사람이 아랫사람의 잘못에 대하여 엄하게 나무라다.
⑤ ㉤: 요리조리 헤아려 보고 생각해 낸 꾀.

96. <보기>는 『훈민정음』 서문이다. ㉠~㉤에 대한 설명으로 적절하지 않은 것은?

― <보기> ―

㉠나랏 말ᄊᆞ미 中國에 달아 文字와로 서르 ᄉᆞᄆᆞᆺ디 ㉡아니ᄒᆞᆯᄊᆡ 이런 젼ᄎᆞ로 어린 百姓이 니르고져 홇 배 이셔도 ᄆᆞᄎᆞᆷ내 제 ᄠᅳ들 시러 ㉢펴디 몯홇 노미 하니라 내 ㉣이ᄅᆞᆯ 爲ᄒᆞ야 어엿비 너겨 새로 스믈여듧 字ᄅᆞᆯ ᄆᆡᇰᄀᆞ노니 사ᄅᆞᆷ마다 ᄒᆡ여 수ᄫᅵ 니겨 날로 ᄡᅮ메 便安킈 ᄒᆞ고져 홇 ㉤ᄯᆞᄅᆞ미니라

① ㉠: 현대 국어에서는 무정 명사 뒤에 관형격 조사 '의'가 나타난다.
② ㉡: 현대 국어에서는 근거를 나타내는 연결 어미로 '-므로'가 나타난다.
③ ㉢: 현대 국어에서는 'ㄷ'이 모음 'ㅣ'와 결합하면 'ㅈ'으로 바꾸어 표기한다.
④ ㉣: 현대 국어에서는 모음 조화가 파괴되어 양성 모음 뒤에서는 목적격 조사가 '을'로 나타난다.
⑤ ㉤: 현대 국어에서는 어두 자음군이 된소리로 바꾸어 표기한다.

97. <보기>는 북한의 표기 관련 규정이다. 표기가 규정에 맞지 않는 것은?

― <보기> ―

제26항
• 한자말에서 모음 ≪ㅖ≫가 들어있는 소리마디로는 ≪계≫, ≪례≫, ≪혜≫, ≪예≫만을 인정한다.
  예 계산, 례외, 혜택
• 그러나 그 본래 소리가 ≪게≫인 한자는 그대로 적는다.
  예 게재

① 계획  ② 시계  ③ 차례  ④ 폐장  ⑤ 게양대

98. <보기>를 참고할 때 점자 표기가 올바르지 않은 것은?

― <보기> ―

제16항 '까, 싸, 껏'을 적을 때에는 '가, 사, 것'의 약자 앞에 된소리표를 적어 나타낸다.
[붙임] '껐'을 적을 때에는 '꺼'와 받침 'ㅆ' 약자를 어울러 적는다.

※ 첫소리 자음자와 모음자

| ㄱ | ㄹ | ㅊ | ㅏ | ㅣ |
|---|---|---|---|---|
| ○● | ○○ | ○○ | ●○ | ●○ |
| ○○ | ●○ | ○● | ●○ | ○● |
| ○○ | ○○ | ●○ | ○● | ●○ |

※ 약자 표기

| 가 | 다 | 사 | 것 |
|---|---|---|---|
| ●● | ●○ | ○● | ○● |
| ●○ | ●○ | ○○ | ●○ |
| ○○ | ○● | ○○ | ●○ |

※ 된소리 표기

○○
○○
●○

① 까다

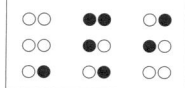

② 까치

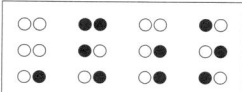

③ 기껏

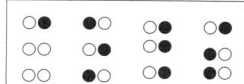

④ 싸다

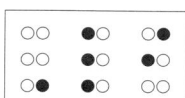

⑤ 싸리

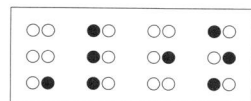

99. 밑줄 친 부분을 이해하기 쉬운 표현으로 수정한 것으로 가장 적절한 것은?

― <보기> ―

선의(善意)로 중대한 과실 없이 전자등록계좌부의 권리 내용을 신뢰하고 소유자 또는 질권자로 전자등록된 자는 해당 전자등록주식등에 대한 권리를 적법하게 취득한다. (전자증권법 제35조)

① 자신의 행위가 법률관계의 발생 전에 영향을 미치고
② 자신의 행위가 법률관계의 발생, 소멸과 관계없이 도덕적으로 옳다고 판단하고
③ 자신의 행위가 법률관계의 발생, 소멸 및 그 효력과 관계없는 행위일 것으로 보고
④ 자신의 행위가 법률관계의 발생, 소멸 및 그 효력에 영향을 미치는 사실을 모르고
⑤ 자신의 행위가 법률관계의 발생, 소멸 및 그 효력에 긍정적 영향을 미칠 것을 확신하고

100. <보기>에서 드러나는 방송 언어의 특성으로 적절하지 않은 것은?

― <보기> ―

아빠: 하늘이 뿌연 날이면 내 폐도 뿌옇게 변하는 기분이야. 오늘 미세먼지 지수가 '매우 나쁨'이래.
딸: 에이~ 아빠, 미세먼지가 어떻게 폐를 뿌옇게 만들어요? 그냥 작은 먼지인데….
엄마: 작아도 바늘처럼 날카로운 게 미세먼지란다. 혈관을 타고 온몸을 돌아다니는 보이지 않는 적이지.
딸: 정말요? 그럼 어떻게 해야 해요?
아빠: 창문 닫자! 미세먼지 차단의 첫걸음이지.
엄마: 마스크 쓰자! 외출할 땐 필수야.
아빠: 손발 씻자! 외출하고 돌아오면 바로바로.
딸: 미세먼지 예보를 보자! 매일 아침 확인하자.
다 같이: 미세먼지가 쫓아와도 예방할 수 있어!

① 정보의 출처를 내세워 정보의 신뢰성을 확보하고 있다.
② 일상 대화 형식을 통해 친근한 분위기에서 정보를 전달하고 있다.
③ 동일한 문장 구조를 반복하여 수용자가 쉽게 기억할 수 있도록 한다.
④ 비유와 의인화를 통해 미세먼지의 위험성을 효과적으로 전달하고 있다.
⑤ 청유형 어미를 사용하여 수용자가 실천할 수 있는 구체적 행동 지침을 제시하고 있다.

정답 및 해설 [약점 보완 해설집] p.67

모바일 자동 채점 및 성적 분석 서비스 바로가기
좌측의 QR코드를 스캔하면 모바일로 간편하게 채점하고 나의 실력과 취약 부분을 파악할 수 있는 성적 분석 서비스 이용이 가능합니다.

pass.Hackers.com

# KBS한국어능력시험

## 기 록 란 (DATA SHEET)

## 답 안 란 (ANSWER SHEET)

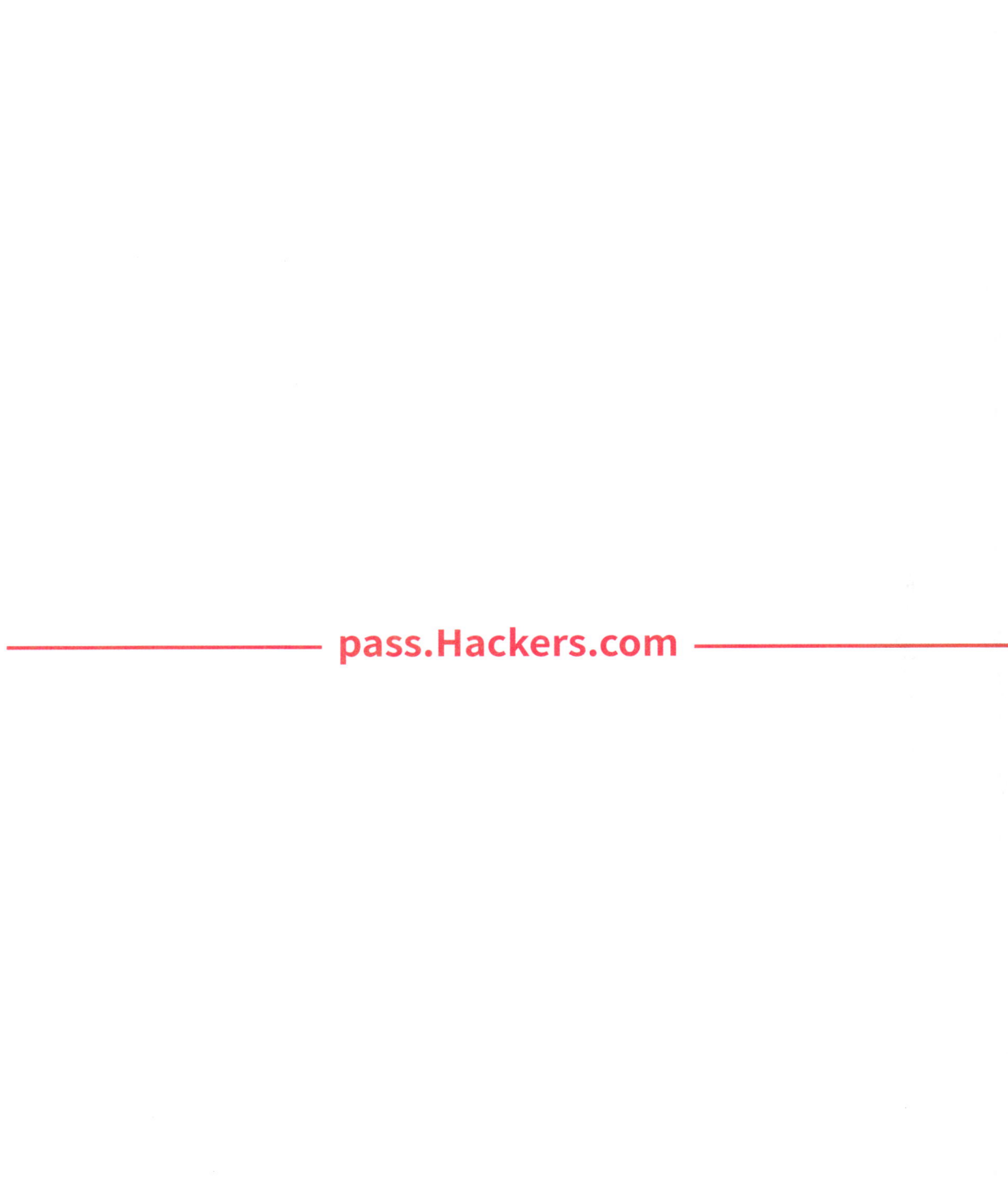

**2026 대비 최신개정판**

# 해커스
## 36시간에 끝내는
# KBS
## 한국어능력시험

개정 4판 1쇄 발행 2026년 1월 5일

| | |
|---|---|
| 지은이 | 해커스 한국어연구소 |
| 펴낸곳 | (주)챔프스터디 |
| 펴낸이 | 챔프스터디 출판팀 |
| 주소 | 서울특별시 서초구 강남대로61길 23 (주)챔프스터디 |
| 고객센터 | 02-537-5000 |
| 교재 관련 문의 | publishing@hackers.com |
| 학원 강의 및 동영상강의 | pass.Hackers.com |
| ISBN | 978-89-6965-686-5 (13710) |
| Serial Number | 04-01-01 |

저작권자 © 2026, 챔프스터디

이 책 및 음성파일의 모든 내용, 이미지, 디자인, 편집 형태에 대한 저작권은 저자에게 있습니다.
서면에 의한 저자와 출판사의 허락 없이 내용의 일부 혹은 전부를 인용, 발췌하거나 복제, 배포할 수 없습니다.
이 책의 내용 중 일부는 국립국어원이 제공하는 '표준국어대사전', '한국어 어문 규범'을 참고하였습니다.

---

**KBS한국어능력시험 1위,
해커스자격증(pass.Hackers.com)**

**해커스자격증**

- 해커스 스타강사의 본 교재 인강 (교재 내 할인쿠폰 수록)
- 고등급을 위한 출제 예상 개념 총정리 및 기출동형 모의고사
- 출제포인트를 확인하는 KBS한국어능력시험 무료 특강
- 내 등급과 취약 영역별 학습 전략을 확인하는 **모바일 자동 채점 및 성적 분석 서비스**
- 듣기 영역의 완전 정복을 위한 **듣기 영역 MP3**

주간동아 선정 2022 올해의 교육 브랜드 파워 온·오프라인 KBS한국어능력시험 부문 1위

# 목표 점수 단번에 달성,
# 지텔프도 역시 해커스!

## 해커스 지텔프 교재 시리즈

| 유형 + 문제 | | | | | |
|---|---|---|---|---|---|
| 32점+ | 43점+ | 47~50점+ | | 65점+ | 75점+ |

목표 점수에 맞는 교재를 선택하세요! ⟷ : 교재별 학습 가능 점수대

한 권으로 끝내는
해커스 지텔프 32-50+
(Level 2)

해커스 지텔프 문법
정답 찾는 공식 28
(Level 2)

2주 만에 끝내는      2주 만에 끝내는
해커스 지텔프 문법    해커스 지텔프 독해
(Level 2)           (Level 2)

## 보카

해커스 지텔프
기출 보카

## 기출 · 실전

지텔프 기출문제집    지텔프 공식           해커스 지텔프
(Level 2)           기출문제집 7회분      최신기출유형
                    (Level 2)            실전문제집 7회
                                         (Level 2)

해커스 지텔프        해커스 지텔프         해커스 지텔프
실전모의고사         실전모의고사          실전모의고사
문법 10회           독해 10회            청취 5회
(Level 2)          (Level 2)           (Level 2)

2026 대비 최신개정판

# 해커스
## 36시간에 끝내는
# KBS
한국어능력시험

# 약점 보완 해설집

해커스자격증

해커스

36시간에 끝내는
KBS
한국어능력시험

약점 보완 해설집

해커스

# 영역1 어휘

## 01 고유어

**STEP3 기출동형 문제 풀어보기**  p.36

| 1 ⑤ | 2 ⑤ | 3 ④ | 4 ③ | 5 ② |
| 6 ① | 7 ④ | 8 ④ | | |

### 1 고유어의 문맥적 의미  정답 ⑤

⑤ 문맥상 중대한 회의에 적절한 회의 장소를 선정해야 한다는 의미이므로, "일이나 물건 따위가 마구 얽크러져 정신이 뒤숭숭하거나 산란한 느낌이 있다."를 뜻하는 '귀살스럽다'를 쓰는 것은 적절하지 않다.

**오답분석**
① 부수다: 단단한 물체를 여러 조각이 나게 두드려 깨뜨리다.
② 달뜨다: 마음이 가라앉지 않고 조금 흥분되다.
③ 납신하다: 윗몸을 가볍고 빠르게 고부리다.
④ 깐지다: 성질이 까다로울 정도로 빈틈없고 야무지다.

### 2 고유어의 문맥적 의미  정답 ⑤

⑤ '흰소리'는 "터무니없이 자랑으로 떠벌리거나 거드럭거리며 허풍을 떠는 말."을 의미하므로 고유어의 의미가 적절하지 않은 것은 ⑤이다. 참고로, "상대편의 말을 슬쩍 받아 엉뚱한 말로 재치 있게 넘기는 말."은 '신소리'이다.

### 3 고유어의 문맥적 의미  정답 ④

④ '가풀막'은 "몹시 가파르게 비탈진 곳."을 의미하므로 고유어의 의미가 적절하지 않은 것은 ④이다.

### 4 고유어의 사전적 의미  정답 ③

③ "보기에 부러워하며 시샘하여 탐내는 마음이 있다."를 의미하는 고유어는 '게염스럽다'이다.

**오답분석**
① 거년스럽다: 보기에 몹시 가난하고 어려운 데가 있다.
② 거쿨스럽다: 보거나 듣기에 거쿨진 데가 있다.
④ 시망스럽다: 몹시 짓궂은 데가 있다.
⑤ 모지락스럽다: 보기에 억세고 모질다.

### 5 고유어의 문맥적 의미  정답 ②

② '고깝다'는 "섭섭하고 야속하여 마음이 언짢다."를 의미하는 고유어이므로 '칭찬하는'과 함께 쓰이는 것은 적절하지 않다. 따라서 답은 ②이다.

**오답분석**
① 갈마들다: 서로 번갈아들다.
③ 무람없다: 예의를 지키지 않으며 삼가고 조심하는 것이 없다.
④ 해사하다: 얼굴이 희고 곱다랗다.
⑤ 곰삭다: 옷 따위가 오래되어서 올이 삭고 질이 약해지다.

### 6 고유어의 문맥적 의미  정답 ①

① '잉걸'은 "불이 이글이글하게 핀 숯덩이."를 의미하는 고유어이므로 '불이 거의 꺼져가는'과 함께 쓰이는 것은 적절하지 않다. 따라서 답은 ①이다.

**오답분석**
② 사뭇: 내내 끝까지.
③ 가탈: 이리저리 트집을 잡아 까다롭게 구는 일.
④ 목물: 상체를 굽혀 엎드린 채로 다른 사람의 도움을 받아 허리에서부터 목까지 물로 씻는 일.
⑤ 갈무리: 물건 따위를 잘 정리하거나 간수함.

### 7 고유어의 사전적 의미  정답 ④

④ "여럿이 모두 가운데가 솟아서 불룩한 모양."을 의미하는 고유어는 '두두룩두두룩'이다.

**오답분석**
① 곰비임비: 물건이 거듭 쌓이거나 일이 계속 일어남을 나타내는 말.
② 다문다문: 시간적으로 잦지 아니하고 좀 드문 모양.
③ 알랑알랑: 남의 비위를 맞추거나 환심을 사려고 다랍게 자꾸 아첨을 떠는 모양.
⑤ 버르적버르적: 고통스러운 일이나 어려운 고비를 벗어나려고 팔다리를 내저으며 자꾸 큰 몸을 움직이는 모양.

### 8 고유어의 문맥적 의미  정답 ④

④ '천둥지기'는 "빗물에 의하여서만 벼를 심어 재배할 수 있는 논."을 의미하므로 고유어의 의미가 적절하지 않은 것은 ④이다. 참고로, "바닷물이 드나드는 땅."을 의미하는 고유어는 '개땅'이다.

# 02 한자어

## STEP3 기출동형 문제 풀어보기   p.54

| 1 ③ | 2 ③ | 3 ④ | 4 ② | 5 ⑤ |
| 6 ② | 7 ② | 8 ⑤ | | |

### 1  한자어의 사전적 의미   정답 ③

③ '격의(隔意)'는 "서로 터놓지 않는 속마음."을 뜻하므로 사전적 뜻풀이가 옳지 않은 것은 ③이다. 참고로, "격에 맞는 일정한 방식."을 의미하는 한자어는 '격식(格式)'이다.

### 2  한자어의 문맥적 의미   정답 ③

③ '경개(耿介)하다'는 "시류에 영합하지 않고 굳게 지조를 지키다."를 의미하는 한자어이므로 '매체나 다른 사람의 영향을 많이 받는 특성'과 함께 쓰이는 것은 적절하지 않다. 따라서 답은 ③이다.

**오답분석**
① 발군(拔群): 여럿 가운데에서 특별히 뛰어남.
② 철시(撤市)하다: 시장, 가게 따위가 문을 닫고 영업을 하지 아니하다.
④ 약진(躍進)하다: 힘차게 앞으로 뛰어 나아가다.
⑤ 구명(究明)하다: 사물의 본질, 원인 따위를 깊이 연구하여 밝히다.

### 3  한자어의 문맥적 의미   정답 ④

④ '계발(啓發)하다'는 "슬기나 재능, 사상 따위를 일깨워 주다."를 의미하는 한자어이므로 '자원을 유용하게 만드는 상황'에 쓰이는 것은 적절하지 않다. 따라서 답은 ④이다. 참고로, 이때는 "토지나 천연자원 따위를 유용하게 만들다."를 의미하는 '개발(開發)하다'를 쓰는 것이 적절하다.

**오답분석**
① 간파(看破)하다: 속내를 꿰뚫어 알아차리다.
② 고취(鼓吹)하다: 힘을 내도록 격려하여 용기를 북돋우다.
③ 각출(各出)하다: 각각 내놓다.
⑤ 망막(茫漠)하다: 넓고 멀다.

### 4  동음이의 한자어의 표기   정답 ②

② 밑줄 친 ㉠~㉢에 해당하는 한자를 올바르게 묶은 것은 ②이다.
・㉠ "가정하여 말하여."를 뜻하는 '가령'은 '假令'으로 표기한다.
・㉡ "조상의 전통이나 문화유산, 업적 따위를 물려받아 이어 나감."을 뜻하는 '계승'은 '繼承'으로 표기한다.
・㉢ "겸손하여 받지 아니하거나 응하지 아니함. 또는 남에게 양보함."을 뜻하는 '사양'은 '辭讓'으로 표기한다.

**오답분석**
・㉠ 가령(加齡): 새해가 되어 나이를 한 살 더 먹음.
・㉡ 계승(繼乘): 열차나 배를 타고 가다가 내려서 다른 열차나 배로 옮겨 탐.
・㉢ 사양(斜陽): 저녁때의 햇빛. 또는 저녁때의 저무는 해.

### 5  동음이의 한자어의 표기   정답 ⑤

⑤ 밑줄 친 ㉠~㉢에 해당하는 한자를 올바르게 묶은 것은 ⑤이다.
・㉠ "안개가 걷히듯 흩어져 없어짐. 또는 그렇게 흐지부지 취소됨."을 뜻하는 '무산'은 '霧散'으로 표기한다.
・㉡ "온전하게 보호하여 유지함."을 뜻하는 '보전'은 '保全'으로 표기한다.
・㉢ "돈이나 물품을 받아들임."을 뜻하는 '수령'은 '受領'으로 표기한다.

**오답분석**
・㉠ 무산(無算): 이루 다 헤아릴 수 없이 많음.
・㉡ 보전(補塡): 부족한 부분을 보태어 채움.
・㉢ 수령(首領): 한 당파나 무리의 우두머리.

### 6  동음이의 한자어의 표기   정답 ②

② 밑줄 친 ㉠~㉢에 해당하는 한자를 올바르게 묶은 것은 ②이다.
・㉠ "싸움에서 이기고 돌아옴."을 뜻하는 '개선'은 '凱旋'으로 표기한다.
・㉡ "의원이나 임원 등이 사퇴하거나 그 임기가 다 되었을 때 새로 선출함."을 뜻하는 '개선'은 '改選'으로 표기한다.
・㉢ "잘못된 것이나 부족한 것, 나쁜 것 따위를 고쳐 더 좋게 만듦."을 뜻하는 '개선'은 '改善'으로 표기한다.

### 7  한자어의 사전적 의미   정답 ②

② '산실(産室)'은 "어떤 일을 꾸미거나 이루어 내는 곳. 또는 그런 바탕."을 뜻하므로 사전적 뜻풀이가 옳지 않은 것은 ②이다. 참고로, "사물이나 일 따위의 기본이 되는 것."을 뜻하는 말은 '기초(基礎)'이다.

### 8 한자어의 문맥적 의미  정답 ⑤

⑤ '공박(攻駁)하다'는 "남의 잘못을 몹시 따지고 공격하다."를 의미하는 한자어이므로 '버티며 상대를 공격하지 않는 상황'과 함께 쓰이는 것은 적절하지 않다. 따라서 답은 ⑤이다.

**오답분석**
① 추호(秋毫): 매우 적거나 조금인 것을 비유적으로 이르는 말.
② 계륵(鷄肋): 닭의 갈비라는 뜻으로, 그다지 큰 소용은 없으나 버리기에는 아까운 것을 이르는 말.
③ 사숙(私淑)하다: 직접 가르침을 받지는 않았으나 마음속으로 그 사람을 본받아서 도나 학문을 닦다.
④ 역려(逆旅): 나그네를 맞이한다는 뜻으로, '여관'을 이르는 말.

## 03 어휘의 의미 관계

**STEP3 기출동형 문제 풀어보기**  p.66

| 1 ③ | 2 ② | 3 ① | 4 ① | 5 ⑤ |
| 6 ③ | 7 ① | 8 ⑤ |

### 1 고유어와 한자어의 대응  정답 ③

③ 문맥상 "함께 하거나 따르지 않고 뒤에 처지다."를 의미하는 '떨어지다'가 쓰였으므로, '선거에서 떨어지다'를 뜻하는 '낙선(落選)하다'를 쓰는 것은 적절하지 않다. 참고로, 이때는 "대오에서 처져 뒤떨어지다."를 뜻하는 '낙오(落伍)하다'를 쓰는 것이 적절하다.

**오답분석**
① 문맥상 "급한 일이나 임무가 맡겨지다."를 의미하는 '떨어지다'가 쓰였으므로, "사람에게 권리·명예·임무 따위가 주어지거나, 사물이나 일에 가치·의의 따위가 붙여지다."를 뜻하는 '부여(附與)되다'를 쓰는 것은 적절하다.
② 문맥상 "위에서 아래로 내려지다."를 의미하는 '떨어지다'가 쓰였으므로, "높은 곳에서 떨어지다."를 뜻하는 '추락(墜落)하다'를 쓰는 것은 적절하다.
④ 문맥상 "시험, 선거, 선발 따위에 응하여 뽑히지 못하다."를 뜻하는 '떨어지다'가 쓰였으므로, "범위에 들지 못하고 떨어지거나 빠지다."를 뜻하는 '탈락(脫落)하다'를 쓰는 것은 적절하다.
⑤ 문맥상 "값, 기온, 수준, 형세 따위가 낮아지거나 내려가다."를 뜻하는 '떨어지다'가 쓰였으므로, "명예나 위신 따위가 떨어지다."를 뜻하는 '실추(失墜)되다'를 쓰는 것은 적절하다.

### 2 유의·반의·상하·부분 관계  정답 ②

② <보기>에 쓰인 '성기다'는 "물건의 사이가 뜨다."는 뜻이고, ②의 '배다'는 "물건의 사이가 비좁거나 촘촘하다."의 뜻이다. 따라서 '배다'는 '성기다'와 반대되는 뜻이므로 '성기다'와 반의 관계이다.

**오답분석**
① '깊다'는 "겉에서 속까지의 거리가 멀다."는 뜻이므로 사이가 뜨다는 의미의 '성기다'와 반의 관계로 적절하지 않다.
③ '상기다'는 "물건의 사이가 조금 뜨다."는 뜻이므로 사이가 뜨다는 의미의 '성기다'와 반의 관계로 적절하지 않다. 참고로, 두 단어는 뜻이 비슷한 유의 관계이다.
④ '널찍하다'는 "꽤 너르다."라는 뜻이므로 사이가 뜨다는 의미의 '성기다'와 반의 관계로 적절하지 않다.
⑤ '느슨하다'는 "잡아맨 끈이나 줄 따위가 늘어져 헐겁다."라는 뜻이므로 사이가 뜨다는 의미의 '성기다'와 반의 관계로 적절하지 않다.

### 3 유의·반의·상하·부분 관계  정답 ①

① <보기>의 '독수리'는 '새'의 일종으로, '새'는 '독수리'의 상위어, '독수리'는 '새'의 하위어이다. 즉, 두 단어는 상하 관계에 있다. '물'은 '액체'의 일종으로, 두 단어도 상하 관계에 있으므로 의미 관계가 동일한 것은 ①이다.

**오답분석**
② '사람'과 '인간'은 둘 다 "생각을 하고 언어를 사용하며, 도구를 만들어 쓰고 사회를 이루어 사는 동물."을 의미하므로 동의 관계에 있다.
③ '바퀴'는 '자동차'의 부품으로, '자동차'는 전체를 나타내고, '바퀴'는 '자동차'의 부분을 나타내는 단어이다. 따라서 두 단어는 전체와 부분 관계에 있다.
④ '움키다'는 "손가락을 우그리어 물건 따위를 놓치지 않도록 힘 있게 잡다."를 의미하고, '옴키다'는 "손가락을 오그리어 물건 따위를 놓치지 아니하도록 힘 있게 잡다."를 의미한다. 따라서 두 단어는 상하 관계에 있지 않다.
⑤ '뜨겁다'는 "손이나 몸에 상당한 자극을 느낄 정도로 온도가 높다."를 의미하고, '차갑다'는 "촉감이 서늘하고 썩 찬 느낌이 있다."를 의미한다. 따라서 두 단어는 의미가 반대되는 반의 관계에 있다.

### 4 다의어와 동음이의어  정답 ①

① 첫 번째 문장의 '치다'는 '치다²'의 용례이고, 두 번째 문장의 '치다'는 '치다¹'의 용례이다. 따라서 두 단어는 동음이의 관계에 있으므로 답은 ①이다.
- 박수를 쳤다: 이때 '치다²'는 "손이나 물건 따위를 부딪쳐 소리 나게 하다."를 의미한다.
- 천둥 치는: 이때 '치다¹'은 "천둥이나 번개 따위가 큰 소리나 빛을 내면서 일어나다."를 의미한다.

**오답분석**

② 두 단어 모두 '일다¹'의 용례이므로 다의 관계에 있다.
- 열정이 일었다: 이때 '일다¹'는 "희미하거나 약하던 것이 왕성하여지다."를 의미한다.
- 보풀이 형편없이 일었다: 이때 '일다¹'는 "겉으로 부풀거나 위로 솟아오르다."를 의미한다.

③ 두 단어 모두 '맞다²'의 용례이므로 다의 관계에 있다.
- 새해를 맞아: 이때 '맞다²'는 "시간이 흐름에 따라 오는 어떤 때를 대하다."를 의미한다.
- 서리를 맞은: 이때 '맞다²'는 "자연 현상에 따라 내리는 눈, 비 따위의 닿음을 받다."를 의미한다.

④ 두 단어 모두 '마르다¹'의 용례이므로 다의 관계에 있다.
- 옷소매가 금세 말랐다: 이때 '마르다¹'는 "물기가 다 날아가서 없어지다."를 의미한다.
- 몸이 몹시 말라: 이때 '마르다¹'는 "살이 빠져 야위다."를 의미한다.

⑤ 두 단어 모두 '내리다¹'의 용례이므로 다의 관계에 있다.
- 용산역에 내려: 이때 '내리다¹'는 "타고 있던 물체에서 밖으로 나와 어떤 지점에 이르다."를 의미한다.
- 유리문을 내리자: 이때 '내리다¹'는 "위에 있는 것을 낮은 곳 또는 아래로 끌어당기거나 늘어뜨리다."를 의미한다.

### 5  다의어와 동음이의어  정답 ⑤

⑤ '칼이 잘 들었다'의 '들다'는 "날이 날카로워 물건이 잘 베어지다."를 의미하는 '들다³'의 용례이다. 나머지는 모두 '들다¹'의 용례이므로 ⑤는 나머지 단어와 동음이의 관계에 있다.

**오답분석**

① '단풍이 들었다'의 '들다'는 "물감, 색깔, 물기, 소금기가 스미거나 배다."를 의미하는 '들다¹'의 용례이다.
② '맛이 들었다'의 '들다'는 "과일, 음식의 맛 따위가 익어서 알맞게 되다."를 의미하는 '들다¹'의 용례이다.
③ '돈이 많이 들었다'의 '들다'는 "어떤 일에 돈, 시간, 노력, 물자 따위가 쓰이다."를 의미하는 '들다¹'의 용례이다.
④ '동호회에 들었다'의 '들다'는 "어떤 조직체에 가입하여 구성원이 되다."를 의미하는 '들다¹'의 용례이다.

### 6  고유어와 한자어의 대응  정답 ③

③ 문맥상 "병균이나 독 따위가 옮다."를 의미하는 '오르다'가 쓰였으므로, "늘어서 많아지다."를 의미하는 '증식되다(增殖되다)'를 쓰는 것은 적절하지 않다.

**오답분석**

① 문맥상 "값이나 수치, 온도, 성적 따위가 이전보다 많아지거나 높아지다."를 의미하는 '오르다'가 쓰였으므로, "낮은 데서 위로 올라가다."를 의미하는 '상승하다(上昇하다)'를 쓰는 것은 적절하다.

② 문맥상 "지위나 신분 따위를 얻게 되다."를 의미하는 '오르다'가 쓰였으므로, "어떤 분야에서 가장 높은 자리나 지위에 오르다."를 의미하는 '등극하다(登極하다)'를 쓰는 것은 적절하다.

④ 문맥상 "탈것에 타다."를 의미하는 '오르다'가 쓰였으므로, "배나 비행기, 차 따위에 올라타다."를 의미하는 '탑승하다(搭乘하다)'를 쓰는 것은 적절하다.

⑤ 문맥상 "기록에 적히다."를 의미하는 '오르다'가 쓰였으므로, "일정한 사항을 장부나 대장에 올리다."를 의미하는 '등재하다(登載하다)'를 쓰는 것은 적절하다.

### 7  유의·반의·상하·부분 관계  정답 ①

① <보기>의 '다리'는 사람이나 동물의 몸통 아래 붙어 있는 신체의 부분으로 '몸'의 일부이다. 따라서 '몸'이 전체를 나타내는 단어이고, '다리'는 '몸'의 부분을 나타내는 단어이므로 '몸'과 '다리'는 전체와 부분 관계에 있다. '단추'는 '옷'을 구성하는 일부분이므로 두 단어도 전체와 부분 관계에 있다. 따라서 의미 관계가 동일한 것은 ①이다.

**오답분석**

② '구리'는 붉은색을 띤 금속 원소로 금속 중 하나이다. 따라서 '금속'은 '구리'의 상위어이고, '구리'는 '금속'의 하위어이므로 '금속'과 '구리'는 상하 관계에 있다.
③ '서점'과 '책방'은 둘 다 "책을 갖추어 놓고 팔거나 사는 가게."를 의미하므로 두 단어는 동의 관계에 있다.
④ '살다'와 '죽다'는 의미가 반대되는 반의 관계에 있다.
⑤ '영어'는 '언어' 중 하나이다. 따라서 '언어'는 '영어'의 상위어이고, '영어'는 '언어'의 하위어이므로 '영어'와 '언어'는 상하 관계에 있다.

### 8  유의·반의·상하·부분 관계  정답 ⑤

⑤ <보기>에 쓰인 '걸다'는 "액체 따위가 내용물이 많고 진하다."를 의미한다. '묵직하다'는 "다소 큰 물건이 보기보다 제법 무겁다."를 의미하기 때문에 내용물의 많고 진함을 의미하는 '걸다'와 뜻이 유사하지 않으므로 적절하지 않다.

**오답분석**

① 진하다: 액체의 농도가 짙다.
② 되직하다: 죽이나 풀 따위가 묽지 않고 조금 되다.
③ 걸쭉하다: 액체가 묽지 않고 꽤 걸다.
④ 농후하다: 맛, 빛깔, 성분 따위가 매우 짙다.

# 04 속담·사자성어·관용구

**STEP3 기출동형 문제 풀어보기** p.86

| 1 ② | 2 ① | 3 ③ | 4 ④ | 5 ⑤ |
| 6 ④ | 7 ⑤ | 8 ④ | | |

## 1 속담의 의미 　　　　　　　　　　정답 ②

② '야윈 말이 짐 탐한다'는 제격에 어울리지 않게 욕심을 냄을 비유적으로 이르는 말이다. 따라서 노력과 관련 없는 뜻이므로 노력과 끈기의 중요성을 나타내는 상황에 사용하기에 적절하지 않다.

**오답분석**
① 푸석돌에 불난다: 불이 날 리가 없는 푸석돌에 불이 난다는 뜻으로, 노력과 수단이 뛰어나면 무엇이든 이룰 수 있음을 비유적으로 이르는 말.
③ 낙숫물이 댓돌을 뚫는다: 작은 힘이라도 꾸준히 계속하면 큰일을 이룰 수 있음을 비유적으로 이르는 말.
④ 걸음새 뜬 소가 천리를 간다: 소는 비록 걸음이 뜨기는 하지만 한결같이 꾸준히 걸어가 마침내는 천 리를 간다는 뜻으로, 꾸준히 인내하면 큰 성과를 낼 수 있음을 비유적으로 이르는 말.
⑤ 구르는 돌은 이끼가 안 낀다: 부지런하고 꾸준히 노력하는 사람은 침체되지 않고 계속 발전한다는 말.

## 2 사자성어의 의미 　　　　　　　　정답 ①

① '견마지로(犬馬之勞)'는 개나 말 정도의 하찮은 힘이라는 뜻으로, 윗사람에게 충성을 다하는 자신의 노력을 낮추어 이르는 말이다. 따라서 답은 ①이다.

**오답분석**
② 공전절후(空前絕後): 이전에도 없었고 앞으로도 없음.
③ 등화가친(燈火可親): 등불을 가까이할 만하다는 뜻으로, 서늘한 가을밤은 등불을 가까이 하여 글 읽기에 좋음을 이르는 말.
④ 오비이락(烏飛梨落): 까마귀 날자 배 떨어진다는 뜻으로, 아무 관계도 없이 한 일이 공교롭게도 때가 같아 억울하게 의심을 받거나 난처한 위치에 서게 됨을 이르는 말.
⑤ 후안무치(厚顏無恥): 뻔뻔스러워 부끄러움이 없음.

## 3 사자성어의 의미 　　　　　　　　정답 ③

③ 문맥상 기다리던 기회를 잡았다는 의미이다. '만시지탄(晚時之歎)'은 "시기에 늦어 기회를 놓쳤음을 안타까워하는 탄식."을 의미하므로 문맥상 쓰임이 적절하지 않다.

**오답분석**
① 대경실색(大驚失色): 몹시 놀라 얼굴빛이 하얗게 질림.
② 우공이산(愚公移山): 어떤 일이든 끊임없이 노력하면 반드시 이루어짐을 이르는 말.
④ 미사여구(美辭麗句): 아름다운 말로 듣기 좋게 꾸민 글귀.
⑤ 와신상담(臥薪嘗膽): 원수를 갚거나 마음먹은 일을 이루기 위하여 온갖 어려움과 괴로움을 참고 견딤을 비유적으로 이르는 말.

## 4 관용구의 의미 　　　　　　　　　정답 ④

④ 문맥상 아이가 터무니없고 실속 없는 말을 한다는 의미이므로, "말이 분명하고 실속이 있다."를 의미하는 '입이 여물다'의 쓰임은 적절하지 않다.

**오답분석**
① 입을 씻다: 이익 따위를 혼자 차지하거나 가로채고서는 시치미를 떼다.
② 입을 맞추다: 서로의 말이 일치하도록 하다.
③ 입이 짧다: 음식을 심하게 가리거나 적게 먹다.
⑤ 입이 천 근 같다: 매우 입이 무겁다.

## 5 관용구의 의미 　　　　　　　　　정답 ⑤

⑤ 문맥상 그녀의 목소리가 너무 커서 듣기 힘들다는 의미이다. '귀에 딱지가 앉다'는 "같은 말을 여러 번 듣다."를 의미하므로 큰 목소리와 관련 없으므로 문맥상 쓰임이 적절하지 않다. 참고로, 이때는 "소리가 날카롭고 커서 듣기에 괴롭다."를 의미하는 '귀(가) 따갑다'를 쓰는 것이 적절하다.

**오답분석**
① 귀(가) 질기다: 말을 싹싹하게 잘 듣지 않고 끈덕지다.
② 귀가 얇다: 남의 말을 쉽게 받아들인다.
③ 귀가 열리다: 세상 물정을 알게 되다.
④ 귀가 가렵다: 남이 제 말을 한다고 느끼다.

## 6 속담의 의미 　　　　　　　　　　정답 ④

④ 문맥상 도움을 주지 않은 사람들이 일의 성과가 좋아지자 도와준 것처럼 말하는 상황이다. '닭 잡아먹고 오리발 내놓기'는 옳지 못한 일을 저질러 놓고 엉뚱한 수작으로 속여 넘기려 하는 일을 비유적으로 이르는 말이므로 문맥상 쓰임이 적절하지 않다.

**오답분석**
① 잣눈도 모르고 조복 마른다: 제대로 알지도 못하면서 일을 하려고 함을 이르는 말.
② 더벅머리 댕기 치레하듯: 바탕이 좋지 않은 것에 어울리지 않게 지나친 겉치레를 하여 오히려 더 흉하게 된 것을 비유적으로 이르는 말.
③ 쇠붙이도 늘 닦지 않으면 빛을 잃는다: 비록 능력 있고 훌륭한 사람이라고 할지라도 꾸준히 배우고 수양을 쌓지 않으면 뒤떨어지고 잘못될 수 있음을 비유적으로 이르는 말.

⑤ 내리사랑은 있어도 치사랑은 없다: 윗사람이 아랫사람을 사랑하기는 하여도 아랫사람이 윗사람을 사랑하기는 좀처럼 어렵다는 말.

### 7 사자성어의 의미　　　　　　　　　　정답 ⑤

⑤ 문맥상 팀장은 회의에서 타인의 의견을 집중하여 듣는다는 의미이므로, "곁에 사람이 없는 것처럼 아무 거리낌 없이 함부로 말하고 행동하는 태도가 있음."을 의미하는 '방약무인(傍若無人)'의 쓰임은 적절하지 않다.

**오답분석**
① 대기만성(大器晩成): 크게 될 사람은 늦게 이루어짐을 이르는 말.
② 누란지위(累卵之危): 몹시 아슬아슬한 위기를 비유적으로 이르는 말.
③ 주경야독(晝耕夜讀): 어려운 여건 속에서도 꿋꿋이 공부함을 이르는 말.
④ 관포지교(管鮑之交): 우정이 아주 돈독한 친구 관계를 이르는 말.

### 8 관용구의 의미　　　　　　　　　　정답 ④

④ 문맥상 제일 먼저 식사 자리에 나타났다는 의미이므로, "먹는 자리에 남들이 다 먹은 뒤에 나타나다."를 의미하는 '발이 짧다'의 쓰임은 적절하지 않다.

**오답분석**
① 발이 닳다: 매우 분주하게 많이 다니다.
② 발에 채다: 여기저기 흔하게 널려 있다.
③ 발이 묶이다: 몸을 움직일 수 없거나 활동할 수 없는 형편이 되다.
⑤ 발을 타다: 강아지 따위가 걸음을 걷기 시작하다.

## 05　순화어

**STEP3 기출동형 문제 풀어보기**　　　　　　p.92

1 ④　　2 ⑤　　3 ③　　4 ④　　5 ①
6 ①

### 1 한자어의 순화어　　　　　　　　　정답 ④

④ '기장(記帳)'은 "장부에 적음. 또는 그 장부."를 의미하는 말이므로 '계산하다'로 순화하는 것은 적절하지 않다. 참고로, '기장(記帳)하다'는 '장부에 적다', '장부에 써넣다'로 순화할 수 있다.

**오답분석**
① '예후(豫後)'는 "병이 나은 뒤의 경과."를 의미하므로 '경과'로 순화하는 것은 적절하다.
② '반흔(瘢痕)'은 "상처나 부스럼 따위가 다 나은 뒤에 남은 자국."을 의미하므로 '흉터'로 순화하는 것은 적절하다.
③ '가사(假使)'는 "가정하여 말하여."를 의미하므로 '가령'으로 순화하는 것은 적절하다.
⑤ '수의 시담(隨意示談)'은 '가격 협의'로 순화한다. 참고로, '수의(隨意)'는 "하고 싶은 대로의 제 마음이나 의지."라는 의미이고, '시담(示談)'은 법률적으로 "민사상의 분쟁을 재판 이외에 당사자 간에 해결하는 일. 또는 그 화해 계약."이라는 의미이다.

### 2 외래어의 순화어　　　　　　　　　정답 ⑤

⑤ '유비쿼터스(ubiquitous)'는 사용자가 시간과 장소에 구애받지 않고 네트워크에 접속할 수 있는 환경을 말한다. 따라서 '복합 자동 기술'로 다듬는 것은 적절하지 않다. 참고로, '유비쿼터스(ubiquitous)'는 '두루누리'로 다듬을 수 있다.

**오답분석**
① '스크린 도어(screen door)'는 "추락 사고나 소음, 먼지, 바람 따위로 인한 피해를 예방하기 위하여 지하철, 기차 따위의 승강장에 설치한 문."을 의미하는 말로 '안전문'으로 다듬을 수 있다.
② '레시피(recipe)'는 음식의 조리법을 의미하는 요리 용어로, '조리법'으로 다듬을 수 있다.
③ '노쇼(no show)'는 예약을 하고 취소 연락 없이 나타나지 않는 행위를 이르는 말로, '예약 부도'로 다듬을 수 있다.
④ '포토존(photo zone)'은 '사진 촬영 구역', '촬영 구역', '사진 찍는 곳'으로 다듬을 수 있다.

### 3 외래어의 순화어　　　　　　　　　정답 ③

③ '메디컬 푸어(medical poor)'는 "과다한 의료비 지출로 인하여 경제적인 어려움을 겪는 사람. 또는 그런 계층."을 의미한다. 따라서 '의료 빈곤층'으로 순화해야 한다.

**오답분석**
① '크루(crew)'는 "공통의 목표나 관심사를 가진 사람들이 모여 형성한 집단 또는 그 구성원."을 의미하므로 '모임, 동료'로 순화할 수 있다.
② '쿠키 영상(cookie 映像)'이란 "영화나 드라마에서 본편이 끝난 후에 추가로 짧게 나오는 영상."을 의미하므로 '부록 영상'으로 순화할 수 있다.
④ '피크 아웃(peak out)'은 "경기나 주식이 고점을 찍고 하락 국면에 접어드는 상황."을 의미하므로 '하락 전환'으로 순화할 수 있다.

⑤ '풀필먼트(fulfillment)'는 "판매자에게서 위탁받은 물류 전문 업체가 상품의 보관, 포장, 배송, 반품, 재고 관리 등 물류의 전 과정을 대행하는 일. 또는 그런 시스템."을 의미하므로 '물류 종합 대행'으로 순화할 수 있다.

## 4  외래어의 순화어  정답 ④

④ '리빌딩(rebuilding)'은 "야구, 농구, 축구 따위의 팀에서 전력 보강을 위해 기존 선수를 방출하거나 새 선수를 기용하는 일."을 의미한다. 따라서 '전술 변경'으로 다듬는 것은 적절하지 않다. 참고로, '리빌딩(rebuilding)'은 '재정비'로 다듬을 수 있다.

**오답분석**

① '이니셔티브(initiative)'는 "주동적인 위치에서 이끌어 나갈 수 있는 권리나 권력."을 의미하므로 '주도권' 또는 '선제권'으로 다듬을 수 있다.
② '시그니처 아이템(signature item)'은 각 회사의 상징적인 뛰어난 특징을 나타내는 특정한 제품을 이르는 말로, '대표 상품'으로 다듬을 수 있다.
③ '웹마스터(webmaster)'는 "www 서버 또는 홈페이지 총관리자."를 의미하므로 '누리지기'로 다듬을 수 있다.
⑤ '메타팜(metafarm)'은 "확장 가상 세계에서 작황을 예측하는 등 다양한 농업 방식을 모의 실험하여 농사에 적용하는 것."을 의미하므로 '가상 농장'으로 다듬을 수 있다.

## 5  한자어의 순화어  정답 ①

① '골자(骨子)'는 "말이나 일의 내용에서 중심이 되는 줄기를 이루는 것."을 의미하는 말이므로 '세부 조건'으로 순화하는 것은 적절하지 않다. 참고로, '골자(骨子)'는 '요점', '핵심'으로 순화할 수 있다.

**오답분석**

② '과오급(過誤給)'은 '잘못 지급' 또는 '잘못 내줌'으로 순화할 수 있다.
③ '잔반(殘飯)'은 "먹고 남은 밥."을 의미하므로 '남은 밥' 또는 '음식 찌꺼기'로 순화할 수 있다.
④ '납기(納期)'는 "세금이나 공과금 따위를 내는 시기나 기한."을 의미하므로 '납기일(納期日)'은 '내는 날'로 순화할 수 있다.
⑤ '계류(繫留)하다'는 "일정한 곳을 벗어나지 못하도록 밧줄 같은 것으로 붙잡아 매어 놓다."를 의미하므로 '매어 두다' 또는 '붙들어 매다'로 순화할 수 있다.

## 6  한자어의 순화어  정답 ①

① '매상고(賣上高)'는 "상품 따위를 판 금액. 또는 그 돈의 총액."을 의미하므로 '매출액' 또는 '판매액'으로 순화해야 한다.

**오답분석**

② '양생(養生)'은 "콘크리트가 완전히 굳을 때까지 적당한 수분을 유지하고 충격을 받거나 얼지 아니하도록 보호하는 일."을 의미하므로 '굳히기'로 순화할 수 있다.
③ '앙등(昂騰)'은 "물건값이 뛰어오름."을 의미하므로 '앙등하여'는 '올라'로 순화할 수 있다.
④ '수수(授受)'는 "물품을 주고받음."을 의미하므로 '주고받음'으로 순화할 수 있다.
⑤ '일실(逸失)'은 "잃어버리거나 놓침."을 의미하므로 '일실치 않도록'은 '잃지 않도록'으로 순화할 수 있다.

# 최종 점검 문제

p.94

| 1 ③ | 2 ④ | 3 ③ | 4 ① | 5 ⑤ |
| 6 ③ | 7 ④ | 8 ④ | 9 ② | 10 ② |
| 11 ① | 12 ④ | 13 ③ | 14 ② | 15 ③ |

## 1  고유어의 사전적 의미  정답 ③

③ "두려워하거나 삼가는 태도가 없이 꽤 버릇없다."를 뜻하는 고유어는 '발만스럽다'이므로 정답은 ③이다.

**오답분석**

① 내숭스럽다: 겉으로는 순해 보이나 속으로는 엉큼한 데가 있다.
② 느물스럽다: 말이나 행동이 능글맞은 데가 있다.
④ 되통스럽다: 찬찬하지 못하거나 미련하여 일을 잘 저지를 듯하다.
⑤ 남우세스럽다: 남에게 놀림과 비웃음을 받을 듯하다.

## 2  고유어의 문맥적 의미  정답 ④

④ '노상'은 "언제나 변함없이 한 모양으로 줄곧."이라는 의미의 고유어이다. 문맥상 ④는 휴가가 벌써 끝나간다는 의미이므로 고유어 '노상'의 쓰임은 적절하지 않다.

**오답분석**

① '자못'은 "생각보다 매우."를 의미하는 고유어이다. ①은 아이들에 대한 기대가 생각보다 매우 크다는 것을 의미하므로 그 쓰임이 적절하다.
② '지레'는 "어떤 일이 일어나기 전 또는 어떤 기회나 때가 무르익기 전에 미리."를 의미하는 고유어이다. ②는 시험을 치기 전에 겁부터 났다는 것을 의미하므로 그 쓰임이 적절하다.
③ '바투'는 "시간이나 길이가 아주 짧게."를 의미하는 고유어이다. ③은 길이가 아주 짧게 머리를 잘랐다는 것을 의미하므로 그 쓰임이 적절하다.

⑤ '짐짓'은 "마음으로는 그렇지 않으나 일부러 그렇게."를 의미하는 고유어이다. ⑤는 누군가 그 사건이 일어난 것을 알았지만 일부러 처음 듣는 척했다는 의미이므로 그 쓰임이 적절하다.

### 3  한자어의 사전적 의미    정답 ③

③ '재가(裁可)'는 "안건을 결재하여 허가함."을 의미하므로 사전적 뜻풀이가 옳지 않은 것은 ③이다. 참고로, "어떤 일이나 문제 따위에 대하여 다시 생각함."을 의미하는 한자어는 '재고(再考)'이다.

### 4  고유어의 사전적 의미    정답 ①

① '바장이다'는 "부질없이 짧은 거리를 오락가락 거닐다."라는 뜻의 고유어이므로 적절하지 않다. 참고로, "힘없이 천천히 거닐다."를 뜻하는 말은 고유어 '어슷대다'이다.

**오답분석**
② '켯속'은 "일이 되어 가는 속사정."을 뜻하는 고유어이므로 적절하다.
③ '이울다'는 "해나 달의 빛이 약해지거나 스러지다."를 뜻하는 고유어이므로 적절하다.
④ '울력'은 "여러 사람이 힘을 합하여 일함. 또는 그런 힘."을 뜻하는 고유어이므로 적절하다.
⑤ '보시기'는 "김치나 깍두기 따위를 담는 반찬 그릇의 하나."를 뜻하는 고유어이므로 적절하다.

### 5  한자어의 문맥적 의미    정답 ⑤

⑤ '도탄(塗炭)'은 "진구렁에 빠지고 숯불에 탄다는 뜻으로, 몹시 곤궁하여 고통스러운 지경을 이르는 말."을 의미하는 한자어이므로 '명화를 감상하는 상황'에 쓰이는 것은 적절하지 않다. 따라서 답은 ⑤이다.

**오답분석**
① '가차(假借)'는 "사정을 보아줌."을 의미하는 한자어이다. ①은 그가 직원의 사정을 봐주지 않고 해고했다는 의미이므로 문맥상 적절하게 사용되었다.
② '기탄(忌憚)'은 "어렵게 여겨 꺼림."을 의미하는 한자어이다. ②는 그녀가 주저하지 않고 자신의 의견을 말했다는 의미이므로 문맥상 적절하게 사용되었다.
③ '난삽(難澁)'은 "글이나 말이 매끄럽지 못하면서 어렵고 까다로움."을 의미하는 한자어이다. ③은 글이 매끄럽지 않아 이해하기 어려웠다는 의미이므로 문맥상 적절하게 사용되었다.
④ '가외(加外)'는 "일정한 기준이나 정도의 밖."을 의미하는 한자어이다. ④는 기본급 외에 수당을 지급했다는 의미이므로 문맥상 적절하게 사용되었다.

### 6  다의어와 동음이의어    정답 ③

③ 두 문장에 사용된 '다리'는 동음이의어로 짝지어졌으므로 정답은 ③이다.
- 안경의 다리가 조금 휘어져 쓰기에 불편했다: 이때 '다리'는 '다리¹'로, '안경의 테에 붙어서 귀에 걸게 된 부분'을 뜻한다.
- 어젯밤 폭우로 마을의 오래된 다리가 무너졌다: 이때 '다리'는 '다리²'로, '물을 건너거나 또는 한편의 높은 곳에서 다른 편의 높은 곳으로 건너다닐 수 있도록 만든 시설물'을 뜻한다.

**오답분석**
① 두 문장에 사용된 '품'은 모두 '품²'로, 다의 관계에 있다.
- 텃밭을 가꾸는 데 들이는 품이 대단했다: 이때 '품'은 '어떤 일에 드는 힘이나 수고'를 뜻한다.
- 가난한 농부는 품을 팔아 생계를 유지했다: 이때 '품'은 '삯을 받고 하는 일'을 뜻한다.
② 두 문장에 사용된 '바람'은 모두 '바람¹'로, 다의 관계에 있다.
- 차가운 바람이 얼굴을 스치며 지나갔다: 이때 '바람'은 '기압의 변화 또는 사람이나 기계에 의하여 일어나는 공기의 움직임'을 뜻한다.
- 그는 친구에게 여행을 가자고 바람을 넣었다: 이때 '바람'은 '남을 부추기거나 얼을 빼는 일'을 뜻한다.
④ 두 문장에 사용된 '짐'은 모두 '짐¹'로, 다의 관계에 있다.
- 공항에서 짐을 부치는 데 시간이 오래 걸렸다: 이때 '짐'은 '다른 곳으로 옮기기 위하여 챙기거나 꾸려 놓은 물건'을 뜻한다.
- 그는 지도자로서 무거운 짐을 책임감 있게 수행했다: 이때 '짐'은 '맡겨진 임무나 책임'을 뜻한다.
⑤ 두 문장에 사용된 '말'은 모두 '말¹'로, 다의 관계에 있다.
- 도시에 떠도는 말을 그대로 믿어서는 안 된다: 이때 '말'은 '소문이나 풍문 따위를 이르는 말'을 뜻한다.
- 상대방의 말을 경청하는 것이 의사소통의 기본이다: 이때 '말'은 '사람의 생각이나 느낌 따위를 표현하고 전달하는 데 쓰는 음성 기호'를 뜻한다.

### 7  동음이의 한자어의 표기    정답 ④

④ 밑줄 친 ㉠~㉢에 해당하는 한자를 올바르게 묶은 것은 ④이다.
- ㉠ "될 만하거나 가능성이 있는 희망."을 뜻하는 '가망'은 '可望'으로 표기한다.
- ㉡ "모조리 잡음."을 뜻하는 '타진'은 '打盡'으로 표기한다.
- ㉢ "마음에 차지 아니하여 섭섭하거나 불만스럽게 남아 있는 느낌."을 뜻하는 '유감'은 '遺憾'으로 표기한다.

**오답분석**
- ㉠ 가망(加望): 조선 시대에, 벼슬아치를 추천할 때 삼망(三望)에 올리거나 삼망 외에 추가로 올리던 일.
- ㉡ 타진(打診): 남의 마음이나 사정을 미리 살펴봄.
- ㉢ 유감(有感): 느끼는 바가 있음.

| **8** | 유의·반의·상하·부분 관계 | 정답 ④ |

④ <보기>의 '숨기다'는 "어떤 사물을 남이 보이지 않는 곳에 두다. 또는 어떤 사실이나 행동을 남이 모르게 감추다."의 뜻이다. 따라서 "어떤 사상이나 이론, 현실, 사실, 진리 따위를 인정하지 않고 도외시하다."를 뜻하는 '외면하다'는 '숨기다'와 유의 관계에 있지 않으므로 적절하지 않다.

**오답분석**
① '덮다'는 "어떤 사실이나 내용 따위를 따져 드러내지 않고 그대로 두거나 숨기다."의 뜻이므로 '숨기다'와 유의 관계이다.
② '파묻다'는 "남이 모르게 숨기어 감추다."의 뜻이므로 '숨기다'와 유의 관계이다.
③ '감추다'는 "어떤 사실이나 감정 따위를 남이 모르게 하다."의 뜻이므로 '숨기다'와 유의 관계이다.
⑤ '은폐하다'는 "덮어 감추거나 가리어 숨기다."의 뜻이므로 '숨기다'와 유의 관계이다.

| **9** | 유의·반의·상하·부분 관계 | 정답 ② |

② <보기>의 '국경일'과 '한글날'은 상하 관계에 있다. 이와 같은 의미 관계에 있는 것은 ② '예술 – 음악'이다. 참고로, 상하 관계는 한 단어의 뜻이 다른 단어의 뜻을 포함하는 것이다. '한글날'은 '국경일'의 일종이고, '음악'은 '예술'의 일종이므로 이들은 상하 관계에 있다고 본다.

**오답분석**
① '손톱'은 '손'의 일부분이므로 '손'과 '손톱'은 부분 관계이다. 참고로, 부분 관계는 한 단어가 다른 단어의 일부분을 나타내는 것이다.
③ '짙다'는 "빛깔을 나타내는 물질이 많이 들어 있어 보통 정도보다 빛깔이 강하다."를 뜻하고, '진하다'는 "빛깔이 짙다."를 뜻하므로 '짙다'와 '진하다'는 유의 관계에 있다.
④ '둥글다'는 "원이나 공과 모양이 같거나 비슷하다.", '동글다'는 "작은 것이 원이나 공과 모양이 같거나 비슷하다."를 뜻하므로 '둥글다'와 '동글다'는 유의 관계에 있다.
⑤ '차지다'는 "반죽이나 밥, 떡 따위가 끈기가 많다."를 뜻하고, '메지다'는 "밥이나 떡, 반죽 따위가 끈기가 적다."를 뜻하므로 '차지다'와 '메지다'는 뜻이 서로 반대되는 반의 관계에 있다.

| **10** | 사자성어의 의미 | 정답 ② |

② '위편삼절(韋編三絶)'은 공자가 주역을 즐겨 읽어 책의 가죽끈이 세 번이나 끊어졌다는 뜻으로, 책을 열심히 읽음을 이르는 말이다. 따라서 문맥상 그는 평소 책을 읽지 않아 책이 새것처럼 보인다는 뜻이므로 '위편삼절(韋編三絶)'의 쓰임이 적절하지 않다.

**오답분석**
① '풍수지탄(風樹之嘆)'은 효도를 다하지 못한 채 어버이를 여읜 자식의 슬픔을 이르는 말이므로 쓰임이 적절하다.
③ '호사다마(好事多魔)'는 "좋은 일에는 흔히 방해되는 일이 많음. 또는 그런 일이 많이 생김."을 뜻하므로 쓰임이 적절하다.
④ '구우일모(九牛一毛)'는 아홉 마리의 소 가운데 박힌 하나의 털이란 뜻으로, 매우 많은 것 가운데 극히 적은 수를 이르는 말이므로 쓰임이 적절하다.
⑤ '고장난명(孤掌難鳴)'은 외손뼉만으로는 소리가 울리지 아니한다는 뜻으로, 혼자의 힘만으로 어떤 일을 이루기 어려움을 이르는 말이므로 쓰임이 적절하다.

| **11** | 고유어와 한자어의 대응 | 정답 ① |

① '한정(限定)하다'는 '수량이나 범위 따위를 제한하여 정함'을 뜻하므로 문맥상 결혼식 날짜를 여름으로 결정했다는 내용과 어울리지 않는다. 참고로 여기서 '잡다'는 '자리, 방향, 날짜 따위를 정하다'를 뜻한다.

**오답분석**
② '도축(屠畜)하다'는 '고기를 얻기 위하여 가축을 잡아 죽이다'를 뜻하므로 문맥상 '짐승을 죽이다'를 뜻하고 있는 '잡다'와 바꿔 쓰기에 적절하다.
③ '진화(鎭火)하다'는 '불이 난 것을 끄다'를 뜻하므로 문맥상 '기세를 누그러뜨리다'를 뜻하고 있는 '잡다'와 바꿔 쓰기에 적절하다.
④ '모함(謀陷)하다'는 '나쁜 꾀로 남을 어려운 처지에 빠지게 하다'를 뜻하므로 문맥상 '남을 모해하여 곤경에 빠뜨리다'를 뜻하고 있는 '잡다'와 바꿔 쓰기에 적절하다.
⑤ '유지(維持)하다'는 '어떤 상태나 상황을 그대로 보존하거나 변함없이 계속하여 지탱하다'를 뜻하므로 문맥상 '어떤 상태를 유지하다'를 뜻하고 있는 '잡다'와 바꿔 쓰기에 적절하다.

| **12** | 속담의 의미 | 정답 ③ |

③ '남의 말도 석 달'은 소문은 시일이 지나면 흐지부지 없어지고 만다는 말이다. ③은 문맥상 계속 타이르면 아이가 나쁜 습관을 고칠 수 있다는 의미로, 소문이 사라진다는 상황과 관련 없으므로 문맥상 속담의 사용이 적절하지 않다.

**오답분석**
① '말은 할 탓이다'는 같은 내용의 말이라도 하기에 달렸다는 말이므로 같은 말이라도 전달 방식이 중요하다는 내용과 함께 사용하기에 적절하다.
② '말 안 하면 귀신도 모른다'는 마음속으로만 애태울 것이 아니라 시원스럽게 말을 하여야 한다는 말이므로 고민을 털어 놓으라는 상황에서 사용하기에 적절하다.
④ '말 속에 뜻이 있고 뼈가 있다'는 말 뒤에 겉에 드러나지 아니한 숨은 뜻이 있다는 말이므로 칭찬 속에 조롱이 있다는 내용과 함께 사용하기에 적절하다.
⑤ '발 없는 말이 천 리 간다'는 말은 비록 발이 없지만 천 리 밖까지도 순식간에 퍼진다는 뜻으로, 말을 삼가야 함을 비유적으로 이르는 말이다. 따라서 말을 조심해야 한다는 상황에서 사용하기에 적절하다.

## 13 관용구의 의미  정답 ③

③ 문맥상 그가 감정적인 사람이라는 뜻이므로 "줏대나 감정을 억제하다."를 뜻하는 '속(을) 빼놓다'의 쓰임이 적절하지 않다.

**오답분석**
① '속(을) 끓이다'는 "마음을 태우다."를 뜻하므로 문맥상 쓰임이 적절하다.
② '속(을) 차리다'는 "지각 있게 처신하다."를 뜻하므로 문맥상 쓰임이 적절하다.
④ '속(을) 긁다'는 "남의 속이 뒤집히게 비위를 살살 건드리다."를 뜻하므로 문맥상 쓰임이 적절하다.
⑤ '속(을) 떠보다'는 "남의 마음을 알려고 넘겨짚다."를 뜻하므로 문맥상 쓰임이 적절하다.

## 14 한자어의 순화어  정답 ②

② '중차대(重且大)'란 중요하고 크다는 의미이다. 따라서 '매우 중요한'으로 순화해야 한다.

**오답분석**
① '객담(喀痰)'은 "가래를 뱉음. 또는 그 가래."를 뜻하므로 '가래'로 순화할 수 있다.
③ '시건장치(施鍵裝置)'는 "문 따위를 잠그는 장치."를 뜻하므로 '잠금장치' 또는 '자물쇠 장치'로 순화할 수 있다.
④ '내구연한(耐久年限)'은 "원래의 상태대로 사용할 수 있는 기간."을 뜻하므로 '사용 가능 햇수' 또는 '견딜 햇수'로 순화할 수 있다.
⑤ '명문화(明文化)'는 "문서로써 명백히 함."을 뜻하므로 '명문화하여'는 '문서로 밝혀'로 순화할 수 있다.

## 15 외래어의 순화어  정답 ③

③ '밀키트(meal kit)'란 요리에 필요한 손질된 식재료와 딱 맞는 양의 양념, 조리법을 한 묶음으로 구성해 제공하는 제품을 말한다. 따라서 '바로 요리 세트'로 순화해야 한다.

**오답분석**
① '앙꼬(餡子)'는 떡이나 빵의 안에 든 팥을 뜻한다. 따라서 '팥소'로 순화할 수 있다.
② '워킹그룹(working group)'은 "상위 조직에서 정한 주제나 목적에 따라 실제적으로 구체적인 일을 하는 모임. 또는 실무 회의를 진행하는 협의단."을 뜻한다. 따라서 '실무단'으로 순화할 수 있다.
④ '로드숍(road shop)'은 '거리 매장'으로 순화할 수 있다.
⑤ '디지털 디톡스(digital detox)'는 "디지털 기기를 지나치게 사용하는 사람들이 디지털 기기 사용을 중단하고 휴식을 취하는 것."을 뜻한다. 따라서 '디지털 거리 두기'로 순화할 수 있다.

# 영역2 어법

## 01 한글 맞춤법

**STEP3 기출동형 문제 풀어보기**  p.120

| 1 ③ | 2 ④ | 3 ④ | 4 ③ | 5 ② |
| 6 ⑤ | 7 ③ | 8 ② | 9 ⑤ | 10 ⑤ |
| 11 ① | 12 ③ | 13 ③ | | |

### 1 올바른 한글 표기  정답 ③

③ '가욋일[가왼닐 / 가웬닐]'은 '가외(加外) + 일'로, 순우리말과 한자어가 결합된 합성어이다. 이때 앞말이 모음 'ㅚ'로 끝나고 뒷말의 첫소리인 모음 'ㅣ' 앞에서 'ㄴㄴ' 소리가 덧나므로 한글 맞춤법 제30항 2 - (3)에 따라 사이시옷을 받쳐 적어야 한다. 따라서 답은 ③이다.

**오답분석**
① 혓바늘[혀빠늘 / 혇빠늘]: '혀 + 바늘'로, 순우리말로 된 합성어이다. 이때 앞말이 모음 'ㅕ'로 끝나고 뒷말의 첫소리 'ㅂ'이 된소리 [ㅃ]으로 발음되므로 규정 1 - (1)에 따라 사이시옷을 받쳐 적어야 한다.
② 멧나물[멘나물]: '메 + 나물'로, 순우리말로 된 합성어이다. 이때 앞말이 모음 'ㅔ'로 끝나고 뒷말의 첫소리 'ㄴ' 앞에서 'ㄴ' 소리가 덧나므로 규정 1 - (2)에 따라 사이시옷을 받쳐 적어야 한다.
④ 자릿세[자리쎄 / 자릳쎄]: '자리 + 세(貰)'로, 순우리말과 한자어로 된 합성어이다. 이때 앞말이 모음 'ㅣ'로 끝나고 뒷말의 첫소리 'ㅅ'이 된소리 [ㅆ]으로 발음되므로 규정 2 - (1)에 따라 사이시옷을 받쳐 적어야 한다.
⑤ 툇마루[퇸:마루 / 퉨:마루]: '퇴(退) + 마루'로, 순우리말과 한자어로 된 합성어이다. 이때 앞말이 모음 'ㅚ'로 끝나고 뒷말의 첫소리 'ㅁ' 앞에서 'ㄴ' 소리가 덧나므로 규정 2 - (2)에 따라 사이시옷을 받쳐 적어야 한다.

### 2 올바른 한글 표기  정답 ④

④ '곧이듣다'는 '곧- + -이 + 듣- + -다'가 결합한 단어이므로 본래 끝소리가 'ㄷ'이다. 따라서 끝소리가 'ㄹ'인 말이 다른 말과 어울려 'ㄷ' 소리로 나는 단어가 아니므로 답은 ④이다.

**오답분석**
① '삼짇날'은 '삼질'과 '날'이 결합한 것으로, '삼질'의 끝소리 'ㄹ'이 '날'과 결합하며 'ㄹ' 소리가 'ㄷ'으로 발음되므로 적절하다.
② '숟가락'은 '술'과 '가락'이 결합한 것으로, '술'의 끝소리 'ㄹ'이 '가락'과 결합하며 'ㄹ' 소리가 'ㄷ'으로 발음되므로 적절하다.
③ '이튿날'은 '이틀'과 '날'이 결합한 것으로, '이틀'의 끝소리 'ㄹ'이 '날'과 결합하며 'ㄹ' 소리가 'ㄷ'으로 발음되므로 적절하다.
⑤ '반짇고리'는 '바느질'과 '고리'가 결합한 것으로, '바느질'의 끝소리 'ㄹ'이 '고리'와 결합하며 'ㄹ' 소리가 'ㄷ'으로 발음되므로 적절하다.

### 3 올바른 한글 표기  정답 ④

④ 말하던지(×) → 말하든지(○): '-던지'는 막연한 의문이 있는 채로 그것을 뒤 절의 사실과 관련시키는 데 쓰는 연결 어미이며, '-든지'는 나열된 동작이나 상태, 대상들 중에서 어느 것이든 선택될 수 있음을 나타내는 연결 어미이다. ④는 어떤 것을 말해도 따라야 한다는 의미이기 때문에 '-든지'를 사용하는 것이 적절하다.

### 4 올바른 한글 표기  정답 ③

③ 법썩였다(×) → 법석였다(○): 한 단어 안에서 뚜렷한 까닭 없이 나는 된소리는 다음 음절의 첫소리를 된소리로 적지만, 'ㄱ, ㅂ' 받침 뒤에서 나는 된소리는 같은 음절이나 비슷한 음절이 겹쳐 나는 경우가 아니면 된소리로 적지 않는다. 따라서 '법썩'이 아닌 '법석'으로 표기해야 한다.

### 5 올바른 한글 표기  정답 ②

② 누래(×) → 누레(○): '누렇다'의 어간 '누렇-'이 어미 '-어'와 결합하면 어간의 끝 'ㅎ'이 줄어들고 어미가 '-에'로 변한다. 따라서 '누레'로 활용하므로 '누래'라고 표기하는 것은 적절하지 않다.

**오답분석**
① 커다라네(○): '커다랗다'의 어간 '커다랗-'에 어미 '-네'가 결합하면 어간의 끝 'ㅎ'이 줄어든다. 따라서 '커다라네'는 올바른 표기이다.
③ 뿌예(○): '뿌옇다'의 어간 '뿌옇-'이 어미 '-어'와 결합하면 어간의 끝 'ㅎ'이 줄어들고 어미가 '-에'로 변한다. 따라서 '뿌예'는 올바른 표기이다.
④ 좁다래서(○): '좁다랗다'의 어간 '좁다랗-'이 어미 '-아'와 결합하면 어간의 끝 'ㅎ'이 줄어들고 어미가 '-애'로 변한다. 따라서 '좁다래서'는 올바른 표기이다.

⑤ 동그랄(○): '동그랗다'의 어간 '동그랗-'이 어미 '-을'과 결합하면 어간의 끝 받침 'ㅎ'이 탈락한다. 따라서 '동그랄'은 올바른 표기이다.

## 6  올바른 한글 표기   정답 ⑤

⑤ 어쭙잖게(○): "비웃음을 살 만큼 언행이 분수에 넘치는 데가 있다."라는 뜻의 단어는 '어쭙잖다'이므로 ⑤와 같이 '어쭙잖게'로 표기하는 것은 적절하다.

**오답분석**

① 널판지(×) → 널빤지(○): "판판하고 넓게 켠 나뭇조각."이라는 뜻의 단어는 '널빤지'이다. '널판지'는 '널빤지'의 잘못된 표기이다.
② 내딛었다(×) → 내디뎠다(○): "밖이나 앞쪽으로 발을 옮겨 현재의 위치에서 다른 장소로 이동하다."라는 뜻의 단어는 '내디디다'이다. 참고로, '내디뎠다'는 '내디디- + -었- + -다'의 구성이므로, '내딛었다'는 잘못된 표기이다.
③ 장미빛(×) → 장밋빛(○): '장밋빛'은 한자어 명사 '장미(薔薇)'와 고유어 명사 '빛'이 결합한 합성어로 뒷말의 첫소리 'ㅂ'이 된소리 [ㅃ]으로 발음되므로 사이시옷을 표기해야 한다.
④ 구슬러(×) → 구슬려(○): "그럴듯한 말로 꾀어 마음을 움직이다."라는 뜻의 단어는 '구슬리다'이다. '구슬려'는 '구슬리- + -어'의 구성이므로 '구슬러'는 잘못된 표기이다.

## 7  올바른 한글 표기   정답 ③

③ 눌은밥(○): "솥 바닥에 눌어붙은 밥에 물을 부어 불려서 긁은 밥."이라는 뜻의 단어는 '눌은밥'이므로 ③의 '눌은밥'은 적절한 표기이다.

**오답분석**

① 뇌졸증(×) → 뇌졸중(○): "뇌에 혈액 공급이 제대로 되지 않아 손발의 마비, 언어 장애, 호흡 곤란 등을 일으키는 증상."이라는 뜻의 단어는 '뇌졸중'이다. '뇌졸증'은 '뇌졸중'의 잘못된 표기이다.
② 쌀뜻물(×) → 쌀뜨물(○): "쌀을 씻고 난 뿌연 물."을 뜻하는 단어는 '쌀뜨물'이다. '쌀뜻물'은 '쌀뜨물'의 잘못된 표기이다.
④ 별에별(×) → 별의별(○): "보통과 다른 갖가지의."라는 뜻의 단어는 '별의별'이다. '별에별'은 '별의별'의 잘못된 표기이다.
⑤ 실증(×) → 싫증(○): "싫은 생각이나 느낌. 또는 그런 반응."이라는 뜻의 단어는 '싫증'이다. '실증'은 '싫증'의 잘못된 표기이다.

## 8  띄어쓰기   정답 ②

② 역사∨의식(×) → 역사의식(○): "어떠한 사회 현상을 역사적 관점이나 시간의 흐름에 따라 파악하고, 그 변화 과정에 주체적으로 관계를 가지려는 의식."을 뜻하는 '역사의식'은 하나의 단어이므로 붙여 써야 한다. 따라서 띄어쓰기가 잘못된 것은 ②이다.

**오답분석**

① 구속∨영장(○): "피의자의 신체를 구속할 수 있는 명령서."를 뜻하는 '구속∨영장'은 각각의 단어이므로 띄어 쓰는 것이 원칙이나, '구속영장'으로 붙여 쓰는 것도 허용된다.
③ 국가∨고시(○): "어떤 자격이나 면허를 주기 위하여 국가에서 시행하는 여러 가지 시험."을 뜻하는 '국가∨고시'는 각각의 단어이므로 띄어 쓰는 것이 원칙이나, '국가고시'로 붙여 쓰는 것도 허용된다.
④ 수학여행(○): "교육 활동의 하나로서 교사의 인솔 아래 실시하는 여행."을 뜻하는 '수학여행'은 하나의 단어이므로 붙여 써야 한다.
⑤ 후속∨조치(○): "뒤를 이어 계속함."이라는 의미의 명사 '후속'과 "벌어지는 사태를 잘 살펴서 필요한 대책을 세워 행함. 또는 그 대책."이라는 의미의 명사 '조치'는 각각의 단어이므로 띄어 써야 한다.

## 9  문장 부호   정답 ⑤

⑤ 도움닫기/도약/공중 자세/착지(×) → 도움닫기-도약-공중 자세-착지(○): 차례대로 이어지는 내용을 하나로 묶어 열거할 때 각 어구 사이에 쓰는 문장 부호는 '붙임표'이므로 잘못된 것은 ⑤이다.

## 10  띄어쓰기   정답 ⑤

⑤ 바람과∨함께∨사라지다(○): '바람과 함께 사라지다'는 서양의 유명 소설 작품명으로 문장 형식으로 된 작품명이므로 띄어 쓴다.

**오답분석**

① 섬진∨강(×) → 섬진강(○): '섬진강'은 이미 한 단어로 굳어진 지명이기 때문에 붙여 쓴다.
② 태백∨산맥(×) → 태백산맥(○): '태백산맥'은 이미 한 단어로 굳어진 지명이기 때문에 붙여 쓴다.
③ 나주∨평야(×) → 나주평야(○): '나주평야'는 이미 한 단어로 굳어진 지명이기 때문에 붙여 쓴다.
④ 번역∨소학(×) → 번역소학(○): '번역소학'은 한문 고전 책명이므로 붙여 쓴다.

## 11  띄어쓰기   정답 ①

① 노력한∨만큼(○): '만큼'은 '앞의 내용에 상당한 수량이나 정도임을 나타내는 말'을 뜻하는 의존 명사이다. 의존 명사는 앞말과 띄어 쓰므로 적절하다.

**오답분석**

② 피곤할∨망정(×) → 피곤할망정(○): '-ㄹ망정'은 앞 절의 사실을 인정하고 뒤 절에 그와 대립되는 사실을 이어 말할 때에 쓰는 연결 어미이다. 어미는 어간과 붙여 쓰므로 '피곤할망정'으로 붙여 써야 한다.

③ 볼∨작시면(×) → 볼작시면(○): '-ㄹ작시면'은 '그 동작을 한번 행하여 보면'의 뜻을 나타내는 연결 어미이다. 어미는 어간과 붙여 쓰므로 '볼작시면'으로 붙여 써야 한다.

④ 읽을∨수록(×) → 읽을수록(○): '-ㄹ수록'은 앞 절 일의 어떤 정도가 그렇게 더하여 가는 것이, 뒤 절 일의 어떤 정도가 더하거나 덜하게 되는 조건이 됨을 나타내는 연결 어미이다. 어미는 어간과 붙여 쓰므로 '읽을수록'으로 붙여 써야 한다.

⑤ 뛰어날∨뿐더러(×) → 뛰어날뿐더러(○): '-ㄹ뿐더러'는 어떤 일이 그것만으로 그치지 않고 나아가 다른 일이 더 있음을 나타내는 연결 어미이다. 어미는 어간과 붙여 쓰므로 '뛰어날뿐더러'로 붙여 써야 한다.

### 12 올바른 한글 표기  정답 ③

③ 물자(×) → 묻자(○): '묻다'의 어간 '묻-'이 자음으로 시작하는 어미 '-자'와 결합할 때는 받침 'ㄷ'이 바뀌지 않으므로 '묻자'로 표기해야 한다. 따라서 적절하지 않은 것은 ③이다.

**오답분석**

① 묻어(○): "물건을 흙이나 다른 물건 속에 넣어 보이지 않게 쌓아 덮다."를 뜻하는 '묻다'의 어간 '묻-'은 모음으로 시작하는 어미 '-어'와 결합할 때 어간이 바뀌지 않는다. 따라서 '묻어'로 표기하는 것은 적절하다.

② 묻고(○): '묻다'의 어간 '묻-'이 자음으로 시작하는 어미 '-고'와 결합할 때는 받침 'ㄷ'이 바뀌지 않는다. 따라서 '묻고'로 표기하는 것은 적절하다.

④ 물어(○): "무엇을 밝히거나 알아내기 위하여 상대편의 대답이나 설명을 요구하는 내용으로 말하다."를 뜻하는 '묻다'의 어간 '묻-'은 모음으로 시작하는 어미 '-어'와 결합하면 어간이 '물-'의 형태로 바뀐다. 따라서 '물어'로 표기하는 것은 적절하다.

⑤ 물으니(○): "무엇을 밝히거나 알아내기 위하여 상대편의 대답이나 설명을 요구하는 내용으로 말하다."를 뜻하는 '묻다'의 어간 '묻-'은 모음으로 시작하는 어미 '-으니'와 결합하면 어간이 '물-'의 형태로 바뀐다. 따라서 '물으니'로 표기하는 것은 적절하다.

### 13 올바른 한글 표기  정답 ③

③ 똑닥똑닥(×) → 똑딱똑딱(○): 한 단어 안에서 같은 음절이나 비슷한 음절이 겹쳐 나는 부분은 같은 글자로 적는다. 또한 "단단한 물건을 잇따라 가볍게 두드리는 소리."를 뜻하는 말은 '똑딱똑딱'으로 표기해야 하므로 적절하지 않다.

**오답분석**

① 썩둑썩둑(○): "어떤 물건을 도구나 기계 따위가 해결할 수 있을 만큼의 힘으로 자꾸 자르거나 베는 소리. 또는 그 모양."을 뜻하는 말은 '썩둑썩둑'으로 표기해야 하므로 적절하다.

② 깍둑깍둑(○): "조금 단단한 물건을 자꾸 대중없이 써는 모양."을 뜻하는 말은 '깍둑깍둑'으로 표기해야 하므로 적절하다.

④ 꼽슬꼽슬(○): "머리카락이나 털 따위가 고불고불하거나 말려 있는 모양."을 뜻하는 말은 '꼽슬꼽슬'로 표기해야 하므로 적절하다.

⑤ 깝죽깝죽(○): "자꾸 자기 분수에 맞지 않게 까불거나 잘난 체하는 모양."을 뜻하는 말은 '깝죽깝죽'으로 표기해야 하므로 적절하다.

## 02 표준어 규정

**STEP3 기출동형 문제 풀어보기**  p.134

| 1 ① | 2 ③ | 3 ⑤ | 4 ③ | 5 ③ |
| 6 ② | 7 ⑤ | 8 ⑤ | 9 ② | 10 ④ |

### 1 표준어와 비표준어  정답 ①

① 촉촉히(×) → 촉촉이(○): "물기가 있어 조금 젖은 듯이."를 뜻하는 표준어는 '촉촉이'이므로 답은 ①이다.

**오답분석**

② 종지(○): 간장·고추장 등을 담아서 상에 놓는, 종발보다 작은 그릇
③ 괜스레(○): 까닭이나 실속이 없는 데가 있게
④ 빠릿빠릿하다(○): 똘똘하고 행동이 날래다.
⑤ 이제야(○): 말하고 있는 이때에 이르러서야 비로소

### 2 표준어와 비표준어  정답 ③

③ 두루뭉실(×) → 두리뭉실(○): "특별히 모나거나 튀지 않고 둥그스름함."을 뜻하는 표준어는 '두리뭉실'이므로 답은 ③이다. 참고로, 표준어 '두루뭉술'도 '두리뭉실'과 비슷한 의미이다.

**오답분석**

① 넝쿨(○): 길게 뻗어 나가면서 다른 물건을 감기도 하고 땅바닥에 퍼지기도 하는 식물의 줄기
② 아옹다옹(○): 대수롭지 않은 일로 서로 자꾸 다투는 모양
④ 허우대(○): 겉으로 드러난 체격. 주로 크거나 보기 좋은 체격을 이른다.
⑤ 후텁지근하다(○): 조금 불쾌할 정도로 끈끈하고 무더운 기운이 있다.

## 3  표준어와 비표준어  정답 ⑤

⑤ 거슴츠레(○): "졸리거나 술에 취해서 눈이 흐리멍덩하며 거의 감길 듯한 모양."을 뜻하는 표준어는 '거슴츠레'이므로 적절하다. 참고로, '거슴츠레'는 '게슴츠레'도 표준어이다.

### 오답분석

① 뻗장다리(×) → 뻗정다리(○): "구부렸다 폈다 하지 못하고 늘 뻗어 있는 다리. 또는 그런 다리를 가진 사람."을 뜻하는 표준어는 '뻗정다리'이므로 '뻗장다리'는 적절하지 않다.
② 벌러지(×) → 버러지(○): "곤충을 비롯하여 기생충과 같은 하등 동물을 통틀어 이르는 말."의 표준어는 '버러지'이므로 '벌러지'는 적절하지 않다. 참고로, '버러지'는 '벌레'로도 표기할 수 있다.
③ 떨어먹다(×) → 털어먹다(○): "재산이나 돈을 함부로 써서 몽땅 없애다."를 뜻하는 표준어는 '털어먹다'이므로 '떨어먹다'는 적절하지 않다.
④ 널부러지다(×) → 널브러지다(○): "너저분하게 흐트러지거나 흩어지다."를 뜻하는 표준어는 '널브러지다'이므로 '널부러지다'는 적절하지 않다.

## 4  표준 발음법  정답 ③

③ 금요일[금뇨일](×) → [그묘일](○): 합성어에서 앞 단어의 끝이 자음이고 뒤 단어의 첫음절이 '요'인 경우에는 'ㄴ' 음을 첨가하여 [뇨]로 발음한다. 다만, '금요일'은 'ㄴ'음의 첨가 없이 [그묘일]로만 발음하는 것이 표준 발음이므로 적절하지 않다.

### 오답분석

① 햇살[해쌀/핻쌀]: 'ㅅ'으로 시작하는 단어 앞에 사이시옷이 올 때는 이들 자음만을 된소리로 발음하는 것을 원칙으로 하되, 사이시옷을 [ㄷ]으로 발음하는 것도 허용하므로 [해쌀], [핻쌀] 모두 표준 발음이다.
② 검열[검ː녈/거ː멸]: 합성어에서 앞 단어의 끝이 자음이고 뒤 단어의 첫음절이 '여'인 경우에는 'ㄴ' 음을 첨가하여 [녀]로 발음한다. 다만, '검열'은 'ㄴ' 음을 첨가하여 [검ː녈]로 발음하되, 표기대로 [거ː멸]로도 발음할 수 있으므로 모두 표준 발음이다.
④ 이죽이죽[이중니죽/이주기죽]: 합성어에서 앞 단어의 끝이 자음이고 뒤 단어의 첫음절이 '이'인 경우에는 'ㄴ' 음을 첨가하여 [니]로 발음한다. 다만, '이죽이죽'은 'ㄴ'음을 첨가하여 [이중니죽]으로 발음하되, 표기대로 [이주기죽]으로도 발음할 수 있으므로 모두 표준 발음이다.
⑤ 민주주의[민주주의/민주주이]: 'ㅢ'는 이중 모음으로 발음하므로 '민주주의'는 [민주주의]로 발음한다. 또한 단어의 첫음절 이외의 '의'는 [ㅣ]로 발음함을 허용하므로 단어의 끝음절에 '의'가 위치한 '민주주의'는 [민주주이]로도 발음할 수 있으므로 모두 표준 발음이다.

## 5  표준 발음법  정답 ③

③ 합성어에서 앞 단어의 끝이 자음이고 뒤 단어가 '여'인 경우에는, 'ㄴ' 음을 첨가하여 [녀]로 발음한다. 따라서 '색연필'은 [생년필]만 표준 발음이며 [새견필]은 표준 발음이 아니다.

### 오답분석

① 'ㄱ'으로 시작하는 단어 앞에 사이시옷이 올 때는 이들 자음만을 된소리로 발음하는 것을 원칙으로 하되, 사이시옷을 [ㄷ]으로 발음하는 것도 허용한다. 따라서 '샛길'은 [새ː낄], [샏ː낄] 모두 표준 발음이다.
② 합성어에서 앞 단어의 끝이 자음이고 뒤 단어가 '유'인 경우에는, 'ㄴ' 음을 첨가하여 [뉴]로 발음한다. 다만 '금융'은 'ㄴ' 음을 첨가하여 발음하되, 표기대로 발음할 수도 있다. 따라서 '금융'은 [금늉], [그뮹] 모두 표준 발음이다.
④ 'ㅈ'으로 시작하는 단어 앞에 사이시옷이 올 때는 이들 자음만을 된소리로 발음하는 것을 원칙으로 하되, 사이시옷을 [ㄷ]으로 발음하는 것도 허용한다. 따라서 '고갯짓'은 [고개찓], [고갣찓] 모두 표준 발음이다.
⑤ 합성어에서 앞 단어의 끝이 자음이고 뒤 단어가 '야'인 경우에는, 'ㄴ' 음을 첨가하여 [냐]로 발음한다. 다만 '야금야금'은 'ㄴ' 음을 첨가하여 발음하되, 표기대로 발음할 수도 있다. 따라서 '야금야금'은 [야금냐금], [야그먀금] 모두 표준 발음이다.

## 6  표준 발음법  정답 ②

② 여덟을[여더를](×) → [여덜블](○): '여덟을'은 겹받침 'ㄼ'으로 끝나는 명사 '여덟'에 모음으로 시작하는 조사 '을'이 결합한 것이다. 겹받침이 모음으로 시작된 조사와 결합되는 경우에는 뒤엣것만을 뒤 음절 첫소리로 옮겨 발음하므로 '여덟'의 겹받침 'ㄼ'의 'ㅂ'을 뒤 음절 '을'의 첫소리로 옮겨 [여덜블]로 발음하는 것이 적절하다.

### 오답분석

① 넓다[널따](○): 겹받침 'ㄼ'은 자음 앞에서 [ㄹ]로 발음하므로 '넓다'는 [널따]로 발음한다.
③ 닭은[달근](○): 겹받침이 모음으로 시작된 조사와 결합되는 경우에는, 뒤엣것만을 뒤 음절 첫소리로 옮겨 발음하므로 '닭'의 겹받침 'ㄺ'의 'ㄱ'을 뒤 음절 '은'의 첫소리로 옮겨 [달근]으로 발음한다.
④ 읊고[읍꼬](○): 겹받침 'ㄿ'은 자음 앞에서 [ㅂ]으로 발음하므로 '읊고'는 [읍꼬]로 발음한다.
⑤ 굵적굵적[극쩍극쩍](○): 겹받침 'ㄺ'은 자음 앞에서 [ㄱ]으로 발음하므로 '굵적굵적'은 [극쩍극쩍]으로 발음한다.

## 7  표준어와 방언  정답 ⑤

⑤ '닳부다'는 "비교가 되는 두 대상이 서로 같지 않다."를 뜻하는 표준어 '다르다'의 전라, 충청 방언이므로 '닳다'라는 표현은 적절하지 않다.

**오답분석**
① '이제사'는 "바로 이때."를 뜻하는 표준어 '이제'의 전남 방언이므로 적절하다.
② '굴풋하다'는 "뱃속이 비어서 음식이 먹고 싶다."를 뜻하는 표준어 '배고프다'의 전라 방언이므로 적절하다.
③ '깝치다'는 "어떤 일을 빨리하도록 조르다."를 뜻하는 표준어 '재촉하다'의 경상 방언이므로 적절하다.
④ '개주무리'는 "몸이 몹시 피로하여 일어나는 병."을 뜻하는 '감기 몸살'의 경상 방언이므로 적절하다.

### 8 표준어와 방언 정답 ⑤

⑤ 강원, 전라, 충청 방언 '뎁세'는 '예상이나 기대 또는 일반적인 생각과는 반대되거나 다르게'를 뜻하는 표준어 '도리어'와 대응하므로 ⑤는 적절하지 않다.

**오답분석**
① 충청 방언 '내둥'은 "지금까지, 또는 아직까지."를 뜻하는 표준어 '여태껏'과 대응하므로 적절하다.
② 충청 방언 '해톨'은 "생존을 위하여 필요한 사람의 먹을거리."를 뜻하는 표준어 '양식'과 대응하므로 적절하다.
③ 전라 방언 '머퉁이'는 "맞대어 놓고 언짢게 꾸짖거나 비꼬아 꾸짖는 일."을 뜻하는 표준어 '핀잔'과 대응하므로 적절하다.
④ 경상 방언 '따가리'는 "그릇이나 상자 따위의 아가리를 덮는 물건."을 뜻하는 표준어 '뚜껑'과 대응하므로 적절하다.

### 9 표준어와 방언 정답 ②

② 전라 방언 '객광스럽다'는 "쓸데없고 실없는 느낌이 있다."를 뜻하는 '객스럽다'와 대응하므로 적절하지 않다.

**오답분석**
① 제주 방언 '냄살'은 "코로 맡을 수 있는 온갖 기운."을 뜻하는 표준어 '냄새'와 대응하므로 적절하다.
③ 충청 방언 '건지'는 "아기자기하게 즐거운 기분이나 느낌."을 뜻하는 표준어 '재미'와 대응하므로 적절하다.
④ 전라 방언 '개운허다'는 "기분이나 몸이 상쾌하고 가뜬하다."를 뜻하는 표준어 '개운하다'와 대응하므로 적절하다.
⑤ 경상 방언 '괴딴지'는 "완고하고 우둔하며 무뚝뚝한 사람을 놀림조로 이르는 말."을 뜻하는 표준어 '뚱딴지'와 대응하므로 적절하다.

### 10 표준어와 비표준어 정답 ④

④ 가없다(○): "마음이 아플 만큼 안되고 처연하다."를 뜻하는 표준어는 '가엾다'이므로 적절하다. 참고로, '가없다'는 '가엽다'도 표준어이다.

**오답분석**
① 숫놈(×) → 수놈(○): "짐승의 수컷."을 뜻하는 표준어는 '수놈'이므로 '숫놈'은 적절하지 않다.
② 골목장이(×) → 골목쟁이(○): "골목에서 좀 더 깊숙이 들어간 좁은 곳."의 표준어는 '골목쟁이'이므로 '골목장이'는 적절하지 않다. 참고로, '-장이'는 기술자에게 붙는다.
③ 나무랬다(×) → 나무랐다(○): "상대방의 잘못이나 부족한 점을 꼬집어 말하다."를 뜻하는 표준어는 '나무라다'이므로 '나무래다'는 적절하지 않다.
⑤ 윗돈(×) → 웃돈(○): "본래의 값에 덧붙이는 돈."을 뜻하는 표준어는 '웃돈'이므로 '윗돈'은 적절하지 않다. 참고로, '아래, 위'의 대립이 없는 단어는 '웃-'으로 발음되는 형태를 표준어로 삼는다.

## 03 외래어·로마자 표기법

**STEP3 기출동형 문제 풀어보기** p.144

| 1 ③ | 2 ④ | 3 ② | 4 ② | 5 ⑤ |
| 6 ③ | 7 ② | 8 ④ | | |

### 1 로마자 표기법 정답 ③

③ 사물놀이[사:물로리] Samulloli(×) → Samullori(○): 'ㄹ'은 모음 앞에서 'r'로 표기하므로 [리]의 'ㄹ'은 'r'로 표기해야 한다. 참고로, 'ㄹㄹ'은 'll'로 적는다.

**오답분석**
① 선릉[설릉] Seolleung(○): 'ㄹㄹ'은 'll'로 표기하므로 적절하다.
② 반구대[반구대] Bangudae(○): 'ㄱ'은 모음 앞에서 'g'로 표기하므로 적절하다.
④ 집현전[지편전] Jiphyeonjeon(○): 체언에서 'ㅂ' 뒤에 'ㅎ'이 따를 때에는 'ㅎ'을 밝혀 'h'를 표기한다. 또한 어말에 오는 'ㅂ'은 'p'로 표기하므로 적절하다.
⑤ 강강술래[강강술래] Ganggangsullae(○): 'ㄹㄹ'은 'll'로 표기한다. 또한 모음 앞에 오는 'ㄱ'은 'g'로 표기하므로 적절하다.

### 2 외래어 표기법 정답 ④

④ 리더쉽(leadership)(×) → 리더십(○): 'leadership[liːdəʃip]'의 [ʃ]는 모음 앞에서 '시'로 표기한다. 따라서 '리더십'으로 표기해야 한다.

**오답분석**
① 판타지(fantasy)(○): 이미 굳어진 외래어는 관용에 따라 표기하므로 '판타지'로 표기한다.

② 마사지(massage)(○): 영어 표기시 된소리는 표기하지 않으며, 이미 굳어진 외래어는 관용에 따라 표기하므로 'massage[mæsɑː‿ʒ]'는 '마사지'로 표기한다.
③ 심포지엄(symposium)(○): 'symposium[sɪmˈpoʊziəm]'의 [ə]는 '어'로 표기하므로 '심포지엄'으로 표기한다.
⑤ 앙케트(enquête)(○): 'enquête[ɑkɛt]'의 [ɛ]는 '에'로 표기하므로 '앙케트'로 표기한다.

### 3 외래어 표기법 　　　　　　　　　정답 ②

② 리소토(risotto)(○): 파열음 표기에는 된소리를 쓰지 않으므로 'risotto[rɪˈsɒːtoʊ]'는 '리소토'로 표기한다. 참고로, 'risotto[rɪˈsɒːtoʊ]'의 [ɒ]는 우리말의 '오'와 가까운 발음이므로 [오]로 표기한다.

**오답분석**
① 바리케이트(barricade)(×) → 바리케이드(○): 'barricade[bærəkeɪd]'의 [d]는 '드'로 표기한다. 또한 어말에 오는 [d]는 '으'를 붙여 '드'로 표기하므로 '바리케이드'로 표기한다. 참고로, [æ]을 '아이'로 표기한 것은 관용을 존중한 표기이다.
③ 라이센스(license)(×) → 라이선스(○): 'license[laɪsəns]'의 [ə]는 '어'로 표기하므로 '라이선스'로 표기한다.
④ 로케트(rocket)(×) → 로켓(○): 'rocket[ˈrɒkɪt]'의 [t]는 'ㅅ'으로 표기한다. 또한 짧은 모음 다음에 오는 [t]는 받침으로 적는다. 따라서 '로켓'으로 표기한다.
⑤ 넌센스(nonsense)(×) → 난센스(○): 'nonsense[nɑːnsens]'의 [ɑ]는 '아'로 표기하므로 '난센스'로 표기한다.

### 4 로마자 표기법 　　　　　　　　　정답 ②

② 팔달로[팔딸로] Paldalro(×) → Paldallo(○): 도로명 '로'는 'ro'로 적는 것이 원칙이나, [ㄹㄹ]은 'll'로 적으므로 로마자 표기가 틀린 것은 ②이다. 참고로, 된소리되기로 인한 음운 변동의 결과는 로마자 표기에 반영하지 않는다.

**오답분석**
① ③ 가좌로[가좌로] Gajwaro / 퇴계로[퇴계로] Toegye-ro(○): 도로명 '로'는 'ro'로 적는다.
④ ⑤ 중앙로[중앙노] Jungangno / 충장로[충장노] Chungjangno(○): 자음 동화의 결과는 반영하여 적으므로 도로명 '로[노]'는 'no'로 적는다.

### 5 로마자 표기법 　　　　　　　　　정답 ⑤

⑤ 철판구이[철판구이] cheolpan-kui(×) → cheolpan-gui(○): 'ㄱ, ㄷ, ㅂ'은 모음 앞에서는 'g, d, b'로, 자음 앞이나 어말에서는 'k, t, p'로 적으므로 '구이'는 'gui'로 표기해야 한다. 따라서 로마자 표기가 틀린 것은 ⑤이다.

**오답분석**
① 식혜[시케/시케] sikhye(○): 'ㄱ'과 'ㅎ'이 합하여 거센소리로 소리 나는 경우에는 'k'로 표기해야 하므로 올바른 로마자 표기이다.
② 욕지도[욕찌도] Yokjido(○): 된소리되기로 인한 음운 변동의 결과는 로마자 표기에 반영하지 않는다. 따라서 [찌]는 'ji'로 표기해야 하므로 올바른 로마자 표기이다.
③ 꽃빵[꼳빵] kkotppang(○): 'ㄲ, ㅃ'은 각각 'kk, pp'로 표기한다. 또한 'ㄷ'은 자음 앞이나 어말에서 't'로 적는다. 따라서 [꼳]의 받침 [ㄷ]은 't'로 표기해야 하므로 올바른 로마자 표기이다.
④ 낙지전골[낙찌전골] nakji-jeongol(○): 된소리되기로 인한 음운 변동의 결과는 로마자 표기에 반영하지 않는다. 따라서 [찌]는 'ji'로 표기해야 하므로 올바른 로마자 표기이다.

### 6 로마자 표기법 　　　　　　　　　정답 ③

③ 북한산 Bukhansan(○): '북한산'은 거센소리되기가 일어나 [부칸산]으로 발음하나, 체언 'ㄱ, ㄷ, ㅂ'뒤에 'ㅎ'이 따를 때에는 'ㅎ'을 밝혀 적어야 하므로 'Bukhansan'으로 표기하는 것은 적절하다.

**오답분석**
① 낙산 Nakssan(×) → Naksan(○): 된소리되기는 표기에 반영하지 않는다. 따라서 '낙산'은 된소리되기가 일어나 [낙싼]으로 발음하나 표기에 반영하지 않은 'Naksan'으로 표기해야 한다.
② 덕유산 Deokyusan(×) → Deogyusan(○): 'ㄱ'은 모음 앞에서 'g'로 표기한다. 따라서 '덕유산'의 'ㄱ'은 모음 앞에 있으므로 'Deogyusan'으로 표기해야 한다. 참고로, 'ㄱ'은 자음 앞이나 어말에서는 'k'로 표기한다.
④ 설악산 Seollaksan(×) → Seoraksan(○): 'ㄹ'은 모음 앞에서 'r'로 표기한다. 따라서 '설악산'의 'ㄹ'은 모음 앞에 있으므로 'Seoraksan'으로 표기해야 한다. 참고로, 'll'은 'ㄹㄹ' 발음일 때의 표기이다.
⑤ 속리산 Sonkrisan(×) → Songnisan(○): 음운 변화가 일어난 때에는 변화의 결과에 따라 표기한다. 따라서 '속리산'은 자음 동화가 일어나 [송니산]으로 발음하므로 'Songnisan'으로 표기해야 한다.

### 7 외래어 표기법 　　　　　　　　　정답 ②

② 클라이맥스(○): "흥분, 긴장 등이 가장 높은 정도에 이른 상태."를 뜻하는 'climax[klaɪmæks]'에서 [æ]는 '애'로 표기한다. 따라서 '클라이맥스'는 올바른 표기이다.

**오답분석**
① 비지니스(×) → 비즈니스(○): "어떤 일을 일정한 목적과 계획을 가지고 짜임새 있게 지속적으로 경영함. 또는 그 일."을 뜻하는 'business[bɪznəs]'에서 자음 앞에 오는 [z]는 '즈'로 표기한다. 따라서 '비지니스'가 아닌 '비즈니스'로 표기해야 한다.

③ 퀵보드(×) → 킥보드(○): "긴 손잡이가 있고, 바닥에 2~4개의 작은 바퀴가 달린 탈것."을 뜻하는 'kick-board[kɪkbɔːd]'의 [ɪ]는 '이'로 표기한다. 따라서 '퀵보드'가 아닌 '킥보드'로 표기해야 한다.

④ 프리젠테이션(×) → 프레젠테이션(○): "광고 대리업자가 예상 광고주를 대상으로 광고 계획서 따위를 제출하는 활동."을 뜻하는 'presentation[prezənˈteɪʃən]'의 [e]는 '에'로 표기한다. 따라서 '프리젠테이션'이 아닌 '프레젠테이션'으로 표기해야 한다.

⑤ 미스테리(×) → 미스터리(○): "도저히 설명하거나 이해할 수 없는 이상야릇한 일이나 사건."을 뜻하는 'mystery[mɪstəri]'의 [ə]는 '어'로 표기한다. 따라서 '미스테리'가 아닌 '미스터리'로 표기해야 한다.

## 8 외래어 표기법    정답 ④

④ 워크숍(workshop)(○): 영어 'shop'의 외래어 표기는 영국식 발음에 따라 '숍'으로 굳어졌으므로 '워크숍'이 적절한 표기이다.

**오답분석**

① 샤시(sash)(×) → 새시(○): 'sash[sæʃ]'의 [æ]는 '애'로 적으므로 '새시'가 적절한 표기이다.
② 팜플렛(pamphlet)(×) → 팸플릿(○): 'pamphlet[pæmflɪt]'의 [æ]는 '애'로, [ɪ]는 '이'로 적으므로 '팸플릿'이 적절한 표기이다.
③ 쥬스(juice)(×) → 주스(○): 'juice[dʒuːs]'의 [u]는 '우'로 적으므로 '주스'가 적절한 표기이다.
⑤ 네비게이션(navigation)(×) → 내비게이션(○): 'navigation[nævəˈgeɪʃən]'의 [æ]는 '애'로 적으므로 '내비게이션'으로 표기해야 한다.

# 04 기타 문법 및 문장 표현

**STEP3 기출동형 문제 풀어보기**    p.155

| 1 ① | 2 ⑤ | 3 ④ | 4 ① | 5 ③ |
| 6 ③ | 7 ③ | 8 ④ | 9 ④ | 10 ④ |

## 1 높임법    정답 ①

① <보기>의 '출발했네'의 '-네'는 하게체 평서형 종결 어미이다. ①의 '좋은가'의 '-은가'는 하게체의 의문형 종결 어미이므로 적절하다.

**오답분석**

② '빌려주십시오'의 '-십시오'는 하십시오체 종결 어미이다.
③ '자랐더군'의 '-더군'은 해체 종결 어미이다.
④ '준비했냐'의 '-냐'는 해라체 의문형 종결 어미이다.
⑤ '들었소'의 '-소'는 하오체의 종결 어미이다.

## 2 높임법    정답 ⑤

⑤ 문장에서 높임의 대상인 '할아버지'를 '잡수다('먹다'의 높임말)'의 높임말인 '잡수시다'를 사용하여 올바르게 높이고 있으므로 적절하다.

**오답분석**

① '들어오실게요'는 어간 '들어오-', 주체 높임 선어말 어미 '-시-', 어미 '-ㄹ게', 보조사 '요'가 결합한 형태이다. 이때, 어미 '-ㄹ게'는 어떤 행동에 대한 약속이나 의지를 나타내는 종결 어미이므로 청자를 높이는 상황에서 쓰기에는 적절하지 않다. 참고로, 요청의 뜻을 나타내는 종결 어미 '-세요('-시어요'의 준말)'를 사용해 '들어오세요'와 같이 쓰는 것이 적절하다.
② '품절이십니다'는 명사 '품절', 서술격 조사의 '이다'의 어간 '이-', 주체 높임 선어말 어미 '-시-', 종결 어미 '-ㅂ니다'가 결합한 형태이다. 이때, '-시-'를 사용해 문장의 주체인 '물건'을 높이는 것은 적절하지 않다. 참고로, '품절입니다'와 같이 쓰는 것이 적절하다.
③ '손주'는 높임의 대상은 아니나 화자가 높여야 하는 '어르신'과 관련이 있다. 이렇게 간접적으로 대상을 높일 때는 주체 높임 선어말 어미 '-시-'를 사용하여 '있으시다면서요'와 같이 쓰는 것이 적절하다. 참고로, '계시다'는 사람을 직접 높일 때 쓰고, '있으시다'는 간접적으로 높일 때 쓴다.
④ '뵙다'는 '웃어른을 대하여 보다'의 높임말로 '뵈다'보다 더 겸양의 뜻을 나타내어 객체를 높이는 특수 어휘이다. 주체인 '어머니'가 객체인 '나'를 높이는 것은 적절하지 않으므로 '보고'로 쓰는 것이 적절하다.

## 3 번역 투 표현    정답 ④

④ '~에 의해'는 영어 'by'를 직역한 번역 투 표현이다. '~에 의해'를 쓰지 않고 '칭찬으로'라고 바꾸어 써도 문장의 뜻을 충분히 전달할 수 있다. 참고로, '~로 인해'도 한문 '因'을 직역한 번역 투 표현이므로 ④는 잘못 고친 표현이다.

**오답분석**

① '~에 값하다'는 일본어 표현을 직역한 번역 투 표현이므로 '~할 만하다', '~할 가치가 있다' 등의 문맥에 맞는 우리말 표현으로 바꾸어 쓰는 것이 자연스럽다.
② '~아닐 수 없다'는 영어 'must be'를 직역한 번역 투 표현이므로 '~이다' 등의 우리말 표현으로 바꾸어 쓰는 것이 자연스럽다.
③ '~를 행하다'는 일본어 표현을 직역한 번역 투 표현이므로 '~를 하다', '~를 수행하다' 등의 문맥에 맞는 우리말 표현으로 바꾸어 쓰는 것이 자연스럽다.
⑤ '그것'은 영어를 직역한 번역 투 표현이므로 앞에 나온 명사를 다시 반복하여 명확하게 쓰는 것이 자연스럽다.

## 4 중의적 표현     정답 ①

① 수정된 문장인 '어제 그 남자는 버스를 안 탔다'와 수정 전 문장인 '그 남자는 어제 버스를 타지 않았다'는 둘 다 부정 표현에 따른 중의성을 띤다. 수정된 문장에서 부정 부사 '안'은 '남자는'(주어), '버스를'(목적어), '탔다'(서술어)를 모두 수식할 수 있으며, '안'이 어떤 문장 성분을 수식하는지에 따라 문장의 의미가 달라지므로 답은 ①이다.

## 5 문장 성분의 호응     정답 ③

③ 주어 '피톤치드가', 목적어 '항균 효과도 있음을', 서술어 '알 수 있다'의 호응이 적절하며, 앞 문장과의 흐름을 고려할 때 문장 부사어 '그뿐 아니라'도 적절하게 사용되었으므로 ⓒ은 어법에 맞고 자연스러운 문장이다.

**오답분석**

① '버티고'와 '저항하는'의 의미가 중복되므로 적절하지 않다.
- 버티다: 어려운 일이나 외부의 압력을 참고 견디다.
- 저항하다: 어떤 힘이나 조건에 굽히지 않고 거역하거나 버티다.

② 주어 '풍부한 음이온'에 대한 서술어 '생성하고'가 없으므로 적절하지 않다.

④ 서술어 '80 ~ 150개이다'와 주어 '도시는'이 호응하지 않으므로 적절하지 않다.

⑤ '마찰되어질'은 피동 접사 '-되다'와 피동의 통사적 표현 '-어지다'가 중복 사용된 이중 피동 표현이므로 적절하지 않다.

※ 출처: 전라남도청, https://www.jeonnam.go.kr

## 6 문장 성분의 호응     정답 ③

③ ⓒ의 '비빔밥에는 밥과 나물, 고기, 양념 등으로 맛을 조절하며'에서 서술어 '조절하다'와 주어 '비빔밥에는'이 호응하지 않으므로 적절하지 않다. 참고로, 올바른 문장이 되려면, 주어를 '비빔밥은'으로 바꾸어 '비빔밥은 밥과 나물, 고기, 양념 등으로 맛을 조절하며, 사람들은 각 재료의 풍미를 느껴 식사 시간 내내 즐거움을 느낄 수 있다'로 써야 한다.

## 7 중의적 표현     정답 ③

③ <보기>의 문장은 '작년에 마주친'이 수식하는 대상이 '친구'인지 '친구의 여동생'인지에 따라 두 가지 의미로 해석된다. ③ 역시 '아름다운'이 수식하는 대상이 '친구'인지 '친구의 미소'인지에 따라 두 가지 의미로 해석된다. 따라서 <보기>와 동일한 중의성의 원인을 가진 문장은 ③이다.

**오답분석**

① '동생이 운동화를 신는 행동을 하고 있다'는 진행의 의미와 '동생이 운동화를 신은 채로 있다'는 완료의 의미로 해석된다. 이는 동작상으로 발생하는 중의성이다.

② '그녀가 누군가의 눈을 보고 감탄하였다'는 의미와 '그녀가 하늘에서 내리는 눈을 보고 감탄하였다'는 의미로 해석된다. 이는 동음이의어인 '눈'으로 발생하는 중의성이다.

④ '소설과 잡지를 합쳐서 10권을 빌렸다'는 의미, '소설 10권과 잡지 10권을 빌렸다'는 의미, '잡지 10권과 소설을 빌렸다'는 의미로 해석된다. 수량 표현이 소설과 잡지 모두에 적용되는지, 잡지에만 적용되는지 불분명하여 발생하는 중의성이다.

⑤ '어머니가 직접 아이의 입에 해열제를 넣어 주었다'는 의미와 '어머니가 아이에게 해열제를 먹으라고 시켰다'는 의미로 해석된다. 이는 사동 표현 '먹이다'로 발생하는 중의성이다.

## 8 중의적 표현     정답 ④

④ 민수와 영희의 시험 점수를 비교하고 있으며, 민수의 점수가 더 높다는 의미로 명확하게 해석된다. 따라서 중의적으로 해석되지 않는 문장은 ④이다.

**오답분석**

① '단 한 명도 시험에 통과하지 못했다'는 의미와 '일부는 통과하고 일부는 통과하지 못했다'는 의미로 해석될 수 있는 중의적 문장이다.

② 웃는 사람이 영수일 수도 있고, 친구일 수도 있으므로 두 가지로 해석되는 중의적 문장이다.

③ '철수'와 '영희의 동생'이 같은 직장에 다닌다는 의미와 '철수의 동생'과 '영희의 동생'이 같은 직장에 다닌다는 의미로 해석될 수 있는 중의적 문장이다.

⑤ '민수'와 '재현' 둘 다 파란 유니폼을 입었다는 의미와 '민수'만 파란 유니폼을 입었다는 의미로 해석될 수 있는 중의적 문장이다.

## 9 번역 투 표현     정답 ④

④ '~를 갖다'는 'have a ~'를 직역한 번역 투 표현이지만 '행사를 주선하다'로 고치는 것은 적절한 수정 방안이 아니므로 답은 ④이다. 참고로 '행사가 있을 예정입니다'로 수정하는 것이 적절하다.

**오답분석**

① '가장 ~ 중의 하나'는 영어 'one of the most ~'를 직역한 표현이므로 우리말 표현인 '가장 ~이다'로 수정해야 한다.

② '~로부터'는 영어 'from ~'을 직역한 표현이므로 우리말 표현인 '~에게서'로 수정해야 한다.

③ '~에 위치하다'는 영어의 'be located in ~'을 직역한 표현이므로 우리말 표현인 '~에 있는'으로 수정해야 한다.

⑤ '아무리 ~해도 지나치지 않다'는 영어 'It is not too much to ~'를 직역한 표현이므로 우리말 표현인 '매우 중요하다'로 수정해야 한다.

## 10  번역 투 표현        정답 ④

④ '~의 경우에'는 영어의 'in case of'를 직역한 번역 투 표현으로 '~는'으로 수정하여 '어린이는'으로 바꾸어 쓸 수 있다. 따라서 '~에 있어서'로 수정한 ④는 잘못 고친 표현이다. 참고로, '~에 있어서'도 일본어 표현을 직역한 번역 투 표현이다.

#### 오답분석
① '~에 다름 없다'는 일본어를 직역한 번역 투 표현으로 '~와 다름 없다'로 바꾸어 쓸 수 있다. 따라서 '배신에 다름 아니다'를 '배신과 다름 없다'로 고쳐 쓴 것은 적절하다.
② '~에도 불구하고'는 영어 'in spite of'를 직역한 번역 투 표현으로 '~지만'으로 바꾸어 쓸 수 있다. 따라서 '월요일임에도 불구하고'를 '월요일이지만'으로 고쳐 쓴 것은 적절하다.
③ '되어졌다'는 '되다'의 어간 '-되'와 보조 동사 '-어지다'가 결합한 이중 피동 표현을 사용한 번역 투 표현이다. 따라서 '선출되어졌다'를 '선출되었다'로 고쳐 쓴 것은 적절하다.
⑤ '~하고 있는 중이다'는 영어의 '~ing' 표현을 직역한 번역 투 표현으로 '~하고 있다'로 바꾸어 쓸 수 있다. 따라서 '공부하고 있는 중이다'를 '공부하고 있다'로 고쳐 쓴 것은 적절하다.

## 최종 점검 문제

p.158

| 1 ⑤ | 2 ④ | 3 ① | 4 ① | 5 ③ |
| 6 ⑤ | 7 ⑤ | 8 ② | 9 ② | 10 ① |
| 11 ⑤ | 12 ③ | 13 ③ | 14 ③ | 15 ⑤ |

### 1  올바른 한글 표기        정답 ⑤

⑤ 우유갑(○): "우유를 담아 두는 갑."을 나타내는 말은 '우유갑'으로 표기하는 것이 적절하다. 이때 '우유곽'으로 잘못 표기하지 않도록 주의한다.

#### 오답분석
① 덤테기(×) → 덤터기(○): "억울한 누명이나 오명."을 뜻하는 말은 '덤터기'이다. '덤테기'는 '덤터기'의 잘못된 표기이다.
② 눈꼽(×) → 눈곱(○): "눈에서 나오는 진득진득한 액. 또는 그것이 말라붙은 것."을 뜻하는 말은 '눈곱'이다. '눈꼽'은 '눈곱'의 잘못된 표기이다.
③ 야밤도주(×) → 야반도주(○): "남의 눈을 피하여 한밤중에 도망함."을 뜻하는 말은 '야반도주'이다. '야밤도주'는 '야반도주'의 잘못된 표기이다.
④ 막내동생(×) → 막냇동생(○): "맨 끝의 동생."을 뜻하는 말은 '막냇동생'이다. '막내동생'은 '막냇동생'의 잘못된 표기이다.

### 2  올바른 한글 표기        정답 ④

④ 내로라하다(○): "어떤 분야를 대표할 만하다."를 뜻하는 표준어는 '내로라하다'로 올바른 표기이다.

#### 오답분석
① 자그만치(×) → 자그마치(○): "예상보다 훨씬 많이. 또는 적지 않게."를 뜻하는 말은 '자그만치'가 아닌 '자그마치'로 표기한다.
② 눈에가시(×) → 눈엣가시(○): "몹시 밉거나 싫어 늘 눈에 거슬리는 사람."을 뜻하는 말은 '눈에가시'가 아닌 '눈엣가시'로 표기한다.
③ 천상(×) → 천생(○): "하늘로부터 타고남. 또는 그런 바탕."을 뜻하는 말은 '천상'이 아닌 '천생'으로 표기한다.
⑤ 귓때기(×) → 귀때기(○): '귀'를 속되게 이르는 말은 '귓때기'가 아닌 '귀때기'로 표기한다.

### 3  올바른 한글 표기        정답 ①

① 틈틈히(×) → 틈틈이(○): "틈이 난 곳마다.", "겨를이 있을 때마다."를 뜻하는 말은 '틈틈히'가 아닌 '틈틈이'로 표기하므로 적절하지 않다. 참고로 부사의 끝음절이 분명히 '이'로만 나는 것은 '-이'로 적어야 하므로 '틈틈히'가 아닌 '틈틈이'로 적는다.

#### 오답분석
② 나지막이(○): "위치가 꽤 나직하게."를 뜻하는 말은 '나지막이'로 표기한다.
③ 곰곰이(○): "여러모로 깊이 생각하는 모양."을 뜻하는 말은 '곰곰이'로 표기한다. 참고로 '곰곰이'는 부사의 끝음절이 분명히 '이'로만 나므로 '곰곰이'로 적는다.
④ 자욱이(○): "연기나 안개 등이 잔뜩 끼어 흐릿하게."를 뜻하는 말은 '자욱이'로 표기한다. 참고로 '자욱이'는 부사의 끝음절이 '이'로만 나므로 '자욱이'로 적는다.
⑤ 일일이(○): "일마다 모두."를 뜻하는 말은 '일일이'로 표기한다. 참고로 '일일이'는 부사의 끝음절이 분명히 '이'로만 나므로 '일일이'로 적는다.

### 4  띄어쓰기        정답 ①

① 중간∨보고(×) → 중간보고(○): '중간보고'는 어근과 어근이 결합한 하나의 단어이므로 붙여 써야 한다. 따라서 띄어쓰기가 잘못된 것은 ①이다.

#### 오답분석
② 백과사전(○): '백과사전'은 어근과 어근이 결합한 하나의 단어이므로 붙여 써야 한다.
③ 마감∨시간(○): '마감∨시간'은 하나의 단어가 아니므로 띄어 써야 한다.
④ 중소기업(○): '중소기업'은 어근과 어근이 결합한 하나의 단어이므로 붙여 써야 한다.
⑤ 돌발∨상황(○): '돌발∨상황'은 하나의 단어가 아니므로 띄어 써야 한다.

## 5 문장 부호      정답 ③

③ 나는 '어, 광훈이 아니냐?' 하는 소리에 깜짝 놀랐다(×) → 나는 "어, 광훈이 아니냐?" 하는 소리에 깜짝 놀랐다(○): 말이나 글을 직접 인용할 때 쓰는 문장 부호는 '큰따옴표'이다. 따라서 문장 부호 규정에 대한 설명이 잘못된 것은 ③이다.

## 6 표준어와 비표준어      정답 ⑤

⑤ 부주(×) → 부조(○): "잔칫집이나 상가 등에 돈이나 물건을 보내어 도와줌. 또는 돈이나 물건."을 뜻하는 표준어는 '부조'이다. '부주'는 '부조'의 잘못된 표기이다. 따라서 표준어가 아닌 것은 ⑤이다.

### 오답분석

① 가락지(○): 주로 여자가 장식으로 손가락에 끼는 두 짝의 고리
② 재까닥(○): 어떤 일을 시원스럽게 빨리 해치우는 모양
③ 먼지떨이(○): 먼지를 떠는 기구
④ 주책바가지(○): 주책없는 사람을 놀림조로 이르는 말

## 7 표준어와 비표준어      정답 ⑤

⑤ 거짓부리(○): "거짓말을 속되게 이르는 말."을 뜻하는 표준어는 '거짓부리'이므로 적절하다. 참고로, '거짓부리'는 '거짓불'도 표준어이다.

### 오답분석

① 하마트면(×) → 하마터면(○): "조금만 잘못하였더라면. 위험한 상황을 겨우 벗어났을 때에 쓰는 말."을 뜻하는 표준어는 '하마터면'이므로 '하마트면'은 적절하지 않다.
② 여늬(×) → 여느(○): "그 밖의 예사로운. 또는 다른 보통의."의 표준어는 '여느'이므로 '여늬'는 적절하지 않다.
③ 짚북더기(×) → 짚북데기(○): "짚이 아무렇게나 엉킨 북데기."를 뜻하는 표준어는 '짚북데기'이므로 '짚북더기'는 적절하지 않다.
④ 통채(×) → 통째(○): "나누지 아니한 덩어리 전부."를 뜻하는 표준어는 '통째'이므로 '통채'는 적절하지 않다.

## 8 표준어와 방언      정답 ②

② '말짓'은 "짓궂게 하는 못된 짓."을 뜻하는 표준어 '장난'의 전라 방언이므로 '거짓말'이라는 표현은 적절하지 않다.

### 오답분석

① '아무따나'는 "조심하거나 깊이 생각하지 아니하고 마음 내키는 대로 마구."를 뜻하는 표준어 '함부로'의 경상 방언이므로 적절하다.
③ '도새기'는 "멧돼짓과의 포유류."를 말하는 표준어 '돼지'의 제주 방언이므로 적절하다.
④ '미구'는 "갯과의 포유류."를 말하는 표준어 '여우'의 경상 방언이므로 적절하다.
⑤ '부지땡이'는 "아궁이 따위에 불을 땔 때에, 불을 헤치거나 끌어내거나 거두어 넣거나 하는 데 쓰는 가느스름한 막대기."를 뜻하는 표준어 '부지깽이'의 전라 방언이므로 적절하다.

## 9 표준 발음법      정답 ②

② 몰염치[몰렴치 / 모렴치](×) → 몰염치[모렴치](○): "염치가 없음."을 뜻하는 말이며, 표준 발음은 [모렴치]이다. 이는 복수 표준 발음이 인정되는 예가 아니므로 답은 ②이다.

### 오답분석

① 불법[불법 / 불뻡](○): "법에 어긋남."을 뜻하는 말이며, 표준 발음은 [불법 / 불뻡]이므로, 복수 표준 발음이 인정되는 예에 해당한다.
③ 연이율[연니율 / 여니율](○): "일 년을 단위로 하여 정한 이율."을 뜻하는 말이며, 표준 발음은 [연니율 / 여니율]이므로, 복수 표준 발음이 인정되는 예에 해당한다.
④ 안간힘[안깐힘 / 안간힘](○): "어떤 일을 이루기 위해서 몹시 애쓰는 힘."을 뜻하는 말이며, 표준 발음은 [안깐힘 / 안간힘]이므로, 복수 표준 발음이 인정되는 예에 해당한다.
⑤ 인기척[인끼척 / 인기척](○): "사람이 있음을 알 수 있게 하는 소리나 기색."을 뜻하는 말이며, 표준 발음은 [인끼척 / 인기척]이므로, 복수 표준 발음이 인정되는 예에 해당한다.

## 10 외래어 표기법      정답 ①

① 타겟(target)(×) → 타깃(○): 'target[tɑːgɪt]'의 [ɪ]는 '이'로 표기한다. 따라서 'target[tɑːgɪt]'은 '타깃'으로 표기해야 한다.

### 오답분석

② 액세서리(accessory)(○): 'accessory[əkˈsesəri]'의 발음 [sə]에서 [ə]는 '어'로 표기한다. 따라서 '액세서리'로 표기한다. 참고로, 발음 [ək]에서 [ə]는 [æ]가 약화된 모음으로 약화되기 전 형태인 [æ]를 기준으로 삼아 '애'로 표기한다.
③ 리포트(report)(○): 'report[rɪˈpɔːt]'의 [ɪ]는 '이'로 표기하므로 '리포트'로 표기한다.
④ 초콜릿(chocolate)(○): 중간의 [l]은 모음 앞에서 'ㄹㄹ'로 표기하므로 '초콜릿'으로 표기한다. 참고로, 'chocolate[tʃɒklət]'의 [ə]는 [ɪ]가 약화된 모음으로 약화되기 전 형태인 [ɪ]를 기준으로 삼아 '이'로 표기한다.
⑤ 멜론(melon)(○): 중간의 [l]은 모음 앞에서 'ㄹㄹ'로 표기하므로 'melon[melən]'은 '멜론'으로 표기한다. 참고로, 'melon[melən]'의 [ə]는 관용을 존중하여 '오'로 표기한다.

## 11  로마자 표기법    정답 ⑤

⑤ 가야곡면   Gayagongmyeon(×) → Gayagok-myeon (○): 행정 구역 단위인 '면'은 'myeon'으로 표기하며 행정 구역 단위 앞에는 붙임표(-)를 넣으므로 '가야곡'의 받침 'ㄱ'이 'ㅁ'을 만나 [ㅇ]으로 발음되는 자음 동화가 실현되지 않는다. 따라서 이를 표기에 반영하지 않으므로 로마자 표기가 틀린 것은 ⑤이다.

#### 오답분석
① 별내 Byeollae(○): 자음 동화의 결과는 반영하여 적으므로 '별내[별래]'의 [ㄹㄹ]은 'll'로 적는다.
② 청주시 Cheongju-si(○): 행정 구역 단위인 '시'는 'si'로 표기하며 행정 구역 단위 앞에는 붙임표(-)를 넣으므로 적절한 표기이다.
③ 신창읍 Sinchang-eup(○): 행정 구역 단위인 '읍'은 'eup'으로 표기하며 행정 구역 단위 앞에는 붙임표(-)를 넣으므로 적절한 표기이다.
④ 종로2가 Jongno 2(i)-ga(○): 자음 동화의 결과는 반영하여 적으므로 '종로'의 '로[노]'는 'no'로 적는다.

## 12  문장 성분의 호응    정답 ③

③ ㉢의 주어 "'에너지 프로젝트 1331'은"과 서술어 '교과과정이다'가 적절하게 호응하므로 어법에 맞고 자연스러운 문장은 ㉢이다.

#### 오답분석
① ㉠의 '시행되어지는'은 피동 접미사 '-되다'와 통사적 피동 표현 '-어지다'가 중복 사용된 표현이므로 적절하지 않다. '시행되는'으로 고쳐 쓰는 것이 자연스럽다.
② ㉡은 서술어 '밝혔다'와 호응하는 주어가 생략된 표현이므로 적절하지 않다. '경기도는'과 같은 주어를 추가하는 것이 자연스럽다.
④ ㉣의 주어 '교과과정은'과 서술어 '구성하였다'가 호응을 이루지 못하고 있으므로 적절하지 않다. '구성되었다'로 고쳐 쓰는 것이 자연스럽다.
⑤ ㉤의 '미리 예측'은 의미가 중복된 표현이므로 적절하지 않다. '예측'으로 고쳐 쓰는 것이 자연스럽다.
 · 미리: 어떤 일이 생기기 전에. 또는 어떤 일을 하기에 앞서
 · 예측(豫測): 미리 헤아려 짐작함
 ※ 출처: 경기도 뉴스포털, https://gnews.gg.go.kr

## 13  높임법    정답 ③

③ <보기>의 '좋아하는가'에 사용된 '-는가'는 '하게체' 종결 어미이다. '먹게'의 종결어미 '-게'도 '하게체'이므로 답은 ③이다.

#### 오답분석
① '읽으시오'의 종결 어미 '-오'는 '하오체'이다.
② '불편하십니까'의 종결 어미 '-ㅂ니까'는 '하십시오체'이다.
④ '뛰어'의 종결 어미 '-어'는 '해체'이다.
⑤ '좋아하는구나'의 종결 어미 '-구나'는 '해라체'이다.

## 14  중의적 표현    정답 ③

③ '한꺼번에 같이. 또는 서로 더불어'를 의미하는 부사 '함께'를 주체 뒤에 씀으로써 '나'를 놀린 주체가 '형과 누나'로 해석되므로 중의적 문장이 아니다.

#### 오답분석
① '매고 있었다'는 '넥타이를 매는 동작의 진행'과 '넥타이를 매는 것을 완료한 상태'의 두 가지 의미로 해석될 수 있으므로 중의적 문장이다.
② '할머니의 초상화'는 '할머니를 그린 초상화', '할머니가 그린 초상화', '할머니가 소유한 초상화'의 세 가지 의미로 해석될 수 있으므로 중의적 문장이다.
④ '짐을 든 채'의 주체에 따라 '그녀가 짐을 든 채로 인사한 것'과 '우리가 짐을 든 채로 문에 들어선 것'의 두 가지 의미로 해석될 수 있으므로 중의적 문장이다.
⑤ '어마어마한 관객의 함성'은 관형어 '어마어마한'의 수식 범위에 따라 '어마어마한 관객', '어마어마한 함성'의 두 가지 의미로 해석될 수 있으므로 중의적 문장이다.

## 15  번역 투 표현    정답 ⑤

⑤ '~있으시기 바랍니다'는 일본어를 직역한 번역 투 표현으로 '~해주세요', '~해주십시오'로 수정해야 하므로 '많이 협조해 주십시오'로 바꾸어 쓸 수 있다. 따라서 '많은 협조를 요합니다'로 수정한 ⑤는 잘못 고친 표현이다. 참고로, '~를 요하다'도 번역 투 표현이다.

#### 오답분석
① '~지 않을 수 없다'는 이중 부정 표현을 사용한 번역 투 표현이다. 따라서 '놀랍지 않을 수 없다'를 '놀라웠다'로 고쳐 쓴 것은 적절하다.
② 무생물을 주어로 하는 외국어를 직역한 번역 투 표현이다. 따라서 무생물 '그의 요리'를 주어로 쓰지 않고 유생물(우리)을 주어로 바꾸어 고쳐 쓴 것은 적절하다.
③ '가장 ~한 ~ 중 하나'는 영어를 직역한 번역 투 표현으로 '가장 ~한'으로 바꾸어 쓸 수 있다. 따라서 '가장 재밌어하는 책 중 하나'를 '가장 재밌어하는 책'으로 바꾸어 고쳐 쓴 것은 적절하다.
④ '가능성을 배제할 수 없다'는 영어를 직역한 번역 투 표현으로 '가능성도 있다'로 바꾸어 쓸 수 있다. 따라서 '개입했을 가능성을 배제할 수 없다'를 '개입했을 가능성도 있다'로 고쳐 쓴 것은 적절하다.

# 영역3 국어 문화

## 01 문학 작품 및 작가

**STEP3 기출동형 문제 풀어보기** p.178

| 1 ② | 2 ② | 3 ① | 4 ① | 5 ② |
| 6 ⑤ | 7 ⑤ |

### 1 작가 정답 ②

② 북간도에서 태어나 연희전문학교를 거쳐 일본 유학을 다녀온 후 후쿠오카 형무소에서 옥사했으며, 사후에 유고 시집이 발간되었다는 점에서 <보기>에서 설명하고 있는 시인이 '윤동주'임을 알 수 있으므로 답은 ②이다. 참고로, '윤동주'는 일제 강점기의 고독과 절망을 희망과 용기로 극복하려는 강인한 정신을 시로 형상화했다. 대표작으로는 「서시」, 「별 헤는 밤」 등이 있다.

**오답분석**
① '김소월'은 일제 강점기의 시인으로, 일제 강점기의 이별과 그리움을 주제로, 우리 민족의 한을 표현하는 작품을 썼다. 대표작으로는 「진달래꽃」, 「접동새」 등이 있다.
③ '이상화'는 민족주의 시인으로, 일제 강점기하의 민족의 비애와 일제에 저항하는 내용을 바탕으로 한 시를 썼다. 대표작으로는 「빼앗긴 들에도 봄은 오는가」 등이 있다.
④ '이육사'는 일제 강점기의 시인으로, 일제 강점기의 민족의 비극과 저항 의지를 상징적으로 표현하였다. 대표작으로는 「교목」, 「광야」 등이 있다.
⑤ '정지용'은 1930년대를 대표하는 시인으로, 섬세하고 독특한 언어로 대상을 청신하게 묘사함으로써 한국 현대시의 새로운 국면을 개척하였다. 대표작으로는 「향수」, 「비」, 「춘설」 등이 있다.

### 2 작가 정답 ②

② 평안 방언을 사용하고 시 「여우난곬족」을 지었다는 데서 빈칸에 들어갈 문인이 '백석'임을 알 수 있으므로 답은 ②이다. 참고로, '백석'은 일제 강점기의 시인으로, 방언과 향토적 시어를 통해 모더니즘을 발전적으로 수용했다. 대표작으로는 「여승」, 「남신의주 유동 박시봉방」 등이 있다.

**오답분석**
① '이상'은 일제 강점기의 시인이자 소설가로, 초현실주의를 기반으로 실험시와 심리 소설을 지었다. 대표작으로는 시 「거울」, 소설 「날개」, 수필 「권태」 등이 있다.
③ '강소천'은 아동 문학가로, 대표작으로는 「호박꽃초롱」, 「꿈을 찍는 사진관」 등이 있다.

④ '서정주'는 초기에 악마적이고 원색적인 시풍으로 인간의 원죄 의식에 대해 노래하였으나, 후기에는 불교 사상과 샤머니즘과 같은 동양적인 사상이 담긴 작품을 썼다. 대표작으로는 「자화상」, 「견우의 노래」, 「국화 옆에서」 등이 있다.
⑤ '조지훈'은 청록파 시인 중 한 명으로, 초기 작품에서 한국의 전통 의식과 민족의식을 서정적 대상으로 삼았다. 또한 그는 식민지 치하의 고통과 전쟁의 비극적 국면을 형상화하기도 했다. 대표작으로는 「승무」, 「고풍의상」 등이 있다.

※ 출처: 한국학중앙연구회, 한국민족문화대백과사전

### 3 문학 이론 정답 ①

① '유유자적한 삶의 모습', '자연의 조화에 순응하는 태도' 등을 통해 <보기>에서 '영희'가 설명하고 있는 미적 범주는 '우아미'임을 알 수 있다. '우아미'는 자연을 바라보는 '나'가 자연의 조화라는 가치에 순응하는 태도를 보임으로써 나타나는 미의식으로 자연 속의 유유자적한 삶과 '안분지족(安分知足)'을 주제로 한 작품에서 흔히 볼 수 있다.

**오답분석**
② '비장미'는 미적 범주의 하나로 자연을 인식하는 '나'의 실현 의지가 현실적 여건 때문에 좌절될 때 미의식이 나타나며, 슬픈 느낌을 준다.
③ '숭고미'는 미적 범주의 하나로 자연을 인식하는 '나'가 자연의 조화를 현실에서 추구하고 실현하고자 하는 태도를 보임으로써 미의식이 나타난다. 인간의 보통 이해력으로는 알 수 없는 경이, 외경, 위대함 등의 느낌을 준다.
④ '골계미'는 미적 범주의 하나로 자연의 질서나 이치를 의의 있는 것으로 존중하지 않고 추락시킴으로써 미의식이 나타난다. 풍자와 해학의 수법으로 우스꽝스러운 상황이나 인간상을 구현하며 익살을 부리는 가운데 어떤 교훈을 준다.
⑤ '소박미'는 단순하고 꾸밈 없음에서 우러나오는 아름다움을 가리키는 국문학용어로 꾸밈없이 참된 순박한 마음이며, 표현상으로 꾸밈이 지나쳐 시인의 참된 마음을 왜곡하지 않고 그 마음이 자연스럽게 밖으로 드러날 때 느끼는 아름다움이다.

※ 출처: 한국학중앙연구회, 한국민족문화대백과사전

### 4 작가, 작품 정답 ①

① 채만식의 「탁류」는 일제 강점기를 배경으로 하고 있는 작품이므로 답은 ①이다. 참고로, 이 소설은 한 여인의 비극적 삶을 통해 1930년대 한국 사회의 한 흐름을 사실적 문체로 날카롭게 풍자하였다.

### 오답분석

② 오상원의 「유예」는 1955년에 발표된 작품으로, 인민군 포로로 잡힌 국군 소대장의 처형 직전 고뇌를 의식의 흐름 기법으로 표현하였다.
③ 이범선의 「오발탄」은 1959년에 발표된 작품으로, 피란민촌의 한 가정이 붕괴되어 가는 과정을 통해 어지러운 현실과 타협하지 못하는 주인공의 양심과 자의식을 형상화하였다.
④ 하근찬의 「수난이대」는 1957년에 발표된 작품으로, 전쟁(태평양 전쟁, 6·25 전쟁)으로 인해 수난을 겪는 아버지와 아들의 모습을 통해 우리 민족의 역사적 비극과 극복 의지를 형상화하였다.
⑤ 손창섭의 「비 오는 날」은 1953년에 발표된 작품으로, 부산의 비 오는 날을 배경으로 6·25 전쟁으로 인해 우울하고 어두워진 시대 상황과 그 분위기를 보여주는 소설이다. 월남한 '동욱' 남매를 '원구'의 시선으로 바라보며 전후의 절망적이고 비참한 삶을 형상화하였다.

### 5  작품   정답 ②

② <보기>의 작품은 「상춘곡」으로 조선 성종 때에, 문인 정극인이 지은 가사이다. 자연에 파묻힌 생활 속에서 봄날의 경치를 찬탄한 내용을 담았으며, 『불우헌집』에 실려 있다. 따라서 정답은 ②이다.

### 오답분석

① 「북천가」는 조선 철종 때에, 김진형이 쓴 장편 기행 가사로 함경도 명천으로 귀양 갔다가 서울로 돌아올 때까지의 생활을 읊은 작품이다.
③ 「관서별곡」은 조선 명종 때에, 문인 백광홍이 지은 가사로 평안도 지방의 자연 풍물을 두루 돌아보고 그 아름다움을 읊은 작품이다.
④ 「강호사시가」는 조선 세종 때에, 맹사성이 지은 연시조로 만년에 벼슬을 버리고 강호에 묻혀 사는 생활을 네 계절의 변화와 관련시켜 노래한 작품이다.
⑤ 「일동장유가」는 조선 영조 때에, 김인겸이 지은 장편 기행 가사로 '조엄'이 통신사로 일본에 갔을 때 서기로 따라가 보고 느낀 일본의 문물, 제도, 풍속 등을 기록한 것으로 모두 8,000여 구로 되어 있는 작품이다.

### 6  작품   정답 ⑤

⑤ <보기>의 작품은 이문열이 지은 「우리들의 일그러진 영웅」에 대한 설명으로 '나'로 등장하는 '한병태'가 전학 간 학교에서 반의 독재자로 군림하고 있는 '엄석대'를 만나면서 겪는 이야기로 지배자와 피지배자의 관계를 보여주는 작품이다. 따라서 정답은 ⑤이다.

### 오답분석

① 「감자」는 1925년에 김동인이 발표한 단편 소설로 불우한 환경 속에서 몰락하여 가는 '복녀'라는 여인의 삶을 그린 작품이며, 우리나라 초기 자연주의 소설의 대표 작품이다.
② 「소나기」는 황순원이 지은 단편 소설로 사춘기 소년, 소녀의 슬픈 첫사랑의 이야기를 그렸으며, 소년과 소녀의 만남부터 소녀의 죽음까지 이르는 과정에서 소년과 소녀의 감정을 다양한 상징적 소재로 나타낸 작품이다.
③ 「우상의 눈물」은 전상국이 지은 단편 소설로 학교를 배경으로 문제 학생이 학급 규칙 안에서 살아가도록 이끄는 과정을 그린 작품이다. 그러나 그 과정에서 '사랑'이 수단으로 사용되면서, 진정한 사랑이 아닌 전체주의적 폭력의 수단으로 변질된 사랑의 모습을 나타내는 작품이다.
④ 「우리들의 날개」는 전상국이 지은 단편 소설로 '나'의 동생인 '두호'가 태어난 후 일어나는 집안의 비극적 사건들을 그리면서 이러한 사건을 무속신앙과 관련지은 작품이다.

### 7  작품   정답 ⑤

⑤ ⑩의 '괴이하다'는 "정상적이지 않고 별나며 괴상하다."를 뜻하므로 적절하지 않다. 참고로, "마음에 꺼리거나 염려스럽다."를 뜻하는 말은 '두렵다'이다.

### 오답분석

① ㉠의 '우연'은 "아무런 인과 관계가 없이 뜻하지 아니하게 일어난 일."을 뜻하므로 적절하다.
② ㉡의 '예법'은 "예의로써 지켜야 할 규범."을 뜻하므로 적절하다.
③ ㉢의 '기이하다'는 "기묘하고 이상하다."를 뜻하므로 적절하다.
④ ㉣의 '사경(四更)'은 "하룻밤을 오경(五更)으로 나눈 넷째 부분. 새벽 1시에서 3시 사이."를 뜻하므로 적절하다.

## 02  중세 국어 및 남북한의 언어

### STEP3 기출동형 문제 풀어보기   p.187

1 ①    2 ③    3 ⑤    4 ③    5 ④
6 ⑤    7 ⑤

### 1  중세 국어   정답 ①

① 중세 국어에서는 음운 현상이 적용된 그대로 표기하였으나, ㉠ 'ㅅ뭇디'의 '디'는 음운 현상이 발생하지 않았으므로 음운 현상이 적용된 대로 '디'로 표기한다는 설명은 적절하지 않다. 참고로, 현대 국어와 달리 중세 국어에서는 'ㄷ'이 모음 'ㅣ'와 결합할 때 'ㅈ'으로 발음되는 구개음화 현상이 발생하지 않았다.

### 오답분석

② ㉡ '훓'은 이어지는 '배'를 수식하는 관형어로, 어간 'ᄒᆞ-'에 관형사형 어미 '-ㄹ'이 결합한 것이다. 이때 관형사형 어미 '-ㄹ'에 'ㆆ'을 함께 표기하고 있으므로 적절하다.

③ ⓒ '뜨들'의 'ᄡ'은 합용 병서이다. 합용 병서란 서로 다른 자음을 가로로 나란히 붙여 쓰는 것이므로 적절하다.
④ ⓔ '노미'는 '놈'과 '이'를 이어 적은 표기로, '놈'의 받침 'ㅁ'을 다음 음절인 '이'의 초성으로 옮겨 적는 방식이므로 적절하다. 참고로, '연철'은 한 음절의 종성을 다음 자의 초성으로 내려서 쓰는 방식을 말한다.
⑤ ⓜ '수ᄫㅣ'의 'ㅸ'는 '순경음비읍'으로, 입술소리인 순음 아래에 'ㅇ'을 이어 쓰면 입술을 거쳐 나오는 가벼운 소리인 순경음을 나타낸다. 따라서 가벼운 소리를 나타내기 위해 'ㅇ'을 'ㅂ' 아래에 적는다는 설명은 적절하다.

## 2  중세 국어  정답 ③

③ ⓒ '어린'은 '어리석은'의 뜻이므로 현대 국어 '젊은'과 대응한다는 설명은 적절하지 않다.

**오답분석**

① ㉠ '中國에'는 체언 '中國(중국)'과 부사격 조사 '에'가 결합한 말이다. 이때, 부사격 조사 '에'는 장소를 나타내는 '에'가 아닌, 비교를 나타내는 부사격 조사 '과'를 뜻한다. 따라서 '中國에'는 현대 국어 '중국과'에 대응하므로 적절하다.
② ⓛ '젼ᄎᆞ로'의 '젼ᄎᆞ'는 "일이 생기게 된 원인이나 조건."을 말하는 '까닭'을 뜻한다. 따라서 '젼ᄎᆞ로'는 현대 국어 '까닭으로'에 대응하므로 적절하다.
④ ⓔ '하니라'의 '하다'는 "수효나 분량, 정도 등이 일정한 기준 이상이다."를 말하는 '많다'를 뜻한다. 따라서 '하니라'는 현대 국어 '많으니라'에 대응하므로 적절하다.
⑤ ⓜ '수ᄫㅣ'는 "하기가 까다롭거나 힘들지 않다."를 말하는 '쉽다'를 뜻한다. 따라서 '수ᄫㅣ'는 현대 국어 '쉽게'에 대응하므로 적절하다.

## 3  중세 국어  정답 ⑤

⑤ ⓜ '뿌메'는 "어떤 일을 하는 데에 재료나 도구, 수단을 이용하다."를 뜻하는 '쓰다'를 말한다. 따라서 '用(쓸 '용')'과 대응하므로 적절하지 않다. 참고로, '誌'는 '기록하다'의 뜻이다.

**오답분석**

① ㉠ '달아'는 '다르다'를 뜻하므로 한자 '異(다를 '이')'와 대응한다는 설명은 적절하다.
② ⓛ '스ᄆᆞᆺ디'는 '통하다'를 뜻하므로 한자 '通(통할 '통')'과 대응한다는 설명은 적절하다.
③ ⓒ '니르고져'는 '말하다'를 뜻하므로 한자 '說(말씀 '설')'과 대응한다는 설명은 적절하다.
④ ⓔ '어엿비'는 '불쌍하다'를 뜻하므로 한자 '恤(불쌍할 '휼')'과 대응한다는 설명은 적절하다.

## 4  중세 국어  정답 ③

③ · ㄷ: 精舍(정사) + 룰: 精舍(정사)의 끝음절 '사'는 받침이 없고 양성 모음 'ㅏ'가 쓰였으므로 목적격 조사로 '룰'을 쓰는 것은 적절하다.
 · ㄹ: 香油(향유) + 를: 香油(향유)의 끝음절 '유'는 받침이 없고 음성 모음 'ㅠ'가 쓰였으므로 목적격 조사로 '를'을 쓰는 것은 적절하다.

**오답분석**

· ㄱ: 奚琴(해금) + 올: 奚琴(해금)의 끝음절 '금'은 자음으로 끝나고 음성 모음 'ㅡ'가 쓰였다. 따라서 목적격 조사로 '을'을 사용해야 하므로 적절하지 않다.
· ㄴ: 梨花(이화) + 을: 梨花(이화)의 끝음절 '화'는 받침이 없고 양성 모음 'ㅘ'가 쓰였다. 따라서 목적격 조사로 '올'을 사용해야 하므로 적절하지 않다.

## 5  남북한의 언어  정답 ④

④ 예문은 문맥상 그의 말로 교실이 조용해졌다는 뜻이므로 빈칸에는 '조용하고 잠잠한 상태'를 뜻하는 명사 '고요'에 부사어 접미사를 붙인 부사가 들어가야 한다. 한글 맞춤법 제51항에 따라 '-하다'가 붙는 어근 뒤에는 '히'로 적으며, 어근 '고요'는 '-하다'가 붙어 형용사 '고요하다'로 쓰일 수 있으므로 남한어는 '고요히'로 적는다. 또한 조선말규범집 제24항 1)에 따라 ≪하다≫를 붙일 수 있는 것은 ≪히≫로 적으므로 북한어도 '고요히'로 적는다. 따라서 남한어와 북한어가 올바르게 짝 지어진 것은 ④이다.

## 6  남북한의 언어  정답 ⑤

⑤ '가족'은 명사이며, '밖에'는 '그것 말고는', '그것 이외에는' 등을 의미하는 보조사이다. 남한에서도 북한과 같이 조사를 앞말에 붙여 쓰는 것이 원칙이므로 남한의 언어도 '가족밖에'로 붙여 써야 한다. 따라서 답은 ⑤이다.

**오답분석**

① 남한에서는 두음 법칙을 적용한 '내년'이, 북한에서는 두음 법칙을 적용하지 않은 '래년'이 올바른 표기이다.
② 남한과 북한에서 모두 사이시옷을 표기하지 않은 '인사말'이 올바른 표기이다.
③ 남한에서는 의존 명사를 앞말과 띄어 쓰는 것이 원칙이므로 '잊을∨수'로 표기하고, 북한에서는 의존 명사를 앞말과 붙여 쓰므로 '잊을수'로 표기한다.
④ 남한에서 '어둑새벽'으로 표기하는 말을 북한에서는 '어뜩새벽'으로 표기한다. 참고로, '어둑새벽'은 '날이 밝기 전 어둑어둑한 새벽'이라는 뜻이다.

## 7  남북한의 언어     정답 ⑤

⑤ • 남: 개수-거미-끄다-나비-우유
  제시된 단어의 초성을 남한 사전의 초성 순서로 배열하면 'ㄱ-ㄲ-ㄴ-ㅇ'이며, 'ㄱ'으로 시작하는 '개수, 거미' 중 중성 'ㅐ'가 'ㅓ'보다 앞서므로 '개수-거미-끄다-나비-우유'순으로 온다.

• 북: 거미-개수-나비-끄다-우유
  제시된 단어의 초성을 북한 사전의 초성 순서로 배열하면 'ㄱ-ㄴ-ㄲ-ㅇ'이며, 'ㄱ'으로 시작하는 '개수, 거미' 중 중성 'ㅓ'가 'ㅐ'보다 앞서므로 '거미-개수-나비-끄다-우유'순으로 온다.

# 03  다양한 매체와 언어

### STEP3 기출동형 문제 풀어보기    p.195

| 1 ① | 2 ② | 3 ③ | 4 ⑤ | 5 ④ |
| --- | --- | --- | --- | --- |
| 6 ⑤ | | | | |

## 1  법률 용어 순화어     정답 ①

① '일부인(日附印)'은 '서류 따위에 그날그날의 날짜를 찍게 만든 도장'을 뜻하므로 '날짜 도장'으로 순화할 수 있다. 따라서 가장 적절하지 않은 것은 ①이다.

**오답분석**

② '갈취(喝取)하다'는 '남의 것을 강제로 빼앗다'를 뜻하므로 이해하기 쉬운 표현인 '빼앗았다'로 순화할 수 있다.
③ '인용(認容)하다'는 '인정하여 용납하다'를 뜻하므로 이해하기 쉬운 표현인 '인정하여 받아들이는'으로 순화할 수 있다.
④ '중과실(重過失)'은 '조금만 주의하면 결과의 발생을 피할 수 있는데도 이를 게을리한 일'을 뜻하므로 이해하기 쉬운 표현인 '큰 잘못'으로 순화할 수 있다.
⑤ '실효(失效)되다'는 '효력을 잃게 되다'를 뜻하므로 이해하기 쉬운 표현인 '효력을 잃어'로 순화할 수 있다.

## 2  수어     정답 ②

② 제시된 수어는 팔을 가슴 근처에서 입 가까이로, 아래에서 위로 움직이는 동작을 보여주고 있다. 이는 먹는 행위를 묘사한 수어로 정답은 ②이다.

## 3  점자     정답 ③

③ 초성 'ㅇ'은 표기하지 않는다고 하였으므로 '양'의 첫소리 'ㅇ'은 표기하지 않는다. 따라서 '양'은 중성 'ㅑ'와 종성 'ㅇ'의 표기를 기재하고, '궁'은 초성 'ㄱ', 중성 'ㅜ', 종성 'ㅇ'의 점자를 순서대로 표기하므로 정답은 ③이다.

## 4  근대 신문 이해     정답 ⑤

⑤ '고학생(苦學生)갈돕회(會)'의 구성원은 '『서(徐)광진』이외의사십(四十)명'임을 알 수 있으나, 출신 지역을 기준으로 단체를 구성하였는지는 알 수 없으므로 적절하지 않다.

**오답분석**

① '일반 고학생을단결하야 셔로도와 갈취지로'에서 고학생끼리 서로 도울 목적으로 단체를 창립했음을 알 수 있다.
② '작이십일(二十一)일오후시반브터~창립총회를개최하그'에서 지난 21일 오후에 창립총회를 개최했음을 알 수 있다.
③ '종로즁앙례배당안에셔 창립총회를개최하그'에서 종로 중앙 예배당 안에서 창립총회를 개최했음을 알 수 있다.
④ '참석자─ 칠팔십(七八十)명에달하얏더라'에서 참석자의 수를 언급하고 있다.

## 5  방송 언어     정답 ④

④ "여러분도 기회가 되시면 주말에 한번 산림욕 어떠세요?"에서 질문 형식이 사용되었지만, 이는 청취자에게 화제인 '산림욕'에 대한 선호도를 조사하기 위해 던진 질문이 아니라, 질문 형식을 사용해 청취자에게 참여를 유도하는 것이므로 적절하지 않다.

**오답분석**

① 등산로에 버려진 쓰레기를 보며 마음이 아팠다는 청취자의 사연에 "맞아요,"라고 동조하며 '가져온 것은 다시 가져가자'라는 원칙을 지켜야 한다는 자신의 견해를 덧붙이고 있으므로 적절하다.
② "저도 어제 등산을 다녀왔어요. 그런데, 등산로에 버려진 쓰레기들을 보며 마음이 아팠습니다."와 같이 청취자의 의견을 직접 인용하고 있으므로 적절하다.
③ 산림욕을 다녀온 경험을 "나뭇잎 사이로 살랑살랑 비치는 햇살, 사각사각 밟히는 낙엽 소리, 여기에 새들의 지저귐까지!"라며 감각적인 표현을 사용하여 전달하고 있으므로 적절하다.
⑤ "~시간입니다.", "~교향곡이었습니다."와 같은 격식체, "~상쾌함이었어요.", "~달라질 텐데요."와 같은 비격식체를 함께 사용하여 친근한 분위기를 조성하고 있으므로 적절하다.

## 6  방송 언어     정답 ⑤

⑤ '전철(前轍)'은 '앞에 지나간 수레바퀴의 자국'이라는 뜻으로, 이전 사람의 그릇된 일이나 행동의 자취를 이르는 말이다. 따라서 '전철'은 의미상 부정적 표현과 호응하므로 '긍정적 의미에 어울리므로 적절하다'라는 ⑤의 설명은 적절하지 않다. 참고로, '전철을 밟아'를 '기성 작가들을 본받아' 또는 '기성 작가들을 모범으로 삼아'로 바꾸어 사용하는 것이 적절하다.

**오답분석**

① '협의'는 [혀븨]와 [혀비]로 발음할 수 있다.

② 방송 언어에서는 '우리나라의 가수 3명이 오리콘 차트에 동시에 진입했다'와 같이 보조사 '은'보다 주격 조사 '이'를 쓰는 것이 더 자연스럽다.
③ '늦장'은 '느릿느릿 꾸물거리는 태도'라는 의미의 표준어이며, '늑장'도 복수 표준어로 인정되므로, 두 단어 모두 적절한 표현이다.
④ '180곳'은 [배겨든곧]이 아닌 [백팔씹꼳]으로 발음한다.

③ 「홍염」은 최서해가 1927년 『조선문단』에 발표한 단편 소설로, 간도로 이주한 조선인이 중국인의 농지를 소작하며 벌어지는 비극적 사건을 그려내어 가난으로 인한 고통을 형상화하였다.
④ 「무진기행」은 김승옥이 지은 단편 소설로 안개가 유명한 고향 '무진'으로 귀향, 탈향하는 주인공의 이야기를 그렸으며, 세속적인 삶을 벗어 나려는 고립된 개인의 복잡한 심리를 내용으로 하여, 개인의 삶과 현실 속에 던져진 자기 존재의 파악이라는 주제를 다루었다.
⑤ 「병신과 머저리」는 이청준의 단편 소설로 6·25 전쟁의 상처를 극복하는 과정을 형상화하였다. 형과 동생의 이야기가 액자식 구성으로 전개되고 있으며 일상을 포기하려는 형과, 아픔의 근원을 파악하지 못하는 동생의 모습을 다루었다.

## 최종 점검 문제

p.198

| 1 ① | 2 ② | 3 ② | 4 ③ | 5 ④ |
| 6 ④ | 7 ④ | 8 ② | 9 ③ | 10 ⑤ |

### 1  작품  정답 ①

① <보기>에서 설명하는 작품은 「훈민가」이다. 이 작품은 조선 시대에 송강 정철이 지은 16수의 시조로 작가가 강원도 관찰사로 있을 때, 백성을 훈계하기 위하여 지었으며, 『송강가사』에 실려 전해진다. 따라서 정답은 ①이다.

**오답분석**
② 「연행가」는 조선 고종 때에, 홍순학이 지은 장편 가사로 중국 청나라 연경에 갔다가 그해 8월 말에 귀국하기까지의 기행, 견문을 적은 작품이다.
③ 「오우가」는 조선 인조 때에, 윤선도가 지은 연시조로 물, 돌, 소나무, 대나무, 달을 벗에 비유하여 노래한 작품이다.
④ 「찬기파랑가」는 신라 경덕왕 때 충담사가 지은 향가로 화랑 기파랑의 고결한 인격을 밤하늘의 달빛과 시냇물, 그리고 서리에 시들지 않는 잣나무에 비유하여 10구체로 노래하였으며 『삼국유사』에 실려 있다.
⑤ 「고산구곡가」는 조선 선조 때에, 율곡 이이가 지은 연시조로 작자가 황해도 고산에 은거하고 있을 때 고산의 구곡 풍경과 감회를 읊은 작품이다.

### 2  작품  정답 ②

② <보기>에서 설명하는 작품은 김동리의 「역마」이다. 화개 장터를 배경으로 역마살이 든 아들 '성기'와 그의 어머니 '옥화'가 등장하여 역마살에 순응하여 유랑의 길을 떠나는 성기의 모습으로 마무리되는 작품이다.

**오답분석**
① 「날개」는 이상의 단편 소설로 자의식의 세계를 탐색한 우리나라 최초의 심리주의 소설이다. 1936년 『조광』에 발표하였으며, 식민지 시대 지식인으로 나타나는 '나'의 모순된 자의식과 자기 해체적인 모습을 그려내었다.

### 3  작가  정답 ②

② 「와사등」, 「외인촌」 등을 창작하였으며, 1930년대 모더니즘을 선도한 시인이라는 점에서 <보기>에서 설명하고 있는 작가는 '김광균'임을 알 수 있다.

**오답분석**
① 임화: 1926년부터 시인, 평론가로 활동하였고, 사회주의 혁명을 실천하는 문학인 단체인 '카프(KAPF)'를 주도하였다. 대표작으로는 「네거리의 순이」, 「어머니」 등이 있다.
③ 김기림: 우리나라에서 최초로 모더니즘 문학 운동을 선언하고 그 이론을 소개하는 한편, 그에 입각한 시를 썼다. 대표작으로는 「바다와 나비」, 「기상도」 등이 있다.
④ 김수영: 모더니스트로 출발하여 지성과 감성의 조화를 이룬 작품으로 평가를 받았으며, 4·19 혁명 이후 현실 비판 의식과 저항 정신을 바탕으로 한 참여시를 썼다. 대표작으로는 「폭포」, 「풀」 등이 있다.
⑤ 노천명: 초기에는 감상적인 서정시를 썼으나 뒤에는 사랑과 종교적 참회를 그린 시를 썼다. 대표작으로는 「사슴」, 「자화상」 등이 있다.

### 4  근대 신문 이해  정답 ③

③ '경성이화(梨花)고녀의 성악 선생인 "쏘푸라노" 김자경(金慈璟)양'에서 경성이화고의 성악 교사가 연주회에 참여함을 알 수 있으나 사회를 맡는지는 알 수 없다. 따라서 적절하지 않은 것은 ③이다.

**오답분석**
① '본사성진지국 후원으로 ~ 음악대연주회를 개최하거'에서 알 수 있다.
② '일곱시반부터성진읍이층대회의실에서 ~ 음악대연주회를 개최하거'에서 알 수 있다.
④ '일반에게 보다더조흔 음악을 복급시키는 동시에 ~ 성진학생친목회주최와'에서 알 수 있다.
⑤ '이음악회에 출연할예술가 진용을대략소개하면 "바이올린"에는일찍이 본사주최 음악 "콩쿠―르에 일등입상의 영예를획득한"에서 알 수 있다.

※ 출처: 조선일보(1940.08.06.) 기사 발췌

| 5 | 어휘의 의미 | 정답 ④ |

④ '@ 영명(英明)'은 '뛰어나게 지혜롭고 총명함'을 뜻하므로 의미가 적절하지 않은 것은 ④이다.

| 6 | 남북한의 언어 | 정답 ④ |

④ 북한에서는 한자말을 한자음대로 적는 것이 원칙이다. 따라서 '용궁'의 '용(龍)'은 '룡'으로 소리나므로 '룡궁'으로 표기한다. 따라서 정답은 ④이다.

**오답분석**
① 북한에서는 한자말을 한자음대로 적는 것이 원칙이다. 따라서 '예절'의 '예(禮)'는 '례'로 소리나므로 '녜절'이 아닌 '례절'로 표기해야 한다.
② 북한에서는 한자말을 한자음대로 적는 것이 원칙이다. 따라서 '낙원'의 '낙(樂)'은 '락'으로 소리나므로 '낙원'이 아닌 '락원'으로 표기해야 한다.
③ 북한에서는 한자말을 한자음대로 적는 것이 원칙이다. 따라서 '요리'의 '요(料)'는 '료'로 소리나므로 '뇨리'가 아닌 '료리'로 표기해야 한다.
⑤ 북한에서는 한자말을 한자음대로 적는 것이 원칙이다. 따라서 '내일'의 '내(來)'는 '래'로 소리나므로 '내일'이 아닌 '래일'로 표기해야 한다.

| 7 | 중세 국어 | 정답 ④ |

④ ② '뿌메'는 '쓰다'의 어간 '쓰-'와 명사형 전성 어미 '-움', 조사 '에'가 결합한 형태이다. 따라서 명사형 전성 어미 '-움'이 쓰였다는 설명은 적절하다.

**오답분석**
① ⊙ '배'는 의존 명사 '바'와 주격 조사 'ㅣ'가 결합한 형태이므로 주격 조사가 생략되었다는 설명은 적절하지 않다. 참고로 중세 국어에서 'ㅣ'나 반모음 'ㅣ' 이외의 모음 아래에는 주격 조사가 'ㅣ' 형태로 결합한다.
② ⓒ '시러'는 현대어에서 "능력이 있어서 쉽게."를 뜻하는 '능히'를 의미하므로 '싣다'의 뜻이라는 설명은 적절하지 않다.
③ © '노미'는 체언 '놈'과 조사 '이'가 결합한 형태로, 이때 '놈'은 중세에는 일반적인 '사람'의 의미만 나타냈지만, 현대에는 "사람을 홀하게 이르는 말."로 비하의 의미를 나타낸다. 따라서 현대에는 다른 의미로 사용되고 있으므로 적절하지 않다.
⑤ ⑩ '쁘루미니라'의 'ᄡ'은 현대 국어에서는 사용되지 않는 표기이므로 적절하지 않다. 참고로, 'ᄡ'은 현대어에서 된소리 'ㅃ'으로 변하였다.

| 8 | 법률 용어 순화 | 정답 ② |

② '목도(目睹)하다'는 "눈으로 직접 보다."를 뜻하므로 '보다'로 순화할 수 있다. 따라서 가장 적절하지 않은 것은 ②이다.

**오답분석**
① '산입(算入)하다'는 "셈하여 넣다."를 뜻하므로 이해하기 쉬운 표현인 '셈하여 넣다'로 순화할 수 있다.
③ '소급(遡及)하다'는 "과거에까지 거슬러 올라가서 미치게 하다."를 뜻하므로 이해하기 쉬운 표현인 '거슬러 올라가다'로 순화할 수 있다.
④ '급부(給付)하다'는 "채권의 목적이 되는, 채무자가 하여야 할 행위를 하다."를 뜻하므로 이해하기 쉬운 표현인 '주다'로 순화할 수 있다.
⑤ '병과(倂科)하다'는 "동시에 둘 이상의 형벌에 처하다."를 뜻하므로 이해하기 쉬운 표현인 '함께 부과하다, 동시에 부과하다'로 순화할 수 있다.

| 9 | 점자 | 정답 ③ |

③ '억새'의 '억'은 약자로 표기해야 하므로 적절하지 않다. 참고로, '억새'의 올바른 표기는 아래와 같다

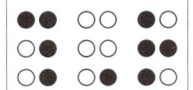

| 10 | 방송 언어 | 정답 ⑤ |

⑤ <보기>에서 경기 내용을 전달하고 있으나, "~지고 있었는데요", "승리를 거뒀습니다"와 같이 과거 시제 '-었-'을 사용하여 이미 끝난 경기 내용을 전달하고 있다. 따라서 현재형 시제를 사용하고 있다는 설명은 적절하지 않다.

**오답분석**
① "와, 정말 가슴이 터질 것 같았어요!"와 같이 감탄사 "와"를 사용하여 경기를 보고 흥분했던 자신의 감정을 드러내고 있으므로 적절하다.
② '중거리 슛'과 같이 축구 경기에서 사용하는 용어를 사용하고 있으므로 적절하다.
③ 경기 정보와 함께 내일 날씨를 함께 전달하고 있으므로 적절하다.
④ '0대 1', '2대 1', '30mm'와 같이 구체적인 수치로 정확한 정보를 전달하고 있으므로 적절하다.

# 영역4 듣기・말하기

## 01 설명・이야기・시 이해

### 기출유형 ① 세부 내용 파악

그림에 대한 설명을 들려드립니다.

오늘은 프랑스의 인상주의 화가 에드가 드가의 작품 〈계단을 오르는 발레리나들〉을 소개해 드리겠습니다. 이 작품은 오페라 극장의 발레 공연에 출연하는 신인 발레리나들의 무대 뒤 모습을 그린 그림입니다. 그림을 보면, 오른쪽 위에는 연습 중인 발레리나들이, 중앙에는 계단을 오르는 발레리나가 있습니다. 이렇게 역동적인 움직임을 순간적으로 포착해 정지해 놓은 듯 표현하는 것이 드가 그림의 특징 중 하나입니다.

이 그림을 전체적으로 보면 연습하는 발레리나들, 계단을 오르는 발레리나, 구석의 창문이 있는데요, 먼저 오른쪽 위에서 연습하는 발레리나들은 허리에 손을 얹고 있는 자세를 취하고 있는 것을 볼 수 있습니다. 이런 동작은 발레를 소재로 한 드가의 작품에서 자주 찾아 볼 수 있습니다. 드가는 유화 기법과 파스텔 기법, 모노타이프 기법을 함께 사용해 발레리나의 모습을 더욱 세밀하게 묘사했습니다.

다음으로 계단을 오르는 발레리나를 통해 특정한 의미를 발견할 수 있는데요, 발레리나의 옆모습은 오페라 극장에 오르는 신인 발레리나에게 투영되던 평범한 사회 계층에 대한 물리적인 전형을 의미하는 것으로 볼 수 있습니다. 마지막으로 구석의 작은 창문은 그가 다양한 종류의 '빛'이 자아내는 효과에 관심이 많았음을 알 수 있게 해줍니다.

이 작품은 대상이나 기법 등에서 그의 작품 세계를 종합해 보여줍니다. 여기에서 주목할 만한 것은, 장식 띠 형식을 통해 아래에서 위를 찍는 상향 촬영식 효과를 드러냄으로써 기존 작품에서 찾아볼 수 없던 새로운 시선을 전달하고 있다는 점입니다.

### 기출유형 ② 주제 파악

이야기를 들려드립니다.

한 마을에 이웃의 땅까지 탐내는 욕심이 많은 부자가 살았어요. 그 소문을 들은 영주는 부자에게 해가 뜰 때부터 달려서 해가 질 때까지 되돌아온 거리만큼 땅을 주겠다고 제안했습니다. 부자는 기뻐하며 잠시도 쉬지 않은 채 아주 멀리 돌아 시골의 모든 땅을 포함할 정도로 넓게 달렸어요. 그러나 과욕으로 지친 부자는 출발 지점에 겨우 도착하자마자 쓰러져 죽었습니다. 결국 그가 평생 탐내던 수많은 땅 중 얻은 곳은 영원히 드러누울 무덤 세 평뿐이었답니다.

### STEP2 기출동형 문제 풀어보기 p.210

**1** ⑤  **2** ④  **3** ⑤  **4** ③  **5** ③

#### 1 그림 - 세부 내용 파악  정답 ⑤

⑤ 하얀 장미는 '용감한 삶'을 의미하기도 하지만 이 그림에서는 '유한한 사랑'을 의미한다고 하였으므로 답은 ⑤이다.

**오답분석**

① 죽음을 상징하는 것은 '올빼미'이다.
② 용감한 삶과 관련된 소재는 '하얀 장미'이지만, 이 그림 속에서 '하얀 장미'는 '유한한 사랑'을 의미한다.
③ '버섯'은 그림에 묘사되어 있는 위험을 암시한다.
④ '두 마리의 나비' 중 '날고 있는 나비'가 '구원을 받은 신성한 영혼'을 의미한다. 참고로, 두꺼비에게 잡아먹히는 나비는 '악의 유혹에 빠져 죽게 되는 영혼'을 의미한다.

**듣기대본**

1번. 먼저 그림에 대한 설명을 들려드립니다.

오늘은 꽃과 과일 묘사의 대가로 불리는 이탈리아 화가 파올로 포르포라의 작품인 〈올빼미와 따오기가 있는 정물, 허무함〉을 감상하도록 해요. 그림 속에 나타난 소재들은 '허무함'과 관련되어 있는데, 실제 그림을 통해 함께 살펴보겠습니다. 그림 중앙에는 정면을 바라보며 서 있는 올빼미가 있는데, 올빼미는 전통적으로 죽음을 상징하는 동물로 알려져 있습니다. 올빼미가 하얀 장미 나무를 디디고 서 있죠? 이 하얀 장미는 용감한 삶을 의미하기도 하지만, 이 그림에서는 유한한 사랑을 의미합니다. 그리고 나무 사이로 두 마리의 나비와 곤충들이 보일 텐데요, 곤충들은 고대 그리스 시대부터 덧없는 삶을 상징해 왔습니다. 이제 나비의 모습을 살펴보겠습니다. 먼저 그림 중앙 하단의 나비를 보죠. 이 나비는 장미의 유혹을 이기지 못하고 다가와 죽음을 뜻하는 두꺼비에게 잡아먹히고 있습니다. 반면 나머지 나비 한 마리는 곧 하얀 장다리새에게 잡힐 운명이지만 아직은 붙잡히지 않고 날고 있는 모습입니다. 이 두 마리의 나비는 악의 유혹에 빠진 영혼을 의미합니다. 한 마리는 유혹에 빠져 죽게 되지만, 다른 한 마리는 구원을 받은 신성한 영혼으로 볼 수 있습니다. 마지막으로, 하얀 장다리새 왼쪽에 있는 버섯들은 그림에 묘사되어 있는 위험을 암시합니다.

#### 2 이야기 - 주제 파악  정답 ④

④ 이야기에서 어떤 사람은 꿈에서 지옥을 경험하며 "지옥도 스스로 만든 감옥일 뿐이었다."라는 깨달음을 얻는다. 즉, 사람이 두려워하는 지옥은 우리의 인식 속에서 만들어질 수 있음을 나타내는 것이므로 이야기의 주제로 가장 적절한 것은 ④이다.

**오답분석**

① 두려움이 또 다른 두려움을 만든다는 내용은 이야기와 관련 없으므로 적절하지 않다.
② 자유와 용기는 이야기와 관련 없으므로 적절하지 않다.
③ 선한 인간과 부정적 상황은 이야기와 관련 없으므로 적절하지 않다.
⑤ 이야기에서 비현실적 세계(지옥)가 현실 세계(집과 자리, 책상, 벽)와 동일하다는 깨달음이 언급되나, 이는 이야기의 일부이므로 주제로 적절하지 않다.

**듣기대본**

2번. 이번에는 이야기를 들려드립니다.

　어떤 사람은 생각했다. 감옥에는 나쁜 사람만 가는 것이 아니었다. 때로는 정직한 사람도 들어간다. 그렇다면 지옥에도 좋은 사람이 있을지 모른다고 그는 여겼다. 어느 날 그는 꿈에서 지옥에 갔다. 문 앞에서 울며 들어가지 않으려 했지만 끝내 밀려들어 갔다. 처음엔 죽는 줄 알았고 며칠 동안 눈을 감은 채 먹지도 않고 누워 있었다. 그러나 닷새 뒤 그는 지옥을 보았다. 그곳은 전혀 무섭지 않았고 오히려 세상과 다를 바 없었다. 집과 자리, 책상, 벽까지도 그대로였다. 그는 웃으며 깨달았다. 사람이 가는 곳마다 세계가 있었다. 지옥도 스스로 만든 감옥일 뿐이었다.

### 3　강연 - 세부 내용 파악　　정답 ⑤

⑤ 강연에서는 "그런데 어째서 그 사물이 예술 작품으로 인정될 수 있을까요? ~ 더 중요한 이유는 직접적인 물리적 행위가 없더라도 '인공성'이 성립될 수 있다고 보는 현대 예술의 경향에 있습니다."라고 했으므로, 예술가의 직접적인 물리적 행위가 필요하다는 것은 강연의 내용과 일치하지 않는다.

**오답분석**

① "이 그림(진주 귀고리 소녀)은 17세기 네덜란드 풍속화의 대표작으로, 영화의 소재가 되기도 했습니다."라고 했으므로 강연의 내용과 일치한다.
② "보통 우리는 예술, 특히 미술 작품은 전시적 가치가 있는 어떤 인공물이라고 생각하는데,"라고 했으므로 강연의 내용과 일치한다.
③ "만약 피카소와 맞먹는 어떤 대가가 그것을 미술관에 전시하고 ~ 사람들은 호기심에 차서 그것을 보려고 미술관을 찾을 것이고,"라고 했으므로 강연의 내용과 일치한다.
④ "이 상황은 삭정이가 더 이상 자연물이 아니라 예술 작품으로 인정받는다는 것을 의미합니다."라고 했으므로 강연의 내용과 일치한다.

**듣기대본**

3번. 이번에는 강연을 들려드립니다.

　여러분은 지금 두 대상을 보고 있습니다. 하나는 흔하디흔한 삭정이고, 다른 하나는 페르메르의 〈진주 귀고리 소녀〉라는 그림입니다. 엉뚱한 질문 하나 하죠. 둘 중 어떤 것이 예술 작품이죠? 네, 당연히 여러분은 페르메르의 그림이 예술 작품이라고 하겠죠. 이 그림은 17세기 네덜란드 풍속화의 대표작으로, 영화의 소재가 되기도 했습니다. 반면, 삭정이는 별 가치 없는 자연물에 불과하다고 우리는 흔히 생각하죠. 그런데 만약 피카소와 맞먹는 어떤 대가가 그것을 미술관에 전시하고 〈존재의 역사〉 같은 제목을 붙인다면 어떤 일이 일어날까요? 네, 맞습니다. 사람들은 호기심에 차서 그것을 보려고 미술관을 찾을 것이고, 비평가들은 앞다투어 혹시 그것에 어떤 의미나 철학이 담겨 있지는 않은지 해석하려 들 것입니다.
　이 상황은 삭정이가 더 이상 자연물이 아니라 예술 작품으로 인정받는다는 것을 의미합니다. 이것은 예술에 대한 우리의 통념을 재고하게 해 줍니다. 보통 우리는 예술, 특히 미술 작품은 전시적 가치가 있는 어떤 인공물이라고 생각하는데, 미술관의 삭정이에는 방금 언급한 두 요소 중 '전시적 가치'만 있지, '인공성'이라는 또 하나의 요소는 없습니다. 예술가가 한 일이라곤 이미 존재하는 사물을 미술관에 갖다 놓은 것뿐이죠. 그런데 어째서 그 사물이 예술 작품으로 인정될 수 있을까요? 물론 그 예술가의 명성 때문이기도 하겠지만, 더 중요한 이유는 직접적인 물리적 행위가 없더라도 '인공성'이 성립될 수 있다고 보는 현대 예술의 경향에 있습니다. 즉, 어떤 사물에 감상 대상의 자격을 부여하는 행위만으로도 '인공성'이 갖춰진다고 인식한다는 거죠.

### 4　라디오 - 세부 내용 파악　　정답 ③

③ 방송에서 '고별'의 가사나 표현에 대한 언급은 있으나, 말러의 죽음을 예견하고 작곡된 자서전적 작품이라는 내용은 언급하고 있지 않다.

**오답분석**

① "'대지의 노래'는 말러의 인생에서 가장 어두운 시기와 관련이 있다."라고 했으므로 적절하다.
② "이 작품을 '교향곡'이라고 명명하지 않고 '대지의 노래'라는 별도의 제목으로 발표했다."라고 했으므로 적절하다.
④ "말러의 음악은 그의 생전에는 제대로 이해받지 못했지만, 현대에 이르러 20세기 음악에 지대한 영향을 미친 선구적 작품으로 재평가되고 있다."라고 했으므로 적절하다.
⑤ "중국 당나라 시대의 시를 독일어로 번역한 시집 '중국의 피리'를 접하게 된다. 말러는 ~ 이를 자신의 음악 언어로 표현하고자 했다."라고 했으므로 적절하다.

**듣기대본**

4번. 이번에는 라디오 방송의 일부를 들려드립니다.

　'교향곡'이라는 형식은 베토벤 이후 19세기 음악가들이 도전해야 할 가장 높은 산이었다. 오스트리아 작곡가 구스타프 말러는 교향곡에 새로운 생명을 불어넣은 인물로 평가받고 있다. 특히 말러의 '대지의 노래'는 그의 독특한 예술 세계를 가장 잘 보여 준다. '대지의 노래'는 말러의 인생에서 가장 어두운 시기와 관련이 있다. 말러는 세 가지 큰 불행을 동시에 겪었는데, 사랑하는 딸을 잃었고, 빈 궁정 오페라 감독직에서 사임해야 했으며, 심각한 심장질환을 앓게 되었다. 이러한 절망 속에서 말러는 중국 당나라 시대의 시를 독일어로 번역한 시집 '중국의 피리'를 접하게 된다.

말러는 이 시집에서 동양의 깊은 철학과 자연관, 그리고 인생의 무상함에 대한 사색을 발견했고, 이를 자신의 음악 언어로 표현하고자 했다. '대지의 노래'는 6개의 악장으로 구성되어 있는데, 각 악장은 다른 시에 기반한다. 흥미로운 점은 말러는 이미 8개의 교향곡을 작곡했지만 이 작품을 '교향곡'이라고 명명하지 않고 '대지의 노래'라는 별도의 제목으로 발표했다. 그리고 그 이후 작곡한 작품을 '교향곡 9번'이라고 명명했다.

'대지의 노래'의 마지막 악장 '고별'은 특히 깊은 감동을 선사한다. "영원히… 영원히…"라는 가사로 마무리되는 이 악장은 인생의 무상함과 자연의 영원함 사이의 대비를 아름다운 선율로 표현한다. 말러는 이 작품에서 동서양의 문화적 요소를 융합하여 보편적 인간 감정을 표현하는 데 성공했다.

오늘날 '대지의 노래'는 단순한 성악과 오케스트라를 위한 작품을 넘어, 삶과 죽음, 자연과 인간의 관계에 대한 깊은 철학적 명상으로 평가받는다. 말러의 음악은 그의 생전에는 제대로 이해받지 못했지만, 현대에 이르러 20세기 음악에 지대한 영향을 미친 선구적 작품으로 재평가되고 있다.

### 5  시 – 주제 파악                                정답 ③

③ "오늘은 / 또 몇 십 리 / 어디로 갈까"와 "오라는 곳이 없어 나는 못가오."에서 정처 없이 떠도는 상황임을 알 수 있고, "말 마소 내 집도 / 정주 곽산 / 차 가고 배 가는 곳이라오."와 "공중엔 길 있어서 잘 가는가?"에서 고향을 두고 갈 수 없는 상황임을 알 수 있다. 따라서 고향에 가지 못하고 떠도는 나그네의 비애를 주제로 하고 있으므로 답은 ③이다.

**[듣기대본]**

5번. 이번에는 시 한 편을 들려드립니다.

어제도 하룻밤
나그네 집에
까마귀 까악까악 울며 새었소.

오늘은
또 몇 십 리
어디로 갈까.

산으로 올라갈까
들로 갈까
오라는 곳이 없어 나는 못 가오.

말 마소 내 집도
정주 곽산
차 가고 배 가는 곳이라오.

여보소 공중에
저 기러기
공중엔 길 있어서 잘 가는가?

여보소 공중에
저 기러기
열십자 복판에 내가 섰소.

갈래갈래 갈린 길
길이라도
내게 바이 갈 길은 하나 없소.

## 02 대화·설명 이해 및 말하기 방식 추론

### 기출유형 ① 등장인물 입장 파악
### 기출유형 ② 등장인물 말하기 방식 추론

대화의 일부분을 들려드립니다. 1번은 듣기 문항, 2번은 말하기 문항입니다.

여자: 우리 다음 달 제주도 여행 계획은 어떻게 할까? 나는 자연을 많이 보고 싶은데…
남자: 좋아. 제주도는 자연 경관이 정말 아름답지. 그런데 나는 이왕 가는 거 관광지도 많이 가 보고 싶어.
여자: 유명 관광지? 사람 많고 비싼 곳보다는 조용하고 한적한 곳에서 휴식하는 게 더 나을 것 같은데…
남자: 그것도 좋지만, 유명한 곳들도 가 봐야 하지 않을까? 유명한 테마파크나 카페 같은 곳 말이야.
여자: 음… 그런 곳들은 너무 관광객이 많아서 기운이 다 빠질 것 같아. 우리 이번 여행은 한라산 둘레길이나 숨은 해변을 찾아다니며 보내는 건 어때?
남자: 그건 좀 심심하지 않을까? 체험도 하고 맛집도 가야 여행 느낌이 나지.
여자: 그런 곳은 사람들 후기로도 충분히 알 수 있잖아. 난 자연 그대로의 제주를 느끼는 게 좋을 것 같은데.
남자: 사진이나 후기로 보는 거랑 직접 경험하는 건 다르지.
여자: 그래, 알겠어. 그러면 오전에는 자연 위주로 둘러보고 오후에는 네가 가고 싶은 곳을 한두 군데 가는 건 어때?
남자: 좋은 생각이야. 그리고 일정을 빡빡하게 잡기보다는 여유 있게 짜서 둘 다 만족할 수 있게 하자.
여자: 응, 그게 좋겠다. 그럼 내가 한적한 장소 리스트를 만들어 볼게. 너는 꼭 가고 싶은 관광지 몇 군데만 골라봐.
남자: 알았어. 그리고 맛집은 내가 찾아볼게. 제주도 향토 음식은 꼭 먹어 봐야지!
여자: 그래, 여행은 먹는 재미도 중요하니까.

## 기출유형 ③ 세부 내용 파악
## 기출유형 ④ 말하기 방식 추론

발표를 들려드립니다. 3번은 듣기 문항, 4번은 말하기 문항입니다.

어린이들이 내다보는 우리나라의 미래는 어떤지 생각해 보신 적 있으신가요? 서울시와 경기도에 거주하는 어린이 724명을 대상으로 한 설문 조사에서 20년 후 우리 사회 미래에 대해 어린이들은 전반적으로 낙관적 인식을 하고 있으며 폭력과 범죄가 없는 세상을 가장 바라고 있는 것으로 나타났습니다. '어린이들이 바라고 소망하는 20년 후 미래 우리나라 모습'에 대해 '폭력과 범죄가 없는 나라'라고 응답한 어린이가 47.8%로 가장 많았고, '자연환경이 깨끗한 나라', '전쟁 위험이 없는 나라'가 각각 43.2%, 35.9%로 그 뒤를 이었습니다. '어린이들이 내다보는 우리나라 미래 모습'에서는 '지금보다 더 잘살게 될 것이다'라고 응답한 어린이가 93.6%로 가장 많았고, '통일이 될 것이다', '폭력이나 범죄로부터 더 안전하게 될 것이다'가 각각 2, 3순위를 기록했습니다.

전반적으로 '어린이들이 내다보는 우리나라 미래 모습'은 크게 5가지로 구분되는데, 잘사는 통일 한국, 생명 연장과 건강한 삶, 휴머노이드 및 복제 인간과 함께하는 세상, 폭력 및 범죄로부터 안전한 세상, 다양한 거주 환경이 있는 세상으로 나타났습니다.

특히 어린이들은 현재의 길거리와 사이버 공간에 대해 각각 29.3%와 38.7%만 안전하다고 인식하는 것으로 나타나, 안전한 길거리와 사이버 공간은 어린이들이 바라는 미래 사회 구현에 매우 중요함을 알 수 있습니다.

해당 연구를 진행한 연구위원은 '어린이에게 안전한 길거리 및 사이버 공간, 범사회적 어린이 자존감 회복의 기회 제공, 지역 맞춤형 어린이 정책 수립이 차세대를 위한 경기도의 역할'이라며, '이를 위해 어린이 안심 마을 인증, 어린이 자기 이해 현장 체험 인프라 확대, 자녀 교육 아카데미 운영 등의 시책 사업들이 바람직하다'고 조언했습니다.

우리 어린이들이 소망하는 미래 사회가 이루어질 수 있도록 우리 사회의 모습을 다시 되돌아보고, 어린이를 위한 안전한 세상을 만들 수 있는 정책에 지속적으로 관심을 가져야 할 것입니다.

※ 출처: 경기도 뉴스 포털, https://gnews.gg.go.kr

### STEP2 기출동형 문제 풀어보기 p.216

1 ②   2 ②   3 ②   4 ③   5 ③
6 ③   7 ③   8 ⑤

### 1 발표 – 세부 내용 파악                   정답 ②

② "탕건은 유건과 달리 말의 갈기나 꼬리털인 말총으로 만들었습니다."에서 말의 갈기나 꼬리털로 만든 모자는 유건이 아닌 탕건임을 알 수 있으므로 적절하지 않다.

**오답분석**

① "이 사람들이 쓴 모자는 모두 양반들이 주로 쓰던 것입니다. ~ 유건은 주로 유생들이 성균관 같은 학교나 집 안에서 썼습니다."에서 유건은 양반들이 집 안에서 썼음을 알 수 있으므로 적절하다.

③ "신분이 낮은 사람들이 썼는데 보부상들은 목화송이를 큼직하게 얹어서 쓰기도 했죠."에서 보부상들은 패랭이에 목화송이를 얹어 썼음을 알 수 있으므로 적절하다.

④ "갓은 ~ 대나무와 말총을 주재료로 사용합니다 ~ 외출할 때는 갓을 썼지요."에서 대나무와 말총으로 만든 갓을 외출할 때 썼음을 알 수 있으므로 적절하다.

⑤ "부녀자들이 햇빛을 가리기 위해 쓰던 외출용 모자인데"에서 전모는 부녀자들이 외출할 때 햇빛을 가리기 위해 썼음을 알 수 있으므로 적절하다.

**듣기대본**

먼저, 발표를 들려드립니다. 1번은 듣기 문항, 2번은 말하기 문항입니다.

자, 여러분. 오늘은 지난 시간에 이어 조선 시대의 모자에 대해 알아보겠습니다.

여기, 제가 준비한 화면을 볼까요? 드라마 촬영을 준비하는 모습인데요, 앞쪽에 두 사람이 있군요. 여러분이 보기에 가장 오른쪽에, 윗부분이 잘린 원뿔 모양의 모자가 보이나요? 전모라고 합니다. 부녀자들이 햇빛을 가리기 위해 쓰던 외출용 모자인데, 대나무로 삿갓 모양의 테두리를 만들고 여기에 종이를 발랐습니다. 무늬가 화려하죠?

맨 왼쪽 남자가 쓴 것은 패랭이입니다. 정수리 모양이 둥근 패랭이는 대나무를 가늘게 쪼개어 만들었습니다. 신분이 낮은 사람들이 썼는데 보부상들은 목화송이를 큼직하게 얹어서 쓰기도 했죠.

화면 중앙에 나란히 서 있는 세 남자를 볼까요? 이 사람들이 쓴 모자는 모두 양반들이 주로 쓰던 것입니다. 그중, 가운데 사람이 쓴 모자는 유건이라고 하는데요, 검은색 베나 모시로 만들었습니다. 유건은 주로 유생들이 성균관 같은 학교나 집 안에서 썼습니다.

그 왼쪽에 보이는 사람이 쓴 것은 탕건입니다. 앞쪽은 낮고 뒤쪽은 높아 마치 계단처럼 턱이 진 형태죠? 탕건은 유건과 달리 말의 갈기나 꼬리털인 말총으로 만들었습니다.

세 사람 중 오른쪽 남자가 쓰고 있는 모자는 갓입니다. 갓은 머리를 덮는 부분과 둥근 형태의 차양 부분으로 이루어져 있는데 대나무와 말총을 주재료로 사용합니다. 일반적으로 집에서는 탕건만을 쓰고, 외출할 때는 갓을 썼지요.

※ 출처: 국립고궁박물관소장품, https://www.gogung.go.kr
※ 출처: 한국문화정보원, https://www.culture.go.kr

### 2 발표 – 말하기 방식 추론                   정답 ②

② 조선 시대 모자인 '전모, 패랭이, 유건, 탕건, 갓'이 각각 어떤 재료로 만들어졌는지를 설명하고 있으며, '유건'과 '탕건'의 차이점을 둘을 만든 재료로 드러내고 있으므로 적절한 것은 ②이다.

**오답분석**

① ④ 조선 시대 모자를 다른 시대의 모자와 비교하여 설명하거나 익숙한 대상을 먼저 설명하고 그렇지 않은 대상을 나중에 설명하는 부분은 나타나 있지 않다.
③ 조선 시대 모자를 부르는 명칭인 '전모, 패랭이, 유건, 탕건, 갓'은 나타나 있으나 그 명칭의 유래를 설명하는 부분은 나타나 있지 않다.
⑤ '전모'와 '갓'은 외출할 때, '탕건'은 집안에서, '유건'은 유생들이 학교나 집 안에서 쓰던 모자라고 하였으며, '패랭이'는 신분의 낮은 사람들의, '유건'은 유생들의 모자라고 하였다. 이를 통해 모자를 쓰던 용도와 계층을 알 수 있으나 '패랭이'의 용도는 나타나 있지 않으며, 모자를 용도별로 분류한 뒤 사용 계층에 따라 다시 분류하고 있지도 않다.

### 3 협상 - 등장인물 입장 파악  정답 ②

② 천체 관측부 학생의 "우리 동아리는 너희만큼 알려지지 않아서 별관 꼭대기 층에 있으면 아무도 안 온단 말이야. 너흰 우리 학교에서 유명한 동아리라 어디에서 발표회를 해도 상관없잖아."라는 말을 통해 천체 관측부 학생은 천체 관측부보다 문예부가 더 알려지고 학교에서 유명한 동아리라고 생각하고 있음을 알 수 있으므로 적절하다.

**오답분석**

① 문예부 학생의 "발표회 준비도 도와주고, ~우리한테는 장소가 더 중요해."라는 말을 통해 문예부 학생이 발표회에서 가장 중시하는 것은 발표회 내용이 아닌 발표회 장소임을 알 수 있으므로 적절하지 않다.
③ 천체 관측부 학생이 이번 발표회를 계기로 천체 망원경을 구매하려고 한다는 내용은 없으므로 적절하지 않다.
④ 문예부 학생의 "우리 문예부가 시화전 주제를 '시와 별'로 바꾸면, ~우리가 주제를 바꾸는 대신에 너희 동아리가 공간 장식 좀 도와줄래?"라는 말을 통해 서로 타협할 수 있을 만한 내용을 제시하여 설득하고 있는 사람은 천체 관측부 학생이 아닌 문예부 학생임을 알 수 있으므로 적절하지 않다.
⑤ 문예부 학생과 천체 관측부 학생은 각각 "'다른 건 몰라도 중앙 계단 옆 교실은 무슨 일이 있어도 절대 양보할 수 없어.", "너희는 내년에 더 좋은 자리에서 하고, 올해는 우리에게 중앙 계단 옆 자리를 양보해 줘."라고 하며 별관 꼭대기 층 교실이 아닌 본관 중앙 계단 옆 교실에서 발표회 준비를 하고 싶어하므로 적절하지 않다.

**듣기대본**

이번에는 협상의 한 장면을 들려드립니다. 3번은 듣기 문항, 4번은 말하기 문항입니다.

여학생1: 발표회 때 사용할 공간을 어떻게 정할지 얘기 좀 하자. 선생님께서는 발표회 때 사용할 수 있는 공간이 본관 중앙 계단 옆 교실과 별관 꼭대기 층 교실만 남았다그 하셨어. 너희 문예부는 조용한 곳에서 시화전을 하는 것이 좋을 테니, 우리 천체 관측부가 제일 시끄러운 중앙 계단 옆 교실로 가 줄게.
여학생2: 원래 중앙 계단 쪽은 왕래가 잦아 모든 동아리들이 탐내는 명당 중 하나야. 우리 동아리가 별관 꼭대기로 가야 하는 특별한 이유가 있니? 그 이유가 뭐야? 너 지금 우리 문예부 생각해 주는 척하며 은근슬쩍 명당을 차지하려는 거 맞지?
여학생1: 뭐, 꼭 그렇지 않다고 할 수는 없지만……. 하지만 너희는 시화전을 할 건데, 시를 감상하기에는 조용한 곳이 더 좋잖아.
여학생2: 별관 꼭대기는 별자리를 소개하려는 너희 동아리에 더 제격이야. 서로 양보 못하겠다고 버티기만 한다면 이야기해 봐도 뾰족한 수가 없겠네. 그럼 이대로 그만두자.
여학생1: 잠깐 내 말 좀 들어봐. 우리 동아리는 너희만큼 알려지지 않아서 별관 꼭대기 층에 있으면 아무도 안 온단 말이야. 너흰 우리 학교에서 유명한 동아리라 어디에서 발표회를 해도 상관없잖아.
여학생2: 그렇지도 않아. 다른 건 몰라도 중앙 계단 옆 교실은 무슨 일이 있어도 절대 양보할 수 없어. 그 자리는 우리 동아리 최후의 보루야.
여학생1: 너희는 내년에 더 좋은 자리에서 하고, 올해는 우리에게 중앙 계단 옆 자리를 양보해 줘.
여학생2: 내년에는 어떻게 될지 모르잖아. 차라리 너희가 양보 좀 해 줘. 너희가 양보해 준다면 전에 부탁했던 별과 관련된 문학 작품도 찾아 주고, 청소도 해 줄게.
여학생1: 발표회 준비도 도와주고, 청소를 해 주겠다는 것도 좋기는 하지만, 우리한테는 장소가 더 중요해.
여학생2: 그럼, 우리 두 동아리 모두 중앙 계단 옆 교실에서 함께 하는 건 어때? 우리 문예부가 시화전 주제를 '시와 별'로 바꾸면, 별자리를 소개하려는 너희 주제와도 어울려서 좋고 발표 내용도 더 알차게 될 거야. 우리가 주제를 바꾸는 대신에 너희 동아리가 공간 장식 좀 도와줄래? 그리고 별관 꼭대기 층에 있는 교실은 휴식 공간으로 활용하자.
여학생1: 와, 그런 방법도 있었네. 좋아.
여학생2: 그럼, 이제 합의한 거다. 우리 서로 잘 해 보자.

### 4 협상 - 등장인물 말하기 방식 추론  정답 ③

③ 두 학생은 모두 발표회 장소에 대한 양보를 미루며 자신의 입장만 늘어놓고 있으므로 갈등의 근본적인 원인은 ③이다. 구체적으로 천체 관측부 학생은 "너희는 내년에 더 좋은 자리에서 하고, 올해는 우리에게 중앙 계단 옆 자리를 양보해 줘."와 같이 문예부 학생에게 일방적으로 양보를 요구하고 있으며, 문예부 학생은 "차라리 너희가 양보 좀 해 줘. 너희가 양보해 준다면 전에 부탁했던 별과 관련된 문학 작품도 찾아 주고, 청소도 해 줄게."와 같이 이야기하며 서로에게 양보를 미루고 있음을 알 수 있다.

**오답분석**

① 두 학생의 대화에서 말꼬리를 잡는 내용이나 서로를 해치면서 말하는 태도는 보이지 않으므로 적절하지 않다.
② 천체 관측부 학생은 발표회 장소 선정에 대해 간절한 태도를 보이고 있으므로 적절하지 않다.

④ 천체 관측부 학생은 처음에 중앙 계단 옆 교실을 사용하고 싶은 속마음을 숨기며 말하였지만, 나중에는 원하는 바를 숨기지 않고 드러내고 있으므로 적절하지 않다.
⑤ 항상 문예부가 장소를 양보한다는 내용은 없으므로 적절하지 않다.

### 5 강연 – 세부 내용 파악    정답 ③

③ 강연에서 '면진 구조'와 '제진 구조'를 각각 설명하고 있으나 두 구조 중 지진 대비에 효과적인 것이 무엇인지 언급하고 있지 않으므로 적절하지 않다.

**오답분석**
① "어떻게 지진에 대비할 수 있을까요? 무거운 가구는 벽에 고정하고,"라고 했으므로 적절하다.
② "내진 설계된 건물은 이러한 충격을 효과적으로 흡수하거나 분산시킵니다."라고 했으므로 적절하다.
④ "건물 내부에 충격을 감지하고 이를 약하게 하는 장치인 댐퍼를"이라고 했으므로 적절하다.
⑤ "건축법에 따르면 2층 이상 또는 연면적 일정 수준 이상의 건축물, 학교, 병원 등의 특정 용도 건축물, 교량, 수조 등의 특정 구조물에 대한 내진 설계가 의무화되어 있습니다."라고 했으므로 적절하다.

**듣기대본**

이번에는 강연을 들려드립니다. 5번은 듣기 문항, 6번은 말하기 문항입니다.

지진이 발생했을 때, 어떤 건물은 무너지고 어떤 건물은 멀쩡한 이유가 궁금하신가요? 그것은 바로 내진 설계 때문입니다. 내진 설계란 지진 발생 시 건축물이 견딜 수 있도록 설계하는 것을 말합니다. 건축법에 따르면 2층 이상 또는 연면적 일정 수준 이상의 건축물, 학교, 병원 등의 특정 용도 건축물, 교량, 수조 등의 특정 구조물에 대한 내진 설계가 의무화되어 있습니다. 그러나 전체 건축물 중 내진 설계 또는 구조 안전성 조건을 제대로 갖춘 건물의 비율은 아직 40~50% 수준이라는 조사가 있어, 상당수 건물이 여전히 내진에 미비한 상태에 있다는 지적이 많습니다.

지진의 충격은 건물 기초에서 상층부로 전달되는데, 내진 설계된 건물은 이러한 충격을 효과적으로 흡수하거나 분산시킵니다. 대표적인 내진 설계 방식으로는 '면진 구조'와 '제진 구조'가 있습니다. '면진 구조'는 건물과 지반 사이에 특수 장치를 설치해 지진 에너지가 건물로 전달되는 것을 차단하는 방식입니다. 지반에 고정된 건물은 지진의 진동과 함께 흔들리지만 면진 구조로 만들어진 건물은 진동이 완화됩니다. 반면 '제진 구조'는 건물 내부에 충격을 감지하고 이를 약하게 하는 장치인 댐퍼를 설치해 진동 에너지를 흡수 및 저감해 피해를 줄이는 방식입니다.

우리나라도 포항 지진 이후, 지진 대피 요령 교육 등이 강화되고 있습니다. 그렇다면 일반 가정에서는 어떻게 지진에 대비할 수 있을까요? 무거운 가구는 벽에 고정하고, 깨지기 쉬운 물건은 낮은 곳에 보관하는 것이 좋습니다. 또한 비상용품을 미리 준비하고 가족과 함께 대피 경로를 확인해 두는 것이 중요합니다. 지진은 예측할 수 없지만, 철저한 대비로 피해를 최소화할 수 있습니다.

### 6 강연 – 말하기 방식 추론    정답 ③

③ 강연에서 '면진 구조'와 '제진 구조'를 통해 지진 피해를 막는 방법을 설명하고 있으나 실제 지진 사례를 설명하고 있지는 않으므로 적절하지 않다.

**오답분석**
① "제대로 갖춘 건물의 비율은 아직 40~50% 수준이라는 조사가 있어, 상당수 건물이 여전히 내진에 미비한 상태에 있다는 지적이 많습니다."에서 조사 결과를 인용하여 내진 설계의 미비를 지적하고 있으므로 적절하다.
② "내진 설계란 지진 발생 시 건축물이 견딜 수 있도록 설계하는 것을 말합니다."에서 내진 설계의 정의를 설명하며 청중의 이해를 돕고 있으므로 적절하다.
④ "지진이 발생했을 때, 어떤 건물은 무너지고 어떤 건물은 멀쩡한 이유가 궁금하신가요?"에서 도입부에 질문하며 청중의 관심을 유발하고 있으므로 적절하다.
⑤ "일반 가정에서는 어떻게 지진에 대비할 수 있을까요? ~ 지진은 예측할 수 없지만, 철저한 대비로 피해를 최소화할 수 있습니다."에서 일상의 안전 수칙을 제시하고 지진 대비를 당부하며 강연을 마무리하고 있으므로 적절하다.

### 7 대화 – 등장인물 입장 파악    정답 ③

③ 최 부장이 "모든 부품은 구입하기 전에 의논해야 하는 것을 아직도 모르나?"라고 했으므로 최 부장은 의사결정 시 의논하는 과정을 중요하게 여김을 알 수 있다. 따라서 답은 ③이다.

**오답분석**
① 최 부장은 "한두 번 해보는 일도 아닌데 아직도 그걸 모르면 어떡하나."라며 업무 능력의 부족함을 지적하고 있으나 대화에서 발생한 갈등의 주된 원인은 의사소통의 부재이므로 적절하지 않다.
② 정 과장은 "원가에 지불할 수 있는 상한선을 넘은 것도 아닌데"라고 했으므로 부품 구입 시 단가를 고려했음을 알 수 있다. 따라서 단가가 중요하지 않다는 설명은 적절하지 않다.
④ 정 과장은 최 부장이 자신의 결정을 비난하고 있다고 생각하더라도 대화에서 발생한 갈등의 주된 원인은 의사소통의 부재이므로 적절하지 않다.
⑤ 최 부장은 "다른 부분에서 손해가 생길 만한 일을 결정하면 어떡하나."라며 다른 부분의 손해를 걱정하고 있으나 회사의 예산을 초과한 것은 아니며, 갈등의 주된 원인도 아니므로 적절하지 않다.

**듣기대본**

끝으로, 대화를 들려드립니다. 7번은 듣기 문항, 8번은 말하기 문항입니다.

최 부장: 정 과장, 이번에 구입한 부품이 이전에 구입한 것보다 비쌌던데. 특별한 이유가 있나?

정 과장: 부장님께서 저번 회의 때, 기존에 사용하던 것보다 더 좋은 부품을 구입하는 게 좋겠다고 하셔서 다른 것으로 구입했는데 무슨 문제가 있나요?

최 부장: 그러긴 했지만 단가가 세 배나 차이 나지 않나. 가장 중요한 부품도 아닌데 이렇게 단가가 차이 나면 모든 부품 가격을 다시 조정해야 하지 않나. 한두 번 해보는 일도 아닌데 아직도 그걸 모르면 어떡하나.

정 과장: 저번에는 단가 이야기를 하지 않으셨잖아요. 원가에 지불할 수 있는 상한선을 넘은 것도 아닌데… 좋은 부품으로 교체하지 않으면 제품의 질도 떨어지잖아요.

최 부장: 자네는 하나만 볼 줄 알고 전체를 보지 못하는군. 이번에 교체할 부품이 그거 하나라고 누가 그러던가? 모든 부품은 구입하기 전에 의논해야 하는 것을 아직도 모르나? 다른 부분에서 손해가 생길 만한 일을 결정하면 어떡하나.

정 과장: 다른 부품보다 이 부품이 핵심적이라고 생각했습니다. 충분히 의논하였다고 생각했고요.

### 8  대화 – 등장인물 말하기 방식 추론   정답 ⑤

⑤ '부품 구매로 발생한 손해'는 '정 과장'의 결정으로 손해가 생겼음을 전제하는 표현이므로 '정 과장'에게 이번 일의 책임을 모두 전가하는 것으로 볼 수 있다. 이러한 질문은 갈등 중재에 도움이 되지 않으므로 답은 ⑤이다.

**오답분석**

① 회의 때 부족했던 의사소통 문제(오해의 원인)를 해결하려는 표현이므로 갈등을 해결할 수 있는 말하기 방식으로 적절하다.
② 정 과장의 의사결정 과정을 이해하려는 시도이므로 갈등을 해결할 수 있는 말하기 방식으로 적절하다.
③ 향후 구매 결정 시 명확한 기준을 수립하기 위한 질문이며, 가치관 차이를 좁히기 위한 시도이므로 갈등을 해결할 수 있는 말하기 방식으로 적절하다.
④ 최 부장이 지적한 "전체를 보지 못한다."는 문제점에 관한 질문이면서, 의사결정 과정을 검토하는 표현이므로 갈등을 해결할 수 있는 말하기 방식으로 적절하다.

# 최종 점검 문제

p.218

| 1 ② | 2 ③ | 3 ③ | 4 ① | 5 ② |
| 6 ② | 7 ④ | 8 ⑤ | 9 ④ | 10 ③ |
| 11 ⑤ | 12 ⑤ | 13 ④ | 14 ⑤ | 15 ① |

### 1  그림 – 세부 내용 파악   정답 ②

② "이 부분은 정선이 붓을 대지 않고 텅 빈 여백으로 남겨둔 것이지만 우리들의 눈에는 흰 연운처럼 느껴지는 것이죠."라고 한 것을 통해 연하게 채색하여 구름을 표현한 것이 아닌 여백으로 남겨둔 것이 구름처럼 느껴짐을 알 수 있다. 따라서 답은 ②이다.

**오답분석**

① "이 작품은 한여름 소나기에 젖은 인왕산의 봉우리를 그린 정선의 대표작입니다."라고 한 것을 통해 알 수 있다.
③ "연운 부분은 텅 빈 여백임에도 유위(有爲)가 있어 아래쪽의 수평세와 위쪽의 수직세를 자연스럽게 결합시키며 조화를 이루게 합니다."라고 한 것을 통해 알 수 있다.
④ "그림 속 봉우리들은 '적묵법'을 활용하여 힘찬 붓질을 여러 번 반복해 그려 검고 무거운 느낌을 표현하고 있습니다."라고 한 것을 통해 알 수 있다.
⑤ "특히 그림 중앙을 압도하는 주봉을 잘라 대담하게 표현한 솜씨로 인해 동양에서는 볼 수 없는 독특한 작품이라 평가받고 있죠."라고 한 것을 통해 알 수 있다.

**듣기대본**

1번. 먼저 그림에 대한 설명을 들려드립니다.

오늘은 조선 후기의 화가 겸재 정선의 작품 <인왕제색도>에 대해 설명해 드리겠습니다. 이 작품은 한여름 소나기에 젖은 인왕산의 봉우리를 그린 정선의 대표작입니다. 화면 위쪽에 검게 칠한 바위들이 이어져 이루고 있는 암산의 장엄한 모습은 화면 대부분을 차지하며 압도하고 있습니다. 그림 속 봉우리들은 '적묵법'을 활용하여 힘찬 붓질을 여러 번 반복해 그려 검고 무거운 느낌을 표현하고 있습니다. 특히 그림 중앙을 압도하는 주봉을 잘라 대담하게 표현한 솜씨로 인해 동양에서는 볼 수 없는 독특한 작품이라 평가받고 있죠. 그러나 이 그림 속에는 돌산의 강렬함을 누그러뜨리는 요소도 존재합니다. 먼저 산등성이 아래로 자욱하게 깔려 있는 연운이 보이실 겁니다. 이 부분은 정선이 붓을 대지 않고 텅 빈 여백으로 남겨둔 것이지만 우리들의 눈에는 흰 연운처럼 느껴지는 것이죠. 그리고 그림의 오른쪽에는 소나무와 활엽수의 수풀을 두어 조화를 이루고 있습니다. 봉우리 부분의 붓질은 수직세가 강하다면 연운 부분은 텅 빈 여백임에도 유위(有爲)가 있어 아래쪽의 수평세와 위쪽의 수직세를 자연스럽게 결합시키며 조화를 이루게 합니다. 화면 하단으로 내려오면 '측필'을 사용해 수평세를 이끌어 내며 세(勢)의 균형과 조화를 표현하고 있습니다.

## 2  이야기 - 주제 파악                             정답 ③

③ 이야기의 줄거리는 백성들의 배고픔을 해소하기 위해 먹을거리를 직접 나누어 주기보다는 백성 스스로 먹을거리를 생산할 수 있는 환경을 조성해 주는 것이 근본적인 문제를 해결할 수 있는 방법이 된다는 것이다. 따라서 이 이야기 다음에는 '직접 도와주기보다는 근본적인 해결 방안을 마련해 준다'라는 주제가 이어지는 것이 적절하므로 답은 ③이다.

### 듣기대본

2번. 이번에는 이야기를 들려드립니다.

옛날 어느 고을 이야기입니다. 이 고을에는 논밭이 워낙 적어 굶주리는 사람이 많았답니다. 그런 사람들을 위해 고을 관아에서는 양식을 나누어 주곤 했지요. 그러던 어느 해 원님은 무슨 생각에서인지 사람들을 불러 모았습니다. "올해부터는 양식을 그냥 줄 수 없네. 저 황무지를 밭으로 일구는 사람에게만 양식을 품삯으로 주겠네."

일이 시작되었지만, 황무지를 밭으로 일구는 일은 고되었습니다. 더군다나 품삯으로 받는 양식도 그리 많지 않았지요. 사람들은 하나, 둘 일을 그만두기 시작했습니다. 아전들은 양식을 그냥 나눠 주자고도 말해 보았습니다. 하지만 원님은 "내게도 생각이 있다네."하며 일하는 사람들과 함께 밭을 일구었답니다.

몇 달이 지나자 황무지는 밭이 되었습니다. 원님은 마지막까지 남아 일했던 사람들에게 "내가 그간 품삯을 좀 박하게 주었지? 남은 품삯은 지금 주겠네. 바로 저 밭일세. 저 밭은 이제 자네들 것이네."하며 그 밭을 나누어 주었습니다. 그래서 다음 해부터는 굶주리는 사람이 훨씬 줄었다고 합니다.

## 3  강연 - 세부 내용 파악                          정답 ③

③ "사용자가 SNS나 검색엔진 등에서 정보를 검색하거나 열람하고 나면 그 정보가 추천 콘텐츠나 광고 등의 형태로 다시 사용자에게 제공되는 현상"에서 사용자가 특정 콘텐츠를 열람하고 나면 해당 콘텐츠와 내용은 유사하지만 광고 등과 같이 형태는 다른 콘텐츠가 사용자에게 제공됨을 알 수 있으므로 강연의 내용과 일치하지 않는 것은 ③이다.

### 오답분석

① "미디어 리터러시를 길러 콘텐츠에 비판적으로 접근하거나, ~우리는 충분히 이 문제를 해결할 수 있을 것입니다."에서 사용자가 자신이 접하는 콘텐츠를 비판적으로 받아들이면 필터 버블의 문제점을 해결할 수 있음을 알 수 있다.
② "단순히 개인적인 문제에서 그치지 않고, 정치·사회적 편견에도 영향을 미칠 수 있기 때문에."에서 필터 버블이 정치적 견해를 강화하는 수단으로 사용될 수 있음을 알 수 있다.
④ "특정 가수의 무대 영상을 시청했더니 그 가수의 일상을 담은 동영상이 자동 재생되고, 그와 유사하게 다른 사람의 일상을 콘텐츠로 한 동영상이 재생되는 바람에."에서 필터 버블의 유형 중 사용자가 열람한 콘텐츠와 대상이나 주제가 유사한 콘텐츠가 계속 이어지는 유형도 있음을 알 수 있다.
⑤ "인터넷 정보 제공자가 개인의 취향이나 선호도를 분석해 적절한 정보를 골라서 제공함에 따라, 이용자가 선별된 정보만을 제공받게 되는 현상인 '필터 버블(Filter Bubble)'로"에서 사용자가 정보를 검색 또는 열람하는 매체를 운영하는 콘텐츠 제공 업체에서 사용자가 어떤 정보를 검색하거나 열람했는지를 분석하여 광고 업체 등에 제공함을 알 수 있다.

### 듣기대본

3번. 이번에는 강연를 들려드립니다.

혹시 출근길에 검색해 본 책이 새로 연 인터넷 창이나 SNS 화면에 팝업이나 배너 광고로 뜨는 경험을 해 보신 적이 있나요? 우리는 특정 가수의 무대 영상을 시청했더니 그 가수의 일상을 담은 동영상이 자동 재생되고, 그와 유사하게 다른 사람의 일상을 콘텐츠로 한 동영상이 재생되는 바람에 몇 시간이나 동영상을 보았다는 이야기도 흔히 듣곤 합니다.

즉, 사용자가 SNS나 검색엔진 등에서 정보를 검색하거나 열람하고 나면 그 정보가 추천 콘텐츠나 광고 등의 형태로 다시 사용자에게 제공되는 현상이 우리 주변에서 흔히 일어나고 있다는 겁니다. 이는 인터넷 정보 제공자가 개인의 취향이나 선호도를 분석해 적절한 정보를 골라서 제공함에 따라, 이용자가 선별된 정보만을 제공받게 되는 현상인 '필터 버블(Filter Bubble)'로 설명할 수 있습니다.

위에서 든 사례만을 생각했을 때는 필터 버블은 큰 문제가 없어 보입니다. 사용자가 특정 정보와 관련된 정보를 직접 찾을 필요 없이, 사용자의 데이터를 분석한 결과를 토대로 여러 가지 정보가 사용자에게 추천되니까요. 하지만 필터 버블의 문제점은 바로 그 편리함에 있습니다. 필터 버블은 사용자가 선택한, 사용자에게 익숙한 정보만을 지속적으로 사용자에게 제공함으로써 사용자를 필터 버블이 만든 특정한 틀 안에 갇히게 합니다. 이로 인해 사람들은 고정 관념에 사로잡히거나 편견이 강화되는 등 편협한 사고를 하게 됩니다. 이는 단순히 개인적인 문제에서 그치지 않고, 정치·사회적 편견에도 영향을 미칠 수 있기 때문에 문제는 더욱 심각합니다.

그렇다면 우리는 콘텐츠를 이용할 때마다 필터 버블에 갇힐 수밖에 없을까요? 그렇지 않습니다. 다양한 매체를 이해하고 활용할 수 있는 능력인 미디어 리터러시를 길러 콘텐츠에 비판적으로 접근하거나, 나에게 편하고 익숙한 정보가 아닌 나와 입장이 반대인 정보를 접하려고 노력하다 보면 우리는 충분히 이 문제를 해결할 수 있을 것입니다.

## 4  라디오 - 세부 내용 파악                        정답 ①

① "「콜 포터 송북」을 시작으로 미국 대표 작곡가들의 작품을 체계적으로 재해석해"라고 하였으므로 '콜 포터 송북'의 곡은 엘라가 직접 작곡한 곡이 아니다. 따라서 답은 ①이다.

### 오답분석

② "재즈사를 말할 때 빼놓을 수 없는 인물은 바로 '엘라 피츠제럴드'입니다. '재즈의 여왕'으로 불리는 그녀는"이라고 하였으므로 적절하다.

③ "엘라의 음악적 특징은 보컬 즉흥 연주인 '스캣'의 탁월한 구사입니다. 스캣은 의미 없는 음절로 목소리를 악기처럼 사용해 즉흥적으로 선율과 리듬을 만드는 기법인데,"라고 하였으므로 적절하다.
④ "흑인 여성인 그녀는 인종 차별이 심하던 시대에 그래미 시상식에서 그래미 상을 총 13회 수상하고 평생공로상까지 수상하였습니다."라고 하였으므로 적절하다.
⑤ "어린 시절 가난과 차별의 어려운 환경 속에서 음악을 하던 그녀는 뉴욕 할렘의 아폴로 극장 '아마추어 나이트'에서 노래로 1위를 차지하며 데뷔하게 되었습니다."라고 하였으므로 적절하다.

**듣기대본**

4번. 이번에는 라디오 방송의 일부를 들려드립니다.

20세기 재즈사를 말할 때 빼놓을 수 없는 인물은 바로 '엘라 피츠제럴드'입니다. '재즈의 여왕'으로 불리는 그녀는 빈민가에서 태어나 어머니를 일찍 여의고 힘든 청소년기를 보내며 보호 시설에 수감되기도 했습니다. 어린 시절 가난과 차별의 어려운 환경 속에서 음악을 하던 그녀는 뉴욕 할렘의 아폴로 극장 '아마추어 나이트'에서 노래로 1위를 차지하며 데뷔하게 되었습니다. 그리고 다음 해 치크 웹 오케스트라에 합류하면서 본격적으로 이름을 알리게 되죠.
엘라의 음악적 특징은 보컬 즉흥 연주인 '스캣'의 탁월한 구사입니다. 스캣은 의미 없는 음절로 목소리를 악기처럼 사용해 즉흥적으로 선율과 리듬을 만드는 기법인데, 엘라는 이 기법을 정교하게 펼쳤다는 평가를 받습니다. 넓은 음역과 정확한 발음, 리듬감 역시 그녀의 강점으로 꼽힙니다.
1950년대에는 프로듀서 노먼 그랜츠와 함께 '그레이트 아메리칸 송북' 시리즈를 선보이며 명성을 더욱 공고히 했습니다. 1956년 「콜 포터 송북」을 시작으로 미국 대표 작곡가들의 작품을 체계적으로 재해석해 그녀의 해석력과 레퍼토리의 깊이를 증명했습니다. 또한 루이 암스트롱과의 3부작 협업 등으로 수많은 명반을 남겼습니다.
흑인 여성인 그녀는 인종 차별이 심하던 시대에 그래미 시상식에서 그래미 상을 총 13회 수상하고 평생공로상까지 수상하였습니다. 그녀의 음악은 인종과 세대를 넘어 사랑받아 왔고, 오늘날에도 재즈 역사상 가장 영향력 있는 보컬리스트 중 한 명으로 평가됩니다.

| 5 | 시 – 주제 파악 | 정답 ② |

② 시의 시간적 배경인 '가을', '비 내리는 밤' 속에서 홀로 걷고 있는 '나'는 낙엽이 지는 것을 통해 '죽음, 슬픔, 고독' 등을 떠올리며 마음이 방황하고 있으므로 답은 ②이다.

**오답분석**

① 사랑하는 이와 이별한 슬픔은 드러나 있지 않다.
③ '보이지 않는 곳'은 화자가 그리워하고 바라는 삶이지만, 이에 대한 희망과 기원은 드러나 있지 않다.
④ 가을 풍경에 대한 감상과 예찬은 드러나 있지 않다.
⑤ 젊은 날에 대한 회고와 아쉬움은 드러나 있지 않다.

**듣기대본**

5번. 이번에는 시 한 편을 들려드립니다.

낙엽에 누워 산다
낙엽끼리 모여 산다
지나간 날을 생각지 않기로 한다
낙엽이 지는 하늘가에
가는 목소리 들리는 곳으로 나의 귀는 기울거리고
얇은 피부는 햇볕이 쏟아지는 곳에 초조하다
항시 보이지 않는 곳이 있기에 나는 살고 싶다
살아서 가까이 가는 곳에 낙엽이 진다
아 나의 육체는 낙엽 속에 이미 버려지고
육체 가까이 또 하나 나는 슬픔을 마시고 산다
비 내리는 밤이면 낙엽을 밟고 간다
비 내리는 밤이면 슬픔을 디디고 돌아온다
밤은 나의 소리에 차고
나는 나의 소리를 비비고 날을 샌다
낙엽끼리 모여 산다
낙엽에 누워 산다
보이지 않는 곳이 있기에 슬픔을 마시고 산다
- 조병화, 「낙엽끼리 모여 산다」

| 6 | 대담 – 등장인물 입장 파악 | 정답 ② |

② "더운 여름철에 적당량을 섭취하면 체온을 낮추고 기분을 상쾌하게 하는 데 도움이 됩니다."에 따르면 아이스크림 섭취는 더운 여름에 체온을 낮춰 조절하는 역할을 하므로 적절하다.

**오답분석**

① "감기는 세균이나 바이러스 감염으로 발생하는 것이지, 아이스크림을 먹는 것과 직접적인 관련은 없습니다."에 따르면 아이스크림이 감기를 직접적으로 유발하지 않으므로 적절하지 않다.
③ "차가운 음식을 급하게 먹으면 순간적으로 혈관이 수축해 목이 따끔하거나 속이 불편할 수 있습니다."에 따르면 차가운 음식을 급하게 섭취하면 혈관이 수축하므로 혈관이 확장된다는 설명은 적절하지 않다.
④ "다만 지나치게 많이 먹으면 칼로리 과잉이나 충치의 원인이 될 수 있으니, 조절이 필요합니다."에 따르면 아이스크림을 많이 섭취하면 충치의 원인이 될 수 있다는 점은 적절하나, 칼로리 과잉이 발생할 수 있다고 하였으므로 칼로리가 낮다는 설명은 적절하지 않다.
⑤ "즉, 적절한 양의 아이스크림을 먹는다면 해로움보다는 긍정적인 효과가 더 크다고 볼 수 있습니다."에 따르면 아이스크림이 건강에 미치는 부정적 효과보다 긍정적 효과가 더 큼을 알 수 있으므로 적절하지 않다.

**듣기대본**

이번에는 진행자와 전문가의 대담을 들려드립니다. 6번은 듣기 문항, 7번은 말하기 문항입니다.

진행자: 오늘은 일상에서 자주 듣는 속설들의 진위를 알아보는 시간입니다. 청취자께서 이런 질문을 해 주셨는데요. "아이스크림을 많이 먹으면 감기에 걸린다." 저도 아이스크림을 많이 먹으면 감기에 걸린다고 알고 있는데요. 박사님, 이 말은 사실인가요?

전문가: 결론적으로 말씀드리면 사실이 아닙니다. 감기는 세균이나 바이러스 감염으로 발생하는 것이지, 아이스크림을 먹는 것과 직접적인 관련은 없습니다. 이 이야기는 예전부터 부모님들이 아이들이 차가운 음식을 과하게 먹지 않도록 주의를 주면서 자연스럽게 퍼져 나간 속설일 가능성이 큽니다.

진행자: 그렇다면 아이스크림을 많이 먹어도 전혀 문제가 없는 건가요?

전문가: 꼭 그렇지는 않습니다. 차가운 음식을 급하게 먹으면 순간적으로 혈관이 수축해 목이 따끔하거나 속이 불편할 수 있습니다. 특히 위장이 약한 어린이나 노인은 이런 증상이 나타나기 쉽습니다. 하지만 이는 일시적인 반응일 뿐이지 감기와 같은 질환으로 이어지지는 않습니다.

진행자: 아이스크림이 몸에 해롭다는 생각은 잘못된 거군요. 박사님, 그렇다면 혹시 아이스크림이 오히려 건강에 도움이 되는 부분도 있을까요?

전문가: 네, 있습니다. 더운 여름철에 적당량을 섭취하면 체온을 낮추고, 기분을 상쾌하게 하는 데 도움이 됩니다. 다만 지나치게 많이 먹으면 칼로리 과잉이나 충치의 원인이 될 수 있으니 조절이 필요합니다. 즉, 적절한 양의 아이스크림을 먹는다면 해로움보다는 긍정적인 효과가 더 크다고 볼 수 있습니다.

진행자: 그렇군요. 이제는 아이스크림을 먹으면 감기에 걸린다는 막연한 두려움은 버려도 될 것 같습니다. 오늘 말씀 감사합니다.

---

## 7 대담 – 등장인물 말하기 방식 추론　　정답 ④

④ "저도 아이스크림을 많이 먹으면 감기에 걸린다고 알고 있는데요. 박사님, 이 말은 사실인가요?"에서 진행자는 자신의 기존 인식을 언급하고, 전문가에게 견해를 구하고 있으므로 적절하다.

**오답분석**

① 진행자는 다양한 사례를 언급하고 있지 않으므로 적절하지 않다.
② 진행자는 전문가의 설명에 "그렇다면 아이스크림을 많이 먹어도 전혀 문제가 없는 건가요?"라고 의문을 제기하고 있으나 반론하고 있지는 않으므로 적절하지 않다.
③ 진행자는 전문가에게 주장과 관련한 근거 자료를 요청하고 있지 않으므로 적절하지 않다.
⑤ 진행자는 객관적인 통계 자료를 들거나 전문가의 의견을 보완하고 있지 않으므로 적절하지 않다.

---

## 8 대화 – 등장인물 입장 파악　　정답 ⑤

⑤ 남자는 "좋은 성과를 얻기 위해서는 계획을 잘 세워야 해. 그리고 구성원들의 동참을 이끌어 낼 수 있는 방법도 찾아야 하고"라며 리더가 합리적으로 계획을 세우는 것이 중요하다고 하였다. 그러나 구성원의 의견을 모아 합리적인 계획을 세우는 것이 리더의 역할이라고는 말하지 않았으므로 답은 ⑤이다.

**오답분석**

① 여자는 "역시 뛰어난 리더가 되려면 성과가 중요한 것 같아."라고 했으므로 적절하다.
② 남자는 "구성원들을 존중하는 것도 중요해."라고 했으므로 적절하다.
③ 남자가 "연극 경연 대회에서 우리 동아리가 좋은 성과를 거두긴 했지만,"이라고 하자, 여자는 "우리 모두 기뻐했잖아. ~ 그런데 합창반을 봐. ~ 이런 합창반 반장을 뛰어난 리더라고 볼 수는 없을 것 같아."라고 한다. 남자와 여자는 연극 동아리이고, 여자는 성과를 중요시하므로 합창반의 리더보다 연극 동아리의 리더가 더 뛰어나다고 생각함을 알 수 있다.
④ 여자는 "나는 좋은 성과를 위해서는 어느 정도의 희생은 불가피하다고 생각해.", "나중에 적절하게 보상하면 되잖아!"라고 했으므로 여자는 좋은 성과를 내다가 희생이 발생할 수 있고 이를 나중에 보상할 수 있다고 생각함을 알 수 있다.

**듣기대본**

다음은 대화의 일부분을 들려드립니다. 8번은 듣기 문항, 9번은 말하기 문항입니다.

여자: 오늘 신문 봤어? '리더는 성과로 말한다'라는 특집 기사가 났더라. 역시 뛰어난 리더가 되려면 성과가 중요한 것 같아.

남자: 당연히 성과도 중요하지. 하지만 성과를 이루는 과정에서 구성원들을 존중하는 것도 중요해.

여자: 그게 무슨 말이야?

남자: 너도 알다시피, 연극 경연 대회에서 우리 동아리가 좋은 성과를 거두긴 했지만, 연습하면서 마음에 상처를 입은 단원들이 한둘이 아니었어. 결국 그만둔 단원도 있었잖아. 우리 동아리 회장이 진정으로 뛰어난 리더였다면, 단원들의 의견도 존중해서 자발적으로 동참하도록 만들었을 거야.

여자: 글쎄…… 나는 좋은 성과를 위해서는 어느 정도의 희생은 불가피하다고 생각해. 덕분에 역대 어느 회장도 이룩하지 못한 성과를 낼 수 있어서, 우리 모두 기뻐했잖아. 그런데 합창반을 봐. 단원들 의견을 일일이 듣다가 의견 일치를 보지 못해서 지역 대회에 나가지도 못했어. 이런 합창반 반장을 뛰어난 리더라고 볼 수는 없을 것 같아.

남자: 그것은 합창반 반장이 처음부터 합리적으로 계획을 세우지 못했기 때문이야. 좋은 성과를 얻기 위해서는 계획을 잘 세워야 해. 그리고 구성원들의 동참을 이끌어 낼 수 있는 방법도 찾아야 하고.

여자: 단원들이 연습 과정에서 불만이 생긴다면, 나중에 적절하게 보상하면 되잖아!
남자: 아니지, 그러면 일을 추진하는 과정에서 생겨나는 모든 문제, 심지어는 부당한 요구조차 정당화될 수 있어.
여자: 너의 말은 합리적으로 계획을 세우고 구성원들의 자발적 참여를 이끌어 낸다면 뛰어난 리더가 될 수 있다는 거야?
남자: 그뿐 아니라 뛰어난 리더는 리더 자신보다도 단체를 우선적으로 생각할 수 있어야 해. 단체를 우선적으로 생각할 수 있는 리더라야, 헌신하고 봉사하는 리더도 될 수 있거든.

## 9  대화 - 등장인물 말하기 방식 추론  정답 ④

④ 여자는 남자가 "좋은 성과를 얻기 위해서는 계획을 잘 세워야 해. 그리고 구성원들의 동참을 이끌어 낼 수 있는 방법도 찾아야 하고."라고 한 말을 다시 정리하여 "너의 말은 합리적으로 계획을 세우고 구성원들의 자발적 참여를 이끌어 낸다면 뛰어난 리더가 될 수 있다는 거야?"라고 되묻고 있다. 따라서 말하기 방식으로 적절한 것은 ④이다.

### 오답분석
① 남자는 속담을 활용하고 있지 않으므로 적절하지 않다.
② 여자는 "오늘 신문 봤어? '리더는 성과로 말한다'라는 특집 기사가 났더라."라며 기사를 언급하고 있으나, 남자는 신문 기사를 인용하고 있지 않으므로 적절하지 않다.
③ 남자는 여자의 말을 그대로 반복하고 있지 않으며 비꼬는 태도도 보이지 않으므로 적절하지 않다.
⑤ 남자는 상처받은 연극부 단원이 있다면서 단원들의 의견을 존중하지 않은 리더를 비판하고 있다. 하지만 여자는 "글쎄…… 나는 좋은 성과를 위해서는 어느 정도의 희생은 불가피하다고 생각해."라며 남자의 말에 반대하고 있으므로 적절하지 않다.

## 10  강연 - 세부 내용 파악  정답 ③

③ "동남아 사람들은 젖은 잔디를 창문에 넣어 실내 공기를 낮추기도 하였습니다."라고 하였다. 따라서 동남아 사람들이 젖은 잔디를 바닥에 넣어 내부 공기를 낮추었다는 것은 적절하지 않으므로 답은 ③이다.

### 오답분석
① "에어컨의 기본 원리는 '기화열에 의한 냉각'입니다."라고 한 것을 통해 알 수 있다.
② "고압의 액상 냉매는 ~ 증발기에서 증발되는데, 이때 압축된 냉매가 증발하며 주위의 열을 빼앗게 되는 거죠."라고 한 것을 통해 알 수 있다.
④ "냉매는 보통 프레온 가스가 이용되는데, 저온에서도 쉽게 증발하는 특성 때문입니다."라고 한 것을 통해 알 수 있다.
⑤ "고대 로마인들은 벽 뒤의 수도관으로 물을 보내 건물을 차갑게 유지했고."라고 한 것을 통해 알 수 있다.

### 듣기대본

이번에는 강연을 들려드립니다. 10번은 듣기 문항, 11번은 말하기 문항입니다.

무더위가 이어지는 여름철, 우리는 에어컨 없이 살 수 있을까요? 여름을 무사히 나기 위한 현대인의 필수품인 에어컨은 어떻게 만들어졌을까요?

에어컨은 실내의 온도를 낮추거나 쾌적한 상태로 유지해 주는 기계 장치로, 주로 여름에 이용하기 때문에 냉방 장치라고도 합니다. 고대 로마인들은 벽 뒤의 수도관으로 물을 보내 건물을 차갑게 유지했고, 동남아 사람들은 젖은 잔디를 창문에 넣어 실내 공기를 낮추기도 하였습니다. 이러한 기초 원리를 바탕으로 탄생한 것이 바로 에어컨입니다.

에어컨의 기본 원리는 기화열에 의한 냉각입니다. 액체가 기체로 기화할 때는 열을 흡수하고 기체가 액체로 응축될 때는 열을 방출합니다. 이처럼 증발열을 이용할 때는 냉매가 꼭 필요합니다. 냉매는 보통 프레온 가스가 이용되는데, 이는 저온에서도 쉽게 증발하는 특성 때문입니다.

그럼 구체적인 냉각 과정을 살펴보죠. 우선 밀봉된 철제 용기 안에서 전동기와 압축기를 직결시키고 전동기로 압축기를 회전시킵니다. 이때 냉매인 프레온 가스가 압축됩니다. 그리고 파이프 표면에 알루미늄 핀을 장치한 응축기는 냉매가 가진 열을 공기 속으로 발산시켜 냉각 액화하는 작용을 합니다. 이후 고압의 액상 냉매는 압력을 낮추는 과정을 거치며 증발기에서 증발되는데, 이때 압축된 냉매가 증발하며 주위의 열을 빼앗게 되는 거죠. 따라서 증발기 표면에 접촉한 공기의 온도는 내려가고 공기 속 수분은 증발기 표면의 물방울이 되어 없어지게 됩니다. 즉 압축기로 압력을 변화시켜 기체였던 냉각제를 액체로 응축한 후 압력을 낮춰 증발기 안에서 액체 상태의 냉각제가 다시 기화하며 주위의 열을 빼앗아 온도를 낮추는 것입니다.

## 11  강연 - 말하기 방식 추론  정답 ⑤

⑤ 에어컨의 냉각 과정을 구체적으로 설명해 청중의 이해를 돕고 있으나 비유적 표현은 사용하지 않았으므로 적절하지 않다.

### 오답분석
① "무더위가 이어지는 여름철, 우리는 에어컨 없이 살 수 있을까요?"에서 에어컨이 없는 여름을 가정해 청중에게 질문하여 강연의 화제가 '에어컨'임을 암시하고 있으므로 적절하다.
② '기화열', '냉매', '프레온 가스' 등 에어컨의 원리를 설명할 때 과학 용어를 사용하여 강연자의 전문성을 드러내고 있으므로 적절하다.
③ 실내 온도를 낮추기 위한 '고대 로마인'과 '동남아 사람들'의 사례를 언급하여 과거에 활용한 에어컨의 원리를 제시하고 있으므로 적절하다.
④ 강연자는 에어컨의 역사와 기본 원리를 설명하기 전에 "여름을 무사히 나기 위한 현대인의 필수품인 에어컨은 어떻게 만들어졌을까요?"라고 질문하여 청중에게 강연 내용을 암시하고 있으므로 적절하다.

## 12  발표 – 세부 내용 파악  정답 ⑤

⑤ "앞으로 수상자들은 21일부터 3일간 바르샤바 필하모닉 콘서트홀에서 갈라 콘서트를 갖게 되며, 이후 2016년 초까지 유럽과 아시아에서 투어 콘서트를 진행합니다."라고 하였다. 따라서 유럽과 미국에서 콘서트를 진행한다는 것은 적절하지 않으므로, 답은 ⑤이다.

**오답분석**

① "쇼팽 콩쿠르는 폴란드 바르샤바에서 5년마다 열리는 세계 3대 콩쿠르 중 하나로, 피아노 부문만 진행되기에 피아니스트들에게 최고의 등용문으로 불립니다."라고 한 것을 통해 쇼팽 콩쿠르는 세계 3대 콩쿠르이며 5년마다 한 번씩 개최됨을 알 수 있다.
② "이번 쇼팽 콩쿠르에서의 1위 기록은 한국인이 낸 역대 가장 높은 순위."라고 하였으므로, 1위 기록은 역대 한국인이 낸 성적 중 가장 높음을 알 수 있다.
③ "한국계 심사위원이 없는 상황에서 위축될 수 있다는 일부 팬들의 우려를 딛고, 실력으로 이뤄낸 결과라는 점에서 의미가 크다."라고 한 것을 통해 한국계 심사위원이 없는 상황에서 입상의 쾌거를 이뤄냈음을 알 수 있다.
④ "내년 2월에는 쇼팽 콩쿠르 수상자들의 합동 내한 공연도 예정돼 있습니다."라고 한 것을 통해 2017년 초 한국에서 수상자들의 합동 공연이 진행될 예정임을 알 수 있다.

**듣기대본**

이번에는 발표를 들려드립니다. 12번은 듣기 문항, 13번은 말하기 문항입니다.

바르샤바 국립 필하모닉콘서트홀에서 열린 제17회 쇼팽 국제 피아노 콩쿠르 결선에서 한국인 피아니스트 조성진이 역대 한국인 최고 성적인 1위에 입상하는 쾌거를 이뤄냈습니다.

쇼팽 콩쿠르는 폴란드 바르샤바에서 5년마다 열리는 세계 3대 콩쿠르 중 하나로, 피아노 부문만 진행되기에 피아니스트들에게 최고의 등용문으로 불립니다.

이번 쇼팽 콩쿠르에 조성진은 결선 첫날인 18일 첫 번째 경연자로 나서 쇼팽의 피아노 협주곡 1번을 연주했으며 크로아티아, 일본, 미국, 폴란드, 라트비아, 캐나다, 러시아 등 8개국 10명과 함께 실력을 겨뤘습니다.

이번 쇼팽 콩쿠르에서의 1위 기록은 한국인이 낸 역대 가장 높은 순위로 지난 2005년에 임동민, 임동혁 형제가 공동 3위를 했습니다.

주폴란드한국문화원은 '이번 대회 심사위원 17명 중에서 아시아계는 베트남의 당 타이 손, 일본의 아키코 에비, 중국의 윤디로, 총 3명이었으나 한국계 심사위원이 없는 상황에서 위축될 수 있다는 일부 팬들의 우려를 딛고, 실력으로 이뤄낸 결과라는 점에서 의미가 크다'고 설명했습니다.

현지 음악 매거진 '베토벤'의 편집장이자 주요 일간지 가제타 비보르차 음악 전문 칼럼니스트로 활동 중인 뎅보프스카는 조성진의 결선 무대에 대해 '이 곡을 만든 20세 시절의 천재 쇼팽의 감성을 21세의 조성진이 녹여내기 적격이었다'고 호평했습니다. 또 폴란드 피아니스트 라투신스키는 '모든 것을 잊어버리고 몰입하게 한 연주였다'고 극찬했습니다.

현장의 분위기도 뜨거웠습니다. 3일간의 결선 무대를 직접 보기 위해 한국을 비롯한 아시아 국가에서 방문한 관객들도 다수 있었고 1000여 석의 티켓이 조기 매진돼 아침부터 공연장 입구에서 입석표를 기다리는 줄이 길게 이어졌습니다.

앞으로 수상자들은 21일부터 3일간 바르샤바 필하모닉 콘서트홀에서 갈라 콘서트를 갖게 되며, 이후 2016년 초까지 유럽과 아시아에서 투어 콘서트를 진행합니다. 내년 2월에는 쇼팽 콩쿠르 수상자들의 합동 내한 공연도 예정돼 있습니다.

※ 출처: 정책브리핑, https://www.korea.kr

## 13  발표 – 말하기 방식 추론  정답 ④

④ "쇼팽 콩쿠르는 폴란드 바르샤바에서 5년마다 열리는 세계 3대 콩쿠르 중 하나로, 피아노 부문만 진행되기에 피아니스트들에게 최고의 등용문으로 불립니다."에서 경연의 정보와 의의를 제시하여 청중의 이해를 돕고 있으므로 적절하다.

**오답분석**

① 경연에 참여한 인물이 '조성진'임은 알 수 있으나 그의 성장 과정을 소개하고 있지 않으므로 적절하지 않다.
② 발표자는 청중에게 질문하고 있지 않으므로 적절하지 않다.
③ 발표자는 추후 수상자의 공연 일정을 소개하며 발표를 마무리하고 있을 뿐, 발표 내용을 요약하고 있진 않으므로 적절하지 않다.
⑤ 발표자는 연주에 관한 긍정적인 평가만 소개하고 있으므로 적절하지 않다.

## 14  협상 – 등장인물 입장 파악  정답 ⑤

⑤ 담당자는 "자원봉사자 교육과 안전 관리는 주민 센터에서 운영하되 우리 기관에서 최종 승인권을 갖겠습니다."라고 하였으므로 교육 프로그램은 도서관에서 준비한 것이 아님을 알 수 있다. 따라서 ⑤는 적절하지 않다.

**오답분석**

① 담당자는 "대신 정기적으로 운영 평가서와 성과 보고서를 제출해 주시기를 바랍니다."라고 하였고 주민 대표는 이에 동의하였으므로 적절하다.
② 주민 대표는 "자원봉사자들이 순번을 정해 도서관을 관리한다면 운영 시간을 연장해 주실 수 있나요?"라고 하였으므로 적절하다.
③ 주민 대표는 "야간 근무자나 늦게 퇴근하는 직장인들은 도서관을 전혀 이용할 수 없는 상황입니다. 따라서 도서관 운영 시간을 오후 10시까지 연장해 줄 것을 요구합니다."라고 하였으므로 적절하다.
④ 주민 대표는 "안전 관리나 자원봉사 교육에 필요한 기본 운영비는 반드시 보장되어야 합니다."라고 하였으므로 적절하다.

> **듣기대본**

끝으로 협상의 한 장면을 들려드립니다. 14번은 듣기 문항, 15번은 말하기 문항입니다.

주민 대표: 우리 동네 도서관은 현재 오후 6시에 문을 닫아서 직장인들이 퇴근하고 이용하기가 어렵습니다. 특히 야간 근무자나 늦게 퇴근하는 직장인들은 도서관을 전혀 이용할 수 없는 상황입니다. 따라서 도서관 운영 시간을 오후 10시까지 연장해 줄 것을 요구합니다.
담당자: 주민 대표님, 야간 운영에는 추가 인력과 관리 비용이 상당히 들어 쉽게 운영 시간을 연장할 수 없는 상황입니다. 운영 시간을 연장하려면 예산과 안전 문제를 모두 고려해야 합니다.
주민 대표: 자원봉사자들이 순번을 정해 도서관을 관리한다면 운영 시간을 연장해 주실 수 있나요? 저희 자원봉사자 중에는 퇴직 교사, 사회복지사 등이 있습니다. 이분들이 돌아가면서 야간 시간에 봉사한다면 안전 문제도 해결되고 예산도 감소할 수 있을 겁니다.
담당자: 자원봉사자의 협조가 있다면 긍정적으로 수용할 수 있겠습니다만, 도서관 운영의 안전 문제와 자원봉사자들의 전문성을 확보할 구체적인 방안이 필요합니다.
주민 대표: 자원봉사자의 교육 프로그램을 마련해 도서관 관리, 안전 지침 등을 교육하면 되지 않을까요?
담당자: 주민들의 요구를 전적으로 수용하기는 어렵지만, 일부 제안을 받아들일 용의가 있습니다. 도서관을 2시간 연장하여 오후 8시까지 운영하고, 자원봉사자 교육과 안전 관리는 주민 센터에서 운영하되 우리 기관에서 최종 승인권을 갖겠습니다.
주민 대표: 그 조건은 받아들이겠습니다. 하지만 안전 관리나 자원봉사 교육에 필요한 기본 운영비는 반드시 보장되어야 합니다.
담당자: 연장 운영에 필요한 최소한의 운영비는 지원하겠습니다. 대신 정기적으로 운영 평가서와 성과 보고서를 제출해 주시기를 바랍니다.
주민 대표: 네, 알겠습니다. 합의된 내용을 주민들에게 전달하고 협조를 구하겠습니다.

> **오답분석**

② 주민 대표가 처음 제안한 도서관 운영 시간보다 축소되어 협상이 타결되었으므로 제안이 수정된 것은 맞지만, 두 인물이 협상을 중단하지 않았으므로 적절하지 않다.
③ 두 인물이 다른 지역 사례를 언급하여 조건을 수정하는 근거로 사용하고 있지 않으므로 적절하지 않다.
④ 두 인물이 감정에 호소하거나 공감을 유도하고 있지 않으므로 적절하지 않다.
⑤ 두 인물이 객관적인 수치를 근거로 상대의 손해를 보상할 방안을 제공하고 있지 않으므로 적절하지 않다.

## 15 협상 – 등장인물 말하기 방식 추론    정답 ①

① 담당자는 "도서관을 2시간 연장하여 오후 8시까지 운영하고, 자원봉사자 교육과 안전 관리는 주민 센터에서 운영하되 우리 기관에서 최종 승인권을 갖겠습니다."라고 하였고, "대신 정기적으로 운영 평가서와 성과 보고서를 제출해 주시기를 바랍니다."라고 하며 조건을 제시하였다. 이에 주민 대표는 "그 조건은 받아들이겠습니다. 하지만 안전 관리나 자원봉사 교육에 필요한 기본 운영비는 반드시 보장되어야 합니다."라고 조건을 들면서 상대의 제안을 수용하고 있으므로 ①이 가장 적절하다.

# 영역 5 쓰기

## 01 글 구성과 표현의 적절성 파악

**STEP2 기출동형 문제 풀어보기** p.232

1 ④   2 ④   3 ④   4 ⑤   5 ②
6 ④

### 1 글쓰기 계획의 적절성 파악   정답 ④

④ 계획된 글의 목적은 '생태 관광에 대한 정보 전달과 바람직한 생태 관광을 위한 노력 촉구'이다. 따라서 '지역 개발 불균형 문제'는 글의 목적과 관련이 없으므로 계획한 내용으로 적절하지 않은 것은 ④이다.

### 2 자료 활용 방안의 적절성 파악   정답 ④

④ (가)에는 생태 관광으로 인한 생태계 훼손 문제가 제시되어 있으므로 생태 관광이 인근 자연을 파괴하는 문제가 있음을 뒷받침하는 자료로 활용 가능하다. 그러나 (다)는 생태 관광의 우수 사례를 나타낸 자료이므로 생태 관광의 문제점을 지적하기 위한 자료로 활용하는 것은 적절하지 않다. 따라서 답은 ④이다.

**오답분석**

① (가)의 1~2번째 줄 '생태 관광은 경치를 보고 즐기는 기존의 관광과 달리, 생태적 가치가 높은 지역의 자연과 문화를 직접 체험하면서'를 통해 기존 관광과 생태 관광의 특징을 비교해 제시하고 있으므로 (가)를 활용하여 기존 관광과 대비되는 생태 관광의 특징을 소개하는 것은 적절한 자료 활용 방안이다.
② (나)-1에는 관광객들이 지역 특성을 살린 프로그램을 원한다는 설문 조사 결과가, (나)-2에는 지방 자치 단체가 프로그램 개발의 어려움을 겪고 있다는 문제점이 제시되었으니 (나)를 활용해 지역 특색을 살린 프로그램 개발이 필요함을 제시하는 것은 적절한 자료 활용 방안이다.
③ (다)는 생태 관광 프로그램으로 지역 주민의 가계 소득이 증가한 ○○섬의 사례를 제시하고 있으므로 (다)를 활용해 생태 관광이 지역 경제에 긍정적인 영향을 줄 수 있음을 제시하는 것은 적절한 자료 활용 방안이다.
⑤ (나)-2에는 지방 자치 단체가 생태 관광 운영에서 '주민 참여 유도의 어려움'을 겪고 있다는 내용이, (다)에는 지역 주민이 적극적으로 참여하고 있다는 내용이 제시되어 있으므로 (나)-2와 (다)를 활용해 생태 관광 활성화에 지역 주민의 역할이 중요함을 제시하는 것은 적절한 자료 활용 방안이다.

### 3 고쳐쓰기 방식의 적절성 파악   정답 ④

④ ㉣의 '만큼'은 '앞의 내용에 상당한 수량이나 정도임을 나타내는 말'로 의존 명사이다. 의존 명사는 앞말과 띄어 쓰는 것이 원칙이므로 "프로그램 개발'인 만큼"으로 띄어 써야 한다. 따라서 수정 방안으로 적절하지 않은 것은 ④이다.

**오답분석**

① ㉠의 앞은 '생태 관광의 개념과 목적'을, 뒤는 '생태 관광의 문제점'을 다루고 있어 글의 흐름에 적절하지 않으며, ㉠은 주제인 '생태 관광의 문제점과 개선 방안'과도 관련 없으므로 삭제하는 것이 적절하다.
② '널리'와 '확산(擴散)'은 의미가 중복되므로 '널리'를 삭제하는 것은 적절하다.
  · 널리: 범위가 넓게
  · 확산(擴散): 흩어져 널리 퍼짐
③ '증가'는 '소득'에만 호응하므로 '지역 사회 이미지'에 호응하는 문장 성분이 필요하므로 '제고(提高)'를 추가하는 것은 적절하다.
  · 제고(提高): 수준이나 정도 등을 끌어올림
⑤ 문맥상 ㉤에는 '태도를 갖추어야 한다'라는 의미의 단어가 사용되어야 하므로 '지향(志向)'이 적절하다.
  · 지양(止揚): 더 높은 단계로 오르기 위하여 어떠한 것을 하지 않음
  · 지향(志向): 어떤 목표로 뜻이 쏠리어 향함. 또는 그 방향이나 그쪽으로 쏠리는 의지

### 4 글쓰기 개요의 적절성 파악   정답 ⑤

⑤ <개요>는 생태 관광의 문제점과 개선 방안을 '생태 자원 개발', '관광객의 인식', '지역 주민 참여', '프로그램 운영' 측면에서 다양하게 다루고 있다. 글을 '생태 관광 인식 개선을 위한 지자체의 노력 촉구'로 마무리하는 것은 개요의 내용과 관련 없으므로 적절하지 않은 것은 ⑤이다.

**오답분석**

① 생태 관광의 '이점'이 '특징'에 포함되므로 중복된다. 따라서 Ⅰ-2를 '생태 관광의 현황'으로 수정하는 것은 적절하다.
② Ⅲ을 고려할 때, '관광지 개발' 측면 개선 방안 다음에 '관광객의 인식' 측면에 대한 개선 방안이 나오므로 Ⅱ-2와 순서를 바꾸는 것은 적절하다.
③ 상위 항목이 '생태 관광의 문제점'이므로 '지역 주민의 참여 부족'으로 수정하는 것은 적절하다.
④ '다양한 생태 관광 프로그램'에 '지역 특색을 살린 생태 관광'이 포함되므로 Ⅲ-4와 Ⅲ-5를 통합해 제시하는 것은 적절하다.

## 5 글 보완 방안의 적절성 파악 　　　　정답 ②

② '땅끝황토나라 꼼지락 캠핑', '섬진강 생태여행 – 반딧불이가 덮고 자는 모래이불', '□□ 지역이나 ○○섬'의 사례를 들어 강연 대상인 '생태 관광'에 대한 독자의 이해를 돕고 있다. 따라서 대상에 대한 구체적인 사례를 들어 독자의 이해를 돕고 있다는 ②는 글쓰기 전략으로 적절하다.

#### 오답분석
① ③ ⑤ 윗글에는 인과의 방식, 전문가의 말 인용하기, 여러 입장에 대한 중재안 제시하기가 쓰인 부분이 없다.
④ 2문단 1번째 줄 '생태 관광은 ~ 말합니다'에서 기존 관광과 생태 관광의 특징을 비교하고 있으나 이를 통해 기존 관광의 문제점을 부각하고 있지 않다.

## 6 글 보완 방안의 적절성 파악 　　　　정답 ④

④ 외국에서 지역 주민이 생태 관광 프로그램을 진행하는 사례를 언급하고 있으므로 적절하다.

#### 오답분석
① 생태 관광 프로그램의 사례가 아니므로 적절하지 않다.
② 생태 관광 프로그램에 대한 내용은 맞지만 외국의 사례가 아니므로 적절하지 않다.
③ 생태 관광 프로그램의 사례가 아니므로 적절하지 않다.
⑤ 생태 관광 프로그램의 사례가 아니므로 적절하지 않다.

- ㄹ: 청소년기의 특징은 윗글에 없으므로 적절하지 않다.
- ㅁ: 3문단의 '많은 청소년들이 인터넷 정보를 무비판적으로 이용하는 양상이 우리 학교 학생들에게도 나타나고 있는 것이다'에서 문제의 보편성을 드러내고 있지만, 다른 학교 사례를 인용하고 있지는 않으므로 적절하지 않다.

## 2 자료 활용 방안의 적절성 파악 　　　　정답 ④

④ (라)는 교육부 차원의 노력 사례이므로 (라)를 활용하여 개인 차원에서 노력을 강조한다는 내용은 적절하지 않다.

#### 오답분석
① (가)는 청소년들이 공감 수와 댓글에 영향을 받는다는 내용이다. 윗글의 2문단에서 청소년들이 '신뢰성 평가 방법'을 잘 모른다고 언급하였으므로 (가)를 근거로 활용하는 것은 적절하다.
② (나)는 정보를 그대로 활용한다는 설문 조사 결과와 관련 있는 사례이므로 (나)를 활용하여 무비판적으로 정보를 활용한다는 내용을 강조할 수 있다.
③ (다)는 학생들이 일상에서도 비판적으로 정보를 파악하는 습관을 들여야 한다는 내용이다. 윗글의 마지막 문단에서는 문제를 해결할 태도 형성의 필요성을 언급하고 있으므로 (다)를 활용하여 관련 내용을 추가할 수 있다.
⑤ (마)는 윗글의 2문단과 관련한 구체적인 설문 조사 결과로, 2문단에 제시된 설문 조사 결과 중 첫째 문항과 둘째 문항 답변의 구체적인 수치를 제시할 수 있다.

※ 출처: 교육부, https://www.moe.go.kr

## 최종 점검 문제

p.236

| 1 | 2 | 3 | 4 | 5 |
|---|---|---|---|---|
| ② | ④ | ④ | ⑤ | ④ |

## 1 글쓰기 계획의 적절성 파악 　　　　정답 ②

- ㄱ: 2문단에서 설문 조사 결과를 제시하면서 학생들이 인터넷 정보의 신뢰성을 평가하지 않으며 정보를 그대로 이용하는 문제가 있다고 지적한다. 따라서 조사 결과로 대다수의 학생이 이러한 문제점이 있음을 드러내어 문제의 심각성을 강조하고 있으므로 적절하다.
- ㄷ: 2문단에서 청소년들이 인터넷 정보를 무비판적으로 활용하는 문제 상황을 제시하고, 3문단에서 태도 형성을 위한 조치가 필요함을 언급하여 마무리하고 있으므로 적절하다.

#### 오답분석
- ㄴ: 1문단의 '우리 학교 학생들은 이러한 인식하에 인터넷 정보를 이용하고 있을까?'에서 질문 방식을 활용하고 있음은 알 수 있지만, 이는 정보를 비판적으로 이용해야 한다는 내용을 강조하는 것이 아닌 다음에 이어질 설문 조사 결과를 제시하기 위함이므로 적절하지 않다.

## 3 글쓰기 개요의 적절성 파악 　　　　정답 ④

④ ⓔ의 '인터넷 정보 이용 문제의 심각성과 개선의 필요성'은 하위 항목을 포괄하는 내용으로 적절하므로 '인터넷 정보 이용의 비효율적 문제 해결의 필요성'과 같이 수정하는 것은 적절하지 않다.

#### 오답분석
① ㉠의 '악성 댓글 문제'는 'Ⅰ. 청소년들의 인터넷 정보 이용 실태'와 관련 없으므로 삭제하는 것이 적절하다.
② ㉡의 '인터넷 정보 이용 관련 범죄 추이'는 Ⅱ의 하위 항목을 아우르지 못하므로, '인터넷 정보 이용 관련 설문 조사 결과'로 수정하는 것이 적절하다.
③ ㉢의 '인터넷 정보의 신뢰성 평가 여부'를 먼저 제시하고, 그 이후에 '신뢰성을 평가하지 않는 이유'를 제시하는 것이 글의 논리적 흐름에 적절하므로 순서를 바꾸는 것이 적절하다.
⑤ ㉤의 '경제적 이익'은 개요에서 다뤄지지 않은 내용이므로, '인터넷 정보를 선별하여 활용하는 태도 형성의 필요성'과 같은 내용이 글의 마지막 내용으로 제시되는 것이 적절하다.

## 4  고쳐쓰기 방식의 적절성 파악        정답 ⑤

⑤ ⓔ을 '강구할'로 수정하면 주어 '조치가'와 적절하게 호응하지 않으며, '강구하다'는 목적어를 필요로 하는 동사임에도 목적어가 없어 어색한 문장이 된다. 따라서 ⓔ에는 '좋은 대책과 방법이 찾아지거나 세워지다'를 의미하는 동사 '강구되다'가 사용되는 것이 적절하다. 참고로, '태도 형성을'은 서술어 '위한'의 목적어이다.

#### 오답분석
① 서술어 '적극적이다'와 호응하는 부사어가 오는 것이 적절하므로, 부사격 조사 '에'가 결합한 '이용에'로 고쳐 써야 한다.
② 문맥상 청소년들이 인터넷을 통해 많은 정보를 얻는다는 내용이므로, 까닭이나 근거를 나타내는 연결 어미 '-므로'를 사용하는 것이 적절하다. 참고로 '-으로'는 어떤 일의 수단·도구를 나타내는 격 조사이다.
③ 문맥상 학교 학생들의 어떤 인식하에 인터넷 정보를 이용하는지 알아보고자 한다는 내용이므로, 어떤 행동을 할 의도나 욕망을 가지고 있음을 나타내는 연결 어미 '-려고'를 사용하는 것이 적절하다. 참고로 '-면'은 불확실하게 아직 이루어지지 않은 사실을 가정하여 말할 때 쓰는 연결 어미이다.
④ '학생 대다수'가 인터넷 정보를 무비판적으로 수용하는 주체이므로, '수용시키는'과 같이 불필요한 사동 표현을 사용하는 것보다 '수용하는'과 같이 주동 표현을 사용하는 것이 적절하다.


## 5  글 보완 방안의 적절성 파악        정답 ④

④ 윗글은 학생들이 인터넷 정보를 무비판적으로 수용하고 자신의 이용 목적과 상관없이 정보를 그대로 활용하는 문제를 제시하고 있다. ㉮에는 이러한 두 가지 문제를 해결하기 위한 학생들의 태도가 들어가는 것이 적절하므로, 정보를 비판적으로 평가하고 이용 목적에 따라 선별해 활용한다는 내용이 적절하다.

#### 오답분석
① 정보를 비판적으로 평가하고 목적에 맞게 정보를 활용해야 한다는 내용과 관련 없으므로 적절하지 않다.
② 정보를 비판적으로 평가해야 한다는 태도는 적절하나, 정보를 목적에 맞게 활용해야 한다는 내용은 포함되지 않았으므로 적절하지 않다.
③ 자신의 이용 목적에 맞게 정보를 활용해야 한다는 태도는 적절하나, 정보를 비판적으로 수용해야 한다는 내용은 포함되지 않았으므로 적절하지 않다.
⑤ 목적에 맞게 필요한 정보를 선별하여 활용하는 태도는 적절하나, 공동의 이익을 추구하여 평가해야 한다는 내용은 윗글의 주제와 관련 없으므로 적절하지 않다.

# 영역6 창안

## 01 글 이해 및 다른 상황에 적용

**STEP2 기출동형 문제 풀어보기** p.246

| 1 ③ | 2 ⑤ | 3 ⑤ | 4 ② | 5 ④ |
| 6 ③ | 7 ⑤ | 8 ③ | 9 ② | 10 ② |

### 1 유비 추론 정답 ③

③ ㉠ '개방형 접근 방식'은 이용자가 서가에 직접 접근하여 원하는 자료를 빠르게 찾을 수 있다. '개방형 접근 방식'의 특징은 '자료 취득의 용이성 및 효율성'이다. 이와 같은 '자료 제공 방식'을 '아이디어를 얻는 방식'으로 비유할 때, 필요한 자료를 빠르게 얻어 좋은 아이디어를 얻을 수 있다는 내용을 추론할 수 있으므로 적절하다.

**오답분석**
① '오래된 정보'는 '개방형 접근 방식'의 특징과 관련 없으므로 적절하지 않다.
② '전문가의 조언'은 '개방형 접근 방식'의 특징과 관련 없으므로 적절하지 않다.
④ '개방형 접근 방식'은 이용자가 직접 접근할 수 있어 많은 정보를 얻을 수 있겠으나, 윗글에 제시된 ㉠은 '자료의 대량 수집'보다 '자료 취득의 용이성'과 '이용 시간 단축'에 초점을 맞추고 있으므로 적절하지 않다.
⑤ '복잡하고 구조화된 지식의 습득'은 '개방형 접근 방식'의 특징과 관련 없으므로 적절하지 않다.

### 2 유비 추론 정답 ⑤

⑤ ㉡ '중앙 관리 방식'은 이용자가 필요한 자료를 신청하면 사서가 찾아서 자료를 제공한다. 이를 교육 방법에 비유할 때, 학생(이용자)이 원하는 커리큘럼을 선택하여 교사(사서)가 이에 맞춰 지도한다는 내용을 추론할 수 있다.

**오답분석**
① 학생들이 스스로 커리큘럼을 구성하고 자율적으로 학습하는 것은 ㉠ '개방형 접근 방식'과 유사하므로 적절하지 않다.
② 학교, 가정에서 일관적으로 지도하는 것은 ㉡ '중앙 관리 방식'과 관련 없으므로 적절하지 않다.
③ 학생들을 수준별로 지도하는 것은 ㉡ '중앙 관리 방식'과 관련 없으므로 적절하지 않다.
④ 학생들의 특성에 맞는 맞춤 학습을 제공하는 것은 ㉡ '중앙 관리 방식'과 관련 없으므로 적절하지 않다.

### 3 조건에 맞는 내용 추론 정답 ⑤

⑤ 도서관 자료 제공 방식을 의사소통 방식에 비유하면, ㉠ '개방형 접근 방식'은 당사자가 직접 의사소통하는 방식과 유사하고, ㉡ '중앙 관리 방식'은 매개자(사서)가 의사소통에 참여하는 방식과 유사하다. 또한 윗글에서 "현대 도서관에서는 ~ 두 방식을 적절히 병행하는 지혜가 필요하다."라고 하였다. 따라서 '상황과 대상에 따라 직접 소통하는 방식과 매개자의 개입을 적절히 활용하는 것'이 <조건>에 맞는 표현으로 가장 적절하다.

**오답분석**
① '경청의 태도'는 두 방식과 관련 없으므로 적절하지 않다.
② '제삼자의 중재'는 ㉡ '중앙 관리 방식'만 고려한 의사소통 방식이므로 적절하지 않다.
③ '정보의 양보다 질에 초점을 맞추어야 한다'는 두 방식과 관련 없으므로 적절하지 않다.
④ '의사소통의 쌍방향 교류'는 두 방식과 관련 없으므로 적절하지 않다.

### 4 유비 추론 정답 ②

② '커드 젓기'는 커드가 뭉치지 않도록 지속적으로 젓는 단계이다. 이때 새로운 물질이 첨가되지는 않으므로 새로운 협상 자원을 투자한다는 비유는 적절하지 않다.

**오답분석**
① 커드는 수분 함유량에 따라 알맞은 크기로 잘라야 한다. 이를 '거래처 규모'에 비유하면, 거래처 규모에 따라 협상 범위를 조정해야 함을 유추할 수 있다.
③ 유청을 분리하는 과정은 필요한 부분(치즈 커드)과 불필요한 부분(유청)을 구분하는 과정으로, 협상에서 중요한 요소와 아닌 요소를 구분함을 유추할 수 있다.
④ 소금물은 껍질을 만들어 치즈를 보호한다. 따라서, 협상 중 문제를 방지하기 위해 자원을 투자함을 유추할 수 있다.
⑤ 치즈는 일정 기간 잘 관리해야 한다. 따라서 협상하는 동안 거래처를 파악해 적절히 대응해야 함을 유추할 수 있다.

### 5 유비 추론 정답 ④

④ ⓐ는 치즈 종류에 맞게 적절한 틀을 사용한다는 것으로, 대상의 특성에 맞게 적절한 도구나 방법을 사용하는 상황이다. 따라서 휴대 전화의 종류와 무관하게 사용 가능한 충전기는 ⓐ와 반대되는 내용이므로 적절하지 않다.

**오답분석**

① ② ③ ⑤ '학습자 성향에 맞는 학습 방법', '환자의 질환에 맞는 처방', '지원자의 적성을 고려한 직무', '섬유 종류에 따른 수온 조절'은 모두 ⓐ와 같은 상황이므로 적절하다.

## 6 조건에 맞는 내용 추론  정답 ③

③ <조건>을 고려할 때, ㉠은 일반적으로 부정적인 요소(곰팡이)가 특정 상황에서는 긍정적인 역할을 한다는 것이고, ㉡은 같은 종류끼리 모아 두면 효과적이라는 것이다. ③은 ㉠의 '위기(부정적 요인)를 기회(긍정적 요인)로 전환'하는 전략과 ㉡의 '구성원을 직무별로 구분(같은 종류끼리 분류)하여 효율적 관리'라는 개념을 가장 적절하게 표현했다.

**오답분석**

① 이익과 손해를 객관적으로 따지는 것은 '곰팡이의 긍정적 요인과 부정적 요인을 따지는 것'이므로 ㉠과 관련 있으나 팀을 자주 재구성하는 것은 ㉡'같은 특성끼리 모아 두는 것'과 반대되는 특성이다.
② 손해 요인을 제거하는 것은 ㉠'곰팡이의 긍정적 역할을 인정하는 것'과 관련 없는 내용이나, 유사 팀 간의 교류는 ㉡'같은 특성끼리 모아 두는 것'과 관련 있다.
④ 장기적인 이익은 ㉠과 관련 없는 특성이며, 자유로운 환경 조성은 ㉡과 관련 없는 특성이다.
⑤ 이익에만 초점을 두어 이익을 극대화하는 것은 ㉠과 관련 없는 특성이며, 다양한 프로젝트 참여는 ㉡'같은 특성끼리 모아 두는 것'과 반대되는 특성이다.

## 7 유비 추론  정답 ⑤

⑤ 윗글의 ㉠은 지속적인 에너지 고갈 상태에서 나타나는 부정적인 현상을 설명하고 있다. <보기>는 스프링에 과도한 힘을 가하면 스프링이 본래의 기능을 잃는 상황을 보여 주고 있다. 두 내용 모두 지속적인 압박이 기능 저하를 초래한다는 점을 공통적으로 담고 있으므로 ⑤가 가장 적절하다.

**오답분석**

① 한계를 넘는 도전을 강조하는 것은 윗글의 ㉠과 반대되는 내용이므로 적절하지 않다.
② 일시적인 고통을 감내하라는 것은 윗글의 ㉠과 반대되는 내용이므로 적절하지 않다
③ <보기>의 핵심은 스프링은 유연하지만 과한 충격을 가할 때 기능에 문제가 생긴다는 것이다. 따라서 유연한 구조로 외부 충격에 대응할 수 있다는 점은 핵심과 관련 없으므로 적절하지 않다.
④ 극단적 상황에서의 과감한 변화는 ㉠과 <보기>의 핵심인 '지속적인 충격으로 생긴 기능 저하'와 관련 없으므로 적절하지 않다.

## 8 조건에 맞는 내용 추론  정답 ③

③ <보기>의 교사는 열정적으로 일하다가 번아웃 상태를 겪고 있다. 윗글에서는 번아웃을 극복하려면 자신의 한계를 인정하고 휴식하며 도움을 요청하는 것이 중요하다고 설명하고 있다. 따라서 교사가 현재 상황을 받아들이고 일부 업무를 분담할 수 있도록 도움을 요청해야 한다는 ③이 조언으로 가장 적절하다.

**오답분석**

① 번아웃을 극복하려면 업무를 줄여야 하므로 추가적인 업무를 하는 것은 적절하지 않다. 또한 '자기 계발'은 윗글에서 추론할 수 없는 내용이다.
② 윗글에서 번아웃을 극복하는 방법인 '휴식, 회복'과 관련 없으므로 적절하지 않다.
④ 윗글에서 번아웃을 극복하는 방법인 '휴식, 회복'과 관련 없으므로 적절하지 않다.
⑤ 번아웃을 극복하려면 일과 삶의 균형을 유지해야 한다. <보기>의 교사는 현재 일에 집중하는 편이므로 성과를 파악해 성취감을 느끼도록 조언하는 것은 적절하지 않다.

## 9 유비 추론  정답 ②

② 윗글은 학교폭력의 심각성을 알려주며, 방관하지 말고 적극적으로 개입해야 한다고 주장하고 있다. ②는 스마트폰 중독을 경계해야 한다는 내용이므로 윗글의 사례로 적절하지 않다.

**오답분석**

① 사이버 폭력을 주제로 하고 있으므로 윗글의 사례로 적절하다.
③ 학교폭력 피해자의 상처를 주제를 하고 있으므로 윗글의 사례로 적절하다.
④ 사이버 폭력을 주제로 하고 있으므로 윗글의 사례로 적절하다.
⑤ 학교 폭력의 해결을 주제로 하고 있으므로 윗글의 사례로 적절하다.

※ 출처: 한국방송광고진흥공사, https://www.kobaco.co.kr

## 10 조건에 맞는 내용 추론  정답 ②

② 윗글과 그림에 나타난 '학교폭력에 대한 관심'을 주제로 삼고 있으며, '침묵은 상처', '목소리는 치유'라는 대조적 표현을 사용하였고, '-ㅂ니다'의 평서형 어미로 종결하고 있으므로 적절하다.

**오답분석**

① 학교폭력을 진지하게 받아들여야 한다는 주제를 담고 있으나, '관심'에 관한 주제를 포괄하고 있지 않다. 또한 대조적 표현과 평서형 어미를 사용하고 있지 않으므로 적절하지 않다. 참고로 '마세요'에서 '-세요'는 '-시어요'의 준말로, 명령의 뜻을 나타내는 종결 어미이다.

③ '관심'에 관한 주제를 포괄하고 있으나 대조적 표현과 평서형 어미를 사용하고 있지 않으므로 적절하지 않다.
④ '관심'에 관한 주제를 포괄하면서 평서형 '-ㅂ니다'로 종결하고 있으나, 대조적 표현이 사용되지 않았으므로 적절하지 않다.
⑤ '관심'에 관한 주제를 포괄하면서 침묵이 '가해자에게 용기를 주고', '피해자에게 절망을 준다'는 대조적 표현을 사용하고 있으나, 평서형 어미를 사용하고 있지 않으므로 적절하지 않다.

### 오답분석
① 해바라기는 태양을 따라 움직이는 특성이 있지만, 태양은 자연물이지 인공물이 아니다. 또한 태양이 해바라기를 모방한 것도 아니다.
② 나무(자연물)에서 원목 가구(인공물)를 만드는 관계이지만, 원목 가구는 나무의 특별한 원리나 특성을 모방한 것이 아니라 나무를 재료로 사용한 것이므로 적절하지 않다.
③ 스마트폰과 배터리 모두 인공물이며, 자연의 원리를 모방한 관계도 아니다.
⑤ 연어 지느러미와 생선 초밥은 재료와 요리의 관계이며, 생선 초밥은 연어의 특정 원리나 특성을 모방한 것이 아니다.

## 02 시각 자료 이해 및 추론

### STEP2 기출동형 문제 풀어보기  p.254

| 1 ④ | 2 ④ | 3 ⑤ | 4 ② | 5 ④ |

### 1 시각 자료 이해   정답 ④

④ <보기>는 자연물(연잎, 단풍나무 씨앗)을 관찰해 물이 스미지 않는 특성과 바람에 날아가는 특성을 발견한 뒤, 이를 활용해 새로운 사물(방수복, 프로펠러)을 발명한 사례이므로 연상한 내용이 가장 적절한 것은 ④이다.

### 오답분석
① <보기>를 통해 약간의 불편함이 더 나은 삶을 가능하게 한다는 내용은 이끌어낼 수 없다.
② <보기>를 통해 '지속가능한 발전'과 관련된 내용은 이끌어낼 수 없다.
③ <보기>에 자연물이 제시되어 있으나 이를 통해 우리가 간과하고 지내는 일상의 소중함에 대한 내용은 연상할 수 없다.
⑤ <보기>는 '그 안에 숨겨진 특별함'이 아닌 자연물로부터 새로운 사물을 이끌어낸 사례이므로 적절하지 않다.

※ 출처
· e뮤지엄, https://www.emuseum.go.kr/
· EBS_교통_이동수단_0140 by한국교육방송공사, 출처: 공유마당, CC BY
· 한국저작권위원회_2018_신미식_국내_대한민국_0989 by한국저작권위원회, 출처: 공유마당, CC BY

### 2 시각 자료 이해   정답 ④

④ (가)와 (나)의 화살표 관계는 자연에서 발견되는 특성이나 원리를 모방하여 인공물을 만든 것을 의미한다. 수직면이나 천장에도 잘 붙는 도마뱀 발바닥의 특성을 모방하여 다른 물체에 접착하는 인공물을 만든 것이므로 ④가 가장 유사한 사례이다.

### 3 시각 자료 이해   정답 ⑤

⑤ (가) '밑그림 그리기'와 (나) '개요 작성하기'는 모두 세부 내용을 완성하기 전 대략적인 틀을 잡는 과정이다. 따라서 (나)는 글의 전체적인 구조와 주요 항목만 담고 있으므로 글의 세부적인 내용은 드러나지 않는다.

### 오답분석
① (가)는 완성될 그림의 구도와 형태를 미리 잡는 것이고, (나)는 글의 전체적인 구조와 흐름을 미리 설계하는 것이므로 적절하다.
② (가)와 (나)는 모두 수정과 변경이 쉬운 작업의 초기 단계에 이루어지므로 적절하다.
③ (가)와 (나) 모두 본격적인 작업(그림 완성, 글 작성)에 앞서 방향성을 설정하고 전체적인 틀을 잡는 단계이므로 적절하다.
④ (가)는 그림이나 회화와 같은 시각적 표현을 위한 준비 과정이고, (나)는 글이나 논문 등 문자적 표현을 위한 준비 과정이므로 적절하다.

※ 출처
· 단호박 by 한국저작권위원회, 출처:공유마당, CC BY
· 아이콘_플랫_비즈니스_03 by 한국저작권위원회, 출처:공유마당, CC BY

### 4 시각 자료 이해   정답 ②

② (가) '밑그림 그리기'는 작가의 영감이나 묘사가 중요하며, (나) '개요 작성하기'는 글의 구조를 체계적으로 설계하는 과정이므로 내용의 논리적 연결과 구조화가 중요하다. 따라서 ②가 가장 적절하다.

### 오답분석
① (가)와 (나) 모두 작업 초기 단계에서 진행되는 활동으로 쉽게 수정이 가능하여 주체의 비판적 사고 결과를 쉽게 반영할 수 있다. 따라서 (가)와 (나)가 주체의 비판적 사고 결과를 반영하기 어렵다는 설명은 적절하지 않다.
③ (가)와 (나) 모두 결과물에 흔적이 남지 않아야 성공적이라는 설명은 추론할 수 없으므로 적절하지 않다.
④ (가)와 (나) 모두 도구만 있다면 어디서든 활동할 수 있으므로 (나)는 (가)와 달리 특정한 장소에서만 활동이 가능하다는 설명은 적절하지 않다.

⑤ (가)와 (나) 모두 독자적으로 수행할 수도 있고 협업하여 수행할 수도 있으므로 (가)는 독자적으로 수행하고 (나)는 협업으로 수행한다는 설명은 적절하지 않다.

### 5 시각 자료에서 내용 추론  정답 ④

④ (나) '개요 작성하기'는 글의 핵심 내용을 논리적으로 구조화하고 순서를 체계적으로 배열하는 과정이다. 연설자가 발표 내용과 순서를 정리하는 행위는 발표 내용을 체계적으로 구성하는 과정으로 (나) '개요 작성하기'의 특성인 '핵심 내용 구조화', '순서 배열'과 같으므로 ④가 정답이다.

**오답분석**
① 건축가가 건물 설계 전 참고 자료를 수집하는 것은 구조화 단계가 아니라 자료 수집 단계이다. 따라서 (나)와 관련 없으므로 적절하지 않다.
② 요리사가 감각만으로 새로운 요리를 만든 것은 논리성과 체계성을 특징으로 하는 (나)와 관련 없으므로 적절하지 않다.
③ 배우가 즉흥적으로 연기하는 것은 논리성과 체계성을 특징으로 하는 (나)와 관련 없으므로 적절하지 않다.
⑤ 무용수가 동료의 조언을 참고해 동작을 수정하는 것은 타인의 피드백을 반영해 기존의 결과물을 고치는 행위이다. (나)는 초기에 글의 구조를 구성하는 과정으로, 결과물을 고치는 것은 (나)와 관련 없으므로 적절하지 않다.

⑤ (나) '배달 음식'은 디지털 기술 발전으로 스마트폰 애플리케이션을 활용해 편리하게 음식을 주문하는 것이므로 적절한 설명이다.

※ 출처
· 한식 식탁 by 최현진, 출처:한국저작권위원회, CC BY
· 교육_질병예방_131 by 한국저작권위원회, 출처:한국저작권위원회, CC BY

### 2 시각 자료 이해  정답 ①

① (가) '집밥'은 재료를 직접 사고 요리하여 개인의 취향에 맞는 음식을 만드는 특징이 있다. 재료(실)를 사서 취향에 맞는 옷을 만드는 것은 (가)와 가장 유사하므로 ①이 적절하다.

**오답분석**
② 식당에서 식사하는 것은 직접 요리하는 것과 반대되는 특징이므로 적절하지 않다.
③ 미용실에서 전문가의 제안대로 머리 모양을 바꾸는 것은 개인이 직접 결과물을 만들어 낸다는 것과 반대되는 특징이므로 적절하지 않다.
④ 여행사에서 정한 여행 장소와 일정을 따르는 것은 개인이 직접 결과물을 만들어 낸다는 것과 반대되는 특징이므로 적절하지 않다.
⑤ 조립된 책상을 구매해 원하는 색상으로 덧칠하는 것은 개인의 취향이 반영된다고 볼 수는 있으나, '조립된 책상'이라는 결과물은 개인이 재료를 선택해 직접 결과물을 만들어 내는 것은 아니므로 적절하지 않다.

### 3 시각 자료에서 내용 추론  정답 ③

③ (나)는 디지털 기술의 발달로 음식을 주문하는 애플리케이션이 생활의 편의를 높여주지만, 배달의 증가로 일회용품 사용이 늘어나 환경 비용이 발생할 수 있음을 추론할 수 있다. 따라서 편의 추구가 환경 부담을 초래할 수 있다는 시사점을 도출할 수 있다.

**오답분석**
① 기술의 발전으로 애플리케이션을 이용한 음식 주문 방식이 생겨났지만, 이러한 방식이 전통의 가치를 훼손한다는 내용은 추론하기 어렵다.
② 건강을 위해 직접 요리하는 습관이 필요하다는 것은 (가)에서 추론할 수 있는 내용이므로 적절하지 않다.
④ 디지털 기술이 소비자의 선택권을 제한한다는 내용은 추론하기 어렵다.
⑤ 배달 문화와 지역 간 교류는 관련 없는 내용이므로 적절하지 않다.

## 최종 점검 문제

p.256

| 1 ② | 2 ① | 3 ③ | 4 ④ | 5 ⑤ |
| 6 ④ | 7 ④ | 8 ④ | 9 ④ | 10 ④ |

### 1 시각 자료 이해  정답 ②

② (나) '배달 음식'은 시간과 노력을 들이지 않고 편리하게 주문하여 식사하는 것이 목적이다. 따라서 (나)의 목적은 편리한 식사이지 사회적 소통을 위해 접대하는 식사가 아니므로 적절하지 않다.

**오답분석**
① (가) '집밥'은 입맛이나 선호도를 고려하여 직접 조리한 음식이므로 적절한 설명이다.
③ (가) '집밥'은 재료를 선택하고 조리하는 전 과정을 통제할 수 있으나 그만큼 시간이나 노력을 들여야 음식이 만들어지므로 적절한 설명이다.
④ (가) '집밥'은 주도적으로 식생활을 형성할 수 있으며 식재료를 자유롭게 활용할 수 있어 효율적이므로 적절한 설명이다.

# 해커스 36시간에 끝내는 KBS 한국어능력시험

## 시험 직전 암기 영역 마무리!
## 빈출 개념 암기노트

| 어휘 | | 어법 | | 국어 문화 | |
|---|---|---|---|---|---|
| 01 고유어 | 2 | 01 한글 맞춤법 | 28 | 01 문학 작품 및 작가 | 50 |
| 02 한자어 | 8 | 02 표준어 규정 | 36 | 02 중세 국어 | 54 |
| 03 어휘의 의미 관계 | 14 | 03 외래어·로마자 표기법 | 42 | | |
| 04 속담·사자성어·관용구 | 20 | 04 기타 문법 및 문장 표현 | 46 | | |
| 05 순화어 | 26 | | | | |

# 어휘 | 01 고유어

☑ 잘 외워지지 않는 단어는 박스에 체크하고, 반복하여 암기하세요.

## 1 사람을 의미하는 고유어

| □ 가납사니 | 쓸데없는 말을 지껄이기 좋아하는 수다스러운 사람. 예 후배가 **가납사니**라서 시끄럽다. |
|---|---|
| □ 늦깎이 | 나이가 많이 들어서 어떤 일을 시작한 사람. 예 그는 **늦깎이** 교수로 불리었다. |
| □ 뜨내기 | 일정한 거처가 없이 떠돌아다니는 사람. 예 그는 **뜨내기**가 아니라 우리 가게 단골이다. |
| □ 트레바리 | 이유 없이 남의 말에 반대하기를 좋아함. 또는 그런 성격을 지닌 사람.<br>예 또 **트레바리**처럼 딴지를 거네. |

## 2 인간의 심리나 상태를 의미하는 고유어

| □ 곰살갑다 | 성질이 보기보다 상냥하고 부드럽다.<br>예 어찌나 **곰살갑게** 구는지 미워하려야 미워할 수가 없다. |
|---|---|
| □ 깨단하다 | 오랫동안 생각해 내지 못하던 일 등을 어떠한 실마리로 말미암아 깨닫거나 분명히 알다. |
| □ 달뜨다 | ① 마음이 가라앉지 않고 조금 흥분되다.<br>  예 그는 마음이 **달떠서** 일이 손에 잡히지 않았다.<br>② 열기가 올라서 진정하지 못하다. |
| □ 뜨악하다 | ① 마음이 선뜻 내키지 않아 꺼림칙하고 싫다. 예 **뜨악한** 기분.<br>② 마음이나 분위기가 맞지 않아 서먹하다. 또는 사귀는 사이가 떠서 서먹하다. |
| □ 머쓱하다 | 무안을 당하거나 흥이 꺾여 어색하고 열없다.<br>예 그는 자신의 마음을 들킨 것이 **머쓱해서** 웃고 말았다. |
| □ 못내 | 자꾸 마음에 두거나 잊지 못하는 모양. 예 **못내** 그리워하다. |
| □ 몽니 | 받고자 하는 대우를 받지 못할 때 내는 심술. 예 **몽니**를 부리다. |
| □ 수더분하다 | 성질이 까다롭지 않아 순하고 무던하다. 예 **수더분해** 보이다. |
| □ 야멸차다 | 자기만 생각하고 남의 사정을 돌볼 마음이 거의 없다. 예 이기적인 그녀는 **야멸찼다**. |
| □ 웅숭깊다 | 생각이나 뜻이 크고 넓다. 예 조카는 어리지만 **웅숭깊었다**. |
| □ 의뭉하다 | 겉으로는 어리석은 것처럼 보이면서 속으로는 엉큼하다. 예 **의뭉한** 속셈을 드러내다. |
| □ 자그럽다 | 날카로운 소리가 신경을 자극하여 몹시 듣기에 거북하다.<br>예 내 귀에는 노래가 **자그럽기만** 했다. |

| □ 주눅 | ① 기운을 제대로 펴지 못하고 움츠러드는 태도나 성질. 예 **주눅**이 들다.<br>② 부끄러움이 없이 언죽번죽한 태도나 성질.<br>예 저 녀석은 남들이 욕을 하거나 말거나 **주눅이** 좋게 얼렁뚱땅 넘긴다. |
|---|---|
| □ 짐짓 | 마음으로는 그렇지 않으나 일부러 그렇게. 예 **짐짓** 모른 체하다. |
| □ 해사하다 | 얼굴이 희고 곱다랗다. 예 **해사한** 얼굴. |
| □ 후줄근하다 | 몹시 지치고 고단하여 몸이 축 늘어질 정도로 아주 힘이 없다.<br>예 장마철에 계속되는 비로 기분이 **후줄근했다**. |

## 3 인간의 행동이나 태도를 의미하는 고유어

| □ 나부대다 | 얌전히 있지 못하고 철없이 촐랑거리다.<br>예 그들은 무거운 짐들을 지고 종일 **나부댄** 탓인지 몹시 피곤했다. |
|---|---|
| □ 너스레 | 수다스럽게 떠벌려 늘어놓는 말이나 짓. 예 **너스레**를 놓다. |
| □ 노량 | 어정어정 놀면서 느릿느릿. 예 그는 일을 **노량**으로 했다. |
| □ 늘차다 | 능란하고 재빠르다. 예 **늘찬** 일솜씨 |
| □ 무람없다 | 예의를 지키지 않으며 삼가고 조심하는 것이 없다.<br>예 제 행동이 다소 버릇없고 **무람없더라도** 용서하십시오. |
| □ 야무지다 | 사람의 성질이나 행동, 생김새 따위가 빈틈이 없이 꽤 단단하고 굳세다.<br>예 그는 일을 **야무지게** 처리하는 사람이다. |
| □ 야물다 | 일 처리나 언행이 옹골차고 야무지다. 예 일을 **야물게** 처리하다. |
| □ 찬찬하다 | 성질이나 솜씨, 행동 따위가 꼼꼼하고 차분하다. 예 **찬찬하게** 관찰하다. |
| □ 헤살 | ① 일을 짓궂게 훼방함. 또는 그런 짓. 예 **헤살**을 놓다.<br>② 물 따위를 젓거나 하여 흩뜨림. 또는 그런 짓. |

### ✓ 어휘 암기 체크

다음 어휘와 뜻풀이를 바르게 연결하시오.

01 웅숭깊다 • • ㉠ 받고자 하는 대우를 받지 못할 때 내는 심술.
02 몽니 • • ㉡ 생각이나 뜻이 크고 넓다.
03 짐짓 • • ㉢ 어정어정 놀면서 느릿느릿.
04 너스레 • • ㉣ 수다스럽게 떠벌려 늘어놓는 말이나 짓.
05 노량 • • ㉤ 마음으로는 그렇지 않으나 일부러 그렇게.

정답 01 ㉡ 02 ㉠ 03 ㉤ 04 ㉣ 05 ㉢

## 4 시간, 분량, 정도를 의미하는 고유어

| | | |
|---|---|---|
| ☐ 겨를(=틈) | 어떤 일을 하다가 생각 등을 다른 데로 돌릴 수 있는 시간적인 여유.<br>예 일거리가 쌓여 잠시도 쉴 **겨를**이 없다. | |
| ☐ 그끄저께 | 그저께의 전날. 오늘로부터 사흘 전의 날을 이른다.<br>예 **그끄저께**부터 열이 나기 시작했다. | |
| ☐ 글피 | 모레의 다음 날. 예 **글피**에 호주로 떠날 것이다. | |
| ☐ 낙낙하다 | 크기, 수효, 부피 등이 조금 크거나 남음이 있다. 예 그 옷은 나에게 **낙낙했다.** | |
| ☐ 노상 | 언제나 변함없이 한 모양으로 줄곧. 예 그는 **노상** 웃고 다닌다. | |
| ☐ 달포 | 한 달이 조금 넘는 기간. 예 그가 떠난 지 **달포**가량 지났다. | |
| ☐ 들마 | 가게 문을 닫을 무렵. 예 **들마**에 손님들이 몰려왔다. | |
| ☐ 이드거니 | 충분한 분량으로 만족스러운 모양. 예 밥을 **이드거니** 먹었다. | |
| ☐ 푸지다 | 매우 많아서 넉넉하다. 예 **푸지게** 먹다. | |
| ☐ 푼푼하다 | 모자람이 없이 넉넉하다. 예 먹을 것이 **푼푼하다**. | |
| ☐ 해거름 | 해가 서쪽으로 넘어가는 일. 또는 그런 때. 예 **해거름**에 가겠다. | |
| ☐ 해포 | 한 해가 조금 넘는 동안. 예 **해포**만에 그녀가 돌아왔다. | |

## 5 한 단어나 비슷한 단어가 결합된 고유어

| | |
|---|---|
| ☐ 곰비임비 | 물건이 거듭 쌓이거나 일이 계속 일어남을 나타내는 말.<br>예 경사스러운 일이 **곰비임비** 일어난다. |
| ☐ 곰실곰실 | 작은 벌레 등이 한데 어우러져 조금씩 자꾸 굼뜨게 움직이는 모양.<br>예 벌레가 **곰실곰실** 움직인다. |
| ☐ 넘실넘실 | 물결 등이 부드럽게 자꾸 굽이쳐 움직이는 모양. 예 파도가 **넘실넘실** 뱃전을 두드리다. |
| ☐ 담상담상 | 드물고 성긴 모양. 예 턱에 **담상담상** 수염이 돋았다. |
| ☐ 데면데면 | 사람을 대하는 태도가 친밀감이 없이 예사로운 모양.<br>예 그는 누구를 만나도 **데면데면** 대한다. |
| ☐ 바작바작 | 물기가 적은 물건을 잇따라 씹거나 빻는 소리. 또는 그 모양.<br>예 과자를 **바작바작** 소리를 내며 먹다. |
| ☐ 새록새록 | 어떤 생각이나 느낌이 거듭하여 새롭게 생기는 모양.<br>예 아프고 쓰라렸던 지난 일이 **새록새록** 떠올랐다. |

| □ 어슷어슷 | 여럿이 다 한쪽으로 조금 비뚤어진 모양. 예 **어슷어슷** 썬 풋고추. |
|---|---|
| □ 우럭우럭 | 심술이나 화가 점점 치밀어 오르는 모양. 예 원수를 생각하니 **우럭우럭** 화가 났다. |
| □ 티적티적 | 남의 흠이나 트집을 잡으면서 자꾸 비위를 거스르는 모양.<br>예 친구는 **티적티적** 시비를 걸었다. |
| □ 할금할금 | 곁눈으로 살그머니 계속 할겨 보는 모양. 예 강아지가 **할금할금** 내 눈치를 살핀다. |
| □ 휘뚜루마뚜루 | 이것저것 가리지 않고 닥치는 대로 마구 해치우는 모양.<br>예 **휘뚜루마뚜루** 들고 다니기 좋다. |

## 6 '-스럽다', '-거리다'가 결합된 고유어

| □ 가살스럽다 | 말씨나 행동이 되바라지고, 밉상스러운 데가 있다.<br>예 그의 행동은 **가살스럽기** 짝이 없다. |
|---|---|
| □ 게염스럽다 | 보기에 부러워하며 시샘하여 탐내는 마음이 있다.<br>예 동생은 잘생긴 형을 **게염스러워** 했다. |
| □ 곰상스럽다 | ① 성질이나 행동이 싹싹하고 부드러운 데가 있다.<br>　예 **곰상스럽게** 타이르다.<br>② 성질이나 행동이 잘고 꼼꼼한 데가 있다. |
| □ 내숭스럽다 | 겉으로는 순해 보이나 속으로는 엉큼한 데가 있다.<br>예 왠지 저 사람은 좀 **내숭스러워** 보인다. |
| □ 모지락스럽다 | 보기에 억세고 모질다.<br>예 아저씨의 인생을 들어보니 더욱 **모지락스러워** 보였다. |
| □ 을씨년스럽다 | ① 보기에 날씨나 분위기 등이 몹시 스산하고 쓸쓸한 데가 있다.<br>　예 새벽 가을바람은 한층 **을씨년스럽다**.<br>② 보기에 살림이 매우 가난한 데가 있다. |

### ✓ 어휘 암기 체크

다음 어휘와 뜻풀이를 바르게 연결하시오.

01 노상　　　　　•　　　　　• ㉠ 심술이나 화가 점점 치밀어 오르는 모양.
02 푸지다　　　　•　　　　　• ㉡ 보기에 억세고 모질다.
03 담상담상　　　•　　　　　• ㉢ 언제나 변함없이 한 모양으로 줄곧.
04 우럭우럭　　　•　　　　　• ㉣ 매우 많아서 넉넉하다.
05 모지락스럽다　•　　　　　• ㉤ 드물고 성긴 모양.

정답 01 ㉢　02 ㉣　03 ㉤　04 ㉠　05 ㉡

## 7 기타 최신 기출 고유어

| | | |
|---|---|---|
| ☐ 가름 | 쪼개거나 나누어 따로따로 되게 하는 일.<br>예 차림새만 봐서는 여자인지 남자인지 **가름**이 되지 않는다. | |
| ☐ 가뭇없이 | 눈에 띄지 않게 감쪽같이. 예 그는 어제부터 **가뭇없이** 사라졌다. | |
| ☐ 가없이 | 끝이 없이. 예 **가없이** 넓은 바다. | |
| ☐ 거스러미 | 손발톱 뒤의 살 껍질이나 나무의 결 따위가 얇게 터져 일어난 부분.<br>예 **거스러미**가 일어나 자꾸 신경이 쓰였다. | |
| ☐ 결딴 | 어떤 일이나 물건 등이 아주 망가져서 도무지 손을 쓸 수 없게 된 상태.<br>예 오래된 라디오가 아주 **결딴**났다. | |
| ☐ 가탈 | ① 일이 순조롭게 나아가는 것을 방해하는 조건.<br>　예 처음 하는 일이라 여기저기서 **가탈**이 많이 생긴다.<br>② 이리저리 트집을 잡아 까다롭게 구는 일. | |
| ☐ 갈마들다 | 서로 번갈아들다. 예 낮과 밤이 **갈마들다**. | |
| ☐ 곰삭다 | ① 옷 등이 오래되어서 올이 삭고 질이 약해지다. 예 **곰삭아** 너덜너덜해진 옷.<br>② 두 사람의 사이가 스스럼없이 가까워지다. | |
| ☐ 국으로 | 제 생긴 그대로. 또는 자기 주제에 맞게. 예 **국으로** 가만히 있어라. | |
| ☐ 깜냥 | 스스로 일을 헤아림. 또는 헤아릴 수 있는 능력. 예 선배로서 **깜냥**이 부족했다. | |
| ☐ 꼭뒤 | ① 뒤통수의 한가운데. 예 아이들이 머리를 **꼭뒤**까지 올려 묶었다.<br>② 활의 도고지가 붙은 뒤. | |
| ☐ 득달같다 | 잠시도 늦추지 않다. 예 학생들이 선생님께 **득달같이** 혼이 났다. | |
| ☐ 마뜩하다 | 제법 마음에 들 만하다. 예 나는 그의 행동이 **마뜩하지** 않다. | |
| ☐ 닦달 | 물건을 손질하고 매만짐.<br>예 그는 낫과 지게의 **닦달**에 한동안 시간을 들이고서야 나무를 하러 갈 수 있었다. | |
| ☐ 댓바람 | 일이나 때를 당하여 서슴지 않고 당장. 예 소식을 듣자마자 **댓바람**으로 달려나갔다. | |
| ☐ 맵자하다 | 모양이 제격에 어울려서 맞다. 예 그는 옷차림이 **맵자하고** 멋지다. | |
| ☐ 뭉근하다 | 세지 않은 불기운이 끊이지 않고 꾸준하다.<br>예 사랑방은 **뭉근한** 화롯불로 새벽까지 뜨뜻했다. | |
| ☐ 부시다 | 그릇 등을 씻어 깨끗하게 하다. 예 솥을 **부시다**. | |
| ☐ 비설거지 | 비가 오려고 하거나 올 때, 비에 맞으면 안 되는 물건을 치우거나 덮는 일. | |

| □ 사달 | 사고나 탈. 예 일이 꺼림칙하게 되어 가더니만 결국 **사달**이 났다. |
|---|---|
| □ 성기다(=성글다) | 물건의 사이가 뜨다. 예 **성긴** 나무 사이로 늑대가 보였다. |
| □ 실팍하다 | 사람이나 물건 등이 보기에 매우 실하다.<br>예 그는 **실팍한** 몸집인데도 쌀 한 가마를 제대로 못 옮겼다. |
| □ 안치다 | 밥, 떡, 찌개 등을 만들기 위하여 그 재료를 솥이나 냄비 등에 넣고 불 위에 올리다.<br>예 시루에 떡을 **안치다**. |
| □ 우수리 | 물건값을 제하고 거슬러 받는 잔돈. 예 **우수리**는 괜찮습니다. |
| □ 종요롭다 | 없어서는 안 될 정도로 매우 긴요하다. 예 그 기술은 우리 회사의 **종요로운** 기술이다. |
| □ 지레 | 어떤 일이 일어나기 전 또는 어떤 기회나 때가 무르익기 전에 미리.<br>예 그는 경찰차를 보고 **지레** 놀라 달아났다. |
| □ 짜장 | 과연 정말로. 예 그는 **짜장** 사실인 것처럼 이야기를 한다. |
| □ 짬짜미 | 남모르게 자기들끼리만 짜고 하는 약속이나 수작.<br>예 그를 빼고 놀러 가기로 한 **짬짜미**가 마음에 걸린다. |
| □ 파임내다 | 일치한 의논을 나중에 다른 소리를 하여 그르치게 하다.<br>예 김 부장이 **파임내** 일이 더 복잡해졌다. |
| □ 하릴없이 | ① 달리 어떻게 할 도리가 없이. 예 지낼 곳이 없어 **하릴없이** 떠돌아다녀야 했다.<br>② 조금도 틀림이 없이. |
| □ 함함하다 | 털이 보드랍고 반지르르하다. 예 털이 **함함한** 강아지. |
| □ 허수롭다 | 짜임새나 단정함이 없이 느슨한 데가 있다.<br>예 담임 선생님은 **허수롭게** 대답하는 학생을 크게 혼냈다. |
| □ 흰소리하다 | 터무니없이 자랑으로 떠벌리거나 거드럭거리며 허풍을 떨다.<br>예 그는 모임마다 **흰소리하기로** 유명했다. |

### ✔ 어휘 암기 체크

다음 어휘와 뜻풀이를 바르게 연결하시오.

01 가름 •           • ㉠ 스스로 일을 헤아림. 또는 헤아릴 수 있는 능력.
02 깜냥 •           • ㉡ 일이나 때를 당하여 서슴지 않고 당장.
03 댓바람 •         • ㉢ 물건값을 제하고 거슬러 받는 잔돈.
04 우수리 •         • ㉣ 남모르게 자기들끼리만 짜고 하는 약속이나 수작.
05 짬짜미 •         • ㉤ 쪼개거나 나누어 따로따로 되게 하는 일.

정답  01 ㉤  02 ㉠  03 ㉡  04 ㉢  05 ㉣

# 어휘 | 02 한자어

☑ 잘 외워지지 않는 단어는 박스에 체크하고, 반복하여 암기하세요.

## 1 동음이의 한자어

| ☐ 감상 | 感傷(느낄 감, 상처 상) | 하찮은 일에도 쓸쓸하고 슬퍼져서 마음이 상함. 또는 그런 마음.<br>예 **감상**에 젖다. |
|---|---|---|
| | 感想(느낄 감, 생각 상) | 마음속에서 일어나는 느낌이나 생각.<br>예 그곳에서의 **감상**은 황량하다는 느낌뿐이었다. |
| | 鑑賞(거울 감, 상줄 상) | 주로 예술 작품을 이해하여 즐기고 평가함. 예 영화 **감상**. |
| ☐ 개선 | 改善(고칠 개, 착할 선) | 잘못된 것이나 부족한 것, 나쁜 것 등을 고쳐 더 좋게 만듦.<br>예 입시 제도 **개선**. |
| | 改選(고칠 개, 가릴 선) | 의원이나 임원 등이 사퇴하거나 그 임기가 다 되었을 때 새로 선출함.<br>예 임원 **개선**. |
| | 凱旋(개선할 개, 돌 선) | 싸움에서 이기고 돌아옴. 예 **개선** 행진. |
| ☐ 개정 | 改正(고칠 개, 바를 정) | 주로 문서의 내용 등을 고쳐 바르게 함. 예 악법의 **개정**에 힘쓰다. |
| | 改定(고칠 개, 정할 정) | 이미 정하였던 것을 고쳐 다시 정함. 예 **개정** 요금. |
| | 改訂(고칠 개, 평론할 정) | 글자나 글의 틀린 곳을 고쳐 바로잡음. 예 초판본을 **개정** 보완하다. |
| ☐ 경기 | 景氣(경치 경, 기운 기) | 매매나 거래에 나타나는 호황·불황 등의 경제 활동 상태.<br>예 **경기** 부진. |
| | 經紀(경서 경, 벼리 기) | 일정한 포부를 가지고 어떤 일을 조직적으로 계획하여 처리함. |
| | 競技(다툴 경, 재주 기) | 일정한 규칙 아래 기량과 기술을 겨룸. 또는 그런 일. 예 **경기** 규칙. |
| | 驚氣(놀랄 경, 기운 기) | 어린아이에게 나타나는 증상의 하나. 예 **경기**를 일으키다. |
| ☐ 계승 | 繼承(이을 계, 받들 승) | 조상의 전통이나 문화유산, 업적 등을 물려받아 이어 나감.<br>예 전통문화의 **계승**과 발전. |
| | 繼乘(이을 계, 탈 승) | 열차나 배를 타고 가다가 내려서 다른 열차나 배로 옮겨 탐. |
| ☐ 고수 | 固守(굳을 고, 지킬 수) | 차지한 물건이나 형세 등을 굳게 지킴. 예 강경 노선 **고수**. |
| | 高手(높을 고, 손 수) | 바둑이나 장기 등에서 수가 높음. 또는 그런 사람.<br>예 그는 진정한 바둑의 **고수**이다. |
| | 鼓手(북 고, 손 수) | 북이나 장구 등을 치는 사람. 예 북채를 든 **고수**. |

| □ 공포 | 公布(공변될 공, 베 포) | ① 일반 대중에게 널리 알림.<br>② 이미 확정된 법률, 조약, 명령 등을 일반 국민에게 널리 알리는 일. |
|---|---|---|
| | 空砲(빌 공, 돌쇠뇌 포) | 대상을 위협하기 위하여 실탄을 넣고 공중이나 다른 곳을 향하여 하는 총질. |
| | 恐怖(두려울 공, 두려울 포) | 두렵고 무서움. 예 **공포**에 떨다. |
| □ 관용 | 官用(벼슬 관, 쓸 용) | 정부 기관이나 국립 공공 기관에서 사용함. 예 **관용** 차량. |
| | 慣用(버릇 관, 쓸 용) | 오랫동안 써서 굳어진 대로 늘 씀. 또는 그렇게 쓰는 것. 예 **관용** 표현. |
| | 寬容(너그러울 관, 얼굴 용) | 남의 잘못 등을 너그럽게 받아들이거나 용서함. 또는 그런 용서.<br>예 **관용**을 베풀다. |
| □ 교정 | 校正(학교 교, 바를 정) | 교정쇄와 원고를 대조하여 오자, 오식, 배열, 색 등을 바르게 고침. |
| | 校訂(학교 교, 평론할 정) | 남의 문장 또는 출판물의 잘못된 글자나 글귀 등을 바르게 고침. |
| | 校庭(학교 교, 뜰 정) | 학교의 마당이나 운동장. |
| | 矯正(바로잡을 교, 바를 정) | ① 틀어지거나 잘못된 것을 바로잡음.<br>② 교도소나 소년원 등에서 재소자의 잘못된 품성이나 행동을 바로잡음. |
| □ 구제 | 救濟(구원할 구, 건널 제) | 자연적인 재해나 사회적인 피해를 당하여 어려운 처지에 있는 사람을 도와줌. 예 **구제** 사업. |
| | 舊製(옛 구, 지을 제) | 옛적에 만듦. 또는 그런 물건. |
| | 驅除(몰 구, 덜 제) | 해충 등을 몰아내어 없앰. 예 송충이 **구제**. |

### ✔ 어휘 암기 체크

**다음 중 문맥상 쓰임이 적절한 한자어 표기를 고르시오.**

01 그녀는 영화 감상(㉠ 感傷 / ㉡ 鑑賞)을 즐긴다.
02 이번 축구 경기(㉠ 景氣 / ㉡ 競技)에 최선을 다해 임했다.
03 장기에서는 내가 고수(㉠ 高手 / ㉡ 鼓手)라고 할 수 있다.
04 전쟁 상황은 공포(㉠ 恐怖 / ㉡ 公布) 그 자체였다.
05 어머니는 관용(㉠ 慣用 / ㉡ 寬容)을 베풀어 날 용서했다.

정답 01 ㉡  02 ㉡  03 ㉠  04 ㉠  05 ㉡

| | | | |
|---|---|---|---|
| ☐ 동기 | 同氣(같을 **동**, 기운 **기**) | 형제와 자매, 남매를 통틀어 이르는 말. 예 **동기**끼리 사이좋게 지내다. | |
| | 同期(같을 **동**, 기약할 **기**) | ① 같은 시기. 또는 같은 기간. 예 6월 중 수출 실적은 전년 **동기** 대비 32.5%가 증가했다. ② 같은 시기에 같은 곳에서 교육이나 강습을 함께 받은 사람. 예 대학 **동기**다. | |
| | 動機(움직일 **동**, 틀 **기**) | 어떤 일이나 행동을 일으키게 하는 계기. 예 작품을 쓰게 된 **동기**. | |
| ☐ 보전 | 保全(보전할 **보**, 온전할 **전**) | 온전하게 보호하여 유지함. 예 생태계 **보전**. | |
| | 補塡(기울 **보**, 메울 **전**) | 부족한 부분을 보태어 채움. 예 적자의 **보전**. | |
| | 寶典(보배 **보**, 법 **전**) | 귀중한 책. 예 ≪훈민정음≫은 한국 문화의 **보전**이다. | |
| ☐ 사주 | 使嗾(부릴 **사**, 부추길 **주**) | 남을 부추겨 좋지 않은 일을 시킴. 예 **사주**를 받다. | |
| | 社主(모일 **사**, 주인 **주**) | 회사나 결사의 주인. | |
| ☐ 수령 | 受領(받을 **수**, 거느릴 **령**) | 돈이나 물품을 받아들임. 예 반품 및 교환은 물품 **수령** 후 3일 안에만 가능합니다. | |
| | 首領(머리 **수**, 거느릴 **령**) | 한 당파나 무리의 우두머리. 예 노론의 **수령** 우암 송시열. | |
| | 樹齡(나무 **수**, 나이 **령**) | 나무의 나이. 예 마을 어귀에는 300년 **수령**의 느티나무가 있다. | |
| ☐ 수리 | 受理(받을 **수**, 다스릴 **리**) | 서류를 받아서 처리함. 예 회사에서 사표 **수리**를 거부하는 바람에 퇴사가 미루어지고 있다. | |
| | 修理(닦을 **수**, 다스릴 **리**) | 고장 나거나 허름한 데를 손보아 고침. | |
| | 數理(셀 **수**, 다스릴 **리**) | 수학의 이론이나 이치. 예 그는 **수리**에 밝아서 계산이 틀리는 일이 없다. | |
| ☐ 수정 | 水晶(물 **수**, 밝을 **정**) | 무색투명한 석영의 하나. | |
| | 受精(받을 **수**, 찧을 **정**) | 암수의 생식 세포가 하나로 합쳐져 접합자가 됨. 또는 그런 현상. | |
| | 修正(닦을 **수**, 바를 **정**) | 바로잡아 고침. 예 대폭적인 **수정**. | |
| ☐ 연패 | 連敗(잇닿을 **연**, 패할 **패**) | 싸움이나 경기에서 계속하여 짐. 예 **연패**의 늪에 빠지다. | |
| | 連霸(잇닿을 **연**, 으뜸 **패**) | 운동 경기 등에서 연달아 우승함. 예 그는 작년에 이어 올해까지 우승해 2년 **연패**를 기록했다. | |
| ☐ 정상 | 正常(바를 **정**, 항상 **상**) | 특별한 변동이나 탈이 없이 제대로인 상태 예 **정상** 수업 | |
| | 情狀(뜻 **정**, 형상 **상**) | ① 있는 그대로의 사정과 형편. ② 딱하거나 가엾은 상태. 예 **정상**을 살피다. | |
| | 頂上(정수리 **정**, 위 **상**) | 산 등의 맨 꼭대기. 예 지리산의 **정상**. | |

| | | |
|---|---|---|
| □ 정정 | 正正(바를 정, 바를 정) | 바르고 가지런함. |
| | 亭亭(정자 정, 정자 정) | 늙은 몸이 굳세고 건강함. |
| | 訂正(평론할 정, 바를 정) | 글자나 글 등의 잘못을 고쳐서 바로잡음. |
| □ 제재 | 制裁(억제할 제, 마를 재) | 일정한 규칙이나 관습의 위반에 대하여 제한하거나 금지함. 또는 그런 조치. 예 **제재**를 가하다. |
| | 題材(제목 제, 재목 재) | 예술 작품이나 학술 연구의 바탕이 되는 재료. |
| □ 준동 | 準同(법도 준, 같을 동) | 어떤 표준과 같음. |
| | 蠢動(꿈틀거릴 준, 움직일 동) | '벌레 등이 꿈적거린다'라는 뜻으로, 불순한 세력이나 보잘것없는 무리가 법석을 부림을 이르는 말. |
| □ 조정 | 調停(고를 조, 머무를 정) | 분쟁을 중간에서 화해하게 하거나 서로 타협점을 찾아 합의하도록 함. 예 문제를 해결하기 위해 이해 당사자들이 직접 **조정**에 나섰다. |
| | 調整(고를 조, 가지런할 정) | 어떤 기준이나 실정에 맞게 정돈함. 예 판매 가격 **조정**을 요구하다. |
| □ 착상 | 着床(붙을 착, 평상 상) | 포유류의 수정란이 자궁벽에 접착하여 모체의 영양을 흡수할 수 있는 상태가 됨. 또는 그런 현상. |
| | 着想(붙을 착, 생각 상) | 어떤 일이나 창작의 실마리가 되는 생각이나 구상 등을 잡음. 또는 그 생각이나 구상. 예 **착상**이 기발하다. |
| □ 풍조 | 風潮(바람 풍, 조수 조) | ① 바람과 조수(潮水)를 아울러 이르는 말. 또는 바람에 따라 흐르는 조수.<br>② 시대에 따라 변하는 세태. 예 과소비 **풍조**. |
| | 風調(바람 풍, 고를 조) | ① 바람이 순조롭게 붊.<br>② 시가 등의 가락. |
| □ 타진 | 打診(칠 타, 볼 진) | 남의 마음이나 사정을 미리 살펴봄. 예 가능성 **타진**. |
| | 打盡(칠 타, 다할 진) | 모조리 잡음. |
| □ 후기 | 後記(뒤 후, 기록할 기) | 본문 끝에 덧붙여 기록함. 또는 그런 글. 예 책 끝에 **후기**를 붙이다. |
| | 後期(뒤 후, 기약할 기) | 일정 기간을 둘이나 셋으로 나누었을 때의 맨 뒤 기간. 예 조선 **후기**. |

### ✓ 어휘 암기 체크

**다음 중 문맥상 쓰임이 적절한 한자어 표기를 고르시오.**

01 어제 주문한 물건은 내일 수령(㉠ 受領 / ㉡ 首領)할 수 있다.
02 자전거가 고장나서 수리(㉠ 受理 / ㉡ 修理)를 맡겼다.
03 드디어 팀이 연패(㉠ 連敗 / ㉡ 連霸)를 끊고 값진 승리를 거두었다.
04 잘못된 정보를 정정(㉠ 正正 / ㉡ 訂正)하지 않으면 오해가 생긴다.
05 이 글의 제재(㉠ 制裁 / ㉡ 題材)는 가족 간의 사랑이다.

정답 01 ㉠  02 ㉡  03 ㉠  04 ㉡  05 ㉡

## 2 최신 기출 한자어

| | |
|---|---|
| ☐ 간파(看破) | 속내를 꿰뚫어 알아차림. |
| ☐ 계륵(鷄肋) | 닭의 갈비라는 뜻으로, 그다지 큰 소용은 없으나 버리기에는 아까운 것을 이르는 말. |
| ☐ 계발(啓發) | 슬기나 재능, 사상 등을 일깨워 줌. **예** 외국어 능력의 **계발**. |
| ☐ 과문(寡聞) | 보고 들은 것이 적음. |
| ☐ 기탄(忌憚) | 어렵게 여겨 꺼림. **예** 그는 아무런 **기탄**이 없이 말을 이었다. |
| ☐ 구명(究明) | 사물의 본질, 원인 등을 깊이 연구하여 밝힘.<br>**예** 고대 유물에 대한 문제의 **구명**에서 무엇보다도 긴요한 것은 객관적인 자료의 뒷받침이다. |
| ☐ 난삽(難澁) | 글이나 말이 매끄럽지 못하면서 어렵고 까다로움. |
| ☐ 답습(踏襲) | 예로부터 해 오던 방식이나 수법을 좇아 그대로 행함.<br>**예** 전통의 계승과 **답습**을 혼동해서는 안 된다. |
| ☐ 도탄(塗炭) | '진구렁에 빠지고 숯불에 탄다'라는 뜻으로, 몹시 곤궁하여 고통스러운 지경을 이르는 말. **예** **도탄**에 빠뜨리다. |
| ☐ 두각(頭角) | ① 짐승의 머리에 있는 뿔.<br>② 뛰어난 학식이나 재능을 비유적으로 이르는 말. **예** **두각**을 드러내다. |
| ☐ 반향(反響) | 어떤 사건이나 발표 등이 세상에 영향을 미치어 일어나는 반응.<br>**예** **반향**을 불러일으키다. |
| ☐ 불식(拂拭) | '먼지를 떨고 훔친다'라는 뜻으로, 의심이나 부조리한 점 등을 말끔히 떨어 없앰을 이르는 말. **예** 불신 풍조 **불식**. |
| ☐ 산실(産室) | 어떤 일을 꾸미거나 이루어 내는 곳. 또는 그런 바탕.<br>**예** 우리 연구부를 기술 개발의 **산실**로 키우겠다. |
| ☐ 상쇄(相殺) | 상반되는 것이 서로 영향을 주어 효과가 없어지는 일. |
| ☐ 상정(上程) | 토의할 안건을 회의 석상에 내어놓음. |
| ☐ 슬하(膝下) | 무릎의 아래라는 뜻으로, 어버이나 조부모의 보살핌 아래.<br>**예** **슬하**에 자녀는 몇이나 두었소? |
| ☐ 아성(牙城) | 아주 중요한 근거지를 비유적으로 이르는 말. **예** **아성**이 무너지다. |
| ☐ 와중(渦中) | ① 흐르는 물이 소용돌이치는 가운데.<br>② 일이나 사건 등이 시끄럽고 복잡하게 벌어지는 가운데.<br>　　**예** 많은 사람이 전란의 **와중**에 가족을 잃었다. |
| ☐ 유례(類例) | ① 같거나 비슷한 예. **예** 그들의 잔혹한 통치 정책은 세계에서 **유례**를 찾기 힘든 것이다.<br>② 이전부터 있었던 사례. **예** 역사상 **유례**가 없는 이변. |

| 어휘 | 뜻풀이 |
|---|---|
| ☐ 유치(誘致) | 행사나 사업 따위를 이끌어 들임. 예 시설 **유치**. |
| ☐ 저간(這間) | 바로 얼마 전부터 이제까지의 무렵. 예 **저간**의 소식. |
| ☐ 적폐(積弊) | 오랫동안 쌓이고 쌓인 폐단. 예 관민이 함께 협심하여 **적폐**를 일소했다. |
| ☐ 제고(提高) | 수준이나 정도 등을 끌어올림. 예 생산성의 **제고**. |
| ☐ 차치(且置) | 내버려두고 문제 삼지 않음. |
| ☐ 천착(穿鑿) | 어떤 원인이나 내용 등을 따지고 파고들어 알려고 하거나 연구함. 예 세밀한 관찰과 **천착**을 거듭하다. |
| ☐ 초미(焦眉) | 눈썹에 불이 붙었다는 뜻으로, 매우 급함을 이르는 말. 예 반드시 해결하지 않으면 안 될 **초미**의 문제. |
| ☐ 추출(抽出) | 전체 속에서 어떤 물건, 생각, 요소 등을 뽑아냄. |
| ☐ 축출(逐出) | 쫓아내거나 몰아냄. 예 강제 **축출**. |
| ☐ 함구(緘口) | '입을 다문다'라는 뜻으로, 말하지 않음을 이르는 말. |
| ☐ 항간(巷間) | 일반 사람들 사이. 예 **항간**에 떠도는 소문. |
| ☐ 혼동(混同) | 구별하지 못하고 뒤섞어서 생각함. 예 잠이 다 깨지 않았는지 그는 현실과 꿈 사이에서 **혼동**을 일으켰다. |
| ☐ 회의(懷疑) | 의심을 품음. 또는 마음속에 품고 있는 의심. 예 **회의**에 빠지다. |
| ☐ 회자(膾炙) | 회와 구운 고기라는 뜻으로, 칭찬을 받으며 사람의 입에 자주 오르내림을 이르는 말. |
| ☐ 흠결(欠缺) | 일정한 수효에서 부족함이 생김. 또는 그런 부족. |
| ☐ 힐난(詰難) | 트집을 잡아 거북할 만큼 따지고 듦. |

### ✔ 어휘 암기 체크

**다음 어휘와 뜻풀이를 바르게 연결하시오.**

01 간파(看破) •   • ㉠ 수준이나 정도 등을 끌어올림.
02 답습(踏襲) •   • ㉡ 의심을 품음. 또는 마음 속에 품고 있는 의심.
03 아성(牙城) •   • ㉢ 아주 중요한 근거지를 비유적으로 이르는 말.
04 제고(提高) •   • ㉣ 예로부터 해 오던 방식이나 수법을 좇아 그대로 행함.
05 회의(懷疑) •   • ㉤ 속내를 꿰뚫어 알아차림.

정답  01 ㉤  02 ㉣  03 ㉢  04 ㉠  05 ㉡

# 어휘 | 03 어휘의 의미 관계

☑ 잘 외워지지 않는 단어는 박스에 체크하고, 반복하여 암기하세요.

## 1 다의어

| □ 가다[1] | ① 한곳에서 다른 곳으로 장소를 이동하다. 예 지방에 사는 친구에게 **간다**.<br>② 금, 줄, 주름살, 흠집 등이 생기다. 예 옷에 주름이 **가다**. |
|---|---|
| □ 나가다 | ① 일정한 지역이나 공간의 범위와 관련하여 그 안에서 밖으로 이동하다.<br>   예 밖에 **나가서** 놀아라.<br>② 생산되거나 만들어져 사회에 퍼지다.<br>   예 새 제품이 시장에 **나간** 후의 시장 조사는 필수적이다.<br>③ 사회적인 활동을 시작하다. 예 그는 이번에 새로 문단에 **나가게** 되었다.<br>④ 모임에 참여하거나, 운동 경기에 출전하거나, 선거 등에 입후보하다.<br>   예 전쟁에 **나간** 군인. |
| □ 나다[1] | ① 신체 표면이나 땅 위에 솟아나다. 예 여드름이 **나다**.<br>② 신문, 잡지 등에 어떤 내용이 실리다. 예 기사가 신문에 **나다**.<br>③ 흥미, 짜증, 용기 등의 감정이 일어나다. 예 겁이 **나다**.<br>④ 앞말이 뜻하는 행동이 끝났음을 나타내는 말. 예 일을 마치고 **나니** 기분이 상쾌해졌다. |
| □ 내리다[1] | ① 눈, 비, 서리, 이슬 등이 오다. 예 함박눈이 **내리다**.<br>② 어둠, 안개 등이 짙어지거나 덮여 오다. 예 땅거미가 **내리다**. |
| □ 놓다 | ① 계속해 오던 일을 그만두고 하지 않다. 예 건강이 좋지 않아 일을 **놓고** 있다.<br>② 논의의 대상으로 삼다. 예 동문회에서 학교 이전 문제를 **놓고** 의견이 분분했다.<br>③ 빨리 가도록 힘을 더하다. 예 동구 밖으로 줄달음을 **놓다**. |
| □ 눈 | ① 물체의 존재나 형상을 인식하는 눈의 능력. 예 **눈**이 좋다.<br>② 사람들의 눈길. 예 다른 사람의 **눈**을 의식하다. |
| □ 돌다 | ① 물체가 일정한 축을 중심으로 원을 그리면서 움직이다. 예 바퀴가 **돌다**.<br>② 돈이나 물자 등이 유통되다. 예 불경기로 돈이 안 **돈다**. |
| □ 뜨다[1] | ① 착 달라붙지 않아 틈이 생기다. 예 풀칠이 잘못되어 도배지가 **떴다**.<br>② 인기를 얻게 되고 유명해지다. 예 그 가수의 앨범이 뒤늦게 **뜨기** 시작했다. |
| □ 말[1] | ① 일정한 주제나 줄거리를 가진 이야기. 예 **말**을 건네다.<br>② 소문이나 풍문 등을 이르는 말. 예 **말**이 퍼지다. |
| □ 보다[1] | ① 눈으로 대상의 존재나 형태적 특징을 알다. 예 수상한 사람을 **보면** 신고하시오.<br>② 음식상이나 잠자리 등을 채비하다. 예 어머니는 술상을 **보느라** 바쁘시다.<br>③ 어떤 일을 당하거나 겪거나 얻어 가지다. 예 이익을 **보다**. |

| □ 부르다¹ | ① 말이나 행동 등으로 다른 사람의 주의를 끌거나 오라고 하다.<br>　예 지나가는 친구를 큰 소리로 **불렀**다.<br>② 값이나 액수 등을 얼마라고 말하다. 예 그 가게에서는 값을 비싸게 **불렀**다.<br>③ 무엇이라고 가리켜 말하거나 이름을 붙이다. 예 사람들은 그를 불운한 천재라고 **부른**다. |
|---|---|
| □ 살다¹ | ① 불 등이 타거나 비치고 있는 상태에 있다. 예 화롯불이 **살**다.<br>② 본래 가지고 있던 색깔이나 특징 등이 그대로 있거나 뚜렷이 나타나다.<br>　예 개성이 **살**아 있는 글.<br>③ 움직이던 물체가 멈추지 않고 제 기능을 하다.<br>　예 그렇게 세게 부딪혔는데도 시계가 **살**아 있다. |
| □ 오르다 | ① 사람이나 동물 등이 아래에서 위쪽으로 움직여 가다. 예 산에 **오르**다.<br>② 지위나 신분 등을 얻게 되다. 예 왕위에 **오르**다.<br>③ 남의 이야깃거리가 되다. 예 구설에 **오르**다.<br>④ 실적이나 능률 등이 높아지다. 예 판매 실적이 **오르도록** 연구해 봅시다.<br>⑤ 병균이나 독 등이 옮다. 예 옴이 **오르면** 가려워 온몸을 긁게 된다. |
| □ 일다¹ | ① 없던 현상이 생기다. 예 파문이 **일**다.<br>② 희미하거나 약하던 것이 왕성하여지다. 예 불꽃같이 **일**다.<br>③ 겉으로 부풀거나 위로 솟아오르다. 예 보풀이 **일**다. |

### ✓ 어휘 암기 체크

**다음 설명이 올바르면 ○, 틀리면 ×에 표시하시오.**

**01** '겁이 나다'와 '기사가 신문에 나다'의 '나다'는 동음이의어이다. (○, ×)

**02** '눈이 좋다'와 '다른 사람들의 눈을 의식하다'의 '눈'은 동음이의어이다. (○, ×)

**03** '친구를 큰 소리로 부르다'와 '사람들이 그를 천재라고 부르다'의 '부르다'는 다의어이다. (○, ×)

**04** '화롯불이 살다'와 '개성이 살아있는 글'의 '살다'는 다의어이다. (○, ×)

**05** '파문이 일다'와 '불꽃같이 일다'의 '일다'는 다의어이다. (○, ×)

정답　01 ×, 다의어　02 ×, 다의어　03 ○　04 ○　05 ○

## 2 동음이의어

### 걸다

☐ **걸다¹** 말씨가 거칠고 험하다. 예 말이 **걸다**.

☐ **걸다²** 기계 등이 작동하도록 준비하여 놓다. 예 물레에 솜을 **걸다**.

### 다리

☐ **다리¹**
① 사람이나 동물의 몸통 아래 붙어 있는 신체의 부분. 예 **다리**가 굵다.
② 물체의 아래쪽에 붙어서 그 물체를 받치거나 직접 땅에 닿지 않게 하거나 높이 있도록 버티어 놓은 부분. 예 책상 **다리**.
③ 안경의 테에 붙어서 귀에 걸게 된 부분. 예 **다리**가 부러진 안경.

☐ **다리²**
① 물을 건너거나 또는 한편의 높은 곳에서 다른 편의 높은 곳으로 건너다닐 수 있도록 만든 시설물. 예 **다리**를 건너다.
② 둘 사이의 관계를 이어 주는 사람이나 사물을 비유적으로 이르는 말.
  예 나는 그 사람을 잘 모르니 자네가 **다리**가 되어 주게나.
③ 중간에 거쳐야 할 단계나 과정. 예 이 물건은 우리에게 오는 데 **다리**를 여럿 거친 것이다.

### 되다

☐ **되다¹**
① 다른 상태나 성질로 바뀌거나 변하다. 예 얼음이 물이 **되다**.
② 일이 이루어지다. 예 일이 깔끔하게 **되다**.

☐ **되다⁴**
① 반죽이나 밥 등이 물기가 적어 빡빡하다. 예 밥이 너무 **되다**.
② 일이 힘에 벅차다. 예 일이 **되면** 쉬어 가면서 해라.

### 들다

☐ **들다¹**
① 밖에서 속이나 안으로 향해 가거나 오거나 하다. 예 사랑에 **들다**.
② 빛, 볕, 물 등이 안으로 들어오다. 예 이 방에는 볕이 잘 **든다**.
③ 물감, 색깔, 물기, 소금기가 스미거나 배다. 예 설악산에 단풍이 **들다**.
④ 어떤 물건이나 사람이 좋게 받아들여지다. 예 마음에 **드는** 신랑감.
⑤ 과일, 음식의 맛 등이 익어서 알맞게 되다. 예 김치가 맛이 **들다**.

☐ **들다³** 날이 날카로워 물건이 잘 베어지다. 예 칼이 잘 **들다**.

☐ **들다⁴**
① 손에 가지다. 예 손에 꽃을 **든** 신부.
② 아래에 있는 것을 위로 올리다. 예 역기를 번쩍 **든** 역도 선수.
③ 설명하거나 증명하기 위하여 사실을 가져다 대다. 예 보기를 **들다**.

### 마르다

☐ **마르다¹**
① 물기가 다 날아가서 없어지다. 예 날씨가 맑아 빨래가 잘 **마른다**.
② 살이 빠져 야위다. 예 공부를 하느라 몸이 많이 **말랐다**.
③ 돈이나 물건 등이 다 쓰여 없어지다.

☐ **마르다²** 옷감이나 재목 등의 재료를 치수에 맞게 자르다. 예 감을 **말라** 버선을 짓다.

## 맞다

**☐ 맞다¹**
① 문제에 대한 답이 틀리지 않다. 예 네가 쓴 답이 **맞았길** 바란다.
② 모습, 분위기, 취향 등이 다른 것에 잘 어울리다. 예 그것은 나의 분위기와는 절대로 **맞지** 않는다.
③ 말이나 생각 등이 틀림이 없다. 예 꿈이 정말 **맞다니**.
④ 어떤 대상이 누구의 소유임이 틀림이 없다. 예 이 가방은 아빠 것이 **맞대**.
⑤ 어떤 대상의 내용, 정체 등이 곧 무엇임이 틀림이 없다. 예 현관문 번호는 이 번호가 **맞구나**.

**☐ 맞다²**
① 오는 사람이나 물건을 예의로 받아들이다. 예 현관에서 방문객을 **맞다**.
② 자연 현상에 따라 내리는 눈, 비 등의 닿음을 받다. 예 눈을 **맞다**.

## 먹다

**☐ 먹다¹**
귀나 코가 막혀서 제 기능을 하지 못하게 되다. 또는 그렇게 되게 하다. 예 코 **먹은** 소리를 내다.

**☐ 먹다²**
① 음식 등을 입을 통하여 뱃속에 들여보내다. 예 밥을 **먹다**.
② 어떤 마음이나 감정을 품다. 예 앙심을 **먹고** 투서를 하다.
③ 벌레, 균 등이 파 들어가거나 퍼지다. 예 사과에 벌레가 많이 **먹었다**.

## 묻다

**☐ 묻다¹**
① 가루, 풀, 물 등이 그보다 큰 다른 물체에 들러붙거나 흔적이 남게 되다. 예 손에 기름이 **묻다**.
② 함께 팔리거나 섞이다. 예 가는 김에 나도 좀 **묻어** 타자.

**☐ 묻다²**
① 물건을 흙이나 다른 물건 속에 넣어 보이지 않게 쌓아 덮다. 예 화단에 거름을 **묻어** 주다.
② 일을 드러내지 않고 속 깊이 숨기어 감추다. 예 가슴속에 비밀을 **묻다**.

---

### ✔ 어휘 암기 체크

**다음 설명이 올바르면 O, 틀리면 ×에 표시하시오.**

01 '칼이 잘 <u>들다</u>'와 '손에 꽃을 <u>든</u> 신부'의 '들다'는 동음이의어이다. (O, ×)

02 '눈을 <u>맞다</u>'와 '현관에서 방문객을 <u>맞다</u>'의 '맞다'는 동음이의어이다. (O, ×)

03 '밥을 <u>먹다</u>'와 '사과에 벌레가 많이 <u>먹었다</u>'의 '먹다'는 동음이의어이다. (O, ×)

04 '말이 <u>걸다</u>'와 '물레에 솜을 <u>걸다</u>'의 '걸다'는 동음이의어이다. (O, ×)

05 '<u>다리</u>가 부러진 안경'과 '<u>다리</u>를 건너다'의 '다리'는 다의어이다. (O, ×)

**정답** 01 O  02 ×, 다의어  03 ×, 다의어  04 O  05 ×, 동음이의어

## 배다

☐ **배다**[1]　스며들거나 스며 나오다. 예 옷에 땀이 **배다**.

☐ **배다**[2]　뱃속에 아이나 새끼를 가지다. 예 아이를 **배다**.

## 빠지다

☐ **빠지다**[1]
① 어느 정도 이익이 남다. 예 이번 장사에서는 이잣돈 정도는 **빠질** 것 같다.
② 원래 있어야 할 것에서 모자라다. 예 구백 원만 있다면 천 원에서 백원이 **빠지는** 셈이구나.
③ 속에 있는 액체나 기체 또는 냄새 등이 밖으로 새어 나가거나 흘러 나가다.
　예 방에 냄새가 **빠지다**.
④ 그릇이나 신발 등의 밑바닥이 떨어져 나가다. 예 구두가 밑창이 **빠지다**.
⑤ 남이나 다른 것에 비해 뒤떨어지거나 모자라다.
　예 그의 실력은 절대로 다른 경쟁자들에게 **빠지지** 않는다.

☐ **빠지다**[2]
① 곤란한 처지에 놓이다. 예 궁지에 **빠지다**.
② 무엇에 정신이 아주 쏠리어 헤어나지 못하다. 예 사랑에 **빠지다**.

## 손

☐ **손**[1]
① 어떤 일을 하는 데 드는 사람의 힘이나 노력, 기술. 예 그 일은 **손**이 많이 간다.
② 어떤 사람의 영향력이나 권한이 미치는 범위. 예 그 일은 선배의 **손**에 떨어졌다.
③ 사람의 수완이나 꾀 예 장사꾼의 **손**에 놀아나다.

☐ **손**[2]　다른 곳에서 찾아온 사람. 예 우리 집에는 늘 자고 가는 **손**이 많다.

## 쓰다

☐ **쓰다**[1]
① 붓, 펜, 연필과 같이 선을 그을 수 있는 도구로 종이 등에 획을 그어서 일정한 글자의 모양이 이루어지게 하다. 예 연습장에 붓글씨를 **쓰다**.
② 머릿속의 생각을 종이 혹은 이와 유사한 대상 등에 글로 나타내다.
　예 그는 조그마한 수첩에 일기를 **써** 왔다.

☐ **쓰다**[3]
① 어떤 일을 하는 데에 재료나 도구, 수단을 이용하다. 예 수염을 깎는 데 전기면도기를 **쓴다**.
② 어떤 말이나 언어를 사용하다. 예 그는 아무에게나 반말을 **쓴다**.

## 열다

☐ **열다**[1]　열매가 맺히다. 예 올해는 과일나무에 열매가 많이 **열었다**.

☐ **열다**[2]
① 닫히거나 잠긴 것을 트거나 벗기다. 예 문을 **열다**.
② 어떤 관계를 맺다. 예 조선은 청나라와 국교를 **열었다**.

## 짜다

☐ **짜다¹** ① 실이나 끈 등을 씨와 날로 걸어서 천 등을 만들다. 예 가마니를 **짜다**.
② 계획이나 일정 등을 세우다. 예 생활 계획표를 **짜다**.

☐ **짜다²** ① 누르거나 비틀어서 물기나 기름 등을 빼내다. 예 여드름을 **짜다**.
② 어떤 새로운 것을 생각해 내기 위하여 온 힘을 기울이거나, 온 정신을 기울이다. 예 생각을 **짜다**.

## 차다

☐ **차다¹** ① 일정한 공간에 사람, 사물, 냄새 등이 더 들어갈 수 없이 가득하게 되다. 예 독에 물이 가득 **차다**.
② 감정이나 기운 등이 가득하게 되다. 예 실의에 **차다**.

☐ **차다⁴** ① 몸에 닿은 물체나 대기의 온도가 낮다. 예 **찬** 음식.
② 인정이 없고 쌀쌀하다. 예 성격이 **차고** 매섭다.

## 치다

☐ **치다¹** 바람이 세차게 불거나 비, 눈 등이 세차게 뿌리다. 예 세찬 눈보라가 **치다**.

☐ **치다²** 손이나 물건 등을 부딪쳐 소리 나게 하다. 예 피아노를 **치다**.

☐ **치다⁵** 막이나 그물, 발 등을 펴서 벌이거나 늘어뜨리다. 예 천막을 **치다**.

☐ **치다⁷** 가축이나 가금 등을 기르다. 예 양을 **치다**.

---

### ✔ 어휘 암기 체크

**다음 설명이 올바르면 ○, 틀리면 ×에 표시하시오.**

01 '연습장에 붓글씨를 쓰다'와 '그는 아무에게나 반말을 쓴다'의 '쓰다'는 다의어이다. (○, ×)

02 '옷에 땀이 배다'와 '아이를 배다'의 '배다'는 동음이의어이다. (○, ×)

03 '독에 물이 가득 차다'와 '성격이 차고 매섭다'의 '차다'는 동음이의어이다. (○, ×)

04 '구두가 밑창이 빠지다'와 '궁지에 빠지다'의 '빠지다'는 다의어이다. (○, ×)

05 '피아노를 치다'와 '양을 치다'의 '치다'는 다의어이다. (○, ×)

**정답** 01 ×, 동음이의어  02 ○  03 ○  04 ×, 동음이의어  05 ×, 동음이의어

# 어휘 | 04 속담·사자성어·관용구

☑ 잘 외워지지 않는 단어는 박스에 체크하고, 반복하여 암기하세요.

## 1 속담

| | |
|---|---|
| ☐ 가는[가던] 날이 장날 | 일을 보러 가니 공교롭게 장이 서는 날이라는 뜻으로, 어떤 일을 하려고 하는데 뜻하지 않은 일을 공교롭게 당함을 비유적으로 이르는 말. |
| ☐ 가랑비에 옷 젖는 줄 모른다 | 가늘게 내리는 비는 조금씩 젖어 들기 때문에 여간해서도 옷이 젖는 줄을 깨닫지 못한다는 뜻으로, 아무리 사소한 것이라도 그것이 거듭되면 무시하지 못할 정도로 크게 됨을 비유적으로 이르는 말. |
| ☐ 가재는 게 편이요 초록은 한 빛이라 | 모양이나 형편이 서로 비슷하고 인연이 있는 것끼리 서로 잘 어울리고, 사정을 보아주며 감싸 주기 쉬움을 비유적으로 이르는 말. |
| ☐ 개밥에 도토리 | 개는 도토리를 먹지 않기 때문에 밥 속에 있어도 먹지 않고 남긴다는 뜻에서, 따돌림을 받아서 여럿의 축에 끼지 못하는 사람을 비유적으로 이르는 말. |
| ☐ 꾸어다 놓은 보릿자루[빗자루] | 여럿이 모여 이야기하는 자리에서 아무 말도 하지 않고 한옆에 가만히 있는 사람을 비유적으로 이르는 말. |
| ☐ 남의 말도 석 달 | 소문은 시일이 지나면 흐지부지 없어지고 만다는 말. |
| ☐ 낫 놓고 기역 자도 모른다 | 기역 자 모양으로 생긴 낫을 보면서도 기역 자를 모른다는 뜻으로, 아주 무식함을 비유적으로 이르는 말. |
| ☐ 냉수 먹고 이 쑤시기 | 잘 먹은 체하며 이를 쑤신다는 뜻으로, 실속은 없으면서 무엇이 있는 체함을 이르는 말. |
| ☐ 누워서 떡 먹기 | 하기가 매우 쉬운 것을 비유적으로 이르는 말. |
| ☐ 눈 가리고 아웅 | ① 얕은수로 남을 속이려 한다는 말.<br>② 실제로 보람도 없을 일을 공연히 형식적으로 하는 체하며 부질없는 짓을 함을 비유적으로 이르는 말. |
| ☐ 다 된 죽에 코 풀기 | 거의 다 된 일을 망쳐 버리는 주책없는 행동을 비유적으로 이르는 말. |
| ☐ 대추나무에 연 걸리듯 | 여기저기에 빚을 많이 진 것을 비유적으로 이르는 말. |
| ☐ 땅 넓은 줄을 모르고 하늘 높은 줄만 안다 | 키만 홀쭉하게 크고 마른 사람을 놀림조로 이르는 말. |
| ☐ 땅 짚고 헤엄치기<br>(= 주먹으로 물 찧기) | 일이 매우 쉽다는 말. |
| ☐ 떼어 놓은 당상 | 떼어 놓은 당상이 변하거나 다른 데로 갈 리 없다는 데서, 일이 확실하여 조금도 틀림이 없음을 이르는 말. |
| ☐ 마른논에 물 대기<br>(= 가문 논에 물 대기) | 일이 매우 힘들거나 힘들여 해 놓아도 성과가 없는 경우를 이르는 말. |

| 속담 | 뜻풀이 |
|---|---|
| □ 바늘 가는 데 실 간다 | 바늘이 가는 데 실이 항상 뒤따른다는 뜻으로, 사람의 긴밀한 관계를 비유적으로 이르는 말. |
| □ 비 온 뒤에 땅이 굳어진다 | 비에 젖어 질척거리던 흙도 마르면서 단단하게 굳어진다는 뜻으로, 어떤 시련을 겪은 뒤에 더 강해짐을 비유적으로 이르는 말. |
| □ 빛 좋은 개살구 | 겉보기에는 먹음직스러운 빛깔을 띠고 있지만 맛은 없는 개살구라는 뜻으로, 겉만 그럴듯하고 실속이 없는 경우를 비유적으로 이르는 말. |
| □ 소 닭 보듯 (닭 소 보듯) | 서로 무심하게 보는 모양을 비유적으로 이르는 말. |
| □ 소 잃고 외양간 고친다 | 소를 도둑맞은 다음에서야 빈 외양간의 허물어진 데를 고치느라 수선을 떤다는 뜻으로, 일이 이미 잘못된 뒤에는 손을 써도 소용이 없음을 비꼬는 말. |
| □ 수박 겉 핥기 | 맛있는 수박을 먹는다는 것이 딱딱한 겉만 핥고 있다는 뜻으로, 사물의 속 내용은 모르고 겉만 건드리는 일을 비유적으로 이르는 말. |
| □ 썩어도 준치 | 본래 좋고 훌륭한 것은 비록 상해도 그 본질에는 변함이 없음을 비유적으로 이르는 말. |
| □ 언 발에 오줌 누기 | 언 발을 녹이려고 오줌을 누어 봤자 효력이 별로 없다는 뜻으로, 임시변통은 될지 모르나 그 효력이 오래가지 못할 뿐만 아니라 결국에는 사태가 더 나빠짐을 비유적으로 이르는 말. |
| □ 열 번 갈아서 안 드는 도끼가 없다 | 무슨 일이나 꾸준히 공을 들이면 소기의 성과를 거두게 됨을 이르는 말. |
| □ 우물에 가 숭늉 찾는다 (= 싸전에 가서 밥 달라고 한다) | 모든 일에는 질서와 차례가 있는 법인데 일의 순서도 모르고 성급하게 덤빔을 비유적으로 이르는 말. |
| □ 자기 얼굴[낯]에 침 뱉기 | 남을 해치려고 하다가 도리어 자기가 해를 입게 된다는 것을 비유적으로 이르는 말. |
| □ 제 논에 물 대기 | 자기에게만 이롭도록 일을 하는 경우를 비유적으로 이르는 말. |
| □ 책력 보아 가며 밥 먹는다 | 매일 밥을 먹을 수가 없어 책력을 보아 가며 좋은 날만을 택하여 밥을 먹는다는 뜻으로, 가난하여 끼니를 자주 거른다는 말. |
| □ 하룻강아지 범 무서운 줄 모른다 | 철없이 함부로 덤비는 경우를 비유적으로 이르는 말. |

### ✔ 어휘 암기 체크

**다음 속담과 뜻풀이를 바르게 연결하시오.**

01 남의 말도 석 달 •　　　　• ㉠ 여기저기에 빚을 많이 진 것을 비유적으로 이르는 말.
02 땅 짚고 헤엄치기 •　　　• ㉡ 자기에게만 이롭도록 일을 하는 경우를 비유적으로 이르는 말.
03 대추나무에 연 걸리듯 •　• ㉢ 소문은 시일이 지나면 흐지부지 없어지고 만다는 말.
04 소 닭 보듯 •　　　　　• ㉣ 일이 매우 쉽다는 말.
05 제 논에 물 대기 •　　　• ㉤ 서로 무심하게 보는 모양을 비유적으로 이르는 말.

정답　01 ㉢　02 ㉣　03 ㉠　04 ㉤　05 ㉡

## 2 사자성어

| | |
|---|---|
| ☐ 간담상조(肝膽相照) | 서로 속마음을 털어놓고 친하게 사귐. |
| ☐ 견마지로(犬馬之勞) | 개나 말 정도의 하찮은 힘이라는 뜻으로, 윗사람에게 충성을 다하는 자신의 노력을 낮추어 이르는 말. |
| ☐ 결초보은(結草報恩) | 죽은 뒤에라도 은혜를 잊지 않고 갚음을 이르는 말. |
| ☐ 고식지계(姑息之計) | 우선 당장 편한 것만을 택하는 꾀나 방법. |
| ☐ 고육지계(苦肉之計)<br>= 고육지책(苦肉之策) | 자기 몸을 상해 가면서까지 꾸며 내는 계책이라는 뜻으로, 어려운 상태를 벗어나기 위해 어쩔 수 없이 꾸며 내는 계책을 이르는 말. |
| ☐ 고장난명(孤掌難鳴) | ① 외손뼉만으로는 소리가 울리지 않는다는 뜻으로, 혼자의 힘만으로 어떤 일을 이루기 어려움을 이르는 말.<br>② 맞서는 사람이 없으면 싸움이 일어나지 않음을 이르는 말. |
| ☐ 관포지교(管鮑之交) | 관중과 포숙의 사귐이란 뜻으로, 우정이 아주 돈독한 친구 관계를 이르는 말. |
| ☐ 교각살우(矯角殺牛) | 소의 뿔을 바로잡으려다가 소를 죽인다는 뜻으로, 잘못된 점을 고치려다가 그 방법이나 정도가 지나쳐 오히려 일을 그르침을 이르는 말. |
| ☐ 낭중지추(囊中之錐) | 주머니 속의 송곳이라는 뜻으로, 재능이 뛰어난 사람은 숨어 있어도 저절로 사람들에게 알려짐을 이르는 말. |
| ☐ 당랑거철(螳螂拒轍) | 제 역량을 생각하지 않고, 강한 상대나 되지 않을 일에 덤벼드는 무모한 행동거지를 비유적으로 이르는 말. |
| ☐ 망양보뢰(亡羊補牢) | 양을 잃고 우리를 고친다는 뜻으로, 이미 어떤 일을 실패한 뒤에 뉘우쳐도 아무 소용이 없음을 이르는 말. |
| ☐ 망양지탄<br>(亡羊之歎/亡羊之嘆) | 갈림길이 매우 많아 잃어버린 양을 찾을 길이 없음을 탄식한다는 뜻으로, 학문의 길이 여러 갈래여서 한 갈래의 진리도 얻기 어려움을 이르는 말. |
| ☐ 면종복배(面從腹背) | 겉으로는 복종하는 체하면서 내심으로는 배반함. |
| ☐ 목불식정(目不識丁) | 아주 간단한 글자인 '丁' 자를 보고도 그것이 '고무래'인 줄을 알지 못한다는 뜻으로, 아주 까막눈임을 이르는 말. |
| ☐ 반포지효(反哺之孝) | 까마귀 새끼가 자라서 늙은 어미에게 먹이를 물어다 주는 효라는 뜻으로, 자식이 자란 후에 어버이의 은혜를 갚는 효성을 이르는 말. |
| ☐ 방약무인(傍若無人) | 곁에 사람이 없는 것처럼 아무 거리낌 없이 함부로 말하고 행동하는 태도가 있음. |
| ☐ 부화뇌동(附和雷同) | 줏대 없이 남의 의견에 따라 움직임. |
| ☐ 새옹지마(塞翁之馬) | 인생의 길흉화복은 변화가 많아서 예측하기가 어렵다는 말. |
| ☐ 수불석권(手不釋卷) | 손에서 책을 놓지 않고 늘 글을 읽음. |
| ☐ 어로불변(魚魯不辨) | 어(魚) 자와 노(魯) 자를 구별하지 못한다는 뜻으로, 아주 무식함을 비유적으로 이르는 말. |

| □ 연목구어(緣木求魚) | 나무에 올라가서 물고기를 구한다는 뜻으로, 도저히 불가능한 일을 굳이 하려 함을 비유적으로 이르는 말. |
|---|---|
| □ 오비이락(烏飛梨落) | 까마귀 날자 배 떨어진다는 뜻으로, 아무 관계도 없이 한 일이 공교롭게도 때가 같아 억울하게 의심을 받거나 난처한 위치에 서게 됨을 이르는 말. |
| □ 와신상담(臥薪嘗膽) | 불편한 섶에 몸을 눕히고 쓸개를 맛본다는 뜻으로, 원수를 갚거나 마음먹은 일을 이루기 위하여 온갖 어려움과 괴로움을 참고 견딤을 비유적으로 이르는 말. |
| □ 우공이산(愚公移山) | 우공이 산을 옮긴다는 뜻으로, 어떤 일이든 끊임없이 노력하면 반드시 이루어짐을 이르는 말. |
| □ 자승자박(自繩自縛) | 자기의 줄로 자기 몸을 옭아 묶는다는 뜻으로, 자기가 한 말과 행동에 자기 자신이 옭혀 곤란하게 됨을 비유적으로 이르는 말. |
| □ 절차탁마(切磋琢磨) | 옥이나 돌 등을 갈고 닦아서 빛을 낸다는 뜻으로, 부지런히 학문과 덕행을 닦음을 이르는 말. |
| □ 좌정관천(坐井觀天) | 우물 속에 앉아서 하늘을 본다는 뜻으로, 사람의 견문이 매우 좁음을 이르는 말. |
| □ 주마가편(走馬加鞭) | 달리는 말에 채찍질한다는 뜻으로, 잘하는 사람을 더욱 장려함을 이르는 말. |
| □ 주마간산(走馬看山) | 말을 타고 달리며 산천을 구경한다는 뜻으로, 자세히 살피지 않고 대충대충 보고 지나감을 이르는 말. |
| □ 촌철살인(寸鐵殺人) | 한 치의 쇠붙이로도 사람을 죽일 수 있다는 뜻으로, 간단한 말로도 남을 감동하게 하거나 남의 약점을 찌를 수 있음을 이르는 말. |
| □ 풍수지탄<br>(風樹之歎/風樹之嘆) | 효도를 다하지 못한 채 어버이를 여읜 자식의 슬픔을 이르는 말. |
| □ 하석상대(下石上臺) | 아랫돌 빼서 윗돌 괴고 윗돌 빼서 아랫돌 괸다는 뜻으로, 임시변통으로 이리저리 둘러맞춤을 이르는 말. |
| □ 호가호위(狐假虎威) | 남의 권세를 빌려 위세를 부림. |
| □ 혼정신성(昏定晨省) | 밤에는 부모의 잠자리를 보아 드리고 이른 아침에는 부모의 밤새 안부를 묻는다는 뜻으로, 부모를 잘 섬기고 효성을 다함을 이르는 말. |

## ✔ 어휘 암기 체크

**다음 어휘와 뜻풀이를 바르게 연결하시오.**

01 간담상조(肝膽相照) • • ㉠ 서로 속마음을 털어놓고 친하게 사귐.

02 면종복배(面從腹背) • • ㉡ 줏대 없이 남의 의견에 따라 움직임.

03 부화뇌동(附和雷同) • • ㉢ 겉으로는 복종하는 체하면서 내심으로는 배반함.

04 연목구어(緣木求魚) • • ㉣ 효도를 다하지 못한 채 어버이를 여읜 자식의 슬픔을 이르는 말.

05 풍수지탄(風樹之歎) • • ㉤ 도저히 불가능한 일을 굳이 하려 함을 비유적으로 이르는 말.

정답 01 ㉠  02 ㉢  03 ㉡  04 ㉤  05 ㉣

## 3 관용구

| | |
|---|---|
| ☐ 경종을 울리다 | 잘못이나 위험을 미리 경계하여 주의를 환기시키다. |
| ☐ 곁(을) 주다 | 다른 사람으로 하여금 자기에게 가까이할 수 있도록 속을 터 주다. |
| ☐ 곁다리(를) 들다 | 당사자가 아닌 사람이 참견하여 말하다. |
| ☐ 교편(을) 잡다 | 학교에서 교사 생활을 하다. |
| ☐ 구름(을) 잡다 | 막연하거나 허황된 것을 좇다. |
| ☐ 귀(가) 아프다 | 너무 여러 번 들어서 듣기가 싫다. |
| ☐ 귀(가) 질기다 | 둔하여 남의 말을 잘 이해하지 못하다. |
| ☐ 귀(에) 익다 | 들은 기억이 있다. |
| ☐ 귀가 가렵다[간지럽다] | 남이 제 말을 한다고 느끼다. |
| ☐ 귀가 얇다[엷다] | 남의 말을 쉽게 받아들인다. |
| ☐ 귀에 딱지가 앉다 | 같은 말을 여러 번 듣다. |
| ☐ 눈(을) 씻고 보다 | 정신을 바짝 차리고 집중하여 보다. |
| ☐ 눈(이) 나오다 | 몹시 놀라다. |
| ☐ 눈(이) 높다 | ① 정도 이상의 좋은 것만 찾는 버릇이 있다.<br>② 안목이 높다. |
| ☐ 눈을 거치다 | 글 등을 검토하거나 분별하다. |
| ☐ 달(이) 차다 | 아이를 배어 낳을 달이 되다. |
| ☐ 돌(을) 던지다 | 남의 잘못을 비난하다. |
| ☐ 뜸(을) 들이다 | 일이나 말을 할 때에, 쉬거나 여유를 갖기 위해 서둘지 않고 한동안 가만히 있는 경우를 비유적으로 이르는 말. |
| ☐ 마각을 드러내다 | 말의 다리로 분장한 사람이 자기 모습을 드러낸다는 뜻으로, 숨기고 있던 일이나 정체를 드러냄을 이르는 말. |
| ☐ 머리를 쥐어짜다 | 몹시 애를 써서 궁리하다. |
| ☐ 발(을) 구르다 | 매우 안타까워하거나 다급해하다. |
| ☐ 발(을) 빼다[씻다] | 어떤 일에서 관계를 완전히 끊고 물러나다. |
| ☐ 발에 채다[차이다] | 여기저기 흔하게 널려 있다. |
| ☐ 발이 익다 | 여러 번 다니어서 길에 익숙하다. |
| ☐ 배알이 꼴리다[뒤틀리다] | 비위에 거슬려 아니꼽다. |

| | |
|---|---|
| ☐ 벽(을) 쌓다 | 서로 사귀던 관계를 끊다. |
| ☐ 산통(을) 깨다 | 다 잘되어 가던 일을 이루지 못하게 뒤틀다. |
| ☐ 살(을) 붙이다 | 바탕에 여러 가지를 덧붙여 보태다. |
| ☐ 상투(를) 잡다 | (속되게) 가장 높은 시세에 주식을 매입하다. |
| ☐ 상투(를) 틀다 | 총각이 장가들어 어른이 되다. |
| ☐ 소매(를) 걷어붙이다 | 어떤 일에 아주 적극적인 태도를 취하다. |
| ☐ 속(을) 차리다 | 지각 있게 처신하다. |
| ☐ 속이 마르다 | 생각하는 것이 답답하고 너그럽지 못하다. |
| ☐ 손(을) 맺다 | 할 일이 있는데도 아무 일도 안 하고 그냥 있다. |
| ☐ 손(이) 뜨다 | 일하는 동작이 매우 굼뜨다. |
| ☐ 오지랖(이) 넓다 | 쓸데없이 지나치게 아무 일에나 참견하는 면이 있다. |
| ☐ 입(을) 맞추다 | 서로의 말이 일치하도록 하다. |
| ☐ 입이 궁금하다 | 배가 출출하여 무엇이 먹고 싶다. |
| ☐ 입이 마르다 | 다른 사람이나 물건에 대하여 거듭해서 말하다. |
| ☐ 입이 밭다[짧다] | 음식을 심하게 가리거나 적게 먹다. |
| ☐ 입이 쓰다 | 어떤 일이나 말 등이 못마땅하여 기분이 언짢다. |
| ☐ 자라목(이) 되다 | 사물이나 기세 등이 움츠러들다. |
| ☐ 코(가) 빠지다 | 근심에 싸여 기가 죽고 맥이 빠지다. |
| ☐ 코(를) 빠뜨리다 | 못 쓰게 만들거나 일을 망치다. |
| ☐ 코가 꿰이다 | 약점이 잡히다. |
| ☐ 토(를) 달다 | 어떤 말 끝에 그 말에 대하여 덧붙여 말하다. |

### ✓ 어휘 암기 체크

다음 관용구와 뜻풀이를 바르게 연결하시오.

01 귀가 질기다 • • ㉠ 어떤 일에서 관계를 완전히 끊고 물러나다.
02 머리를 쥐어짜다 • • ㉡ 둔하여 남의 말을 잘 이해하지 못하다.
03 발을 빼다 • • ㉢ 쓸데없이 지나치게 아무 일에나 참견하는 면이 있다.
04 산통을 깨다 • • ㉣ 다 잘되어 가던 일을 이루지 못하게 뒤틀다.
05 오지랖이 넓다 • • ㉤ 몹시 애를 써서 궁리하다.

**정답** 01 ㉡  02 ㉤  03 ㉠  04 ㉣  05 ㉢

# 어휘 | 05 순화어

☑ 잘 외워지지 않는 단어는 박스에 체크하고, 반복하여 암기하세요.

## 1 외래어 순화어

| 순화 대상어 | 순화어 | 순화 대상어 | 순화어 |
|---|---|---|---|
| ☐ 곤색(紺色) | 감청색, 감색 | ☐ 어젠다(agenda) | 의제 |
| ☐ 노가다(どかた) | (공사판) 노동자 | ☐ 언론 플레이(play) | 여론몰이 |
| ☐ 다대기(たたき) | 다짐, 다진 양념 | ☐ 언택트(untact) | 비대면 |
| ☐ 무데뽀(むてっぽう) | 막무가내 | ☐ 커리어 하이(career high) | 최고 기록 |
| ☐ 램프(ramp) | 연결로 | ☐ 컨트롤 타워(control tower) | 통제탑, 지휘 본부, 사령탑 |
| ☐ 레시피(recipe) | 조리법 | ☐ 쿠사리(くさり) | 면박, 핀잔 |
| ☐ 레자(レジャ) | 인조 가죽 | ☐ 오픈 런(open run) | 상시 공연, 개점 질주 |
| ☐ 로드 맵(road map) | 이행안, 단계별 이행안 | ☐ 오픈 마켓(Open Market) | 열린 시장, 열린 장터 |
| ☐ 바우처(voucher) | 상품권, 이용권 | ☐ 워킹 그룹(working group) | 실무단 |
| ☐ 발레파킹(valet parking) | 대리주차 | ☐ 유도리(ゆとり) | 여유, 여유분, 융통, 늘품 |
| ☐ 센티하다(sentimental) | 감상적이다 | ☐ 킬러 아이템(killer item) | 핵심 상품 |
| ☐ 스크린 도어(screen door) | 안전문 | ☐ 팁(tip) | 도움말, 봉사료 |
| ☐ 엑기스(エキス) | 진액, 농축액 | ☐ 팝업창(pop-up 窓) | 알림창 |
| ☐ 앙꼬(あんこ) | 팥소 | ☐ 플래카드(placard) | 펼침막, 현수막 |

## 2 한자어 순화어

| 순화 대상어 | 순화어 | 순화 대상어 | 순화어 |
|---|---|---|---|
| ☐ 가료(加療)하다 | 치료하다, 고치다 | ☐ 수순(手順) | 순서, 절차, 차례 |
| ☐ 계리(計理)하다 | 회계처리하다 | ☐ 시말서(始末書) | 경위서 |
| ☐ 고수부지(高水敷地) | 둔치 | ☐ 은닉(隱匿)하다 | 감추다, 숨기다 |
| ☐ 나대지(裸垈地) | 빈집터 | ☐ 익월(翌月) | 다음 달 |
| ☐ 납득(納得)하다 | 이해하다 | ☐ 일실(逸失)치 | 잃지, 놓치지 |
| ☐ 노견(路肩) | 갓길 | ☐ 잔반(殘飯) | 남은 밥, 음식 찌꺼기 |
| ☐ 노정(露呈)하다 | 드러내다, 나타내다 | ☐ 시건장치(施鍵裝置) | 잠금장치, 자물쇠 장치 |
| ☐ 불출(拂出)하다 | 내어주다 | ☐ 최고(催告)하다 | 독촉하다 |
| ☐ 불하(拂下)하다 | 매각하다 | ☐ 해태(懈怠)하다 | 게을리하다, 제때 하지 않다 |

### ✓ 어휘 암기 체크

**밑줄 친 부분의 순화어가 옳으면 ○, 틀리면 ×에 표시하시오.**

01 검정에 가까운 곤색(→ 초록색) 양복 (○, ×)
02 센티한(→ 감상적인) 기분 (○, ×)
03 차곡차곡 수순(→ 차례)을 밟아 가면서 일을 진행해야 합니다. (○, ×)
04 법률을 위반하여 공고를 해태하거나(→ 훼손하거나) 거짓 공고를 할 때 과태료가 부과된다. (○, ×)
05 그 식당은 다대기(→ 다진 양념)가 맛있기로 유명하다. (○, ×)

정답  01 ×, 감색  02 ○  03 ○  04 ×, 제때 하지 않거나  05 ○

## 어법 | 01 한글 맞춤법

### 1 한글 표기 관련 빈출 조항

**제11항** 한자음 '랴, 려, 례, 료, 류, 리'가 단어의 첫머리에 올 적에는, 두음 법칙에 따라 '야, 여, 예, 요, 유, 이'로 적는다.

양심(良心)   역사(歷史)   예의(禮儀)   유행(流行)

다만, 다음과 같은 의존 명사는 본음대로 적는다.
리(里): 몇 리냐?   리(理): 그럴 리가 없다.

[붙임 1] 단어의 첫머리 이외의 경우에는 본음대로 적는다.
개량(改良)   선량(善良)   수력(水力)   사례(謝禮)
혼례(婚禮)   쌍룡(雙龍)   급류(急流)   도리(道理)

다만, 모음이나 'ㄴ' 받침 뒤에 이어지는 '렬, 률'은 '열, 율'로 적는다.
나열(羅列)   비율(比率)   실패율(失敗率)   백분율(百分率)

**제13항** 한 단어 안에서 같은 음절이나 비슷한 음절이 겹쳐 나는 부분은 같은 글자로 적는다.

똑딱똑딱   쓱싹쓱싹   연연불망(戀戀不忘)   유유상종(類類相從)
누누이(屢屢-)   꼿꼿하다   눅눅하다   밋밋하다
싹싹하다   쌉쌀하다   씁쓸하다   짭짤하다

**제18항** 다음과 같은 용언들은 어미가 바뀔 경우, 그 어간이나 어미가 원칙에 벗어나면 벗어나는 대로 적는다.

1. 어간의 끝 'ㄹ'이 줄어질 적
   놀다 노니 논   불다 부니 분   둥글다 둥그니 둥근

2. 어간의 끝 'ㅅ'이 줄어질 적
   긋다 그어 그으니   낫다 나아 나으니   짓다 지어 지으니

3. 어간의 끝 'ㅎ'이 줄어질 적
   동그랗다 동그라니 동그랄   하얗다 하야니 하얄   퍼렇다 퍼러니 퍼럴

4. 어간의 끝 'ㅜ, ㅡ'가 줄어질 적
   담그다 담가 담갔다   뜨다 떠 떴다   푸다 퍼 펐다

5. 어간의 끝 'ㄷ'이 'ㄹ'로 바뀔 적
   걷다[步]  걸어  걸으니      듣다[聽]  들어  들으니      싣다[載]  실어  실으니

6. 어간의 끝 'ㅂ'이 'ㅜ'로 바뀔 적
   굽다[炙]  구워  구우니      무겁다  무거워  무거우니      쉽다  쉬워  쉬우니

다만, '돕-, 곱-'과 같은 단음절 어간에 어미 '-아'가 결합되어 '와'로 소리 나는 것은 '-와'로 적는다.
   돕다[助]  도와  도와서      곱다[麗]  고와  고와서

7. '하다'의 활용에서 어미 '-아'가 '-여'로 바뀔 적
   하다      하여  하여서

8. 어간의 끝음절 '르' 뒤에 오는 어미 '-어'가 '-러'로 바뀔 적
   이르다[至]  이르러  이르렀다      누르다  누르러  누르렀다      푸르다  푸르러  푸르렀다

### ✔ 어법 암기 체크

**다음 중 맞춤법이 올바른 것에 ○ 표시하시오.**

01 (백분률 / 백분율)로 환산하다.

02 이번 실험의 (실패률 / 실패율)은 낮다.

03 짐을 (싣어 / 실어) 나르는 말을 보았다.

04 그는 (짭짤한 / 짭잘한) 음식을 좋아한다.

05 톱으로 나무를 (쓱싹쓱싹 / 쓱삭쓱삭) 잘랐다.

**정답** 01 백분율  02 실패율  03 실어  04 짭짤한  05 쓱싹쓱싹

## 제21항 명사나 혹은 용언의 어간 뒤에 자음으로 시작된 접미사가 붙어서 된 말은 그 명사나 어간의 원형을 밝히어 적는다.

1. 명사 뒤에 자음으로 시작된 접미사가 붙어서 된 것

   값지다  홑지다  넋두리  빛깔  옆댕이  잎사귀

2. 어간 뒤에 자음으로 시작된 접미사가 붙어서 된 것

   낚시  늙정이  덮개  뜯게질  갉작갉작하다
   갉작거리다  뜯적거리다  뜯적뜯적하다  굵다랗다  굵직하다
   깊숙하다  넓적하다  높다랗다  늙수그레하다  얽죽얽죽하다

다만, 다음과 같은 말은 소리대로 적는다.
1) 겹받침의 끝소리가 드러나지 아니하는 것

   할짝거리다  널따랗다  널찍하다  말끔하다  말쑥하다
   말짱하다  실쭉하다  실큼하다  얄따랗다  얄팍하다
   짤따랗다  짤막하다  실컷

2) 어원이 분명하지 아니하거나 본뜻에서 멀어진 것

   넙치  올무  골막하다  납작하다

## 제25항 '-하다'가 붙는 어근에 '-히'나 '-이'가 붙어서 부사가 되거나, 부사에 '-이'가 붙어서 뜻을 더하는 경우에는 그 어근이나 부사의 원형을 밝히어 적는다.

1. '-하다'가 붙는 어근에 '-히'나 '-이'가 붙는 경우

   급히  꾸준히  도저히  딱히  어렴풋이  깨끗이

2. 부사에 '-이'가 붙어서 역시 부사가 되는 경우

   곰곰이  더욱이  생긋이  오뚝이  일찍이  해죽이

## 제29항 끝소리가 'ㄹ'인 말과 딴 말이 어울릴 적에 'ㄹ' 소리가 'ㄷ' 소리로 나는 것은 'ㄷ'으로 적는다.

반짇고리(바느질~)  사흗날(사흘~)  삼짇날(삼질~)  섣달(설~)
숟가락(술~)  이튿날(이틀~)  잗주름(잘~)  푿소(풀~)
섣부르다(설~)  잗다듬다(잘~)  잗다랗다(잘~)

## 제30항 사이시옷은 다음과 같은 경우에 받치어 적는다.

**1. 순우리말로 된 합성어로서 앞말이 모음으로 끝난 경우**

1) 뒷말의 첫소리가 된소리로 나는 것

| | | | | | | |
|---|---|---|---|---|---|---|
| 고랫재 | 귓밥 | 나룻배 | 나뭇가지 | 냇가 | 댓가지 | 뒷갈망 |
| 맷돌 | 머릿기름 | 모깃불 | 못자리 | 바닷가 | 뱃길 | 볏가리 |
| 부싯돌 | 선짓국 | 쇳조각 | 아랫집 | 우렁잇속 | 잇자국 | 잿더미 |
| 조갯살 | 찻집 | 쳇바퀴 | 킷값 | 핏대 | 햇볕 | 혓바늘 |

2) 뒷말의 첫소리 'ㄴ, ㅁ' 앞에서 'ㄴ' 소리가 덧나는 것

| | | | | | | |
|---|---|---|---|---|---|---|
| 멧나물 | 아랫니 | 텃마당 | 아랫마을 | 뒷머리 | 잇몸 | 빗물 |
| 깻묵 | 냇물 | | | | | |

3) 뒷말의 첫소리 모음 앞에서 'ㄴㄴ' 소리가 덧나는 것

| | | | | | | |
|---|---|---|---|---|---|---|
| 도리깻열 | 뒷윷 | 두렛일 | 뒷일 | 뒷입맛 | 베갯잇 | 댓잎 |
| 욧잇 | 깻잎 | 나뭇잎 | | | | |

**2. 순우리말과 한자어로 된 합성어로서 앞말이 모음으로 끝난 경우**

1) 뒷말의 첫소리가 된소리로 나는 것

| | | | | | | |
|---|---|---|---|---|---|---|
| 귓병 | 머릿방 | 뱃병 | 봇둑 | 사잣밥 | 샛강 | 아랫방 |
| 자릿세 | 전셋집 | 찻잔 | 찻종 | 촛국 | 콧병 | 탯줄 |
| 텃세 | 핏기 | 햇수 | 횟가루 | 횟배 | | |

2) 뒷말의 첫소리 'ㄴ, ㅁ' 앞에서 'ㄴ' 소리가 덧나는 것

| | | | | |
|---|---|---|---|---|
| 곗날 | 제삿날 | 훗날 | 툇마루 | 양칫물 |

3) 뒷말의 첫소리 모음 앞에서 'ㄴㄴ' 소리가 덧나는 것

| | | | |
|---|---|---|---|
| 가욋일 | 사삿일 | 예삿일 | 훗일 |

**3. 두 음절로 된 다음 한자어**

| | | | | | |
|---|---|---|---|---|---|
| 곳간(庫間) | 셋방(貰房) | 숫자(數字) | 찻간(車間) | 툇간(退間) | 횟수(回數) |

---

### ✓ 어법 암기 체크

**다음 중 맞춤법이 올바른 것에 O 표시하시오.**

01 (곰곰이 / 곰곰히) 생각해 보니 억울하였다.

02 운동을 (꾸준이 / 꾸준히) 하는 것은 중요하다.

03 (전세집 / 전셋집)에 들어가 산 지도 벌써 2년이 넘었다.

04 아들은 (사흘날 / 사흗날)에 집으로 돌아오겠다고 하였다.

05 강아지가 얼마나 세게 물었던지 팔에 (이자국 / 잇자국)이 남았다.

**정답** 01 곰곰이  02 꾸준히  03 전셋집  04 사흗날  05 잇자국

**제39항** 어미 '-지' 뒤에 '않-'이 어울려 '-잖-'이 될 적과 '-하지' 뒤에 '않-'이 어울려 '-찮-'이 될 적에는 준 대로 적는다.

| 본말 | 준말 | 본말 | 준말 |
|---|---|---|---|
| 그렇지 않은 | 그렇잖은 | 만만하지 않다 | 만만찮다 |
| 적지 않은 | 적잖은 | 변변하지 않다 | 변변찮다 |

**제40항** 어간의 끝음절 '하'의 'ㅏ'가 줄고 'ㅎ'이 다음 음절의 첫소리와 어울려 거센소리로 될 적에는 거센소리로 적는다.

| 본말 | 준말 | 본말 | 준말 |
|---|---|---|---|
| 간편하게 | 간편케 | 다정하다 | 다정타 |
| 연구하도록 | 연구토록 | 정결하다 | 정결타 |
| 가하다 | 가타 | 흔하다 | 흔타 |

[붙임 1] 'ㅎ'이 어간의 끝소리로 굳어진 것은 받침으로 적는다.

않다  않고  않지  않든지
어떻다  어떻고  어떻지  어떻든지

[붙임 2] 어간의 끝음절 '하'가 아주 줄 적에는 준 대로 적는다.

| 본말 | 준말 | 본말 | 준말 |
|---|---|---|---|
| 거북하지 | 거북지 | 넉넉하지 않다 | 넉넉지 않다 |
| 생각하건대 | 생각건대 | 못하지 않다 | 못지않다 |
| 생각하다 못해 | 생각다 못해 | 섭섭하지 않다 | 섭섭지 않다 |
| 깨끗하지 않다 | 깨끗지 않다 | 익숙하지 않다 | 익숙지 않다 |

## 2 띄어쓰기 관련 빈출 조항

### 제41항 조사는 그 앞말에 붙여 쓴다.

꽃이    꽃마저    꽃밖에    꽃에서부터    꽃으로만    웃고만

### 제42항 의존 명사는 띄어 쓴다.

아는 것이 힘이다.    나도 할 수 있다.    먹을 만큼 먹어라.    그가 떠난 지가 오래다.

### 제47항 보조 용언은 띄어 씀을 원칙으로 하되, 경우에 따라 붙여 씀도 허용한다.

| 원칙 | 허용 | 원칙 | 허용 |
|---|---|---|---|
| 내 힘으로 막아 낸다. | 내 힘으로 막아낸다. | 일이 될 법하다. | 일이 될법하다. |
| 그 일은 할 만하다. | 그 일은 할만하다. | 잘 아는 척한다. | 잘 아는척한다. |

다만, 앞말에 조사가 붙거나 앞말이 합성 용언인 경우, 그리고 중간에 조사가 들어갈 적에는 그 뒤에 오는 보조 용언은 띄어 쓴다.

책을 읽어도 보고…….    네가 덤벼들어 보아라.    그가 올 듯도 하다.    잘난 체를 한다.

---

### ✓ 어법 암기 체크

**다음 설명이 맞으면 ○, 틀리면 × 표시하시오.**

01 '간편하게'의 준말은 '간편케'이다. (○, ×)
02 '그렇지 않은'의 준말은 '그렇찮은'이다. (○, ×)
03 '아는∨척한다'는 '아는척한다'로 붙여 쓸 수 없다. (○, ×)
04 '일이∨될∨법하다'는 '일이∨될법하다'로 붙여 쓸 수 있다. (○, ×)
05 '나도∨할∨수∨있다'의 '수'는 의존 명사이므로 띄어 써야 한다. (○, ×)

**정답** 01 ○   02 ×, 그렇잖은   03 ×, 붙여 쓸 수 있다   04 ○   05 ○

## 3 혼동하기 쉬운 표기

| 어휘 | 의미 | 예 |
|---|---|---|
| 가름 | 쪼개거나 나누어 따로따로 되게 하는 일 | 둘로 **가름** |
| 갈음 | 다른 것으로 바꾸어 대신함 | 새 책상으로 **갈음** |
| 갈다 | 이미 있는 사물을 다른 것으로 바꾸다. | 컴퓨터의 부속품을 좋은 것으로 **갈았다**. |
| 가르다 | 쪼개거나 나누어 따로따로 되게 하다. | 편을 셋으로 **가르다**. |
| 가리다 | 여럿 가운데서 하나를 구별하여 고르다. | 우승 팀을 **가리다**. |
| 걷잡다 | 한 방향으로 치우쳐 흘러가는 형세 따위를 붙들어 잡다. | **걷잡**을 수 없는 상태 |
| 겉잡다 | 겉으로 보고 대강 짐작하여 헤아리다. | **겉잡아서** 이틀 걸릴 일 |
| 너머 | 높이나 경계로 가로막은 사물의 저쪽. 또는 그 공간 | 고개 **너머** |
| 넘어(넘다) | 높은 부분의 위를 지나가다. | 오늘 내로 고개 둘을 **넘어야** 한다. |
| 느리다 | 어떤 동작을 하는 데 걸리는 시간이 길다. | 진도가 너무 **느리다**. |
| 늘이다 | 본디보다 더 길어지게 하다. | 고무줄을 **늘인다**. |
| 늘리다 | 물체의 넓이, 부피 따위를 본디보다 커지게 하다. | 수출량을 더 **늘린다**. |
| 다리다 | 옷이나 천 따위의 주름이나 구김을 펴고 줄을 세우기 위하여 다리미나 인두로 문지르다. | 옷을 **다린다**. |
| 달이다 | 액체 따위를 끓여서 진하게 만들다. | 약을 **달인다**. |
| 다치다 | 부딪치거나 맞거나 하여 신체에 상처가 생기다. 또는 상처를 입다. | 부주의로 손을 **다쳤다**. |
| 닫히다 | 열린 문짝, 뚜껑, 서랍 따위가 도로 제자리로 가 막히다. '닫다'의 피동사. | 문이 저절로 **닫혔다**. |
| 닫치다 | 열린 문짝, 뚜껑, 서랍 따위를 꼭꼭 또는 세게 닫다. | 문을 힘껏 **닫쳤다**. |
| 당기다 | 입맛이 돋우어지다. | 식욕이 **당기다**. |
| 땅기다 | 몹시 단단하고 팽팽하게 되다. | 얼굴이 **땅기다**. |
| 들이켜다 | 물이나 술 등의 액체를 단숨에 마구 마시다. | 물을 **들이켰다**. |
| 들이키다 | 안쪽으로 가까이 옮기다. | 통로에 있던 화분을 **들이켰다**. |
| 떠벌리다 | 이야기를 과장하여 늘어놓다. | 자신의 이력을 **떠벌리다**. |
| 떠벌이다 | 굉장한 규모로 차리다. | 그는 사업을 **떠벌여** 놓고 곤욕을 치르고 있다. |
| 마치다 | 어떤 일이나 과정, 절차 따위가 끝나다. 또는 그렇게 하다. | 벌써 일을 **마쳤다**. |
| 맞추다 | 둘 이상의 일정한 대상들을 나란히 놓고 비교하여 살피다. | 나는 친구와 답을 **맞춰** 봤다. |
| 맞히다 | 문제에 대한 답을 틀리지 않게 하다. | 여러 문제를 더 **맞혔다**. |
| 부치다 | 편지나 물건 따위를 일정한 수단이나 방법을 써서 상대에게로 보내다. | 편지를 **부친다**. |
| 붙이다 | 맞닿아 떨어지지 않게 하다. | 우표를 **붙인다**. |
| 안치다 | 밥, 떡, 찌개 등을 만들기 위하여 그 재료를 솥이나 냄비 등에 넣고 불 위에 올리다. | 밥을 **안친다**. |
| 앉히다 | 사람이나 동물이 윗몸을 바로 한 상태에서 엉덩이에 몸무게를 실어 다른 물건이나 바닥에 몸을 올려놓게 하다. | 윗자리에 **앉힌다**. |

## 4 문장 부호 관련 빈출 조항

| | |
|---|---|
| 쉼표(,) | ① 같은 자격의 어구를 열거할 때 그 사이에 쓴다.<br>　　예 충청도의 계룡산, 전라도의 내장산, 강원도의 설악산은 모두 국립 공원이다.<br>② 짝을 지어 구별할 때 쓴다. 예 닭과 지네, 개와 고양이는 상극이다.<br>③ 이웃하는 수를 개략적으로 나타낼 때 쓴다. 예 5, 6세기 / 6, 7, 8개<br>④ 짧게 더듬는 말을 표시할 때 쓴다.<br>　　예 선생님, 부, 부정행위라니요? 그런 건 새, 생각조차 하지 않습니다.<br>[붙임] '쉼표' 대신 '반점'이라는 용어를 쓸 수 있다. |
| 가운뎃점(·) | ① 열거할 어구들을 일정한 기준으로 묶어서 나타낼 때 쓴다.<br>　　예 민수·영희, 선미·준호가 서로 짝이 되어 윷놀이를 하였다.<br>② 짝을 이루는 어구들 사이에 쓴다.<br>　　예 빨강·초록·파랑이 빛의 삼원색이다.<br>③ 공통 성분을 줄여서 하나의 어구로 묶을 때 쓴다.<br>　　예 상·중·하위권 / 금·은·동메달 / 통권 제54·55·56호 |
| 쌍점(:) | ① 표제 다음에 해당 항목을 들거나 설명을 붙일 때 쓴다.<br>　　예 문방사우: 종이, 붓, 먹, 벼루<br>② 희곡 등에서 대화 내용을 제시할 때 말하는 이와 말한 내용 사이에 쓴다.<br>　　예 김 과장: 난 못 참겠다.<br>③ 시와 분, 장과 절 등을 구별할 때 쓴다. 예 오전 10:20(오전 10시 20분)<br>④ 의존 명사 '대'가 쓰일 자리에 쓴다. 예 65:60(65 대 60)<br>[붙임] 쌍점의 앞은 붙여 쓰고 뒤는 띄어 쓴다. 다만, (3)과 (4)에서는 쌍점의 앞뒤를 붙여 쓴다. |
| 소괄호(( )) | ① 주석이나 보충적인 내용을 덧붙일 때 쓴다.<br>　　예 니체(독일의 철학자)의 말을 빌리면 다음과 같다.<br>② 우리말 표기와 원어 표기를 아울러 보일 때 쓴다. 예 기호(嗜好), 커피(coffee)<br>③ 생략할 수 있는 요소임을 나타낼 때 쓴다.<br>　　예 학교에서 동료 교사를 부를 때는 이름 뒤에 '선생(님)'이라는 말을 덧붙인다.<br>④ 내용이 들어갈 자리임을 나타낼 때 쓴다. 예 우리나라의 수도는 (　　　)이다. |
| 대괄호([ ]) | ① 괄호 안에 또 괄호를 쓸 필요가 있을 때 바깥쪽의 괄호로 쓴다.<br>　　예 이번 회의에는 두 명[이혜정(실장), 박철용(과장)]만 빼고 모두 참석했습니다.<br>② 고유어에 대응하는 한자어를 함께 보일 때 쓴다. 예 나이[年歲]<br>③ 원문에 대한 이해를 돕기 위해 설명이나 논평 등을 덧붙일 때 쓴다.<br>　　예 그런 일은 결코 있을 수 없다.[원문에는 '업다'임.] |

### ✓ 어법 암기 체크

**다음 설명이 맞으면 ○, 틀리면 × 표시하시오.**

01 '고무줄을 늘인다'의 '늘인다'는 '어떤 동작을 하는 데 걸리는 시간이 길다'의 뜻이다. (○, ×)

02 '안치다'는 '밥, 떡, 찌개 등을 만들기 위하여 그 재료를 솥이나 냄비 등에 넣고 불 위에 올리다'를 뜻한다. (○, ×)

03 공통 성분을 줄여서 하나의 어구로 묶을 때는 쉼표를 쓴다. (○, ×)

04 같은 자격의 어구를 연결할 때는 쌍점을 쓴다. (○, ×)

05 우리말 표기와 원어 표기를 아울러 보일 때는 소괄호를 쓴다. (○, ×)

정답  01 ×, 본디보다 더 길어지게 하다  02 ○  03 ×, 가운뎃점  04 ×, 쉼표  05 ○

# 어법 | 02 표준어 규정

## 1 표준어 사정 원칙 빈출 조항

**제3항** 다음 단어들은 거센소리를 가진 형태를 표준어로 삼는다.

| 표준어 | 비표준어 | 표준어 | 비표준어 |
| --- | --- | --- | --- |
| 살-쾡이 | 삵-괭이 | 털어-먹다 | 떨어-먹다 |

**제5항** 어원에서 멀어진 형태로 굳어져서 널리 쓰이는 것은, 그것을 표준어로 삼는다.

| 표준어 | 비표준어 | 표준어 | 비표준어 |
| --- | --- | --- | --- |
| 고삿 | 고살 | 사글-세 | 삭월-세 |

다만, 어원적으로 원형에 더 가까운 형태가 아직 쓰이고 있는 경우에는, 그것을 표준어로 삼는다.

| 표준어 | 비표준어 | 표준어 | 비표준어 |
| --- | --- | --- | --- |
| 밀-뜨리다 | 미-뜨리다 | 적-이 | 저으기 |

**제7항** 수컷을 이르는 접두사는 '수-'로 통일한다.

| 표준어 | 비표준어 | 표준어 | 비표준어 |
| --- | --- | --- | --- |
| 수-꿩 | 수-퀑/숫-꿩 | 수-사돈 | 숫-사돈 |
| 수-나사 | 숫-나사 | 수-놈 | 숫-놈 |

다만 1. 다음 단어에서는 접두사 다음에서 나는 거센소리를 인정한다. 접두사 '암-'이 결합되는 경우에도 이에 준한다.

| 표준어 | 비표준어 | 표준어 | 비표준어 |
| --- | --- | --- | --- |
| 수-캉아지 | 숫-강아지 | 수-퇘지 | 숫-돼지 |
| 수-탉 | 숫-닭 | 수-평아리 | 숫-병아리 |

다만 2. 다음 단어의 접두사는 '숫-'으로 한다.

| 표준어 | 비표준어 | 표준어 | 비표준어 |
| --- | --- | --- | --- |
| 숫-양 | 수-양 | 숫-염소 | 수-염소 |

**제9항** 'ㅣ' 역행 동화 현상에 의한 발음은 원칙적으로 표준 발음으로 인정하지 아니하되, 다만 다음 단어들은 그러한 동화가 적용된 형태를 표준어로 삼는다.

| 표준어 | 비표준어 | 표준어 | 비표준어 |
| --- | --- | --- | --- |
| -내기 | -나기 | 동댕이-치다 | 동당이-치다 |

[붙임] 기술자에게는 '-장이', 그 외에는 '-쟁이'가 붙는 형태를 표준어로 삼는다.

| 표준어 | 비표준어 | 표준어 | 비표준어 |
| --- | --- | --- | --- |
| 소금쟁이 | 소금장이 | 골목쟁이 | 골목장이 |

**제12항** '웃-' 및 '윗-'은 명사 '위'에 맞추어 '윗-'으로 통일한다.

| 표준어 | 비표준어 | 표준어 | 비표준어 |
| --- | --- | --- | --- |
| 윗-니 | 웃-니 | 윗-잇몸 | 웃-잇몸 |

다만 1. 된소리나 거센소리 앞에서는 '위-'로 한다.

| 표준어 | 비표준어 | 표준어 | 비표준어 |
| --- | --- | --- | --- |
| 위-쪽 | 웃-쪽 | 위-층 | 웃-층 |

다만 2. '아래, 위'의 대립이 없는 단어는 '웃-'으로 발음되는 형태를 표준어로 삼는다.

| 표준어 | 비표준어 | 표준어 | 비표준어 |
| --- | --- | --- | --- |
| 웃-돈 | 윗-돈 | 웃-어른 | 윗-어른 |

---

**✓ 어법 암기 체크**

다음 중 표준어에 ○ 표시하시오.

01 (수꿩 / 수퀑)이 달려드는 바람에 놀라 자빠졌다.
02 (웃돈 / 윗돈)을 얹어 주고 특별히 사 온 물건이다.
03 그 닭은 (수놈 / 숫놈) 중에 가장 몸집이 커 보였다.
04 부모님께서 (위층 / 웃층)으로 이사 오셨다.
05 소녀는 빠르게 (골목장이 / 골목쟁이)로 몸을 숨겼다.

**정답** 01 수꿩 02 웃돈 03 수놈 04 위층 05 골목쟁이

## 2 기출 표준어  ☑ 잘 외워지지 않는 단어는 박스에 체크하고, 반복하여 암기하세요.

### 1. 표준어와 비표준어

| 표준어 | 비표준어 | 표준어 | 비표준어 |
| --- | --- | --- | --- |
| ☐ 가난하다 | 기찹다 | ☐ 되레 | 되려 |
| ☐ 가볍다 | 해깝다 | ☐ 많이 | 하영 |
| ☐ 갑갑하다 | 깝깝하다 | ☐ 먼지떨이 | 먼지털이 |
| ☐ 개운하다 | 개완하다 | ☐ 몰아붙이다 | 몰아부치다 |
| ☐ 거의 | 거진, 건줌 | ☐ 무릅쓰다 | 무릎쓰다 |
| ☐ 건넛마을 | 건넌마을 | ☐ 배고프다 | 굴풋하다 |
| ☐ 괜스레 | 괜스리 | ☐ 부지깽이 | 부지땡이 |
| ☐ 구레나룻 | 구렛나루 | ☐ 비슷하다 | 가이방하다 |
| ☐ 귀띔 | 귀팀 | ☐ 새벽 | 새북 |
| ☐ 귀밑머리 | 귀영머리 | ☐ 샛별 | 새벽별 |
| ☐ 금방, 바로 | 고닥새 | ☐ 애달프다 | 애닲다 |
| ☐ 깜박 | 깜뭇 | ☐ 어련하다 | 비문하다 |
| ☐ 꼼꼼하다 | 꼽꼽하다 | ☐ 여느 | 여늬 |
| ☐ 끄떡없다(끄떡없이) | 끄덕없다(끄덕없이) | ☐ 여우 | 여시 |
| ☐ 다르다 | 달부다 | ☐ 해코지 | 해꼬지 |
| ☐ 도리어 | 뎁세 | ☐ 흐리멍덩하다 | 흐리멍텅하다 |

## 2. 혼동하기 쉬운 표준어

| 어휘 | 의미 및 용례 |
|---|---|
| ☐ 건넌방 | 안방에서 대청을 건너 맞은편에 있는 방. |
| ☐ 건넛방 | 건너편에 있는 방. |
| ☐ 낙낙하다 | 크기, 수효, 부피 등이 조금 크거나 남음이 있다. |
| ☐ 넉넉하다 | 크기나 수량 등이 기준에 차고도 남음이 있다. |
| ☐ 뒤처지다 | 어떤 수준이나 대열에 들지 못하고 뒤로 처지거나 남게 되다. 예 성적이 남들보다 **뒤처지다**. |
| ☐ 뒤쳐지다 | 물건이 뒤집혀서 젖혀지다. 예 바람에 현수막이 **뒤쳐지다**. |
| ☐ 또아리 | 갈큇발의 다른 끝을 모아 휘감아 잡아맨 부분. |
| ☐ 똬리 | 둥글게 빙빙 틀어 놓은 것. 또는 그런 모양. 예 구렁이가 **똬리**를 틀고 있다. |
| ☐ 밭떼기 | 밭에서 나는 작물을 밭에 나 있는 채로 몽땅 사는 일. 예 배추를 **밭떼기**로 샀다. |
| ☐ 밭뙈기 | 얼마 안 되는 자그마한 밭. 예 손바닥만 한 **밭뙈기**에 농사를 지어 살아가는 형편이다. |
| ☐ 배리다 | ① 날콩이나 물고기, 동물의 피 등에서 나는 맛이나 냄새와 조금 같은 데가 있다.<br>② 하는 짓이 좀스럽고 구차스러워서 조금 더럽고 아니꼽다.<br>　　예 그 사람은 하는 행동이 하도 **배려서** 주위 사람들이 다 싫어한다. |
| ☐ 버리다 | 본바탕을 상하게 하거나 더럽혀서 쓰지 못하게 망치다.<br>예 흙탕물이 튀어 새 옷을 **버리고** 말았다. |

---

### ✔ 어법 암기 체크

**다음 중 표준어에 ○ 표시하시오.**

01 그가 (해코지 / 해꼬지)를 할까 두렵다.
02 아이의 우는 소리가 (애달프다 / 애닯다).
03 (괜스레 / 괜시리) 겁을 먹고 도망을 쳤다.
04 죽음을 (무릅쓰고 / 무릎쓰고) 전장으로 달려 나갔다.
05 나를 범인으로 (몰아붙이니 / 몰아부치니) 당황하여 말을 더듬었다.

정답  01 해코지  02 애달프다  03 괜스레  04 무릅쓰고  05 몰아붙이니

## 3 표준 발음법 빈출 조항

### 제5항 'ㅑ ㅒ ㅕ ㅖ ㅘ ㅙ ㅛ ㅝ ㅞ ㅠ ㅢ'는 이중 모음으로 발음한다.

**다만 1.** 용언의 활용형에 나타나는 '져, 쪄, 쳐'는 [저, 쩌, 처]로 발음한다.
  가지어 → 가져[가저]    찌어 → 쪄[쩌]    다치어 → 다쳐[다처]

**다만 2.** '예, 례' 이외의 'ㅖ'는 [ㅔ]로도 발음한다.
  계집[계ː집/게ː집]    개폐[개폐/개페](開閉)    혜택[혜ː택/헤ː택](惠澤)    지혜[지혜/지헤](智慧)

**다만 3.** 자음을 첫소리로 가지고 있는 음절의 'ㅢ'는 [ㅣ]로 발음한다.
  늴리리[닐리리]    닁큼[닝큼]    무늬[무니]    유희[유히]
  씌어[씨어/씨여]    틔어[티어/티여]    희망[히망]    띄어쓰기[띠어쓰기/띠여쓰기]

**다만 4.** 단어의 첫음절 이외의 '의'는 [ㅣ]로, 조사 '의'는 [ㅔ]로 발음함도 허용한다.
  주의[주의/주이]    협의[혀븨/혀비]    우리의[우리의/우리에]    강의의[강ː의의/강ː이에]

### 제10항 겹받침 'ㄳ', 'ㄵ', 'ㄼ, ㄽ, ㄾ', 'ㅄ'은 어말 또는 자음 앞에서 각각 [ㄱ, ㄴ, ㄹ, ㅂ]으로 발음한다.

  넋[넉]    넋과[넉꽈]    앉다[안따]    여덟[여덜]    넓다[널따]
  외곬[외골]    핥다[할따]    값[갑]    없다[업ː따]

다만, '밟-'은 자음 앞에서 [밥]으로 발음하고, '넓-'은 다음과 같은 경우에 [넙]으로 발음한다.
  밟다[밥ː따]    밟소[밥ː쏘]    넓-죽하다[넙쭈카다]    넓-둥글다[넙뚱글다]

### 제15항 받침 뒤에 모음 'ㅏ, ㅓ, ㅗ, ㅜ, ㅟ'들로 시작되는 실질 형태소가 연결되는 경우에는, 대표음으로 바꾸어서 뒤 음절 첫소리로 옮겨 발음한다.

  밭 아래[바다래]    맛없다[마덥따]    겉옷[거돋]    헛웃음[허두슴]    꽃 위[꼬뒤]

다만, '맛있다, 멋있다'는 [마싣따], [머싣따]로도 발음할 수 있다.

[붙임] 겹받침의 경우에는, 그중 하나만을 옮겨 발음한다.
  넋 없다[너겁따]    닭 앞에[다가페]    값어치[가버치]    값있는[가빈는]

### 제28항 표기상으로는 사이시옷이 없더라도, 관형격 기능을 지니는 사이시옷이 있어야 할(휴지가 성립되는) 합성어의 경우에는, 뒤 단어의 첫소리 'ㄱ, ㄷ, ㅂ, ㅅ, ㅈ'을 된소리로 발음한다.

  문-고리[문꼬리]    눈-동자[눈똥자]    신-바람[신빠람]    산-새[산쌔]    손-재주[손째주]
  길-가[길까]    물-동이[물똥이]    발-바닥[발빠닥]    굴-속[굴ː쏙]    술-잔[술짠]
  바람-결[바람껼]    그믐-달[그믐딸]    아침-밥[아침빱]    강-줄기[강쭐기]    강-가[강까]
  초승-달[초승딸]    등-불[등뿔]    창-살[창쌀]

**제29항** 합성어 및 파생어에서, 앞 단어나 접두사의 끝이 자음이고 뒤 단어나 접미사의 첫음절이 '이, 야, 여, 요, 유'인 경우에는, 'ㄴ' 음을 첨가하여 [니, 냐, 녀, 뇨, 뉴]로 발음한다.

| 솜-이불[솜ː니불] | 홑-이불[혼니불] | 막-일[망닐] | 삯-일[상닐] |
| 맨-입[맨닙] | 꽃-잎[꼰닙] | 내복-약[내ː봉냑] | 한-여름[한녀름] |
| 남존-여비[남존녀비] | 신-여성[신녀성] | 색-연필[생년필] | 직행-열차[지캥녈차] |
| 늑막-염[능망념] | 콩-엿[콩녇] | 담-요[담ː뇨] | 눈-요기[눈뇨기] |
| 영업-용[영엄뇽] | 식용-유[시굥뉴] | 백분-율[백뿐뉼] | 밤-윷[밤ː뉻] |

다만, 다음과 같은 말들은 'ㄴ' 음을 첨가하여 발음하되, 표기대로 발음할 수 있다.

| 이죽-이죽[이중니죽/이주기죽] | 야금-야금[야금냐금/야그먀금] | 검열[검ː녈/거ː멸] |
| 욜랑-욜랑[욜랑뇰랑/욜랑욜랑] | 금융[금늉/그뮹] | |

[붙임 1] 'ㄹ' 받침 뒤에 첨가되는 'ㄴ' 음은 [ㄹ]로 발음한다.

| 들-일[들ː릴] | 솔-잎[솔립] | 설-익다[설릭따] | 물-약[물략] | 불-여우[불려우] |
| 서울-역[서울력] | 물-엿[물렫] | 휘발-유[휘발류] | 유들-유들[유들류들] | |

다만, 다음과 같은 단어에서는 'ㄴ(ㄹ)' 음을 첨가하여 발음하지 않는다.

6·25[유기오]   3·1절[사밀쩔]   송별-연[송ː벼련]   등-용문[등용문]

**제30항** 사이시옷이 붙은 단어는 다음과 같이 발음한다.

1. 'ㄱ, ㄷ, ㅂ, ㅅ, ㅈ'으로 시작하는 단어 앞에 사이시옷이 올 때는 이들 자음만을 된소리로 발음하는 것을 원칙으로 하되, 사이시옷을 [ㄷ]으로 발음하는 것도 허용한다.

   냇가[내ː까/낻ː까]   샛길[새ː낄/샏ː낄]   햇살[해쌀/핻쌀]   고갯짓[고개찓/고갣찓]

2. 사이시옷 뒤에 'ㄴ, ㅁ'이 결합되는 경우에는 [ㄴ]으로 발음한다.

   콧날[콛날 → 콘날]   아랫니[아랟니 → 아랜니]   툇마루[퇻ː마루 → 퇸ː마루]   뱃머리[밷머리 → 밴머리]

3. 사이시옷 뒤에 '이' 음이 결합되는 경우에는 [ㄴㄴ]으로 발음한다.

   베갯잇[베갣닏 → 베갠닏]   깻잎[깯닙 → 깬닙]   나뭇잎[나묻닙 → 나문닙]

---

### ✓ 어법 암기 체크

**다음 중 올바른 발음에 ○ 표시하시오.**

01 집이 참 넓다[널따 / 넙따].

02 그 옷은 무늬[무늬 / 무니]가 화려하였다.

03 아들의 모습에 헛웃음[허두슴 / 헏우슴]만 나왔다.

04 가방을 문고리[문고리 / 문꼬리]에 걸어 두고 나왔다.

05 겨울이 되었으니 솜이불[소ː미불 / 솜ː니불]을 꺼내 덮었다.

정답  01 널따  02 무니  03 허두슴  04 문꼬리  05 솜ː니불

# 어법 | 03 외래어·로마자 표기법

☑ 잘 외워지지 않는 단어는 박스에 체크하고, 반복하여 암기하세요.

## 1 빈출 외래어 표기

### ※ 표기의 기본 원칙

> 제1항 외래어는 국어의 현용 24 자모만으로 적는다.
>
> 제2항 외래어의 1 음운은 원칙적으로 1 기호로 적는다.
>
> 제3항 받침에는 'ㄱ, ㄴ, ㄹ, ㅁ, ㅂ, ㅅ, ㅇ'만을 쓴다.
>
> 제4항 파열음 표기에는 된소리를 쓰지 않는 것을 원칙으로 한다.
>
> 제5항 이미 굳어진 외래어는 관용을 존중하되, 그 범위와 용례는 따로 정한다.

### 1. 음식명

| 바른 표기 | 틀린 표기 | 바른 표기 | 틀린 표기 |
| --- | --- | --- | --- |
| ☐ 리소토(risotto) | 리조또, 리소또 | ☐ 초콜릿(chocolate) | 초코렛 |
| ☐ 멜론(melon) | 메론 | ☐ 카레(karê < curry) | 커리 |
| ☐ 밀크셰이크(milk shake) | 밀크쉐이크 | ☐ 카스텔라(castela) | 캐스텔라 |
| ☐ 바비큐(barbecue) | 바베큐 | ☐ 캐러멜(caramel) | 카라멜 |
| ☐ 소시지(sausage) | 소세지, 쏘시지 | ☐ 케이크(cake) | 케잌 |
| ☐ 주스(juice) | 주우스, 쥬스 | ☐ 크루아상(croissant) | 크로아샹, 크라샹 |

### 2. 일반 용어

| 바른 표기 | 틀린 표기 | 바른 표기 | 틀린 표기 |
| --- | --- | --- | --- |
| ☐ 가톨릭(Catholic) | 카톨릭, 카돌릭, 캐톨릭 | ☐ 새시(sash) | 섀시, 샤시, 샷시 |
| ☐ 깁스(Gips) | 집스 | ☐ 슈퍼마켓(supermarket) | 수퍼마켓, 수퍼마킷 |
| ☐ 난센스(nonsense) | 넌센스, 넌쎈스 | ☐ 스태프(staff) | 스탭, 스탶 |
| ☐ 내비게이션(navigation) | 네비게이션 | ☐ 알루미늄(aluminium) | 앨루미늄, 알루미늠 |
| ☐ 노즐(nozzle) | 노쯜 | ☐ 앙케트(enquête) | 앙케이트, 앙케에트 |

| | | | |
|---|---|---|---|
| ☐ 디지털(digital) | 디지탈 | ☐ 앙코르(encore) | 앵코르, 앵콜 |
| ☐ 라이선스(license) | 라이썬스, 라이센스 | ☐ 애프터서비스(after service) | 애프터써비스 |
| ☐ 랑데부(rendez-vous) | 랑데뷰, 레덴쯔보우스 | ☐ 앰뷸런스(ambulance) | 앰뷰런스, 앰블런스 |
| ☐ 레퍼토리(repertory) | 레파토리, 리퍼토리 | ☐ 에어컨디셔너(air conditioner) | 에어콘디셔너 |
| ☐ 렌터카(rent-a-car) | 렌타카, 랜터카 | ☐ 엔도르핀(endorphin) | 엔돌핀 |
| ☐ 로봇(robot) | 로보트, 로봇트 | ☐ 옐로(yellow) | 옐로우 |
| ☐ 로열티(royalty) | 로얄티 | ☐ 워크숍(workshop) | 워크샵, 웍샵 |
| ☐ 로켓(rocket) | 로켓트, 로케트 | ☐ 카디건(cardigan) | 캐어디건, 가디건 |
| ☐ 리더십(leadership) | 리더쉽, 리이더십 | ☐ 커트(cut)[1] | 컽 |
| ☐ 링거(Ringer) | 닝겔, 링겔 | ☐ 컨트롤(control) | 콘트롤 |
| ☐ 마네킹(mannequin) | 마네킨, 마네퀸 | ☐ 컷(cut)[2] | 컽 |
| ☐ 마사지(massage) | 마싸지, 맛사지 | ☐ 코미디(comedy) | 커메디, 코메디 |
| ☐ 메시지(message) | 메쎄지, 메세지 | ☐ 타깃(target) | 타겟, 타기트, 타게트 |
| ☐ 메커니즘(mechanism) | 매커니즘, 메카니즘 | ☐ 테이프(tape) | 테잎 |
| ☐ 미스터리(mystery) | 미스테리 | ☐ 트럼펫(trumpet) | 트럼페트 |
| ☐ 버저(buzzer) | 부저 | ☐ 판타지(fantasy) | 팬타지 |
| ☐ 불도그(bulldog) | 불독, 벌도그 | ☐ 팸플릿(pamphlet) | 팜플렛 |
| ☐ 브로슈어(brochure) | 브로우셔 | ☐ 플루트(flute) | 프루트 |
| ☐ 비즈니스(business) | 비지니쓰 | ☐ 헥타르(hectare) | 헥태어, 헥타아르 |

[1] ① 전체에서 일부를 잘라 내는 일. 또는 진행되던 일을 중간에서 차단하는 일 ② 미용을 목적으로 머리를 자르는 일. 또는 그 머리 모양
[2] 한 번의 연속 촬영으로 찍은 장면을 이르는 말

### ✓ 어법 암기 체크

**다음 중 올바른 외래어 표기에 ○ 표시하시오.**

01 불독 / 불도그
02 리소토 / 리조또
03 카라멜 / 캐러멜
04 팜플렛 / 팸플릿
05 내비게이션 / 네비게이션

정답  01 불도그  02 리소토  03 캐러멜  04 팸플릿  05 내비게이션

## 2 빈출 로마자 표기

### 1. 국어의 로마자 표기법

#### 제1항 모음은 다음 각호와 같이 적는다.

1. 단모음

| ㅏ a | ㅓ eo | ㅗ o | ㅜ u | ㅡ eu | ㅣ i |
|---|---|---|---|---|---|
| ㅐ ae | ㅔ e | ㅚ oe | ㅟ wi | | |

2. 이중 모음

| ㅑ ya | ㅕ yeo | ㅛ yo | ㅠ yu | ㅒ yae | ㅖ ye |
|---|---|---|---|---|---|
| ㅘ wa | ㅙ wae | ㅝ wo | ㅞ we | ㅢ ui | |

[붙임 1] 'ㅢ'는 'ㅣ'로 소리 나더라도 ui로 적는다.

광희문 Gwanghuimun

#### 제2항 자음은 다음 각호와 같이 적는다.

1. 파열음

| ㄱ g, k | ㄲ kk | ㅋ k | ㄷ d, t | ㄸ tt | ㅌ t |
|---|---|---|---|---|---|
| ㅂ b, p | ㅃ pp | ㅍ p | | | |

2. 파찰음                3. 마찰음

| ㅈ j | ㅉ jj | ㅊ ch | ㅅ s | ㅆ ss | ㅎ h |
|---|---|---|---|---|---|

4. 비음                5. 유음

| ㄴ n | ㅁ m | ㅇ ng | ㄹ r, l |
|---|---|---|---|

[붙임 1] 'ㄱ, ㄷ, ㅂ'은 모음 앞에서는 'g, d, b'로, 자음 앞이나 어말에서는 'k, t, p'로 적는다.
([ ] 안의 발음에 따라 표기함.)

구미 Gumi      영동 Yeongdong      백암 Baegam
옥천 Okcheon    합덕 Hapdeok        월곶[월곧] Wolgot

[붙임 2] 'ㄹ'은 모음 앞에서는 'r'로, 자음 앞이나 어말에서는 'l'로 적는다. 단, 'ㄹㄹ'은 'll'로 적는다.

구리 Guri      설악 Seorak         칠곡 Chilgok
임실 Imsil     울릉 Ulleung        대관령[대괄령] Daegwallyeong

## 2. 기출 로마자 표기

| | | | |
|---|---|---|---|
| ☐ 가야곡면 | Gayagok-myeon | ☐ 강강술래 | Ganggangsullae |
| ☐ 가좌3동 | Gajwa 3(sam)-dong | ☐ 낙산 | Naksan |
| ☐ 곡성읍 | Gokseong-eup | ☐ 덕유산 | Deogyusan |
| ☐ 여의도 | Yeouido | ☐ 북한산 | Bukhansan |
| ☐ 충장로4가 | Chungjangno 4(sa)-ga | ☐ 사물놀이 | Samullori |
| ☐ 평창군 | Pyeongchang-gun | ☐ 욕지도 | Yokjido |
| ☐ 고등어구이 | godeungeogui | ☐ 동태찌개 | dongtaejjigae |
| ☐ 김치전골 | kimchijeongol | ☐ 순대볶음 | sundaebokkeum |
| ☐ 꼬리곰탕 | kkorigomtang | ☐ 식혜 | sikhye |
| ☐ 꽃빵 | kkotppang | ☐ 철판구이 | cheolpan-gui |
| ☐ 낙지전골 | nakjijeongol | ☐ 비빔밥 | bibimbap |

### ✓ 어법 암기 체크

다음 중 올바른 로마자 표기에 ○ 표시하시오.

01 여의도 (Yeouido / Yeoido)
02 비빔밥 (bibimbab / bibimbap)
03 북한산 (Bukansan / Bukhansan)
04 낙지전골 (nakjijeongol / nakjjijeongol)
05 강강술래 (Ganggangsulrae / Ganggangsullae)

정답  01 Yeouido  02 bibimbap  03 Bukhansan  04 nakjijeongol  05 Ganggangsullae

# 어법 | 04 기타 문법 및 문장 표현

## 1 상대 높임법

| 구분 | | 평서법 | 의문법 | 명령법 | 청유법 | 감탄법 |
|---|---|---|---|---|---|---|
| 아주높임 | 하십시오체 | 갑니다 (-ㅂ니다) | 갑니까 (-ㅂ니까) | 가십시오 (-ㅂ시오) | 가십시다 (-십시다) | - |
| 예사높임 | 하오체 | 가오, 갔소 (-오, -소) | 가오? (-오) | 가오 (-오) | 갑시다 (-ㅂ시다) | 가는구려 (-는구려) |
| 예사낮춤 | 하게체 | 가네 (-네) | 가나?, 가는가? (-나, -는가) | 가게 (-게) | 가세 (-세) | 간다네 (-ㄴ다네) |
| 아주낮춤 | 해라체 | 간다 (-ㄴ다) | 가니?, 가냐 (-니, -냐) | 가라 (-라) | 가자 (-자) | 가는구나 (-는구나) |
| 두루높임 | 해요체 | 가요 (-아요) | 가요? (-아요) | 가요 (-아요) | 가요 (-아요) | - |
| 두루낮춤 | 해체 | 가, 가지 (-아, -지) | 가?, 가지? (-아, -지) | 가, 가지 (-아, -지) | 가, 가지 (-아, -지) | 가는구먼 (-는구먼) |

## 2 중의적 문장

| 중의적 요소 | 예 |
|---|---|
| 부정 표현에 따른 중의성 | 동호회 사람들이 약속 장소에 다 오지 않았다. (×)<br>→ 동호회 사람 중 일부만 약속 장소에 왔다. (일부는 오고 일부는 오지 않았다.) (○)<br>→ 동호회 사람들이 약속 장소에 아직 아무도 오지 않았다. (한 사람도 오지 않았다.) (○)<br>▶ 동호회 사람들이 일부는 오고 일부는 오지 않은 것인지, 한 사람도 오지 않은 것인지 분명하지 않은 문장이다. |
| 수식 대상에 따른 중의성 | 선생님은 웃으면서 들어오는 학생을 반겨 주었다. (×)<br>→ 웃으면서 들어오는 학생을 선생님이 반겨 주었다. (학생이 웃다.) (○)<br>→ 선생님은 들어오는 학생을 반기며 웃고 계셨다. (선생님이 웃다.) (○)<br>▶ 학생이 웃은 것인지, 선생님이 웃은 것인지 분명하지 않은 문장이다.<br>형은 어제 예쁜 주희의 친구와 만났다. (×)<br>→ 형은 어제 예쁜 주희의, 친구와 만났다. (주희가 예쁘다.) (○)<br>→ 형은 어제 주희의 예쁜 친구와 만났다. (주희의 친구가 예쁘다.) (○)<br>▶ 주희가 예쁜 것인지, 주희의 친구가 예쁜 것인지 분명하지 않은 문장이다. |

| 구분 | 내용 |
|---|---|
| 조사 '와/과'의 연결 관계에 따른 중의성 | 할머니께서 사과와 귤 두 개를 사 오셨다. (×)<br>→ 할머니께서 사과와 귤을 각각 두 개씩 사 오셨다. (○)<br>→ 할머니께서 사과 한 개와 귤 한 개를 사 오셨다. (○)<br>→ 할머니께서 사과 한 개와 귤 두 개를 사 오셨다. (○)<br>▶ 사과 두 개와 귤 두 개인지, 사과 한 개와 귤 한 개인지, 사과 한 개와 귤 두 개인지 분명하지 않은 문장이다.<br>지혜는 공원에서 예지와 효주를 만났다. (×)<br>→ 지혜는 공원에서 예지와 함께 효주를 만났다. (○)<br>→ 지혜는 공원에서 예지와 함께 있는 효주를 만났다. (○)<br>→ 지혜는 공원에서 예지를 만나고, 그 다음에 효주를 만났다. (○)<br>▶ 지혜와 예지가 함께 효주를 만난 것인지, 예지와 효주가 함께 있는데 지혜가 가서 만난 것인지, 지혜가 예지와 효주 둘 모두를 각각 만난 것인지 분명하지 않다. |
| 비교 구문의 중의성 | 남편은 나보다 운동을 더 좋아한다. (×)<br>→ 남편은 나를 좋아하기보다는 운동을 더 좋아한다. (○)<br>→ 남편은 내가 운동을 좋아하는 것보다 더 운동을 좋아한다. (○)<br>▶ 나와 운동 자체를 비교하는 것인지, 남편이 운동을 좋아하는 정도와 내가 운동을 좋아하는 정도를 비교하는 것인지 분명하지 않은 문장이다. |
| '의'를 포함한 명사구의 중의성 | 이것은 우리 어머니의 사진이 아니다. (×)<br>→ 이것은 우리 어머니를 찍은 사진이 아니다. (○)<br>→ 이것은 우리 어머니가 찍은 사진이 아니다. (○)<br>→ 이것은 우리 어머니가 소유한 사진이 아니다. (○)<br>▶ 어머니를 찍은 사진이 아니라는 것인지, 어머니가 직접 찍은 사진이 아니라는 것인지, 어머니가 소유한 사진이 아니라는 것인지 분명하지 않은 문장이다. |
| 동작상에 따른 중의성 | 동생이 교복을 입고 있다. (×)<br>→ 동생이 교복을 입는 중이다. (○)<br>→ 동생이 교복을 입은 상태이다. (○)<br>▶ 동생이 교복을 입는 행위가 진행 중인지, 동생이 교복을 입은 행위가 완료되어 그 상태가 지속되고 있는 것인지 분명하지 않은 문장이다. |

### ✔ 어법 암기 체크

**다음 설명이 맞으면 ○, 틀리면 × 표시하시오.**

01 '갑니다'는 하십시오체 종결 어미가 쓰였다. (○, ×)

02 '갑시다'는 하게체 종결 어미가 쓰였다. (○, ×)

03 '동호회 사람들이 약속 장소에 다 오지 않았다'는 중의적으로 해석되는 문장이다. (○, ×)

04 '남편은 나보다 운동을 더 좋아한다'는 중의적으로 해석되는 문장이다. (○, ×)

05 '형은 어제 주희의 예쁜 친구와 만났다'는 중의적으로 해석되는 문장이다. (○, ×)

정답 01 ○  02 ×, 하오체  03 ○  04 ○  05 ×

## 3 문장 성분의 호응

| 문장 성분 | 예 |
|---|---|
| 주어 - 서술어 | 제가 하고 싶은 말은 친구들과 잘 지내고 싶습니다. (×)<br>→ 제가 하고 싶은 말은 친구들과 잘 지내고 싶다는 것입니다. (○)<br>▶ 주어 '말은'과 서술어 '지내고 싶습니다'의 호응이 어색하다. 서술어를 '지내고 싶다는 것입니다'로 고쳐 쓰는 것이 자연스럽다. |
| 목적어 - 서술어 | 자기의 강점과 약점을 보완하는 사람이 되자. (×)<br>→ 자기의 강점을 살리고 약점을 보완하는 사람이 되자. (○)<br>▶ 목적어 '강점과'와 서술어 '보완하는'의 의미상 호응이 어색하다. 목적어에 호응하는 서술어를 추가하여 '강점을 살리고 약점을 보완하는'으로 고쳐 쓰는 것이 적절하다. |
| 부사어 - 서술어 | 그것은 결코 우연한 일이다. (×)<br>→ 그것은 결코 우연한 일이 아니었다. (○)<br>▶ 부사어 '결코, 비단'은 부정하는 서술어와 호응한다. |

## 4 번역 투 표현 ☑ 잘 외워지지 않는 단어는 박스에 체크하고, 반복하여 암기하세요.

| 번역 투 표현 → 수정 표현 | 예 |
|---|---|
| ☐ ~고 있는 중이다 → ~고 있다 | 서울에 살고 있는 중이다. (×) → 서울에 살고 있다. (○) |
| ☐ ~로 인해 → ~로 | 시끄러운 소리로 인해 고통받고 있다. (×)<br>→ 시끄러운 소리로 고통받고 있다. (○) |
| ☐ ~에 값하다<br>→ ~할 만하다, ~할 가치가 있다 | 그의 발명은 주목에 값하다. (×)<br>→ 그의 발명은 주목할 만하다. (○) |
| ☐ ~에 다름 아니다 → ~와/과 다르지 않다 | 이 관습은 문화유산에 다름 아니다. (×)<br>→ 이 관습은 문화유산과 다르지 않다. (○) |
| ☐ ~에 대하여/대한 → ~은/는, ~을/를 | 그 부분에 대하여 잘 알지 못합니다. (×)<br>→ 그 부분은 잘 알지 못합니다. (○) |
| ☐ ~에 위치하다 → ~에 있다 | 그 상점은 골목 입구에 위치한다. (×)<br>→ 그 상점은 골목 입구에 있다. (○) |
| ☐ ~에 의해/의한 → ~로 | 폭격에 의해 다리가 무너졌다. (×) → 폭격으로 다리가 무너졌다. (○) |
| ☐ ~에 있어서 → 에서 | 유아기에 있어서 자아의 변화 (×) → 유아기에서 자아의 변화 (○) |
| ☐ ~에 한하여<br>→ ~에서만, ~에 한정하여, ~으로만 | 일정 계급에 한하여 규정을 적용하지 않는다. (×)<br>→ 일정 계급에서만 규정을 적용하지 않는다. (○) |
| ☐ ~을/를 가지다<br>→ ~이/가 있다, ~을/를 하다 | 각국 정상은 오찬 모임을 가졌다. (×)<br>→ 각국 정상은 오찬 모임을 했다. (○) |

| | |
|---|---|
| ☐ ~을/를 요하다 → ~하기 바라다 | 많은 이의 참여를 요하다. (×) → 많은 이가 참여하기 바라다. (○) |
| ☐ ~을/를 통해 → ~에 | 이번 기회를 통해 신제품을 선보였다. (×)<br>→ 이번 기회에 신제품을 선보였다. (○) |
| ☐ ~을/를 행하다 → ~을/를 하다 | 정부가 복지 사업을 행하다. (×) → 정부가 복지 사업을 하다. (○) |
| ☐ ~의 → (생략, 어순 변경) | 선생님은 열 개의 문제를 준비했다. (×)<br>→ 선생님은 문제 열 개를 준비했다. (○) |
| ☐ ~의 경우에 → 때 | 건강에 이상이 있는 경우에는 병원에 방문해야 한다. (×)<br>→ 건강에 이상이 있을 때는 병원에 방문해야 한다. (○) |
| ☐ ~이/가 요구되다 → ~(을/를) 해야 한다 | 근본적인 문제 해결이 요구됐다. (×)<br>→ 근본적인 문제 해결을 해야 한다. (○) |
| ☐ ~있으시기 바랍니다 → ~해 주십시오 | 많은 신청 있으시기 바랍니다. (×) → 많이 신청해 주십시오. (○) |
| ☐ 가능성을 배제할 수 없다 → ~할 수 있다 | 핵무기 사용 가능성을 배제할 수 없다. (×)<br>→ 핵무기를 사용할 수 있다. (○) |
| ☐ 가장 ~한 ~ 중 하나 → 가장 ~한 ~ | 내게 가장 중요한 사람 중 하나는 남편이다. (×)<br>→ 내게 가장 중요한 사람은 남편이다. (○) |
| ☐ 무생물 주어 → 사람 주어 | 불꽃은 우리에게 설렘을 주었다. (×) → 우리는 불꽃에 설렜다. (○) |
| ☐ 아무리 ~해도 지나치지 않다<br>→ 매우/대단히 중요하다 | 건강은 아무리 강조해도 지나치지 않다. (×)<br>→ 건강은 대단히 중요하다. (○) |
| ☐ ~할 필요가 있다, ~을/를 필요로 하다<br>→ ~이/가 필요하다 | 옷을 수선하려면 실을 필요로 하다. (×)<br>→ 옷을 수선하려면 실이 필요하다. (○) |

### ✔ 어법 암기 체크

**다음 설명이 맞으면 ○, 틀리면 × 표시하시오.**

01 '그것은 결코 우연한 일이다'는 주어와 서술어가 호응하지 않는 문장이다. (○, ×)
02 '서울에 살고 있는 중이다'는 번역 투 표현이므로 '서울에 살고 있다'로 수정해야 한다. (○, ×)
03 '그 상점은 골목 입구에 위치한다'는 번역 투 표현이므로 '입구에 있다'로 수정해야 한다. (○, ×)
04 '많은 이의 참여를 요하다'는 번역 투 표현이므로 '참여가 요구되다'로 수정해야 한다. (○, ×)
05 '선생님은 열 개의 문제를 준비했다'는 번역 투 표현이므로 '문제 열 개'로 수정해야 한다. (○, ×)

**정답** 01 ×, 부사어와 서술어가 호응하지 않는 문장  02 ○  03 ○  04 ×, 참여하기 바라다  05 ○

# 01 문학 작품 및 작가

☑ 잘 외워지지 않는 단어는 박스에 체크하고, 반복하여 암기하세요.

## 1 작가

| 작가 | 대표 작품 | 작가 | 대표 작품 |
| --- | --- | --- | --- |
| ☐ 김광균 | 와사등, 기항지, 황혼가 | ☐ 이광수 | 무정, 흙, 유정, 어린 벗에게, 소년의 비애 |
| ☐ 김기림 | 바다와 나비, 기상도 | ☐ 이상 | 오감도, 날개, 종생기, 권태 |
| ☐ 김동리 | 무녀도, 역마, 등신불 | ☐ 이용악 | 분수령, 낡은 집, 그리움, 오랑캐꽃 |
| ☐ 김동인 | 약한 자의 슬픔, 배따라기, 감자, 운현궁의 봄 | ☐ 이육사 | 청포도, 광야, 절정 |
| ☐ 김영랑 | 독을 차고, 모란이 피기까지는 | ☐ 이청준 | 퇴원, 병신과 머저리, 소문의 벽 |
| ☐ 김유정 | 소낙비, 금 따는 콩밭, 동백꽃, 만무방 | ☐ 전영택 | 화수분, 소 |
| ☐ 나도향 | 벙어리 삼룡이, 물레방아, 뽕 | ☐ 정지용 | 향수, 유리창, 바다, 고향 |
| ☐ 박태원 | 소설가 구보 씨의 일일, 천변풍경 | ☐ 조지훈 | 고풍의상, 승무, 봉황수 |
| ☐ 손창섭 | 비 오는 날, 잉여인간, 인간교실 | ☐ 주요섭 | 사랑손님과 어머니, 추운 밤 |
| ☐ 신석정 | 아직 촛불을 켤 때가 아닙니다, 슬픈 목가 | ☐ 최인훈 | 광장, 회색인 |
| ☐ 염상섭 | 표본실의 청개구리, 만세전, 삼대 | ☐ 한용운 | 님의 침묵 |
| ☐ 유치환 | 깃발, 그리움, 생명의 서 | ☐ 현진건 | 빈처, 운수 좋은 날, B사감과 러브레터 |

## 2 현대 작품

| 작품 | 작가 및 특징 |
| --- | --- |
| ☐ 남과 북 | • 작가: 홍성원<br>• 특징: 1970년부터 1975년까지 『세대』에 연재된 대하소설로, 전쟁의 비참함을 보여 줌 |
| ☐ 동백꽃 | • 작가: 김유정<br>• 특징: 마름의 딸과 소작인 아들의 순박한 사랑을 토속적 해학을 가미하여 서술한 작품 |

|  |  |
|---|---|
| ☐ 만세전 | • 작가: 염상섭<br>• 특징: 3·1 운동 전의 암울한 시대 상황을 사실적으로 그림 |
| ☐ 무정 | • 작가: 이광수<br>• 특징: 우리나라 최초의 현대 소설로, 민족주의적 이상과 계몽주의적 정열이 잘 나타난 초기 작품 |
| ☐ 무진기행 | • 작가: 김승옥<br>• 특징: 세속적인 삶을 벗어나려는 고립된 개인의 복잡한 심리를 내용으로 하여, 개인의 삶과 현실 속에 던져진 자기 존재의 파악이라는 주제를 다룸 |
| ☐ 병신과 머저리 | • 작가: 이청준<br>• 특징: 6·25 전쟁을 겪은 형의 정신적 고통과 아픔의 근원을 인지하지 못하는 무기력한 동생의 모습을 통해 1960년대 지식인의 두 모습을 형상화함 |
| ☐ 사랑손님과 어머니 | • 작가: 주요섭<br>• 특징: '옥희'라는 주인집 어린 딸을 화자로 하여 홀어머니와 그 집에서 하숙을 하는 아저씨와의 애정 심리를 서정적으로 그린 작품 |
| ☐ 삼포 가는 길 | • 작가: 황석영<br>• 특징: 부랑자 둘과 술집에서 도망친 여자가 만나 서로의 아픔을 이해하는 모습을 통해 가속화된 산업화로 고향을 잃은 소외된 존재를 그려 냄 |
| ☐ 수난이대 | • 작가: 하근찬<br>• 특징: 일제 강점기에 징용으로 끌려가 한쪽 팔을 잃은 아버지와, 6·25 전쟁에 참전하였다가 한쪽 다리를 잃은 아들의 모습을 통하여 우리 민족이 근현대사에서 겪은 고통과 그 극복 의지를 상징적으로 보여 줌 |
| ☐ 역마 | • 작가: 김동리<br>• 특징: 한곳에 정착하지 못하고 끊임없이 떠돌아다녀야 하는 역마살이 든 아들과 그의 어머니의 노력을 통하여 운명에 순응하는 삶을 형상화함 |
| ☐ 운수 좋은 날 | • 작가: 현진건<br>• 특징: 인력거꾼 '김 첨지'의 하루와 아내의 죽음을 통해 하층민의 열악한 삶을 보여 줌 |
| ☐ 탁류 | • 작가: 채만식<br>• 특징: 1930년대 한국 사회의 한 흐름을 사실적 문체로 날카롭게 풍자함 |

### ✓ 국어 문화 암기 체크

**다음 설명이 맞으면 O, 틀리면 ×에 표시하시오.**

01 '무정'과 '흙'은 이광수의 작품이다. (O, ×)

02 한용운의 대표작으로는 '깃발', '그리움', '생명의 서' 등이 있다. (O, ×)

03 김유정의 '동백꽃'은 마름의 딸과 소작인 아들의 순박한 사랑을 그려 낸 작품이다. (O, ×)

04 '무진기행'은 우리나라 최초의 현대 소설로 민족주의적 이상과 계몽주의적 정열이 잘 나타난 작품이다. (O, ×)

05 이청준의 '사랑손님과 어머니'는 주인공 옥희의 어머니와 아저씨의 사랑 이야기를 담은 작품이다. (O, ×)

정답 01 O  02 ×, 유치환  03 O  04 ×, 무정  05 ×, 주요섭

## 3 고전 작품

| 작품 | 작가 및 특징 |
|---|---|
| ☐ 공방전 | • 작가: 임춘<br>• 특징: 가전체 작품으로, 엽전을 옥석으로 의인화함 |
| ☐ 구운몽 | • 작가: 김만중<br>• 특징: 액자식 구성을 취해 꿈과 현실을 교차시켜 부와 명예는 한낱 꿈에 지나지 않는다는 진리를 제시함 |
| ☐ 국선생전 | • 작가: 이규보<br>• 특징: 가전체 작품으로, 등장인물과 지명을 모두 술 또는 누룩에 관련지었으며, 당시의 문란한 사회상을 풍자함 |
| ☐ 두껍전 | • 작가: 미상<br>• 특징: 조선 시대 우화 소설로, 동물의 세계를 통하여 인간성의 결함을 풍자함 |
| ☐ 박씨전 | • 작가: 미상<br>• 특징: 조선 후기의 국문본 여성 영웅 소설로, 병자호란에서 패배한 역사적 사실을 박씨 부인이 청나라에 승리하는 허구적 이야기로 바꿈 |
| ☐ 사씨남정기 | • 작가: 김만중<br>• 특징: 조선 숙종 때 지은 한글 소설로, 조선 시대의 축첩 제도의 문제점을 제기하고 '권선징악'이라는 교훈을 제시함 |
| ☐ 서동지전 | • 작가: 미상<br>• 특징: 조선 후기의 한글 우화 소설로, 게으름뱅이 다람쥐와 부자인 쥐의 이야기를 제시함 |
| ☐ 장끼전 | • 작가: 미상<br>• 특징: 조선 시대의 우화 소설로, 장끼 남편을 잃은 까투리의 개가 문제를 통하여 당시의 사회 제도를 풍자함 |
| ☐ 저생전 | • 작가: 이첨<br>• 특징: 고려 말기에 지은 가전체 소설로, 종이를 의인화하여 위정자들에게 올바른 정치를 권유하는 내용 |
| ☐ 호질 | • 작가: 박지원<br>• 특징: 『열하일기』에 실린 한문 단편 소설로, 호랑이를 통하여 도학자의 위선을 신랄하게 꾸짖는 내용 |
| ☐ 규원가 | • 작가: 허난설헌<br>• 특징: 남편의 사랑을 받지 못하고 속절없이 눈물과 한숨으로 늙어 가는 여인의 애처로운 정한을 노래 |
| ☐ 상춘곡 | • 작가: 정극인<br>• 특징: 우리나라 최초의 가사이며, 자연에 파묻힌 생활 속에서 봄날의 경치를 찬탄한 내용 |

| □ 선상탄 | • 작가: 박인로<br>• 특징: 조선 선조 때 지은 전쟁 가사로, 배 위에서 조국에 대한 충성 및 전쟁의 비애를 읊음 |
|---|---|
| □ 속미인곡 | • 작가: 정철<br>• 특징: 임금을 연인으로 설정하고 그 임을 잃고 사모하는 여인의 심정을 두 선녀의 대화 형식으로 표현한 가사 |
| □ 어부사시사 | • 작가: 윤선도<br>• 특징: 연시조로, 강촌에서 자연과 더불어 살아가는 어부의 생활을 노래함 |
| □ 연행가 | • 작가: 홍순학<br>• 특징: 중국 청나라 연경에 갔다가 그해 8월 말에 귀국하기까지의 기행·견문을 적은 가사 |
| □ 훈민가 | • 작가: 정철<br>• 특징: 작가가 강원도 관찰사로 있을 때, 백성을 훈계하기 위하여 지은 시조 |

### ✔ 국어 문화 암기 체크

**다음 설명이 맞으면 O, 틀리면 ×에 표시하시오.**

01 '공방전'은 액자식 구성을 통해 주인공의 꿈과 현실을 교차시키는 작품이다. (O, ×)

02 '두껍전'은 동물의 세계를 통해 인간성의 결함을 풍자하는 조선 시대 우화 소설이다. (O, ×)

03 남편의 사랑을 받지 못하고 눈물과 한숨으로 늙어 가는 여인의 정한을 노래한 작품은 '규원가'이다. (O, ×)

04 박인로의 '상춘곡'은 자연에 파묻힌 생활 속에서 봄날의 경치를 찬탄하는 우리나라 최초의 가사이다. (O, ×)

05 '훈민가'는 정철이 강원도 관찰사 시절 백성을 훈계하기 위해 지은 작품이다. (O, ×)

정답 01 ×, 구운몽  02 O  03 O  04 ×, 정극인  05 O

# 02 중세 국어

## 1 훈민정음(訓民正音)

**1. 제자 원리**

1) 초성(初聲)

| 기본자<br>발음 기관의 모양을 본뜸 | + | 가획자<br>기본자에 획을 더함 | + | 이체자<br>가획의 의미가 없음<br>(소리가 세지지 않음) |

| 구분 | 기본자 | 가획자 | 이체자 |
| --- | --- | --- | --- |
| 아음(牙音) | ㄱ | ㅋ | ㆁ |
| 설음(舌音) | ㄴ | ㄷ, ㅌ | ㄹ |
| 순음(脣音) | ㅁ | ㅂ, ㅍ | |
| 치음(齒音) | ㅅ | ㅈ, ㅊ | ㅿ |
| 후음(喉音) | ㅇ | ㆆ, ㅎ | |

2) 중성(中聲)

| 기본자<br>하늘, 땅, 인간의 모습을 본뜸 | + | 초출자<br>기본자 상호 결합함 | + | 재출자<br>초출자에 'ㆍ'를 더함 |

| 구분 | 기본자 | 초출자 | 재출자 |
| --- | --- | --- | --- |
| 하늘의 모양 | ㆍ | ㅗ, ㅏ, ㅜ, ㅓ | ㅛ, ㅑ, ㅠ, ㅕ |
| 땅의 모양 | ㅡ | | |
| 사람의 모양 | ㅣ | | |

3) 종성(終聲)

**8종성법(ㄱ, ㆁ, ㄷ, ㄴ, ㅂ, ㅁ, ㅅ, ㄹ)**
→ '종성부용초성(終聲復用初聲)'에 따라 종성은 새로 만들지 않고 초성으로 쓰는 글자를 다시 써 8글자를 사용

## 2 『세종어제훈민정음(世宗御製訓民正音)』

[원문]

나·랏:말ᄊᆞ·미 中듕國·귁·에달·아 文문字·ᄍᆞᆼ·와·로서르ᄉᆞᄆᆞᆺ·디아·니홀·ᄊᆡ ·이런젼·ᄎᆞ·로어·린百·ᄇᆡᆨ姓·셩·이니르·고·져·홇·배이·셔·도 ᄆᆞ·ᄎᆞᆷ:내제·ᄠᅳ·들시·러펴·디:몯홇·노·미하·니·라 ·내·이·ᄅᆞᆯ為·윙·ᄒᆞ·야:어엿·비너·겨 ·새·로·스·믈여·듧字·ᄍᆞᆼ·ᄅᆞᆯᄆᆡᇰ·ᄀᆞ·노·니 :사ᄅᆞᆷ:마·다·ᄒᆡ·ᅇᅧ:수·ᄫᅵ니·겨·날·로·ᄡᅮ·메 便뼌安한·킈ᄒᆞ·고·져 홇ᄯᆞᄅᆞ·미니·라

[현대어]

나랏말이 중국과 달라 한자와 서로 통하지 않으므로 이런 이유로 우매한 백성이 말하고자 하는 바가 있어도 마침내 제 뜻을 잘 펼 수 없는 사람이 많다. 내가 이를 딱하게 여기어 새로 스물여덟 글자를 만들었으니 사람들이 쉽게 익히고 나날이 쓰는 데 편하게 하기 위함이다.

### ✓ 국어 문화 암기 체크

**다음 설명이 맞으면 ○, 틀리면 ×에 표시하시오.**

01 훈민정음 초성의 이체자는 기본자에 획을 더한 것이다. (○, ×)

02 훈민정음의 중성은 기본자, 초출자, 재출자로 이루어져 있다. (○, ×)

03 훈민정음 초성의 기본자는 발음 기관의 모양을 본떠 만들었다. (○, ×)

04 훈민정음의 종성은 새로 만들지 않고 초성으로 쓰는 글자를 다시 써 8글자를 사용한다. (○, ×)

05 훈민정음 원문의 '어엿비너겨'는 현대어로 '딱하게 여기어'이다. (○, ×)

**정답** 01 ×, 가획자  02 ○  03 ○  04 ○  05 ○

## 4  유비 추론　　　　　　　　　　　　정답 ④

④ <보기>의 2문단 끝에서 1번째 줄의 "가을에 나무가 아름다운 것은 다양한 빛깔의 나뭇잎들이 서로 조화를 이루고 있기 때문이었다."를 통해 '가을'의 아름다움을 위해서는 인내가 아니라 조화가 필요함을 추론할 수 있으므로 답은 ④이다.

**오답분석**

① <보기>의 1문단 2~3번째 줄의 "나도 그 속에 앉아 바쁘게 오고 가느라 느긋함을 느끼지 못했다는 것이 떠올랐다."를 통해 추론할 수 있다.
② <보기>의 1문단 끝에서 1~2번째 줄의 "걸어서 등교하지 않았다면 듣지 못했을 것이라는 생각을 하니 뿌듯한 마음에 발걸음이 더 가벼워졌다."를 통해 추론할 수 있다.
③ <보기>의 2문단 끝에서 3번째 줄의 "이 다른 빛깔들이 서로 어울려 조화를 이루고 있는 모습에서 아름다움을 느꼈다."를 통해 추론할 수 있다.
⑤ <보기>의 3문단 1~2번째 줄의 "나와 생각이 다른 친구들과 함께 있으면 불편했던 일, 내 의견에 반대하는 친구들에게 반감을 가졌던 일들이 생각났다."를 통해 추론할 수 있다.

## 5  유비 추론　　　　　　　　　　　　정답 ⑤

⑤ 코끼리는 건기를 대비해서 미리 물웅덩이 만들어 둔다. 따라서 미래를 고려하여 철저히 대비해야 한다는 뜻의 ⑤가 가장 적절하다.

**오답분석**

① 제일 급하고 일이 필요한 사람이 그 일을 서둘러 하게 되어 있다는 말이므로 적절하지 않다.
② 자기에게 덕망이 있어야 사람들이 따르게 된다는 말이므로 적절하지 않다.
③ 여러 사람이 조금씩 힘을 합하면 한 사람을 돕기 쉽다는 말이므로 적절하지 않다.
④ 소비할수록 경제가 발전한다는 말이므로 적절하지 않다.

## 6  유비 추론　　　　　　　　　　　　정답 ④

④ [가]는 은행의 예·적금 상품에 가입하는 사람들이 증가한 상황이다. 2문단 2번째 줄 "은행은 높은 이자율을 홍보하여 사람들이 예·적금 상품에 가입할 수 있도록 유도하는데"에서 은행이 높은 이자율을 홍보했음을 추론할 수 있다. 또한 사람들의 상품 가입수가 늘면, 기업과 나라에서 사용할 수 있는 현금 자산도 늘어나 경제가 성장하므로 이자율이 높고 경제 성장 가능성이 높음을 나타내는 지점으로 ⓓ가 가장 적절하다.

## 7  조건에 맞는 내용 추론　　　　　　정답 ④

④ ㉠에는 '배', ㉡에는 '오아시스'가 들어가야 하므로 답은 ④이다.
- ㉠: 개인이 자신의 경제적 자산을 늘리고 안정적으로 관리하여 개인적인 이득을 보는 것이므로 문맥상 "재물이나 이득을 많이 차지하여 사리사욕을 채우다."를 의미하는 '배를 불리다'를 쓰는 것이 적절하다.
- ㉡: 코끼리의 물웅덩이와 은행의 예·적금 상품이 공통적으로 전체의 생존에 도움을 준다는 것이므로 사막에서 여러 대상에게 물을 공급하는 '오아시스'가 들어가는 것이 적절하다.

## 8  유비 추론　　　　　　　　　　　　정답 ④

④ 창꼬치는 사냥의 실패 경험이 지속되자 사냥이 가능한 상황에서도 사냥을 시도하지 않는다. 따라서 반복적인 실패 경험이 현실 행동에 영향을 줌을 추론할 수 있으므로 적절한 답은 ④이다.

**오답분석**

① 창꼬치가 사냥에 실패하자 공격성이 떨어진 것을 '한계 인식'이라고 생각할 수 있지만 이를 바탕으로 '성장'하지는 않았으므로 적절하지 않다.
② 사냥 실패로 창꼬치의 공격성이 현저히 떨어졌으므로 본성이 어떠한 환경에서도 변하지 않는다는 것은 적절하지 않다.
③ 창꼬치는 사냥을 실패한 문제 상황을 극복하지 않았으며, '집단 지성'은 윗글과 관련 없으므로 적절하지 않다.
⑤ 창꼬치는 문제 상황이 바뀌었음에도 이전과 동일한 태도를 보이고 있으므로 적절하지 않다.

## 9  유비 추론　　　　　　　　　　　　정답 ④

④ (라)의 표현 전략은 아이를 대상으로 한 불법 촬영물이 범죄로 이어질 수 있음을 강조해 경각심을 주는 것이다. '무심코 올린 아이 사진. 범죄의 표적이 될 수도'는 생각 없이 SNS에 올린 아이의 사진이 범죄로 이어질 수 있으니 주의해야 한다는 주제이다. 따라서 아이를 불법 촬영해 발생한 문제가 아니므로 (라)의 사례로 적절하지 않다.

**오답분석**

① (가)의 표현 전략은 불법 촬영물을 보거나 내려받은 사람도 가해자임을 강조하는 것이다. '공범까지 20% 남았습니다'는 내려받는 순간 공범이 될 수 있음을 표현하고 있으므로 적절하다.
② (나)의 표현 전략은 기술의 발달로 몰래카메라가 일상 용품에 숨겨질 수 있으므로 주의해야 한다는 것이다. '이 모든 것이 '카메라'라면 믿으시겠습니까?'는 일상에서 쉽게 볼 수 있는 물건들이 몰래카메라일수도 있음을 표현하고 있으므로 적절하다.

③ (다)의 표현 전략은 대조적인 뜻의 줄임말을 사용해 주제 의식을 드러내는 것이다. '도촬 말고 동촬하세요'는 '도둑 촬영'의 줄임말인 '도촬'과 '동의 촬영'의 줄임말인 '동촬'을 대조적으로 사용하여 상대방의 동의를 얻고 촬영해야 함을 표현하고 있으므로 적절하다.

⑤ (마)의 표현 전략은 불법 촬영물 2차 피해로 피해자의 고통이 지속됨을 강조하는 것이다. '뭐가 보이나요? 하나의 구멍, 그 안에 끝없는 고통이 보이지 않나요?'는 불법 촬영물 피해자가 겪는 지속적인 고통을 표현하고 있으므로 적절하다.

※ 출처: 한국방송광고진흥공사, https://www.kobaco.co.kr

## 10 조건에 맞는 내용 추론　　　정답 ④

④ (가)와 <조건>을 고려했을 때, 불법 촬영물을 보거나 내려받는 것도 범죄라는 주제를 비유법과 명령형을 사용하여 표현해야 한다. 따라서 '눈'을 '범죄의 창문'에 비유하여 불법 촬영물을 보는 것도 범죄라는 메시지를 담으면서 명령의 뜻을 나타내는 종결 어미 '-시어요'의 준말 '-세요'를 사용한 ④가 가장 적절하다.

**오답분석**

① 피해자가 겪는 고통을 '족쇄'로 표현해 비유법을 활용하였으나, 불법 영상을 유포하지 말라는 메시지를 내포하고 있으며 명령형을 사용하지 않았으므로 적절하지 않다.

② 불법 영상을 '독약'이라고 표현해 비유법을 활용하고, 불법 영상의 시청으로도 범죄의 공범이 된다는 메시지를 담고 있으나 명령형 표현을 사용하지 않아 적절하지 않다.

③ '호기심의 바다', '범죄의 섬'에서 비유법을 활용하고, 불법 촬영물을 보려는 호기심이 범죄로 이어진다는 메시지를 내포하고 있으나, 명령형 표현을 사용하지 않았으므로 적절하지 않다.

⑤ '누르지 마세요'에서 명령형을 사용하였으나, 불법 촬영물을 보거나 내려받는 것도 범죄라는 메시지가 아닌 불법 영상을 찍지 말라는 메시지를 내포하고 있으며 비유법도 활용하지 않았으므로 적절하지 않다

# 영역7 읽기

## 01 현대 시·소설 내용 파악 및 추론

**STEP2 기출동형 문제 풀어보기** p.271

1 ⑤    2 ③    3 ③    4 ①    5 ③

### 1   현대 시 - 표현의 특징 파악    정답 ⑤

⑤ 5연 1~2행에서 화자는 돌이 되거나 죽는 한이 있더라도 임의 이름을 계속 부를 것이라고 말하고 있다. 이는 임을 상실한 상황에서 화자가 느끼는 슬픔, 그리움과 같은 감정을 '돌'에 집약하여, 그리움을 느끼더라도 임을 잊지 않고 사랑하겠다는 화자의 의지를 드러내는 표현이다. 따라서 슬픔을 극복한 화자의 모습이 '돌'을 통해 드러난다는 것은 적절하지 않으므로 답은 ⑤이다. 참고로, 5연 1행에는 망부석 설화가 반영되어 있다.

**오답분석**

① '이름이여!'와 '사랑하던 그 사람이여!'를 반복함으로써 운율을 형성하고 있다. 참고로, 해당 표현에는 영탄법도 사용되었으며 이를 통해 화자의 감정을 강조하고 격정적인 어조를 구현하는 효과를 얻고 있다.
② 3연 1행에서 작품의 시간적 배경이 해가 지는 시간임을 알 수 있으며, 일몰의 하강적 이미지를 통해 임의 죽음과 그로 인한 화자의 슬픔을 형상화하여 애상적인 분위기를 자아내고 있다.
③ 3연 3~4행의 '떨어져 나가 앉은 산 위'는 화자가 죽은 임의 이름을 부르고 있는 공간이다. '떨어져 나가 앉은'이라는 표현으로 다른 공간과 유리된 곳임을 표현하여 화자가 존재하는 이승과 임이 존재하는 저승 사이의 거리감, 두 사람의 단절감을 강조하고 있다.
④ 3연 2행에서 화자와 동일하게 슬픔을 느끼고 있는 '사슴의 무리'를 통해 임과의 이별로 인한 화자의 슬픔이 직접적으로 드러나고 있다.

### 2   현대 시 - 시어, 시구의 의미 추론    정답 ③

③ 1연에서 반복되는 '이름이여!'와 같이 누군가의 이름을 계속 부르고 있는 화자와 제목 '초혼(招魂)'의 의미를 통해 화자는 임이 죽어 홀로 남겨진 상황에서 슬픔과 그리움을 느끼고 있음을 알 수 있다. 이 같은 화자의 상황과 감정을 고려할 때, 임이 존재하는 공간인 '하늘'은 저승, 화자가 있는 공간인 '땅'은 이승을 상징함을 파악할 수 있다. 따라서 ㉠은 임을 부르는 화자의 목소리가 저승에 있는 임에게 닿을 수 없다는 것을 깨달은 화자의 절망감을 나타내므로 ㉠과 바꾸어 쓸 수 있는 적절한 표현은 ③이다.

· 초혼(招魂): 사람이 죽었을 때에, 그 혼을 소리쳐 부르는 일. 죽은 사람이 생시에 입던 윗옷을 갖고 지붕에 올라서거나 마당에 서서, 왼손으로는 옷깃을 잡고 오른손으로는 옷의 허리 부분을 잡은 뒤 북쪽을 향하여 '아무 동네 아무개 복(復)'이라고 세 번 부른다.

**오답분석**

①②⑤ 임에게 화자의 목소리가 닿지 않는 이유는 화자는 이승에, 임은 저승에 존재하기 때문이다. 따라서 화자와 임이 헤어진 이유인 '죽음'에 대한 언급 없이 화자의 슬픔만 나타난 내용은 ㉠을 바꿔 쓰기에 적절하지 않다.
④ 임의 죽음이 언급되어 있고, 화자와 임 사이의 거리감과 '아득하구나'라는 표현을 통해 화자의 감정이 드러나 있으나, 화자가 ㉠에서 느끼는 감정은 임의 부재로 인한 막막함이 아닌 절망감이므로 적절하지 않다.

### 3   현대 소설 - 인물의 행동 및 심리 파악    정답 ③

③ 허 생원이 조 선달에게 계속해서 성 서방네 처녀와의 이야기를 되풀이하는 것은 성 서방네 처녀를 잊지 못하고 그리워하고 있기 때문이므로 이별을 부정하기 위한 것이라는 설명은 적절하지 않다.

**오답분석**

① 허 생원은 성 서방네 처녀와의 추억을 소중하게 생각하며 잊지 못하고 있다. 따라서 성 서방네 처녀에 대한 그리움과 함께 재회하고 싶은 미련이 드러난다는 설명은 적절하다.
② 인생의 동반자로는 '한 필의 당나귀'뿐이라고 표현하는 부분에서 평생 인연 없이 홀로 살아 온 허 생원의 외로운 상황이 드러나므로 적절하다.
④ 허 생원은 죽을 때까지 유랑하며 살아가는 장돌뱅이의 삶을 살려고 한다. 따라서 떠돌아다니는 삶을 운명으로 받아들인다는 설명은 적절하다.
⑤ 허 생원은 봉평에서의 성 서방네 처녀와의 일을 잊지 못하고 있다. 따라서 봉평을 마음에 들어 하는 허 생원의 태도는 성 서방네 처녀 때문임을 알 수 있으므로 적절하다.

### 4   현대 소설 - 비판적 이해    정답 ①

① 윗글과 <보기>에서 허 생원과 조 선달, 동이는 먼 길을 걸어 장을 이동하고 있음을 알 수 있다. 이때 '길은 지금 긴 산허리에 걸려 있다'는 표현은 산 중턱을 걸어가는 허 생원의 일행을 묘사하는 부분이므로 낭만적 분위기와는 관련이 없다.

오답분석

② 고요한 달밤의 정경을 묘사한 부분으로 <보기>와 같이 달밤을 서정적인 표현으로 묘사하여 낭만적 분위기를 형성하고 있으므로 적절하다.
③ '이런 날 밤'을 기점으로 길을 걷고 있는 현재에서 성 서방네 처녀를 만난 과거로 이야기의 시점이 교체되고 있음을 알 수 있다.
④ 허 생원이 과거를 회상하며 묘사한 메밀밭의 모습은 '하얀 꽃'과 '달'이 함께 표현되어 있다. '하얀 꽃'과 '달'은 백색의 이미지로 <보기>와 같이 순수한 분위기를 드러내고 있으므로 적절하다.
⑤ '달밤'은 허 생원이 과거를 추억하는 배경이면서 성 서방네 처녀와의 만남이 이루어진 배경이기도 하므로 과거 회상의 매개체이다. 따라서 달을 보고 과거를 회상하게 되었다는 설명은 적절하다.

## 5  현대 소설 – 서술상의 특징 파악    정답 ③

③ 윗글은 전지적 작가 시점으로 "평생 인연이 없는 것이라고 신세가 서글퍼졌다.", "그렇다고 싫증을 낼 수도 없었으나 허 생원은 시치미를 떼고 되풀이할대로는 되풀이하고야 말았다."와 같이 등장인물이 아닌 서술자가 작품 밖에서 인물의 심리를 독자에게 전달하고 있다. 따라서 서술자가 작품 외부에서 인물의 행동과 심리를 독자에게 전달한다는 설명은 적절하다.

오답분석

① 현재에서 과거를 회상하고 있으나, 빈번한 장면 전환이나 인물 사이의 긴장감은 나타나지 않으므로 적절하지 않다.
② 내면과 외면의 모순을 드러내며 풍자하는 부분은 없으므로 적절하지 않다.
④ "보름을 갓 지난 달은 부드러운 빛을 흐뭇이 흘리고 있다. 대화까지는 팔십리의 밤길, 고개를 둘이나 넘고 개울을 하나 건너고 벌판과 산길을 걸어야 된다." 등에서 자연을 묘사하며 토속적 어휘를 활용하고 있으나 이를 바탕으로 인물을 해학적으로 묘사하고 있지 않으며, 비속어를 활용하고 있지도 않으므로 적절하지 않다. 참고로, 윗글은 토속적 어휘를 활용하고 자연을 묘사하면서 서정적인 분위기를 형성하고 있다.
⑤ 대비되는 인물의 심리를 묘사하거나 이를 바탕으로 갈등을 드러내고 있지 않으므로 적절하지 않다.

# 02 인문·과학 분야의 장문 내용 파악 및 추론

**STEP2 기출동형 문제 풀어보기**    p.278

| 1 ① | 2 ② | 3 ① | 4 ④ | 5 ② |
| 6 ③ | 7 ④ | 8 ④ | 9 ④ | 10 ⑤ |
| 11 ② | 12 ⑤ | 13 ③ | 14 ③ | 15 ④ |

## 1  인문 – 내용 추론    정답 ①

① 윗글은 1문단에서 '자기의식'의 정의와 '자기의식'이라는 이름이 붙은 이유를, 2문단부터 6문단까지는 대인관계에서 자기의식이 높은 사람과 낮은 사람의 입장 차이를, 7문단과 8문단에서는 자기의식이 정신 건강에 미치는 영향을, 9문단에서는 자기의식이 개인의 행복을 결정하기도 한다는 점을 다루고 있다. 따라서 제목에는 '자기의식'의 정의 및 자기의식이 높고 낮음에 따라 여러 방면에서 보이는 각 유형별 경향성이 모두 포함돼야 하므로, 답은 ① '자기의식의 정의와 두 가지 유형'이다.

오답분석

② 7문단과 8문단에서 자기의식이 낮은 사람의 정신 건강이 자기의식이 높은 사람의 정신 건강보다 양호함을 다루고 있으나, 윗글의 내용을 모두 포괄하지 못하므로 적절하지 않다.
③ 인간이 타인의 시선에 예민한 이유는 윗글에 나타나지 않으므로 적절하지 않다.
④ 2문단부터 6문단에서는 자기의식이 대인관계에 미치는 영향을, 7문단과 8문단에서는 자기의식이 정신 건강에 미치는 영향을 다루고 있으나, 윗글의 내용을 모두 포괄하지 못하므로 적절하지 않다.
⑤ 8문단에서 자기의식이 행복감에 영향을 미칠 수 있음과 타인이 나에게 많은 관심이 없다는 것을 인식하면 시선을 인식하는 정도를 조절할 수 있음을 다루고 있으나, 윗글의 내용을 모두 포괄하지 못하므로 적절하지 않다.

## 2  인문 – 구체적 상황에 적용    정답 ②

② 윗글의 1문단에서 '자기의식'이란 다른 사람의 시선을 받을 때를 전제로 하며, 2문단에서 자기의식이 높은 사람은 타인과 마주할 때 자신을 모두 드러내지 못해 대인불안에 빠지기 쉽다고 하였다. 또한 <보기>를 통해 타인의 시선을 받는 순간을 '시선의 객체'라고 함을 알 수 있으므로, ㉠에서처럼 자기의식이 높은 사람이 정신 건강과 대인관계 면에서 불안정한 이유는 시선의 객체가 될 때 지나치게 긴장한 나머지 자기의 모습을 다 보여주는 것을 어려워하기 때문임을 추론할 수 있다. 따라서 ㉠의 이유로 적절한 것은 ②이다.

오답분석

① 자기의식이 높은 사람이 시선의 객체보다 주체가 되는 쪽을 편하게 여기는지는 윗글이나 <보기>를 통해 알 수 없으므로 적절하지 않다.

③ 5문단 1~3번째 줄에서 자기의식이 높은 사람이 타인을 배려하며 안정감을 느낄 때는 다른 사람을 적극적으로 바라보는 시선의 주체일 때가 아니라 다수의 사람들 사이에게 시선의 객체로 놓일 때임을 알 수 있으므로 적절하지 않다.
④ 1문단 1~2번째 줄에서 자기의식이 타인이 보는 자기의 모습을 의식하는 것임을 알 수 있으나, 자기의식이 높은 사람이 그것과 자기가 인식하는 자신의 모습을 비교하는지는 윗글에서 알 수 없으므로 적절하지 않다.
⑤ 4문단 1~2번째 줄, 5문단 1번째 줄에서 자기의식이 높은 사람이 소수의 사람들보다 다수의 사람들을 편하게 대한다는 것을 알 수 있으나, 이런 차이가 ㉠에 나타난 정신 건강이나 대인불안에 영향을 미치는 것은 아니므로 적절하지 않다.

## 3  인문 - 내용 추론  정답 ①

① ㉠ 앞에는 평지처럼 대칭이 허용되는 경우임에도 한국 전통 건축에 비대칭적 경향이 나타난다는 내용이 나오고, ㉠ 뒤에는 비대칭을 해석하는 여러 가지 관점과 의도적으로 이루어진 비대칭에 관한 내용이 나오므로 ㉠에는 주변 환경과 관계없이 비대칭을 선택하는 이유가 들어가야 한다. 따라서 '비대칭이 대칭보다 더 선호되었음을 의미한다'가 ㉠에 들어갈 말로 가장 적절하므로 답은 ①이다.

**오답분석**

② 비대칭 구도가 대칭 구도보다 만들기 어려웠다는 내용은 윗글에 나타나 있지 않다.
③ 2문단 1~2번째 줄 '영역의 규모가 큰 경우에는 대칭을 지키기가 어려운 것이 사실이다. 그러나 그렇게 큰 규모임에도 불구하고 대칭 구도로 지어진 건축물은 얼마든지 있다'에서 규모가 큰 건물도 대칭 구도를 이룰 수 있다고 했으므로 적절하지 않다.
④ 무질서함을 경계하라는 의미를 건축물에 담고자 했다는 것은 윗글에 나타나 있지 않다.
⑤ 선의 종류와 섬세한 표현의 관계는 윗글에 나타나 있지 않다.

## 4  인문 - 내용 추론  정답 ④

④ 4문단 2~3번째 줄의 '구릉이 흐르고 계곡이 파이며 때로는 물길이 나 있는 자연 지세에 맞추다 보면, 대칭 구도는 자연히 피할 수밖에 없게 된다'를 통해 주변의 지세에 맞추어 건축하다 보니 비대칭 구도를 따르게 되었음을 알 수 있으므로 답은 ④이다.

## 5  과학 - 세부 내용 파악  정답 ②

② 4문단 "소리 그늘 효과는 주파수가 1,000 Hz 이상인 고음에서는 잘 나타나지만, 그 이하의 저음에서는 거의 나타나지 않는다."에 따르면, 소리 그늘 효과는 고주파 소리에서 더 잘 나타난다. 따라서 ②는 적절하지 않다.

**오답분석**

① 2문단 "사람의 귀는 주파수 분포를 감지하여 음원의 종류를 알아내지만, 음원의 위치를 알아낼 수 있는 직접적인 정보는 감지하지 못한다."에 따르면, 사람은 귀로 주파수 분포를 감지해 음원 종류를 파악할 수 있으므로 적절하다.
③ 2문단 "음원까지의 거리는 목소리 같은 익숙한 소리의 크기와 거리의 상관관계를 이용하여 추정한다."에 따르면 익숙한 소리의 크기와 거리의 상관관계로 음원까지의 거리를 추정하므로 적절하다.
④ 5문단에서 머리 측면과 귓바퀴의 굴곡의 상호 작용이 소리를 반사시켜 간섭을 일으킴을 알 수 있고, 이로 인한 주파수 분포의 변형은 음원의 방향을 알아낼 수 있는 단서가 됨을 알 수 있다. 따라서 머리 측면과 귓바퀴의 굴곡에 의한 반사가 음원 방향을 파악하는 단서가 된다는 이해는 적절하다.
⑤ 3문단 "도착 순서와 시간 차이는 음원의 수평 방향을 알아내는 중요한 단서가 된다."에 따르면, 소리의 도착 순서와 시간 차이로 음원의 수평적 위치를 파악할 수 있으므로 적절하다.

## 6  과학 - 내용 추론  정답 ③

③ 3문단에 따르면 소리가 치우친 정도가 클수록 시간 차이도 커져 수평 방향을 알아내는 데 단서가 될 수 있다. 또한 4문단에 따르면 주파수가 1,000Hz 이상인 고음에서 소리 그늘 효과가 잘 나타나고 이는 음원의 수평 방향을 알아내는 단서가 될 수 있다. 따라서 정면으로부터 45도 각도에서 들려오는 1,500Hz의 소리는 시간 차이와 소리 그늘 효과가 모두 발생하여 음원의 수평 방향을 파악하는 데 단서로 사용할 수 있으므로 가장 정확한 판단이 가능할 것임을 추론할 수 있다.

**오답분석**

① 3문단에 따르면 시간 차이는 음원의 수평 방향을 알아내는 단서가 되고, 4문단에 따르면 주파수가 1,000Hz 이상인 고음에서 소리 그늘 효과가 잘 나타나 음원의 수평 방향을 알아내는 단서가 된다. 따라서 ①은 정면에서 소리가 들려오고, 주파수가 100Hz로 저주파이므로 음원의 수평 방향을 파악하기 어렵다.
② 3문단에 따르면 소리가 치우친 정도가 클수록 시간 차이도 커져 수평 방향을 알아내는 데 단서가 될 수 있지만, 4문단에 따르면 저주파 소리는 소리 그늘 효과가 없어 음원의 수평 방향을 알아내기 어렵다. 따라서 ②는 소리 그늘 효과 없이 시간 차이로만 음원의 수평 방향을 파악해야 하므로 ③보다 음원 방향을 정확하게 파악하기 어렵다.
④ 3문단에 따르면 시간 차이는 음원의 수평 방향을 알아내는 단서가 되나, ④는 정면에서 소리가 들려오므로 시간 차이가 없어 음원의 수평 방향을 파악하기 어렵다.
⑤ 5문단에 따르면 반사된 소리는 서로 간섭을 일으켜 방향의 차이에 영향을 준다. 따라서 반향이 심한 공간에서는 도착 시간의 차이를 파악하기 어려워 음원의 수평 방향을 파악하기 어렵다.

## 7  과학 – 내용 추론                                정답 ④

- ㄱ: <보기>의 실험 내용에서 500Hz(저주파)와 2,000Hz (고주파) 소리의 감지 양상이 다르게 나타났으며, 이는 4문단 끝에서 1~2번째 줄 "소리 그늘 효과는 주파수가 1,000 Hz 이상인 고음에서는 잘 나타나지만, 그 이하의 저음에서는 거의 나타나지 않는다"에 따라, 소리 그늘 효과는 주파수에 따라 다르게 나타남을 보여준다. 따라서 ㄱ은 적절하다.
- ㄷ: <보기>의 실험 내용에 따르면 2,000Hz(고주파) 소리는 왼쪽 귀보다 오른쪽 귀에서 훨씬 더 크게 감지되었다. 이는 4문단 2~3번째 줄 "고주파의 경우 소리가 진행하다가 머리에 막혀 왼쪽 귀에 잘 도달하지 않는 데 비해, 저주파의 경우 머리를 넘어 왼쪽 귀까지 잘 도달하기 때문이다"에 따라, 고주파 소리가 머리에 의한 차단 효과가 더 크게 나타남을 보여준다. 따라서 ㄷ은 적절하다.

### 오답분석
- ㄴ: 4문단 끝에서 1번째 줄 "이 현상은 고주파 음원의 수평 방향을 알아내는 데 특히 중요한 단서가 된다"와 <보기>의 실험 내용에서 2,000Hz(고주파) 소리에서 두 귀 간의 크기 차이가 더 크게 나타났으므로 고주파 소리가 음원의 수평 방향 파악에 더 유리함을 알 수 있다. 따라서 저주파 소리가 음원의 수평 방향 파악에 더 유리하다는 설명은 적절하지 않다.

## 8  인문 – 세부 내용 파악                            정답 ④

④ 2문단 "자유 의지를 지닌 인간만을 도덕 행위자로 인정하는 칸트 윤리학과 ~ 도덕적 주체 및 도덕적으로 대해야 하는 대상의 범위에서 인공물을 제외하지만"에 따르면 칸트 윤리학은 인공물을 도덕적 행위자로 인정하지 않으므로 적절하지 않다.

### 오답분석
① 1문단 "인간은 정보와 독립적으로 존재하며 정보는 인간의 도구에 불과하다는 인간중심주의와 달리, 플로리디의 정보 철학은 인간을 정보적 존재의 하나로 간주한다."에 따르면 정보 철학은 정보를 인간의 도구로 보는 인간중심주의와 달리 인간을 정보적 존재로 보므로 적절하다.
② 1문단 "플로리디는 인간을 정보적 상호 연결에 의해 구현되는 인포그의 하나로 본다는 점에서"에 따르면 인간은 인포그의 하나이므로 적절하다.
③ 1문단 "인간을 별도의 범주로 분류하는 인간중심주의와 대비된다."에 따르면 인간중심주의는 정보를 인간과 별개의 존재로 보므로 적절하다.
⑤ 2문단 "인포그의 '있음'은 '상호 연결의 주체와 대상이 될 수 있다'는 뜻으로 정의된다."에 따르면 인포그에서 '있음'은 상호 연결의 주체가 될 수 있으며 상호 연결의 대상이 될 수 있는 존재가 있다는 것을 의미하므로 적절하다.

## 9  인문 – 내용 추론                                정답 ④

④ 1문단 "플로리디는 인간을 정보적 상호 연결에 의해 구현되는 인포그의 하나로 본다는 점에서, 인간을 별도의 범주로 분류하는 인간중심주의와 대비된다."에 따르면 인포그는 인간만을 지칭하는 것이 아니라 인포그 중 하나에 해당하므로 인간에게 독점 적용된다는 설명은 적절하지 않다.

### 오답분석
① 1문단 "인포그는 정보적으로 상호 연결되어 영향을 주고받는 존재이다."에 따르면 인포그는 상호 연결된 존재이므로 적절하다.
② 1문단 "다른 정보를 변화시키는 행위자 즉 주체인 동시에 다른 정보에 의해 변화되는 대상이라는 것이다."에 따르면 인포그는 주체와 대상의 속성을 모두 갖고 있다. 따라서 양면성을 갖는다고 볼 수 있으므로 적절하다.
③ 1문단 "이렇듯 속성과 행위가 정보로 환원되는 정보적 존재를 플로리디는 '인포그'라고 부른다."에서 인포그는 속성과 행위가 정보로 환원될 수 있으므로 적절하다.
⑤ 1문단 "인포그는 정보적으로 상호 연결되어 영향을 주고받는 존재이다."에 따르면 인포그는 다른 인포그에 영향을 줄 수 있으므로 적절하다.

## 10  인문 – 내용 추론                               정답 ⑤

⑤ '인포스피어'는 '관계적 공간', '추상화 층위'는 '주체의 선택', '인식된 정보'는 '구성된 정보'의 특성을 가지므로 ⑤가 적절하다.
- 인포스피어 – 관계적 공간: 3문단에 따르면 인포스피어는 주체와 대상의 인식적 관계를 매개하는 추상화 층위를 통해 인식되는 공간이므로 '관계적 공간'이 적절하다.
- 추상화 층위 – 주체의 선택: 3문단에 따르면 추상화 층위는 주체의 목적에 따라 정보의 인식, 생략이 결정되는 것이므로 '주체의 선택'이 적절하다.
- 인식된 정보 – 구성된 정보: 3문단 "이처럼 추상화 층위를 통해 인식되는 정보는 '구성'된 것이다."에서 추상화 층위를 통해 인식되는 정보는 구성된 것이라고 하였으므로 '구성된 정보'가 적절하다.

### 오답분석
- 인포스피어 – 뉴턴의 공간: 3문단에서 인포스피어는 기존의 공간 개념과 다르다고 언급하며 기존의 사례로 뉴턴이 인식한 절대적 공간을 제시한다. 따라서 뉴턴의 공간은 인포스피어와 반대되는 특성이므로 적절하지 않다.
- 인포스피어 – 허구적 공간: 3문단 "즉, 플로리디에 따르면 인포스피어라는 공간은 주체가 발견한 것도 주체가 만들어 낸 허구도 아니다."에 따르면 인포스피어는 허구적 공간이 아니므로 적절하지 않다.
- 추상화 층위 – 대상의 선택: 추상화 층위는 주체의 목적이나 관심이 반영된 것이므로 대상의 선택은 적절하지 않다.
- 추상화 층위 – 제삼자의 선택: 제삼자의 선택은 윗글에 제시되지 않은 관련 없는 내용이므로 적절하지 않다.
- 인식된 정보-본질적 정보, 필수 정보: 3문단에 따르면 인식된 정보는 구성된 정보이며, 본질적 정보, 필수 정보는 윗글에 제시되지 않은 관련 없는 내용이므로 적절하지 않다.

## 11  인문 - 내용 추론   정답 ②

② 3문단 "온라인 공간과 오프라인 공간이 중첩되어 가는 오늘날, 우리의 생활 환경 전체가 인포스피어에 해당한다."에 따르면 플로리디의 정보 철학에서는 온라인과 오프라인 공간을 모두 인포스피어로 정의한다. 따라서 온라인 공간에서 인포그 탐구는 가능하나 오프라인 공간에서의 탐구가 불가능하다는 내용은 플로리디의 주장과 모순되는 내용이므로 적절하지 않다.

### 오답분석

① 2문단 "플로리디는 존재하는 것의 내재적 가치를 '있음'에서 찾음으로써 인공물로까지 그 범위를 확장한다."에 따르면 정보 철학은 모든 존재를 인포그의 '있음'으로 본다. 이는 인간과 비인간(인공물)의 경계가 모호해질 수 있으므로 적절한 비판이다.

③ 1문단 "플로리디는 인간을 정보적 상호 연결에 의해 구현되는 인포그의 하나로 본다는 점에서, 인간을 별도의 범주로 분류하는 인간중심주의와 대비된다."에 따르면 정보 철학은 인간을 인포그의 하나로 보고 정의한다. 이는 상호 관계의 측면에서만 인간을 정의한 것이며 정신적, 윤리적 차원에서는 인간을 정의하지 않으므로 적절한 비판이다.

④ 3문단 "이처럼 추상화 층위를 통해 ~ 주어진 세계를 주체가 택한 경로에 따라 해석하여 이해하는 것을 말한다."에 따르면 추상화 층위는 주체의 해석이 개입되어 정보가 선택되는 것이므로 주관적이다. 따라서 객관성이 떨어질 수 있으므로 적절한 비판이다.

⑤ 3문단 "예를 들어 뉴턴이 생각한 공간은 ~ 대상이 추상화 층위를 통해서 인식되는 공간이다."에서 기존에는 현실을 물리적, 절대적인 것으로 보았으나, 정보 철학에서는 현실을 상호 관계에 따라 인식되는 공간으로 보았다. 이는 뉴턴의 관점과 같이 물리적이고 절대적인 관점에서 현실을 바라보지 못할 수 있다고 비판할 수 있으므로 적절한 비판이다.

## 12  사회 - 내용 추론   정답 ⑤

⑤ 윗글의 디지털세는 기업의 수익 일부를 세금으로 징수하는 제도로, 기업의 이윤을 증가시키지 않는다. 따라서 '디지털세 도입'을 '세금을 이윤으로 만드는 정책'으로 해석하는 것은 적절하지 않다.

### 오답분석

① 윗글에서 'A국의 자회사'는 Z회사가 법인세율이 매우 낮은 A국에 세운 자회사로 특허 사용 권한을 부여한 회사이다. 이는 고의적으로 법인세율이 낮은 A국에 자회사를 세워 이윤에 부과될 법인세를 최소화하기 위함이다. 따라서 'A국의 자회사'를 '세금 피난처'로 볼 수 있으므로 적절하다.

② 윗글에서 'B국의 자회사'는 실제로 상품이나 서비스를 생산하고 수익을 발생시키는 주체이다. 따라서 'B국의 자회사'를 '실질적 사업 활동 주체'로 볼 수 있으므로 적절하다.

③ 윗글에서 Z사의 B국 자회사는 A국 자회사에 로열티를 지급하며 특허 사용 권한을 부여받는다. 이는 법적으로 정당한 제반 비용 지출로 처리된다. 따라서 '특허 사용 권한 부여'를 '제반 비용 발생의 명분 제공'이라고 볼 수 있으므로 적절하다.

④ 윗글에서 B국의 자회사가 A국 자회사에 지급하는 로열티는 이윤을 낮춰 B국 자회사의 법인세 부담을 줄이는 수단이다. 따라서 '로열티'를 '이윤 이전 수단'이라고 볼 수 있으므로 적절하다.

## 13  사회 - 내용 추론   정답 ③

③ 1문단 "법으로 보호되는 특허권과 영업 비밀은 모두 지식 재산인데, 정보 통신 기술(ICT) 산업은 이 같은 지식 재산을 기반으로 창출된다."에 따르면 특허권과 영업 비밀 모두 지식 재산이므로 영업 비밀도 ICT 산업의 수익 창출에 기여한다. 따라서 영업 비밀은 수익 창출에 기여하지 않는다는 ③의 답변은 적절하지 않다.

### 오답분석

① 1문단 "한편 영업 비밀은 생산 방법, 판매 방법, 그 밖에 영업 활동에 유용한 기술상 또는 경영상의 정보 등으로, 일정 조건을 갖추면 법으로 보호받을 수 있다."에 따라 일정 조건을 갖추면 법으로 보호받을 수 있음을 알 수 있다. 따라서 ①의 답변은 적절하다.

② 4문단 "각국은 그 수준에서 자국의 지식 재산 보호 수준을 설정한다."에 따르면 보호 수준은 각국의 경제 상황을 고려하여 설정함을 알 수 있다. 따라서 각국의 여건을 고려한 기준 설정은 불공평하지 않다는 ②의 답변은 적절하다.

④ 1문단 "특허권은 발명에 대한 정보의 소유자가 특허 출원 및 담당 관청의 심사를 통하여 획득한 특허를 일정 기간 독점적으로 사용할 수 있는 법률상 권리를 말한다."에 따라, 특허권은 법적 보호를 받을 수 있다. 따라서 ④의 답변은 적절하다.

⑤ 4문단에 따르면 지식 재산 보호가 약하면 지식 창출의 유인이 저해되어 지식이 정체되어 손해(유인 비용)가 발생하며, 지식 재산 보호가 강하면 소수만 혜택을 누려 손해(접근 비용)가 발생함을 알 수 있다. 따라서 유인 비용을 최소화하려면 반대로 지식 재산 보호를 강화해야 하므로 ⑤의 답변은 적절하다.

## 14  사회 - 세부 내용 파악   정답 ③

③ 3문단 "그러나 그중 어떤 국가들은 ICT 다국적 기업의 활동이 해당 산업에서 자국이 주도권을 유지하는 데 중요하기 때문에라도 디지털세 도입에는 방어적이다."에서 ICT 다국적 기업의 본사를 보유한 일부 국가는 디지털세 도입에 소극적임을 알 수 있으므로 적절하지 않다.

### 오답분석

① 4문단 "특허 보호 정도와 국민 소득의 관계를 보여 주는 한 연구에서는 국민 소득이 일정 수준 이상인 상태에서는 국민 소득이 증가할수록 특허 보호 정도가 강해지는 경향이 있지만"에서 국민 소득이 일정 수준 이상이면, 국민 소득의 증가에 따라 특허 보호 정도가 강해짐을 알 수 있으므로 적절하다.

② 4문단 "전자로 발생한 손해를 유인 비용, 후자로 발생한 손해를 접근 비용이라고 한다면, 지식 재산 보호의 최적 수준은 두 비용의 합이 최소가 될 때일 것이다."에서 알 수 있으므로 적절하다.
④ 2문단 "디지털세는 이를 도입한 국가에서 ICT 다국적 기업이 거둔 수입에 대해 부과되는 세금이다."에서 디지털세를 도입한 특정 국가에서만 얻은 수입에만 부과되는 것을 알 수 있으므로 적절하다.
⑤ 3문단 Z사의 사례에서 법인세율이 높은 B국 자회사의 이윤을 낮추기 위해 법인세율이 낮은 A국 자회사에 로열티를 지불함을 알 수 있다. 따라서 로열티로 법인세율이 높은 국가의 자회사 이윤을 낮추고 있으므로 적절하다.

### 15 사회 - 내용 추론     정답 ④

④ 3문단 "많은 ICT 다국적 기업이 법인세율이 현저하게 낮은 국가에 자회사를 설립하고 그 자회사에 이윤을 몰아주는 방식으로 법인세를 회피한다."라고 하였으므로 기업이 국가별로 다른 법인세율을 악용하고 있음을 알 수 있다. 또한 3문단의 Z사의 예시에서 법인세율이 낮은 국가(A국)와 높은 국가(B국) 사이의 로열티 지급을 통해 법인세율이 낮은 국가로 이윤을 이전하는 방식을 구체적으로 설명하고 있다. 따라서 ICT 다국적 기업이 법인세를 회피하는 방식의 원인으로 ④가 가장 적절하다.

**오답분석**
① 지식 재산을 대상으로 세금을 면제해 준다는 내용은 윗글에 없으며, 오히려 ICT 다국적 기업이 지식 재산으로 얻는 수익에 과세를 적용하는 문제가 논의되고 있으므로 적절하지 않다.
② 윗글에서는 디지털세 부과로 법인세를 회피한다는 언급이 없으며, 오히려 디지털세는 법인세 회피에 대응하기 위한 조치로 설명되고 있으므로 적절하지 않다.
③ 4문단 "이는 지식 재산 보호의 최적 수준에 대해서도 국가별 입장이 다름을 시사한다."에 따르면 지식 재산권 보호 수준에 차이가 있지만, 이것이 법인세를 회피하는 방식의 원인이 되지 않으므로 적절하지 않다.
⑤ 윗글에서 ICT 다국적 기업의 수익 구조와 전통적 세금 체계의 불일치에 대한 내용은 언급되지 않았으므로 적절하지 않다.

## 03 실용문 내용 파악 및 추론

**STEP2 기출동형 문제 풀어보기**     p.292

| 1 ④ | 2 ③ | 3 ② | 4 ③ | 5 ⑤ |
| 6 ② | 7 ③ | 8 ② | 9 ② | 10 ③ |
| 11 ④ | 12 ④ | | | |

### 1 공문 - 표현 전략 및 효과 파악     정답 ④

④ '매칭 시스템'은 '협력 체계'로 순화해야 하므로 적절하지 않다.

**오답분석**
① '시너지 효과'는 '분산 상태에 있는 집단이나 개인이 서로 적응하여 통합되어 가는 과정'을 의미하는 말로 '상승효과'로 순화할 수 있다.
② '프로세스'는 '일이 되어가는 경로'를 의미하므로 '과정, 공정'으로 순화할 수 있다.
③ '홈페이지'는 '개인이나 단체가 월드 와이드 웹에서 볼 수 있게 만든 하이퍼텍스트'를 의미하는 말로 '누리집'으로 순화할 수 있다.
⑤ '매뉴얼'은 '생활이나 행동 등의 지도적 방법이나 방향을 인도하여 주는 준칙'을 의미하므로 '설명서, 안내서, 지침, 지침서'로 순화할 수 있다.

※ 출처: 영천시 농업기술센터, https://www.yc.go.kr

### 2 공문 - 내용 추론     정답 ③

③ '3. 신청 방법'의 '신청 기간'에서 신청 마감일은 '2024. 1. 14.(일)'이고, 결과 발표일은 '4. 심사 및 결과 발표'의 '결과 발표'에서 '2024. 2. 8.(목)'임을 알 수 있다. 따라서 신청 마감일 기준 한 달 이내에 결과가 발표된다는 내용은 적절하다.

**오답분석**
① '1. 모집 개요'의 '대상 품목'의 '단, 수산물 중 생물은 제외'에서 수산 식품 중 생물만 대상 품목에서 제외된다는 점을 알 수 있다.
② '1. 모집 개요'의 '개최 지역'에서 '총 2개 박람회까지 신청 가능'에서 2개까지만 신청할 수 있다는 점을 알 수 있으므로 '2개 이상'은 적절하지 않다.
④ '5. 문의처'에서 '전산 체계 관련' 문의는 'ICT 기반부'가 담당함을 알 수 있다.
⑤ '1. 모집개요'의 "'24년 참가 업체 중 중도 참가 포기(사전 설명회 후 포기) 및 불성실 업체의 경우, 당해년 잔여 K-Food 박람회 취소 및 익년도 선정에서 제외되므로 신청 시 유의 바람'에서 금년과 내년에 선정에서 제외됨을 알 수 있으므로 '내후년까지 참가 제재'를 받는다는 내용은 적절하지 않다.

## 3  안내문 – 세부 내용 파악  정답 ②

② '재활용품 분리배출'의 '가. 종이팩'에 제외되는 항목으로 '사진'이 있으므로 '사진'은 재활용품 분리배출 대상이 아님을 알 수 있다. 따라서 반응으로 적절하지 않은 것은 ②이다.

**오답분석**

① '재활용품 분리배출'의 '라. 플라스틱'에 제외되는 항목으로 '비디오테이프'가 있으므로 ①은 적절한 반응이다.
③ '재활용품 분리배출'의 '나. 캔류'에서 '음료수캔, 부탄가스 등은 내용물을 비우고 가능한 압착 후 배출해야 함'이라고 하였으므로 ③은 적절한 반응이다.
④ '매립용'의 '나. 전복, 소라, 조개 등 껍데기류, 동물의 뼈다귀 또는 털(소, 돼지) 등'에 따라 '닭 뼈'와 같은 '동물의 뼈다귀'는 매립용 쓰레기로 분류된다. 매립용 쓰레기는 하늘색 종량제 봉투에 담아 매일 배출 가능하므로 ④는 적절한 반응이다.
⑤ 안내문에서 '재활용품 적절 미배출 시 폐기물관리법 제68조에 의거 쓰레기 불법투기로 100만 원 이하 과태료 부과'라고 하였으므로 ⑤는 적절한 반응이다.

※ 출처: 춘천시청, http://www.chuncheon.go.kr
※ 출처: 대전광역시 서구청, http://www.seogu.go.kr

## 4  안내문 – 내용 추론  정답 ③

③ '소각용'의 두 번째 항목 '나'에 '인형'이 있으므로 인형을 배출하는 방법은 안내문에 이미 기재되어 있다. 따라서 이에 대해 질문을 제기하는 것은 적절하지 않으므로 답은 ③이다.

**오답분석**

① '음식물 쓰레기'의 '가'에 '소금 성분이 많은' 음식으로 '김치' 외에 다른 예시가 없으므로 제기할 수 있는 질문으로 적절하다.
② '재활용품 분리배출'의 '마. 비닐류'에 '이물질이 묻은 비닐'의 예시가 없으므로 제기할 수 있는 질문으로 적절하다.
④ 안내문에는 종량제 봉투 구입처에 관한 내용이 없으므로 제기할 수 있는 질문으로 적절하다.
⑤ '소각용', '매립용'의 마지막 항목에 '그 밖에 불에 타는 쓰레기'와 '그 밖에 불에 타지 않는 쓰레기'의 예시나 이를 구분하는 방법이 적혀 있지 않으므로 제기할 수 있는 질문으로 적절하다.

## 5  안내문 – 세부 내용 파악  정답 ⑤

⑤ "2. 자부담 비율이 기존 총 사업비의 30%에서 20%로 완화됩니다."라고 안내되어 있으므로 30%를 기업이 부담해야 한다는 설명은 적절하지 않다.

**오답분석**

① '지원 조건'에서 창업 후 1년 이상 기업만 지원 할 수 있음을 알 수 있으므로 적절하다.
② "3. 지원 분야가 기존 스마트공장, 데이터 분석 분야에서 인공지능, 가상 세계 분야까지 확대됩니다."라고 안내되어 있으므로 적절하다.
③ "1. 기업당 지원 한도가 기존 3,000만 원에서 최대 5,000만 원으로 상향됩니다."라고 안내되어 있으므로 적절하다.
④ '지원 방법'에서 디지털 역량 진단을 필수로 진행해야 함을 알 수 있으므로 적절하다.

## 6  안내문 – 내용 추론  정답 ②

② 윗글의 선정 심사 후 지원금을 지급한다는 내용에서 선정 심사가 진행됨은 알 수 있지만, 선정 평가 기준은 알 수 없으므로 적절하지 않다.

**오답분석**

① '지원 방법'에서 분기별로 비용을 정산함을 알 수 있다.
③ '신청 방법'에서 ○○시 디지털진흥원으로 방문하여 신청함을 알 수 있다.
④ '신청 방법'에서 '사업계획서, 재무제표, 사업자등록증, 국세·지방세 완납증명서'가 필요함을 알 수 있다.
⑤ '지원 조건'의 '고용보험 가입 직원 5인 이상 기업'에서 최소 고용인원은 5인임을 알 수 있다.

## 7  뉴스 보도 – 표현 전략 및 효과 파악  정답 ③

③ [장면3]의 그래프에는 산불 발생 건수만 제시되었으며, 피해 면적은 제시되지 않았으므로 적절하지 않다.

**오답분석**

① [장면1] 자막에 "올해 산불 건수 작년보다 50% 증가"를 제시하고, 화면 좌측 상단에 산불 장면과 함께 "산불 50%↑"와 같이 화살표 기호로 제시하고 있으므로 적절하다.
② [장면2]는 '산불 경보'가 발령된 지역의 수 '42개'와 '산불 주의보'가 발령된 지역의 수 '65개'의 크기만 크게 표시하고 있으므로 적절하다.
④ [장면4]는 산불의 주요 원인을 원그래프로 제시하여 원인별 비중을 한눈에 확인할 수 있으므로 적절하다.
⑤ [장면5]는 핵심 보도 내용인 "헬기와 소방 인력을 24시간 배치하고, 산림 인접 지역 주민들에게는 화기 취급에 각별한 주의를 당부하고 있습니다."를 자막으로 요약하여 제시하고 있으므로 적절하다.

※ 출처
· 자연재해_일러스트_008 by 한국저작권위원회, 출처:2018년공유저작물DB수집, CC BY
· 소방관 by 노은아, 출처:한국저작권위원회, CC BY
· 1952년 부산 동구 초량 대화재_1 by 한국저작권위원회, 출처:2018년공유저작물DB수집, CC BY

## 8  뉴스 보도 – 세부 내용 파악    정답 ②

② '특히 농촌 지역에서는 뉴스를 예의주시하여'라고 언급하며 농촌 지역에서 산불 뉴스 정보가 유익할 것임을 이야기하고 있지만, 뉴스 정보의 신뢰성에 따라 영향력이 다르다는 말은 언급하고 있지 않으므로 적절하지 않다.

**오답분석**

① 뉴스에서는 일상에서 산불을 예방하는 방안을 언급하고 있지 않으므로 적절하다.
③ 시청자 3은 뉴스를 통해 산불 주의보와 산불 경보가 발령되었다는 사실을 알게 되었으며, 뉴스에서 발령 기준에 대한 언급은 없으므로 기준에 대해 추가 자료를 찾고자 하고 있으므로 적절하다.
④ 시청자 4는 주말마다 등산하는 자신의 경험과 관련지어 산행 시 화기 사용에 주의해야겠다고 말하며 뉴스 정보를 유용하게 활용하고 있으므로 적절하다.
⑤ 시청자 5는 뉴스에서 사용된 '입산자 실화'라는 용어가 생소하여 이해하기 어려웠다며 쉬운 설명이 필요하다고 제안하고 있으므로 적절하다.

## 9  뉴스 보도 – 표현 전략 및 효과 파악    정답 ②

② ㉡의 내용은 소방대원이 진화 장비를 이용하고, 불길을 잡기 위해 노력하고 있다는 내용이다. 이때, '이용하며'를 어미 '-아서'를 사용한 '이용해서'로 수정하면, 진화 장비를 이용한 것을 원인으로 하여 땀을 흘리는 결과가 나타났다는 의미로 해석되어 적절하지 않다. 참고로, '이용하며'의 어미 '-며'는 두 가지 이상의 움직임이나 사태 등이 동시에 겸하여 있음을 나타내는 연결어미이므로 '이용하며'로 유지하는 것이 적절하다.

**오답분석**

① '신장되다'는 "세력이나 권리 등이 늘어나다."의 뜻이므로, 수치로 나타내는 '산불 발생 건수'와 어울리지 않는 표현이다. 따라서 "양이나 수치가 늘다."를 뜻하는 '증가하다'로 수정하는 것이 적절하다.
③ '산림청은'과 '늘었다는 것입니다'는 호응하지 않는다. '산림청은'에 후행하는 내용은 산림청이 발표한 내용이다. 따라서 산림청이 발표한 내용임을 제시하여 '산림청은'과 호응할 수 있도록 '늘었다고 발표했습니다'라고 수정하는 것이 적절하다.
④ 주어 '산불'이 능동적으로 확산하는 것이 아니라, 건조한 날씨와 강풍의 영향으로 확산되어지는 것이므로 남의 힘에 의하여 움직인다는 피동의 뜻을 더하는 '-되다'를 결합한 '확산될'로 수정하는 것이 적절하다.
⑤ '초동'은 "맨 처음에 하는 행동."을 뜻하는 말로 이미 '처음'이라는 뜻이 포함되어 있다. 따라서 '처음부터 초동 진화'는 '처음'이라는 의미가 중복된 표현이므로 '처음 진화', '초동 진화'로 쓰는 것이 적절하다.

## 10  뉴스 보도 – 표현 전략 및 효과 파악    정답 ③

③ [장면 3]에서는 보도 내용에서 기자가 언급한 내용을 간략하게 문구로 제시하고 있다. 따라서 [장면 3]에서 새로운 정보를 추가로 제공하고 있지는 않으므로 적절하지 않다.

**오답분석**

① 보도 내용을 미리 파악할 수 있도록 '공기 정화 식물로 실내 환경을 건강하게 만든다'는 보도 주제를 화면 하단에 자막으로 제시하고 있으므로 적절하다.
② 보도 내용에서 언급한 '○○시에 있는 한 사무실'을 시각 자료로 보여 주어 시청자가 식물이 배치된 사무실에서 일하는 현장에 대한 분위기를 간접적으로 느낄 수 있으므로 적절하다.
④ 원예 전문가의 인터뷰에서 핵심 내용을 정리하여 자막으로 제시하고 있으므로 적절하다.
⑤ 보도 내용과 같은 문구를 화면에 제시하고 있다. 따라서 같은 내용을 반복하여 강조하고 있으므로 적절하다.

※ 출처
· 선거_투표_일러스트_012 by 한국저작권위원회, 출처:2018년공유저작물DB수집, CC BY
· 비즈니스 삽화_아이디어가 떠오른 남자 by 아사달, 출처:한국저작권위원회, CC BY
· 화분 by 정선애, 출처:한국저작권위원회, CC BY
· 비즈니스 by 한국저작권위원회, 출처:한국저작권위원회, CC BY
· 선거_투표_일러스트_021 by 한국저작권위원회, 출처:2018년공유저작물DB수집, CC BY

## 11  뉴스 보도 – 세부 내용 파악    정답 ④

④ 뉴스 보도는 식물의 알레르기 유발 가능성에 관해 전혀 제시하지 않았으므로 식물 알레르기 정보가 간략하게 제시되었다는 설명은 적절하지 않다.

**오답분석**

① 뉴스 보도에서 "식물은 습도를 조절하고 음이온을 발생시켜"라고 언급하고 있으며, 시청자 1은 "습도 조절과 음이온 발생 효과도 있다는 건 처음 알게 되어 신기해요"라며 새로운 정보에 대해 놀라워하고 있으므로 적절하다.
② 시청자 2는 "공기청정기 같은 기계적 방법과 식물을 이용한 자연적 방법의 효과를 비교하는 정보가 있었으면"이라고 하며, 뉴스 보도에서는 두 방법의 효과 비교에 관한 정보를 제공하지 않았다. 따라서 뉴스 보도에 없는 비교 정보에 대한 아쉬움을 표현한 것은 적절하다.
③ 뉴스 보도에서 "관리가 쉬운 식물부터 시작하는 것이 좋습니다."라고 언급하고 있으며, 시청자 3은 "모든 식물은 관리가 힘들어 키우기 어렵다고만 생각했는데, 뉴스에서 키우기 쉬운 식물이 있다고 하니"라며 자신의 기존 인식이 바뀌었음을 보여 주고 있으므로 적절하다.
⑤ 시청자 5는 "뉴스에서 ~ 제시해 준 점이 실용적이었지만, 각 식물의 가격이나 어디서 구할 수 있는지는 알 수 없어서"라며 뉴스 보도의 실용적 정보를 긍정적으로 평가하면서도 보완이 필요한 부분을 언급하고 있으므로 적절하다.

## 12  뉴스 보도 – 표현 전략 및 효과 파악   정답 ④

④ ㉣은 전문가 집단인 '국내 원예학회'의 연구 결과를 인용해 식물이 초미세먼지를 줄인다고 설명하고 있으나, 초미세먼지를 줄이는 원리는 제시하고 있지 않으므로 ④는 적절하지 않다.

**오답분석**

① ㉠은 '실내 공기 정화 식물'이라는 보도 주제와, '정○○ 기자'라는 전달 주체를 밝혀 시청자에게 안내하고 있으므로 적절하다.
② ㉡은 실제 식물이 배치된 환경에서 근무한 직장인들의 경험 사례를 인용하고 있으며, 이러한 실제 경험 사례는 시청자의 흥미를 유발할 수 있으므로 적절하다.
③ ㉢은 권위 있는 기관인 '미국 항공우주국 NASA'의 연구 결과를 인용하여 보도 내용의 신뢰성을 높이고 있으므로 적절하다.
⑤ ㉤은 식물의 공기 정화 효과에 대한 한계점(모든 오염 물질 제거 불가능)과 함께 보완책(환기, 습도 유지, 공기청정기 사용 등)을 제시하여 균형 있는 관점에서 정보를 제공하고 있으므로 적절하다.

# 최종 점검 문제

p.300

| 1 ⑤ | 2 ⑤ | 3 ③ | 4 ④ | 5 ② |
| --- | --- | --- | --- | --- |
| 6 ③ | 7 ① | 8 ⑤ | 9 ② | 10 ② |
| 11 ② | 12 ③ | 13 ④ | 14 ④ | 15 ⑤ |
| 16 ④ | 17 ④ | 18 ② | 19 ③ | 20 ④ |
| 21 ① | 22 ④ | 23 ⑤ | 24 ② | 25 ⑤ |
| 26 ⑤ | 27 ① | 28 ⑤ | 29 ④ | 30 ③ |

## 1  현대 시 – 표현의 특징 파악   정답 ⑤

⑤ 2연의 1행에 쓰인 시어 '전설', '주저리주저리', '열리고'는 2연의 2행에 쓰인 시어 '하늘', '알알이', '박혀'와 대응한다. '전설'과 '하늘'은 '청포도'에 대응되는 시어로 2음절 단어라는 유사성이 있으며, '주저리주저리'와 '알알이'는 같은 말이 반복되는 의태어라는 유사성이 있다. 또한 '열리고', '박혀'는 문법적 구조에서 '열리-', '-고'와 '박히-', '-어'와 같이 활용 형태로 사용되었다는 유사성이 있다. 이러한 시어의 대응은 청포도가 풍요롭게 열린 모습을 묘사하고 있으므로 적절한 설명이다.

**오답분석**

① 윗글에서는 '내 고장'과 '하늘 밑 푸른 바다'가 공간으로 제시되나 이와 대비되는 공간은 나타나지 않는다. 참고로 화자의 이상은 평화로운 세상의 도래이다.
② 6연 1행의 '아이야'에서 돈호법이 사용되었지만, 쓸쓸한 어조는 드러나지 않으므로 적절하지 않다. 참고로 '돈호법'이란 사람이나 사물의 이름을 불러 주의를 불러일으키는 수사법이다.
③ 3연에서 '푸른색'과 '흰색'의 색채 이미지가 대비되나 이는 평화로운 세상을 상징하므로 화자가 처한 부정적 시대 상황을 강조한다는 설명은 적절하지 않다.
④ 2연에서 의태어 '주저리주저리', '알알이'가 사용되었으나 윗글은 화자의 소망과 기대감이 드러나는 시이므로 화자의 서러움을 전달한다는 설명은 적절하지 않다. 참고로, 의태어는 사람이나 사물의 모양이나 움직임을 흉내낸 말이다.

## 2  현대 시 – 시어, 시구의 의미 추론   정답 ⑤

⑤ 이 시는 일제강점기 시대에 쓰인 시로, 조국 광복에 대한 염원을 그린 시이다. 6연의 '은쟁반'은 '손님'을 맞이하기 위해 화자가 준비한 것이다. 시의 주제인 평화로운 세상에 대한 염원과 시대적 배경을 고려하였을 때, '손님'은 화자의 이상인 '조국 광복'을 상징한다. 따라서 '은쟁반'은 '조국 광복'을 맞이하기 위한 화자의 정성스러운 준비 과정을 드러낸다.

**오답분석**

① 화자는 1연에서 '청포도'가 자라는 고향의 모습을 떠올리고 있다. '청포도'의 '청'은 맑은 느낌을 드러내고, '포도'는 풍요로운 느낌을 드러내고 있다. 따라서 '청포도'는 신선하고 풍요로운 고향의 삶을 상징한다.
② 2연의 '흰 돛단배'는 '푸른 바다'에서 밀려오는 것으로, 이는 아름다운 고향의 정경을 드러내는 시어이자, 화자의 이상인 '푸른 바다'를 현실과 매개해 주는 소재이다.
③ 4연에서 '고달픈 몸'은 화자가 기다리는 '손님'의 상황을 드러내는 시어이다. 시대적 배경이 일제강점기임을 고려할 때, '손님'은 조국 광복을 의미하므로 '고달픈 몸'은 당시 우리 민족이 조국 광복을 기다리며 겪은 고난과 시련을 의미한다.
④ 4연에서 '청포'는 '손님'이 입고 오는 옷임을 알 수 있다. '청포'의 '청'은 푸른색으로 신선한 느낌을 주는 색이며 '손님'은 조국 광복을 의미하므로, '청포'는 조국 광복 후의 희망적인 상황을 의미한다.

## 3  현대 소설 - 서술상의 특징 파악  정답 ③

③ 윗글에서는 서술자가 한 생원의 내면 심리를 꿰뚫어 직접적으로 서술하고 있다. 이를 통해 한 생원이 국가에 대해 냉소적인 태도를 갖고 있음을 알 수 있으므로 적절하다.

**오답분석**

① 일제강점기 시대와 해방이라는 역사적 사건이 배경으로 등장하고는 있으나, 이를 한 생원이라는 특정 인물의 입장에서 바라보고 있는 것이지 객관적으로 서술해 사실만을 전달하고 있지 않으므로 적절하지 않다.
② 윗글은 전지적 작가 시점으로 서술자가 인물의 내면 심리를 서술하고 있다. 하지만 사건에는 직접적으로 개입해 한 생원의 행동에 대해 윤리적으로 옳고 그름을 판단하고는 있지 않으므로 적절하지 않다.
④ 윗글의 "경술년 나라가 망하고, 삼십육 년 동안 일본의 다스림 속에서도 같은 가난한 소작농이었다"에서 한 생원이 과거와 현재 내내 가난한 소작농으로 살아옴을 병렬적으로 제시했다고 볼 수 있으나, 삶의 변화는 드러나지 않으므로 적절하지 않다.
⑤ 한 생원과 구장의 대화에서 토지에 대한 국가 정책에 대해 견해 차이가 대립됨을 알 수 있으나, 이를 통해 사건이 다각도로 조명되지도 않으며 갈등이 심화되지도 않으므로 적절하지 않다.

## 4  현대 소설 - 인물의 행동 및 심리 파악  정답 ④

④ 한 생원은 "흥, 가만 둬두면 저절루, 백성의 것이 될걸, 나라 명색이 가만히 앉었다, 어디서 툭 튀어나와 가지구, 걸 뺏어서 팔아먹어? 그 따위 행사가 어딨다든?"라고 하며 토지의 권리는 백성(개인)에게 있음을 주장하나, 구장은 "일인의 재산이 우리 조선나라 재산이 되는 거야 당연한 일이죠."라며 토지의 권리는 국가에게 있음을 주장한다. 따라서 정답은 ④이다.

**오답분석**

① 구장의 "한 생원은, 그 논이랑 멧갓이랑 길천이한테 돈을 받구 파셨으니깐 임자로 말하면 길천이지 한 생원인가요?"라는 발언에서 한 생원이 돈을 받고 땅을 팔았음을 알 수 있고, 자신의 땅을 산 길천이가 땅을 내놓고 쫓겨갔으니 다시 자신의 것이 되어야 한다는 한 생원의 주장에서 한 생원이 땅을 되찾지 못했음을 알 수 있다. 따라서 한 생원이 돈을 돌려주고 땅을 되찾았다는 설명은 적절하지 않다.
② 구장이 민족 의식을 언급하는 부분은 없으며, 국가에 냉소적인 태도를 가진 한 생원을 계몽하려고 하지도 않으므로 적절하지 않다.
③ 한 생원의 "난 오늘버틈 도루 나라 없는 백성이네"라는 발언에서 한 생원은 국가의 존재 의미를 부정함을 알 수 있지만, 구장이 국가 체제의 정당성을 옹호하는 것은 알 수 없다. 구장이 "나라에서 다 억울치 않두룩 처단을 하겠죠"라고 말한 것은 국가를 신뢰하여 현 상황을 수용하는 것일 뿐 체제의 정당성을 옹호하는 것은 아니므로 적절하지 않다.
⑤ "해방 후에 새로 난 구장의 대답이었다"라는 서술을 통해 구장이 새로 부임했다는 사실은 알 수 있으나, 윗글에서 한 생원이 새로 부임한 구장이 정책을 실행하는 데 어려움을 겪을 것이라고 판단하는 부분은 없으므로 적절하지 않다.

## 5  현대 소설 - 비판적 이해  정답 ②

② 나라 없는 백성이 되겠다는 한 생원의 선언은 백성을 고려하지 않는 나라의 정책에 대한 분노와 국가에 대한 작가의 비판적 의식이 드러나는 부분일 뿐이다. 무정부주의를 지향하는 정치적 메시지가 드러나는 부분은 확인할 수 없으므로 적절하지 않다.

**오답분석**

① 만세 안 부르기를 잘했다는 한 생원의 말은 민족의 독립을 지향하는 민족주의적 국가관과 달리 광복 후에도 달라지지 않는 국가에 대한 냉소적 태도를 보여주는 것이므로 당시 민족주의적 국가관에 동조하지 않는 농민 군상의 한 모습이라는 설명은 적절하다.
③ "도루 내것이 돼야 옳지, 무슨 말야. 걸, 무슨 탁에 나라가 뺏을 영으루 들어?"에서 토지 유상 분배 정책을 시행하려는 국가에 불만을 가지고 국가 차원의 정책보다 개인의 이익을 우선시하는 한 생원의 소시민적 모습을 알 수 있으므로 적절하다.
④ '논'은 농민들의 생계 수단이자 삶 자체이다. 해방 이후, 토지를 백성에게 유상으로 분배하려는 나라의 정책에 분노하는 한 생원의 모습에서 당시 해방 이후에도 농민들은 생계가 나아지지 않은 현실을 알 수 있으므로 적절하다.
⑤ <보기>에서 작가는 해방 전후로 달라지지 않는 국가의 모습을 함께 보여줌으로써 국가에 대한 비판의식을 드러냈다고 하였다. 한 생원이 독립 이후에도 가난한 삶을 지속할 수밖에 없는 모습은 시대가 변했지만 농민의 삶은 개선되지 않는 나라의 모습을 비판적으로 드러낸 것이므로 적절하다.

## 6  인문 - 세부 내용 파악  정답 ③

③ 윗글에서 성취도가 높은 사람은 양면적 사고를 할 수 있는 사람임을 알 수 있다. 따라서 3문단에 제시된 양면적 사고 능력을 향상하는 방법에서 예상되는 문제에 효과적인 대비책을 마련할 수 있어야 함을 알 수 있으므로 성취도가 높은 사람은 대안을 마련할 수 있는 능력을 갖추고 있음을 추론할 수 있다.

**오답분석**

① 2문단에서 시발 동기와 유지 동기를 언급하고 있지만, 둘 중 더 중요한 동기를 제시하고 있지는 않으므로 적절하지 않다.
② 3문단 3~4번째 줄에서 부정적 사고가 실천력을 감소시키지 않는 것을 알 수 있다.
④ 1문단 끝에서 1~2번째 줄에서 성취도가 높은 사람은 다양한 방식을 활용하는 것을 알 수 있다.
⑤ 2문단 끝에서 1~3번째 줄에서 목표 달성 과정이 없으면 시발 동기가 강해도 실천을 유지할 수 없음을 알 수 있다.

## 7  인문 – 세부 내용 파악      정답 ①

① 바람직한 롤 모델을 찾은 사람은 다른 사람보다 유지 동기를 강하게 느낀다는 내용은 윗글에서 찾을 수 없으므로 답은 ①이다.

**오답분석**

② 2문단에서 시발 동기가 아무리 강해도 목표달성 루트가 없으면 목표를 달성할 수 없다고 했으므로 사서가 된 모습을 상상하는 것(시발 동기)보다 사서가 되기 위한 계획을 세우는 것(유지 동기)이 중요하다는 반응은 적절하다.
③ 3문단에서 양면적 사고를 기르려면 원하는 상태를 이루었을 때 얻을 수 있는 이득과 목표달성 과정에서 겪을 수 있는 난관이나 돌발 사태를 예상하라고 하였으므로 양면적 사고가 뛰어난 사람이 되기 위해서는 자신이 원하는 모습이 되었을 때 얻게 될 이득뿐 아니라 과정 중에 겪을 수 있는 난관도 예상해야겠다는 반응은 적절하다.
④ 3문단에서 실천력이 뛰어난 사람은 낙관적 사고와 비관적인 생각을 동시에 하는 경향이 있다고 하였으므로 실천력이 뛰어난 사람은 취업 활동을 하며 '나는 취업할 수 없나 봐'하고 생각하다가도 '자기소개서를 보완하면 다음엔 붙을 거야'라고 생각하겠다는 반응은 적절하다.
⑤ 1문단에서 성공에 이르는 경로를 찾아낼 수 있다고 믿는 사람들은 목표 수준을 더 높게 잡는다고 하였으므로 적절하다.

## 8  인문 – 내용 전개 방식 파악      정답 ⑤

⑤ 3문단에서 '양면적 사고'의 정의를 제시하여 내용을 전개하고 있으므로, 내용 전개 방식으로 적절한 것은 ⑤이다.

**오답분석**

① 윗글은 문제점과 해결 방안을 제시하고 있지 않으므로 적절하지 않다.
② 윗글에는 유추를 통해 대상의 원리를 설명하는 부분이 없으므로 적절하지 않다.
③ 윗글에는 대조적 주장이 나타나지 않으며, 이를 비교하여 글을 전개하고 있지도 않으므로 적절하지 않다.
④ 윗글에는 저명한 학자의 말을 근거로 인용한 부분은 없으므로 적절하지 않다.

## 9  과학 – 구체적 상황에 적용      정답 ②

② ⓐ는 '크기', ⓑ는 '활성화'가 들어가는 것이 적절하다.
- ⓐ: (가) 문단 끝에서 2~3번째 줄 "개체마다 MHC에 차이가 있는데 ~ 거부 반응이 강해진다."와 (다) 문단 1~2번째 줄 "그런데 이종 이식은 동종 이식보다 거부 반응이 훨씬 심하게 일어난다."에 따르면 돼지의 장기를 사람에게 이식하는 것은 '이종 이식'이며, 이에 따라 거부 반응이 큰 것은 MHC에 차이가 크기 때문임을 알 수 있으므로 ⓐ는 '크기'가 적절하다.
- ⓑ: (마) 문단 끝에서 2~3번째 줄 "그러나 내인성 레트로바이러스를 떼어 내어 ~ 세포를 감염시키기도 한다."에 따르면 미니돼지의 장기를 인간에게 이식하면 미니돼지의 내인성 레트로바이러스가 인간 몸에서 레트로바이러스로 변환되어 활성화 될 수 있으므로 ⓑ는 '활성화'가 적절하다.

**오답분석**

① 미니돼지의 내인성 레트로바이러스가 인간 몸에서 레트로바이러스로 변환되어 활성화되므로 ⓑ는 '활성화'가 들어가야 한다.
③ 돼지와 인간의 유전적 거리가 멀기 때문에 MHC 차이가 크므로 ⓐ는 '크기'가 들어가야 한다.
④ ⑤ 돼지와 인간의 유전적 거리가 멀기 때문에 MHC 차이가 크므로 ⓐ는 '크기'가 들어가야 하고, 미니돼지의 내인성 레트로바이러스가 인간 몸에서는 레트로바이러스로 변환되어 활성화되므로 ⓑ는 '활성화'가 들어가야 한다.

## 10  과학 – 내용 전개 방식 파악      정답 ②

② (나) 문단은 (가) 문단에서 다룬 '동종 이식'의 단점을 다루고 있으므로 (가) 문단의 하위 문단이 되어야 하며, (다) 문단은 '이종 이식'을 다루고 있으므로 (가) 문단과 병렬 구조로 제시되어야 한다. 또한 '이종 이식'의 단점인 '내인성 레트로바이러스'에 대해 다루고 있는 (라) 문단은 (다) 문단의 하위 문단이 되어야 하며, (마) 문단은 (라) 문단의 원인이므로 (라) 문단의 하위 문단으로 제시되어야 한다. 마지막으로 (바) 문단은 앞에서 다룬 내용을 토대로 제언을 하는 내용이므로 다른 문단들을 아우르는 구조로 제시되어야 한다. 따라서 글의 구조로 적절한 것은 ②이다.

| 문단 | 중심 내용 |
| --- | --- |
| (가) | • 이식이 실시되는 상황과 '동종 이식'의 정의<br>• 이식 거부 반응인 면역 거부 반응 |
| (나) | • '동종 이식'의 단점<br>• '동종 이식'을 대체할 수 있는 '전자 기기 인공 장기' 이식법의 정의 및 단점과 한계 |
| (다) | '이종 이식'의 정의와 단점 |
| (라) | '이종 이식'의 단점 중 하나인 '내인성 레트로바이러스' |
| (마) | '내인성 레트로바이러스'가 생기는 이유 |
| (바) | 이식 연구가 나아가야 할 방향에 대한 제언 |

## 11 과학 – 내용 추론     정답 ②

② '동종 이식'과 '이종 이식'은 이식으로 옮겨지는 세포, 조직, 장기의 개체가 이식 받는 대상과 같은 종인지에 따라 나뉘므로 적절하지 않다.

### 오답분석
① (가) 문단 3~4번째 줄 '우리의 몸은 자신의 것이 아닌 물질이 ~ 거부 반응을 일으킨다'에서 동종 이식과 이종 이식 모두 자신의 것이 아닌 물질을 이식받으므로 거부 반응이 일어날 것임을 추론할 수 있다.
③ (가) 문단과 (다) 문단의 내용을 종합했을 때, 이종 이식의 이식편이 동종 이식의 이식편보다 사람과의 MHC 값의 차이가 더 클 것임을 추론할 수 있다.
④ (나)~(라) 문단에서 동종 이식편의 수가 적어 이를 대체하기 위해 인공 장기를 사용하거나 이종 이식편을 활용함을 알 수 있다. 따라서 동종 이식에서 사용할 수 있는 개체 수가 적어 이종 이식을 활용한다는 것은 적절한 추론이다.
⑤ (라) 문단 1번째 줄 '이종 이식의 또 다른 문제는 내인성 레트로바이러스이다'와 (마) 문단 끝에서 1~2번째 줄 '따라서 미니돼지의 DNA에 포함된 내인성 레트로바이러스를 효과적으로 제거하는 기술이 개발 중에 있다'에서 내인성 레트로바이러스를 제거하면 이종 이식을 효과적으로 활용할 수 있음을 추론할 수 있다.

## 12 과학 – 세부 내용 파악     정답 ③

③ (다) 문단 1~2번째 줄에서 이종 이식이 동종 이식보다 이식 부작용이 심함을 알 수 있으나, 가장 부작용이 적은 이식법이 무엇인지는 윗글을 통해 알 수 없으므로 적절하지 않은 것은 ③이다.

### 오답분석
① (가) 문단 2~3번째 줄, (다) 문단 1번째 줄에서 동종 이식과 이종 이식의 차이점은 이식편이 같은 종에서 유래하는지, 다른 종에서 유래하는지임을 알 수 있다.
② (마) 문단 1~2번째 줄에서 레트로바이러스에 감염되고도 파괴되지 않은 생식 세포로 번식한 종에서 내인성 레트로바이러스가 관찰됨을 알 수 있다.
④ (가) 문단 1번째 줄에서 알 수 있다.
⑤ (다) 문단 끝에서 1~2번째 줄에서 알 수 있다.

## 13 사회 – 내용 전개 방식 파악     정답 ④

④ (라)는 (다)에 제시된 견해와 유사한 '텔레비전 토론 프로그램'에 대한 비판적 의견을 제시하고 있다. 즉 (다)는 '텔레비전 토론 프로그램이 여론을 왜곡할 수 있다'라는 의견을 제기하고 있으며, (라)는 '텔레비전 토론 프로그램이 공중을 수동적인 방관자로 전락시켜 합리적 판단과 비판적 의견을 스스로 형성할 수 없게 한다'라는 의견을 제시하고 있다. 따라서 (라)가 예상되는 반론을 제시하고 이를 비판함으로써 주장을 강조한다는 ④의 설명은 적절하지 않다.

### 오답분석
① (가)에서 공론장(公論場)의 정의를 제시하며 앞으로 등장할 내용을 알려주고 있다.
② (나)에서는 '텔레비전 토론 프로그램'이 공론장 역할을 할 것이라는 긍정적 반응과 진정한 공론장 역할을 할 수 있을지에 대한 회의적 견해를 설명하고 있다.
③ (다)에서는 '텔레비전 토론 프로그램'에 대해 비판적 입장을 견지하는 학자들의 주장을 제시하고 있다.
⑤ (마)에서는 앞서 제시된 '텔레비전 토론 프로그램'에 대한 학자들의 비판적 입장을 종합해 글쓴이는 '텔레비전 토론 프로그램은 개선되어야 한다'라는 주장을 간접적으로 제시하고 있으므로 적절하다.

## 14 사회 – 내용 추론     정답 ④

④ (마)의 끝에서 1~2번째 줄 '그동안 제기된 비판에 대한 ~ 숙고가 있어야 할 것이다'를 통해 글쓴이는 '텔레비전 토론 프로그램'에 대한 비판적 견해를 분석·연구하여 발전시키는 것뿐 아니라 방송 관계자들도 숙고해야 함도 주장하고 있다. 이러한 글쓴이의 관점을 고려할 때, 방송사가 미리 토론의 방향, 논쟁 결과를 설정하게 하는 것은 오히려 시청자들의 합리적 판단과 비판적 의견을 형성을 방해하게 되므로 적절하지 않은 것은 ④이다.

### 오답분석
① (가)의 끝에서 1~3번째 줄 '이러한 공론장은 민주주의의 요체라 할 수 있는 집회 및 결사의 자유와 언론의 자유를 보장하고 건전한 여론을 형성하기 위해 반드시 필요하다 하겠다'를 통해 공론장은 여론 형성에 중요한 역할을 수행한다는 글쓴이의 견해에 부합함을 알 수 있다.
② (마)의 끝에서 1번째 줄 '이에 대한 방송 관계자들의 숙고가 있어야 할 것이다'를 통해 글쓴이는 텔레비전 토론 프로그램이 진정한 공론장이 되기 위해서는 방송사도 노력해야 한다고 생각함을 알 수 있다.
③ ⑤ (다)에는 '그리하여 텔레비전 토론 프로그램이 ~ '유사 공론장'으로 변질되고 있다고 그들은 비판한다'라는 학자의 비판적 견해가 제시되어 있으며, 이러한 비판에 대해 글쓴이는 (마)에서 '체계적인 분석과 연구가 뒷받침되어야' 한다고 하였다. 따라서 공론장이 특정 집단의 입장을 대변하는 등의 역할로 악용되지 않고, 제대로 된 역할을 수행할 수 있도록 많은 분석과 연구를 토대로 개선되어야 한다는 것은 글쓴이의 견해와 일치하므로 적절하다.

## 15 사회 – 세부 내용 파악     정답 ⑤

⑤ 윗글은 그동안의 '텔레비전 토론 프로그램'에 제기되었던 비판을 분석, 연구하고 방송 관계자들은 이에 대해 숙고해야 함을 말하고 있다. 특히 텔레비전 토론 프로그램은 '공중을 수동적인 방관자로 전락시켜 합리적 판단과 비판적 의견을 스스로 형성할 수 없게 한다'라는 비판을 받고 있으므로, 방송사에서는 공중을 주체적으로 참여시킬 수 있는 방안을 마련한다면 진정한 공론장으로 발전할 수 있을 것이라는 ⑤의 반응은 적절하다.

## 16 과학 – 내용 추론   정답 ④

④ 3문단 1번째 줄 "이 진단 장치에는 초음파를 만들어 내고 감지하기 위한 압전(壓電) 변환기라는 특수한 장치가 있다."에 따르면 압전 변환기가 초음파를 생성하고 감지하는 두 가지 기능을 모두 할 수 있으므로 적절하다.

**오답분석**

① 3문단 1~2번째 줄 "압전 변환기의 핵심 부품인 압전 소자는 압력을 받으면 전기를 발생시키는 데 이것을 압전 효과라고 한다."에 따르면 압전 소자는 압력이 있어야 전기가 발생하는 부품이므로 적절하지 않다.
② 5문단에 끝에서 1~2번째 줄 "초음파 진단 장치는 이러한 동물들의 놀라운 능력을 모방한 생체 모방 기술의 쾌거이다."에 따르면 생체 모방 기술은 인간의 생체 원리가 아닌, 동물의 생체 원리를 모방해 기술에 적용하는 방법이므로 적절하지 않다.
③ 4문단 2~3번째 줄 "압전 변환기에서 나온 초음파는 상이한 생체 조직을 각기 다른 속력으로 통과하며, 각 조직 사이의 경계 부위를 지날 때에는 부분적으로 반사된다."에 따르면 초음파는 다른 생체 조직을 일정한 속도로 통과하는 것이 아닌, 다른 속도로 통과하므로 적절하지 않다.
⑤ 1문단에 따르면 컴퓨터 단층 촬영은 엑스선 촬영 장치를 개량한 것은 맞지만, 인체에 해로운 엑스선을 계속해서 사용하였으므로 엑스선의 위험성을 보완했다는 설명은 적절하지 않다.

## 17 과학 – 세부 내용 파악   정답 ④

④ 2문단에 따르면 초음파는 진동수가 20,000 Hz가 넘어서 사람의 귀로 들을 수 없는 소리이며, 5문단에 따르면 인간은 초음파를 감지하지 못하나 돌고래와 박쥐는 초음파를 감지한다. 하지만 인간과 달리 동물이 초음파를 감지하는 이유에 관해서는 윗글에서 알 수 없다.

**오답분석**

① 4문단 "반사되어 압전 변환기로 돌아오는 초음파의 세기는 통과한 조직의 밀도와 두께가 클수록 약해진다."에서 조직의 밀도와 두께가 크면 초음파 세기가 약해짐을 알 수 있다.
② 2문단에서 초음파는 투과성과 직진성이 강하며 미세한 구조도 파악할 수 있으므로 인체 진단 도구로 사용하게 되었음을 알 수 있다.
③ 4문단 "이는 압전 변환기와 피부 사이에 공기층을 없애 반사로 인한 음파의 손실을 최소화하기 위한 것이다."에서 젤리의 역할을 알 수 있다.
⑤ 3문단에서 초음파 진단 장치의 부품인 압전 소자가 압전 효과로 초음파를 감지하고, 역압전 효과로 초음파를 생성함을 알 수 있다.

## 18 과학 – 구체적 상황에 적용   정답 ②

② ㄱ, ㄷ의 설명이 적절하다.
- ㄱ: <보기>에서 주파수가 높을수록 초음파 출력 해상도가 높아진다고 하였으므로, 세밀한 조직을 관찰할 때는 고주파를 이용하여 해상도를 높인다는 설명은 적절하다.
- ㄷ: <보기>에서 주파수가 높을수록 투과 깊이가 감소한다고 하였으므로, 깊은 부위를 관찰할 때는 낮은 주파수를 사용해 투과 깊이를 확보한다는 설명은 적절하다.

**오답분석**

- ㄴ: <보기>에서 뼈와 연조직에서의 초음파 평균 속도는 다르며, 4문단에서 "반사되어 압전 변환기로 돌아오는 초음파의 세기는 통과한 조직의 밀도와 두께가 클수록 약해진다."고 하였으므로 반사되는 세기와 속도가 다를 것임을 알 수 있다. 따라서 동일한 두께의 뼈와 지방 조직을 투과할 때 반사파가 돌아오는 시간이 같다는 설명은 적절하지 않다.
- ㄹ: 1문단에서 "이러한 결점을 보완하여 저렴하고 안전하게 인체의 민감한 부분이나 태아까지 검진할 수 있는 장치로 널리 사용하게 된 것이 초음파 진단 장치이다."라고 하였으므로 CT를 활용해 태아의 성장을 확인한다는 설명은 적절하지 않다.

## 19 사회 – 세부 내용 파악   정답 ③

③ 5문단 끝에서 1~2번째 줄 "기업과 소비자 간의 분쟁을 직접 해결해 준다는 점에서도 경쟁 정책이 갖는 한계를 보완할 수 있다."에서 소비자와 기업 사이의 갈등을 해결하는 것은 경쟁 정책이 아니라 소비자 정책임을 알 수 있으므로 적절하지 않다.

**오답분석**

① 1문단 1~2번째 줄 "경쟁 정책은 본래 독점이나 담합 등과 같은 반경쟁적 행위를 국가가 규제함으로써"에서 독점, 담합과 같은 반경쟁적 행위를 국가가 규제하는 것을 경쟁 정책이라고 설명하고 있으므로 적절하다.
② 1문단 2~3번째 줄 "이러한 경쟁 정책은 결과적으로 소비자에게 이익이 되므로, 소비자 권익을 보호하는 데 유효한 정책으로 인정된다."에서 경쟁 정책은 소비자에게 이익이 됨을 알 수 있으므로 적절하다.
④ 1문단 1~2번째 줄 "경쟁 정책은 ~ 시장에서 경쟁이 활발하게 이루어지도록 하는 데 중점을 둔다."에서 시장에서 경쟁이 활발하게 하는 데 중점을 두고 있음을 알 수 있으므로 적절하다.
⑤ 1문단 끝에서 1~2번째 줄 "경쟁 정책이 소비자 권익에 기여하는 모습은 생산적 효율과 배분적 효율의 두 측면에서 살펴볼 수 있다."에서 경쟁 정책은 생산적 효율과 배분적 효율 측면에서 소비자 권익을 높이고 있음을 알 수 있으므로 적절하다.

## 20　사회 - 내용 추론　　정답 ④

④ 4문단에서 경쟁 정책만으로 소비자 권익이 실현되지 않으며, 남아있는 문제가 있다고 하였으므로 완전 경쟁 상태가 되면 소비자 권익 문제가 해결된 상태라는 추론은 적절하지 않다.

**오답분석**

① 5문단 "기업과 소비자 간의 분쟁을 직접 해결해 준다는 점에서도 경쟁 정책이 갖는 한계를 보완할 수 있다."에서 소비자 정책은 경쟁 정책을 보완할 수 있는 기능이 있음을 알 수 있으므로 적절한 추론이다.
② 3문단 "반면에 경쟁이 활발해지면 생산량 증가와 가격 인하가 수반되어 소비자의 만족이 더 커지는 배분적 효율이 발생한다."에서 경쟁이 활발해지면 소비자 만족이 커질 수 있음을 알 수 있으므로 적절한 추론이다.
③ 1문단 "소비자의 권익을 위하여 국가가 집행하는 정책으로 경쟁 정책과 소비자 정책을 들 수 있다."에서 국가는 소비자 권익을 보호하기 위해 정책 수단을 활용하고 있음을 알 수 있으므로 적절한 추론이다.
⑤ 2문단에서 독점 기업이 생산 비용을 절감하는 생산적 효율이 일어나더라도 이것이 소비자의 이익으로 이어지지 않는다고 하였으므로 적절한 추론이다.

## 21　사회 - 내용 추론　　정답 ①

① ⓐ 생산적 효율은 생산 비용을 줄여 생산 효율을 높이는 것을 말한다. 그러나, ①의 배터리 시장을 독점한 기업이 배터리 가격을 인상한 사례는 독점 기업이 자신들의 이윤을 위해 가격을 인상한 것이므로 ⓐ의 사례로 적절하지 않다.

**오답분석**

② ⓐ 생산적 효율은 생산 비용을 줄여 생산 효율을 높이는 것을 말한다. 따라서 기업이 자체적으로 비용 절감 기술을 개발한 사례는 생산 비용을 줄여 효율을 높인 사례이므로 ⓐ의 사례로 적절하다.
③ ⓑ 소비자 정책은 소비자를 보호할 수 있는 별도의 정책을 말한다. 따라서 상품의 원산지를 기업 누리집에 게재한 사례는 상품 정보 공개의 의무화 조치에 대한 사례이므로 ⓑ의 사례로 적절하다.
④ ⓑ 소비자 정책은 소비자를 보호할 수 있는 별도의 정책을 말한다. 따라서 소비자에게 합리적 소비 교육을 제공하는 사례가 해당하므로 ⓑ의 사례로 적절하다.
⑤ ⓑ 소비자 정책은 소비자를 보호할 수 있는 별도의 정책을 말한다. 따라서 기업과 소비자 간의 분쟁을 중재하는 사례가 해당하므로 ⓑ의 사례로 적절하다.

## 22　사회 - 구체적 상황에 적용　　정답 ④

④ 윗글은 배분적 효율이 소비자 만족도를 높인다고 주장하고 있다. 하지만 이를 뒷받침하는 실증적 자료는 제시하고 있지 않으므로 신뢰성이 떨어진다는 비판은 적절하다.

**오답분석**

① 윗글은 경쟁 정책의 특징과 한계를 먼저 설명한 후, 그 한계를 보완하는 소비자 정책의 필요성을 논리적으로 전개하고 있다. 이는 단순히 특징을 병렬적으로 나열한 것이 아니며, 한쪽의 입장에서만 치우쳐서 설명한 것도 아니므로 공정성이 떨어진다는 비판은 적절하지 않다.
② 주장의 논리성은 신뢰성이 아닌 타당성과 관련 있으므로 주장이 논리적이라서 신뢰성이 있다는 비판은 적절하지 않다.
③ 윗글은 경쟁 정책이 일부 소비자에게 불이익을 줄 수 있다는 설명을 하고 있으며 이에 대한 구체적 사례로 경쟁으로 퇴출된 기업의 제품이 사후 관리가 되지 않아 소비자가 피해를 입은 사례를 들고 있으므로 타당성이 적절하다. 따라서 사례를 들지 않아 타당성이 부족하다는 비판은 적절하지 않다.
⑤ 윗글에서는 소비자 권익을 위해 경쟁 정책을 시행했음을 언급하며 이에 대한 한계도 함께 언급하고 있다. 따라서 경쟁 정책의 장점을 의도적으로 축소하고 있다는 설명은 적절하지 않으므로 공정성이 떨어진다는 비판은 적절하지 않다.

## 23　공문 - 세부 내용 파악　　정답 ⑤

⑤ '2022년 관광두레 PD 선발 공고문' 상단의 '문화체육관광부는 주민주도형 관광사업체 창업 및 육성 지원을 위해 '관광두레' 사업을 2013년부터 시행하고 있습니다'를 통해 윗글은 정부 기관인 '문화체육관광부'에서 작성하였음을 알 수 있다. 또한 '[1] 관광두레사업 안내'에서 관광두레 사업을 간략하게 설명하고 있으며, '[2] 관광두레 PD 선발 공고 개요'를 통해 관광두레 PD 선발과 관련된 선발 대상, 접수 기간, 접수 방법 등의 정보를 안내하고 있으므로 적절한 것은 ⑤이다.

## 24　공문 - 세부 내용 파악　　정답 ②

② '[3] 우대 사항 및 업무 조건'의 '업무 조건' 중 '활동 기간'을 통해 초기 1개월 활동 기간에 평가 점수가 낮은 대상자는 협약 해지가 가능함을 알 수 있으므로 안내문의 내용을 올바르게 이해한 것은 ②이다.

**오답분석**

① '[2] 관광두레 PD 선발 공고 개요'의 지원 불가 지역 표를 통해 전북에서 지원 불가한 지역은 '김제, 남원, 익산, 군산, 장수, 순창, 진안, 고창, 임실'로 총 9개임을 알 수 있으므로 적절하지 않다.
③ '[2] 관광두레 PD 선발 공고 개요'의 '접수 기간 및 접수 방법'을 통해 심사 결과에 대한 문의는 안내해 주지 않음을 알 수 있으므로 적절하지 않다.
④ '[3] 우대 사항 및 업무 조건'의 '업무 조건' 중 '업무 내용'을 통해 관광두레 PD가 담당 지역과 인접 지역 간 관광두레 네트워크 구축을 지원하는 업무를 진행한다는 점을 알 수 있으므로 적절하지 않다.

⑤ '[3] 우대 사항 및 업무 조건'의 '우대 사항'을 통해 지역협력사업 아카데미를 수강하는 사람과 창업지도사 자격증을 보유한 사람에게 각 3점의 가산점이 부여됨을 알 수 있으나, 우대 사항은 서류 평가 시 1개만 인정되고 가산점은 최대 3점까지 부여되므로 적절하지 않다.

## 25  뉴스 보도 – 표현 전략 및 효과 파악   정답 ⑤

⑤ [장면5]는 시각 자료를 제시하고 있으나, 모두 보도 내용에서 언급한 정보이므로 적절하지 않다.

**오답분석**

① [장면1]은 "우리나라 농업이 직면한 문제의 해결책을 찾는 것이 시급해 보이는데요."와 관련된 시각 자료를 제시하여 시청자의 관심을 유발하고 있으므로 적절하다.
② [장면2]는 기자가 소개하는 도심 속 수직 농장을 화면에 제시하여 보도 내용의 실재성을 드러내고 있다.
③ [장면3]은 인터뷰 내용을 그대로 자막으로 제시하여 시청자가 내용을 이해할 수 있도록 돕고 있으므로 적절하다.
④ [장면4]는 보도 내용에서 언급한 구체적 사례인 학교, 카페, 레스토랑을 시각 자료로 제시하여 시청자의 관심을 유도하고 있으므로 적절하다.

※ 출처
· 자연재해_일러스트_011 by 한국저작권위원회, 출처:2018년공유저작물DB수집, CC BY
· 선거_투표_일러스트_022 by 한국저작권위원회, 출처:2018년공유저작물DB수집, CC BY
· 선거_투표_일러스트_014 by 한국저작권위원회, 출처:2018년공유저작물DB수집, CC BY
· 선거_투표_일러스트_015 by 한국저작권위원회, 출처:2018년공유저작물DB수집, CC BY
· 아이콘_라인2_환경_06 by 한국저작권위원회, 출처:한국저작권위원회, CC BY
· 조경화분 by 한국저작권위원회, 출처:한국저작권위원회, CC BY
· 선거_투표_일러스트_021 by 한국저작권위원회, 출처:2018년공유저작물DB수집, CC BY
· 휴게소 by 정도원, 출처:한국저작권위원회, CC BY
· 카페 by 정도원, 출처:한국저작권위원회, CC BY
· 학교 by 문병철, 출처:한국저작권위원회, CC BY

## 26  뉴스 보도 – 세부 내용 파악   정답 ⑤

⑤ 시청자 1은 "뉴스를 보니 앞으로 우리나라 농업이 기존의 넓은 경작지가 아니라 도시 내 건물을 활용하는 방향으로 발전할 수도 있겠네요."라며 과거 환경 대비 미래의 변화를 기대하고 있으나, 시청자 4는 "좀 더 참여 중심의 교육 환경으로 발전할 수 있겠어요."라며 과거와의 대비 없이 미래의 변화만 제시하므로 적절하지 않다.

**오답분석**

① 시청자 2와 3은 각각 "다만 초기 설치 비용과 유지 비용이 높다는 한계에 대한 구체적인 해결 방안이 제시되지 않아 아쉬웠어요.", "지원 정책을 자세히 알려줬으면 좋았을 것 같은데"라고 하며 뉴스 내용에 대해 아쉬움을 느끼고 있으므로 적절한 설명이다.
② 시청자 3과 4는 각각 "저도 농업에 관심이 있었는데 이 뉴스를 보고 수직 농장 창업에 대해 진지하게 고려해 보게 됐어요.", "학교에서 일하고 있는데, 저희 학교에도 작은 수직 농장을 설치해 아이들에게 환경과 식물에 대해 가르치면 좋을 것 같아요."라고 하며 뉴스 내용을 본인의 진로와 연관 짓고 있으므로 적절한 설명이다.
③ 시청자 1과 3은 각각 "집 내부에서도 수직 재배를 할 수 있는 제품이 있는지 검색해 봐야겠어요.", "제가 따로 정부나 지자체에서 제공하는 지원 정책에 대해 더 알아봐야겠습니다."라고 하며 스스로 추가 정보를 찾으려 하므로 적절한 설명이다.
④ 시청자 3과 5는 각각 "운영자의 인터뷰를 인용한 구성이 인상적이었습니다.", "뉴스 구성이 좋았습니다."라고 하며 뉴스 구성을 긍정적으로 평가하고 있으므로 적절한 설명이다.

## 27  뉴스 보도 – 표현 전략 및 효과 파악   정답 ①

① '불규칙한', '좁아지는', '높아지는'에서 '불규칙하-+-ㄴ', '좁아지-+-는', '높아지-+-는'에 포함된 '-ㄴ', '-는'은 현재형 시제를 나타낸다. 따라서 현재형 시제로 기상 이변, 경작지, 농업 인구 평균 나이에서 현재 문제가 발생하고 있음을 나타내고 있으므로 적절하다.

**오답분석**

② '떠오르고 있습니다'에 사용된 보조 용언 '있다'는 '앞말이 뜻하는 행동이 계속 진행되고 있거나 그 행동의 결과가 지속됨을 나타내는 말'로 현재 진행을 표현하는 보조 용언이다. 따라서 보조 용언 '있다'를 사용해 아직 일어나지 않은 사건이 곧 일어날 것임을 확정하고 있다는 설명은 적절하지 않다.
③ 인터뷰 대상자의 말을 직접 인용해 그대로 나타내어 보도 내용의 신뢰성을 높이고 있으므로 적절하지 않다.
④ 부사는 다른 말 앞에 놓여 그 뜻을 분명하게 하는 품사이다. '진짜'는 "꾸밈이나 거짓이 없이 참으로."라는 뜻의 부사로, '식재료'가 가진 '신선한' 특성을 분명하게 하고 있으므로 적절하지 않다.
⑤ '하지만'은 서로 일치하지 않거나 상반되는 사실을 나타내는 두 문장을 이어 줄 때 쓰는 접속 부사로 역접의 의미를 가진다. 따라서 접속사 '하지만'을 사용하여 앞절의 내용과 반대되는 한계점을 제시하고 있으므로 적절하지 않다.

## 28  보도 자료 – 세부 내용 파악    정답 ⑤

⑤ '작년 같은 기간(2018.5.20.~7.22.) 온열 질환자 신고 1,228명 (사망 14명)'과 '올해는 현재까지(5.20.~7.22.) 총 347명의 온열 질환자가 신고되었다'를 통해 지난해 해당 기간에 발생한 온열 질환자 신고 건수가 올해보다 많으므로 답은 ⑤이다.

### 오답분석
① <작업 중> 1번째 항목에서 '가능한 오후 시간대(12시 ~ 17시) 활동을 줄이며'를 통해 12시 ~ 17시 사이의 활동을 삼가 온열 질환을 예방할 수 있음을 알 수 있다.
② '온열 질환은 열로 인해 발생하는 급성 질환으로 뜨거운 환경에 장시간 노출 시 두통, 어지러움, 근육 경련, 피로감, 의식 저하 등의 증상을 보이고'를 통해 온열 질환자에게 나타나는 증상을 알 수 있다.
③ '올해 온열 질환자는 실외 작업장과 논·밭, 운동장·공원에서 주로 발생하고 있으며'를 통해 온열 질환은 주로 고온의 실외에서 발생하므로 이를 피해야 함을 알 수 있다.
④ '지자체에서는 노약자 등 특히 보호가 필요한 대상을 중심으로 방문 보건 사업과 무더위 쉼터를 적극 운영하여 줄 것과 각 상황에 따른 주의 사항 전파를 당부하였다'를 통해 알 수 있다.

※ 출처: 보건복지부, http://www.mohw.go.kr

## 29  보도 자료 – 세부 내용 파악    정답 ④

④ <관광·놀이·운동 중> 2번째 항목에서 '사전에 물을 충분히 준비하여 자주 마시고, 지나치게 땀을 흘리거나 무리하는 활동은 피하여 탈수가 생기지 않게 주의한다'라고 하였다. 따라서 여름철 땀을 많이 흘리는 운동은 탈수 등의 몸에 무리가 되는 문제를 일으킬 수 있어 피해야 함을 알 수 있으므로 답은 ④이다.

### 오답분석
① <온열 질환자 발생 시 대처 요령> 2번째 항목에서 '환자에게 수분 보충은 도움 되나 의식이 없는 경우에는 질식 위험이 있으므로 음료수를 억지로 먹이지 않도록 하며 신속히 119에 신고하여 병원으로 이송해야 한다'라고 하였으므로 통해 의식이 없는 온열 질환자에게는 억지로 음료수를 먹이지 말아야 함을 알 수 있다.
② <온열 질환자 발생 시 대처 요령> 1번째 항목에서 '일사병·열사병 등 온열 질환이 발생하면 즉시 환자를 시원한 곳으로 옮기고, 옷을 풀고 시원한 물수건으로 닦거나 부채질을 하는 등 체온을 내리고 의료 기관을 방문한다'라고 하였으므로 열사병 등이 발생한 환자를 시원한 곳으로 옮기고 부채질 등을 함으로써 체온을 내려야 함을 알 수 있다.
③ <집 안에서> 1번째 항목에서 '선풍기, 에어컨 등 냉방 장치를 사용하고, 집의 냉방 상태가 좋지 않다면 각 지자체에서 운영하는 인근의 '무더위 쉼터'를 이용한다'라고 하였으므로 냉방 상태가 좋지 않은 환경의 집이라면 지자체가 운영하는 무더위 쉼터를 이용할 수 있음을 알 수 있다.

⑤ <어린이와 노약자가 있는 경우> 1번째 항목에서 '어린이와 어르신, 지병이 있는 경우 더위에 더 취약하므로 본인은 물론 보호자와 주변인의 각별한 관심이 필요하다'라고 하였으므로 지병을 갖고 있는 경우 더위와 같은 고온에 취약함을 알 수 있다. 또한 <작업 중> 2번째 항목에서 '작업 중에는 무리하지 않도록 그늘에서 규칙적으로 휴식을 취하며'라고 하였으므로 작업 중일 때 시원한 그늘에서 규칙적으로 휴식을 취하는 것이 좋음을 알 수 있다.

## 30  보도 자료 – 내용 추론    정답 ③

③ 보도 자료에는 '폭염 주의보 발령 기준'에 대해 언급되어 있지 않기 때문에 '폭염 주의보 발령 기준과 확인 방법'에 대한 질문을 제기하는 것은 적절하다. 따라서 답은 ③이다.

### 오답분석
① <관광·놀이·운동 중> 1번째 항목에서 '실외 활동 중에는 가급적 그늘에서 활동하거나 양산, 모자 등으로 햇볕을 최대한 피하고 장시간 더위에 노출되지 않도록 주의한다'를 통해 야외 활동 시 온열 질환 예방 방법을 알 수 있다.
② <어린이와 노약자가 있는 경우> 2번째 항목의 '창문이 닫힌 실내에 어린이나 노약자를 홀로 남겨두지 않도록 한다', 3번째 항목의 '어린이와 노약자를 부득이 홀로 남겨두고 외출할 때에는 이웃이나 친인척에게 보호를 부탁하여야 한다'를 통해 어린이와 노약자만 집에 두게 될 경우 해야 할 조치를 알 수 있다.
④ <집 안에서> 2번째 항목에서 '한낮에는 가스레인지나 오븐 사용은 되도록 피한다'라고 한 것을 통해 폭염 시 집 안에서 지켜야 할 주의 사항을 알 수 있다.
⑤ <온열 질환자 발생 시 대처 요령> 1번째 항목에서 '즉시 환자를 시원한 곳으로 옮기고, 옷을 풀고 시원한 물수건으로 닦거나 부채질을 하는 등 체온을 내리고 의료 기관을 방문한다'라고 한 것을 통해 온열 질환자의 응급 처치 방법을 알 수 있다.

… p.318

| | | | | |
|---|---|---|---|---|
| 1 ④ | 2 ⑤ | 3 ④ | 4 ④ | 5 ③ |
| 6 ③ | 7 ⑤ | 8 ④ | 9 ⑤ | 10 ⑤ |
| 11 ③ | 12 ⑤ | 13 ① | 14 ⑤ | 15 ① |
| 16 ② | 17 ① | 18 ② | 19 ③ | 20 ② |
| 21 ② | 22 ⑤ | 23 ④ | 24 ⑤ | 25 ④ |
| 26 ④ | 27 ② | 28 ② | 29 ④ | 30 ⑤ |
| 31 ② | 32 ④ | 33 ① | 34 ④ | 35 ① |
| 36 ⑤ | 37 ② | 38 ① | 39 ③ | 40 ⑤ |
| 41 ⑤ | 42 ④ | 43 ④ | 44 ① | 45 ④ |
| 46 ① | 47 ⑤ | 48 ④ | 49 ③ | 50 ④ |
| 51 ④ | 52 ⑤ | 53 ⑤ | 54 ③ | 55 ⑤ |
| 56 ⑤ | 57 ⑤ | 58 ④ | 59 ⑤ | 60 ④ |
| 61 ② | 62 ① | 63 ④ | 64 ④ | 65 ④ |
| 66 ④ | 67 ① | 68 ② | 69 ⑤ | 70 ② |
| 71 ② | 72 ⑤ | 73 ③ | 74 ④ | 75 ② |
| 76 ② | 77 ④ | 78 ⑤ | 79 ④ | 80 ⑤ |
| 81 ③ | 82 ② | 83 ① | 84 ⑤ | 85 ④ |
| 86 ④ | 87 ② | 88 ② | 89 ⑤ | 90 ④ |
| 91 ④ | 92 ② | 93 ② | 94 ⑤ | 95 ① |
| 96 ④ | 97 ④ | 98 ③ | 99 ④ | 100 ① |

## 1 그림 - 세부 내용 파악    정답 ④

④ "그림의 제재가 오필리아의 죽음인 만큼 죽음을 상징하는 양귀비는 가장 눈에 띄도록 붉은색으로 칠해져 있으며"를 통해 오필리아의 죽음을 상징하는 양귀비가 그림에 함께 그려진 다른 꽃에 비해 강조되어 있음을 알 수 있으므로 그림에 대한 설명과 일치하는 것은 ④이다.

### 오답분석
① "이 작품은 셰익스피어의 희곡 '햄릿'에서 주인공 햄릿의 연인이었던 오필리아를 그린 것으로"를 통해 제시된 그림은 존 에버렛 밀레이가 셰익스피어의 '햄릿'에 등장하는 '오필리아'라는 인물에게서 영감을 받아 그린 것임을 알 수 있으므로 적절하지 않다.
② "또, 그 사이에 자리한 쐐기풀은 고통을 상징한다고 합니다."를 통해 이 작품에서 쐐기풀은 고통을 의미함을 알 수 있으며, 일반적으로 쐐기풀이 무엇을 상징하는지도 알 수 없으므로 적절하지 않다.
③ "이 작품은 그림에 담긴 장면을 세세하게 묘사하여"를 통해 작품이 전체적으로 세밀하게 묘사되어 있음을 알 수 있으나, 사람보다 자세히 묘사된 식물로 인하여 그림에 생동감이 부여되었는지는 알 수 없으므로 적절하지 않다.

⑤ '버드나무가 이 그림에 묘사된 이유는 ~ 버드나무가 버림받은 사랑을 의미하기 때문입니다'를 통해 햄릿에게 배신당하고, 버림받은 오필리아의 모습은 버드나무의 나뭇가지가 아닌 버드나무 그 자체로 표현되었음을 알 수 있으므로 적절하지 않다.

### 듣기대본

1번. 먼저 그림에 대한 설명을 들려드립니다.

오늘은 존 에버렛 밀레이의 '오필리아'에 대해 설명해 드리겠습니다.

작품명인 '오필리아'를 듣고서 작품에 그려진 인물이 누구인지 눈치채신 분들도 있으실 텐데요, 예상하신 대로 이 작품은 셰익스피어의 희곡 '햄릿'에서 주인공 햄릿의 연인이었던 오필리아를 그린 것으로, 그녀가 스스로 죽음을 택한 장면이 표현돼 있습니다.

그림을 자세히 들여다볼까요? 두 팔을 벌리고 강물에 누워 있는 오필리아를 중심으로 버드나무와 쐐기풀, 팬지, 제비꽃, 양귀비 등의 식물이 그려져 있는 것을 보실 수 있을 겁니다. 작중에서 연인이 아버지를 죽인 것을 알게 된 오필리아는 제정신이 아니었는데, 그것을 표현하기 위해 밀레이는 오필리아의 손과 옷에 다양한 종류의 꽃을 꽂아 두었습니다.

그 자체로도 이미 오필리아의 정신 상태를 대변하고 있긴 하지만, 각각의 꽃은 서로 다른 의미를 지니고 있습니다. 하나씩 살펴보자면, 그림의 제재가 오필리아의 죽음인 만큼 죽음을 상징하는 양귀비는 가장 눈에 띄도록 붉은색으로 칠해져 있으며, 그 주변으로 허무한 사랑을 의미하는 팬지나 순수를 상징하는 데이지도 찾아볼 수 있습니다.

다음으로, 버드나무가 이 그림에 묘사된 이유는 두 가지입니다. 하나는 셰익스피어의 '햄릿'에서 묘사된 강의 정경에 등장하기 때문이고, 다른 하나는 버드나무가 버림받은 사랑을 의미하기 때문입니다. 버드나무를 따라 시선을 옮기다 보면 오른쪽의 나뭇가지가 특이한 모양으로 그려진 것을 발견할 수 있는데, 앞에서 설명한 양귀비와 마찬가지로 죽음을 상징하기라도 하듯 해골 모양을 닮아있습니다. 또, 그 사이에 자리한 쐐기풀은 고통을 상징한다고 합니다.

마지막으로, 이 작품은 그림에 담긴 장면을 세세하게 묘사하여 그림을 보는 사람으로 하여금 마치 그 장면을 바로 눈앞에서 보고 있는 것만 같은 착각에 빠지게 합니다.

## 2 이야기 - 주제 파악    정답 ⑤

⑤ 체로키 부족의 이야기에서 노인은 사람의 상반된 마음을 '두 마리의 늑대'에, 마음을 다스리는 법을 '늑대를 돌보는 법'에 비유하고 있다. 이를 통해 노인은 '사람은 마음의 현재 상태가 어떻든지 그 마음을 다스리고 가꾸는 법을 배워야 한다'는 교훈을 손자에게 주려고 하였음을 추론할 수 있으므로 이어질 내용으로 적절한 것은 ⑤이다.

**듣기대본**

2번. 이번에는 이야기를 들려드립니다.

자, 여러분! 백범 김구 선생의 일기에서 느낀 점이 많았죠? 어린 시절 백범 선생의 인생을 바꾸게 했다는 구절, 한번 읽어 볼까요? 상호불여신호(相好不如身好)요, 신호불여심호(身好不如心好)라. 나도 여러분 나이였을 때 이 구절을 읽고 많은 생각을 했고, 이후에도 이 구절을 늘 마음에 담고 삽니다. 그럼, 수업을 마치기 전에 체로키 부족 사람들 사이에서 전해져 내려오는 이야기 하나 들려줄게요.

어떤 노인이 손자에게 말했어요. "얘야! 사람의 마음속에서는 늘 싸움이 일어난단다. 너무 끔찍한 싸움이어서 마치 두 마리 늑대가 싸우는 것 같지. 하나는 욕심이 많고 잘난 척만 하는 녀석이고, 다른 하나는 마음이 너그럽고 겸손한 녀석이란다. 이 싸움은 우리 마음속에서 항상 일어나지."

손자는 잠시 그 말을 생각하다가 노인에게 물었어요. "할아버지, 그럼 어느 쪽이 이기나요?" 노인은 손자의 머리를 쓰다듬으며 말해 주었지요. "그건 네가 먹이를 주면서 잘 돌봐 주는 녀석이지. 그래, 너는 어떤 녀석을 돌보고 싶니?"라고 말이지요.

이야기 속의 노인이 손자에게 어떤 말을 하려 했을까요?

## 3 강연 – 세부 내용 파악  정답 ④

④ "셰그렌 증후군은~만성 자가 면역 질환입니다."에서 급성 질환이 아닌 만성 질환임을 알 수 있으므로 적절하지 않다.

**오답분석**

① "기타 샘 증상으로는 호흡기 점액 분비가 감소하여"에서 알 수 있다.
② "소화액의 감소로 인한 위염 등이 생길 수 있습니다."에서 알 수 있다.
③ "그리고 악성 종양이 동반되는 경우도 5%가량 있습니다."에서 알 수 있다.
⑤ "셰그렌 증후군 환자의 절반 정도가 관절염 증상을 겪습니다."에서 알 수 있다.

**듣기대본**

3번. 이번에는 강연을 들려드립니다.

오늘은 셰그렌 증후군이라는 병의 다양한 증상에 대해 말씀드리겠습니다. 셰그렌 증후군은 외분비샘에 림프구가 침범하여 눈물과 침의 분비가 감소하고 구강과 안구가 건조해지는 만성 자가 면역 질환입니다. 먼저 외분비 증상은 눈과 입 인두, 기타 샘에서 나타납니다. 눈 증상은 눈이 뻑뻑하고 이물질이 들어간 것 같은 증상 외에 가려움증, 안구 피로감 등이 있습니다. 입 인두 증상으로는 볼 점막이 건조해져 음식을 삼키기 어렵고, 말을 오랫동안 할 수 없으며 침이 잘 분비되지 않는 증상 등이 나타납니다. 기타 샘 증상으로는 호흡기 점액 분비가 감소하여 코와 인후, 기도가 건조해지며, 소화액의 감소로 인한 위염 등이 생길 수 있습니다. 다음으로, 외분비샘 외 증상으로는 관절염, 피부 증상, 기타 장기 침범 증상이 있습니다. 셰그렌 증후군 환자의 절반 정도가 관절염 증상을 겪습니다. 또한 환자의 10% 정도에서 피부 중상이 나타나는데요. 탈모, 홍반성 결절, 백반증, 건조증 등으로 다양하게 나타나죠. 환자의 약 30% 정도에서는 기타 장기 침범 증상으로 간질성 폐렴이 나타납니다. 그리고 악성 종양이 동반되는 경우도 5%가량 있습니다.

## 4 라디오 – 세부 내용 파악  정답 ④

④ "제4악장은 화려해야 한다는 일반적인 교향곡과 달리 느리게 하강하며"에서 '빠르게 하강하는 선율'이 아님을 알 수 있다.

**오답분석**

① "<비창> 초연 9일 만에 차이콥스키는 죽음을 맞이합니다."에서 적절한 설명임을 알 수 있다.
② "그의 음악은 러시아의 민족적 정서와 보편적 인간 감정을 독특하게 융합한 작품들로 가득합니다."에서 적절한 설명임을 알 수 있다.
③ "<백조의 호수>와 <호두까기 인형>으로 차이콥스키는 발레 음악을 수준 높은 예술로 끌어올렸습니다."에서 차이콥스키가 발레 음악의 예술적 수준을 높였음을 알 수 있다.
⑤ "음악은 그에게 언어로 표현할 수 없는 내면의 풍경을 드러내는 가장 순수한 소통의 수단이었습니다."에서 적절한 설명임을 알 수 있다.

**듣기대본**

4번. 이번에는 라디오 방송의 일부를 들려드립니다.

19세기 러시아 음악의 거장 표트르 일리치 차이콥스키는 음악을 통해 인간의 가장 깊은 감정을 표현한 예술가입니다. 그의 음악은 러시아의 민족적 정서와 보편적 인간 감정을 독특하게 융합한 작품들로 가득합니다. 특히 단순한 무용 음악을 넘어 깊은 심리적 서사를 담고 있는 <백조의 호수>와 <호두까기 인형>으로 차이콥스키는 발레 음악을 수준 높은 예술로 끌어올렸습니다.

차이콥스키의 음악적 여정은 절대 순탄하지 않았습니다. 개인적·정서적 고뇌와 심각한 우울증, 예술가로서의 내적 갈등 등 수많은 어려움을 겪었지만, 그는 이러한 고통을 음악으로 승화시켰습니다. 특히 교향곡 제6번 <비창>에는 인간의 내면적 고통과 절망이 담겨 있습니다. 특히 제4악장은 곡의 제목과 어울리는 부분으로, 우울감의 극치를 보여 줍니다. 제4악장은 화려해야 한다는 일반적인 교향곡과 달리 느리게 하강하며 우울감을 느끼게 하고 잔잔하게 마무리됩니다. 그리고 불행하게도 <비창> 초연 9일 만에 차이콥스키는 죽음을 맞이합니다.

혁명 운동이 고조되고 사회적 변화의 물결이 거세던 시기에, 차이콥스키는 이 시대의 정신을 음악으로 표현했습니다. 그리고 당시 자신의 고뇌를 선율로 섬세하게 담아냈습니다. 그는 개인의 고통과 사회의 억압, 예술가의 내면세계를 음악이라는 매개체를 통해 보편적 언어로 전환했습니다.

그의 음악적 천재성은 기교와 기술을 넘어 인간의 가장 깊은 감정을 소리로 형상화할 수 있는 능력에서 비롯됩니다. 음악은 그에게 언어로 표현할 수 없는 내면의 풍경을 드러내는 가장 순수한 소통의 수단이었습니다. 러시아 음악사에서 차이콥스키는 인간의 감정을 탐구하는 심리학자이자 철학자였습니다.

## 5  시 - 주제 파악   정답 ③

③ 시의 중심 소재(제재)로 인해 그늘이 지거나 바람이 불고, 여울이 생겨 그곳에서 가는 물살이 이는 점과 잎에 떨어지면 소리가 난다는 것을 통해 이 시의 중심 소재는 바람과 함께하며, 물의 속성을 지니고, 나뭇잎에 떨어져 소리를 낼 수 있는 존재임을 알 수 있다. 또한 빗방울을 의미하는 '빗낱'이라는 시어를 고려할 때, 시의 중심 소재는 '비'임을 추론할 수 있다. 따라서 제목으로 가장 적절한 것은 '비'이므로 답은 ③이다.

**듣기대본**

5번. 이번에는 시 한편을 들려드립니다.

돌에 / 그늘이 차고,
따로 몰리는 / 소소리 바람.
앞서거니 하여 / 꼬리 치날리어 세우고,
종종 다리 깟칠한 / 산(山)새 걸음걸이.
여울지어 / 수척한 흰 물살,
갈갈이 / 손가락 펴고.
멎은 듯 / 새삼 듣는 빗낱
붉은 잎 잎 / 소란히 밟고 간다.
                              - 정지용, 「비」

## 6  대담 - 등장인물 입장 파악   정답 ③

③ 전문가의 3번째 발언 "이어폰보다는 헤드폰을 사용하면 음압이 분산되어 청력 손상 위험이 줄어듭니다."에 따르면 헤드폰은 음압을 분산시키므로 이어폰보다 음압이 집중되어 청력 손상 위험이 크다는 설명은 적절하지 않다.

**오답분석**

① 전문가의 4번째 발언 "이어폰 사용 습관을 개선하면 청력 손상을 예방할 뿐만 아니라, 스트레스 관리와 수면 질 향상에도 도움이 됩니다."에 따르면 이어폰 습관 개선으로 수면의 질 향상이 가능하므로 적절하다.
② 전문가의 1번째 발언 "특히 청소년은 자기조절 능력이 성인보다 떨어집니다. 이 때문에 이어폰 사용 시간을 조절하기 어렵고,"에 따르면 청소년은 자기조절 능력이 떨어져 이어폰 사용 시간을 조절하기 어려우므로 적절하다.
④ 전문가의 2번째 발언 "이어폰 내부의 습기와 세균 축적으로 인해 감염 위험도 커집니다."에 따르면 습기와 세균으로 귀의 감염 위험이 커질 수 있으므로 적절하다.
⑤ 전문가의 1번째 발언 "이러한 습관이 반복되면 성인이 되어서도 청력 문제가 회복되지 않을 가능성이 있습니다."에 따르면 이어폰 과다 사용으로 발생한 청력 문제는 성인이 되어서도 회복되지 않을 수 있으므로 적절하다.

**듣기대본**

이번에는 진행자와 전문가의 대담을 들려드립니다. 6번은 듣기 문항, 7번은 말하기 문항입니다.

진행자: 스마트폰 사용이 늘면서 자연스레 이어폰 사용도 늘어났습니다. 강의를 듣거나, 게임을 할 때, 영상을 시청할 때 등 다양한 상황에서 이어폰을 사용하고 있습니다. 이어폰을 과다하게 사용하는 것이 성인보다 청소년들에게 더 악영향을 끼친다고 하는데요. 먼저 이어폰을 오래 사용하면 어떤 문제가 생기나요?

전문가: 가장 대표적인 문제는 청력 손상입니다. 이어폰을 장시간 동안 큰 음량으로 사용하면 내이의 청세포가 손상되어 일시적 또는 영구적인 난청이 생길 수 있습니다. 특히 청소년은 자기조절 능력이 성인보다 떨어집니다. 이 때문에 이어폰 사용 시간을 조절하기 어렵고, 이러한 습관이 반복되면 성인이 되어서도 청력 문제가 회복되지 않을 가능성이 있습니다.

진행자: 청소년이 이어폰 사용으로 겪을 수 있는 다른 건강 문제는 무엇이 있을까요? 단순히 청력 손상 외에도 문제가 발생하나요?

전문가: 네, 이어폰을 장시간 착용하면 외이도염과 같은 귀 질환이 생기거나 통증이 발생할 수 있습니다. 이어폰 내부의 습기와 세균 축적으로 인해 감염 위험도 커집니다. 또한 이어폰을 착용하면 주변 소리가 차단되기 때문에 안전사고 위험이 커집니다.

진행자: 정말 다양한 문제가 나타날 수 있군요. 그럼, 이어폰을 안전하게 사용하려면 어떤 방법이 있을까요?

전문가: 가장 중요한 것은 사용 시간과 음량을 조절하는 것입니다. 장시간 사용하지 않고, 음량은 60% 정도로 낮춰 듣는 것이 안전합니다. 이어폰보다는 헤드폰을 사용하면 음압이 분산되어 청력 손상 위험이 줄어듭니다. 또한 이어폰을 청결하게 관리하며 통증이나 이상 증상이 나타나면 즉시 사용을 중단하고 전문가에게 상담하는 것이 필요합니다.

진행자: 결국 이어폰을 완전히 금지하는 것이 아니라, 올바른 사용 습관을 갖는 것이 중요하다는 말씀이군요.

전문가: 맞습니다. 이어폰 사용 습관을 개선하면 청력 손상을 예방할 뿐만 아니라, 스트레스 관리와 수면 질 향상에도 도움이 됩니다. 청소년 스스로가 자신의 사용 습관을 돌아보고 조절할 수 있도록 교육과 안내가 필요합니다. 학교, 가정, 사회 모두가 함께 관심을 가지는 것이 중요합니다.

## 7  대담 – 등장인물 말하기 방식 추론    정답 ⑤

⑤ 진행자는 전문가의 설명에 의문을 제기하면서 다른 관점의 내용을 제시하고 있지 않으므로 적절하지 않다.

### 오답분석
① 진행자의 4번째 발언 "결국 이어폰을 완전히 금지하는 것이 아니라, 올바른 사용 습관을 갖는 것이 중요하다는 말씀이군요."에서 전문가가 설명한 내용을 요약하고 있으므로 적절하다.
② 진행자의 2번째 발언 "단순히 청력 손상 외에도 문제가 발생하나요?"에서 청력 손상 외의 다른 문제에 대해 질문하고 있으므로 적절하다.
③ 진행자의 1번째 발언 "스마트폰 사용이 늘면서 자연스레 이어폰 사용도 늘어났습니다."에서 스마트폰 사용량 증가로 이어폰 사용이 증가했음을 언급하며 대담 주제인 '이어폰 과다 사용'을 소개하고 있으므로 적절하다.
④ 진행자의 3번째 발언 "그럼, 이어폰을 안전하게 사용하려면 어떤 방법이 있을까요?"에서 전문가에게 안전한 이어폰 사용 방법에 대한 정보를 요청하고 있으므로 적절하다.

## 8  대화 – 등장인물 입장 파악    정답 ③

③ 여학생의 3번째 발언인 "저희같이 돈을 벌지 않는 청소년들은 기부를 하는 데 한계가 있지 않을까요?"에서 청소년은 돈을 벌지 않아 기부하기 어렵다고 생각함을 알 수 있다. 따라서 사회적 분위기로 청소년이 기부하기 어렵다는 내용은 적절하지 않다.

### 오답분석
① 여학생의 2번째 발언인 "정부에서 기부자에 대한 세제 혜택을 지금보다 더 많이 줘야 합니다."에서 알 수 있다.
② 남학생의 2번째 발언인 "기부금 모금 단체를 정부에서 잘 관리하고 감독하는 것도 하나의 방안이 될 수 있다는 거죠."에서 알 수 있다.
④ 여학생의 1번째 발언인 "이런 예를 볼 때, 우리나라에 기부 문화가 정착되지 못한 것은 사회 지도층이 적극적으로 기부하지 않기 때문입니다."에서 알 수 있다.
⑤ 남학생의 1번째 발언인 "그러다 보니 일반 대중의 개인적인 기부가 적어 기부 문화가 정착되지 않은 것입니다."에서 알 수 있다.

### 듣기대본
다음은 대화의 일부분을 들려드립니다. 8번은 듣기 문항, 9번은 말하기 문항입니다.

선생님: 오늘은 기부 문화 정착 방안에 대해 토의하겠습니다. 먼저, 기부 문화가 정착되지 못한 원인을 생각해 볼까요?
여학생: 선생님, 외국의 경우, 큰돈을 번 기업인들이 재산의 대부분을 사회에 환원함으로써 기부 문화 정착에 크게 기여했다고 합니다. 이런 예를 볼 때, 우리나라에 기부 문화가 정착되지 못한 것은 사회 지도층이 적극적으로 기부하지 않기 때문입니다.
남학생: 글쎄요, 사회 지도층이 기부를 많이 하지 않아서 기부 문화가 정착되지 않은 걸까요? 저는 한 여론 조사 결과를 보며 다른 생각을 해 봤는데요, 우리나라 국민들은 기부 문화가 정착되지 않은 원인을 자기 자신보다는 다른 데서 찾고 있음을 알 수 있습니다. 기부를 기업과 같은 단체나 사회 지도층이 주로 하는 것으로 생각하고 있다는 것이죠. 그러다 보니 일반 대중의 개인적인 기부가 적어 기부 문화가 정착되지 않은 것입니다. 어떤 조사에 따르면 기부 문화가 잘 정착된 나라에서는 전체 기부액에서 개인의 기부액이 차지하는 비율이 매우 높은 데 반해 우리나라는 낮다고 합니다.
선생님: 그렇다면 기부 문화 정착을 위한 구체적인 방안은 어떤 것이 있을까요?
여학생: 정부에서 기부자에 대한 세제 혜택을 지금보다 더 많이 줘야 합니다. 그러면 사회 지도층의 기부가 더 활성화될 것입니다. 그리고 언론에서는 그런 기부 사례를 적극 홍보해서 사회 전반에 기부 문화를 확산시켜야 합니다.
남학생: 여론 조사 결과를 보면, 기부 문화 정착을 위해서는 기부금 모금 단체의 투명성 확보가 필요하다고 합니다. 기부금 모금 단체를 정부에서 잘 관리하고 감독하는 것도 하나의 방안이 될 수 있다는 거죠. 또 다른 자료에 의하면 기부 형태 중에서 비정기적인 기부가 대부분을 차지한다고 합니다. 따라서 개인의 정기적인 기부를 유도하는 방안이 필요하다고 봅니다.
선생님: 맞습니다. 그런데 기부는 여러분도 예외가 아니라는 거 잘 알죠?
여학생: 저희같이 돈을 벌지 않는 청소년들은 기부를 하는 데 한계가 있지 않을까요?
선생님: 기부는 돈뿐만 아니라 지식, 재능 등 자신이 가진 것을 나누는 것으로 보면 좋겠어요. 그렇다면 여러분도 얼마든지 기부에 참여할 수 있겠죠?

## 9  대화 – 등장인물 말하기 방식 추론    정답 ⑤

⑤ 남학생의 1번째 발언에서 '여론 조사 결과', '어떤 조사'를 근거로 문제 원인을 개인적인 기부가 적다는 것이라 파악하고 있다. 그리고 2번째 발언에서 개인의 정기적 기부를 유도해야 한다는 해결안을 제시하고 있다. 따라서 ⑤가 적절하다.

### 오답분석
① 선생님은 "여러분도 얼마든지 기부에 참여할 수 있겠죠?"라고 하며 학생들에게 기부 참여를 유도하고 있지만, 기부 경험을 제시하고 있지는 않으므로 적절하지 않다.
② 여학생은 "외국의 경우, ~ 우리나라에 기부 문화가 정착되지 못한 것은 사회 지도층이 적극적으로 기부하지 않기 때문입니다."라고 하며 외국의 사례를 언급하고 있지만, 이는 외국 사례를 들어 우리나라 기부 문화의 단점을 강조하는 것이므로 적절하지 않다.
③ 여학생은 전문 기관의 의견을 인용하지 않았으며 남학생을 반박하고 있지도 않으므로 적절하지 않다.
④ 남학생은 여학생과 상반된 의견을 주장하고 있지만, 남학생이 여학생의 일부 의견에 공감하는 표현은 제시되지 않았으므로 적절하지 않다.

## 10 강연 – 세부 내용 파악      정답 ⑤

⑤ "옛날에 얼마나 물자를 아꼈습니까? 밥 한 톨도 함부로 버리지 않는 정신이 조각보에도 그대로 반영된 것입니다. ~ 조선 시대에 여성들이 했던 일 가운데 가장 힘든 일이 이 옷감을 짜는 일이라고 합니다. 그러니 그렇게 해서 얻은 천을 함부로 버릴 수가 없었겠지요."에서 조각보를 만들던 자투리 천을 모아둔 이유는 옷감의 가격 때문이 아니라 조선 시대에는 물자를 아끼려는 정신이 있었고, 옷감을 만드는 과정이 힘들었기 때문임을 알 수 있으므로 적절하지 않은 것은 ⑤이다.

### 오답분석

① "조각보를 장롱 밑에 깔아 놓거나 혹은 귀한 물건을 싸서 깊숙한 곳에 보관해서 복을 받고 싶은 마음을 표현하기도 했지요"에서 사람들은 조각보를 쓰면서 복을 빌기도 했음을 알 수 있으므로 적절하다.
② "이 상보에는 대체로 가운데에 꼭지가 있어서 들 수 있지요."에서 밥상을 덮는 조각보인 상보에는 가운데 꼭지가 달려 있음을 알 수 있으므로 적절하다.
③ "조선의 여자 어린이들은 바느질을 제일 먼저 배울 때 ~ 다양한 바느질법을 가지고 나름대로 조각보를 만듭니다."에서 조선 시대의 여자 아이들은 처음 배운 바느질을 자투리 천으로 조각보를 만들며 연습했음을 알 수 있으므로 적절하다.
④ "아마 양반집이나 부잣집일수록 보자기가 많이 필요했을 겁니다."에서 물건을 싸는 조각보인 보자기는 계층이 높거나 재산이 많은 집안에서 많이 사용되었음을 알 수 있으므로 적절하다.

### 듣기대본

이번에는 강연을 들려드립니다. 10번은 듣기 문항, 11번은 말하기 문항입니다.

조각보는 말 그대로 천 조각으로 만든 보자기를 말합니다. 모든 게 귀하던 옛날에 옷 같은 것을 만들고 남은 자투리 천으로 만든 보자기입니다. 옛날에 얼마나 물자를 아꼈습니까? 밥 한 톨도 함부로 버리지 않는 정신이 조각보에도 그대로 반영된 것입니다. 이전에는 베나 무명 같은 옷감을 상점에서 사는 게 아니라 어머님들이 손수 짰습니다. 그렇게 해서 가족들의 옷을 만들어 준 겁니다. 조선 시대에 여성들이 했던 일 가운데 가장 힘든 일이 이 옷감을 짜는 일이라고 합니다. 그러니 그렇게 해서 얻은 천을 함부로 버릴 수가 없었겠지요.

이 조각보는 쓰임새가 많았습니다. 우선 가장 많이 사용되었던 것은 무엇이든 싸는 보자기입니다. 이불을 쌀 수도 있고 예단이나 혼수품을 쌀 수도 있겠죠. 이렇게 물건을 싸서 집에 보관할 수도 있고 어디에 물건을 정성스레 보낼 때에도 사용되었습니다. 이전에는 지금처럼 물건을 싸두거나 나를 수 있는 도구가 별로 없었기 때문에 보자기의 용도는 참으로 긴요했습니다. 아마 양반집이나 부잣집일수록 보자기가 많이 필요했을 겁니다. 어디에 물건을 보낼 일도 많을 터이고 귀한 물건은 한 겹이 아니라 두세 겹으로 쌌을 테니까 말입니다.

그런가 하면 밥상을 덮는 상보로도 많이 썼습니다. 여러분이 기억하는 조각보는 아마 상보일 겁니다. 이것은 지금도 꽤 사용되고 있으니까요. 이 상보에는 대체로 가운데에 꼭지가 있어서 들 수 있지요.

그런데 이런 실용 뒤에는 조각보를 쓸으로써 복을 받고 싶은 마음이 컸습니다. 이 조각보는 워낙 공을 들여 만드니 만들면서 복을 빌기도 했습니다. 그래서 이렇게 만든 조각보를 장롱 밑에 깔아 놓거나 혹은 귀한 물건을 싸서 깊숙한 곳에 보관해서 복을 받고 싶은 마음을 표현하기도 했지요.

조각보는 매우 정교한 바느질로도 유명한데 이것은 조선조의 여성들이 어려서부터 이 조각보를 가지고 어머니로부터 훈련을 받았기 때문입니다. 조선의 여자 어린이들은 바느질을 제일 먼저 배울 때 자투리 천을 받아서 여러 가지 방법의 기술을 배웁니다. 시침질이나 감침질, 공그르기 등 다양한 바느질법을 가지고 나름대로 조각보를 만듭니다. 이렇게 몇 년을 연습하다 보면 나중에는 사용되는 자투리 천의 색깔이나 면적의 비례를 맞추어 멋진 디자인이 시현된 조각보를 만들게 되는 겁니다.

## 11 강연 – 말하기 방식 추론      정답 ③

③ 물건 포장, 밥상 덮기, 바느질 연습과 같은 조각보의 여러 용도와 '조각보'라고 부르는 이유는 조각보를 남은 천 조각으로 만들었기 때문임을 함께 설명하고 있으므로 적절한 것은 ③이다.

### 오답분석

① ② ④ '조각보를 만드는 다양한 방법', '조선 시대의 다른 천 제품과 조각보의 비교', '의복 기술과 조각보의 발전 과정'은 나타나 있지 않으므로 적절하지 않다.
⑤ 조선 시대의 조각보는 현대 사회의 포장지와 같은 용도였다는 점과 밥상을 덮던 조각보인 상보는 현대 사회에서도 쓰이고 있다는 점을 들어 조선 사회와 현대 사회에서의 조각보의 쓰임을 설명하고 있으나 두 사회에서 달라진 조각보의 쓰임새는 나타나 있지 않으므로 적절하지 않다.

## 12 발표 – 세부 내용 파악      정답 ⑤

⑤ 발표에서 "2004년 1월 이후에는 지역감정을 해소한다는 이유로 등록 지역을 뜻하는 번호가 번호판에서 사라졌습니다. 다만 등록 지역을 뺀 번호판은 일반 자가용에 한정된 것으로, 버스나 택시 등의 사업용에는 여전히 적용되어 있습니다."라고 말하였다. 이를 통해 지역감정 해소를 위해 등록 지역이 사라진 것은 맞으나, 등록 지역을 뺀 번호판은 일반 자가용에만 적용됨을 알 수 있으므로 적절하지 않은 것은 ⑤이다.

### 오답분석

① "1904년에 처음 등장한 자동차 번호판"이라고 하였으므로 적절하다.
② "여덟 자리 번호판은 차량이 증가함에 따라 번호가 모두 소진되어 2019년 9월부터 도입되었습니다."라고 하였으므로 적절하다.
③ "1973년 이전에는 차종을 분류할 때 한 자리만을 사용하였으나, 자동차가 증가해 번호판이 부족해지자 1996년부터는 차종 기호를 두 자리 숫자로 표기하였습니다."라고 하였으므로 적절하다.

④ "1904년에 처음 등장한 자동차 번호판은 몇 번의 개정을 거쳐 1973년부터 등록 지역 및 차종, 용도, 일련번호 등을 명시하게 되었습니다."라고 하였으므로 적절하다.

### 듣기대본

이번에는 발표를 들려드립니다. 12번은 듣기 문항, 13번은 말하기 문항입니다.

평소 길을 다니며 다들 자동차 번호판을 보신 적이 있을 겁니다. 우리나라에 등록된 차량이라면 앞면과 뒷면에 직사각형 모양의 금속판으로 된 자동차 번호판이 붙어 있죠. 자동차 번호판은 여섯 자리인 것을 가장 많이 보셨을 텐데요. 최근에는 여덟 자리로 된 번호판도 보셨을 겁니다. 여덟 자리 번호판은 차량이 증가함에 따라 번호가 모두 소진되어 2019년 9월부터 도입되었습니다. 이러한 자동차 번호판, 언제부터 적용된 것일까요? 정답은 일제강점기인 1904년까지 거슬러 올라갑니다.

1904년에 처음 등장한 자동차 번호판은 몇 번의 개정을 거쳐 1973년부터 등록 지역 및 차종, 용도, 일련번호 등을 명시하게 되었습니다. 1973년 이전에는 차종을 분류할 때 한 자리만을 사용하였으나, 자동차가 증가해 번호판이 부족해지자 1996년부터는 차종 기호를 두 자리 숫자로 표기하였습니다. 그리고 2004년 1월 이후에는 지역감정을 해소한다는 이유로 등록 지역을 뜻하는 번호가 번호판에서 사라졌습니다. 다만 등록 지역을 뺀 번호판은 일반 자가용에 한정된 것으로, 버스나 택시 등의 사업용에는 여전히 적용되어 있습니다.

다음으로 자동차 번호판의 숫자와 글자에 담긴 의미를 알아볼까요? 먼저 자동차 번호판의 첫 숫자 두 자리는 차종의 정보를 담고 있습니다. 일반 승용차는 01부터 69까지, 승합차는 70부터 79까지, 화물차는 80부터 97까지, 특수차는 98, 99를 사용하고 있습니다. 중앙의 글자는 자동차의 용도를 표현해 줍니다. 일반 자가용은 '가, 나, 다, 라, 마, 거, 너, 더, 러, 머, 버' 등을 사용하고요. 영업용 차는 '아, 바, 사, 자'를, 그리고 대여용 차는 '하, 허, 호'를 사용하죠. 그리고 택배용 차는 '배'를 사용합니다. 단, 군무대나 외교용 등의 차는 예외입니다. 끝으로 자동차 번호판의 마지막 네 자리 숫자는 차량의 일련번호로, 자동차를 등록할 때 부여되는 고유 번호이며, 0100부터 0999까지 무작위로 발급됩니다.

### 13 발표 – 말하기 방식 추론   정답 ①

① "평소 길을 다니며 다들 자동차 번호판을 보신 적이 있을 겁니다.", "자동차 번호판은 여섯 자리인 것을 가장 많이 보셨을 텐데요. 최근에는 여덟 자리로 된 번호판도 보셨을 겁니다."에서 청중에게 자동차 번호판을 본 경험을 떠오르게 하면서 발표의 화제인 '자동차 번호판'을 제시하고 있으므로 ①이 적절하다.

#### 오답분석

② 발표에서 비유적 표현을 사용하고 있지 않으므로 적절하지 않다.
③ 발표에서 1904년, 1973년, 1996년, 2004년의 연도 순서대로 자동차 번호판의 역사를 제시하고 있는 것은 맞으나, 위 발표는 자동차 번호판의 문제점이 드러나지 않으며, 따라서 문제의 심각성을 강조하고 있지도 않으므로 적절하지 않다.
④ 발표에서 청중에게 질문을 받고 이를 답변하는 방식은 활용하고 있지 않으므로 적절하지 않다.
⑤ 발표는 자동차 번호판과 관련된 정보를 전달하고 있다. 따라서 문제점, 해결 방안, 긍정적 전망은 언급되지 않았으므로 적절하지 않다.

### 14 협상 – 등장인물 입장 파악   정답 ⑤

⑤ 김 부장은 "10%는 현재 지침을 고려할 때 받아들이기 어려운 수치입니다."라며 이 과장의 요구를 수용하기 어렵다고 하고 있으나, 정확한 회사의 인건비 상승률 지침은 알 수 없다. 따라서 ⑤는 적절하지 않다.

#### 오답분석

① 이 과장이 "저는 두 개의 팀을 동시에 이끌고 있으며,"라고 업무 부담의 고충을 말하자, 김 부장은 "업무 부담을 줄이기 위해 팀에 신규 인력을 배정하겠습니다."라고 하였으므로 적절하다.
② 이 과장은 "저의 업무량과 성과에 비해 보상이 적절하지 않다고 느껴서입니다. ~ 저의 연봉은 동종 업계 유사 직무자의 평균 연봉보다 10% 정도 낮은 수준입니다."라고 하였으므로 적절하다.
③ 이 과장은 "만약 제 요구가 수용되지 않는다면, 담당 업무를 조정하거나 다른 대안을 고려해 주시기 바랍니다."라고 하였으므로 적절하다.
④ 이 과장은 "연봉을 10%로 인상하고, 성과급은 7%로 하면 어떨까요?"라며 연봉 10% 인상을 요구하고 있다. 이에 김 부장은 "9%까지는 특별 승인을 받을 수 있을 것 같습니다. 대신 성과급은 8%로 올려드리겠습니다."라며 성과급을 올려 연봉의 인상률을 조정하고 있으므로 적절하다.

### 듣기대본

끝으로 협상의 한 장면을 들려드립니다. 14번은 듣기 문항, 15번은 말하기 문항입니다.

이 과장: 김 부장님, 안녕하세요. 제가 면담을 요청한 이유는 현재 저의 업무량과 성과에 비해 보상이 적절하지 않다고 느껴서입니다. 작년에 맡은 신규 프로젝트는 회사 매출에 15% 기여했다는 성과 평가를 받았습니다. 하지만 저의 연봉은 동종 업계 유사 직무자의 평균 연봉보다 10% 정도 낮은 수준입니다. 이에 따라 연봉을 10% 인상해 주셨으면 합니다.

김 부장: 네, 이 과장님의 기여도는 잘 알고 있습니다. 하지만 경기 침체와 시장 불확실성으로, 회사 전체적인 상황에 균형을 맞추어야 할 때입니다. 10%는 현재 지침을 고려할 때 받아들이기 어려운 수치입니다. 최대 7%까지는 가능할 것 같습니다.

이 과장: 7%는 시장 평균에 비해 여전히 낮은 수준입니다. 저는 두 개의 팀을 동시에 이끌고 있으며, 신규 사업 기획안도 제출한 상태입니다. 만약 제 요구가 수용되지 않는다면, 담당 업무를 조정하거나 다른 대안을 고려해 주시기 바랍니다.

김 부장: 이 과장님의 업무 부담이 큰 것은 인정합니다. 기본 연봉은 8%까지 인상하고, 분기별 목표 달성 시 최대 10%의 추가 성과급을 지급하는 방안을 제안합니다. 또한 업무 부담을 줄이기 위해 팀에 신규 인력을 배정하겠습니다.

이 과장: 신규 인력 배정도 큰 도움이 될 것 같습니다. 성과급 체계 개선은 좋은 접근이지만, 시장 상황이나 회사의 다른 부서의 협조 등 외부 요인도 작용하기 때문에 목표 달성 여부가 항상 제 노력만으로 결정되지는 않습니다. 기본 연봉을 10%로 인상하고, 성과급은 7%로 하면 어떨까요?

김 부장: 기본 연봉 10% 인상은 여전히 회사 지침을 많이 넘어서는 수준입니다. 9%까지는 특별 승인을 받을 수 있을 것 같습니다. 대신 성과급은 8%로 올려드리겠습니다.

이 과장: 기본 연봉 9% 인상과 8% 성과급이면 시장 수준에 근접할 수 있을 것 같습니다. 회사의 기대에 부응할 수 있도록 최선을 다하겠습니다.

김 부장: 네, 다음 주 인사위원회에서 이 내용을 제안하고 최종 승인을 받도록 하겠습니다. 앞으로도 좋은 성과 부탁드립니다.

## 15 협상 - 등장인물 말하기 방식 추론 　　정답 ①

① 양측은 기본 연봉 인상을 두고, '성과급 체계 개선', '신규 인력 배정' 등의 다양한 대안을 통해 균형점을 찾고 있다.

**오답분석**

② 양측은 다양한 조건을 서로 조정하며 합의하고 있으므로 일방적으로 결론을 내렸다는 설명은 적절하지 않다.
③ 양측은 다양한 조건을 서로 조정하며 합의하고 있으므로 일방적인 요구를 모두 들어주었다는 설명은 적절하지 않다.
④ 이 과장이 경쟁 회사로부터 입사 제안을 받은 내용은 언급되지 않았으므로 적절하지 않다.
⑤ 양측은 다양한 조건을 서로 조정하며 합의하였으므로 협상을 중단했다는 설명은 적절하지 않다.

## 16 고유어의 사전적 의미 　　정답 ②

② "매우 둔하고 어리석다."를 뜻하는 고유어는 '덩둘하다'이므로 정답은 ②이다.

**오답분석**

① 가만하다: 움직이지 않거나 아무 말도 하지 아니한 상태에 있다.
③ 습습하다: 마음이나 하는 짓이 활발하고 너그럽다.
④ 의뭉하다: 겉으로는 어리석은 것처럼 보이면서 속으로는 엉큼하다.
⑤ 함함하다: 털이 보드랍고 반지르르하다.

## 17 한자어의 사전적 의미 　　정답 ①

① '준동(蠢動)'은 "불순한 세력이나 보잘것없는 무리가 법석을 부림을 이르는 말."을 의미하므로 적절하지 않다. 따라서 답은 ①이다.

## 18 고유어의 문맥적 의미 　　정답 ②

② 문맥상 미끼가 물에서 움직인다는 의미이므로 "가볍게 발소리를 내면서 가만가만 걷다."를 뜻하는 고유어 '자박이다'의 쓰임이 적절하지 않다. 참고로, 이때는 "작은 물체가 물에 부딪치거나 잠기는 소리가 나다. 또는 그런 소리를 내다."를 뜻하는 '잠방이다'를 사용하는 것이 적절하다.

**오답분석**

① 문맥상 실수를 저지른 후 미안한 표정으로 사과했다는 의미이므로 "부끄럽고 미안하다."를 뜻하는 고유어 '점직하다'의 사용은 적절하다.
③ 문맥상 전통 혼례식에서 신부의 우아한 태도가 아름다웠다는 의미이므로 "말이나 행동이 곱고 우아하다. 또는 얌전하고 점잖다."를 뜻하는 고유어 '음전하다'의 사용은 적절하다.
④ 문맥상 졸업 후 자주 만나지 못해 동창들이 낯설다는 의미이므로 "자주 만나지 못하여 낯이 좀 설다."를 뜻하는 고유어 '설면하다'의 사용은 적절하다.
⑤ 문맥상 작가의 깊은 통찰이 독자에게 감동을 주었다는 의미이므로 "생각이나 뜻이 크고 넓다."를 뜻하는 고유어 '웅숭깊다'의 사용은 적절하다.

## 19 한자어의 문맥적 의미 　　정답 ③

③ '일별(一瞥)하다'는 "한 번 흘깃 보다."를 뜻하므로, ㉠ '자세히 살펴보다'와 바꿔 쓰기에 적절하지 않다. 따라서 정답은 ③이다.

**오답분석**

① '천착(穿鑿)하다'는 "어떤 원인이나 내용 따위를 따지고 파고들어 알려고 하거나 연구하다."를 뜻하므로 ㉠ '자세히 살펴보다'와 바꿔 쓰기에 적절하다.
② '탐구(探究)하다'는 "진리, 학문 따위를 파고들어 깊이 연구하다."를 뜻하므로 ㉠ '자세히 살펴보다'와 바꿔 쓰기에 적절하다.
④ '검토(檢討)하다'는 "어떤 사실이나 내용을 분석하여 따지다."를 뜻하므로 ㉠ '자세히 살펴보다'와 바꿔 쓰기에 적절하다.
⑤ '고찰(考察)하다'는 "어떤 것을 깊이 생각하고 연구하다."를 뜻하므로 ㉠ '자세히 살펴보다'와 바꿔 쓰기에 적절하다.

## 20 동음이의 한자어의 표기  정답 ②

② 밑줄 친 ㉠~㉢에 해당하는 한자를 올바르게 묶은 것은 ②이다.
- ㉠ "싸움이나 경기에서 계속하여 짐."을 뜻하는 '연패'는 '連敗'로 표기한다.
- ㉡ "스스로 자신을 망치거나 멸망함."을 뜻하는 '자멸'은 '自滅'로 표기한다.
- ㉢ "서로 잘 어울림."을 뜻하는 '조화'는 '調和'로 표기한다.

### 오답분석
- ㉠ 연패(連霸): 운동 경기 따위에서 연달아 우승함.
- ㉡ 자멸(自蔑): 스스로 자신을 멸시함.
- ㉢ 조화(造化): 만물을 창조하고 기르는 대자연의 이치. 또는 그런 이치에 따라 만들어진 우주 만물.

## 21 고유어의 문맥적 의미  정답 ②

② '물색없이'는 "말이나 행동이 형편이나 조리에 맞는 데가 없이."를 의미하므로 고유어의 의미로 적절하지 않은 것은 ②이다. 참고로, "하는 행동이 변변치 못하게."를 의미하는 고유어는 '무쪽같이'이다.

## 22 다의어와 동음이의어  정답 ⑤

⑤ 나머지는 '떨다²'의 용례로, 다의 관계에 있으나 ⑤는 '떨다¹'의 용례이므로 나머지 단어와 동음이의 관계에 있다.
- 그는 무서움에 떨면서 어두운 동굴로 들어갔다: 이때 '떨다'는 "몹시 추워하거나 두려워하다."를 뜻한다.

### 오답분석
① 우산 위에 쌓인 눈을 떨었다: 이때 '떨다'는 "달려 있거나 붙어 있는 것을 쳐서 떼어 내다."를 뜻한다.
② 그녀는 불안한 마음을 떨고 무대에 올랐다: 이때 '떨다'는 "언짢은 생각 따위를 없애다."를 뜻한다.
③ 사치스러운 생활로 모든 재산을 떨어 없앴다: 이때 '떨다'는 "돈이나 물건을 있는 대로 써서 없애다."를 뜻한다.
④ 손님들이 남은 재고를 모두 떨어 가길 바란다: 이때 '떨다'는 "팔다 남은 것을 모두 팔아 버리거나 사다."를 뜻한다.

## 23 유의·반의·상하·부분 관계  정답 ④

④ '목구멍'과 '인후(咽喉)'는 "식도와 기도로 통하는 입안의 깊숙한 곳."을 이르는 유의 관계의 단어들이다. 그러나 '수조(手爪)'는 '손톱'을 의미하므로 '손목'과 유의 관계에 있는 단어가 아니다. 따라서 <보기>에 제시된 두 단어의 의미 관계와 다른 것은 ④이다.
- 손목: 손과 팔이 잇닿은 부분.
- 수조(手爪): 손가락 끝에 붙어 있는 딱딱하고 얇은 조각.

### 오답분석
① '턱'과 '악(顎)'은 "사람의 입 아래에 있는 뾰족하게 나온 부분."을 이르는 유의어이다.
② '가슴'과 '흉부(胸部)'는 "배와 목 사이의 앞부분."을 이르는 유의어이다.
③ '다리'와 '하지(下肢)'는 "사람이나 동물의 몸통 아래 붙어 있는 신체의 부분."을 이르는 유의어이다.
⑤ '허리뼈'와 '요추(腰椎)'는 "척추뼈 중 등뼈와 엉치뼈 사이 허리 부위에 있는 다섯 개의 뼈."를 이르는 유의어이다.

## 24 고유어와 한자어의 대응  정답 ⑤

⑤ 문맥상 "가축이나 가금 따위를 기르다."를 뜻하는 '치다'가 사용되었으므로 "가르쳐서 익히게 하다."를 뜻하는 '훈련(訓練)하다'로 바꾸는 것은 적절하지 않다. 참고로, "어린 가축이나 짐승이 자라도록 먹이어 기르다."를 뜻하는 '사육(飼育)하다'로 바꿔 쓰는 것이 적절하다.

### 오답분석
① '응시(應試)하다'는 "시험에 응하다."를 뜻하므로 문맥상 "시험을 보다."를 뜻하는 '치다'와 바꿔 쓰기에 적절하다.
② '타전(打電)하다'는 "전보나 무전을 치다."를 뜻하므로 문맥상 "일정한 장치를 손으로 눌러 글자를 찍거나 신호를 보내다."를 뜻하는 '치다'와 바꿔 쓰기에 적절하다.
③ '도포(塗布)하다'는 "약 따위를 겉에 바르다."를 뜻하므로 문맥상 "기계나 식물이 더 좋은 상태가 되도록 기름이나 약을 바르거나 뿌리다."를 뜻하는 '치다'와 바꿔 쓰기에 적절하다.
④ '가격(加擊)하다'는 "손이나 주먹, 몽둥이 따위로 때리거나 치다."를 뜻하므로 문맥상 "손이나 손에 든 물건으로 세게 부딪게 하다."를 뜻하는 '치다'와 바꿔 쓰기에 적절하다.

## 25 유의·반의·상하·부분 관계  정답 ④

④ <보기>의 '나물'은 사람이 먹을 수 있는 풀이나 나뭇잎 따위를 통틀어 이르는 말로 고사리, 도라지, 두릅, 냉이 등이 있다. '냉이'는 '나물'의 일종이므로 '나물'과 '냉이'는 상하 관계에 있다. ④의 '양서류'는 양서강의 동물을 일상적으로 통틀어 이르는 말이고 '개구리'는 양서강 개구리목의 동물을 통틀어 이르는 말이다. 따라서 '개구리'는 '양서류'의 일종으로, 두 단어는 상하 관계에 있으므로 <보기>와 의미 관계가 동일하다.

### 오답분석
① '사과'와 '배'는 둘 다 과일의 종류이므로 상하 관계에 있지 않다.
② '입학'은 "학생이 되어 공부하기 위해 학교에 들어감."을 의미하고, '퇴학'은 "다니던 학교를 그만둠."을 의미하므로 상하 관계에 있지 않다.
③ '야구'와 '농구'는 둘 다 운동 경기의 종류이므로 상하 관계에 있지 않다.
⑤ '우체국'과 '경찰서'는 둘 다 관공서의 종류이므로 상하 관계에 있지 않다.

## 26  속담의 의미  정답 ④

④ 재능을 펼칠 수 있는 곳을 만났다는 맥락에서 '가마솥에 든 고기'를 사용하는 것은 적절하지 않으므로 정답은 ④이다.
- 가마솥에 든 고기: 꼼짝없이 죽게 된 신세를 비유적으로 이르는 말.

**오답분석**

① 사고가 발생한 후에야 대책을 마련한다는 맥락에서 '행차 뒤에 나팔'을 사용하는 것은 적절하다.
- 행차 뒤에 나팔: 사또 행차가 다 지나간 뒤에야 악대를 불러다 나팔을 불리고 북을 치게 한다는 뜻으로, 제때 안 하다가 뒤늦게 대책을 세우며 서두름을 핀잔하는 말.

② 기회가 와도 또 실패한다는 맥락에서 '계란에도 뼈가 있다'를 사용하는 것은 적절하다.
- 계란에도 뼈가 있다: 늘 일이 잘 안되던 사람이 모처럼 좋은 기회를 만났건만, 그 일마저 역시 잘 안됨을 이르는 말.

③ 뛰어난 수영 실력을 칭찬하는 맥락에서 '신 벗고 따라도 못 따른다'를 사용하는 것은 적절하다.
- 신 벗고 따라도 못 따른다: 어떤 사람의 재주나 능력이 뛰어나서 아무리 힘을 써도 그에 미치지 못하는 경우를 비유적으로 이르는 말.

⑤ 겉치레만 중시하고 있다는 맥락에서 '치장 차리다가 신주 개 물려 보낸다'를 사용하는 것은 적절하다.
- 치장 차리다가 신주 개 물려 보낸다: 사당 겉치레만 하며 돌아다니다가 사당에 두는 신주를 개한테 물려 보냈다는 뜻으로, 겉치레만 지나치게 하다가 그만 중요한 것을 잃어버림을 이르는 말.

## 27  사자성어의 의미  정답 ③

③ "도저히 불가능한 일을 굳이 하려 함."을 의미하는 사자성어는 '연목구어(緣木求魚)'이므로 답은 ③이다.
- 연목구어(緣木求魚): 나무에 올라가서 물고기를 구한다는 뜻으로, 도저히 불가능한 일을 굳이 하려 함을 비유적으로 이르는 말.

**오답분석**

① 고육지계(苦肉之計): 자기 몸을 상해 가면서까지 꾸며 내는 계책이라는 뜻으로, 어려운 상태를 벗어나기 위해 어쩔 수 없이 꾸며 내는 계책을 이르는 말.

② 마이동풍(馬耳東風): 동풍이 말의 귀를 스쳐 간다는 뜻으로, 남의 말을 귀담아듣지 아니하고 지나쳐 흘려버림을 이르는 말.

④ 불치하문(不恥下問): 손아랫사람이나 지위나 학식이 자기만 못한 사람에게 모르는 것을 묻는 일을 부끄러워하지 아니함.

⑤ 전전반측(輾轉反側): 누워서 몸을 이리저리 뒤척이며 잠을 이루지 못함.

## 28  관용구의 의미  정답 ②

② '상투를 잡다'는 "가장 높은 시세에 주식을 매입하다."라는 뜻의 관용구이므로 의미가 적절하지 않은 것은 ②이다. 참고로, "총각이 장가들어 어른이 되다."는 관용구 '상투를 틀다'의 의미이다.

## 29  한자어의 순화어  정답 ④

④ '해태(懈怠)하다'란 "행동이 느리고 움직이거나 일하기를 싫어하는 데가 있다."를 뜻한다. 따라서 '해태하여'는 '게을리하다'나 '제때 하지 않다'로 순화해야 한다.

**오답분석**

① "필요로 되거나 요구되다."를 뜻하는 '소요(所要)되다'는 이해하기 어려운 한자어이므로 우리말 '들다' 또는 '걸리다'로 순화할 수 있다.

② "유어행위(遊漁行爲)'는 우리말 '낚시'로 순화할 수 있다.

③ "잘라서 없애다."를 뜻하는 '절사(切捨)하다'는 일본어에서 유래한 표현이므로 우리말 '끊어 버리다'로 순화할 수 있다.

⑤ "붙이거나 달아 놓는 것."을 뜻하는 '취부(取付)하다'는 일본어에서 유래한 표현이므로 우리말 '부착하다'로 순화할 수 있다.

## 30  외래어의 순화어  정답 ③

③ '뱅크 런(bank run)'이란 "거래 은행에서 사람들이 한꺼번에 예금을 인출하는 현상."을 의미한다. 따라서 '인출 폭주'로 순화해야 한다.

**오답분석**

① '헤드헌터(headhunter)'는 "고급 인력을 전문적으로 스카우트하는 사람 또는 회사."를 뜻하므로 '취업 관리자, 인재 중개인'으로 순화할 수 있다.

② '거버넌스(governance)'는 '정책, 행정, 관리, 민관 협력, 협치'로 순화할 수 있다.

④ '제너럴리스트(generalist)'는 "모든 분야에 대하여 상당한 지식과 경험을 가진 사람."을 뜻하므로 '다방면 인재'로 순화할 수 있다.

⑤ '혈당 스파이크(血糖 spike)'는 "식사 후에 급격하게 나타나는 혈당 상승."을 뜻하므로 '혈당 급상승'으로 순화할 수 있다.

## 31  올바른 한글 표기  정답 ②

② 울궈먹었다(×) → 우려먹었다(○): "음식 등을 우려서 먹다."를 뜻하는 말은 '우려먹다'이므로 단어를 맞춤법에 맞게 수정하지 못한 것은 ②이다. 참고로, '울궈먹다'는 '우려먹다'의 잘못된 표기이다.

**오답분석**
① 닦달하다(○): "남을 단단히 윽박질러서 혼을 내다."라는 뜻의 단어는 '닦달하다'이므로 '닥달했다'를 '닦달했다'로 바꾼 것은 맞춤법에 맞게 수정한 것이다. 참고로, '닥달하다'는 '닦달하다'의 잘못된 표기이다.
③ 가르치는(○): "지식이나 기능, 이치 등을 깨닫게 하거나 익히게 하다."라는 뜻의 단어는 '가르치다'이므로 '가리키는'을 '가르치는'으로 바꾼 것은 맞춤법에 맞게 수정한 것이다. 참고로, '가리키다'는 '손가락 등으로 어떤 방향이나 대상을 집어서 보이거나 말하거나 알리다'라는 의미이다.
④ 무난하여(○): "이렇다 할 단점이나 흠잡을 만한 것이 없다."라는 뜻의 단어는 '무난하다'이므로 '문안하여'를 '무난하여'로 바꾼 것은 맞춤법에 맞게 수정한 것이다. 참고로, '문안하다'는 '웃어른께 안부를 여쭈다'라는 의미이다.
⑤ 느지막하게(○): "시간이나 기한이 매우 늦다."라는 뜻의 단어는 '느지막하다'이므로 '느즈막하게'를 '느지막하게'로 바꾼 것은 맞춤법에 맞게 수정한 것이다.

### 32 올바른 한글 표기  정답 ④

④ 웬만히(○): "허용되는 범위에서 크게 벗어나지 않은 상태로."라는 뜻의 표준어는 '웬만히'이므로 단어의 표기가 바른 것은 ④이다.

**오답분석**
① 당췌(×) → 당최(○): '도무지', '영'의 뜻을 나타내는 말은 '당최'이며, '당췌'는 '당최'의 잘못된 표기이다.
② 핀(×) → 편(○): "접히거나 개킨 것을 젖히어 벌리다."라는 뜻을 나타내는 말은 '펴다'이므로 관형사형 어미 '-ㄴ'이 결합하면 '편'으로 표기해야 한다. 참고로, '피다'는 '펴다'의 잘못된 표기이다.
③ 으시시(×) → 으스스(○): "차거나 싫은 것이 몸에 닿았을 때 크게 소름이 돋는 모양."이라는 뜻을 나타내는 말은 '으스스'이며, '으시시'는 '으스스'의 잘못된 표기이다.
⑤ 끄덕없이(×) → 끄떡없이(○): "아무런 변동이나 탈이 없이 매우 온전하게."라는 뜻을 나타내는 말은 '끄떡없이'이며, '끄덕없다'는 '끄떡없다'의 잘못된 표기이다.

### 33 올바른 한글 표기  정답 ①

① 서느래(×) → 서느레(○): '서느렇다'의 어간 '서느렇-'이 어미 '-어'와 결합하면 어간의 끝 'ㅎ'이 줄어들고 어미가 '-에'로 변한다. 따라서 '서느레'로 활용하므로 '서느래'로 표기하는 것은 적절하지 않다. 참고로, '서느렇다'는 '서느러니', '서느렇소'로도 활용한다.

**오답분석**
② 높다래(○): '높다랗다'의 어간 '높다랗-'이 어미 '-아'와 결합하면 어간의 끝 'ㅎ'이 줄어들고 어미가 '애'로 변한다. 따라서 '높다래'는 올바른 표기이다. 참고로, '높다랗다'는 '높다라니', '높다랗소'로도 활용한다.
③ 해말개(○): '해말갛다'의 어간 '해말갛-'이 어미 '-아'와 결합하면 어간의 끝 'ㅎ'이 줄어들고 어미가 '애'로 변한다. 따라서 '해말개'는 올바른 표기이다. 참고로, '해말갛다'는 '해말가니', '해말갛소'로도 활용한다.
④ 둥그레(○): '둥그렇다'의 어간 '둥그렇-'이 어미 '-어'와 결합하면 어간의 끝 'ㅎ'이 줄어들고 어미가 '에'로 변한다. 따라서 '둥그레'는 올바른 표기이다. 참고로, '둥그렇다'는 '둥그러니', '둥그렇소'로도 활용한다.
⑤ 멀게(○): '멀겋다'의 어간 '멀겋-'이 어미 '-어'와 결합하면 어간의 끝 'ㅎ'이 줄어들고 어미가 '에'로 변한다. 따라서 '멀게'는 올바른 표기이다. 참고로, '멀겋다'는 '멀거니', '멀겋소'로도 활용한다.

### 34 띄어쓰기  정답 ④

④ 먹는둥∨마는둥(×) → 먹는∨둥∨마는∨둥(○): 무슨 일을 하는 듯도 하고 하지 않는 듯도 함을 나타내는 말을 뜻하는 '둥'은 의존 명사이므로 앞말과 띄어 써야 한다. 따라서 띄어쓰기가 잘못된 것은 ④이다.

**오답분석**
① 괴로움∨따위(○): 앞에 나온 대상을 낮잡거나 부정적으로 이르는 말을 뜻하는 '따위'는 의존 명사이므로 앞말과 띄어 써야 한다.
② 졸업한∨지(○): 어떤 일이 있었던 때로부터 지금까지의 동안을 나타내는 말을 뜻하는 '지'는 의존 명사이므로 앞말과 띄어 써야 한다.
③ 말하는∨이(○): '사람'의 뜻을 나타내는 말을 뜻하는 '이'는 의존 명사이므로 앞말과 띄어 써야 한다.
⑤ 사업차(○): '목적'의 뜻을 더하는 접미사 '-차'는 앞말에 붙여 써야 한다.

### 35 올바른 한글 표기  정답 ①

① 널따랗게(○): 어간 겹받침의 끝소리가 드러나지 않는 것은 소리대로 표기한다. '널따랗다'는 [널따라타]로 발음하므로 소리대로 '널따랗게'로 표기한다. 따라서 정답은 ①이다.

**오답분석**
② 얇다랗고(×) → 얄따랗고(○): '얄따랗다'는 [얄따라타]로 발음하므로 소리대로 '얄따랗고'로 표기한다.
③ 굵따란(×) → 굵다란(○): 어간의 뒤에 자음으로 시작된 접미사가 붙어서 된 말은 원형을 밝혀 적으므로 원형을 밝혀 '굵다란'으로 표기한다.
④ 깊따랗게(×) → 깊다랗게(○): 어간 뒤에 자음으로 시작된 접미사가 붙어서 된 말은 어간의 원형을 밝혀 적으므로 원형을 밝혀 '깊다랗게'로 표기한다.
⑤ 짧다란(×) → 짤따란(○): '짤따랗다'는 [짤따라타]로 발음하므로 소리대로 '짤따란'으로 표기한다.

### 36 문장 부호    정답 ⑤

⑤ 훈민정음의 초성 중에서 아음(牙音)은 ×××의 석 자다.(×)
→ 훈민정음의 초성 중에서 아음(牙音)은 □□□의 석 자다.(○): 글자가 들어가야 할 자리를 나타낼 때 쓰는 문장 부호는 '빠짐표( □ )'이므로 문장 부호에 관한 규정이 잘못된 것은 ⑤이다.

### 37 표준어와 비표준어    정답 ②

② 근근히(×) → 근근이(○): '어렵사리 겨우'를 뜻하는 표준어는 '근근이'이다. 따라서 답은 ②이다. 참고로, '근근'은 '근근이'와 동일한 의미의 표준어이다.

#### 오답분석
① 마뜩이(○): 제법 마음에 들 만하게
③ 우수리(○): 물건값을 제하고 거슬러 받는 잔돈
④ 주야장천(○): 밤낮으로 쉬지 않고 연달아
⑤ 얼추(○): 어지간한 정도로 대충

### 38 표준어와 방언    정답 ①

① 충청 지역에서 사용하는 방언 '이마직'에 대응하는 표준어는 '이즈음'이므로 ①은 적절하지 않다.
 • 곧: 시간적으로 머지않아.
 • 이즈음: 얼마 전부터 이제까지의 무렵.

#### 오답분석
② 전라, 경상 지역에서 사용하는 방언 '까깝하다'에 대응하는 표준어는 '답답하다'이므로 적절하다.
 • 답답하다: 애가 타고 갑갑하다.
③ 충청 지역에서 사용하는 방언 '깜뭇'에 대응하는 표준어는 '깜빡'이므로 적절하다.
 • 깜빡: 기억이나 의식 따위가 잠깐 흐려지는 모양.
④ 제주 지역에서 사용하는 방언 '곤쌀'에 대응하는 표준어는 '흰쌀'이므로 적절하다.
 • 흰쌀: 희게 쓿은 멥쌀.
⑤ 전라 지역에서 사용하는 방언 '비문하다'에 대응하는 표준어는 '어련하다'이므로 적절하다.
 • 어련하다: 따로 걱정하지 아니하여도 잘될 것이 명백하거나 뚜렷하다.

### 39 표준 발음법    정답 ③

③ 서울역[서울녁](×) → [서울력](○): 합성어나 파생어에서 앞 단어나 접두사의 끝이 자음이고, 뒤 단어나 접미사의 첫음절이 '이, 야, 여, 요, 유'이면 'ㄴ' 음을 첨가하여 '니, 냐, 녀, 뇨, 뉴'로 발음한다. '서울역'은 앞 단어인 '서울'이 자음으로 끝나고 뒤 단어는 '여'로 시작하므로 'ㄴ' 음이 첨가되어 [서울녁]이 되고, 'ㄹ' 받침 뒤에 첨가된 'ㄴ'은 유음화 현상('ㄴ'이 'ㄹ'의 앞이나 뒤에서 'ㄹ'로 변하는 현상)에 따라 [ㄹ]로 발음하므로 [서울력]으로 발음한다.

#### 오답분석
① 맨입[맨닙](○): 접두사 '맨-'은 자음으로 끝나고, 뒤 단어 '입'은 '이'로 시작하므로 'ㄴ' 음이 첨가되어 [맨닙]으로 발음한다.
② 삯일[상닐](○): '삯일'에서 겹받침 'ㄳ'은 [ㄱ]으로 발음하므로 [삭일]이 된다. 이때 앞 단어는 자음으로 끝나고, 뒤 단어는 '이'로 시작하므로 'ㄴ' 음이 첨가되어 [삭닐]이 된다. [삭닐]의 받침 'ㄱ'은 비음화(받침 'ㄱ, ㄷ, ㅂ'이 'ㄴ, ㅁ' 앞에서 [ㅇ, ㄴ, ㅁ]으로 발음하는 현상)로 [ㅇ]으로 발음하므로 [상닐]로 발음한다.
④ 식용유[시굥뉴](○): 앞 단어 '식용'은 자음으로 끝나고, 뒤 단어는 '유'로 시작하므로 'ㄴ' 음이 첨가되어 [시굥뉴]로 발음한다.
⑤ 내복약[내ː봉냑](○): 앞 단어 '내복'은 자음으로 끝나고, 뒤 단어는 '야'로 시작하므로 'ㄴ' 음이 첨가되어 [내ː봉냑]으로 발음한다.

### 40 외래어 표기법    정답 ③

③ 아울렛(×) → 아웃렛(○): "재고품이나 이월 상품을 한곳에 모아 싸게 판매하는 곳."을 뜻하는 'outlet[aʊtlet]'에서 [t]는 어말에서 'ㅅ'으로 표기한다. 따라서 '아울렛'이 아닌 '아웃렛'으로 표기해야 한다.

#### 오답분석
① 깁스(○): "석고 가루를 굳혀서 단단하게 만든 붕대."를 뜻하는 독일어 'gips[gɪps]'에서 [g]는 모음 앞에서 'ㄱ'으로 표기한다. 따라서 '깁스'는 올바른 표기이다.
② 미라(○): "썩지 않고 건조되어 원래 상태에 가까운 모습으로 남아 있는 인간이나 동물의 사체."를 뜻하는 'mirra[mɪrra]'의 [ɪ]는 '이'로 표기한다. 따라서 '미라'는 올바른 표기이다.
④ 애프터서비스(○): "상품을 판 뒤 제조업자가 그 상품의 설치, 수리, 점검 따위를 책임지는 일."을 뜻하는 'after service'의 [æftər sɜːvɪs]에서 [æ]는 '애'로 표기한다. 따라서 '애프터서비스'는 올바른 표기이다.
⑤ 내레이션(○): "영화, 방송극, 연극 따위에서, 장면에 나타나지 않으면서 장면의 진행에 따라 그 내용이나 줄거리를 장외에서 해설하는 일. 또는 그런 해설."을 뜻하는 'narration[næreɪʃn]'의 [æ]는 '애'로 표기한다. 따라서 '내레이션'은 올바른 표기이다.

### 41 로마자 표기법    정답 ⑤

⑤ 깻잎전[깬닙쩐] kkaetnipjeon(×) → kkaennipjeon(○): 자음 동화의 결과는 로마자 표기법에 반영하여 적으므로 첫음절 [깬]의 받침 [ㄴ]은 'n'으로 적는다. 따라서 로마자 표기가 틀린 것은 ⑤이다.

#### 오답분석
① 나물류[나물류] namullyu(○): 'ㄹㄹ'은 'll'로 적으므로 [나물류]는 'namullyu'로 표기해야 한다.

② 떡볶이[떡뽀끼] tteokbokki(○): 된소리되기는 표기에 반영하지 않으므로 [떡뽀끼]는 'tteokbokki'로 표기해야 한다. 참고로, [떡]과 [끼]의 'ㄸ'과 'ㄲ'은 된소리되기 현상으로 인한 것이 아니므로 표기에 반영한다.

③ 만둣국[만두꾹 / 만둗꾹] mandutguk(○): 로마자 표기법에서 'ㄷ'은 자음 앞이나 어말에서 't'로 적으므로 [둗]의 받침 [ㄷ]은 't'로 표기해야 한다. 된소리되기로 인한 음운 변동의 결과는 로마자 표기에 반영하지 않으므로 [만둗꾹]은 'mandutguk'으로 표기해야 한다.

④ 빈대떡[빈대떡] bindaetteok(○): [떡]은 된소리되기로 인한 음운 변동의 결과에 해당하지 않으므로 [빈대떡]은 'bindaetteok'으로 표기해야 한다.

## 42 문장 성분의 호응  정답 ④

④ 뒤 절의 행위 '식물을 키울 때는 실내의 온도와 습도를 적절히 조절하고 환기를 자주 해야 한다'와 행위의 까닭인 '실내가 고온 건조하고 바람이 잘 통하지 않으면 깍지벌레 같은 해충이 생기기 쉽다'를 까닭이나 근거를 나타내는 연결 어미 '-므로'로 연결한 ㉣이 어법에 맞고 자연스러운 문장이다.

### 오답분석

① 무정물 주어 '취미 활동이'는 '확산하고 있다'와 같은 능동 표현과의 호응이 자연스럽지 않으므로 '확산되고 있다'처럼 피동 표현으로 수정해야 한다.

② 주어 '인기가 좋은 것은'과 서술어 '즐거움이다'의 호응이 적절하지 않으므로 서술어를 '즐거움 때문이다'처럼 수정해야 한다.

③ ㉢ 앞은 '식물 기르기'의 즐거움을, 뒤는 '식물 기르기'의 주의 사항을 다루고 있으므로 '또한'과 같은 순접의 접속 부사보다는 '그러나'와 같은 역접의 접속 부사를 사용하는 것이 자연스럽다.

⑤ 서술어 '주기'에 필요한 부사어가 생략되어 있으므로 '식물에'와 같은 부사어를 추가해야 한다.

## 43 높임법  정답 ④

④ <보기> '가오'의 종결 어미 '-오'는 하오체 종결 어미이다. ④의 '도착하리다'의 종결 어미 '-리다'는 상황에 대한 화자의 추측을 나타내는 하오체 종결 어미이므로 적절하다.

### 오답분석

① '시원하구나'의 종결 어미 '-구나'는 해라체 종결 어미이다.
② '가세'의 종결 어미 '-세'는 하게체 종결 어미이다.
③ '보게'의 종결 어미 '-게'는 하게체 종결 어미이다.
⑤ '동생이랍니다'의 종결 어미 '-랍니다'는 하십시오체 종결 어미이다.

## 44 중의적 표현  정답 ①

① '그녀가 친구들을 웃겼다'는 그녀가 친구들을 웃게 했다는 의미로만 해석되므로 중의적으로 해석되지 않는 올바른 문장이다.

### 오답분석

② 동음이의어 '차'의 뜻에 따라, 언니가 탈 것을 뜻하는 '차'를 좋아하는 것인지, 마실 것을 뜻하는 '차'를 좋아하는 것인지 명확하지 않으므로 중의적으로 해석되는 문장이다.

③ 조사 '보다'의 비교 대상에 따라, 할머니께서 나와 동생 중, 동생을 더 좋아한다는 의미인지, 내가 동생을 좋아하는 정도보다 할머니께서 동생을 좋아하는 정도가 더 크다는 의미인지 명확하지 않으므로 중의적으로 해석되는 문장이다.

④ '소리를 지르며'가 결합하는 주체에 따라, '민지'가 소리를 지르며 친구에게 인사를 했다는 의미인지, '친구'가 소리를 지르며 다가왔다는 의미인지 명확하지 않으므로 중의적으로 해석되는 문장이다.

⑤ 조사 '와'로 인한 주어의 해석 범위에 따라, '나'와 '영수'가 '영수의 여동생'을 만나러 가고 싶어 했다는 의미인지, '나'가 '영수'와 '영수의 여동생'을 만나러 가고 싶어 했다는 의미인지 명확하지 않으므로 중의적으로 해석되는 문장이다.

## 45 번역 투 표현  정답 ④

④ 번역 투 표현이 쓰이지 않은 문장이다. 참고로, 일본어 표현을 직역한 '~에 한하여'는 번역 투 표현이나 '~에 한정하여', '~으로만' 등은 자연스러운 우리말 표현이다.

### 오답분석

① '~로 인해'는 영어 'by'를 직역한 번역 투 표현이다. 참고로, '~로 인해'는 '~로' 등의 우리말 표현으로 바꾸어 쓰는 것이 자연스럽다.

② '요하다'는 일본어 표현을 직역한 번역 투 표현이다. 참고로, '요하다'는 '필요하다' 등의 문맥에 맞는 우리말 표현으로 바꾸어 쓰는 것이 자연스럽다.

③ '~에 대하여'는 영어 'about'을 직역한 번역 투 표현이다. 참고로, '~에 대하여'는 '~를' 등의 문맥에 맞는 우리말 표현으로 바꾸어 쓰는 것이 자연스럽다.

⑤ '~를 통해'는 영어 'through'를 직역한 번역 투 표현이다. 참고로, '~를 통해'는 '~로'나 문맥에 맞는 동사를 사용해 우리말 표현으로 바꾸어 쓰는 것이 자연스럽다.

## 46 글쓰기 계획의 적절성 파악  정답 ①

① • ㄱ: 2문단 '도시 농업이란 도심 속 단독 주택의 화단이나 건물의 옥상, 동네 자투리땅, 학교 운동장 등을 농지로 이용하는 농업이다'에서 도시 농업에 대한 정의를 제시하고 있으며 이를 통해 독자는 '도시 농업'에 대한 명확한 이해가 가능하므로 적절하다.

- ㄴ: 4문단에서 우리나라와 대조적으로 독일, 쿠바에서는 도시 농업이 활성화됨을 언급하면서 우리나라 도시 농업 발전이 더딘 이유로 제시된 문제들을 강조하고 있으므로 적절하다.
- ㄷ: 3문단 '농림축산식품부의 조사에 따르면'에서 전문 기관인 '농림축산식품부'의 조사 결과를 인용하여 신뢰성을 높이고 있으므로 적절하다.

**오답분석**

- ㄹ: 6문단에서 도시 농업의 긍정적 측면을 제시하고 있으나 부정적 측면은 제시하지 않았으므로 적절하지 않다.
- ㅁ: 5문단에서 해결 방안을 제시하고 있으나 그와 관련된 또 다른 문제와 새로운 해결 방안을 제시하고 있지 않으므로 적절하지 않다.

※ 출처: 농림축산식품부, http://mafra.go.kr

### 47 자료 활용 방안의 적절성 파악    정답 ⑤

⑤ (나)-2는 도시 농업 참여자들이 도시 농업 활동을 하면서 겪은 어려운 점을 조사한 설문 조사 결과이므로 예비 도시 농업 참여자들이 겪는 어려움과 정부가 시행하는 도시 농업 관련 정책을 알 수 없다.

**오답분석**

① (가)에서는 "최근 도시민의 여가 활동 증가로 도시 농업이 주목받고 있다."라고 도시 농업이 이루어진 배경을 언급하고 있고, (나)-1에서는 사람들이 도시 농업에 참여하는 다양한 이유를 제시하고 있다. 따라서 두 자료를 활용해 도시 농업이 이루어진 다양한 배경을 제시할 수 있으므로 적절하다.
② (가)에서는 도시 농지 감소, 도시 농업 관련 기술 낙후, 전문 인력 부족을 도시 농업의 문제점으로 제시하고 있다. (다)에서는 독일과 쿠바의 도시 농업 사례를 제시하고 있다. 따라서 (가)를 활용해 도시 농업의 문제점을 제시한 후 (다)를 활용해 개선 방안을 제시할 수 있으므로 적절하다.
③ (가)에서는 도시 농지 감소, 도시 농업 관련 기술 낙후, 전문 인력 부족으로 우리나라 도시 농업이 어려운 실정을 제시하고 있다. 이를 활용해 우리나라 도시 농업이 부진함을 제시해 도시 농업 활성화에 대한 논의가 필요함을 주장할 수 있으므로 적절하다.
④ (다)에서는 우리나라는 제약 요인이 많아 도시 농업이 활성화되지 못하지만 독일과 쿠바는 도시 농업 육성을 위해 제도적으로 지원하고 있음을 제시하고 있다. 따라서 이를 활용해 국내와 국외의 제도를 비교하고 우리나라에 도시 농업 제도 개선이 필요함을 주장할 수 있으므로 적절하다.

### 48 글쓰기 개요의 적절성 파악    정답 ④

④ 내용의 흐름상 'Ⅱ. 도시 농업의 문제점' 이후에는 문제점을 개선하기 위한 방안이 제시되는 것이 자연스럽다. 또한 '도시 농업 관련 제도'는 'Ⅱ'의 하위 내용을 모두 포괄하지 못하므로 '도시 농업 개선 방안'을 '도시 농업 관련 제도'로 바꾸는 것은 적절하지 않다.

### 49 고쳐쓰기 방식의 적절성 파악    정답 ③

③ ⓒ의 '증가'는 '참여자 수'와 '면적'의 수치가 늘어났다는 의미로 사용되었다. 따라서 "낮은 데서 위로 올라감."을 뜻하는 '상승'보다는 "양이나 수치가 늚."을 의미하는 '증가'가 적합하므로 '상승'으로 수정하는 것은 적절하지 않다.

**오답분석**

① ⓐ의 귀농 사유는 윗글의 주제인 도시 농업과 관련 없는 내용이므로 삭제하는 것은 적절하다.
② ⓑ의 '사용되어진'은 피동 표현 '사용되다'의 어간 '사용되-'에 피동을 만드는 '-어지다'가 결합한 형태이다. 이는 피동 표현을 두 번 사용한 이중 피동 형태이므로 '사용된'으로 수정하는 것은 적절하다.
④ ⓓ의 앞 문장은 도시 농업에 참여하는 사람들이 겪는 어려움을 제시하고 있고, ⓓ의 뒤 문장은 우리나라 도시 농업 관련 제도의 미비함을 제시하고 있다. 따라서 ⓓ의 앞뒤 문장 모두 우리나라의 도시 농업 문제를 제시하고 있으므로 '그뿐만 아니라'로 수정하는 것은 적절하다. 참고로, '그래서'는 앞의 내용이 뒤의 내용의 원인이나 근거가 될 때 쓰는 접속 부사이다.
⑤ ⓔ의 '도시 생태 환경 개선'은 4개의 명사가 나열된 형태이다. 명사를 과도하게 나열하는 것은 올바른 표현이 아니므로 조사와 어미를 사용하여 '도시 생태 환경을 개선하는 데'로 수정하는 것은 적절하다.

### 50 글 보완 방안의 적절성 파악    정답 ④

④ 윗글은 도시 농업의 현황을 바탕으로 도시 농업 활성화를 위한 방안을 제시하는 글이므로 글의 마지막 문장인 ⓐ에는 글쓴이가 주장하는 도시 농업의 활성화 방안이 제시되어야 한다. 5문단에서 제도를 개선해 도시 농업을 활성화할 수 있는 기반을 마련하고, 관련 사업을 추진해야 함을 주장하고 있으므로 ④가 가장 적절하다.

**오답분석**

① 윗글에서는 해결 방안으로 제도 개선, 기관 설립, 사업 추진을 제시하고 있다. 따라서 도시민의 관심은 해결 방안과 관련 없으므로 적절하지 않다.
② 4문단에서 외국의 예시로 독일과 쿠바가 언급되지만, 외국에 도움의 손길을 요청해야 한다는 방안은 윗글에서 언급하지 않았으므로 적절하지 않다.
③ 4문단에서 도시 농업의 문제점으로 재배 기술 지식이 부족함을 언급하였지만, 농촌 재배 기술을 활용해야 한다는 방안은 윗글에서 언급하지 않았으므로 적절하지 않다.
⑤ 윗글에서 도시 농업의 홍보가 부족하다는 문제는 언급하지 않았으므로 적절하지 않다.

## 51 유비 추론  정답 ④

④ '감각모'는 영양분을 찾는 기능을 하고, '벌레'는 영양분이다. 이를 회사에 대입하면 '감각모'는 '자본을 얻으려는 회사의 노력', '벌레'는 '자본'으로 유추할 수 있다. 따라서 동종 업계 변화를 파악해 자사 위치를 확인하는 것은 자본을 확보하기 위한 노력이 아니므로 ㉣과 유사하지 않다.

**오답분석**
① '영양분'을 '수익'에 비유하면 영양분을 얻기 위해 스스로 직접 움직이는 것에서 수익 확보를 위한 적극적인 모습을 유추할 수 있으므로 적절하다.
② '이제 막 싹을 틔운 파리지옥'을 '스타트업 회사'에 비유하고 '영양분'을 '수익'에 비유하면, 초기에는 수익을 내지 못하지만 성장 후 수익을 창출할 수 있음을 유추할 수 있으므로 적절하다.
③ '잎'을 '핵심 상품'에 비유하면, 벌레 포획에 유리한 구조에서 수익 창출에 유리한 상품을 유추할 수 있으므로 적절하다.
⑤ '벌레를 유인하는 냄새'를 '마케팅 전략'에 비유하면, 파리지옥이 냄새로 자신의 위치를 벌레에게 알리는 것에서 회사가 자사를 홍보하는 것을 유추할 수 있으므로 적절하다.

## 52 유비 추론  정답 ⑤

⑤ ⓐ는 식충 식물이 식물의 보편적인 생태적 특징과는 전혀 다른 방법으로 영양분을 얻는다는 내용이다. 따라서 ⓐ를 '기업의 자원 확보 전략'에 비유할 때 기존의 방법과는 전혀 다른 유형의 전략을 세운다는 것이 가장 적절하다.

**오답분석**
① ② ③ ④ 보편적인 방법과는 전혀 다른 새로운 방법으로 자원을 확보해야 한다는 내용과는 관련 없으므로 적절하지 않다.

## 53 조건에 맞는 내용 추론  정답 ⑤

⑤ ⓑ는 식물이 생존을 위해 새로운 식충 식물 형태로 진화했다는 내용이다. 이를 급변하는 사회와 관련짓는다면, 급변하는 사회에서 생존하기 위해 새롭게 능력을 발전시켜야 함을 추론할 수 있다. 따라서 이를 정책 홍보 문구로 표현한다면 사회 적응을 위한 능력 계발을 정책적으로 지원해 주겠다는 내용을 표현해야 하므로 ⑤가 가장 적절하다.

**오답분석**
① ② ③ ④ 새로운 사회에 적응을 돕겠다는 정책 홍보 문구와는 관련 없으므로 적절하지 않다.

## 54 시각 자료 이해  정답 ③

③ (가) 자전거는 비나 눈을 막아주는 장치가 없으므로 날씨의 영향을 받는다. 따라서 날씨에 영향을 받지 않고 주행할 수 있다는 설명은 장점으로 적절하지 않다.

**오답분석**
① (가) 자전거는 사람이 직접 페달을 밟아 바퀴를 움직이므로 구동 방식은 적절하다.
② (나) 접이식 킥보드는 발판에 서서 한 발로 지면을 차서 속도를 높이고, 바닥을 딛어 멈추므로 특징은 적절하다.
④ (나) 접이식 킥보드는 접어서 보관할 수 있으므로 자전거에 비해 가볍고 크기가 작다. 따라서 휴대와 보관이 쉽다는 설명은 장점으로 적절하다.
⑤ (가) 자전거는 크고 무거워 대중교통에 들고 타거나 보관하기 어려우므로 단점으로 적절하다.

※ 출처: 유치원 초등학교생활_003 by 한국저작권위원회, 출처:한국저작권위원회, CC BY

## 55 시각 자료 이해  정답 ③

③ 자전거 운전자는 페달을 밟는 정도를 조정하며 속도를 조절한다. 이를 학습자에 비유할 때 학습자가 스스로 학습 속도를 조절할 수 있음을 유추할 수 있다. 따라서 학습 속도가 외부 환경에 영향을 받는다는 내용은 적절하지 않다.

**오답분석**
① 자전거 운전자가 페달을 계속 밟아야 전진할 수 있는 특징을 학습자에 비유할 때 지속적인 노력으로 학습 능력이 발전함을 유추할 수 있으므로 적절하다.
② 자전거 운전자가 두발자전거를 처음 탈 때 균형 잡기가 어렵다는 특징을 학습자에 비유할 때 처음 접하는 개념을 학습하기 어려움을 유추할 수 있으므로 적절하다.
④ 자전거 운전자가 안장이나 핸들을 자신에게 맞춰 조절한다는 특징을 학습자에 비유할 때 자신의 수준에 맞게 학습 내용을 수정함을 유추할 수 있으므로 적절하다.
⑤ 자전거 운전자가 도로 경사에 따라 기어를 변경한다는 특징을 학습자에 비유할 때 학습 난도에 맞게 전략을 바꿈을 유추할 수 있으므로 적절하다.

## 56 시각 자료에서 내용 추론  정답 ⑤

⑤ (나) 접이식 킥보드는 한쪽 발을 이용해 속도를 높이거나 줄일 수 있으나 체력적 소모가 있고 불안정하다. <보기>의 포모도로 기법은 효율적인 과업을 위해 업무에 집중하는 시간과 휴식을 반복적으로 갖는다. 따라서 포모도로 기법을 활용해 (나)의 체력 소모에 대비하는 조언을 하려면 일정 시간 속도를 높였다가 휴식하기를 반복해야 한다는 것이 가장 적절하다.

**오답분석**
① <보기>는 작업을 짧게 나누고 집중해야 한다고 설명하므로 목적지까지 한 번에 간다는 조언은 적절하지 않다.
② 중심을 잡는 연습은 기초 훈련과 관련 있다. <보기>는 기초 훈련과는 관련 없으므로 적절하지 않다.
③ <보기>에서 작업 시간을 늘린다는 설명은 없으므로 적절하지 않다.

④ <보기>에서 작업에 즐거운 일을 동반하라는 설명은 없으므로 적절하지 않다.

## 57 유비 추론  정답 ⑤

⑤ (마)의 표현 전략은 고전에서 삶의 지혜를 배울 수 있음을 상기시키는 것이다. '이런 언어를 물려 주시겠습니까?'는 현대 사회에서 나타나는 신조어의 문제를 나타내고 있으므로 (마)의 사례로 적절하지 않다.

**오답분석**

① (가)의 표현 전략은 '나비 효과'를 형상화하여 독서의 영향을 강조하는 것이다. '독서 효과'는 사소한 변화가 전체에 막대한 영향을 끼친다는 '나비 효과'와 같이 작은 독서의 습관이 삶의 전체에 영향을 끼칠 수 있음을 나타내며, 책을 펼친 모습을 나비의 날갯짓으로 형상화하고 있으므로 적절하다.
② (나)의 표현 전략은 학습 차원에서 독서의 중요성을 드러내는 것이다. '독서보다 좋은 학력은 없습니다'는 독서의 학습 효과를 강조하고 있으므로 적절하다.
③ (다)의 표현 전략은 비유적 표현을 활용하여 독서로 깊이 있는 지식을 얻을 수 있음을 강조하는 것이다. '책속에는 지식의 나이테가 있습니다'는 책 속의 지식을 나무의 나이를 알려주는 '나이테'에 비유하여 책에서 깊이 있는 지식을 얻을 수 있음을 강조하고 있으므로 적절하다.
④ (라)의 표현 전략은 온라인 검색이 아닌 독서에서 지식을 얻는 것이 중요함을 드러내는 것이다. "'찾기'가 아니라 '읽기'입니다"는 온라인 검색보다 책을 읽어 지식을 얻는 것이 더 중요함을 나타내고 있으므로 적절하다.

※ 출처: 한국방송광고진흥공사, https://www.kobaco.co.kr

## 58 조건에 맞는 내용 추론  정답 ④

④ <조건>에 따르면 (라)의 주제인 '온라인 검색이 아닌 독서에서 지식을 얻는 것이 중요함'을 내포하고 청유형으로 표현한 문구를 작성해야 한다. 따라서 '빠르게 알기'가 특징인 온라인 검색보다 '깊이 알도록 진짜 지식을 읽어'야 함을 드러내면서 '-ㅂ시다'의 청유형 종결 어미를 사용한 ④가 가장 적절하다.

**오답분석**

① (라)의 주제를 내포하고 있지 않으며, 청유형이 아닌 평서형을 사용하고 있으므로 적절하지 않다.
② '몇 개의 창만 들여다보고'에서 온라인 검색을 의미함을 알 수 있으나 독서로 지식을 얻어야 한다는 주제를 내포하고 있지 않으며, 청유형이 아닌 명령형으로 표현하고 있으므로 적절하지 않다.
③ 독서에서 지식을 얻는다는 내용은 포함하고 있으나, 온라인 검색보다 독서가 중요하다는 내용은 포함하고 있지 않으며, 청유형이 아닌 의문형으로 표현하고 있으므로 적절하지 않다.
⑤ '-ㅂ시다'의 청유형 종결 어미를 사용하고 있으나, 온라인 검색이 아닌 독서에서 지식을 얻어야 한다는 주제를 내포하고 있지 않으므로 적절하지 않다.

## 59 유비 추론  정답 ⑤

⑤ 인공지능 시스템이 데이터에 내재된 편향성을 결과물에 그대로 반영하는 것처럼, <보기>의 판사도 자신의 사고에 내재된 편향성을 판결 결과에 반영하여 객관성을 잃기도 한다. 따라서 ㉠과 <보기> 모두 내재된 편향성이 결과에 반영되는 문제가 발생한 것이므로 이러한 문제에 대응이 필요하다는 ⑤가 가장 적절하다.

**오답분석**

① ㉠과 <보기>는 한계를 극복하기 위한 지속성과 관련 없으므로 적절하지 않다.
② ㉠과 <보기>는 최신 기술과 변화에 대한 적응과 관련 없으므로 적절하지 않다.
③ ㉠은 인공지능, <보기>는 전문가(판사) 판단과 관련이 있으나 둘의 분석을 병행해야 한다는 내용은 주제로 적절하지 않다.
④ ㉠과 <보기>는 인간과 기계의 의사결정 방식의 차이에서 오는 윤리적 문제와 관련 없으므로 적절하지 않으며, 오히려 ㉠과 <보기> 모두 의사결정 방식에서 편향성이 작용하는 공통점이 있다.

## 60 유비 추론  정답 ④

④ ㉡의 '비판적 평가'는 사용자가 인공지능의 결과를 맹목적으로 수용하지 않고 비판적으로 검토하는 작업이다. 이는 단순 수치적 결과뿐만 아니라 과정과 맥락을 종합적으로 분석하는 것이므로 '점수 등의 객관적 수치만 수용'하는 것은 비판적 평가가 아닌 단편적 평가이다. 따라서 ④가 가장 적절하지 않다.

**오답분석**

① ㉡의 '판단 근거 파악'은 인공지능의 의사결정 과정을 신뢰할 수 있도록 근거를 확인하는 작업이다. 이를 특정 선수를 기용하거나 전술을 변경한 근거를 명확하게 확인하여 의사결정의 신뢰성을 높이는 과정에 비유할 수 있으므로 적절하다.
② ㉡의 '편향 식별'은 인공지능에 내재된 편향을 검토하는 작업이다. 이를 평가 방식이 선수의 과거 실적이나 대중적 인기에 치우치지 않았는지 검토하는 과정에 비유할 수 있으므로 적절하다.
③ ㉡의 '오류 수정'은 발견된 문제를 개선하는 작업이다. 이를 선수의 평가나 경기 전략에서 잘못된 점을 찾아 보완하는 과정에 비유할 수 있으므로 적절하다.
⑤ ㉡의 '최종 결정에 활용'은 인공지능의 추천이나 예측을 비판적으로 평가한 후 의사결정 과정에 통합하는 작업이다. 이를 평가 내용을 토대로 팀 구성과 선수 기용에 활용하는 과정에 비유할 수 있으므로 적절하다.

## 61 현대 시 - 표현의 특징 파악   정답 ③

③ 2연 2행의 '붉고', 3연 2행의 '파릇하고', 5연 2행의 '하이얗다'에서 붉은색, 푸른색, 흰색이 대비되며 시각적 이미지를 강화하고 있으므로, 윗글에 대한 설명으로 적절한 것은 ③이다.

### 오답분석
① 화자는 '노주인(老主人)'을 관찰할 뿐, 정서를 직접적으로 드러내고 있지 않다.
② ⑤ 유사한 시구의 반복과 공감각적 심상은 드러나 있지 않다.
④ 5연 2행 '삼동(三冬) 하이얗다'에서 '하얗다'를 '하이얗다'로 표현하는 시적 허용이 사용되었으나 대상인 '삼동(三冬)'은 노주인이 견뎌야 하는 부정적 현실이므로 시적 허용을 사용하여 대상에 대한 애착을 드러내고 있다는 것은 적절하지 않다. 참고로, '시적 허용'은 문법적으로 잘못된 표현을 사용하여 운율을 형성하거나 감정을 보다 세밀하게 드러내는 표현 방식을 말한다.

## 62 현대 시 - 시어, 시구의 의미 추론   정답 ①

① ㉠은 '인동차를 마신다'라는 일상적인 사실을 일상생활에서와 다른 방식으로 진술하여 '장벽(腸壁)'에 '물이 나린다'라고 표현함으로써 낯설고 색다른 느낌을 주고 있으므로 적절한 것은 ①이다.

## 63 현대 소설 - 인물의 행동 및 심리 파악   정답 ⑤

⑤ 9문단에서 '나'는 '아내'와 자신의 관계를 '절뚝거리면서' 계속 걸어갈 수 있는 관계로 생각함을 알 수 있다. 이는 '나'가 '아내'와의 관계를 해명할 필요 없이 불완전하게나마 계속될 수 있다고 생각하는 것이므로, 적절하지 않은 것은 ⑤이다.

### 오답분석
① 3문단에서 '나'는 자기 존재를 인식하지 못할 정도로 의식이 없는 삶을 살아가고 있음을 알 수 있으며, 이를 통해 '나'의 삶은 주체적인 삶과 거리가 멀었음을 알 수 있다.
② 5문단에서 '나'는 도시의 모습을 '회탁의 거리'라고 표현하며 도시 공간에 대한 부정적인 인식을 드러내고 있다.
③ 4문단에서 '나'의 몽롱한 의식은 '금붕어'의 지느러미의 움직임을 통해 깨어남을 알 수 있다. 이는 '나'가 '회탁의 거리', 발길이 향하는 곳, '아내'와의 관계에 대해 생각해 보게 되는 계기로 작용한다. 따라서 '금붕어'의 모습은 '나'가 성찰하게 되는 계기임을 알 수 있다.
④ 8문단에서 '아내'는 '나'가 도둑질을 하거나 다른 여자를 만났다고 의심하며 '나'를 오해하고 있음을 알 수 있다.

## 64 현대 소설 - 서술상의 특징 파악   정답 ④

④ '로직', '딕셔너리' 같은 외국어를 사용하고 있으나 이는 '나'의 지식인적 면모를 드러내기 위함이 아니므로 적절하지 않은 것은 ④이다. 참고로, '나'는 서구적 문화인 '커피'를 좋아하는데 이를 통해서 '나'가 지식인임을 드러낸다.

### 오답분석
① 3문단 '나는 또 내 자신에게 물어보았다. 너는 인생에 무슨 욕심이 있느냐고'와 같이 독백적 어조를 사용해서 수동적으로 살아온 자신의 삶을 돌아보고 있으므로 적절하다.
② 11문단에서 '나'가 보고 있는 정오의 도시(경성)의 모습을 '푸드덕거리는', '부글부글 끓고', '수선을 떨고'처럼 역동적으로 묘사하여 제시하고 있으므로 적절하다.
③ 15~16문단에서 '날자'라는 단어를 반복하는 것은 '나'가 자유와 희망을 상징하는 '날개'가 돋아 날기를 바라는 것이며, 이를 통해 '나'가 삶의 의미와 자아를 찾아 자유롭고 이상적으로 살아가기를 소망함이 드러난다.
⑤ 9문단 '우리 부부는 숙명적으로 발이 맞지 않는 절름발이인 것이다'에서 '나'와 '아내'의 대등하지 않은 관계를 사람(절름발이)의 모습에 빗대어 표현하고 있으므로 적절하다.

## 65 현대 소설 - 비판적 이해   정답 ④

④ ㉠ 앞의 내용으로 볼 때, ㉠에는 무기력하고 수동적으로 살았던 지난날로부터 벗어나 자유와 희망을 상징하는 '날개'를 달고 진정한 자아를 찾아 주체적으로 살겠다는 '나'의 의지가 담겨 있음을 알 수 있다. 따라서 ㉠에 나타난 인물의 태도를 나타낼 수 있는 사자성어로 가장 적절한 것은 ④이다.
・자생자결(自生自決): 자기가 살아 나갈 길을 남의 힘에 의지하지 않고 자신의 힘으로 개척함

### 오답분석
① 맥수지탄(麥秀之歎 / 麥秀之嘆): 고국의 멸망을 한탄함을 이르는 말
② 애이불비(哀而不悲): 1. 슬프지만 겉으로는 슬픔을 나타내지 않음, 2. 슬프기는 하나 비참하지는 않음
③ 일장춘몽(一場春夢): 한바탕의 봄꿈이라는 뜻으로, 헛된 영화나 덧없는 일을 비유적으로 이르는 말
⑤ 자포자기(自暴自棄): 절망에 빠져 자신을 스스로 포기하고 돌아보지 않음

## 66 과학 - 내용 추론   정답 ④

④ 2문단에서 각속도는 물체가 단위 시간당 회전하는 각을 의미하며, 질량 요소는 물체를 구성하는 작은 알갱이임을 알 수 있다. 하지만 각속도에 따라 질량 요소 개수의 변화는 알 수 없으므로 적절하지 않다.

**오답분석**

① 1문단 "회전 운동을 하는 물체는 외부로부터 돌림힘이 작용하지 않는다면 일정한 빠르기로 회전 운동을 유지하는데, 이를 각운동량 보존 법칙이라 한다."에서 알 수 있다.
② 3문단 "질량이 같은 두 팽이가 있을 때 홀쭉하고 키가 큰 팽이보다 넓적하고 키가 작은 팽이가 회전 관성이 크다."에서 팽이의 너비가 클수록 회전 관성도 커짐을 알 수 있다.
③ 1문단 "그런데 회전하는 물체에 회전 방향으로 힘이 가해지거나 마찰 또는 공기 저항이 작용하게 되면 ~ 각운동량을 변화시키는 힘을 돌림힘이라고 한다."에서 힘이나 마찰, 공기 저항 등의 돌림힘이 각운동량을 변화시키는 요인임을 알 수 있다.
⑤ 4문단 "피겨 선수에게 공중 회전수는 중요한 데 ~ 위해 피겨 선수가 공중에서 팔을 몸에 바짝 붙인 상태로 회전하는 것을 볼 수 있다."에서 피겨 선수가 공중에서 회전 횟수를 늘리기 위해 팔을 몸에 가까이 붙여 각속도를 크게 함을 알 수 있다.

### 67  과학 – 세부 내용 파악      정답 ①

① 1문단 "회전하는 물체에 회전 방향으로 힘이 가해지거나 마찰 또는 공기 저항이 작용하게 되면, ~ 변화시키는 힘을 돌림힘이라고 한다."에서 돌림힘이 가해지면 물체의 회전 속도가 빨라지거나 느려지게 됨을 알 수 있다. 즉, 돌림힘은 회전 속도를 반드시 감소시키는 요인이 아닌 변화시키는 요인이며, 돌림힘이 가해졌을 때 회전 속도가 빨라질 수도 있으므로 ①은 적절하지 않다.

**오답분석**

② 2문단 "질량이 직선 운동에서 물체의 속도를 변화시키기 어려운 정도를 나타내듯이, 회전 관성은 회전 운동에서 각속도를 변화시키기 어려운 정도를 나타낸다. 즉, 회전체의 회전 관성이 클수록 그것의 회전 속도를 변화시키기 어렵다."에서 질량은 직선 운동 시에 물체의 속도에 영향을 주고 회전 관성은 회전 운동 시에 물체의 속도에 영향을 줌을 알 수 있다.
③ 4문단 "착지 직전에는 각속도를 줄여 착지 실수를 없애야 하기 때문에 양팔을 한껏 펼쳐 회전 관성을 크게 만드는 것이 유리하다."에서 피겨 선수가 착지 직전에 양팔을 펼치는 것은 각속도를 줄이기 위함임을 알 수 있다.
④ 2문단 "팽이와 같은 물체의 각운동량은 어떻게 표현할까? 아주 작은 균일한 알갱이들로 팽이가 이루어졌다고 볼 때, 이 알갱이 하나하나를 질량 요소라고 한다. 이 질량 요소 각각의 각운동량의 총합이 팽이 전체의 각운동량에 해당한다."에서 각운동량의 총량은 물체를 구성하는 질량 요소의 각운동량의 합과 동일함을 알 수 있다.
⑤ 3문단 "질량 요소들의 회전 관성은 질량 요소가 회전축에서 떨어져 있는 거리가 멀수록 커진다."에서 중심에서 멀수록 질량 요소의 회전 관성이 크고 중심에서 가까울수록 질량 요소의 회전 관성이 작음을 알 수 있다.

### 68  과학 – 구체적 상황에 적용      정답 ②

② ㄴ: 2문단에 따르면 각속도는 물체가 단위 시간당 회전하는 각을 의미한다. 이때 초침은 60초마다 360도 회전하고 분침은 60분마다 360도 회전하므로, 분침이 360도(1바퀴)를 회전할 때 초침은 21,600도(60바퀴)를 회전한다는 것을 알 수 있다. 즉, 초침이 분침보다 시간당 회전하는 각이 크므로 초침의 각속도는 분침의 각속도보다 크다는 해석은 적절하다.

**오답분석**

・ㄱ: 2문단에 따르면 각운동량은 각속도와 회전 관성의 곱으로 나타내며, 각속도는 물체가 단위 시간당 회전하는 각을 의미한다. 또한 3문단에 따르면 회전 관성은 회전축에서 떨어져 있는 거리가 멀수록 커진다. 이때 시침은 초침보다 동일한 시간에 회전하는 각(각속도)이 작으며, 시침의 길이가 초침보다 짧으므로 시침의 회전 관성 역시 초침의 회전 관성보다 작다. 즉 시침은 초침보다 각속도와 회전 관성이 모두 작으므로 두 값의 곱인 각운동량 역시 시침이 초침보다 작다는 것을 추론할 수 있다. 따라서 시침과 초침의 각운동량이 동일하다는 해석은 적절하지 않다.
・ㄷ: 3문단에 따르면 회전 관성은 회전축에서 떨어져 있는 거리가 멀수록 커진다. 이때 시침은 분침보다 길이가 짧으므로 시침 끝에 있는 구성 요소의 회전 관성보다 분침 끝에 있는 구성 요소의 회전 관성이 더 클 것임을 추론할 수 있다. 따라서 시침의 끝에 위치한 구성 요소보다 분침의 끝에 위치한 구성 요소의 회전 관성이 작다는 해석은 적절하지 않다.

### 69  인문 – 내용 전개 방식 파악      정답 ⑤

⑤ 윗글은 2문단에서는 '르네상스 시대의 화가들'과 '인상주의자들', 3문단에서는 '세잔', 4문단에서는 '입체주의자들'의 견해를 토대로 '회화적 재현'에 대한 인식 변화를 설명하고 있으므로 답은 ⑤이다.

**오답분석**

④ 모네와 세잔의 '회화적 재현'에 대한 상반되는 견해를 2문단과 3문단에서 설명하고 있으나 절충안을 제시하고 있지는 않으므로 적절하지 않다.

### 70  인문 – 구체적 상황에 적용      정답 ②

② 2문단 "르네상스 시대의 화가들은 원근법을 사용하여 ~ 사실적인 그림을 그렸다 ~ 인상주의자들이 의식적으로 추구한 것도 이러한 사실성이었다."를 통해 모네를 포함한 인상주의자들은 사실적인 원근법으로 그림을 그렸음을 알 수 있으므로 <보기>와 관련해 떠올릴 수 있는 질문으로 적절하지 않은 것은 ②이다.

**오답분석**

① 2문단 "그들은 모든 대상을 빛이 반사되는 물체로 간주하고 망막에 맺힌 대로 그리는 것을 회화의 목표로 삼았다 ~ 대상의 고유한 색 같은 것은 부정되었다."를 통해 대상의 실제 색은 모네의 그림에 표현된 색과 다를 수 있음을 알 수 있으므로 적절한 질문이다.
③ 2문단 "햇빛의 조건에 따라 다르게 그려진 모네의 낟가리 연작이 그 예이다."에서 그림을 그렸을 때의 햇빛의 조건에 따라 모네의 그림은 차이가 남을 알 수 있으므로 적절한 질문이다.
④ 3문단 "세잔이 그린 과일 그릇이나 사과를 보면 ~ 모네의 그림에서는 볼 수 없었던 부자연스러운 윤곽선이 둘러져 있으며"에서 윤곽선 유무로 세잔과 모네의 그림을 구별할 수 있음을 알 수 있으므로 적절한 질문이다.
⑤ 3문단에서 모네와 세잔을 대조하며 "이는 어느 한순간 망막에 비친 우연한 사과의 모습 대신 사과라는 존재를 더 잘 드러낼 수 있는 모습을 포착하려 했던 세잔의 문제의식을 보여주는 것이다."라고 하였다. 따라서 세잔과 달리 모네는 '건초더미'를 포착할 때 우연성을 중시했음을 알 수 있으므로 적절한 질문이다.

### 71　과학 – 내용 추론　　　정답 ②

② 윗글은 실제 존재하지 않는 '화성의 운하'가 절차적으로 우위에 있던 그린의 관측에서는 발견되지 않았음에도 스키아파렐리의 자의적 관측에 의해 기록된 후 천문학계에 꾸준히 보고된 현상을 다루고 있다. 따라서 윗글의 제목에는 화성 지도에 운하가 생겨나게 된 이유가 포함되어야 하므로 답은 ②이다.

### 72　과학 – 내용 추론　　　정답 ③

③ 5문단 "그가 천문학계에서 널리 알려진 존경받는 천문학자였던 것이 결정적이었다."를 고려할 때, 그린이 절차적으로 스키아파렐리보다 우위를 점하고 당시로서는 가장 선명한 화성 지도를 제작했음에도 불구하고 스키아파렐리의 화성 지도의 오류가 수정되지 않은 이유는 스키아파렐리가 널리 존경받는 학자였기 때문이다. 따라서 답은 ③이다.

**오답분석**

① 2문단에서 '그린'은 13인치 반사 망원경을, 4문단에서 '스키아파렐리'는 8인치 반사 망원경을 사용했음이 드러나 있어 망원경의 배율은 하나가 아니었음을 알 수 있다.
② 천문학을 전공한 학자들의 수와 스키아파렐리의 지도의 오류는 관계가 없으므로 적절하지 않다.
④ 6문단 "관측의 신뢰도를 결정하는 척도로 망원경의 성능보다 다른 조건들이 더 중시되던 당시 분위기"를 통해 '관측의 신뢰도'라는 개념은 확립되어 있었음을 알 수 있다.
⑤ 3문단 "스키아파렐리의 지도에는, 그린의 지도에서 흐릿하게 표시된 지역에 평행한 선들이 그물 모양으로 교차하는 지형이 나타나 있었기 때문이었다."를 통해 '그린'의 화성 지도와 '스키아파렐리'의 화성 지도는 '화성 지도의 유무'라는 측면에서 관측 결과가 달랐음을 알 수 있으나, 이것으로 인해 관측 결과에 대한 신뢰도가 낮아졌는지는 알 수 없으므로 적절하지 않다.

### 73　과학 – 세부 내용 파악　　　정답 ③

③ 4문단을 통해 알 수 있듯 스키아파렐리가 '나중에 기억에 의존해 그것을 정교화'했기 때문에 화성 지도에 실제로는 존재하지 않는 '운하'를 그리게 되었음을 알 수 있다. 따라서 '정교한 기록을 위해서는 자신의 기억에 의존하면 안 된다'라는 반응이 도출되어야 적절하므로 답은 ③이다.

**오답분석**

① 4문단에 "(스키아파렐리는) 배율이 상대적으로 낮은 8인치 반사 망원경을 사용했다."라는 내용이 있으므로 '13인치 반사 망원경이 8인치 반사 망원경보다 선명하군'이라는 반응은 적절하다.
② 1문단에 "화성의 '운하'는 1878년에 처음 보고된 뒤 거의 30년간 여러 화성 지도에 계속해서 나타났다."라는 내용이 있으므로 '19세기 말에 제작된 화성 지도에는 '운하'가 그려진 것이 많겠군"은 적절한 반응이다.
④ 윗글은 천문학계에서 권위가 있는 스키아파렐리가 존재하지 않는 화성 운하를 지도에 그린 이후 화성 지도에 화성 운하가 계속 나타났음을 설명하는 글이므로, '권위자의 주장이라도 비판적으로 받아들이는 태도가 필요하겠군'이라는 반응은 적절하다.
⑤ 1문단 "1894년, 화성에 고도로 진화한 지적 생명체가 존재한다는 주장이 언론의 주목을 받았다."를 통해 파생될 수 있는 반응이므로 적절하다.

### 74　인문 – 세부 내용 파악　　　정답 ③

③ 4문단 "이(실용 학문과 산업체 연구소들의 출현)는 전통적으로 사색적 삶의 영역에 속했던 진리 탐구마저 활동적 삶의 영역에 속하는 생산 활동의 논리에 포섭되었음을 단적으로 보여 준다."를 통해 실용 학문의 발달로 사색적 삶이 활동적 삶의 영역에 포섭되었음을 알 수 있으므로 답은 ③이다.

**오답분석**

① 2문단 "그(아리스토텔레스)는 진리, 즐거움, 고귀함을 추구하는 사색적 삶의 영역이 생계를 위한 활동적 삶의 영역보다 상위에 있다고 보았다."를 통해 아리스토텔레스는 사색적 삶을 활동적 삶보다 중요하게 여겼음을 알 수 있다.
② 3문단 "청교도 윤리는 생산 활동과 부의 축적에 대한 부정적 인식을 불식하는 계기가 되었다."를 통해 청교도 윤리는 활동적 삶에 대한 부정적 인식을 줄이는 계기를 제공했음을 알 수 있다.

④ 6문단 "경쟁이 세계로 확대됨에 따라"와 '사색적 삶은 설 자리를 잃고 활동적인 삶이 폭주하게 된 것이다."를 통해 현대인은 끊임없이 경쟁하고 있음과 현대 사회의 경쟁이 사색적 삶의 위상을 추락시키고 있음을 알 수 있다.
⑤ 4문단 "이로써(테일러의 과학적 관리론이 중요한 원리로 자리 잡으면서) 두뇌에 의한 노동과 근육에 의한 노동이 분리되어"를 통해 테일러의 이론이 인간의 노동을 두뇌와 근육에 의한 노동으로 분화시켰음을 알 수 있다.

## 75  인문 - 내용 전개 방식 파악     정답 ②

② 윗글은 서술 대상인 '인간의 삶의 모습이 기술 발달에 따라 달라진 과정'을 고대, 근대, 18·19세기, 20세기 말의 순서로 설명하고 있다. 따라서 대상의 변화 과정을 통시적으로 설명하고 있다는 ②의 설명은 적절하다.
· 통시적: 어떤 시기를 종적으로 바라보는 것

## 76  사회 - 세부 내용 파악     정답 ②

② 3문단 "그런데 우리나라에서는 ~ 과징금 등 행정적 제재 수단이 억제 기능을 수행하는 경우가 많다."에 따르면 우리나라는 손해 배상 소송이 제기되거나 벌금이 부과되는 경우가 많지 않아 불법 행위 억제를 위해 과징금과 같은 행정적 수단을 더 많이 사용한다. 따라서 민사적, 형사적 수단보다 행정적 수단을 더 활용한다는 설명은 적절하다.

### 오답분석
① 2문단에 따르면 손해 배상은 피해자의 구제를 목적으로 하며, 벌금은 가해자의 징벌, 과징금은 법 위반 상태의 시정을 목적으로 한다. 따라서 손해 배상 외에 벌금, 과징금이 피해자 구제를 목적으로 한다는 설명은 적절하지 않다.
③ 3문단에서 과징금을 올리면 불법 행위의 억제력이 높아지지만, 적발 정도가 매우 낮은 불법 행위는 이 방법만으로 억제력 유지가 어렵다는 것을 알 수 있다. 따라서 과징금의 기준을 높이면 적발 정도와 무관하게 억제력을 높이 유지할 수 있다는 설명은 적절하지 않다.
④ 2문단 "이처럼 하나의 불법 행위에 대해 세 가지 금전적 제재가 내려질 수 있지만 제재의 목적이 서로 다르므로 중복 제재는 아니라는 것이 법원의 판단이다."에 따르면, 세 가지 금전적 제재가 적용되더라도 목적이 다르기 때문에 중복 제재가 아니므로 적절하지 않다.
⑤ 3문단 "또한 피해자에게 귀속되는 손해 배상금과는 달리 벌금과 과징금은 국가에 귀속되므로 과징금을 올려도 피해자에게는 직접적인 도움이 되지 못한다."에 따르면 벌금과 과징금은 피해자에게 귀속되지 않는다. 따라서 벌금과 과징금이 피해자에게 직접적으로 배상할 수 있는 금전적 배상 수단이라는 설명은 적절하지 않다.

## 77  사회 - 내용 추론     정답 ④

④ 5문단을 통해 징벌적 손해 배상 제도 반대론자들이 징벌적 성격이 가미된 배상금이 벌금과 함께 부과될 경우 중복 제재가 발생된다고 주장하는데 반해, 찬성론자들은 징벌적 손해 배상이 피해자들이 소송을 위해 들인 시간과 노력에 대한 정당한 대가로 본다는 것을 알 수 있다. 윗글에서 반대론자들이 배상금과 소송에 대한 대가를 동일하게 판단한다는 내용은 확인할 수 없고, 이는 찬성론자의 입장에 가까우므로 적절하지 않다.

### 오답분석
① 3문단에서 행정적 제재의 강도를 높여 불법 행위의 억제력을 높일 수 있으나, 불법 행위 적발 가능성이 낮은 경우는 억제력을 높이는 데 한계가 있으므로 징벌적 손해 배상 제도가 필요하다고 하였다. 따라서 적발 가능성이 높은 불법 행위는 행정적 제재의 강도를 높이면 억제력이 높을 것이므로 상대적으로 징벌적 손해 배상 제도의 필요성이 낮을 것임을 추론할 수 있다.
② 5문단에서 찬성론자들은 징벌적 손해 배상 제도의 배상금을 피해자들이 소송에 들인 노력에 대한 정당한 대가라고 보고 있다. 따라서 징벌적 손해 배상 제도는 피해자들이 소송에 적극적으로 참여하도록 하는 유인이 될 수 있음을 추론할 수 있다.
③ 3문단에 따르면 징벌적 손해 배상 제도는 적발 가능성이 낮은 불법 행위의 억제력을 높이는 데 기여하고, 4문단에 따르면 징벌적 손해 배상 제도는 손해액을 초과해 배상을 받을 수 있음을 알 수 있다. 따라서 피해자가 손해액 초과 배상을 받을 수 있게 되면 불법 행위에 대한 억제력이 높아질 것임을 추론할 수 있다.
⑤ 3문단에 따르면 우리나라에서는 행정적 제재 수단이 주로 억제 기능을 수행하고 있으며, 행정적 제재 수단인 과징금은 국가에 귀속되어 피해자에게 직접 도움이 되지 못함을 알 수 있다. 따라서 행정적 제재가 억제 기능을 주로 담당하는 법체계는 피해자 구제 기능이 상대적으로 약화됨을 추론할 수 있다.

## 78  사회 - 내용 추론     정답 ⑤

⑤ 3문단 "또한 피해자에게 귀속되는 손해 배상금과는 달리 벌금과 과징금은 국가에 귀속되므로 과징금을 올려도 피해자에게는 직접적인 도움이 되지 못한다."에서 벌금은 국가에 귀속됨을 알 수 있으며, 4문단에서 ⊙ '징벌적 손해 배상 제도'는 벌금이 아닌 손해 배상에 해당함을 알 수 있으므로 벌금의 일부를 피해자에게 분배한다는 설명은 적절하지 않다.

### 오답분석
① 4~5문단에서 ⊙ '징벌적 손해 배상 제도'의 중복 제재 발생과 관련하여 찬반양론이 존재함을 언급하고 있으므로 적절하다.
② 4문단에서 ⊙ '징벌적 손해 배상 제도'가 손해 배상 제도이면서 벌금과 비슷한 성격이 있음을 알 수 있다. 또한 1문단에서 형사적 성격의 벌금은 가해자의 징벌을 목적으로 하고 있음을 언급하고 있으므로 적절하다.

③ 4문단에서 ㉠ '징벌적 손해 배상 제도'는 피해자가 손해액을 초과해 배상받을 수 있다는 점을 일반적 손해 배상 제도와의 차이점으로 언급하고 있으므로 적절하다.
④ 4문단 "이 제도는 불법 행위의 피해자가 손해액에 해당하는 배상금에다 가해자에 대한 징벌의 성격이 가미된 배상금을 더하여 배상받을 수 있도록 하는 것을 내용으로 한다."에 따르면 ㉠ '징벌적 손해 배상 제도'는 피해자의 손해 관점, 가해자에 대한 징벌 관점에서 배상금이 상정되므로 적절하다.

### 79  사회 – 내용 추론                정답 ⑤

⑤ (가) 앞에서 '적발 가능성이 매우 낮은 불법 행위'와 '과징금을 올려도 피해자에게는 직접적인 도움이 되지 않는다'는 문제점을 언급하고 있다. 따라서 이 두 가지 문제를 해결할 수 있는 방안이 필요함을 추론할 수 있으므로 적발 가능성이 매우 낮은 불법 행위에 대해 억제력을 높이고, 피해자에게 직접적으로 도움이 되는 손해 배상을 충실히 한다는 해결방안을 제시한 ⑤가 가장 적절하다.

**오답분석**

① 기업들의 불법 행위와 이를 통한 이익에 대한 언급은 윗글에 제시되고 있지 않으므로 적절하지 않다.
② 4문단 "이 제도는 불법 행위의 피해자가 손해액에 해당하는 배상금에다 가해자에 대한 징벌의 성격이 가미된 배상금을 더하여 배상받을 수 있도록 하는 것을 내용으로 한다."에 따르면, 징벌적 손해 배상 제도는 피해자 구제와 가해자의 징벌에 목적이 있음을 알 수 있다. 이는 1문단에서 각각 민사적 수단인 손해 배상과 형사적 수단인 벌금의 목적에 해당하므로 행정적 제재와 형사적 제재를 통합하여 처리한다는 내용은 적절하지 않다.
③ 3문단에서 벌금과 과징금이 국가에 귀속되어 피해자에게 직접적인 도움이 되지 않음을 언급하고 있으나, 4문단에서 징벌적 손해 제도가 피해자가 제재금의 국가 귀속 여부를 결정한다는 내용은 제시되고 있지 않다.
④ 1문단에서 행정적 제재 수단인 과징금과 민사적 제재 수단인 손해 배상을 언급하였으며, 이들은 제재의 목적이 서로 달라 중복 제재가 아님을 언급하고 있다. 따라서 중복 적용이 문제가 아님을 추론할 수 있다.

### 80  과학 – 세부 내용 파악              정답 ⑤

⑤ 윗글에서 3D 애니메이션에서 사실적인 물체의 움직임을 위한 최소 프레임 수에 대해 제시되어 있지 않으므로 윗글을 읽고 대답할 수 있는 내용으로 적절하지 않은 것은 ⑤이다.

**오답분석**

① 2문단 "렌더링 단계에서는 화면 안에서 동일 물체라도 멀리 있는 경우는 작게, 가까이 있는 경우는 크게 보이는 원리를 활용하여 화솟값을 지정함으로써 물체의 원근감을 구현한다."에서 렌더링 과정에서 물체의 원근감을 구현하는 원리에 대해 대답할 수 있으므로 적절하다.
② 4문단에서 GPU는 동일한 연산을 여러 번 수행할 때 전체 코어에 하나의 연산 명령어를 전달해 모든 데이터를 동시에 연산해 연산 시간을 줄일 수 있기 때문임을 알 수 있다. 따라서 GPU가 CPU보다 그래픽 처리에 효율적인 이유에 대해 대답할 수 있으므로 적절하다.
③ 3문단 "표면 특성을 나타내는 값을 바탕으로, 다른 물체에 가려짐이나 조명에 의해 물체 표면에 생기는 명암, 그림자 등을 고려하여 화솟값을 정해 줌으로써 물체의 입체감을 구현한다."에서 화솟값을 결정할 때 참고하는 물체 표면 특성에 대해 대답할 수 있으므로 적절하다.
④ 2문단 "물체가 커지거나 작아지는 경우에는 정점 사이의 간격이 넓어지거나 좁아지고"에서 물체의 크기가 변할 때 정점 간의 간격 변화에 대해 대답할 수 있으므로 적절하다.

### 81  과학 – 내용 추론                정답 ③

③ 4문단에서 ㉠ 모델링에서는 정점의 수가 많을수록, ㉡ 렌더링에서는 화소의 수가 많을수록 연산 양이 많아짐을 알 수 있다. 그러나 프레임 생성 시간이 ㉡ 렌더링 과정에서 대부분 소요된다는 것은 알 수 없으므로 적절하지 않다.

**오답분석**

① 1문단에서 3D 합성 영상을 생성, 출력하기 위해서는 ㉠ 모델링과 ㉡ 렌더링을 거쳐야 한다고 하였으므로 적절하다.
② 2문단에서 ㉠ 모델링은 물체의 모양, 크기, 위치, 표면 특성을 설정, 수정하는 단계로 다른 물체와의 관계에 대해서는 언급되지 않는다. 반면 3문단 끝에서 2~4번째 줄 "다른 물체에 가려짐이나 조명에 의해 물체 표면에 생기는 명암, 그림자 등을 고려하여 화솟값을 정해 줌으로써 물체의 입체감을 구현한다."에서 ㉡ 렌더링은 다른 물체와의 상호작용을 고려해 값을 설정함을 알 수 있으므로 적절하다.
④ 2문단에서 ㉠ 모델링은 삼각형의 정점을 활용함을 알 수 있으며, 4~5번째 줄 "이때 삼각형의 꼭짓점들은 물체의 모양과 크기를 결정하는 정점이 되는데, 이 정점들의 개수는 물체가 변형되어도 변하지 않으며"에 따르면 물체가 변형되어도 개수는 동일함을 알 수 있다. 또한 3문단에서 ㉡ 렌더링은 정점 대신 화솟값으로 화면을 구성함을 알 수 있으므로 적절하다.
⑤ 2문단 "작은 삼각형의 조합으로 이루어진 그물과 같은 형태로 물체 표면을 표현하는 방식이다."에 따르면 ㉠ 모델링은 삼각형의 조합으로 물체의 표면을 표현하고, 3문단 "공간에서의 입체에 대한 정보인 이 데이터를 활용하여, ~ 2차원의 화면을 생성하는 것이 렌더링이다."에 따르면 ㉡ 렌더링에서는 모델링 데이터를 2차원의 화면에서 생성함을 알 수 있으므로 적절하다.

### 82  과학 – 구체적 상황에 적용            정답 ②

② <보기>의 반응 중 적절한 것은 ㄱ, ㄷ이다.
  · ㄱ: 4문단 "이때 정점의 개수가 많을수록, ~ 연산 시간이 길어진다."에 따르면, 해상도를 높일수록 연산량도 많아지므로 적절하다.

- ㄷ: 3문단에서 관찰 시점을 기준으로 2차원의 화면을 생성하는 것이 렌더링이며, 렌더링은 표면의 명암, 그림자 등을 고려해 화솟값이 정해짐을 알 수 있다. 따라서 물체가 회전하면 관찰 시점에서 보이는 물체 형태가 달라지고, 조명과 그림자의 영향도 달라지므로 화솟값 분포도 변화할 것임을 추론할 수 있으므로 적절하다.

**오답분석**

- ㄴ: 2문단 "작은 삼각형의 조합으로 이루어진 그물과 같은 형태로 물체 표면을 표현하는 방식이다. 이 방법으로 복잡한 굴곡이 있는 표면도 정밀하게 표현할 수 있다."에 따르면, 물체의 표면은 모델링 과정에서 활용되는 정점과 관련 있음을 알 수 있다. 화소는 렌더링 단계에서 2차원 화면의 해상도와 관련 있는 요소이므로 표면의 매끄러움을 구현하는 것과는 관련 없어 적절하지 않다.
- ㄹ: 2문단 "이때 삼각형의 꼭짓점들은 물체의 모양과 크기를 결정하는 정점이 되는데, ~ 달라지지 않는다."에 따르면 물체 고유의 모양이 변하지 않는 한 정점들의 상대적 위치는 달라지지 않는다고 하였으므로 물체 이동만 있고 형태 변화는 없다면 기본적인 모델링 정보를 그대로 사용할 수 있음을 추론할 수 있다. 따라서 모델링 형태는 변화가 없을 것이므로 적절하지 않다.

## 83 안내문 – 세부 내용 파악  정답 ①

① '1. 활동 기간'에 "2025년 10월 ~ 2025년 12월"이라고 명시되어 있으므로 활동 기간이 3개월로 정해져 있다는 내용은 적절하다.

**오답분석**

② '7. 선발 방법'에 "(2차) 면접: 서류 통과자에 한해 실시"라고 명시되어 있다. 따라서 모든 지원자가 면접을 보는 것은 아니므로 적절하지 않다.
③ '5. 신청 자격'에 "주 1회 이상(4시간) 봉사 활동 가능자"라고 명시되어 있다. 따라서 매일 4시간씩 활동하는 것은 아니므로 적절하지 않다.
④ '5. 신청 자격'에 "공고일 기준 우리 시 거주자"라고 명시되어 있다. 따라서 다른 시 거주자는 활동할 수 없으므로 적절하지 않다.
⑤ 공고문에는 한 지원자가 여러 분야를 선택할 수 있는지 여부가 명시되어 있지 않으므로 '한 분야만 선택해야 한다'는 내용은 적절하지 않다.

## 84 안내문 – 세부 내용 파악  정답 ⑤

⑤ '5. 신청 자격'에서 "독서 지도 분야는 관련 자격증 소지자 우대"라고 되어 있으므로 자격증이 없더라도 지원은 가능하다. 따라서 독서 지도 자격증이 없으니 어린이 독서 지도에 지원할 수 없다는 반응은 적절하지 않다.

**오답분석**

① '8. 혜택'에서 "월별 우수 자원봉사자 선정 및 시장 표창"이 있으므로 적절하다.
② '6. 신청 방법'에서 "지원 시 자기소개서와 개인 정보 이용 동의서 필수 제출"이라고 하였으므로 적절하다.
③ '8. 혜택'에서 "도서관 행사 우선 참여 기회 제공"이라고 하였으므로 적절하다.
④ '8. 혜택'에서 "자원봉사 활동 시간 인정 및 확인서 발급"이라고 하였으므로 취업 준비에 도움이 될 수 있을 것이라는 반응은 적절하다.

## 85 뉴스 보도 – 표현 전략 및 효과 파악  정답 ④

④ 전문가의 의견을 인용하여 신뢰성을 더하고 있는 것은 맞지만, 법안이 예정대로 시행되기 어렵다는 주장이 아닌 법안의 효과를 높이기 위해 추가적인 음주 운전 방지 방안이 필요함을 주장하고 있으므로 적절하지 않다.

**오답분석**

① 음주 운전 피해자 가족과 시민들이 음주 운전 근절을 강력히 주장하고 있다고 언급하여 그들이 주장하는 내용(인터뷰)이 이어질 것을 예상할 수 있으므로 적절하다.
② 음주 운전 방지를 위한 법안이 오는 10월 25일부터 시작된다는 핵심 내용을 한 문장으로 정리하고 있으며, 시행 예정인 법안은 시청자에게 필요한 정보이므로 적절하다.
③ 법안이 시행되면서 일어날 수 있는 장치 미설치 문제, 대리 측정 문제, 기계 조작 문제를 제시하고 이에 관한 세부적인 규정이 마련되었음을 언급하고 있으므로 적절하다.
⑤ '바늘 도둑이 소도둑 된다'는 '작은 나쁜 짓도 자꾸 하게 되면 큰 죄를 저지르게 됨을 비유적으로 이르는 말'로, 속담을 사용하여 음주 운전 범죄에 대해 경각심을 가져야 함을 당부하고 있으므로 적절하다.

## 86 뉴스 보도 – 표현 전략 및 효과 파악  정답 ④

④ 윗글에서 음주 운전과 관련한 기자의 경험은 제시되지 않았으므로 적절하지 않다.

**오답분석**

① 기자는 새로운 장치인 '음주 운전 방지 장치'의 사용법, 원리, 설치 비용을 구체적으로 설명하고 있으므로 적절하다.
② 앵커는 윗글의 화제인 음주 운전을 '시한폭탄'에 비유하여 음주 운전의 문제점을 효과적으로 전달하고 있으므로 적절하다.
③ 기자는 '지난 주말'에 발생한 음주 운전 사고를 언급하고 있으므로 시기적절한 보도 내용임을 알 수 있다. 참고로 '시의성'이란 그 당시의 사정이나 사회적 요구에 들어맞는 성질을 말한다.
⑤ 앵커는 윗글의 핵심 내용인 '음주 운전 방지법 시행'에 대해 간략히 전달하고, 기자는 구체적인 법안 내용을 이어서 언급하고 있으므로 적절하다.

## 87  뉴스 보도 - 세부 내용 파악  정답 ②

② 윗글의 "미국은 1986년부터 장치를 도입해 결과적으로 음주 운전 재범률이 감소했다고 보고하고 있습니다."에서 알 수 있으므로 적절하다.

**오답분석**
① 윗글에 처벌 대상은 면허를 재취득할 수 없다는 내용은 언급되지 않았으므로 적절하지 않다.
③ 윗글의 "개정된 도로교통법에 따르면 재범자는 차량에 음주 운전 방지 장치를 의무적으로 설치해야 합니다."에서 죄질과 관련 없이 재범자에게 모두 적용됨을 알 수 있다.
④ 윗글의 "음주 운전 재범자에 대한 규제를 강화한 법안이 시행될 예정입니다."에서 법안의 대상은 '초범'이 아닌 '재범'임을 알 수 있다.
⑤ 윗글의 "장치 설치 비용은 약 250만 원으로 운전자가 100% 부담하여 설치해야 합니다."에 따르면 범죄자가 장치 설치 비용을 전부 부담해야 한다. 따라서 범죄자의 경제적 부담이 증가할 것이다.

## 88  보도 자료 - 세부 내용 파악  정답 ①

① '하반기 주의해야 할 국내 유행 감염병 5가지'의 5번째 항목인 '노로바이러스감염증'에 '30초 이상 손 씻기, 안전한 물과 음식 먹기, 위생적으로 조리하기 등으로 노로바이러스에 예방할 수 있다'라는 내용이 안내되어 있다. 따라서 예방접종을 통해 노로바이러스감염증을 예방할 수 있다는 것은 윗글의 내용과 일치하지 않으므로 답은 ①이다.

**오답분석**
② '하반기 주의해야 할 국내 유행 감염병 5가지'의 3번째 항목인 '레지오넬라증'에 '연중 발생'한다는 내용이 있으므로 일 년 내내 감염 위험성이 있다는 설명은 적절하다.
③ '하반기 주의해야 할 국내 유행 감염병 5가지'의 1번째 항목인 '중증열성혈소판감소증후군'에 '매년 15명 이상이 사망하고 있다'라는 내용이 있으므로 사망 우려가 있음을 알 수 있다.
④ '하반기 주의해야 할 국내 유행 감염병 5가지'의 4번째 항목인 '인플루엔자'에 '우리나라 인구의 5~10%가 감염된다'라고 안내되어 있으므로 100명 중 5~10명 정도가 감염되는 경향을 보인다는 설명은 적절하다.
⑤ '하반기 주의해야 할 국내 유행 감염병 5가지'의 1번째, 2번째 항목인 '중증열성혈소판감염증후군'과 '쯔쯔가무시증'에 '수풀 환경에서 작업 시 작업복을 착용하고, 돗자리를 사용하는 등 노출을 최소화해야 한다'라고 되어 있으므로 풀숲에 앉을 때 돗자리를 사용하면 두 감염병을 예방할 수 있음을 알 수 있다.

※ 출처: 보건복지부, http://www.mohw.go.kr

## 89  보도 자료 - 세부 내용 파악  정답 ⑤

⑤ 하반기 주의해야 할 국내 유행 감염병 5가지'의 2번째 항목인 '쯔쯔가무시증'에 '털진드기 유충 번식기인 10~12월에 주로 발생한다'라고 되어 있다. 따라서 '털진드기의 독성이 강해져 10~12월에 쯔쯔가무시증이 주로 발생한다'라고 반응하는 것은 적절하지 않다.

**오답분석**
① '하반기 주의해야 할 국내 유행 감염병 5가지'의 4번째 항목에서 '인플루엔자'는 '기침 예절'로 예방할 수 있다고 했으며, '일상생활 감염병 예방수칙 5가지'의 2번째 항목에서 '기침을 할 때는 옷소매 위쪽으로 입과 코를 가리고 한다'라고 했으므로 적절한 반응이다.
② '일상생활 감염병 예방수칙 5가지'의 5번째 항목인 '야외 활동 시 진드기 등 매개체 조심하기'에 '밝은 색의 긴 옷을 착용'하라는 내용이 있으므로 적절한 반응이다.
③ '하반기 주의해야 할 국내 유행 감염병 5가지'의 3번째 항목인 '레지오넬라증'에 '냉·온수 급수 시스템을 정기적으로 청소·소독'하라는 내용이 있으므로 적절한 반응이다.
④ 2월에 유행하는 감염병은 '인플루엔자'와 '노로바이러스 감염증'이 있는데 이들은 '30초 이상 손 씻기'로 예방이 가능하므로 적절한 반응이다.

## 90  보도 자료 - 내용 추론  정답 ③

③ 하반기 주의해야 할 국내 유행 감염병 5가지'의 4번째 항목인 '인플루엔자'에 '생후 6~59개월 어린이'는 '전국 보건소와 지정 의료기관에서 무료 접종 가능'하다고 안내하고 있다. 따라서 이미 <보도 자료>에 답이 제시된 질문을 제기하는 것은 부적절하므로 답은 ③이다.

**오답분석**
① '중증열성혈소판감소증후군'의 감염원은 윗글에 제시되지 않았으므로 적절한 질문이다.
② '하반기 주의해야 할 국내 유행 감염병 5가지'의 5번째 항목인 '노로바이러스감염증'에 '해마다 노로바이러스에 의한 집단 발생 비율이 높아지고 있다'라는 내용이 있으나 그 이유는 제시되지 않았으므로 적절한 질문이다.
④ '일상생활 감염병 예방수칙 5가지'의 4번째 항목인 '예방접종 받기'의 '접종 일정에 따라 권고되는 예방접종'에 대한 세부 사항이 제시되지 않았으므로 적절한 질문이다.
⑤ '하반기 주의해야 할 국내 유행 감염병 5가지'의 3번째 항목인 '레지오넬라증'의 설명에 '급수 시스템 청소·소독'의 방법은 언급되지 않았으므로 적절한 질문이다.

## 91  작품  정답 ④

④ 「연의 각(燕의 脚)」은 고전소설 「흥부전」을 이해조가 개작한 신소설이므로 적절하다.

**오답분석**
① 「강상련(江上蓮)」은 이해조가 「심청전」을 신소설로 개작한 작품이다.

② 「구마검(驅魔劍)」은 1908년 이해조가 지은 신소설로 미신이 만연한 사회를 풍자하여 미신 타파를 강조하였으며, 종친회 묘사를 통하여 민주적 의식을 깨우치고자 한 작품이다.
③ 「화세계(花世界)」는 일제강점기 시대 이해조가 지은 신소설로 계급 타파와 개화의식을 그려낸 작품이다.
⑤ 「화의 혈(花의 血)」은 1911년 이해조가 지은 신소설로 동학농민혁명을 배경으로 부패한 봉건 사회에 대한 비판을 그려낸 작품이다.

## 92  작품                           정답 ②

② <보기>에서 설명하는 작품은 「난장이가 쏘아올린 작은 공」으로 조세희가 지은 단편 소설이다. '난장이'로 불리는 노동자 '아버지'를 중심으로 가난한 도시 노동자의 현실을 드러내고, 이에 대비되는 자본가 계층의 삶을 드러내고 있는 작품이다. 따라서 ②가 정답이다.

**오답분석**
① 「관촌수필」은 이문구가 지은 장편 연작 소설로 산업화 시대의 농촌 현실을 사실적으로 보여줌으로써 산업화 정책의 문제를 비판한 작품이다.
③ 「동행」은 전상국이 지은 단편 소설로 형사와 살인자의 동행을 그려내었으며, 6·25 당시의 살인 사건에서 비롯된 원한과 죄의식을 드러내는 작품이다.
④ 「서울, 1964년 겨울」은 김승옥이 지은 단편 소설로 선술집에서 우연히 만난 세 명의 남자를 통해 1960년대 소시민의 삶을 드러내는 작품이다.
⑤ 「탈출기」는 최서해가 지은 단편 소설로 주인공이 일제 강점기의 간도(間島)에서 비참한 삶을 살아가는 모습을 그린 작품이다.

## 93  작가                           정답 ②

② 박재삼은 소박하고 일상적인 소재를 통해 한국 전통의 서정시를 창작한 대표적인 시인이다. 특히 한의 정서를 담아내면서도 시의 운율을 살리는 특징을 보인다. 따라서 <보기>에서 설명하는 작가는 '박재삼'이다.

**오답분석**
① 김광섭은 『해외 문학』, 『문예 월간』의 동인이었으며, 식민지 시대의 지성인이 겪는 고뇌를 표현한 시인이다. 대표적인 작품으로는 『동경(憧憬)』, 『성북동 비둘기』가 있다.
③ 신경림은 농촌을 배경으로 농민의 한과 울분을 사실적으로 노래하였으며 이들에 대한 따뜻한 감정을 드러내었다. 대표적인 작품으로는 「농무」, 「가난한 사랑 노래」, 「목계장터」가 있다.
④ 신석정은 낭만주의 시를 많이 썼으며, 대표적인 작품으로는 「슬픈 목가(牧歌)」, 「촛불」, 「산의 서곡」 등이 있다.
⑤ 황동규는 시에서 내면의 쓸쓸함, 자아와 현실의 갈등을 주로 다루었으며 삶과 죽음을 포괄하는 시적 성찰을 통해 허무를 초극하기 위해 노력하였다. 대표적인 작품으로는 「즐거운 편지」, 「조그만 사랑 노래」가 있다.

## 94  근대 신문 이해                    정답 ⑤

⑤ "일행은금번개성 유지들의 초청을바다"에서 개성 유지들의 초청으로 무도 공연회가 개최되었음을 알 수 있으나, 무도 공연회 일행이 먼저 개성에서 공연을 개최하고 싶다는 의사를 밝혔는지는 <보기>에서 언급하지 않았으므로 적절하지 않다.

**오답분석**
① "이십이일 부터삼일간 개성좌(開城座))에서 무도 공연회를 개최하기로 되엇는데"에서 무도 공연회는 22일부터 3일간 개최됨을 알 수 있다.
② "우대권은 이십이일 전부배부하리라더라(개성)"에서 독자 우대권은 22일에 모두 배부됨을 알 수 있다.
③ "일즉이각처에서 무도회등 공연회를개최하야 대환영을 밧튼무도계명성배구자(裴龜子))일행"에서 무도 공연회는 개성에서 개최하기 전 이미 다른 곳에서 개최되었음을 알 수 있다.
④ "조선무도개에명성이놉흔 그만큼 벌서부터인긔는 비등하야 대성황을이루리라는데"에서 무도 공연회는 이미 명성이 높아 대성황을 이룰 것을 알 수 있다.

## 95  작품 속 어휘의 의미                정답 ①

① ㉠의 '혐의하다'는 "꺼리고 미워하다."를 뜻하므로 적절하지 않다. 참고로, "못 견디게 괴롭히다."를 뜻하는 말은 '구박하다'이다.

**오답분석**
② ㉡의 '열렬하다'는 "어떤 것에 대한 애정이나 태도가 매우 맹렬하다."를 뜻하므로 적절하다.
③ ㉢의 '시기하다'는 "남이 잘되는 것을 샘하여 미워하다."를 뜻하므로 적절하다.
④ ㉣의 '꾸짖다'는 "윗사람이 아랫사람의 잘못에 대하여 엄하게 나무라다."를 뜻하므로 적절하다.
⑤ ㉤의 '계교'는 "요리조리 헤아려 보고 생각해 낸 꾀."를 뜻하므로 적절하다.

## 96  중세 국어                        정답 ④

④ ㉣의 '이롤'은 목적격 조사 '롤'이 사용되었다. 중세 국어에서는 목적격 조사가 조사에 결합하는 체언의 받침 유무와 체언의 모음이 양성 모음인지 음성 모음인지에 따라 '울', '을', '룰', '를'로 나타난다. 이와 달리 현대 국어에서의 목적격 조사는 모음 조화의 파괴로 체언의 받침 유무에 따라 '을', '를'로만 나타난다. 따라서 양성 모음 뒤에서 '을'로 나타난다는 설명은 적절하지 않으므로 정답은 ④이다.

**오답분석**
① ㉠의 '나라'는 무정 명사이며 중세 국어에서는 무정 명사와 결합하는 관형격 조사로 'ㅅ'을 쓰지만, 현대에서는 무정 명사에 관형격 조사 '의'를 쓰므로 적절하다.

② ⓒ의 '아니홀씨'는 '아니하므로'의 뜻이다. 따라서 현대 국어에서는 근거를 나타내는 연결 어미로 '-므로'를 쓰므로 적절하다.
③ ⓒ의 '펴디'는 중세 국어에서는 구개음화가 발생하지 않아 '펴디'로 쓰지만, 현대 국어에서는 'ㄷ'이 모음 'ㅣ'와 결합하면 'ㅈ'으로 발음되는 구개음화가 발생하므로 적절하다.
⑤ ⓜ의 '뜬ᄅ미니라'의 'ᄯ'는 'ㅅ'계열의 어두 자음군이다. 현대 국어에서는 '따름이니라'와 같이 된소리 'ㄸ'으로 나타나므로 적절하다.

### 97 남북한의 언어　　　　　정답 ④

④ 북한에서는 모음 'ㅖ'가 들어있는 소리로 '계', '례', '혜', '예'만을 인정한다. 따라서 '폐장'이 아닌 '페장'으로 표기해야 하므로 적절하지 않다.

**오답분석**
① 북한에서는 '계'를 모음 'ㅖ'가 들어있는 소리로 인정한다. 따라서 '계획'으로 표기하는 것은 적절하다.
② 북한에서는 '계'를 모음 'ㅖ'가 들어있는 소리로 인정한다. 따라서 '시계'로 표기하는 것은 적절하다.
③ 북한에서는 '례'를 모음 'ㅖ'가 들어있는 소리로 인정한다. 따라서 '차례'로 표기하는 것은 적절하다.
⑤ 북한에서는 본래 소리가 '게'인 소리는 '게'로 표기한다. 따라서 '게양대'는 본래 소리가 '게'이므로 '게양대'로 표기하는 것은 적절하다.

### 98 점자　　　　　정답 ③

③ 제16항에 따라 '껏'은 '것'의 약자 앞에 된소리표를 적어 나타내므로 '기껏'의 '껏'은 약자 '것' 앞에 된소리 표기를 적어야 한다.

| ㄱ | ㅣ | 된소리표 | 것 | |
|---|---|---|---|---|
| ○● | ●○ | ○○ | ○● | ○● |
| ○○ | ○● | ○○ | ○● | ●● |
| ○○ | ●○ | ○● | ○● | ●○ |

**오답분석**
① 까다: '까'는 '가'의 약자 앞에 된소리표를 적어 나타내고, '다'는 약자로 적는다.

| 된소리표 | 가 | 다 |
|---|---|---|
| ○○ | ●● | ○● |
| ○○ | ●○ | ●○ |
| ○● | ○● | ○○ |

② 까치: '까'는 '가'의 약자 앞에 된소리표를 적어 나타내고, 자음 'ㅊ'과 모음 'ㅣ'를 적는다.

| 된소리표 | 가 | ㅊ | ㅣ |
|---|---|---|---|
| ○○ | ●● | ○○ | ●○ |
| ○○ | ●○ | ○● | ○● |
| ○● | ○● | ○● | ●○ |

④ 싸다: '싸'는 '사'의 약자 앞에 된소리표를 적어 나타내고, '다'는 약자로 적는다.

| 된소리표 | 사 | 다 |
|---|---|---|
| ○○ | ●○ | ○● |
| ○○ | ●○ | ●○ |
| ○● | ●○ | ○○ |

⑤ 싸리: '싸'는 '사'의 약자 앞에 된소리표를 적어 나타내고, '리'는 자음 'ㄹ'과 모음 'ㅣ'를 적는다.

| 된소리표 | 사 | ㄹ | ㅣ |
|---|---|---|---|
| ○○ | ●○ | ○○ | ●○ |
| ○○ | ●○ | ○● | ○● |
| ○● | ●○ | ○○ | ●○ |

### 99 법률 용어 순화어　　　　　정답 ④

④ '선의'의 법률적 뜻은, "자신의 행위가 법률관계의 발생, 소멸 및 그 효력에 영향을 미치는 사실을 모르는 일."이므로 가장 적절한 표현은 ④이다.

**오답분석**
① 법률관계 발생 전에 영향을 미친다는 표현은 사실을 모른다는 표현과 관련 없으므로 적절하지 않다.
② 법률관계의 발생, 소멸과 관계없이 도덕적으로 옳다고 판단한다는 표현은 사실을 모른다는 표현과 관련 없으므로 적절하지 않다.
③ 법률관계의 발생, 소멸 및 그 효력과 관계없는 행위일 것으로 본다는 표현은 사실을 모른다는 표현과 관련 없으므로 적절하지 않다.
⑤ 법률관계의 발생, 소멸 및 그 효력에 긍정적 영향을 미칠 것을 확신한다는 표현은 사실을 모른다는 표현과 관련 없으므로 적절하지 않다.

※ 출처: 법제처, https://www.moleg.go.kr/

### 100 방송 언어　　　　　정답 ①

① <보기>는 미세먼지 예방에 대한 정보를 전달하고 있다. 하지만 정보의 출처에 대해서는 언급하고 있지 않으므로 정보의 출처를 내세워 정보의 신뢰성을 확보한다는 설명은 적절하지 않다.

**오답분석**

② <보기>는 '엄마', '아빠', '딸'이 발화자로 등장하여 가정에서 나누는 대화 형식으로 구성되어 있다. 이처럼 쉽게 접할 수 있는 친근한 분위기를 배경으로 정보를 전달하고 있으므로 적절하다.

③ <보기>에서 미세먼지 예방 방안에 대한 정보를 전달할 때, '창문 닫자!', '마스크 쓰자!', '손발 씻자!', '미세먼지 예보를 보자!'와 같이 중요한 정보를 문장 첫머리에 두는 구조를 반복하여, 수용자가 중요 내용을 쉽게 기억할 수 있도록 하고 있으므로 적절하다.

④ <보기>에서 미세먼지를 '바늘', '적'으로 비유하고, '미세먼지가 쫓아와도'와 같이 미세먼지를 의인화하여 미세먼지가 건강을 위협한다는 정보를 효과적으로 전달하고 있으므로 적절하다.

⑤ <보기>에서 '창문 닫자!', '마스크 쓰자!', '손발 씻자!', '미세먼지 예보를 보자!'와 같이 청유형 어미 '-자'를 사용하여 수용자가 실천할 수 있는 행동 지침을 제시하고 있으므로 적절하다.

pass.Hackers.com

**해커스자격증 pass.Hackers.com**

본 교재 인강 · KBS한국어능력시험 무료 특강 · 기출동형 모의고사 ·
고등급을 위한 출제 예상 개념 총정리 · 듣기 영역 MP3 · 모바일 자동 채점 및 성적 분석 서비스

## 한국사능력검정시험 1위* 해커스!
# 해커스 한국사능력검정시험 교재 시리즈

*주간동아 선정 2022 올해의 교육 브랜드 파워 온·오프라인 한국사능력검정시험 부문 1위

**빈출 개념과 기출 분석으로
기초부터 문제 해결력까지
꽉 잡는 기본서**

해커스 한국사능력검정시험
한권합격 [심화 1·2·3급]

**스토리와 마인드맵으로 개념잡고!
기출문제로 점수잡고!**

해커스 한국사능력검정시험
2주 합격 [심화 1·2·3급] [기본 4·5·6급]

**시대별/회차별 기출문제로
한 번에 합격 달성!**

해커스 한국사능력검정시험
시대별/회차별 기출문제집 [심화 1·2·3급]

**개념 정리부터 실전까지!
한권완성 기출문제집**

해커스 한국사능력검정시험
한권완성 기출 500제 [기본 4·5·6급]

**빈출 개념과 기출 선택지로
빠르게 합격 달성!**

해커스 한국사능력검정시험
초단기 5일 합격 [심화 1·2·3급]
기선제압 막판 3일 합격 [심화 1·2·3급]

# 해커스잡·해커스공기업 누적 수강건수 700만 선택
# 취업교육 1위 해커스

## 합격생들이 소개하는 단기합격 비법

**삼성 그룹 최종 합격!**
**오*은 합격생**

### 정말 큰 도움 받았습니다!
삼성 취업 3단계 중 많은 취준생이 좌절하는 GSAT에서 해커스 덕분에 합격할 수 있었다고 생각합니다.

**국민건강보험공단 최종 합격!**
**신*규 합격생**

### 모든 과정에서 선생님들이 최고라고 느꼈습니다!
취업 준비를 하면서 모르는 것이 생겨 답답할 때마다, 강의를 찾아보며 그 부분을 해결할 수 있어 너무 든든했기 때문에 모든 선생님께 감사드리고 싶습니다.

## 해커스 대기업/공기업 대표 교재

**GSAT 베스트셀러**
**279주 1위**

**7년간 베스트셀러**
**1위 326회**

[279주 베스트셀러 1위] YES24 수험서 자격증 베스트셀러 삼성 GSAT 분야 1위(2014년 4월 3주부터, 1판부터 20판까지 주별 베스트 1위 통산)
[326회] YES24/알라딘/반디앤루니스 취업/상식/적성 분야, 공사 공단 NCS 분야, 공사 공단 수험서 분야, 대기업/공기업/면접 분야 베스트셀러 1위 횟수 합계
(2016.02.~2023 10/1~14판 통산 주별 베스트/주간 베스트/주간집계 기준)
[취업교육 1위] 주간동아 2024 한국고객만족도 교육(온·오프라인 취업) 1위
[700만] 해커스 온/오프라인 취업강의(특강) 누적신청건수(중복수강/무료 강의 포함/2015.06~2024.11.28)

| 대기업 | 공기업 |

**최종합격자가 수강한 강의는?**
**지금 확인하기!**

해커스잡 **ejob.Hackers.com**